Jiaotong Anquan Shengchan Guanli Shiwu

交通安全生产管理实务

丁 辉　汪 彤 主编

U0897747

人民交通出版社

内 容 提 要

为了规范交通运输行业内的安全管理，预防和控制生产过程中的各种伤害和交通事故。本书由北京市交通委员会组织行业专家编写，全书共分两大部分，第一部分法律法规知识、第二部分专业知识。具体又分为五章：第一章概述，第二章综合法律法规，第三章专业法律法规，第四章安全生产管理实务，第五章安全生产技术实务。本行业培训教材可作为相关专业培训用书，可供交通运输通行安全、管理人员、相关从业人员等日常参考使用。

图书在版编目(CIP)数据

交通安全生产管理实务 / 丁辉，汪彤主编. — 北京：人民交通出版社，2013.4

ISBN 978-7-114-10537-1

Ⅰ. ①交… Ⅱ. ①丁…②汪… Ⅲ. ①交通运输安全 - 安全生产 - 生产管理 - 中国 Ⅳ. ①U491

中国版本图书馆 CIP 数据核字(2013)第 069834 号

书　　名：交通安全生产管理实务
著 作 者：丁　辉　汪　彤
责任编辑：卢仲贤　刘　君
出版发行：人民交通出版社
地　　址：(100011)北京市朝阳区安定门外外馆斜街 3 号
网　　址：http://www.ccpress.com.cn
销售电话：(010)59757973
总 经 销：人民交通出版社发行部
经　　销：各地新华书店
印　　刷：北京交通印务实业公司
开　　本：787×1092　1/16
印　　张：25.25
字　　数：633 千
版　　次：2013 年 4 月　第 1 版
印　　次：2013 年 4 月　第 1 次印刷
书　　号：ISBN 978-7-114-10537-1
定　　价：75.00 元

(有印刷、装订质量问题的图书由本社负责调换)

《交通安全生产管理实务》编写组

主　　　编：丁　辉　汪　彤

副　主　编：吕良海　代宝乾　毛　军

主要编写人员：谢昱姝　王培怡　白　光　白永强
　　　　　　张晓峰　张　晋　宋冰雪

前　言

交通运输是城市运行系统的重要组成部分。近年来,为缓解城市交通压力,政府部门大力推动公共交通,提倡绿色出行,明确提出:加快城市交通结构优化调整,尽早确立公共客运在城市日常通勤出行中的主导地位,在规划、投资、建设、运营和服务等各个环节,为公共交通发展提供优先条件。但随着城市人口的增加,城市轨道交通、城市公共交通面临着大客流的冲击,突发事件、(设备故障、人为因素)以及气候变化异常,极端自然灾害频繁,给城市交通安全工作带来了极大影响。我国正处于社会转型期,影响经济安全和社会稳定的因素很多,恐怖袭击、人为破坏、公共安全等突发事件时有发生,而目前城市交通安全和应急保障的基础比较薄弱,防范和抵御非传统安全的能力比较脆弱,道路、桥梁等交通基础设施老化现象严重,各类灾害引起的次生灾害影响大,面临着许多潜在风险和现实威胁。此外,人民的物资和文化需求不断扩大,社会交流更加频繁,各种大型公共活动越来越多,人民的安全权利意识越来越强,更加追求安全稳定、高质量的现代生活,交通安全工作已成为社会公众共同关心的重要内容,交通安全与应急工作责任越来越大。

交通行业企业基层安全管理人员的素质高低,直接影响到安全工作的水平。因此,推动和引导本市交通行业安全生产工作,落实安全生产工作"一岗双责",努力提高安全与应急管理水平,是重要举措之一。

本书内容共分为五章,以交通运输行业企业安全管理人员为对象,介绍了法律法规、行业特点、安全管理基础知识、安全生产技术知识以及应急救援等方面的知识,希望不仅能提高基层安全管理人员的素质和水平,也能为从事交通行业运营的工程技术人员和管理人员提供参考。

参与本书写作的人员,均为从事交通运输行业安全技术研究、安全法律法规及标准研究、风险与应急管理方面的研究人员。汪彤负责了全书的总体章节设计和整书的修改工作。代宝乾负责编写了第 1 章,代宝乾、王培怡、谢昱姝负责编写了第 2 章,王培怡负责编写了第 3 章第 1 节,代宝乾负责编写了第 3 章第 2 节,吕良海负责编写了第 3 章第 3 节,白光负责编写了第 3 章第 4 节,谢昱姝负责编写了第 3 章第 5 节,张晋负责编写了第 3 章第 6 节,白永强、张晓峰负责编写了第 3 章第 7 节,宋冰雪负责编写了第 3 章第 8 节,汪彤、代宝乾负责编写了第 4 章,王培怡负责编写了第 5 章第 1 节,代宝乾负责编写了第 5 章第 2 节,吕良海负责编写了第 5 章第 3 节,白光负责编写了第 5 章第 4 节,谢昱姝负责编写了第 5 章第 5 节,张晋负责编写了第 5 章第 6 节,白永强负责编写了第 5 章第 7 节,张晓峰负责编写了第 5 章第 8 节,宋冰雪负责编写了第 5 章第 9、10 节。

在本书的编写过程中得到了很多部门的帮助和支持,在此一并表示衷心的感谢!也感谢为本书提供了参考资料的所有学者!

限于编著者的水平,书中难免存在不足之处,恳请读者批评指正。

编写组

2013 年 3 月

前言

目　　录

第一部分　法律法规知识

第二部分　专 业 知 识

第一部分 法律法规知识

第一章 概 述

第一节 法的概念和本质

一、法的概念

法的概念,有广义与狭义之分。广义的法是指国家按照统治阶级的利益和意志制定或者认可,并由国家强制力保证其实施的行为规范的总和。狭义的法是指具体的法律规范,包括宪法、法令、法律、行政法规、地方性法规、行政规章、判例、习惯法等各种成文法和不成文法。法属于上层建筑,决定于经济基础并为经济基础服务。法的目的在于维护有利于统治阶级的社会关系和社会秩序。成文法是指一定的国家机关依照一定程序制定的、以规范性文件的形式表现出来的法,这些法具有直接的法律效力。国际条约也属于成文法的范畴,对缔约国具有约束力。我国社会主义法的形式以成文法为主。

二、法律规范

规范,一般可以分为技术规范和社会规范两大类。法律规范是社会规范的一种。法律规范是国家机关制定或者认可、由国家强制力保证其实施的一般行为规则,它反映由一定的物质生活条件所决定的统治阶级的意志。技术规范是指规定人们支配和使用自然力、劳动工具、劳动对象的行为规则。在现代科学技术发展极为先进和极端复杂的情况下,没有技术规范就不可能进行生产,违反技术规范就可能造成严重的后果,如导致各种生产安全事故和灾害事故等。因此,国家往往把遵守技术规范规定为法律义务,从而成为法律规范,并确定违反技术规范的法律责任,技术规范则成为法律规范所规定的义务的具体内容。技术规范与法律规范既有区别又有联系。法律规范与其他社会规范有明显的区别。

(1)法律规范是国家制定或者认可的,其适用和遵守要依靠国家强制力的保证。其他社会规范,既不由国家来制定,也不依靠国家强制力来保证。

(2)在一定的国家中,只能有统治阶级的法律规范。其他的社会规范则不同,在同一阶级社会中,可以有不同阶级的规范,如既有统治阶级的道德,又有被统治阶级的道德。

(3)除习惯法之外,法律规范一般具有特定的形式,由国家机关用正式文件(如法律命令等)规定出来,成为具体的制度。其他社会规范则不一定采用正式文件的形式。

(4)法律规范是一般行为规则。它所针对的不是个别的、特定的事或者人,而是适用于大量同类的事或者人;不是只适用一次就完结,而是多次适用的一般规则。

法律规范,由假定、处理和制裁3个要素构成。假定是指适用法律规范的必要条件。每一个法律规范都是在一定的条件下才出现,而适用这一法律规范的这种条件就称为假定。处理是指行为规范本身的基本要求。它规定人们应当做什么、禁止做什么、允许做什么。这是法律规范的中心部分,是法律规范的主要内容。制裁是指对违反法律规范将导致的法律后果的规定。如损害赔偿、行政处罚、经济制裁、判处刑罚等。法律规范这3个组成部分密切联系并不可缺少,既可以把各个部分规定在一个法律条文中,也可以分别规定在不同的法律条文中。

三、法的本质

法最本质的属性是统治阶级的意志,而不是任何个人的意志,更不是超阶级的共同意志。统治阶级的意志决定于统治阶级的物质生活条件,这种物质生活条件构成法的基础。法作为统治阶级的意志可以体现在以下3个方面。

1.意志内容的一般性

法所反映的意志内容不是统治阶级成员个人意志的简单总和,而是统治阶级根本利益和共同利益的表现。法是统治阶级成员个别利益的一种抽象,具有一般性的品格。因此,法具有普遍的约束力。被统治阶级及其成员都要遵守法律规定,这是统治阶级整体利益的要求。

2.意志内容的客观性

法所反映的意志内容不是抽象的人类"理性"决定的,归根结底是由统治阶级物质生活条件的客观要求决定的。经济基础决定上层建筑,决定法的内容。如建立在社会主义经济基础上的社会主义法,必然要反映工人阶级及其领导下的广大人民群众的阶级本质,满足发展社会主义生产力的客观要求。

3.意志内容的统一性

法所反映的意志内容往往不仅是统治阶级的特定利益,还包括关系整个社会共同生存的必要条件,甚至包括被统治阶级的某些要求(以不危及统治阶级的统治为限)。因为统治阶级不能脱离被统治阶级而孤立存在,所以法的意志内容也要考虑其他社会集团的利益。但法不是各阶级意志的混合物,而是统治阶级意志的体现,它是一种国家意志。

社会主义法的本质在于,它是工人阶级领导下的广大人民的意志以国家意志形式的法律体现。社会主义法具有鲜明的阶级性和广泛的人民性,是阶级性与人民性的统一。

第二节　法的效力、特征及分类

一、法的效力

法的效力,即法的生效范围,是指法律规范对什么人、在什么地方和什么时间发挥效力。

1.关于人的效力

法律对什么人发挥效力,各国立法原则不同,大体有3种情况:一是以国籍为主,即属人原则,亦称属人主义。法律只对本国人适用,不适用于外国人,外国人侨居法院地国,也不适用该国法律。二是以地域为主,即属地原则,亦称属地主义。法律规范在该国主权控制下的陆地、水域及其底床、底土和领空的领域内有绝对效力。不论本国人还是外国人,原则上一律适用该国法律。三是属人原则与属地原则相结合,即凡居住在一国领土内者,无论本国人还是外国人,原则上一律适用该国法律。但在某些问题上,对外国人仍要适用其本国法律,特别是依照国际惯例和条约,享有外交特权和豁免权的外国人,仍适用其本国法律。我国社会主义法对人的效力,采用属人主义与属地主义相结合的原则。

2. 关于地域的效力

地域的效力是指在什么地域范围内发挥效力,即从法律生效的地域角度确定法对人的效力,大体有 3 种情况:一是在全国范围内生效,即在国家主权管辖的全部领域有效,包括延伸意义上的领域,如驻外使领馆、领海及领空外的船舶和飞机。凡是国家机关制定的规范性法律文件,一般在全国范围内有效,如全国人大及其常委会制定的法律、国务院制定的行政法规,除有特殊规定之外,一般都在全国有效。二是在局部地区有效,一般是指地方国家机关制定的规范性法律文件,在该地区有效,如省、自治区、直辖市人民代表大会及其常委会制定的地方性法规,只在本行政区域内有效。三是有的法律不但在国内有效,在一定条件下其效力还可以超出国境,如中华人民共和国刑法规定:“外国人在中华人民共和国领域外对中华人民共和国国家或者公民犯罪,而按本法规定的最低刑为 3 年以上有期徒刑的,可以适用本法;但是按照犯罪地的法律不受处罚的除外”。

3. 关于时间的效力

时间的效力是指法律何时生效和何时终止效力,主要有 3 种情况:一是自法律公布之日起开始生效。二是法律另行规定生效时间,如《中华人民共和国安全生产法》于 2002 年 6 月 29 日公布,自 2002 年 11 月 1 日生效施行。三是规定法律公布后到达一定期限时生效。

法的时间效力涉及法律的溯及力问题。法律一般只适用于生效后发生的事实和关系,通常不具有溯及力,这是当今各国法律特别是刑法所共同遵循的惯例。但是法不溯及既往并不是绝对的,出于某种需要,也可以对法的时间效力作出溯及既往的规定。如我国《中华人民共和国刑法》、《安全生产许可证条例》等法律、行政法规就有溯及既往的特别规定。

二、法的特征

法所表现的意志,首先是一种社会意识形态,但又不单纯是意识形态,而是一种社会规范。它为人们规定一定的行为规则,指示人们在特定的条件下可以做什么、必须做什么、禁止做什么,即规定人们享有的权利和应当履行的义务,从而调整人们在社会生活中的相互关系。法作为一种社会规范,在其发生作用的范围内具有普遍性、稳定性和约束力。社会规范很多,诸如道德、风俗习惯、宗教教规,以及各种社会团体的规章等。法与上述社会规范不同,法是一种特殊的社会规范,这表现在法具有下列特征。

1. 法是由特定的国家机关制定的

法是由特定的国家机关依照职权制定或者认可,即由国家机关依其职权范围,并按一定程序制定出来的规范性文件。在我国,社会主义的法是由国家权力机关和国家行政机关依法制定的,其他社会组织均无权制定法。如全国人民代表大会有权制定和修订宪法,全国人大常委会有权制定和修订法律,国务院有权制定行政法规、法令;省、自治区、直辖市人民代表大会及其常委会有权制定和修订地方性法规,经济特区人民代表大会及其常委会有权制定和修订经济特区法规,民族自治地方有权制定和修订民族自治法规;国务院部、委员会和直属机构有权制定和修订部门规章，省、自治区、直辖市人民政府有权制定和修订地方政府规章，等等。

2. 法是依照特定程序制定的

依照《中华人民共和国立法法》的规定，我国制定法的程序，主要包括：法的草案的提出、讨论审议、表决通过和公布施行。而每个立法程序中又包括很多程序。如调研论证、征求意见、协调、修改草案等。如法律制定的程序包括由全国人大或其常委会或者国务院提出法律议案或者法律草案，国务院提出的法律草案需要提请全国人大或其常委会审议，须经3次常委会审议（所谓"三读"）后方能付诸表决，决定是否通过，通过的法律草案正式成为法律，须由中华人民共和国主席予以公布施行。法的制定程序之所以严格，是为了保证法的制定能够充分反映国家意志和人民群众的意愿，是为了体现法的严肃性、权威性，是为了规范立法活动并实现立法工作的规范化、民主化、科学化。总之，法的制定程序，既不能违反，也不能舍弃。

3. 法具有国家强制性

法既是国家意志，又需要国家强制力保证其实施，法具有不可抗拒性。法的这个特征是其与其他社会规范的主要区别之一，这也是法的特殊性之所在。法是阶级统治的工具，是以国家强制力保证其实施的一种社会规范。国家强制力是法本身具有的一种属性，但法本身的属性与它的获得实现的方式，是既有联系而又有区别的两个问题。法本身具有国家强制力的属性，才有可能在必要的时候通过国家的强制措施使法获得实现；但法的实现并不都是通过国家强制措施，特别是社会主义法在大多数情况下不是依靠强制措施，而是依靠人民群众自觉地遵守和执行。一般是在法律实现过程中遇到阻碍或者被破坏的情况下，才通过国家强制措施使法获得实现。如某些企业或者公民拒绝履行法定义务或者作出法律禁止的行为时，执法机关才通过采取强制措施或者实施处罚等方式使法律得以实施。但是无论法的实现方式如何，作为法律规范都具有必须履行和不可违反的性质，如果违反就要承担法律责任，受到法律制裁。

法的这个特征，集中表明了法与国家的不可分割的必然联系。没有国家，法既不能形成，也不能取得一体遵行的效力。一个阶级如果不掌握国家政权，就不能将自己的意志体现为法并获得实施。既然法是一种意识形态，那么人们的法律意识的强弱则对法的制定和执行、遵守法的自觉性乃至法制建设都至关重要。法律意识是指人们对于法特别是现行法和有关法律现象的观点和态度的总和。它表现为探索法律现象的各种法律学说，对现行法律的评价和解释，人们的法律动机（法律要求），对自己权利、义务的认识（法律感），对法、法律制度了解、掌握、运用的程度（法律知识），以及对行为是否合法的评价等。

法律意识是社会意识的一种，它同人们的世界观、道德伦理观等有密切关系，具有强烈的阶级性。统治阶级内部的各阶层、各集团乃至个人所处的具体地位不同，其法律意识也不尽相同，但在基本点上都服从于统治阶级的利益。统治阶级的法律意识直接指导法的制定、执行和遵守。无产阶级法律意识是无产阶级意识的组成部分，共产党成为执政党之后，无产阶级法律意识成为社会主义上层建筑和社会主义精神文明的重要组成部分。它的基本内容是要求建立社会主义法的体系，制定社会主义的法律、法规，维护社会主义法治的尊严。所以，无产阶级法律意识，对指导社会主义法律规范的制定和执行，对人们自觉地遵守法律，对社会主义法治的健全、巩固和发展，都具有重要意义。

4. 法是调整人们行为的社会规范

法与其他社会规范的显著区别之一，在于它是一种以调整人与人之间的社会关系为主要目的的行为规范。法律意义上的“人”，是指自然人和法人以及其他非法人社会组织。

法律通过确定自然人和法人以及其他非法人社会组织的权利、义务和责任，来调整他们之间发生的各种社会关系，制裁违法行为和违法者，建立规范的法律秩序，保证社会的正常运转和发展。从这个意义上说，法律规范实际就是一种“人”与“人”关系的行为规则。

三、法的分类

法的分类有不同标准，按照不同标准对法所划分的类别不同。

1. 成文法和不成文法

这是按照法的创立和表现形式所做的分类。成文法是指有权制定法律规范的国家机关依照法定程序所制定的规范性法律文件，如宪法、法律、行政法规、地方性法规等。不成文法是指未经国家制定、但经国家认可的和赋予法律效力的行为规则，如习惯法、判例、法理等。我国社会主义法属于成文法范畴。

2. 按照其法律地位和法律效力的层级划分

法应当包括宪法、法律、行政法规、地方性法规和行政规章。

(1)宪法。宪法是国家的根本法，具有最高的法律地位和法律效力。宪法的特殊地位和属性，体现在4个方面：一是宪法规定国家的根本制度、国家生活的基本准则。如我国宪法就规定了中华人民共和国的根本政治制度、经济制度、国家机关和公民的基本权利和义务。宪法所规定的是国家生活中最根本、最重要的原则和制度，因此，宪法成为立法机关进行立法活动的法律基础，被称为“母法”、“最高法”。但是宪法只规定立法原则，并不直接规定具体的行为规范，所以它不能代替普通法律。二是宪法具有最高法律效力。宪法具有最高法律权威，是制定普通法的依据，普通法的内容必须符合宪法的规定，与宪法内容相抵触的法律无效。三是宪法的制定与修改有特别程序。我国宪法草案是由宪法修改委员会提请全国人民代表大会审议通过的。四是宪法的解释、监督均有特别规定。我国1982年宪法规定，全国人民代表大会和全国人民代表大会常务委员会监督宪法的实施，全国人民代表大会常务委员会有权解释宪法。

(2)法律。广义的法律与法同义。狭义的法律特指由享有立法权的国家机关依照一定的立法程序制定和颁布的规范性文件，在我国，只有全国人民代表大会及其常务委员会才有权制定和修订法律。法律的地位和效力次于宪法，高于行政法规、地方性法规、自治法规和行政规章。法律在中华人民共和国领域内具有约束力。

(3)行政法规。行政法规是国家行政机关制定的规范性文件的总称。行政法规有广狭两义，广义的行政法规泛指包括国家权力机关根据宪法制定的关于国家行政管理的各种法律、法规；也包括国家行政机关根据宪法、法律、法规，在其职权范围内制定的关于国家行政管理的各种法规。狭义的行政法规专指最高国家行政机关即国务院制定的规范性文件。行政法规的名称通常为条例、规定、办法、决定等。

行政法规的法律地位和法律效力次于宪法和法律，但高于地方性法规、行政规章。行政法规在中华人民共和国领域内具有约束力。这种约束力体现在两个方面：一是具有拘束国家行政机关自身的效力。作为最高国家行政机关和中央人民政府的国务院制定的行政法规，是国家最高行政管理权的产物，它对一切国家行政机关都有拘束力，都必须执行。其他所有行政机关制定的行政措施均不得与行政法规的规定相抵触;地方性法规、行政规章的有关行政措施不得与行政法规的有关规定相抵触。二是具有拘束行政管理相对人的效力。依照行政法规的规定,公民、法人或者其他组织在法定范围内享有一定的权利,或者负有一定的义务。国家行政机关不得侵害公民、法人或者其他组织的合法权益;公民、法人或者其他组织如果不履行法定义务,也要承担相应的法律责任,受到强制执行或者行政处罚。

(4)地方性法规。地方性法规是指地方国家权力机关依照法定职权和程序制定和颁布的、施行于本行政区域的规范性文件。地方性法规的法律地位和法律效力低于宪法、法律、行政法规;但高于地方政府规章。根据我国宪法和立法法等有关法律的规定,地方性法规由省、自治区、直辖市的人民代表大会及其常务委员会,在不与宪法、法律、行政法规相抵触的前提下制定,报全国人大常委会和国务院备案。省、自治区的人民政府所在地的市、经济特区所在地的市和经国务院批准的较大的市的人民代表大会及其常委会根据本市的具体情况和实际需要,在不与宪法、法律、行政法规和本省、自治区的地方性法规相抵触前提下,可以制定地方性法规,报所在的省、自治区的人民代表大会常务委员会批准后施行。

(5)行政规章。行政规章是指国家行政机关依照行政职权所制定、发布的针对某一类事件、行为或者某一类人员的行政管理的规范性文件。行政规章分为部门规章和地方政府规章两种。部门规章是指国务院的部、委员会和直属机构依照法律、行政法规或者国务院的授权制定的在全国范围内实施行政管理的规范性文件。地方政府规章是指有地方性法规制定权的地方人民政府依照法律、行政法规、地方性法规或者本级人民代表大会或其常务委员会授权制定的在本行政区域实施行政管理的规范性文件。

3. 实体法和程序法

这是按照法律规定内容的不同而对法的分类。实体法规定的权利和义务直接来自人们在生产和生活中形成的相互关系的要求,如所有权、债权等,通常表现为民法、刑法、行政法等。程序法的主要内容是规定主体在诉讼活动中的权利和义务,也即主体在寻求国家机关对自己权利予以支持过程中的行为方式,这种权利和义务是派生的,其作用在于保证主体在实际生活中享有的法律权利得以实现。因此,实体法和程序法也被称为主法和助法。

4. 宪法性法律和普通法律

这是按照法律的内容和效力强弱所作的分类。宪法又称根本法或者母法,是具有最高地位和效力的法律文件。宪法是制定其他法律的依据,其他法律不得与宪法相抵触。普通法律是指有立法权的机关依照立法程序制定和颁布的规范性法律文件,通常规定某种社会关系或者社会关系某一方面的行为规则,其效力次于宪法。根据1982年宪法的规定,次于宪法的普通法律又可分为基本法律和基本法律以外的法律。前者由全国人民代表大会制定和通过,后者由全国人民代表大会常务委员会制定和通过。

5. 特殊法和一般法(普通法)

这是按照法律效力范围所作的分类。从空间效力看,适用于特定地区的法律为特殊法,适用于全国的法律为一般法。从时间效力看,适用于非常时期的法律(如紧急戒严法、战时实施的法律)为特殊法,适用于平时的法律为一般法。从对人的效力看,适用于特定公民的法律(如兵役法、未成年人保护法)为特殊法,适用于全国公民的为一般法。从调整对象看,适用于特定调整对象的法律为特殊法,适用于一般调整对象的法律为一般法。

第二章　综合法律法规

一、《中华人民共和国刑法》

《中华人民共和国刑法》(以下简称《刑法》)于1979年7月1日第五届全国人民代表大会第二次会议通过,1997年3月14日第八届全国人民代表大会第五次会议修订。修订后的《刑法》自1997年10月1日起施行。

《刑法》的任务是用刑罚同一切犯罪行为作斗争,以保卫国家安全,保卫人民民主专政的政权和社会主义制度,保护国有财产和劳动群众集体所有的财产,保护公民私人所有的财产,保护公民的人身权利、民主权利和其他权利,维护社会秩序、经济秩序,保障社会主义建设事业的顺利进行。

《刑法》中有关安全生产的内容主要体现在以下几个条款中:

第一百二十五条　非法制造、买卖、运输、邮寄、储存枪支、弹药、爆炸物的,处三年以上十年以下有期徒刑;情节严重的,处十年以上有期徒刑、无期徒刑或者死刑。

非法买卖、运输核材料的,依照前款的规定处罚。

单位犯前两款罪的,对单位判处罚金,并对其直接负责的主管人员和其他直接责任人员,依照第一款的规定处罚。

第一百三十一条　航空人员违反规章制度,致使发生重大飞行事故,造成严重后果的,处三年以下有期徒刑或者拘役;造成飞机坠毁或者人员死亡的,处三年以上七年以下有期徒刑。

第一百三十二条　铁路职工违反规章制度,致使发生铁路运营安全事故,造成严重后果的,处三年以下有期徒刑或者拘役;造成特别严重后果的,处三年以上七年以下有期徒刑。

第一百三十三条　违反交通运输管理法规,因而发生重大事故,致人重伤、死亡或者使公私财产遭受重大损失的,处三年以下有期徒刑或者拘役;交通运输肇事后逃逸或者有其他特别恶劣情节的,处三年以上七年以下有期徒刑;因逃逸致人死亡的,处七年以上有期徒刑。

第一百三十四条　工厂、矿山、林场、建筑企业或者其他企业、事业单位的职工,由于不服管理、违反规章制度,或者强令工人违章冒险作业,因而发生重大伤亡事故或者造成其他严重后果的,处三年以下有期徒刑或者拘役;情节特别恶劣的,处三年以上七年以下有期徒刑。

第一百三十五条　工厂、矿山、林场、建筑企业或者其他企业、事业单位的劳动安全设施不符合国家规定,经有关部门或者单位职工提出后,对事故隐患仍不采取措施,因而发生重大伤亡事故或者造成其他严重后果的,对直接责任人员,处三年以下有期徒刑或者拘役;情节特别恶劣的,处三年以上七年以下有期徒刑。

第一百三十六条　违反爆炸性、易燃性、放射性、毒害性、腐蚀性物品的管理规定,在生产、储存、运输、使用中发生重大事故,造成严重后果的,处三年以下有期徒刑或者拘役;后果特别严重的,处三年以上七年以下有期徒刑。

第一百三十七条　建设单位、设计单位、施工单位、工程监理单位违反国家规定，降低工程质量标准，造成重大安全事故的，对直接责任人员，处五年以下有期徒刑或者拘役，并处罚金；后果特别严重的，处五年以上十年以下有期徒刑，并处罚金。

第三百九十七条　国家机关工作人员滥用职权或者玩忽职守，致使公共财产、国家和人民利益遭受重大损失的，处三年以下有期徒刑或者拘役；情节特别严重的，处三年以上七年以下有期徒刑。本法另有规定的，依照规定。

国家机关工作人员徇私舞弊，犯前款罪的，处五年以下有期徒刑或者拘役；情节特别严重的，处五年以上十年以下有期徒刑。本法另有规定的，依照规定。

《刑法》自1997年10月1日起施行后至2011年2月25日，全国人民代表大会常务委员会通过了八个《修正案》，其中《中华人民共和国刑法修正案（六）》（2006年6月29日第十届全国人民代表大会常务委员会第二十二次会议通过）涉及安全生产的内容有如下条款：

（1）将刑法第一百三十四条修改为："在生产、作业中违反有关安全管理的规定，因而发生重大伤亡事故或者造成其他严重后果的，处三年以下有期徒刑或者拘役；情节特别恶劣的，处三年以上七年以下有期徒刑。

"强令他人违章冒险作业，因而发生重大伤亡事故或者造成其他严重后果的，处五年以下有期徒刑或者拘役；情节特别恶劣的，处五年以上有期徒刑。"

（2）将刑法第一百三十五条修改为："安全生产设施或者安全生产条件不符合国家规定，因而发生重大伤亡事故或者造成其他严重后果的，对直接负责的主管人员和其他直接责任人员，处三年以下有期徒刑或者拘役；情节特别恶劣的，处三年以上七年以下有期徒刑。"

二、《中华人民共和国安全生产法》

《中华人民共和国安全生产法》（以下简称《安全生产法》）是我国安全生产领域的综合性基本法，它是我国第一部全面规范安全生产的专门法律，是我国安全生产法律体系的主体法，是各类生产经营单位及其从业人员实现安全生产必须遵循的行为准则，是各级人民政府及其有关部门进行监督管理和行政执法的依据，是制裁各种安全生产违法犯罪的有力武器。

《安全生产法》由中华人民共和国第九届全国人民代表大会常务委员会第二十八次会议于2002年6月29日通过，自2002年11月1日起施行。

《安全生产法》的立法目的在于加强安全生产监督管理，防止和减少生产安全事故，保障人民群众生命和财产安全，促进经济发展。《安全生产法》确定了我国安全生产管理的基本方针。《安全生产法》包括七章共九十七条，从生产经营单位的安全生产保障、从业人员的权利和义务、安全生产的监督管理、生产安全事故的应急救援与调查处理4个主要方面作出了规定。

（一）生产经营单位的安全生产保障

1.从事生产经营活动应当具备的安全生产条件

1）生产经营单位是生产经营活动的基本单元

《安全生产法》作为我国安全生产的基本法律，其法律关系主体是比较广泛。该法第二条规定："在中华人民共和国领域内从事生产经营活动的单位（以下统称生产经营单位）的安全生产，适用本法"。这里所称的生产经营单位，是指从事各类生产经营活动的基本单元，具体包括:各类生产经营企业、个体工商户、公民以及其他生产经营单位。

2)法定安全生产基本条件

《安全生产法》第十六条规定:“生产经营单位应当具备本法和有关法律、行政法规和国家标准或者行业标准规定的安全生产条件;不具备安全生产条件的,不得从事生产经营活动。”安全生产条件,从广义上讲是指在安全生产过程中,其生产的各个系统、生产作业环境、生产设备和设施,以及与生产相适应的管理组织、管理制度、责任制度、技术措施等,应能满足生产的安全需要,不能导致人员伤害或财产损失。具备安全生产条件是预防和减少安全事故的前提。本法和其他有关法律、行政法规对生产经营单位必须具备的安全生产条件作了规定。例如,本法规定,生产经营单位的主要负责人必须保证本单位安全生产所必须的资金投入;生产经营单位新建、改建、扩建工程项目的安全设施,应当与主体工程同时设计、同时施工、同时投入生产和使用;生产经营单位安全设备的设计、制造、安装、使用、检测、改造和报废,应当符合国家标准或者行业标准;生产经营单位必须对安全设备进行经常性维护、保养,并定期检测,保证正常运转;生产经营单位必须按照规定配备安全生产管理机构或管理人员等等。其他有关法律、行政法规、国家标准或行业标准,也针对不同行业安全生产的不同特点,对相关行业生产经营单位应当具备的安全生产条件作了规定。如《安全生产许可证条例》对五类高危行业企业设定了13个安全生产条件。

不具备安全生产条件的是指不具备本法和有关法律、行政法规和国家标准或者行业标准规定的安全生产条件。为了防止和减少生产安全事故,保障人民群众生命和财产安全,对于这一类的生产经营单位,法律取消其从业资格,即不得从事生产经营活动。

2. 生产经营单位主要负责人的安全生产职责

《安全生产法》对生产经营单位主要负责人的安全生产职责的规定主要体现在第五条、第十七条和第四十二条中,对此,生产经营单位主要负责人必须要全面完整地把握。

《安全生产法》第五条明确规定:“生产经营单位主要负责人对本单位的安全生产工作全面负责”。对于出租汽车企业来说,主要指董事长、总经理、分公司经理等。

《安全生产法》第十七条第一次以法律形式确定了生产经营单位主要负责人的6大安全生产职责如下。

(1)建立、健全本单位安全生产责任制。

(2)组织制定本单位安全生产规章制度和操作规程。

(3)保证本单位安全生产投入的有效实施。

(4)督促、检查本单位的安全生产工作,及时消除生产安全事故隐患。

(5)组织制定并实施本单位的生产安全事故应急救援预案。

(6)及时、如实报告生产安全事故。

同时,《安全生产法》第四十二条规定:“生产经营单位发生重大生产安全事故时,单位的主要负责人应当立即组织抢救,并不得在事故调查处理期间擅离职守。”生产经营单位的主要负责人作为本单位的首要领导以及安全生产的第一责任人,在事故发生后,应当坚守岗位,组织事故抢救,并积极配合有关部门进行事故调查和处理。这一方面是因为,单位的主要负责人对单位的场地、布局、设备、人员以及其他生产经营状况比较熟悉,有其在场,可以比较顺利地进行事故抢救、事故原因的调查和对事故的处理。另一方面,单位的主要负责人是单位安全生产方面的第一责任人,应对单位发生的生产安全事故负责。特别是如果单位发生的生产安全事故属于重大责任事故,且有关人员的行为构成《刑法》规定的重大责任事故罪、重大劳动安全事故罪以及其他犯罪的规定,还可能要追究单位主要负责人的刑事责任。

3. 安全生产资金投入的规定

《安全生产法》将安全投入列为保障安全生产的必要条件之一,从 3 个方面作出严格的规定。

1)生产经营单位安全投入的标准

具备法定安全生产条件所必需的资金投入标准,应以安全生产法律、行政法规和国家标准或者行业标准规定生产经营单位应当具备的安全生产条件为基础进行计算。具备法定安全生产条件所需要的安全资金数额,就是生产经营单位应当投入的资金标准。如果投入的资金不能保障生产经营单位符合法定安全生产条件,就是资金投入不足并对其后果承担责任。

2)安全投入的决策和保障

《安全生产法》第十八条规定根据不同生产经营单位安全投入的决策主体的不同,按公司法成立的公司制生产经营单位,由其决策机构董事会决定投入资金;非公司制生产经营单位,由其主要负责人决定安全投入的资金;个人投资并由他人管理生产经营单位,由其投资人即股东决定投入的资金。

3)安全投入不足的法律责任

《安全生产法》第八十条规定,生产经营单位的决策机构、主要负责人、个人经营的投资人不依照本法规定保证安全生产所必需的资金投入,致使生产经营单位不具备安全生产条件的,责令限期改正,提供必需的资金;逾期未改正的,责令生产经营单位停产停业整顿。有前款违法行为,致发生生产安全事故,构成犯罪的,依照刑法有关规定追究刑事责任;尚不够刑事处罚的,对生产经营单位的主要负责人给予撤职处分,对个人经营的投资人处 2 万元以上 20 万元以下的罚款。

4. 安全生产管理机构和安全生产管理人员的配置

(1)高危行业的生产经营单位,必须配置安全生产管理机构或者专职管理人员。

《安全生产法》第十九条第一款规定,“矿山、建筑施工单位和危险物品生产、经营、储存单位,应当设置安全生产管理机构或者配备专职安全管理人员”。

(2)非高危行业,按照从业人员的数量,配置安全生产管理机构或者安全生产管理人员。

《安全生产法》对此又分两种情况分别作出规定,一是强制性规定必须配置机构或者专门人员的,即除矿山、建筑施工和危险物品生产、经营、储存单位以外的其他生产经营单位,其从业人员超过 300 人以上的,应当设置安全生产管理机构或配备专职安全生产管理人员。二是选择性规定,即从业人员在 300 人以下的,可以不设专门机构,但应当配备专职或者兼职的安全生产管理人员,或委托具有国家规定的相关专业技术资格的工程技术人员提供安全生产管理服务。

5. 生产经营单位主要负责人、安全生产管理人员资格的规定

《安全生产法》从 3 个方面对此作出了规定:一是生产经营单位的主要负责人和安全生产管理人员必须具备与本单位所从事的生产经营活动相应的安全生产知识和管理能力。二是危险物品的生产、经营、储存单位以及矿山、建筑施工单位的主要负责人和安全生产管理人员,应当由有关主管部门对其安全生产知识和管理能力考核合格后方可任职。三是生产经营单位的特种作业人员必须按照国家有关规定经专门的安全作业培训,取得特种作业操作资格证书,方可上岗作业。

6. 从业人员安全生产培训的规定

(1)学习必要的安全生产知识。

(2)熟悉有关安全生产规章制度和安全操作规程。

(3)掌握本岗位安全操作技能。

(4)从业人员须经培训合格方可上岗作业。

《安全生产法》要求从业人员不但要进行安全教育和培训,而且还要经过考试合格才能确认其具备上岗作业的资格。从业人员只有经过考试合格的,才能上岗作业。未经安全生产教育和培训合格的从业人员,不得上岗作业。

7. 特种作业人员的范围和资格

《安全生产法》第二十三条第二款规定,特种作业人员的范围由国务院负责安全生产监督管理的部门会同国务院有关部门确定。

《安全生产法》第二十三条第一款规定,生产经营单位的特种作业人员必须按照国家有关规定经专门的安全作业培训,取得特种作业操作资格证书,方可上岗作业。

8. 安全警示标志的规定

《安全生产法》第二十八条规定,生产经营单位应当在有较大危险因素的生产经营场所和有关设施、设备上,设置明显的安全警示标志。

9. 安全设备达标和管理的规定

《安全生产法》规定,安全设备的设计、制造、安装、使用、检测、维修、改造和报废,应当符合国家标准或者行业标准。生产经营单位必须对安全设备进行经常性维护、保养,并定期检测,保证正常运转。维护、保养、检测应当做好记录,并由有关人员签字。

10. 特种设备检测、检验的规定

《安全生产法》第三十条规定,生产经营单位使用的涉及生命安全、危险性较大的特种设备,以及危险物品的容器、运输工具,必须按照国家有关规定,由专业生产单位生产,并经取得专业资质的检测、检验机构检测、检验合格,取得安全使用证或者安全标志,方可投入使用。

11. 生产安全工艺、设备管理的规定

《安全生产法》明确规定,国家对严重危及生产安全的工艺、设备实行淘汰制度。生产经营单位不得使用国家明令淘汰、禁止使用的危及生产安全的工艺、设备。

12. 危险物品管理的规定

(1)危险物品安全管理。《安全生产法》规定,生产经营单位生产、经营、运输、储存、使用危险物品或处置废弃危险物品的,必须执行有关法律、法规和国家标准或行业标准,建立专门的安全管理制度,采取可靠的安全措施,接受有关主管部门依法实施的监督管理。

(2)危险物品的审批监管。《安全生产法》第三十二条规定,生产、经营、运输、储存、使用危险物品或者处置废弃危险物品的,由有关主管部门依照有关法律、法规的规定和国家标准或者行业标准审批并实施监督管理。目前我国已有一些相关法律、法规对此作出了规定,如《化学危险品安全管理条例》、《民用爆炸物品管理条例》等。

13. 重大危险源管理的规定

生产经营单位对重大危险源实施及时、有效的监控,是《安全生产法》设定的法律义务。《安全生产法》规定了重大危险源的备案制度。《安全生产法》第三十三条规定:生产经营单位对重大危险源应当登记建档,进行定期检测、评估、监控,并制定应急预案,告知从业人员和相关人员在紧急情况下应当采取的应急措施。这种备案制度不是一般的告知制度，而是一种审查监管制度：一是生产经营单位必须依法备案。二是负责安全生产监管职责的部门有权进行审查、检查。三是发现生产经营单位违法的，有权依法实施行政处罚。

14. 生产设施、场所安全距离和紧急疏散的规定

《安全生产法》第三十四条规定，生产、经营、储存、使用危险物品的车间、商店、仓库不得与员工宿舍在同一座建筑物内，并应当与员工宿舍保持安全距离。生产经营场所与员工宿舍应当设有符合紧急疏散要求、标志明显、保持畅通的出口。禁止封闭、堵塞生产经营场所或者员工宿舍的出口。

15. 劳动防护用品的规定

《安全生产法》明确要求，一是生产经营单位必须为从业人员提供符合国家标准或者行业标准的劳动防护用品。二是生产经营单位应当监督、教育从业人员按照使用规则佩戴、使用劳动防护用品。

16. 交叉作业安全管理的规定

《安全生产法》第四十条规定，两个以上生产经营单位在同一作业区域内进行生产经营活动，可能危及对方生产安全的，应当签订安全生产管理协议，明确各自的安全生产管理职责和应当采取的安全措施，并指定专职安全生产管理人员进行安全检查与协调。

17. 生产经营项目、场所、设备发包或者出租的安全管理

《安全生产法》规定，生产经营单位不得将生产经营项目、场所、设备发包或者出租给不具备安全生产条件或者相应资质的单位或者个人。生产经营项目、场所有多个承包单位、承租单位的，生产经营单位应当与承包单位、承租单位签订专门的安全生产管理协议，或者在承包合同、租赁合同中约定各自的安全生产管理职责；生产经营单位对承包单位、承租单位的安全生产工作统一协调、管理。

18. 工伤保险的规定

《安全生产法》明确规定生产经营单位必须依法参加工伤社会保险，为从业人员缴纳保险费。

(1)保障从业人员的人身安全，是生产经营单位义不容辞的责任。

(2)工伤社会保险是人身保障的经济基础。

(3)民事赔偿是工伤社会保险的必要补充。

(4)工伤社会保险与民事赔偿相互补充，不可替代。

(二)从业人员的权利和义务

1. 从业人员的权利

(1)知情权。生产经营单位从业人员有权了解其作业场所和工作岗位存在的危险因素及事故应急措施。

(2)建议权。生产经营单位从业人员有权对本单位的安全生产工作提出建议。

(3)批评权和检举、控告权。生产经营单位从业人员有权对本单位安全生产管理工作中存在的问题提出批评、检举、控告。

(4)拒绝权。生产经营单位从业人员有权拒绝违章作业指挥和强令冒险作业。

(5)紧急避险权。生产经营单位从业人员发现直接危及人身安全的紧急情况时，有权停止作业或者在采取可能的应急措施后撤离作业场所。

(6)依法向本单位提出要求赔偿的权利。

(7)获得符合国家标准或者行业标准劳动防护用品的权利。

(8)获得安全生产教育和培训的权利。

2.从业人员的安全生产义务

(1)自律遵规的义务,即从业人员在作业过程中,应当遵守本单位的安全生产规章制度和操作规程,服从管理,正确佩戴和使用劳动防护用品。

(2)自觉学习安全生产知识的义务,要求掌握本职工作所需的安全生产知识,提高安全生产技能,增强事故预防和应急处理能力。

(3)危险报告义务,即发现事故隐患或者其他不安全因素时,应当立即向现场安全生产管理人员或者本单位负责人报告。

(三)安全生产的监督管理

1.负有安全生产监督管理职责的部门的行政许可职责

《安全生产法》第五十四条将负有安全生产监督管理职责的政府部门统称为“负有安全生产监督管理职责的部门”。

《安全生产法》第五十四条、第五十五条对负有安全生产监督管理职责的部门的行政许可职责从以下 4 个方面作出了规定。

(1)依照法律、法规的规定,对涉及安全生产的事项需要审查批准(包括批准、核准、许可、注册、认证、颁发证照等)或者验收的,必须严格依照有关法律、法规和国家标准或者行业标准规定的条件和程序进行审查;不符合法律、法规和国家标准或者行业标准规定的安全生产条件的,不得批准或者验收通过。这项职责主要是通过行政许可解决安全生产主体的市场准入问题。

(2)对未依法取得批准或者验收合格的单位擅自从事有关活动的,负责行政审批的部门发现或者接到举报后应当立即予以取缔,并依法予以处理。

(3)对已经依法取得批准的单位,负责行政审批的部门发现其不再具备安全生产条件的,应当撤销原批准。这是对已经取得安全生产事项行政许可的生产经营单位安全生产条件的动态监督管理职责。

(4)规范行政许可的特别规定。《安全生产法》第五十五条规定,负有安全生产监督管理职责的部门对涉及安全生产的事项进行审查、验收,不得收取费用;不得要求接受审查、验收的单位购买其指定品牌或者指定生产、销售单位的安全设备、器材或者其他产品。

2.负有安全生产监督管理职责的部门依法监督检查时行使的职权

《安全生产法》第五十六条对负有安全生产监督管理职责的部门依法对生产经营单位执行有关安全生产的法律、法规和国家标准或行业标准的情况进行监督检查,赋予了 3 项职权。

(1)现场调查取证权,即安全生产监督检查人员可以进入生产经营单位进行现场调查,单位不得拒绝,有权向被检查单位调阅资料,向有关人员(负责人、管理人员、技术人员)了解情况。

(2)现场处理权,即对安全生产违法作业当场纠正权;对现场检查出的隐患,责令限期改正、停产停业或停止使用的职权;责令紧急避险权和依法行政处罚权。

(3)查封、扣押行政强制措施权,其对象是安全设施、设备、器材、仪表等;依据是不符合国家或行业安全标准；条件是必须按程序办事、有足够证据、经部门负责人批准、通知被查单位负责人到场、登记记录等，并必须在15日内作出决定。

3. 安全生产监督检查人员依法履行职责的要求

《安全生产法》对安全生产监督检查人员履行职责提出了要求。一是坚持履行安全生产监督检查人员履行监管执法的行为准则，执政为民，忠于法律，不玩忽职守，不徇私情，不贪赃枉法。二是严格按程序履行职责，规范执法，持证执法，保守秘密。三是监督检查不得影响被检查单位的正常生产经营活动。四是应将检查的时间、地点、内容、发现的问题及其处理情况，作出书面纪录，并由检查人员和被检查单位的负责人签字；被检查单位的负责人拒绝签字的，检查人员应当将情况记录在案，并向负有安全生产监督管理职责的部门报告。

4. 安全生产监督管理部门和人员进行监督检查的规定

《安全生产法》要求生产经营单位对负有安全生产监督管理职责的部门的监督检查人员依法履行监督检查职责，应当予以配合，不得拒绝、阻挠。

5. 行政监察机关的职责

《安全生产法》第六十一条规定，监察机关依照行政监察法的规定，对负有安全生产监督管理职责的部门及其工作人员履行安全生产监督管理职责实施监察。发现违法违纪的，要依法处理。

6. 安全生产中介机构的监督管理

《安全生产法》关于安全生产中介机构的监督管理的规定主要包括资质认可和责任追究两个方面。

(1)安全生产中介机构资质的认可。

依照《安全生产法》第六十二条的规定，承担安全评价、认证、监测、检验的机构应当具备国家规定的资质条件。只有符合国家规定或者国家授权部门规定的资质条件，按照法定程序申请登记并获得批准的，方可从事安全生产中介服务活动。

(2)安全生产中介服务的责任。

《安全生产法》第六十二条规定，承担安全评价、认证、检测、检验的机构对其作出的安全评价、认证、检测、检验的结果负责。

7. 安全生产违法行为举报的规定

《安全生产法》关于安全生产违法行为举报的规定，包括社会举报和举报受理两个方面。

(1)社会举报。《安全生产法》第六十四条规定，任何单位和个人对事故隐患或者安全生产违法行为，均有权向负有安全生产监督管理职责的部门报告或者举报。

(2)举报受理。《安全生产法》第六十三条规定，负有安全生产监督管理职责的部门，应当建立举报制度，公开举报电话、信箱或者电子邮件地址，受理有关安全生产的举报；受理的举报事项经调查核实后，应当形成书面材料；需要落实整改措施的，报经有关负责人签字并督促落实。

8. 安全生产社会监督、舆论监督的规定

(1)社会监督。《安全生产法》规定，居民委员会、村民委员会发现其所在区域内的生产经营单位存在事故隐患和安全生产违法行为时，应当向当地人民政府或者有关部门报告。

(2)舆论监督。新闻、出版、广播、电影、电视等单位有进行安全生产宣传教育的义务，有对违反安全生产法律、法规的行为进行舆论监督的权利。

9. 对举报安全生产违法行为有功人员的奖励

《安全生产法》第六十六条规定,县级以上人民政府及有关部门对报告重大事故隐患或举报安全生产违法行为的有功人员,给予奖励。具体奖励办法由国务院负责安全生产监督管理的部门会同国务院财政部门制定。

(四)生产安全事故的应急救援与调查处理

《安全生产法》确立的事故应急救援和调查处理制度,对事故发生前应急救援的准备和事故发生后调查处理的组织分别进行了规范,体现了重在预防的指导思想。事故应急和处理制度,主要包括:事故应急预案的制订和事故应急体系的建立、高危生产经营单位的应急救援、事故报告、重大事故的应急抢救、调查处理的原则、事故责任的追究、事故统计和公布等内容。

《安全生产法》突破了"重视事后调查处理,忽视事前应急准备"的旧模式,将应急救援纳入事故调查处理制度之中,这对保护人民群众生命和财产安全具有重要意义。

1. 地方政府应急救援工作职责

《安全生产法》第六十八条规定:"县级以上地方各级人民政府应当组织有关部门制订本行政区域内特大生产安全事故应急预案,建立应急救援体系。"

事故应急预案,应当包括:可能发生的特大事故的种类,事故发生的地区、地段、地点或者单位,事故波及地区的人员、道路交通、消防设施和通道,事故可能造成的危害及其应对措施,事故救援的组织指挥,抢救伤害人员的措施以及设施、设备、器材和物品的组织供应,事故现场秩序维持和后期处理措施等。

事故救援体系是实施应急预案的组织保证,应当明确各级救援组织机构的建立及其领导人员,确定内部分设的专门救援组织,如维持现场秩序、疏导交通、消防急救、现场处理、提供医疗和生活物品、发布信息的组织或者部门,明确各自的岗位及其职责,形成一个能够处理突发事故的救援体系。如果发生特大事故,这个体系立即启动,各级领导和工作人员能以最快速度各就各位,各司其职,统一领导,分工负责,有条不紊地开展救援工作,最大限度地救治人员和保护财产,减少损失。

2. 生产经营单位生产安全事故的应急救援

1)高危生产经营单位的事故应急救援

《安全生产法》将事故应急救援的重点放在高危生产经营单位,作出了强制性的规定。《安全生产法》第六十九条规定:"危险物品的生产、经营、储存单位以及矿山、建筑施工单位应当建立应急救援组织;生产经营规模较小,可以不设应急救援组织的,应当指定兼职的应急救援人员。危险物品的生产、经营、储存单位以及矿山、建筑施工单位应当配备必要的应急救援器材、设备,并进行经常性维护、保养,保证正常运转。"对于这些生产经营单位来说,原则上都要设立应急救援组织,配备应急救援器材、设备,保证其经常处于完好状态。一些小规模并且不适宜建立应急救援组织的小型生产经营单位,如小加油站、化工用品零售商店等,也必须由专人负责应急救援工作并配备相应的应急救援器材和设备。

2)重大事故的应急抢救

《安全生产法》第七十一条规定,负有安全生产监督管理职责的部门接到事故报告后,应当立即按照国家有关规定上报事故情况。负有安全生产监督管理职责的部门和有关地方人民政府对事故情况不得隐瞒不报、谎报或者拖延不报。《安全生产法》第七十二条规定,有关地方人民政府和负有安全生产监督管理职责的部门的负责人接到重大生产安全事故报告后,应当立即赶到事故现场,组织事故抢救。任何单位和个人都应当支持、配合事故抢救,并提供一切便利条件。

3.生产安全事故报告和处置的规定

迅速、及时、准确地报告发生生产安全事故,是生产经营单位和各级地方人民政府及其负有安全生产监督管理职责的部门的法定义务和责任。只有这样,才能尽快组织救援,防止扩大事故,挽回或者减少人员和财产损失。《安全生产法》第七十条和第七十一条对此作出了明确的法律规定。

1)现场有关人员应当立即报告本单位负责人

生产经营单位发生生产安全事故后,在事发现场的从业人员、管理人员和其他人员,有义务采用任何方式以最快的速度立即报告,既可以逐级报告,也可以越级报告,不得耽误。

2)生产经营单位应当组织抢救并报告事故

生产经营单位负责人接到事故报告后,应当迅速采取有效措施组织抢救,防止事故扩大,减少人员伤亡和财产损失,并按照国家有关规定立即如实报告当地负有安全生产监督管理职责的部门,不得隐瞒不报、谎报或者拖延不报,不得故意破坏事故现场、毁灭有关证据。生产经营单位主要负责人在事故报告和抢救中负有主要领导责任,必须履行及时、如实报告生产安全事故的法定职责。

4.生产安全事故调查处理的规定

1)事故调查处理的原则

鉴于法律授权国务院制定专门的事故调查处理行政法规,所以《安全生产法》没有对事故报告和调查处理作出详细的规定。但是法律确定了事故调查处理的原则,即应当按照实事求是、尊重科学的原则,及时、准确地查清事故原因,查明事故性质和责任,总结事故教训,提出整改措施,并对事故责任者提出处理意见。针对事故调查处理工作存在的地方保护、避重就轻、逃脱责任等突出问题,《安全生产法》第七十五条同时规定,任何单位和个人不得阻挠和干涉对事故的依法调查处理。

2)事故责任的追究

《安全生产法》第七十四条规定:“生产经营单位发生生产安全事故,经调查确定责任事故的,除了应当查明事故单位的责任并依法予以追究外,还应当查明对安全生产有关事项负有审查批准和监督职责的行政部门的责任,对有失职、渎职行为的,依照本法第七十七条的规定追究法律责任。”本条规定的责任主体包括生产经营单位的主要负责人、个人经营的投资人和负有安全生产监督管理职责的部门的工作人员。如果违反法律规定应予追究责任的,将要受到法律的制裁。

3)事故统计和公布

《安全生产法》第七十六条规定:“县级以上各级地方人民政府负责安全生产监督管理的部门应当定期统计分析本行政区域内发生生产安全事故的情况,并定期向社会公布。”按照这条规定,凡是发生生产安全事故的单位及各有关部门,都应当依照有关事故报告、统计分析的规定,及时、准确地向当地安全生产监管部门报告,由县级以上地方人民政府安全生产监管部门逐级进行汇总、统计和分析,定期通过公共传媒予以公布。

三、《中华人民共和国道路交通安全法》

《中华人民共和国道路交通安全法》(以下简称《道路交通安全法》)由中华人民共和国

第十届全国人民代表大会常务委员会第五次会议于2003年10月28日通过，予以公布，根据2011年4月22日第十一届全国人民代表大会常务委员会第二十次会议《关于修改<中华人民共和国道路交通安全法>的决定》第二次修正，自2011年5月1日起施行。道路交通安全法主要内容包括：总则、车辆和驾驶人、道路通行条件、道路通行规定、交通事故处理、执法监督和法律责任等。

(一)道路交通安全法的立法目的、适用范围和基本原则

1. 立法目的

制定道路交通安全法是为了维护道路交通秩序，预防和减少交通事故，保护人身安全，保护公民、法人和其他组织的财产安全及其他合法权益，提高通行效率。

2. 适用范围

道路交通安全法规定，中华人民共和国境内的车辆驾驶人、行人、乘车人以及与道路交通活动有关的单位和个人，都应当遵守道路交通安全法。

3. 基本原则

道路交通安全工作，应当遵循依法管理、方便群众的原则，保障道路交通有序、安全、畅通。

(二)道路交通安全法相关安全规定

1. 机动车

第八条规定：国家对机动车实行登记制度。机动车经公安机关交通管理部门登记后，方可上道路行驶。尚未登记的机动车，需要临时上道路行驶的，应当取得临时通行牌证。

第十条规定：准予登记的机动车应当符合机动车国家安全技术标准。申请机动车登记时，应当接受对该机动车的安全技术检验。但是，经国家机动车产品主管部门依据机动车国家安全技术标准认定的企业生产的机动车型，该车型的新车在出厂时经检验符合机动车国家安全技术标准，获得检验合格证的，免予安全技术检验。

第十一条规定：驾驶机动车上道路行驶，应当悬挂机动车号牌，放置检验合格标志、保险标志，并随车携带机动车行驶证。机动车号牌应当按照规定悬挂并保持清晰、完整，不得故意遮挡、污损。

第十三条规定：对登记后上道路行驶的机动车，应当依照法律、行政法规的规定，根据车辆用途、载客载货数量、使用年限等不同情况，定期进行安全技术检验。

第十四条规定：国家实行机动车强制报废制度，根据机动车的安全技术状况和不同用途，规定不同的报废标准。

应当报废的机动车必须及时办理注销登记。

达到报废标准的机动车不得上道路行驶。报废的大型客、货车及其他营运车辆应当在公安机关交通管理部门的监督下解体。

第十六条规定：任何单位或者个人不得有下列行为：

(1)拼装机动车或者擅自改变机动车已登记的结构、构造或者特征；

(2)改变机动车型号、发动机号、车架号或者车辆识别代号；

(3)伪造、变造或者使用伪造、变造的机动车登记证书、号牌、行驶证、检验合格标志、保险标志；

(4)使用其他机动车的登记证书、号牌、行驶证、检验合格标志、保险标志。

第十七条规定:国家实行机动车第三者责任强制保险制度,设立道路交通事故社会救助基金。

第四十二条规定:机动车上道路行驶,不得超过限速标志标明的最高时速。在没有限速标志的路段,应当保持安全车速。

夜间行驶或者在容易发生危险的路段行驶,以及遇有沙尘、冰雹、雨、雪、雾、结冰等气象条件时,应当降低行驶速度。

第四十三条规定:同车道行驶的机动车,后车应当与前车保持足以采取紧急制动措施的安全距离。有下列情形之一的,不得超车:

(1)前车正在左转弯、掉头、超车的;

(2)与对面来车有会车可能的;

(3)前车为执行紧急任务的警车、消防车、救护车、工程救险车的;

(4)行经铁路道口、交叉路口、窄桥、弯道、陡坡、隧道、人行横道、市区交通流量大的路段等没有超车条件的。

第四十四条规定:机动车通过交叉路口,应当按照交通信号灯、交通标志、交通标线或者交通警察的指挥通过;通过没有交通信号灯、交通标志、交通标线或者交通警察指挥的交叉路口时,应当减速慢行,并让行人和优先通行的车辆先行。

第四十五条规定:机动车遇有前方车辆停车排队等候或者缓慢行驶时,不得借道超车或者占用对面车道,不得穿插等候的车辆。

在车道减少的路段、路口,或者在没有交通信号灯、交通标志、交通标线或者交通警察指挥的交叉路口遇到停车排队等候或者缓慢行驶时,机动车应当依次交替通行。

第四十六条规定:机动车通过铁路道口时,应当按照交通信号或者管理人员的指挥通行;没有交通信号或者管理人员的,应当减速或者停车,在确认安全后通过。

第四十七条规定:机动车行经人行横道时,应当减速行驶;遇行人正在通过人行横道,应当停车让行。

机动车行经没有交通信号的道路时,遇行人横过道路,应当避让。

第四十九条规定:机动车载人不得超过核定的人数。

第五十一条规定:机动车行驶时,驾驶人、乘坐人员应当按规定使用安全带。

第五十二条规定:机动车在道路上发生故障,需要停车排除故障时,驾驶人应当立即开启危险报警闪光灯,将机动车移至不妨碍交通的地方停放;难以移动的,应当持续开启危险报警闪光灯,并在来车方向设置警告标志等措施扩大示警距离,必要时迅速报警。

第五十六条规定:机动车应当在规定地点停放。禁止在人行道上停放机动车;但是,按规定施划的停车泊位除外。

在道路上临时停车的,不得妨碍其他车辆和行人通行。

2. 驾驶员

第十九条规定:驾驶机动车,应当依法取得机动车驾驶证。

申请机动车驾驶证,应当符合国务院公安部门规定的驾驶许可条件;经考试合格后,由公安机关交通管理部门发给相应类别的机动车驾驶证。

驾驶人应当按照驾驶证载明的准驾车型驾驶机动车;驾驶机动车时,应当随身携带机动车驾驶证。

第二十一条规定:驾驶人驾驶机动车上道路行驶前,应当对机动车的安全技术性能进行认真检查;不得驾驶安全设施不全或者机件不符合技术标准等具有安全隐患的机动车。

第二十二条规定:机动车驾驶人应当遵守道路交通安全法律、法规的规定,按照操作规范安全驾驶、文明驾驶。

饮酒、服用国家管制的精神药品或者麻醉药品,或者患有妨碍安全驾驶机动车的疾病,或者过度疲劳影响安全驾驶的,不得驾驶机动车。

任何人不得强迫、指使、纵容驾驶人违反道路交通安全法律、法规和机动车安全驾驶要求驾驶机动车。

3. 交通事故处理

第七十条规定:在道路上发生交通事故,车辆驾驶人应当立即停车,保护现场;造成人身伤亡的,车辆驾驶人应当立即抢救受伤人员,并迅速报告执勤的交通警察或者公安机关交通管理部门。因抢救受伤人员变动现场的,应当标明位置。乘车人、过往车辆驾驶人、过往行人应当予以协助。

在道路上发生交通事故,未造成人身伤亡,当事人对事实及成因无争议的,可以即行撤离现场,恢复交通,自行协商处理损害赔偿事宜;不即行撤离现场的,应当迅速报告执勤的交通警察或者公安机关交通管理部门。

在道路上发生交通事故,仅造成轻微财产损失,并且基本事实清楚的,当事人应当先撤离现场再进行协商处理。

第七十六条规定:机动车发生交通事故造成人身伤亡、财产损失的,由保险公司在机动车第三者责任强制保险责任限额范围内予以赔偿;不足的部分,按照下列规定承担赔偿责任:

(1)机动车之间发生交通事故的,由有过错的一方承担赔偿责任;双方都有过错的,按照各自过错的比例分担责任。

(2)机动车与非机动车驾驶人、行人之间发生交通事故,非机动车驾驶人、行人没有过错的,由机动车一方承担赔偿责任;有证据证明非机动车驾驶人、行人有过错的,根据过错程度适当减轻机动车一方的赔偿责任;机动车一方没有过错的,承担不超过百分之十的赔偿责任。

交通事故的损失是由非机动车驾驶人、行人故意碰撞机动车造成的,机动车一方不承担赔偿责任。

4. 法律责任

第八十八条规定:对道路交通安全违法行为的处罚种类,包括:警告、罚款、暂扣或者吊销机动车驾驶证、拘留。

第九十条规定:机动车驾驶人违反道路交通安全法律、法规关于道路通行规定的,处警告或者 20 元以上 200 元以下罚款。本法另有规定的,依照规定处罚。

第九十一条规定:饮酒后驾驶机动车的,处暂扣 6 个月机动车驾驶证,并处 1 000 元以上 2 000 元以下罚款。因饮酒后驾驶机动车被处罚,再次饮酒后驾驶机动车的,处 10 日以下拘留,并处 1 000 元以上 2 000 元以下罚款,吊销机动车驾驶证。醉酒驾驶机动车的,由公安机关交通管理部门约束至酒醒,吊销机动车驾驶证,依法追究刑事责任;5 年内不得重新取得机动车驾驶证。

饮酒后驾驶营运机动车的,处 15 日拘留,并处 5 000 元罚款,吊销机动车驾驶证,5 年内不得重新取得机动车驾驶证。

醉酒驾驶营运机动车的，由公安机关交通管理部门约束至酒醒，吊销机动车驾驶证，依法追究刑事责任；10 年内不得重新取得机动车驾驶证，重新取得机动车驾驶证后，不得驾驶营运机动车。

饮酒后或者醉酒驾驶机动车发生重大交通事故，构成犯罪的，依法追究刑事责任，并由公安机关交通管理部门吊销机动车驾驶证，终生不得重新取得机动车驾驶证。

第九十三条规定：对违反道路交通安全法律、法规关于机动车停放、临时停车规定的，可以指出违法行为，并予以口头警告，令其立即驶离。

机动车驾驶人不在现场或者虽在现场但拒绝立即驶离，妨碍其他车辆、行人通行的，处 20 元以上 200 以下罚款，并可以将该机动车拖移至不妨碍交通的地点或者公安机关交通管理部门指定的地点停放。公安机关交通管理部门拖车不得向当事人收取费用，并应当及时告知当事人停放地点。

因采取不正确的方法拖车造成机动车损坏的，应当依法承担补偿责任。

第九十五条规定：上道路行驶的机动车未悬挂机动车号牌，未放置检验合格标志、保险标志，或者未随车携带行驶证、驾驶证的，公安机关交通管理部门应当扣留机动车，通知当事人提供相应的牌证、标志或者补办相应手续，并可以依照本法第九十条的规定予以处罚。当事人提供相应的牌证、标志或者补办相应手续的，应当及时退还机动车。

故意遮挡、污损或者不按规定安装机动车号牌的，依照本法第九十条的规定予以处罚。

第九十六条规定：伪造、变造或者使用伪造、变造的机动车登记证书、号牌、行驶证、驾驶证的，由公安机关交通管理部门予以收缴，扣留该机动车，处 15 日以下拘留，并处 2 000 元以上 5 000 元以下罚款；构成犯罪的，依法追究刑事责任。

伪造、变造或者使用伪造、变造的检验合格标志、保险标志的，由公安机关交通管理部门予以收缴，扣留该机动车，处 10 日以下拘留，并处 1 000 元以上 3 000 元以下罚款；构成犯罪的，依法追究刑事责任。

使用其他车辆的机动车登记证书、号牌、行驶证、检验合格标志、保险标志的，由公安机关交通管理部门予以收缴，扣留该机动车，处 2 000 元以上 5 000 元以下罚款。

当事人提供相应的合法证明或者补办相应手续的，应当及时退还机动车。

第九十七条规定：非法安装警报器、标志灯具的，由公安机关交通管理部门强制拆除，予以收缴，并处 200 元以上 2 000 元以下罚款。

第九十八条规定：机动车所有人、管理人未按照国家规定投保机动车第三者责任强制保险的，由公安机关交通管理部门扣留车辆至依照规定投保后，并处依照规定投保最低责任限额应缴纳的保险费的 2 倍罚款。

依照前款缴纳的罚款全部纳入道路交通事故社会救助基金。具体办法由国务院规定。

第九十九条规定：有下列行为之一的，由公安机关交通管理部门处 200 元以上 2 000 元以下罚款：

(1)未取得机动车驾驶证、机动车驾驶证被吊销或者机动车驾驶证被暂扣期间驾驶机动车的；

(2)将机动车交由未取得机动车驾驶证或者机动车驾驶证被吊销、暂扣的人驾驶的；

(3)造成交通事故后逃逸，尚不构成犯罪的；

(4)机动车行驶超过规定时速 50% 的；

(5)强迫机动车驾驶人违反道路交通安全法律、法规和机动车安全驾驶要求驾驶机动

车,造成交通事故,尚不构成犯罪的;

(6)违反交通管制的规定强行通行,不听劝阻的;

(7)故意损毁、移动、涂改交通设施,造成危害后果,尚不构成犯罪的;

(8)非法拦截、扣留机动车辆,不听劝阻,造成交通严重阻塞或者较大财产损失的。

行为人有前款第二项、第四项情形之一的,可以并处吊销机动车驾驶证;有第一项、第三项、第五项至第八项情形之一的,可以并处15日以下拘留。

第一百条规定:驾驶拼装的机动车或者已达到报废标准的机动车上道路行驶的,公安机关交通管理部门应当予以收缴,强制报废。

对驾驶前款所列机动车上道路行驶的驾驶人,处200元以上2 000元以下罚款,并吊销机动车驾驶证。

出售已达到报废标准的机动车的,没收违法所得,处销售金额等额的罚款,对该机动车依照本条第一款的规定处理。

第一百零一条规定:违反道路交通安全法律、法规的规定,发生重大交通事故,构成犯罪的,依法追究刑事责任,并由公安机关交通管理部门吊销机动车驾驶证。

造成交通事故后逃逸的,由公安机关交通管理部门吊销机动车驾驶证,且终生不得重新取得机动车驾驶证。

第一百零二条规定:对六个月内发生二次以上特大交通事故负有主要责任或者全部责任的专业运输单位,由公安机关交通管理部门责令消除安全隐患,未消除安全隐患的机动车,禁止上道路行驶。

第一百零八条规定:当事人应当自收到罚款的行政处罚决定书之日起十五日内,到指定的银行缴纳罚款。

第一百零九条规定:当事人逾期不履行行政处罚决定的,作出行政处罚决定的行政机关可以采取下列措施:

(1)到期不缴纳罚款的,每日按罚款数额的3%加处罚款;

(2)申请人民法院强制执行。

四、《中华人民共和国道路交通安全法实施条例》

2004年4月28日《中华人民共和国道路交通安全法实施条例》(以下简称《道路交通安全法实施条例》)通过了国务院第49次常务会议,以中华人民共和国国务院令第405号文件发布,于2004年5月1日起施行。该条例是我国行人、非机动车、机动车参与交通行为的基本法律规范。是交通警察对交通行为作出处罚的依据。

《道路交通安全法实施条例》主要从4个方面体现了与安全法的配套:一是道路交通安全法实对道路交通基本法律制度作了概括性规定的,如车辆登记制度、检验制度,机动车驾驶人累积记分制度,驾驶证定期审验制度,这些制度的实施需要有具体的配套规定。二是道路交通安全法实授权国务院对有关内容制定具体办法的,如道路通行规则、机动车安全技术检验社会化等作出具体的配套规定。三是将道路交通安全法实有关道路交通事故处理的内容进行细化,增强操作性。四是道路交通安全法实已将行人、乘车人、非机动车、机动车的道路通行违法行为作了授权性处罚规定,实施条例的法律责任部分不再区分具体的违法行为并规定处罚,而是对安全法规定的处罚以及强制措施的实施作了程序性规定。

1. 政府部门的职责

(1)制定道路交通安全规划实施方案。第三条规定,县级以上地方各级政府应当建立、健全道路交通安全工作协调机制,组织有关部门对城市建设项目进行交通影响评价,制定道路交通安全管理规划,确定管理目标,制定实施方案。

(2)维护道路交通通行条件。第三十二条规定,道路交叉路口和行人横过道路较为集中的路段应当设置人行横道、过街天桥或者过街地下通道。在盲人通行较为集中的路段,人行横道信号灯应当设置声响提示装置。第三十四条规定,开辟或者调整公共汽车、长途汽车的行驶路线或者车站,应当符合交通规划和安全、畅通的要求。第三十六条规定,道路或者交通设施养护部门、管理部门应当在急弯、陡坡、临崖、临水等危险路段,按照国家标准设置警告、减速标志和安全防护设施。第三十七条规定,道路交通标志、标线不规范,机动车驾驶人容易发生辨认错误的,交通标志、标线的主管部门应当及时予以改善。道路照明设施应当符合道路建设技术规范,保持照明功能完好。

2. 社会企业的权利和义务

在实施《道路交通安全法实施条例》第二章、第三章及第七章对企业的权利和义务作出规定,主要有:

(1)对运输企业权利和义务的规定。如,第十四条规定,公路载客汽车不得超过核定的载客人数。超过核定的载客人数的,公安机关交通管理部门应当扣留机动车,由驾驶人转运超载的乘客。营运机动车在规定检验期限内经安全技术检验合格的,不再重复进行安全技术检验。

(2)对机动车安全技术检验权利和义务的规定。如第十五条、第十六条、第十七条规定,安全技术检验机构对机动车进行检验,并对检验结果承担法律责任。机动车检验应按下列标准进行:一是营运载客汽车5年以内每年检验1次;超过5年的,每6个月检验1次;二是载货汽车和大型、中型非营运载客汽车10年以内每年检验1次;超过10年的,每6个月检验1次;三是小型、微型非营运载客汽车6年以内每2年检验1次;超过6年的,每年检验1次;超过15年的,每6个月检验1次;四是摩托车4年以内每2年检验1次;超过4年的,每年检验1次;五是拖拉机和其他机动车每年检验1次。

(3)对道路养护施工单位权利和义务的规定。如,第三十五条、第三十六条、第三十七条规定,道路养护施单位在道路上进行养护、维修时,应当按照规定设置规范的安全警示标志和安全防护设施。道路养护施工作业车辆、机械应当安装示警灯,喷涂明显的标志图案,作业时应当开启示警灯和危险报警闪光灯。道路施工需要车辆绕行的,施工单位应当在绕行处设置标志;不能绕行的,应当修建临时通道,保证车辆和行人通行。需要封闭道路中断交通的,除紧急情况外,应当提前5日向社会公告。

3. 公民的权利和义务

《道路交通安全法实施条例》体现了《道路交通安全法》保障道路交通有序、安全、畅通的指导思想和依法管理、方便群众的基本原则,进一步明确了公民参与交通活动的权利和义务。主要有以下五个方面:

(1)学习驾驶机动车。第九条至第二十二条规定,符合国务院公安部门规定的驾驶许可条件的人,可以向公安机关交通管理部门申请机动车驾驶证。学习机动车驾驶,应当先学习道路交通安全法律、法规和相关知识,考试合格后,再学习机动车驾驶技能。在道路上学习驾驶,应当按照公安机关交通管理部门指定的路线、时间进行。在道路上学习机动车驾驶技能应当使用教练车，在教练员随车指导下进行，与教学无关的人员不得乘坐教练车。学员在学习驾驶中有道路交通安全违法行为或者造成交通事故的，由教练员承担责任。申请机动车驾驶证的人经公安机关交通管理部门对考试合格的，在5日内可领取机动车驾驶证。

(2)接受交通安全教育。第二十三条、第二十四条规定，机动车驾驶人驾驶证违法行为记录累积记分达到12分的，应当接受道路交通安全法律、法规教育，重新考试；考试合格的，发还其机动车驾驶证。对遵守道路交通安全法律、法规，在一年内无累积记分的机动车驾驶人，可以延长机动车驾驶证的审验期。

(3)遵守道路通行规则。《道路交通安全法实施条例》第四章共48条，对道路通行作了全面细致的规定。主要有以下几个方面：一是机动车车速、让车、超车、会车、掉头、倒车、停车、装载、安全视距以及非机动车驾驶人、行人、乘车人应当按照规定通行。二是驾驶机动车不得手持接听或拨打移动电话的规定。三是在单位院内、居民居住区内，机动车应当低速行驶，避让行人，有限速标志的，按照限速标志行驶。四是在高速公路上行驶的小型载客汽车最高车速不得超过每小时120公里，其他机动车不得超过每小时100公里，摩托车不得超过每小时80公里。五是行人横过道路时，应当走人行横道、人行过街天桥或者人行过街地下通道等行人过街设施。六是车辆依法载人、载物。规定机动车载物不得超过机动车行驶证上核定的载质量，装载长度、宽度不得超出车厢，并相应规定了对超载的货运机动车扣车卸载的规定。

(4)公民发生交通事故后的权利与义务。实施条例第五章对事故处理进行详细规定，其中机动车与机动车、机动车与非机动车在道路上发生未造成人身伤亡的交通事故，当事人对事实及成因无争议的，可以在记录交通事故的时间、地点、对方当事人的姓名和联系方式、机动车牌号、驾驶证号、保险凭证号、碰撞部位，并共同签名后，撤离现场，自行协商损害赔偿事宜。

(5)对交警执法行为进行监督。实施条例在各章节中对交警执法行为都有明确规定，在第六章执法监督作出明确规定，保障公民合法权利。如第一百零七条，对扣留机动车的处理作出规定：驾驶人或者所有人、管理人30日内没有提供被扣留机动车的合法证明，没有补办相应手续，或者不前来接受处理，经公安机关交通管理部门通知并且经公告3个月仍不前来接受处理的，由公安机关交通管理部门将该机动车送交有资格的拍卖机构拍卖，所得价款上缴国库；非法拼装的机动车予以拆除；达到报废标准的机动车予以报废；机动车涉及其他违法犯罪行为的，移交有关部门处理。此条款，很明确地规定了交警对扣留机动车处理程序，便于公开公正执法，更有利于公民监督。

五、《中华人民共和国劳动法》

《中华人民共和国劳动法》(以下简称《劳动法》)于1994年7月5日由第八届全国人民代表大会第八次会议通过，1995年1月1日起施行。《劳动法》是调整劳动关系以及与劳动关系密切联系的其他关系的法律规范。该法相关的安全规定如下。

1. 用人单位在职业安全卫生方面的职责

《劳动法》第五十二条规定：“用人单位必须建立、健全职业安全卫生制度，严格执行国家职业安全卫生规程和标准，对劳动者进行职业安全卫生教育，防止劳动过程中的事故，减少职业危害。”根据本条款的规定，职业安全卫生制度包括以下几项内容：用人单位必须建立、健全职业安全卫生制度；用人单位必须执行国家职业安全卫生规程和标准；用人单位必须对劳动者进行职业安全卫生教育。

《劳动法》第五十三条规定："职业安全卫生设施必须符合国家规定的标准。新建、改建、扩建工程的职业安全卫生设施必须与主体工程同时设计、同时施工、同时投入生产和使用。""职业安全卫生设施"是指安全技术方面的设施、劳动卫生方面的设施、生产性辅助设施(如女工卫生室、更衣室、饮水设施等)。"国家规定的标准"是指行政主管部门和各行业主管部门制定的一系列技术标准。

2. 职业安全卫生条件及劳动防护用品要求

《劳动法》第五十四条规定："用人单位必须为劳动者提供符合国家规定的职业安全卫生条件和必要的劳动防护用品。对从事有职业危害作业的劳动者应当定期进行健康检查。"

3. 建立伤亡事故和职业病统计报告和处理制度

在劳动生产过程中,由于各种原因发生伤亡事故,产生职业病是不可避免的,为了真实地掌握情况,有效地采取对策,预防或防止事故隐思和职业病的发生。在《劳动法》中特别提出了"建立伤亡事故和职业病统计报告的处理制度"。

4. 对劳动者的职业培训

《劳动法》第五十五条规定："从事特种作业的劳动者必须经过专门培训并取得特种作业资格。"

5. 劳动者在职业安全卫生方面的权利和义务

《劳动法》第五十六条规定："劳动者在劳动过程中必须严格遵守安全操作规程。劳动者对用人单位管理人员违章指挥、强令冒险作业,有权拒绝执行;对危害生命安全和身体健康的行为,有权提出批评、检举和控告。"

六、《中华人民共和国劳动合同法》

2007 年 6 月 29 日第十届全国人民代表大会常务委员会第二十八次会议通过了《中华人民共和国劳动合同法》,自 2008 年 1 月 1 日起施行。其立法目的是为了保护劳动者的合法权益,调整劳动关系,建立和维护适应社会主义市场经济的劳动制度,促进经济发展和社会进步。该法相关的安全规定如下。

(1)用人单位在制定、修改或者决定有关劳动报酬、工作时间、休息休假、劳动安全卫生、保险福利、职工培训、劳动纪律以及劳动定额管理等直接涉及劳动者切身利益的规章制度或者重大事项时,应当经职工代表大会或者全体职工讨论,提出方案和意见,与工会或者职工代表平等协商确定。

(2)用人单位招用劳动者时,应当如实告知劳动者工作内容、工作条件、工作地点、职业危害、安全生产状况、劳动报酬,以及劳动者要求了解的其他情况;用人单位有权了解劳动者与劳动合同直接相关的基本情况,劳动者应当如实说明。

(3)劳动者拒绝用人单位管理人员违章指挥、强令冒险作业的,不视为违反劳动合同。劳动者对危害生命安全和身体健康的劳动条件,有权对用人单位提出批评、检举和控告。

(4)用人单位违章指挥、强令冒险作业危及劳动者人身安全的,劳动者可以立即解除劳动合同,不需事先告知用人单位。

(5)违章指挥或者强令冒险作业危及劳动者人身安全的或劳动条件恶劣、环境污染严重,给劳动者身心健康造成严重损害的,依法给予行政处罚;构成犯罪的,依法追究刑事责任;给劳动者造成损害的,应当承担赔偿责任。

七、《中华人民共和国突发事件应对法》

（一）《中华人民共和国突发事件应对法》（以下简称《突发事件应对法》）的立法过程与重要意义

1.《突发事件应对法》的立法过程

近年来，我国重大突发事件频繁发生。各级人民政府在积极应对突发事件的过程中总结出了丰富经验，得到了许多教训。2003 年，抗击“非典”的过程给了各级人民政府许多重要启示，其中重要的一点就是要依靠法制应对突发事件。自 2003 年 5 月起，国务院有关部委成立了法律起草领导小组，着手《突发事件应对法》的研究起草工作。法律起草小组重点研究了美、俄、德、意、日等十多个国家应对突发事件的法制制度，深入全国各地开展调研，举办了多次学术研讨会，对法制基本结构和内容进行了深入研究。《突发事件应对法》草案，广泛征求了全国人大、全国政协有关单位、有关社会团体、各省（自治区、直辖市）人民政府、国务院各部委，以及各方面专家学者的意见。国务院第 83 次、第 138 次常务会议，十届全国人大常委会第二十二次、第二十八次、第二十九次会议，多次深入讨论和审议《突发事件应对法》草案，对法律草案进行了大量修改和完善。因此，《突发事件应对法》的立法过程体现了党和政府对突发事件应对工作的高度重视，体现了各级各部门对突发事件应对工作规律性的认识，很好地保证了这部法律的权威性、实用性和科学性。

2.《突发事件应对法》的重要意义

突发事件应急管理是一项内容庞杂、情况多变，涉及各方面利益，又需要各方面参与，理论性和实践性都很强的工作，必须在法律上对这项工作的各个方面、各个环节进行严格规范。据统计，在《突发事件应对法》出台前，全国已经制定涉及突发事件应对的法律 35 件、行政法规 37 件、部门规章 55 件。而制定和实施《突发事件应对法》，是国务院进一步加强应急管理法制建设的又一重要举措，使我国基本形成了以《突发事件应对法》为核心，以相关法律、法规和规章为基础，门类齐全、覆盖面广的应急管理法律体系。《突发事件应对法》的核心作用主要体现在以下几个方面：

（1）《突发事件应对法》是我国应急管理长期实践的高度总结。《突发事件应对法》提炼了近几年应急管理实践创新和理论创新的最新成果，很好地贯彻了科学发展观的基本内涵和根本要求。

（2）《突发事件应对法》确立了我国应急管理的基本制度。《突发事件应对法》从法律层面明确了我国统一领导、综合协调、分类管理、分级负责、属地为主的应急管理体制，以制度的形式建立了预防与应急准备、监测与预警、应急处置与救援等方面的机制，促进了党委领导下的行政领导责任制的进一步落实，从而在法律上确立了应急管理工作的基本制度。

（3）《突发事件应对法》是规范各方应对突发事件行为的基本法律。《突发事件应对法》既明确了政府在应急管理工作中的主体地位和作用，也规定了社会、公民参与突发事件应对活动的责任、权利和义务，形成了政府主导、社会支持、公众参与的应急管理工作基本格局。

（4）《突发事件应对法》是推动应急体系建设的强大动力。《突发事件应对法》对应急救援队伍、应急基础设施、物资储备、科技保障能力等应急体系建设工作作出了明确规定，这必将有力地推动各级人民政府应急体系建设。

(二)《突发事件应对法》的主要内容

1.《突发事件应对法》的立法宗旨和适用范围

根据《突发事件应对法》第一条规定，该法的立法宗旨是预防和减少突发事件的发生，控制、减轻和消除突发事件引起的严重社会危害，规范突发事件应对活动，保护人民生命财产安全，维护国家安全、公共安全、环境安全和社会秩序。这充分体现了我国宪法确立的"国家尊重和保障人权"的人权原则，反映了贯彻科学发展观、推进构建社会主义和谐社会的必然要求。

根据《突发事件应对法》第二条规定，该法的适应范围是突发事件的预防与应急准备、监测与预警、应急处置与救援、事后恢复与重建等应对活动。也就是把应对突发事件的事前、事中、事后的全过程活动纳入该法的调整范围之内。

2.突发事件的内涵及其分类分级

根据《突发事件应对法》第三条规定，突发事件是指突然发生，造成或者可能造成严重社会危害，需要采取应急处置措施予以应对的自然灾害、事故灾难、公共卫生事件和社会安全事件。这一概念具有几个核心要素：一是突发事件具有明显的公共性或社会性，即属于公共危机；二是突发事件具有突发性和紧迫性；三是突发事件具有危害性和破坏性；四是突发事件必须借助于公权力（即政府权力）的介入，运用社会人力、物力才能解决。

突发事件按照其性质、过程和发生机理的不同，可以分为自然灾害、事故灾难、公共卫生事件和社会安全事件。自然灾害主要包括水旱灾害、气象灾害、地震灾害、地质灾害、海洋灾害、生物灾害和森林草原火灾等；事故灾难主要包括工矿商贸等企业的各类安全事故、交通运输事故，公共设施和设备事故，环境污染和生态破坏事件等；公共卫生事件主要包括传染病疫情、群体性不明原因疾病、食品安全和职业危害、动物疫情，以及其他严重影响公众健康和生命安全的事件；社会安全事件主要包括严重危害社会治安秩序的突发事件。按照突发事件的社会危害程度、影响范围，以及性质、可控性、行业特点等因素，原则上将各类突发事件分为特别重大、重大、较大和一般四个等级。突发事件的分级标准由国务院或国务院确定的部门制定。

3.建立健全突发事件应急预案体系

该体系根据《突发事件应对法》第十七条和第十八条规定，国家建立健全突发事件应急预案体系。

国务院制定国家突发事件总体应急预案，组织制定国家突发事件专项应急预案；国务院有关部门根据各自的职责和国务院相关应急预案，制定国家突发事件部门应急预案。

地方各级人民政府和县级以上地方各级人民政府有关部门根据有关法律、法规、规章、上级人民政府及其有关部门的应急预案以及本地区的实际情况，制定相应的突发事件应急预案。

应急预案制定机关应当根据实际需要和情势变化，适时修订应急预案。应急预案的制定、修订程序由国务院规定。

应急预案应当根据本法和其他有关法律、法规的规定，针对突发事件的性质、特点和可能造成的社会危害，具体规定突发事件应急管理工作的组织指挥体系与职责和突发事件的预防与预警机制、处置程序、应急保障措施以及事后恢复与重建措施等内容。

4.建立全国统一的突发事件信息系统和监测预警制度

按照《突发事件应对法》，突发事件监测与预警工作主要包括建立突发事件信息系统、突发事件监测制度、突发事件预警制度三个方面内容。

《突发事件应对法》规定,县级以上人民政府及其有关部门应当根据突发事件的类型和特点,建立完善监测网络,划分监测区域,确定监测站点,明确监测项目,安排必要装备,配备专门人员,对可能发生的突发事件进行密切监测。

县级以上地方各级人民政府应当建立本地区统一的突发事件信息系统,汇集、储存、分析、传输突发事件信息。县级以上人民政府及其有关部门、专业机构应当在当地居民委员会、村民委员会和有关单位建立专、兼职信息报告员制度,多种途径收集突发事件信息。

获悉突发事件信息的公民、法人或者其他组织,应当立即向当地人民政府及有关主管部门或者指定的专业机构报告。有关单位和人员报送、报告突发事件信息,应当做到及时、客观、真实,不得迟报、谎报、瞒报、漏报。地方各级人民政府应当及时汇总分析突发事件信息,会商、评估突发事件状态和影响,并按照规定向上级人民政府报送突发事件信息,并实时预警。

《突发事件应对法》规定,可以预警的突发事件的预警级别,按照突发事件的紧急程度、发展势态和可能造成的危害程度分为一级、二级、三级和四级,分别用红色、橙色、黄色和蓝色标示,一级为最高级别。预警级别的划分标准由国务院或国务院确定的部门制定。

可以预警的突发事件即将发生或发生概率较大时,县级以上地方各级人民政府应当根据权限和程度,发布相应级别的警报,决定并宣布有关地区进入预警期,同时向上一级人民政府报告。

发布三级、四级警报,宣布进入预警期后,县级以上地方各级人民政府应当根据情况采取相应措施:一是启动应急预案;二是加强有关突发事件监测、预报和信息收集、报告工作;三是组织有关方面对突发事件信息进行分析评估,预测其发生概率、影响范围与强度;四是定时向社会发布与公众有关的突发事件预测信息和评估情况;五是向社会发布咨询电话和相关警示,宣传相关防灾、避灾常识。

发布一级、二级警报,宣布进入预警期后,县级以上地方各级人民政府除采取以上措施外,还可根据情况采取以下相应措施:一是责令应急救援队伍及相关人员进入待命状态,做好应急救援和处置准备;二是调集应急救援、处置所需物资,准备应急设施和避难场所;三是加强对重点单位、重要部位和重要基础设施的安全保卫,维护社会治安秩序;四是采取必要措施,确保城市交通、通信等生命线工程安全和正常运行;五是及时发布防灾、避灾的警示、劝告;六是转移、疏散危险地区人员和重要财产;七是关闭易受突发事件危害的场所,控制或限制公共场所活动。

5. 单位和个人违反《突发事件应对法》应负的法律责任

《突发事件应对法》规定,有关单位凡未按规定及时消除已发现的可能引发突发事件的隐患,未采取预防措施,导致发生严重突发事件的;未做好应急设备、设施日常维护、检测工作,导致发生严重突发事件或突发事件危害扩大的;不及时组织开展应急救援工作,造成严重后果的,由所在地负责应对突发事件的人民政府责令停产停业,暂扣或者吊销许可证或者营业执照,并处五万元以上二十万元以下的罚款,构成违反治安管理行为的,由公安机关依法给予处罚。

编造并传播有关突发事件事态发展或者应急处置工作的虚假信息,或者明知是突发事件虚假信息仍然传播的,责令改正,并给予警告;造成严重后果的,依法暂停其业务活动或者吊销其执业许可证;是国家工作人员的,要依法对其给予处分;构成违反治安管理行为的,由公安机关依法给予处罚。

单位或个人不服从所在地人民政府及其有关部门发布的决定、命令或者不配合其依法采取的措施，构成违反治安管理行为的，由公安机关依法给予处罚。单位或个人违反《突发事件应对法》规定，导致突发事件发生或者危害扩大，给他人人身、财产造成损害的，应当依法承担民事责任。

八、《中华人民共和国消防法》

1.《中华人民共和国消防法》的立法背景与意义

《中华人民共和国消防法》（以下简称《消防法》）由中华人民共和国第十一届全国人民代表大会常务委员会第五次会议于 2008 年 10 月 28 日修订通过，自 2009 年 5 月 1 日起施行。

《消防法》自 1998 年 9 月 1 日施行以来，有力地推动了我国消防法治建设、社会化消防管理、公共消防设施建设以及消防监督执法规范化、提升政府应急救援能力、火灾隐患整改等方面的工作，对预防和减少火灾危害，保护人身、财产安全，维护公共安全，发挥了重要作用。

近年来，随着我国经济社会的发展和政府职能的转变，特别是在贯彻落实党的十七大精神的新阶段，面临着社会和广大人民群众对消防安全的新需求、新期待，面对着以人为本、保障和改善民生、强化社会管理和公共服务的新要求，原有的《消防法》的一些规定已经难以适应新时期消防工作的需要。主要表现在：一是对消防工作责任主体规定不够全面，责任不够完善和清晰，制约和影响了消防工作责任制的落实，不适应消防工作社会化的需要；二是对消防监督管理制度的设置不适应形势需要，计划经济时期包揽式管理的色彩较浓，公安机关消防机构监督职责与有关责任主体的消防安全职责不明晰，不适应转变政府职能的要求；三是缺乏运用市场机制和经济手段防范火灾风险的规定，不利于发挥市场主体在保障消防安全方面的作用；四是对违反消防法规危害公共安全的行为规定不全，处罚力度不够，缺乏必要的强制措施，不能有效消除和制止违反消防法规行为和严重危及公共安全的火灾隐患。

《消防法》的修订和重新颁布实施，有利于保障消防工作与经济建设和社会发展相适应，不断提高社会公共消防安全水平；有利于全面落实消防安全责任制，建立健全社会化的消防工作网络；有利于加强和改革消防工作制度，有效预防火灾和减少火灾危害；有利于推进市场机制和经济手段防范火灾风险，切实发挥市场主体在保障消防安全方面的作用；有利于加强应急救援工作，推进消防力量建设，提升火灾扑救和应急救援能力；有利于完善消防执法监督工作机制，促进公正、严格、文明、高效执法。

《消防法》是预防火灾和减少火灾危害，加强应急救援工作，维护公共安全的重要法律。《消防法》的修订和颁布实施，对加强我国消防法治建设，推进消防事业科学发展，维护公共安全，促进社会和谐，具有十分重要的意义。

2.《消防法》的主要内容

《消防法》包括七章七十四条，包括总则、火灾预防、消防组织、灭火救援、监督检查、法律责任、附则等内容。该法与企业安全生产有关的内容节选如下。

第二条　消防工作贯彻预防为主、防消结合的方针，按照政府统一领导、部门依法监管、单位全面负责、公民积极参与的原则，实行消防安全责任制，建立健全社会化的消防工作网络。

第十六条　机关、团体、企业、事业等单位应当履行下列消防安全职责：（一）落实消防安全责任制，制定本单位的消防安全制度、消防安全操作规程，制定灭火和应急疏散预案；（二）按照国家标准、行业标准配置消防设施、器材，设置消防安全标志，并定期组织检验、维修，确保完好有效；（三）对建筑消防设施每年至少进行一次全面检测，确保完好有效，检测记录应当完整准确，存档备查；（四）保障疏散通道、安全出口、消防车通道畅通，保证防火防烟分区、防火间距符合消防技术标准；（五）组织防火检查，及时消除火灾隐患；（六）组织进行有针对性的消防演练；（七）法律、法规规定的其他消防安全职责。

单位的主要负责人是本单位的消防安全责任人。

消防安全重点单位除应当履行本法第十六条规定的职责外，还应当履行下列消防安全职责：（一）确定消防安全管理人，组织实施本单位的消防安全管理工作；（二）建立消防档案，确定消防安全重点部位，设置防火标志，实行严格管理；（三）实行每日防火巡查，并建立巡查记录；（四）对职工进行岗前消防安全培训，定期组织消防安全培训和消防演练。

第十九条　生产、储存、经营易燃易爆危险品的场所不得与居住场所设置在同一建筑物内，并应当与居住场所保持安全距离。

生产、储存、经营其他物品的场所与居住场所设置在同一建筑物内的，应当符合国家工程建设消防技术标准。

第二十二条　生产、储存、装卸易燃易爆危险品的工厂、仓库和专用车站、码头的设置，应当符合消防技术标准。易燃易爆气体和液体的充装站、供应站、调压站，应当设置在符合消防安全要求的位置，并符合防火防爆要求。

第二十三条　生产、储存、运输、销售、使用、销毁易燃易爆危险品，必须执行消防技术标准和管理规定。

进入生产、储存易燃易爆危险品的场所，必须执行消防安全规定。禁止非法携带易燃易爆危险品进入公共场所或者乘坐公共交通工具。

储存可燃物资仓库的管理，必须执行消防技术标准和管理规定。

九、《中华人民共和国职业病防治法》

《中华人民共和国职业病防治法》（以下简称《职业病防治法》）于2001年10月27日通过第九届全国人民代表大会常务委员会第二十四次会议通过，自2002年5月1日起施行。2011年12月31日第十一届全国人民代表大会常务委员会第二十四次会议通过《关于修改〈中华人民共和国职业病防治法〉的决定》，其立法目的是为了预防、控制和消除职业病危害，防治职业病，保护劳动者健康及其相关权益，促进经济社会发展。该法相关的安全规定如下。

1. 用人单位的主要职责

健康保障义务，为劳动者创造符合国家职业卫生标准和卫生要求的工作环境和条件，并采取措施保障劳动者获得职业卫生保护。职业病防治的管理义务，用人单位的主要负责人对本单位的职业病防治工作全面负责。保险义务，用人单位必须依法参加工伤保险。用人单位工作场所存在职业病目录所列职业病的危害因素的，应当及时、如实向所在地安全生产监督管理部门申报危害项目，接受监督。用人单位应当保障职业病防治所需的资金投入。用人单位必须采用有效的职业病防护设施，并为劳动者提供个人使用的职业病防护用品。用人单位应当定期对工作场所进行职业病危害因素检测、评价，并定期公布结果。告知义务，用人单位对劳动者应进行培训。用人单位不得安排未成年工从事接触职业病危害的作业;不得安排孕期、哺乳期的女职工从事对本人和胎儿、婴儿有危害的作业。用人单位应当保障职业病病人依法享受国家规定的职业病待遇。用人单位应当按照国家有关规定,安排职业病病人进行治疗、康复和定期检查。劳动者申请职业病诊断或鉴定时,用人单位应当如实提供职业病诊断所需的有关职业卫生和健康监护等资料。

2. 劳动者的权利

1)知情权

根据《职业病防治法》的规定,产生职业病危害的用人单位,应当在醒目位置设置公告栏,公布有关职业病防治的规章制度、操作规程、职业病危害事故应急救援措施和工作场所职业病危害因素检测结果。对产生严重职业病危害的作业岗位,应当在其醒目位置,设置警示标识和中文警示说明。向用人单位提供可能产生职业病危害的设备、化学品、放射性同位素和含有放射性物质的材料的,应当提供中文说明书,并在设备的醒目位置设置警示标识和中文警示说明。《职业病防治法》还规定,用人单位与劳动者订立劳动合同(含聘用合同)时,应当将工作过程中可能产生的职业病危害及其后果、职业病防护措施和待遇等如实告知劳动者,并在劳动合同中写明,不得隐瞒或者欺骗。对从事接触职业病危害的作业的劳动者,用人单位应当组织上岗前、在岗期间和离岗时的职业健康检查,并将检查结果如实告知劳动者。劳动者有权了解工作场所产生或者可能产生的职业病危害因素、危害后果和应当采取的职业病防护措施。

2)培训权

用人单位应当对劳动者进行上岗前的职业卫生培训和在岗期间的定期职业卫生培训,普及职业卫生知识,督促劳动者遵守职业病防治法律、法规、规章和操作规程,指导劳动者正确使用职业病防护设备和个人使用的职业病防护用品。劳动者应当学习和掌握相关的知识,遵守相关的法律、法规、规章和操作规程,正确使用、维护职业病防护设备和个人使用的职业病防护用品。劳动者有权获得职业卫生教育、培训。这些都是职业病防治法规定的内容。

3)拒绝违章冒险权

根据《职业病防治法》的规定,劳动者有权拒绝在没有职业病防护措施下从事职业危害作业,有权拒绝违章指挥和强令的冒险作业。用人单位若与劳动者设立劳动合同时,没有将可能产生的职业病危害及其后果等告知劳动者,劳动者有权拒绝从事存在职业病危害的作业,用人单位不得因此解除或者终止与劳动者所订立的劳动合同。

4)检举控告权

《职业病防治法》总则中明确规定,任何单位和个人有权对违反本法的行为进行检举和控告。对违反职业病防治法律、法规以及危及生命健康的行为提出批评、检举和控告,是职业病防治法赋予劳动者一项职业卫生保护权利。用人单位若因劳动者依法行使检举、控告权而降低其工资、福利等待遇或者解除、终止与其订立劳动合同,职业病防治法明确规定这种行为是无效的。

5)特殊保障权

未成年人、女职工、有职业禁忌的劳动者,在《职业病防治法》中享有特殊的职业卫生保护的权利。根据《职业病防治法》规定,产生职业病危害的用人单位在工作场所应有配套的更衣间、洗浴间、孕妇休息间等卫生设施。国家对从事放射、高毒等作业实行特殊管理。用人单位不得安排未成年工从事接触职业病危害的作业,不得安排孕期、哺乳期的女职工从事对本人和胎儿、婴儿有危害的作业，不得安排有职业禁忌的劳动者从事其所禁忌的作业。

6）参与决策权

参与用人单位职业卫生工作的民主管理，对职业病防治工作提出意见和建议，是职业病防治法规定的劳动者所享有的一项职业卫生保护权利。劳动者参与用人单位职业卫生工作的民主管理，是职业病防治工作的特点所决定的，也是确保劳动者权益的有效措施。劳动者本着搞好职业病防治工作，应对所在的用人单位的职业病防治管理工作是否符合法律法规规定、是否科学合理等方面，直接或间接地提出意见和建议。

7）职业健康权

对于从事接触职业病危害的作业的劳动者，用人单位除了应组织职业健康检查外，《职业病防治法》还规定了用人单位应为劳动者建立职业健康监护档案，并按照规定的期限妥善保存。对遭受或者可能会遭受急性职业病危害的劳动者，用人单位应及时组织救治，进行健康检查和医学观察，所需费用由用人单位承担。获得职业健康检查、职业病诊疗、康复等职业病防治服务，是劳动者依法享有的一项职业卫生保护权利。

当劳动者被疑患有职业病时，《职业病防治法》规定用人单位应及时安排对病人进行诊断，在病人诊断或者医学观察期间，不得解除或者终止与其订立的劳动合同。根据这个法律的规定，职业病病人依法享受国家规定的职业病待遇。用人单位应按照国家有关规定，安排病人进行治疗、康复和定期检查；对不适宜继续从事原工作的病人，应调离原岗位，并妥善安置；对从事接触职业病危害作业的劳动者，应给予适当岗位津贴。职业病病人的诊疗、康复费用，伤残以及丧失劳动能力职业病病人的社会保障，按照国家有关工伤社会保障的规定执行。

8）损害赔偿权

用人单位应当建立、健全职业病防治责任制，加强对职业病防治的管理，提高职业病防治水平，对本单位产生的职业病危害承担责任，这是《职业病防治法》总则中的一项规定。根据这个规定，职业病病人除依法享有工伤社会保险外，依照有关民事法律，尚有获得赔偿权利的，有权向用人单位提出赔偿要求。

3. 劳动者的义务

《职业病防治法》也对劳动者的相关义务作出了规定，如履行劳动合同、遵守职业病防治法律法规规定、遵守用人单位工农业卫生规章、接受职业卫生培训、按规定使用职业卫生防护设施及个人防护用品、遵守操作规程等义务。

十、《中华人民共和国环境保护法》

《中华人民共和国环境保护法》是我国第一部关于环境保护的综合性的基本法，对于保护和改善环境，防止污染，创造有利于经济建设和社会发展的良好环境，具有十分重要的意义。该法相关的安全规定如下。

1. 环境保护责任制度

产生环境污染和其他公害的单位，必须把环境保护工作纳入计划，建立环境保护责任制度；采取有效措施，防治在生产建设或者其他活动中产生的废气、废水、废渣、粉尘、恶臭气体、放射性物质以及噪声振动、电磁波辐射等对环境的污染和危害。

2. 推广环保设备、工艺和技术

新建工业企业和现有工业企业的技术改造，应当采用资源利用率高、污染物排放量少的设备和工艺,采用经济合理的废弃物综合利用技术和污染物处理技术。

3. 环境保护的“三同时制度”

建设项目中防治污染的措施,必须与主体工程同时设计、同时施工、同时投产使用。防治污染的设施必须经原审批环境影响报告书的环境保护行政主管部门验收合格后,该建设项目方可投入生产或者使用。防治污染的设施不得擅自拆除或者闲置,确有必要拆除或者闲置的,必须征得所在地的环境保护行政主管部门的同意。

4. 环境污染的处理报告制度

因发生事故或者其他突然性事件,造成或者可能造成污染事故的单位,必须立即采取措施处理,及时通报可能受到污染危害的单位和居民,并向当地环境保护行政主管部门和有关部门报告,接受调查处理。

十一、《生产安全事故报告和调查处理条例》

《生产安全事故报告和调查处理条例》(以下简称《事故处理条例》)于 2007 年 3 月 28 日国务院第 172 次常务会议通过,自 2007 年 6 月 1 日起施行(中华人民共和国国务院令第 493 号)。主要内容如下。

为了规范生产安全事故的报告和调查处理,落实生产安全事故责任追究制度,防止和减少生产安全事故,根据《中华人民共和国安全生产法》和有关法律,制定本条例。

生产经营活动中发生的造成人身伤亡或者直接经济损失的生产安全事故的报告和调查处理,适用本条例;环境污染事故、核设施事故、国防科研生产事故的报告和调查处理不适用本条例。

1. 生产安全事故等级划分

根据生产安全事故(以下简称事故)造成的人员伤亡或者直接经济损失,事故一般分为以下等级:

(1)特别重大事故,是指造成 30 人以上死亡,或者 100 人以上重伤(包括急性工业中毒,下同),或者 1 亿元以上直接经济损失的事故;

(2)重大事故,是指造成 3 人以上 10 人以下死亡,或者 50 人以上 100 人以下重伤,或者 5 000 万元以上 1 亿元以下直接经济损失的事故;

(3)较大事故,是指造成 3 人以上 10 人以下死亡,或者 10 人以上 50 人以下重伤,或者 1 000万元以上 5 000 万元以下直接经济损失的事故;

(4)一般事故,是指造成 3 人以下死亡,或者 10 人以下重伤,或者 1 000 万元以下直接经济损失的事故。

国务院安全生产监督管理部门可以会同国务院有关部门,制定事故等级划分的补充性规定。

2. 事故报告

事故发生后,事故现场有关人员应当立即向本单位负责人报告;单位负责人接到报告后,应当于 1 小时内向事故发生地县级以上人民政府安全生产监督管理部门和负有安全生产监督管理职责的有关部门报告。

情况紧急时,事故现场有关人员可以直接向事故发生地县级以上人民政府安全生产监督管理部门和负有安全生产监督管理职责的有关部门报告。

安全生产监督管理部门和负有安全生产监督管理职责的有关部门接到事故报告后,应当依照下列规定上报事故情况，并通知公安机关、劳动保障行政部门、工会和人民检察院：

（1）特别重大事故、重大事故逐级上报至国务院安全生产监督管理部门和负有安全生产监督管理职责的有关部门。

（2）较大事故逐级上报至省、自治区、直辖市人民政府安全生产监督管理部门和负有安全生产监督管理职责的有关部门。

（3）一般事故上报至设区的市级人民政府安全生产监督管理部门和负有安全生产监督管理职责的有关部门。

安全生产监督管理部门和负有安全生产监督管理职责的有关部门依照前款规定上报事故情况，应当同时报告本级人民政府。国务院安全生产监督管理部门和负有安全生产监督管理职责的有关部门以及省级人民政府接到发生特别重大事故、重大事故的报告后，应当立即报告国务院。

必要时，安全生产监督管理部门和负有安全生产监督管理职责的有关部门可以越级上报事故情况。

3. 事故报告时效

单位负责人接到报告后，应当于 1 小时内向事故发生地县级以上人民政府安全生产监督管理部门和负有安全生产监督管理职责的有关部门报告。

安全生产监督管理部门和负有安全生产监督管理职责的有关部门逐级上报事故情况，每级上报的时间不得超过 2 小时。

事故报告后出现新情况的，应当及时补报。自事故发生之日 30 日内，事故造成的伤亡人数发生变化的，应当及时补报。道路交通事故、火灾事故自发生之日起 7 日内，事故造成的伤亡人数发生变化的，应当及时补报。

4. 事故调查

（1）特别重大事故由国务院或者国务院授权有关部门组织事故调查组进行调查。

（2）重大事故、较大事故、一般事故分别由事故发生地省级人民政府、设区的市级人民政府、县级人民政府负责调查。省级人民政府、设区的市级人民政府、县级人民政府可以直接组织事故调查组进行调查，也可以授权或者委托有关部门组织事故调查组进行调查。

（3）未造成人员伤亡的一般事故，县级人民政府也可以委托事故发生单位组织事故调查组进行调查。

（4）上级人民政府认为必要时，可以调查由下级人民政府负责调查的事故。根据事故的具体情况，事故调查组由有关人民政府、安全生产监督管理部门、负有安全生产监督管理职责的有关部门、监察机关、公安机关以及工会派人组成，并应当邀请人民检察院派人参加。

5. 事故处理

重大事故、较大事故、一般事故，负责事故调查的人民政府应当自收到事故调查报告之日起 15 日内作出批复；特别重大事故，30 日内作出批复，特殊情况下，批复时间可以适当延长，但延长的时间最长不超过 30 日。

有关机关应当按照人民政府的批复，依照法律、行政法规规定的权限和程序，对事故发生单位和有关人员进行行政处罚，对负有事故责任的国家工作人员进行处分。

事故发生单位应当按照负责事故调查的人民政府的批复，对本单位负有事故责任的人员进行处理。

负有事故责任的人员涉嫌犯罪的，依法追究刑事责任。

6. 法律责任

(1)根据违规行为,对事故发生单位主要负责人、直接负责的主管人员和其他直接责任人员处上一年年收入的30% ~100%的罚款。

(2)事故发生单位对事故发生负有责任的,依照下列规定处以罚款:

①发生一般事故的,处10万元以上20万元以下的罚款;

②发生较大事故的,处20万元以上50万元以下的罚款;

③发生重大事故的,处50万元以上200万元以下的罚款;

④发生特别重大事故的,处200万元以上500万元以下的罚款。

同时,《事故处理条例》还对其他违规行为规定了处罚。

十二、《危险化学品安全管理条例》

《危险化学品安全管理条例》(中华人民共和国国务院令第591号)经2011年2月16日国务院第144次常务会议修订通过,修订后的自2011年12月1日起施行。这次对原《危险化学品安全管理条例》的修订,是一次比较全面的修改,对危险化学品安全管理各个环节的制度和措施,都作了相应的补充、修改和完善,篇幅由原来的7章74条,修改为8章102条,修改的内容很丰富,既有填补空白、堵塞漏洞的新增制度和措施,也有对原有规定的调整和完善。主要包括以下八个方面。

(1)在行政法规层面明确了安监部门在危险化学品安全监督管理方面的职责。按照原条例规定,国务院经济贸易综合管理部门(原国家经贸委),负责危险化学品安全监督管理综合工作,地方政府经济贸易管理部门或者负责危险化学品安全监督管理综合工作的部门承担危险化学品监督管理的相关职责。根据安全生产监管体制以及国务院机构改革后有关部门职责分工的变化,上述职责已经转到了安监部门,新条例将原条例中所有的经济贸易综合管理部门、经济贸易管理部门、负责危险化学品安全监督管理综合工作的部门等称呼,统一改成了"安全生产监督管理部门",从行政法规层面明确了安监部门的监督管理职责。

(2)建立了统一的危险化学品目录的确定和调整机制。原条例中是没有"危险化学品目录"这个概念,危险化学品被分成两部分:一部分是列入《危险货物品名表》(GB 12268—2012)的危险化学品,另一部分则是剧毒化学品和没有列入《危险货物品名表》的其他危险化学品,其目录由国务院经济贸易综合管理部门会同国务院公安、环保、卫生、质检、交通部门确定并公布。《危险货物品名表》是从运输安全角度着眼的,而危险化学品安全管理则涉及生产、储存、经营、运输等多个环节,因此危险化学品与危险货物的范围并不完全一致,新条例明确提出了"危险化学品目录"的概念,建立了统一的危险化学品目录确定、调整机制,明确规定:危险化学品目录,由国务院安全生产监督管理部门会同国务院工信、公安、环保、卫生、质检、交通、铁路、民航、农业部门,根据化学品危险特性的鉴别和分类标准确定、公布,并适时调整。

(3)将危险化学品生产、储存企业设立审批制度,修改为危险化学品生产、储存建设项目安全条件审查制度。原条例对设立危险化学品生产企业、储存企业实行审批制度,并规定由省级人民政府或者设区的市级人民政府负责审批,目的是严格危险化学品生产企业、储存企业的市场准入,从源头上保证危险化学品生产、储存安全。实际上,从源头上保障危险化学品生产、储存安全,关键不在于对危险化学品生产企业、储存企业的设立进行审批,而在于严格把住生产、储存危险化学品的建设项目的安全条件。同时,由省级政府或者设区的市级政府作为企业设立的审批机关,没有一个明确的部门具体负责。新条例把危险化学品生产、储存企业设立审批制度改成了生产、储存危险化学品的建设项目安全条件审查制度,规定新建、改建、扩建生产、储存危险化学品的建设项目,应当由安全生产监督管理部门进行安全条件审查,同时对安全条件审查的实施程序作了明确规定。

(4)调整了原条例关于生产、储存、使用危险化学品的单位应当对本单位的生产、储存装置定期进行安全评价的规定。生产、储存过程中的安全评价,对于保证危险化学品单位持续具备相应的安全条件非常重要。为了使安全评价制度更具有针对性,新条例对安全评价制度作了较大程度的调整完善。首先,安全评价的对象不再局限于“本单位的生产、储存装置”,而是调整为“本单位的安全生产条件”,使安全评价的对象更加全面;其次是将安全评价制度适用的主体范围限定为生产、储存危险化学品的企业,以及使用危险化学品从事生产的企业,对企业以外的储存、使用危险化学品的单位,包括教学科研医疗单位等,不再要求进行安全评价,这样更加符合实际情况。第三是明确规定安全评价需要由具备国家规定的资质条件的机构承担,进一步规范了安全评价活动,有利于安全评价的客观、公正、权威。第四是将安全评价的周期统一确定为3年,有利于减轻企业负担,也与《安全生产许可证条例》的有关规定相衔接。

(5)进一步强化了危险化学品使用的安全管理,确立了危险化学品安全使用许可制度。原条例对危险化学品生产、储存的安全管理制度和措施,规定得比较全面,也比较具体,对危险化学品使用的安全管理制度,则规定得相对薄弱一些。近年来的实践证明,使用危险化学品特别是使用危险化学品从事生产,在危险程度上并不亚于生产危险化学品,由此引发的事故也比较多,使用危险化学品成了危险化学品安全管理中的薄弱环节。所以,新条例对“使用安全”单设一章作了规定,突出和强调危险化学品使用的安全管理。其中更为重要的是,确立了危险化学品安全使用许可制度,从源头上保障使用危险化学品从事生产的企业的安全条件。这是条例修改中新增加的唯一一项行政许可。新条例对安全使用许可证制度的适用范围从两个方面作了限制:一是企业性质的限制。必须是使用危险化学品从事生产的化工企业;二是使用量的限制。使用量必须达到规定的数量标准。同时具有这两种情形的企业,才需要取得危险化学品安全使用许可证。

(6)进一步完善了危险化学品经营安全的制度措施。这次修改条例主要从进一步完善的角度,对有关危险化学品经营安全的规定作了相应调整。其中比较重要的有三点:

一是明确把危险化学品仓储经营纳入了危险化学品经营的范围。

二是进一步严格市场准入,在危险化学品经营企业应当具备的条件中,增加了必须有专职安全管理人员、有应急救援预案和应急救援器材设备两项条件,进一步加强了危险化学品经营企业的安全保障。

三是为方便企业办事,适当下放了危险化学品经营许可证的审批权限,将发证机关由原来的“省级政府经济贸易管理部门”和“设区的市级政府负责危化品监管综合部门”,分别下放到“设区的市级政府安全生产监督管理部门”和“县级政府安全生产监督管理部门”,并明确规定了审批的时限。同时,为减少环节,避免对同一个企业重复许可,减轻企业负担,新条例还明确规定,依法取得危险化学品安全生产许可证、危险化学品安全使用许可证、危险化学品经营许可证、民用爆炸物品生产许可证的企业,可以直接凭相应的许可证件购买剧毒化学品、易制爆危险化学品。

(7)调整完善了危险化学品内河运输安全的管理制度。新条例既没有绝对禁止通过内河运输危险化学品,也没有明确放开内河运输危险化学品,而是建立了一个科学合理并且较为严密的机制,规定由交通运输部、环境保护部、工业和信息化部、安全监管总局四个部门,根据危险化学品的危险特性、对人体和水环境的危害程度以及消除危害后果的难易程度等因素,规定禁止通过内河运输的剧毒化学品以及其他危险化学品的范围。这个机制既能满足保障人民生命健康和内河水环境安全的需要,也能顾及到企业生产经营的实际需要。对于允许通过内河运输的危险化学品,新条例还从运输企业的资质条件,运输船舶和专用码头、泊位的安全条件,各类危险化学品的运输方式、包装规范和安全防护措施,运输危险化学品的船舶的警示标志悬挂和进出港管理等,补充规定了相关的安全保障措施,以从制度上确保通过内河运输危险化学品的安全。

(8)进一步完善了危险化学品登记制度。危险化学品登记是一项基础性、长远性的工作,这项制度虽然不是一线的监管制度,但对于强化危险化学品安全管理的基础,提升危险化学品安全管理的层次和水平,具有不可或缺的重要作用。危险化学品登记工作已经开展了几年时间,取得明显成效,但仍需要进一步加强和规范。新条例对危险化学品登记制度作了进一步完善。主要有三点:

一是原条例规定需要办理危险化学品登记的主体范围是危险化学品生产企业、储存企业以及使用剧毒化学品和数量构成重大危险源的其他危险化学品的单位。考虑到危险化学品登记属于产品信息登记,为了使登记范围既全面、没有遗漏,又避免重复登记,给企业带来不必要的负担,新条例一方面增加规定危险化学品进口企业需要办理危险化学品登记,同时不再规定危险化学品储存企业以及使用剧毒化学品和数量构成重大危险源的其他危险化学品的单位办理危险化学品登记。

二是原条例没有规定危险化学品登记的具体内容,新条例增加规定了危险化学品登记的具体内容,包括危险化学品的分类和标签信息,物理、化学性质,主要用途,危险特性以及储存、使用、运输的安全要求和出现危险情况时的应急处置措施等,进一步规范危险化学品登记。

三是新条例明确规定对同一企业生产、进口的同一品种的危险化学品,不进行重复登记,避免给企业造成不必要的负担。同时,为保证实现危险化学品登记的目的,又增加规定,危险化学品生产企业、进口企业发现其生产、进口的危险化学品有新的危险特性时,应当及时办理登记内容变更手续,从而将危险化学品登记变成了一项动态性的制度。

十三、《特种设备安全监察条例》

《特种设备安全监察条例》(以下简称《条例》)2003 年 3 月 11 日中华人民共和国国务院令第 373 号公布,2009 年 1 月 24 日修订,于 2009 年 5 月 1 日正式施行。

《特种设备安全监察条例》是一部关于我国特种设备安全监督管理的专门法规。该条例规划了"企业全面负责,部门依法监管,检验技术把关,政府督促协调,社会广泛监督"的特种设备安全工作新格局,确立了行政许可和监督检查两大基本制度,使我国特种设备安全监察工作步入了法制化管理轨道,并进入了创新发展阶段,是特种设备安全监察工作的里程碑。该条例的颁布实施对于加强特种设备的安全管理,防止和减少事故,保障人民群众生命和财产安全发挥了重要作用。该条例相关的安全规定如下。

(1)特种设备的使用单位应当建立健全特种设备安全管理制度和岗位安全责任制度。特种设备使用单位的主要负责人应当对本单位特种设备的安全全面负责。

(2)特种设备的使用单位应当保证必要的安全和节能投入。

(3)特种设备使用单位应当严格执行本条例和有关安全生产的法律、行政法规的规定，保证特种设备的安全使用。

(4)特种设备使用单位应当使用符合安全技术规范要求的特种设备。特种设备投入使用前，使用单位应当核对其是否附有安全技术规范要求的设计文件、产品质量合格证明、安装及使用维修说明、监督检验证明等文件。

(5)特种设备使用单位应当建立特种设备安全技术档案。安全技术档案应当包括以下内容：

①特种设备的设计文件、制造单位、产品质量合格证明、使用维护说明等文件以及安装技术文件和资料；

②特种设备的定期检验和定期自行检查的记录；

③特种设备的日常使用状况记录；

④特种设备及其安全附件、安全保护装置、测量调控装置及有关附属仪器仪表的日常维护保养记录；

⑤特种设备运行故障和事故记录；

⑥高耗能特种设备的能效测试报告、能耗状况记录以及节能改造技术资料。

(6)特种设备使用单位，应当对在用特种设备进行经常性日常维护保养，并定期自行检查。特种设备使用单位，对在用特种设备应当至少每月进行一次自行检查，并作出记录。特种设备使用单位，在对在用特种设备进行自行检查和日常维护保养时发现异常情况的，应当及时处理。特种设备使用单位，应当对在用特种设备的安全附件、安全保护装置、测量调控装置及有关附属仪器仪表进行定期校验、检修，并作出记录。

(7)特种设备使用单位应当按照安全技术规范的定期检验要求，在安全检验合格有效期届满前1个月向特种设备检验检测机构提出定期检验要求。检验检测机构接到定期检验要求后，应当按照安全技术规范的要求及时进行安全性能检验和能效测试。未经定期检验或者检验不合格的特种设备，不得继续使用。

(8)特种设备出现故障或者发生异常情况，使用单位应当对其进行全面检查，消除事故隐患后，方可重新投入使用。特种设备不符合能效指标的，特种设备使用单位应当采取相应措施进行整改。特种设备存在严重事故隐患，无改造、维修价值，或者超过安全技术规范规定使用年限，特种设备使用单位应当及时予以报废，并应当向原登记的特种设备安全监督管理部门办理注销。

(9)特种设备的安全管理人员应当对特种设备使用状况进行经常性检查，发现问题的应当立即处理；情况紧急时，可以决定停止使用特种设备并及时报告本单位有关负责人。

(10)锅炉、压力容器、电梯、起重机械、客运索道、大型游乐设施、场(厂)内专用机动车辆的作业人员及其相关管理人员(以下统称特种设备作业人员)，应当按照国家有关规定经特种设备安全监督管理部门考核合格，取得国家统一格式的特种作业人员证书，方可从事相应的作业或者管理工作。特种设备使用单位，应当对特种设备作业人员进行特种设备安全、节能教育和培训，保证特种设备作业人员具备必要的特种设备安全、节能知识。特种设备作业人员在作业中应当严格执行特种设备的操作规程和有关的安全规章制度。特种设备作业人员在作业过程中发现事故隐患或者其他不安全因素，应当立即向现场安全管理人员和单位有关负责人报告。

十四、《工伤保险条例》

2003年4月27日中华人民共和国国务院令第375号公布《工伤保险条例》，根据2010年12月20日《国务院关于修改〈工伤保险条例〉的决定》修订，于2010年12月8日国务院第136次常务会议通过，自2011年1月1日起施行。《工伤保险条例》的立法目的是为了保障因工作遭受事故伤害或者患职业病的职工获得医疗救治和经济补偿，促进工伤预防和职业康复，分散用人单位的工伤风险。

（一）工伤保险的适用范围

《工伤保险条例》第二条规定，中华人民共和国境内的企业、事业单位、社会团体、民办非企业单位、基金会、律师事务所、会计师事务所等组织和有雇工的个体工商户应当依照本条例规定参加工伤保险，为本单位全部职工或者雇工缴纳工伤保险费。

工伤保险适用于中华人民共和国境内各类企业和有雇工的个体工商户从事生产经营的场所及其相关场所。工伤保险的主体中的各类企业不仅包括中国企业，也包括外国在华开办的“三资企业”。凡是在工作时间和工作场所内工作、从事与本职工作及其有关的其他工作时受到事故伤害、意外伤害，因公外出受到伤害和上下班途中受到机动车伤害以及患职业病的全体职工和雇工，依法享有获得工伤保险补偿的权利。工伤保险适用的地域范围只限于因公活动所及的场所，超出这些场所的范围所受到的人身伤害，不属于工伤保险的范围。譬如职工在与本职工作无关的公共场所受到伤害，就不能享受工伤保险补偿。

（二）缴纳工伤保险费的规定

1. 确定费率的原则

《工伤保险条例》第八条规定，工伤保险费根据以支定收、收支平衡的原则，确定费率。工伤保险实行用人单位缴纳保险费的方式，建立工伤保险社会统筹基金。工伤保险费的缴费方式与养老、医疗、失业保险不同，特别是与基本医疗保险的“以收定支”原则有明显的区别。以支定收、收支平衡，即以一个周期内的工伤保险基金的支付额度，确定征缴的额度。以成本为基础的保险费征缴可以提高工伤保险机构的承付能力。

2. 费率的制定

根据《工伤保险条例》的规定，国家根据不同行业的工伤风险程度确定行业的差别费率，并根据工伤保险费使用、工伤发生率等情况在每个行业内确定若干费率档次。行业差别费率及行业内费率档次由国务院社会保险行政部门制定，报国务院批准后公布施行。

统筹地区经办机构根据用人单位工伤保险费使用、工伤发生率等情况，适用所属行业内相应的费率档次确定单位缴费费率。

3. 工伤保险费的缴纳

《工伤保险条例》第十条规定，用人单位应当按时缴纳工伤保险费。职工个人不缴纳工伤保险费。用人单位缴纳工伤保险费的数额为本单位职工工资总额乘以单位缴费费率之积。

本单位职工工资总额是指单位在一定时期内直接支付给本单位全部职工的劳动报酬总额。按照现行有关规定，职工的3项收入不属于工资范围：一是单位支付给职工个人的社会保险福利费用；二是劳动保护方面的费用；三是按规定未列入工资总额的劳动报酬及其他劳动收入。

(三)工伤和劳动能力鉴定的规定

1. 工伤范围

《工伤保险条例》第十四条规定,职工有下列情形之一的,应当认定为工伤:

(1)在工作时间和工作场所内,因工作原因受到事故伤害的;

(2)工作时间前后在工作场所内,从事与工作有关的预备性或者收尾性工作受到事故伤害的;

(3)在工作时间和工作场所内,因履行工作职责受到暴力等意外伤害的;

(4)患职业病的;

(5)因工外出期间,由于工作原因受到伤害或者发生事故下落不明的;

(6)在上下班途中,受到非本人主要责任的交通事故或者城市轨道交通、客运轮渡、火车事故伤害的;

(7)法律、行政法规规定应当认定为工伤的其他情形。

2. 视同工伤

《工伤保险条例》第十五条规定,职工有下列情形之一的,视同工伤:

(1)在工作时间和工作岗位,突发疾病死亡或者在48小时之内经抢救无效死亡的;

(2)在抢险救灾等维护国家利益、公共利益活动中受到伤害的;

(3)职工原在军队服役,因战、因公负伤致残,已取得革命伤残军人证,到用人单位后旧伤复发的。

职工有前款第(1)项、第(2)项情形的,按照本条例的有关规定享受工伤保险待遇;职工有前款第(3)项情形的,按照条例的有关规定享受除一次性伤残补助金以外的工伤保险待遇。

《工伤保险条例》规定,因故意犯罪的、醉酒或者吸毒的、自残或者自杀的等情形,不得认定为工伤或者视同工伤。

3. 工伤认定申请

(1)工伤保险申请时限、时效和申请责任。

职工发生事故伤害或者按照职业病防治法规定被诊断、鉴定为职业病,所在单位应当自事故伤害发生之日或者被诊断、鉴定为职业病之日起30日内,向统筹地区社会保险行政部门提出工伤认定申请。遇有特殊情况,经报社会保险行政部门同意,申请时限可以适当延长。用人单位未按前款规定提出工伤认定申请的,工伤职工或者其近亲属、工会组织在事故伤害发生之日或者被诊断、鉴定为职业病之日起1年内,可以直接向用人单位所在地统筹地区社会保险行政部门提出工伤认定申请。

(2)工伤认定申请材料。

提出工伤认定申请,应当提交工伤认定申请表、与用人单位存在劳动关系(包括事实劳动关系)的证明材料、医疗诊断证明或者职业病诊断证明书(或者职业病诊断鉴定书)。

工伤认定申请表应当包括事故发生的时间、地点、原因以及职工伤害程度等基本情况。工伤认定申请人提供材料不完整的,社会保险行政部门应当一次性书面告知工伤认定申请人需要补正的全部材料。申请人按照书面告知要求补正材料后,社会保险行政部门应当受理。

4. 劳动能力鉴定

《工伤保险条例》第二十一条规定,职工发生工伤,经治疗伤情相对稳定后存在残疾、影响劳动能力的,应当进行劳动能力鉴定。劳动能力鉴定是指劳动功能障碍程度和生活自理障碍程度的等级鉴定。劳动功能障碍分为十个伤残等级,最重的为一级,最轻的为十级。生活自理障碍分为三个等级:生活完全不能自理、生活大部分不能自理和生活部分不能自理。劳动能力鉴定标准由国务院社会保险行政部门会同国务院卫生行政部门等部门制定。

十五、《特种作业人员安全技术培训考核管理规定》

2010 年 4 月 26 日《特种作业人员安全技术培训考核管理规定》通过了国家安全生产监督管理总局局长办公会议审议,并以家安全生产监督管理总局令第 30 号文件公布,自 2010 年 7 月 1 日起施行。1999 年 7 月 12 日原国家经济贸易委员会发布的《特种作业人员安全技术培训考核管理办法》同时废止。该规定在特种作业人员从业条件、培训、考核发证、操作证复审、监督管理、罚则等几个方面做了明确的规定。相关的安全规定如下。

1. 特种作业人员从业条件

特种作业人员应当符合下列条件:

(1)年满 18 周岁,且不超过国家法定退休年龄。

(2)经社区或者县级以上医疗机构体检健康合格,并无妨碍从事相应特种作业的器质性心脏病、癫痫病、美尼尔氏症、眩晕症、癔病、震颤麻痹症、精神病、痴呆症以及其他疾病和生理缺陷。

(3)具有初中及以上文化程度。

(4)具备必要的安全技术知识与技能。

(5)相应特种作业规定的其他条件。

(6)危险化学品特种作业人员除符合前款第(1)项、第(2)项、第(4)项和第(5)项规定的条件外,应当具备高中或者相当于高中及以上文化程度。

(7)特种作业人员必须经专门的安全技术培训并考核合格,取得《中华人民共和国特种作业操作证》(以下简称特种作业操作证)后,方可上岗作业。

2. 特种作业人员培训

特种作业人员应当接受与其所从事的特种作业相应的安全技术理论培训和实际操作培训。

已经取得职业高中、技工学校及中专以上学历的毕业生从事与其所学专业相应的特种作业,持学历证明经考核发证机关同意,可以免予相关专业的培训。

跨省、自治区、直辖市从业的特种作业人员,可以在户籍所在地或者从业所在地参加培训。

3. 特种作业人员考核发证

特种作业人员的考核包括考试和审核两部分。考试由考核发证机关或其委托的单位负责;审核由考核发证机关负责。

安全监管总局、煤矿安监局分别制定特种作业人员、煤矿特种作业人员的考核标准,并建立相应的考试题库。

考核发证机关或其委托的单位应当按照安全监管总局、煤矿安监局统一制定的考核标准进行考核。

参加特种作业操作资格考试的人员,应当填写考试申请表,由申请人或者申请人的用人单位持学历证明或者培训机构出具的培训证明向申请人户籍所在地或者从业所在地的考核发证机关或其委托的单位提出申请。

考核发证机关或其委托的单位收到申请后,应当在60日内组织考试。

特种作业操作资格考试包括安全技术理论考试和实际操作考试两部分。考试不及格的,允许补考1次。经补考仍不及格的,重新参加相应的安全技术培训。

考核发证机关委托承担特种作业操作资格考试的单位应当具备相应的场所、设施、设备等条件,建立相应的管理制度,并公布收费标准等信息。

考核发证机关或其委托承担特种作业操作资格考试的单位,应当在考试结束后10个工作日内公布考试成绩。

经考试合格的特种作业人员,应当向其户籍所在地或者从业所在地的考核发证机关申请办理特种作业操作证,并提交身份证复印件、学历证书复印件、体检证明、考试合格证明等材料。

收到申请的考核发证机关应当在5个工作日内完成对特种作业人员所提交申请材料的审查,作出受理或者不予受理的决定。能够当场作出受理决定的,应当当场作出受理决定;申请材料不齐全或者不符合要求的,应当当场或者在5个工作日内一次告知申请人需要补正的全部内容,逾期不告知的,视为自收到申请材料之日起即已被受理。

对已经受理的申请,考核发证机关应当在20个工作日内完成审核工作。符合条件的,颁发特种作业操作证;不符合条件的,应当说明理由。

特种作业操作证有效期为6年,在全国范围内有效。

特种作业操作证由安全监管总局统一式样、标准及编号。

种作业操作证遗失的,应当向原考核发证机关提出书面申请,经原考核发证机关审查同意后,予以补发。

特种作业操作证所记载的信息发生变化或者损毁的,应当向原考核发证机关提出书面申请,经原考核发证机关审查确认后,予以更换或者更新。

4.特种作业操作证复审

特种作业操作证每3年复审1次。特种作业人员在特种作业操作证有效期内,连续从事本工种10年以上,严格遵守有关安全生产法律法规的,经原考核发证机关或者从业所在地考核发证机关同意,特种作业操作证的复审时间可以延长至每6年1次。

特种作业操作证需要复审的,应当在期满前60日内,由申请人或者申请人的用人单位向原考核发证机关或者从业所在地考核发证机关提出申请,并提交下列材料:

(1)社区或者县级以上医疗机构出具的健康证明;

(2)从事特种作业的情况;

(3)安全培训考试合格记录。

特种作业操作证有效期届满需要延期换证的,应当按照上述的规定申请延期复审。

特种作业操作证申请复审或者延期复审前,特种作业人员应当参加必要的安全培训并考试合格。安全培训时间不少于8个学时,主要培训法律、法规、标准、事故案例和有关新工艺、新技术、新装备等知识。

申请复审的,考核发证机关应当在收到申请之日起20个工作日内完成复审工作。复审合格的,由考核发证机关签章、登记,予以确认;不合格的,说明理由。申请延期复审的,经复审合格后,由考核发证机关重新颁发特种作业操作证。

特种作业人员有下列情形之一的,复审或者延期复审不予通过:

(1)健康体检不合格的;

(2)违章操作造成严重后果或者有2次以上违章行为,并经查证确实的;

(3)有安全生产违法行为,并给予行政处罚的;

(4)拒绝、阻碍安全生产监管监察部门监督检查的;

(5)未按规定参加安全培训,或者考试不合格的。

特种作业操作证复审或者延期复审符合上述第(2)项、第(3)项、第(4)项、第(5)项情形的,经重新安全培训考试合格后,再办理复审或者延期复审手续。再复审、延期复审仍不合格,或者未按期复审的,特种作业操作证失效。申请人对复审或者延期复审有异议的,可以依法申请行政复议或者提起行政诉讼。

5. 特种作业人员监督管理

特种作业人员有下列情形之一的,考核发证机关应当撤销特种作业操作证:

(1)超过特种作业操作证有效期未延期复审的;

(2)特种作业人员的身体条件已不适合继续从事特种作业的;

(3)对发生生产安全事故负有责任的;

(4)特种作业操作证记载虚假信息的;

(5)以欺骗、贿赂等不正当手段取得特种作业操作证的。

特种作业人员违反上述第(4)项、第(5)项规定的,3年内不得再次申请特种作业操作证。

特种作业人员有下列情形之一的,考核发证机关应当注销特种作业操作证:

(1)特种作业人员死亡的;

(2)特种作业人员提出注销申请的;

(3)特种作业操作证被依法撤销的。

离开特种作业岗位6个月以上的特种作业人员,应当重新进行实际操作考试,经确认合格后方可上岗作业。

生产经营单位应当加强对本单位特种作业人员的管理,建立健全特种作业人员培训、复审档案,做好申报、培训、考核、复审的组织工作和日常的检查工作。

特种作业人员在劳动合同期满后变动工作单位的,原工作单位不得以任何理由扣押其特种作业操作证。

跨省、自治区、直辖市从业的特种作业人员应当接受从业所在地考核发证机关的监督管理。

生产经营单位不得印制、伪造、倒卖特种作业操作证,或者使用非法印制、伪造、倒卖的特种作业操作证。

特种作业人员不得伪造、涂改、转借、转让、冒用特种作业操作证或者使用伪造的特种作业操作证。

6. 处罚规定

生产经营单位未建立健全特种作业人员档案的,给予警告,并处1万元以下的罚款。

生产经营单位使用未取得特种作业操作证的特种作业人员上岗作业的,责令限期改正;逾期未改正的,责令停产停业整顿,可以并处2万元以下的罚款。

生产经营单位非法印制、伪造、倒卖特种作业操作证,或者使用非法印制、伪造、倒卖的特种作业操作证的,给予警告,并处1万元以上3万元以下的罚款;构成犯罪的,依法追究刑事责任。

特种作业人员伪造、涂改特种作业操作证或者使用伪造的特种作业操作证的,给予警告，并处 1 000 元以上 5 000 元以下的罚款。

特种作业人员转借、转让、冒用特种作业操作证的，给予警告，并处 2 000 元以上 10 000 元以下的罚款。

十六、《安全生产培训管理办法》

新修订的《安全生产培训管理办法》（国家安全生产监督管理总局令第 44 号），于 2011 年 12 月 31 日国家安全生产监督管理总局局长办公会议审议通过，于 2012 年 1 月 19 日发布，自 2012 年 3 月 1 日起施行。为了加强安全生产培训管理，规范安全生产培训秩序，保证安全生产培训质量，促进安全生产培训工作健康发展，根据《中华人民共和国安全生产法》和有关法律、行政法规的规定，制定本办法。

该办法从安全培训机构管理、安全培训的实施、安全培训的考核、安全培训的考核、监督管理、法律责任 5 个方面对企业主要负责人、安全生产管理人员、特种作业人员以及其他从业人员的安全培训做了明确的规定。该办法相关的安全规定如下。

1. 安全培训机构资质

第五条规定：安全培训机构从事安全培训活动，必须取得相应的资质证书。资质证书分三个等级。

一级资质证书，由国家安全监管总局审批、颁发；二级、三级资质证书，由省、自治区、直辖市人民政府安全生产监督管理部门（以下简称省级安全生产监督管理部门）审批、颁发。设立煤矿安全监察机构的省、自治区、直辖市，由省级煤矿安全监察机构负责所辖区域内从事煤矿安全培训活动的培训机构二级、三级资质证书的审批、颁发。

第六条规定：取得一级资质证书的安全培训机构，可以承担省级以上安全生产监督管理部门、煤矿安全监察机构的安全生产监管人员、煤矿安全监察人员，中央企业的总公司、总厂或者集团公司的主要负责人和安全生产管理人员，以及安全培训机构教师的培训工作。

取得二级资质证书的安全培训机构，可以承担设区的市、县级人民政府安全生产监督管理部门（以下简称市级、县级安全生产监督管理部门）的安全生产监管人员，省属生产经营单位和中央企业的分公司、子公司及其所属单位主要负责人和安全生产管理人员，危险物品的生产、经营、储存单位和矿山企业的主要负责人，危险化学品登记机构的登记人员，承担安全评价、咨询、检测、检验工作的人员，以及注册安全工程师和三级安全培训机构教师的培训工作。

取得三级资质证书的安全培训机构，可以承担除中央企业、省属生产经营单位的主要负责人、安全生产管理人员以及危险物品的生产、经营、储存单位和矿山企业的主要负责人以外的生产经营单位从业人员的培训工作。

上一级安全培训机构可以承担下一级安全培训机构的培训工作。

安全培训机构具备本办法第十条规定条件的，可以承担相应作业类别特种作业人员的培训工作。

第七条规定：安全培训机构申请一级资质证书，应当具备下列条件：

（1）能够独立或者经授权承担法律责任，注册资金或者开办费 500 万元以上；

（2）有专职的管理人员；

（3）有健全的机构章程、管理制度、工作规则；

（4）有 15 名以上具有本科以上学历的专职或者兼职教师，其中至少有 10 名具有高级以上职称并且经国家安全监管总局考核合格的专职教师，专职教师中至少有5名取得注册安全工程师执业资格；

(5)有固定、独立和相对集中并且能够满足同期100人以上规模培训需要的教学及生活设施，其中专用教室使用面积150m^2以上；

(6)安全培训需要的其他条件。

第八条规定：安全培训机构申请二级资质证书，应当具备下列条件：

(1)能够独立或者经授权承担法律责任，注册资金或者开办费300万元以上；

(2)有专职的管理人员；

(3)有健全的机构章程、管理制度、工作规则；

(4)有10名以上具有本科以上学历的专职或者兼职教师，其中至少有6名具有中级以上职称并且经省级安全生产监督管理部门或者省级煤矿安全监察机构考核合格的专职教师，专职教师中至少有3名取得注册安全工程师执业资格；

(5)有固定、独立和相对集中并且能够满足同期80人以上规模培训需要的教学及生活设施，其中专用教室使用面积120平方米以上；

(6)安全培训需要的其他条件。

第九条规定：安全培训机构申请三级资质证书，应当具备下列条件：

(1)能够独立或者经授权承担法律责任，注册资金或者开办费100万元以上。

(2)有专职的管理人员。

(3)有健全的机构章程、管理制度、工作规则。

(4)有8名以上具有本科以上学历的专职或者兼职教师，其中至少有5名具有中级以上职称并且经省级安全生产监督管理部门或者省级煤矿安全监察机构考核合格的专职教师，专职教师中至少有2名取得注册安全工程师执业资格。

(5)有能够满足同期60人以上规模培训需要的教学及生活设施，其中专用教室使用面积100平方米以上。

(6)安全培训需要的其他条件。

第十条规定：安全培训机构申请承担特种作业人员安全技术培训的，除符合本办法第七～九条规定的条件外，还应当具备下列条件：

(1)每个作业类别不得少于2名专科以上学历、相应专业的专职教师，从事实际操作教学的教师应当有相应专业技师以上等级证书。

(2)具备相应作业类别的实际操作条件。

第十一条规定：申请一级资质证书，按照下列程序办理：

(1)具备资质条件的申请人将安全培训机构资质申请书、安全培训机构设置批准文件或者企事业单位法人登记证和本办法第七条规定的材料，报省级安全生产监督管理部门或者省级煤矿安全监察机构进行初审。

(2)省级安全生产监督管理部门或者省级煤矿安全监察机构自受理之日起20个工作日内完成初审工作，并将符合条件的申请材料报国家安全监管总局。

(3)国家安全监管总局自受理申请之日起20个工作日内完成审查工作。符合条件的，颁发相应的资质证书；不符合条件的，书面通知申请人并说明理由。

第十二条规定：申请二、三级资质证书，按照下列程序办理：

(1)具备资质条件的申请人将安全培训机构资质申请书、安全培训机构设置批准文件或者企事业单位法人登记证和本办法第八、九条规定的材料，报省级安全生产监督管理部门或者省级煤矿安全监察机构。

(2)省级安全生产监督管理部门或者省级煤矿安全监察机构应当自受理申请之日起20个工作日内完成审查工作。符合条件的，颁发相应的资质证书，并报国家安全监管总局备案；不符合条件的，书面通知申请人并说明理由。

第十三条规定：申请承担特种作业人员安全技术培训的，除按照本办法第十一、十二条的规定提交相关材料外，还应当提交符合第十条规定的材料。

申请人整改问题所需的时间，不计算在本办法第十一、十二条规定的时间内。

第十四条规定：安全培训机构的专职教师应当接受专门的培训，经考核合格后，方可上岗执教。专职教师应当每年接受不少于40学时的继续教育。

第十五条规定：安全培训机构资质证书不得出借、出租给其他机构或者个人。

安全培训机构资质证书的有效期为3年。安全培训机构资质证书有效期届满需要延期的，应当于安全培训机构资质证书有效期届满30日前向原颁发证书的机构办理延期手续。

2. 安全培训

第十七条规定：安全培训应当按照规定的安全培训大纲进行。

安全监管监察人员，危险物品的生产、经营、储存单位与非煤矿山企业的主要负责人、安全生产管理人员和特种作业人员及从事安全生产工作的相关人员的安全培训大纲，由国家安全监管总局组织制定。

煤矿企业的主要负责人、安全生产管理人员和特种作业人员的培训大纲由国家煤矿安监局组织制定。

除危险物品的生产、经营、储存单位和矿山企业以外其他生产经营单位的主要负责人、安全生产管理人员及其他从业人员的安全培训大纲，由省级安全生产监督管理部门、省级煤矿安全培训监管机构组织制定。

第十八条规定：国家安全监管总局、省级安全生产监督管理部门定期组织优秀安全培训教材的评选。

安全培训机构应当优先使用优秀安全培训教材。

第十九条规定：国家安全监管总局负责省级以上安全生产监督管理部门的安全生产监管人员、各级煤矿安全监察机构的煤矿安全监察人员的培训工作；组织、指导和监督中央企业总公司、总厂或者集团公司的主要负责人和安全生产管理人员的培训工作。

省级安全生产监督管理部门负责市级、县级安全生产监督管理部门的安全生产监管人员的培训工作；组织、指导和监督省属生产经营单位、所辖区域内中央企业的分公司、子公司及其所属单位的主要负责人和安全生产管理人员的培训工作；组织、指导和监督特种作业人员的培训工作。

市级、县级安全生产监督管理部门组织、指导和监督本行政区域内除中央企业、省属生产经营单位以外的其他生产经营单位的主要负责人和安全生产管理人员的安全培训工作。

省级煤矿安全培训监管机构组织、指导和监督所辖区域内煤矿企业的主要负责人、安全生产管理人员和特种作业人员的培训工作。

危险化学品登记机构的登记人员和承担安全评价、咨询、检测、检验的人员及注册安全工程师、安全生产应急救援人员的安全培训按照有关法律、法规、规章的规定进行。

除主要负责人、安全生产管理人员、特种作业人员以外的生产经营单位的从业人员的安全培训，由生产经营单位负责。

第二十条规定：生产经营单位应当建立安全培训管理制度，保障从业人员安全培训所需经费，对从业人员进行与其所从事岗位相应的安全教育培训；从业人员调整工作岗位或者采用新工艺、新技术、新设备、新材料的，应当对其进行专门的安全教育和培训。未经安全教育和培训合格的从业人员，不得上岗作业。

从业人员安全培训情况，生产经营单位应当建档备查。

第二十一条规定：下列从业人员应当由取得相应资质的安全培训机构进行培训：

(1)依照有关法律、法规应当取得安全资格证的生产经营单位主要负责人；

(2)安全生产管理人员；

(3)特种作业人员；

(4)井工矿山企业的生产、技术、通风、机电、运输、地测、调度等职能部门的负责人。

前款规定以外的从业人员的安全培训，由生产经营单位组织培训，或者委托安全培训机构进行培训。

生产经营单位从业人员的培训内容和培训时间，应当符合《生产经营单位安全培训规定》和有关标准的规定。

第二十二条规定：中央企业的分公司、子公司及其所属单位和其他生产经营单位，发生造成人员死亡的生产安全事故的，其主要负责人和安全生产管理人员应当重新参加安全培训。

特种作业人员对造成人员死亡的生产安全事故负有直接责任的，应当按照《特种作业人员安全技术培训考核管理规定》重新参加安全培训。

第二十四条规定：国家鼓励生产经营单位招录职业院校毕业生。

职业院校毕业生从事与所学专业相关的作业，可以免予参加初次培训，实际操作培训除外。

第二十五条规定：安全培训机构应当建立安全培训工作制度和人员培训档案，落实安全培训计划。安全培训相关情况，应当记录备查。

第二十七条规定：国家鼓励安全培训机构和生产经营单位利用现代信息技术开展安全培训，包括远程培训。

3. 安全培训的考核

第二十八条规定：安全监管监察人员、从事安全生产工作的相关人员、依照有关法律法规应当取得安全资格证的生产经营单位主要负责人和安全生产管理人员、特种作业人员的安全培训的考核，应当坚持教考分离、统一标准、统一题库、分级负责的原则，分步推行有远程视频监视的计算机考试。

第二十九条规定：安全监管监察人员，危险物品的生产、经营、储存单位及非煤矿山企业主要负责人、安全生产管理人员和特种作业人员，以及从事安全生产工作的相关人员的考核标准，由国家安全监管总局统一制定。

煤矿企业的主要负责人、安全生产管理人员和特种作业人员的考核标准，由国家煤矿安监局制定。

除危险物品的生产、经营、储存单位和矿山企业以外其他生产经营单位主要负责人、安全生产管理人员及其他从业人员的考核标准，由省级安全生产监督管理部门制定。

第三十条规定:国家安全监管总局负责省级以上安全生产监督管理部门的安全生产监管人员、各级煤矿安全监察机构的煤矿安全监察人员的考核;负责中央企业的总公司、总厂或者集团公司的主要负责人和安全生产管理人员的考核。

省级安全生产监督管理部门负责市级、县级安全生产监督管理部门的安全生产监管人员的考核;负责省属生产经营单位和中央企业分公司、子公司及其所属单位的主要负责人和安全生产管理人员的考核;负责特种作业人员的考核。

市级安全生产监督管理部门负责本行政区域内除中央企业、省属生产经营单位以外的其他生产经营单位的主要负责人和安全生产管理人员的考核。

省级煤矿安全培训监管机构负责所辖区域内煤矿企业的主要负责人、安全生产管理人员和特种作业人员的考核。

除主要负责人、安全生产管理人员、特种作业人员以外的生产经营单位的其他从业人员的考核,由生产经营单位按照省级安全生产监督管理部门公布的考核标准,自行组织考核。

第三十一条规定:安全生产监督管理部门、煤矿安全培训监管机构和生产经营单位应当制定安全培训的考核制度,建立考核管理档案备查。

4. 安全培训的发证

第三十二条规定:接受安全培训人员经考核合格的,由考核部门在考核结束后10个工作日内颁发相应的证书。

第三十三条规定:安全生产监管人员经考核合格后,颁发安全生产监管执法证;煤矿安全监察人员经考核合格后,颁发煤矿安全监察执法证;危险物品的生产、经营、储存单位和矿山企业主要负责人、安全生产管理人员经考核合格后,颁发安全资格证;特种作业人员经考核合格后,颁发《中华人民共和国特种作业操作证》(以下简称特种作业操作证);危险化学品登记机构的登记人员经考核合格后,颁发上岗证;其他人员经培训合格后,颁发培训合格证。

第三十四条规定:安全生产监管执法证、煤矿安全监察执法证、安全资格证、特种作业操作证和上岗证的式样,由国家安全监管总局统一规定。培训合格证的式样,由负责培训考核的部门规定。

第三十五条规定:安全生产监管执法证、煤矿安全监察执法证、安全资格证的有效期为3年。有效期届满需要延期的,应当于有效期届满30日前向原发证部门申请办理延期手续。

特种作业人员的考核发证按照《特种作业人员安全技术培训考核管理规定》执行。

第三十六条规定:特种作业操作证和省级安全生产监督管理部门、省级煤矿安全培训监管机构颁发的主要负责人、安全生产管理人员的安全资格证,在全国范围内有效。

第三十七条规定:承担安全评价、咨询、检测、检验的人员和安全生产应急救援人员的考核、发证,按照有关法律、法规、规章的规定执行。

5. 监督管理

第三十八条规定:安全生产监督管理部门、煤矿安全培训监管机构应当依照法律、法规和本办法的规定,加强对安全培训工作的监督管理,对生产经营单位、安全培训机构违反有关法律、法规和本办法的行为,依法作出处理。

省级安全生产监督管理部门、省级煤矿安全培训监管机构应当定期统计分析本行政区域内安全培训、考核、发证情况,并报国家安全监管总局。

第三十九条规定:安全生产监督管理部门、煤矿安全监察机构及其工作人员应当坚持公开、公平、公正的原则，严格按照法律、法规和本办法的规定审查、颁发安全培训机构的资质证书。对已经取得资质证书的安全培训机构，安全生产监督管理部门、煤矿安全监察机构应当每年进行一次评估检查。安全生产监督管理部门、煤矿安全监察机构应当定期向社会公布已经取得资质证书的安全培训机构名单，接受社会监督。

对安全培训机构的年度评估检查，应当征求生产经营单位和参加培训人员对培训质量的意见。

第四十条规定：安全生产监督管理部门和煤矿安全培训监管机构应当对安全培训机构开展安全培训活动的情况进行监督检查，检查内容包括：

(1)按照资质许可范围开展培训的情况；

(2)建立培训管理制度和专兼职教师配备的情况；

(3)执行培训大纲、建立培训档案和培训保障的情况；

(4)培训收费的情况；

(5)法律法规规定的其他内容。

第四十一条规定：安全生产监督管理部门、煤矿安全培训监管机构应当对生产经营单位的安全培训情况进行监督检查，检查内容包括：

(1)安全培训制度、年度培训计划、安全培训管理档案的制定和实施的情况；

(2)安全培训经费投入和使用的情况；

(3)主要负责人、安全生产管理人员和特种作业人员安全培训和持证上岗的情况；

(4)应用新工艺、新技术、新材料、新设备以及转岗前对从业人员安全培训的情况；

(5)其他从业人员安全培训的情况；

(6)法律法规规定的其他内容。

第四十二条规定：任何单位或者个人对生产经营单位、安全培训机构违反有关法律、法规和本办法的行为，均有权向安全生产监督管理部门、煤矿安全监察机构、煤矿安全培训监管机构报告或者举报。

接到举报的部门或者机构应当为举报人保密，并按照有关规定对举报进行核查和处理。

第四十三条规定：监察机关依照《中华人民共和国行政监察法》等法律、行政法规的规定，对安全生产监督管理部门、煤矿安全监察机构、煤矿安全培训监管机构及其工作人员履行安全培训工作监督管理职责情况实施监察。

6. 法律责任

第四十四条规定：安全生产监督管理部门、煤矿安全监察机构、煤矿安全培训监管机构的工作人员在安全培训监督管理工作中滥用职权、玩忽职守、徇私舞弊的，依照有关规定给予处分；构成犯罪的，依法追究刑事责任。

第四十五条规定：安全培训机构有下列情形之一的，责令限期改正，处 1 万元以下的罚款；逾期未改正的，给予警告，处 1 万元以上 3 万元以下的罚款；情节严重的，撤销其资质证书，并处 3 万元以下的罚款：

(1)未按照资质许可的范围开展培训的；

(2)未按照统一的培训大纲组织教学培训的；

(3)专职教师未经考核，或者考核不合格而从事安全培训工作的；

(4)未建立培训档案或者培训档案管理不规范的；

(5)将安全培训资质证书出借、出租给其他机构或者个人的。

安全培训机构采取不正当竞争手段，故意贬低、诋毁其他安全培训机构的，依照前款规定处罚。

第四十六条规定：安全培训机构评估检查不合格继续从事安全培训活动的，责令改正，处1万元以下的罚款；逾期不改正的，处1万元以上3万元以下的罚款；情节严重的，撤销其资质证书。

安全培训机构未按照有关规定进行安全培训，生产经营单位和参加安全培训的人员对其培训质量意见较大的，给予警告，处3万元以下的罚款；情节严重的，撤销其资质证书。

第四十七条规定：安全培训机构隐瞒有关情况或者提供虚假材料申请安全培训机构资质的，不予受理或者不予颁发安全培训机构资质证书，并自发现之日起1年内不得再次申请安全培训机构资质。

第四十八条规定：安全培训机构以欺骗、贿赂等不正当手段取得安全培训机构资质证书的，除撤销安全培训机构资质证书外，处1万元以上3万元以下的罚款，并自撤销其安全培训机构资质证书之日起3年内不得再次申请安全培训机构资质。

第四十九条规定：生产经营单位主要负责人、安全生产管理人员、特种作业人员以欺骗、贿赂等不正当手段取得安全资格证或者特种作业操作证的，除撤销其相关资格证外，处3千元以下的罚款，并自撤销其相关资格证之日起3年内不得再次申请该资格证。

第五十条规定：生产经营单位有下列情形之一的，责令改正，处3万元以下的罚款：

(1)相关人员未按照本办法第二十一条第一款规定由相应资质安全培训机构培训的；

(2)从业人员安全培训的时间少于《生产经营单位安全培训规定》或者有关标准规定的；

(3)矿山新招的井下作业人员和危险物品生产经营单位新招的危险工艺操作岗位人员，未经实习期满独立上岗作业的；

(4)相关人员未按照本办法第二十二条规定重新参加安全培训的。

第五十一条规定：生产经营单位存在违反有关法律、法规中安全生产教育培训的其他行为的，依照相关法律、法规的规定予以处罚。

十七、《生产经营单位安全培训规定》

2005年12月28日《生产经营单位安全培训规定》通过了国家安全生产监督管理总局局长办公会议审议，以国家安全生产监督管理总局令第3号文件发布，于2006年3月1日起施行。该规定的目的是用于加强和规范生产经营单位安全培训工作，提高从业人员安全素质，防范伤亡事故，减轻职业危害。

该规定对工矿商贸生产经营单位从业人员的培训内容、学时、培训的组织实施、监督管理以及相关的罚则做了明确的规定。该规定中相关的安全规定如下。

1.基本要求

第三条规定：生产经营单位负责本单位从业人员安全培训工作。

生产经营单位应当按照安全生产法和有关法律、行政法规和本规定，建立健全安全培训工作制度。

第四条规定：生产经营单位应当进行安全培训的从业人员包括主要负责人、安全生产管理人员、特种作业人员和其他从业人员。

生产经营单位从业人员应当接受安全培训，熟悉有关安全生产规章制度和安全操作规程，具备必要的安全生产知识，掌握本岗位的安全操作技能，增强预防事故、控制职业危害和应急处理的能力。

未经安全生产培训合格的从业人员，不得上岗作业。

2. 主要负责人、安全生产管理人员安全培训的要求

生产经营单位主要负责人是指有限责任公司或者股份有限公司的董事长、总经理，其他生产经营单位的厂长、经理、（矿务局）局长、矿长（含实际控制人）等。

生产经营单位安全生产管理人员是指生产经营单位分管安全生产的负责人、安全生产管理机构负责人及其管理人员，以及未设安全生产管理机构的生产经营单位专、兼职安全生产管理人员等。

第六条规定：生产经营单位主要负责人和安全生产管理人员应当接受安全培训，具备与所从事的生产经营活动相适应的安全生产知识和管理能力。

第七条规定：生产经营单位主要负责人安全培训应当包括下列内容：

（1）国家安全生产方针、政策和有关安全生产的法律、法规、规章及标准；

（2）安全生产管理基本知识、安全生产技术、安全生产专业知识；

（3）重大危险源管理、重大事故防范、应急管理和救援组织以及事故调查处理的有关规定；

（4）职业危害及其预防措施；

（5）国内外先进的安全生产管理经验；

（6）典型事故和应急救援案例分析；

（7）其他需要培训的内容。

第八条规定：生产经营单位安全生产管理人员安全培训应当包括下列内容：

（1）国家安全生产方针、政策和有关安全生产的法律、法规、规章及标准；

（2）安全生产管理、安全生产技术、职业卫生等知识；

（3）伤亡事故统计、报告及职业危害的调查处理方法；

（4）应急管理、应急预案编制以及应急处置的内容和要求；

（5）国内外先进的安全生产管理经验；

（6）典型事故和应急救援案例分析；

（7）其他需要培训的内容。

第九条规定：生产经营单位主要负责人和安全生产管理人员初次安全培训时间不得少于 32 学时。每年再培训时间不得少于 12 学时。

第十条规定：生产经营单位主要负责人和安全生产管理人员的安全培训必须依照安全生产监管监察部门制定的安全培训大纲实施。

第十二条规定：煤矿、非煤矿山、危险化学品、烟花爆竹等生产经营单位主要负责人和安全生产管理人员，经安全资格培训考核合格，由安全生产监管监察部门发给安全资格证书。

其他生产经营单位主要负责人和安全生产管理人员经安全生产监管监察部门认定的具备相应资质的培训机构培训合格后，由培训机构发给相应的培训合格证书。

3. 其他从业人员安全培训的要求

生产经营单位其他从业人员是指除主要负责人、安全生产管理人员和特种作业人员以外，该单位从事生产经营活动的所有人员，包括其他负责人、其他管理人员、技术人员和各岗位的工人以及临时聘用的人员。

第十四条规定:加工、制造业等生产单位的其他从业人员,在上岗前必须经过厂(矿)、车间(工段、区、队)、班组三级安全培训教育。

生产经营单位可以根据工作性质对其他从业人员进行安全培训,保证其具备本岗位安全操作、应急处置等知识和技能。

第十五条规定:生产经营单位新上岗的从业人员,岗前培训时间不得少于24学时。

第十六条规定:厂(矿)级岗前安全培训内容应当包括:

(1)本单位安全生产情况及安全生产基本知识;

(2)本单位安全生产规章制度和劳动纪律;

(3)从业人员安全生产权利和义务;

(4)有关事故案例等。

第十七条规定:车间(工段、区、队)级岗前安全培训内容应当包括:

(1)工作环境及危险因素;

(2)所从事工种可能遭受的职业伤害和伤亡事故;

(3)所从事工种的安全职责、操作技能及强制性标准;

(4)自救互救、急救方法、疏散和现场紧急情况的处理;

(5)安全设备设施、个人防护用品的使用和维护;

(6)本车间(工段、区、队)安全生产状况及规章制度;

(7)预防事故和职业危害的措施及应注意的安全事项;

(8)有关事故案例;

(9)其他需要培训的内容。

第十八条规定:班组级岗前安全培训内容应当包括:

(1)岗位安全操作规程;

(2)岗位之间工作衔接配合的安全与职业卫生事项;

(3)有关事故案例;

(4)其他需要培训的内容。

第十九条规定:从业人员在本生产经营单位内调整工作岗位或离岗一年以上重新上岗时,应当重新接受车间(工段、区、队)和班组级的安全培训。

生产经营单位实施新工艺、新技术或者使用新设备、新材料时,应当对有关从业人员重新进行有针对性的安全培训。

第二十条规定:生产经营单位的特种作业人员,必须按照国家有关法律、法规的规定接受专门的安全培训,经考核合格,取得特种作业操作资格证书后,方可上岗作业。

特种作业人员的范围和培训考核管理办法,另行规定。

4. 安全培训组织实施的要求

第二十一条规定:国家安全生产监督管理总局组织、指导和监督中央管理的生产经营单位的总公司(集团公司、总厂)的主要负责人和安全生产管理人员的安全培训工作。

省级安全生产监督管理部门组织、指导和监督省属生产经营单位及所辖区域内中央管理的工矿商贸生产经营单位的分公司、子公司主要负责人和安全生产管理人员的培训工作;组织、指导和监督特种作业人员的培训工作。

市级、县级安全生产监督管理部门组织、指导和监督本行政区域内除中央企业、省属生产经营单位以外的其他生产经营单位的主要负责人和安全生产管理人员的安全培训工作。

生产经营单位除主要负责人、安全生产管理人员、特种作业人员以外的从业人员的安全培训工作,由生产经营单位组织实施。

第二十二条规定:具备安全培训条件的生产经营单位,应当以自主培训为主;可以委托具有相应资质的安全培训机构,对从业人员进行安全培训。

不具备安全培训条件的生产经营单位,应当委托具有相应资质的安全培训机构,对从业人员进行安全培训。

第二十三条规定:生产经营单位应当将安全培训工作纳入本单位年度工作计划。保证本单位安全培训工作所需资金。

第二十四条规定:生产经营单位应建立健全从业人员安全培训档案,详细、准确记录培训考核情况。

第二十五条规定:生产经营单位安排从业人员进行安全培训期间,应当支付工资和必要的费用。

5. 监督管理要求

第二十六条规定:安全生产监管监察部门依法对生产经营单位安全培训情况进行监督检查,督促生产经营单位按照国家有关法律法规和本规定开展安全培训工作。

第二十七条规定:各级安全生产监管监察部门对生产经营单位安全培训及其持证上岗的情况进行监督检查,主要包括以下内容:

(1)安全培训制度、计划的制定及其实施的情况;

(2)煤矿、非煤矿山、危险化学品、烟花爆竹等生产经营单位主要负责人和安全生产管理人员安全资格证持证上岗的情况;其他生产经营单位主要负责人和安全生产管理人员培训的情况;

(3)特种作业人员操作资格证持证上岗的情况;

(4)建立安全培训档案的情况;

(5)其他需要检查的内容。

6. 相关罚则

第二十九条规定:生产经营单位有下列行为之一的,由安全生产监管监察部门责令其限期改正,并处2万元以下的罚款:

(1)未将安全培训工作纳入本单位工作计划并保证安全培训工作所需资金的;

(2)未建立健全从业人员安全培训档案的;

(3)从业人员进行安全培训期间未支付工资并承担安全培训费用的。

第三十条规定:生产经营单位有下列行为之一的,由安全生产监管监察部门责令其限期改正;逾期未改正的,责令停产停业整顿,并处2万元以下的罚款:

(1)煤矿、非煤矿山、危险化学品、烟花爆竹等生产经营单位主要负责人和安全管理人员未按本规定经考核合格的;

(2)非煤矿山、危险化学品、烟花爆竹等生产经营单位未按照本规定对其他从业人员进行安全培训的;

(3)非煤矿山、危险化学品、烟花爆竹等生产经营单位未如实告知从业人员有关安全生产事项的;

(4)生产经营单位特种作业人员未按照规定经专门的安全培训机构培训并取得特种作业人员操作资格证书,上岗作业的。

县级以上地方人民政府负责煤矿安全生产监督管理的部门发现煤矿未按照本规定对井下作业人员进行安全培训的，责令限期改正，处10万元以上50万元以下的罚款；逾期未改正的，责令停产停业整顿。

煤矿安全监察机构发现煤矿特种作业人员无证上岗作业的，责令限期改正，处10万元以上50万元以下的罚款；逾期未改正的，责令停产停业整顿。

第三十一条规定：生产经营单位有下列行为之一的，由安全生产监管监察部门给予警告，吊销安全资格证书，并处3万元以下的罚款：

（1）编造安全培训记录、档案的；

（2）骗取安全资格证书的。

十八、《安全生产事故隐患排查治理暂行规定》

《安全生产事故隐患排查治理暂行规定》（国家安全生产监督管理总局令16号）于2007年12月22日国家安全生产监督管理总局局长办公会议审议通过，于2007年12月28日公布，自2008年2月1日起施行。为了建立安全生产事故隐患排查治理长效机制，强化安全生产主体责任，加强事故隐患监督管理，防止和减少事故，保障人民群众生命财产安全，根据安全生产法等法律、行政法规，制定本规定。

该规定所称安全生产事故隐患（以下简称事故隐患），是指生产经营单位违反安全生产法律、法规、规章、标准、规程和安全生产管理制度的规定，或者因其他因素在生产经营活动中存在可能导致事故发生的物的危险状态、人的不安全行为和管理上的缺陷。

事故隐患分为一般事故隐患和重大事故隐患。一般事故隐患，是指危害和整改难度较小，发现后能够立即整改排除的隐患。重大事故隐患，是指危害和整改难度较大，应当全部或者局部停产停业，并经过一定时间整改治理方能排除的隐患，或者因外部因素影响致使生产经营单位自身难以排除的隐患。

该规定在安全生产事故隐患排查治理方面对生产经营单位的职责、安全监管监察部门职责以及相应的罚则3个方面做了明确规定。该规定中相关的安全规定如下。

1. 生产经营单位职责的要求

第七条规定：生产经营单位应当依照法律、法规、规章、标准和规程的要求从事生产经营活动。严禁非法从事生产经营活动。

第八条规定：生产经营单位是事故隐患排查、治理和防控的责任主体。

生产经营单位应当建立健全事故隐患排查治理和建档监控等制度，逐级建立并落实从主要负责人到每个从业人员的隐患排查治理和监控责任制。

第九条规定：生产经营单位应当保证事故隐患排查治理所需的资金，建立资金使用专项制度。

第十条规定：生产经营单位应当定期组织安全生产管理人员、工程技术人员和其他相关人员排查本单位的事故隐患。对排查出的事故隐患，应当按照事故隐患的等级进行登记，建立事故隐患信息档案，并按照职责分工实施监控治理。

第十一条规定：生产经营单位应当建立事故隐患报告和举报奖励制度，鼓励、发动职工发现和排除事故隐患，鼓励社会公众举报。对发现、排除和举报事故隐患的有功人员，应当给予物质奖励和表彰。

第十二条规定：生产经营单位将生产经营项目、场所、设备发包、出租的，应当与承包、承租单位签订安全生产管理协议，并在协议中明确各方对事故隐患排查、治理和防控的管理职责。生产经营单位对承包、承租单位的事故隐患排查治理负有统一协调和监督管理的职责。

第十三条规定：安全监管监察部门和有关部门的监督检查人员依法履行事故隐患监督检查职责时，生产经营单位应当积极配合，不得拒绝和阻挠。

第十四条规定：生产经营单位应当每季、每年对本单位事故隐患排查治理情况进行统计分析，并分别于下一季度15日前和下一年1月31日前向安全监管监察部门和有关部门报送书面统计分析表。统计分析表应当由生产经营单位主要负责人签字。

对于重大事故隐患，生产经营单位除依照前款规定报送外，应当及时向安全监管监察部门和有关部门报告。重大事故隐患报告内容应当包括：

(1)隐患的现状及其产生原因；

(2)隐患的危害程度和整改难易程度分析；

(3)隐患的治理方案。

第十五条规定：对于一般事故隐患，由生产经营单位(车间、分厂、区队等)负责人或者有关人员立即组织整改。

对于重大事故隐患，由生产经营单位主要负责人组织制定并实施事故隐患治理方案。重大事故隐患治理方案应当包括以下内容：

(1)治理的目标和任务；

(2)采取的方法和措施；

(3)经费和物资的落实；

(4)负责治理的机构和人员；

(5)治理的时限和要求；

(6)安全措施和应急预案。

第十六条规定：生产经营单位在事故隐患治理过程中，应当采取相应的安全防范措施，防止事故发生。事故隐患排除前或者排除过程中无法保证安全的，应当从危险区域内撤出作业人员，并疏散可能危及的其他人员，设置警戒标志，暂时停产停业或者停止使用；对暂时难以停产或者停止使用的相关生产储存装置、设施、设备，应当加强维护和保养，防止事故发生。

第十七条规定：生产经营单位应当加强对自然灾害的预防。对于因自然灾害可能导致事故灾难的隐患，应当按照有关法律、法规、标准和本规定的要求排查治理，采取可靠的预防措施，制定应急预案。在接到有关自然灾害预报时，应当及时向下属单位发出预警通知；发生自然灾害可能危及生产经营单位和人员安全的情况时，应当采取撤离人员、停止作业、加强监测等安全措施，并及时向当地人民政府及其有关部门报告。

第十八条规定：地方人民政府或者安全监管监察部门及有关部门挂牌督办并责令全部或者局部停产停业治理的重大事故隐患，治理工作结束后，有条件的生产经营单位应当组织本单位的技术人员和专家对重大事故隐患的治理情况进行评估；其他生产经营单位应当委托具备相应资质的安全评价机构对重大事故隐患的治理情况进行评估。

经治理后符合安全生产条件的，生产经营单位应当向安全监管监察部门和有关部门提出恢复生产的书面申请，经安全监管监察部门和有关部门审查同意后，方可恢复生产经营。申请报告应当包括治理方案的内容、项目和安全评价机构出具的评价报告等。

2. 处罚规定

第二十五条规定：生产经营单位及其主要负责人未履行事故隐患排查治理职责，导致发生生产安全事故的,依法给予行政处罚。

第二十六条规定:生产经营单位违反本规定,有下列行为之一的,由安全监管监察部门给予警告,并处三万元以下的罚款:

(1)未建立安全生产事故隐患排查治理等各项制度的;

(2)未按规定上报事故隐患排查治理统计分析表的;

(3)未制定事故隐患治理方案的;

(4)重大事故隐患不报或者未及时报告的;

(5)未对事故隐患进行排查治理擅自生产经营的;

(6)整改不合格或者未经安全监管监察部门审查同意擅自恢复生产经营的。

第二十八条规定:生产经营单位事故隐患排查治理过程中违反有关安全生产法律、法规、规章、标准和规程规定的,依法给予行政处罚。

十九、《工作场所职业卫生监督管理规定》

《工作场所职业卫生监督管理规定》(国家安全生产监督管理总局令第47号)于2012年3月6日国家安全生产监督管理总局局长办公会议审议通过,于2012年4月27日公布,自2012年6月1日起施行。为了加强职业卫生监督管理工作,强化用人单位职业病防治的主体责任,预防、控制职业病危害,保障劳动者健康和相关权益,根据《中华人民共和国职业病防治法》等法律、行政法规,制定本规定。

该规定在职业病防治方面对用人单位的职责、安全生产监督管理部门监督管理职责、法律责任三个方面做了明确规定。该规定中相关的安全规定如下。

1. 基本要求

第三条规定:用人单位应当加强职业病防治工作,为劳动者提供符合法律、法规、规章、国家职业卫生标准和卫生要求的工作环境和条件,并采取有效措施保障劳动者的职业健康。

第四条规定:用人单位是职业病防治的责任主体,并对本单位产生的职业病危害承担责任。用人单位的主要负责人对本单位的职业病防治工作全面负责。

第七条规定:任何单位和个人均有权向安全生产监督管理部门举报用人单位违反本规定的行为和职业病危害事故。

2. 用人单位的职责要求

第八条规定:职业病危害严重的用人单位,应当设置或者指定职业卫生管理机构或者组织,配备专职职业卫生管理人员。

其他存在职业病危害的用人单位,劳动者超过100人的,应当设置或者指定职业卫生管理机构或者组织,配备专职职业卫生管理人员;劳动者在100人以下的,应当配备专职或者兼职的职业卫生管理人员,负责本单位的职业病防治工作。

第九条规定:用人单位的主要负责人和职业卫生管理人员应当具备与本单位所从事的生产经营活动相适应的职业卫生知识和管理能力,并接受职业卫生培训。

用人单位主要负责人、职业卫生管理人员的职业卫生培训,应当包括下列主要内容:

(1)职业卫生相关法律、法规、规章和国家职业卫生标准;

(2)职业病危害预防和控制的基本知识;

(3)职业卫生管理相关知识;

(4)国家安全生产监督管理总局规定的其他内容。

第十条规定:用人单位应当对劳动者进行上岗前的职业卫生培训和在岗期间的定期职业卫生培训,普及职业卫生知识,督促劳动者遵守职业病防治的法律、法规、规章、国家职业卫生标准和操作规程。

用人单位应当对职业病危害严重的岗位的劳动者,进行专门的职业卫生培训,经培训合格后方可上岗作业。

因变更工艺、技术、设备、材料,或者岗位调整导致劳动者接触的职业病危害因素发生变化的,用人单位应当重新对劳动者进行上岗前的职业卫生培训。

第十一条规定:存在职业病危害的用人单位应当制定职业病危害防治计划和实施方案,建立、健全下列职业卫生管理制度和操作规程:

(1)职业病危害防治责任制度;

(2)职业病危害警示与告知制度;

(3)职业病危害项目申报制度;

(4)职业病防治宣传教育培训制度;

(5)职业病防护设施维护检修制度;

(6)职业病防护用品管理制度;

(7)职业病危害监测及评价管理制度;

(8)建设项目职业卫生"三同时"管理制度;

(9)劳动者职业健康监护及其档案管理制度;

(10)职业病危害事故处置与报告制度;

(11)职业病危害应急救援与管理制度;

(12)岗位职业卫生操作规程;

(13)法律、法规、规章规定的其他职业病防治制度。

第十二条规定:产生职业病危害的用人单位的工作场所应当符合下列基本要求:

(1)生产布局合理,有害作业与无害作业分开;

(2)工作场所与生活场所分开,工作场所不得住人;

(3)有与职业病防治工作相适应的有效防护设施;

(4)职业病危害因素的强度或者浓度符合国家职业卫生标准;

(5)有配套的更衣间、洗浴间、孕妇休息间等卫生设施;

(6)设备、工具、用具等设施符合保护劳动者生理、心理健康的要求;

(7)法律、法规、规章和国家职业卫生标准的其他规定。

第十三条规定:用人单位工作场所存在职业病目录所列职业病的危害因素的,应当按照《职业病危害项目申报办法》的规定,及时、如实向所在地安全生产监督管理部门申报职业病危害项目,并接受安全生产监督管理部门的监督检查。

第十四条规定:新建、改建、扩建的工程建设项目和技术改造、技术引进项目(以下统称建设项目)可能产生职业病危害的,建设单位应当按照《建设项目职业卫生"三同时"监督管理暂行办法》的规定,向安全生产监督管理部门申请备案、审核、审查和竣工验收。

第十五条规定:产生职业病危害的用人单位,应当在醒目位置设置公告栏,公布有关职业病防治的规章制度、操作规程、职业病危害事故应急救援措施和工作场所职业病危害因素检测结果。

存在或者产生职业病危害的工作场所、作业岗位、设备、设施,应当按照《工作场所职业病危害警示标识》(GBZ 158—2003)的规定,在醒目位置设置图形、警示线、警示语句等警示标识和中文警示说明。警示说明应当载明产生职业病危害的种类、后果、预防和应急处置措施等内容。

存在或产生高毒物品的作业岗位,应当按照《高毒物品作业岗位职业病危害告知规范》(GBZ/T 203—2007)的规定,在醒目位置设置高毒物品告知卡,告知卡应当载明高毒物品的名称、理化特性、健康危害、防护措施及应急处理等告知内容与警示标识。

第十六条规定:用人单位应当为劳动者提供符合国家职业卫生标准的职业病防护用品,并督促、指导劳动者按照使用规则正确佩戴、使用,不得发放钱物替代发放职业病防护用品。

用人单位应当对职业病防护用品进行经常性的维护、保养,确保防护用品有效,不得使用不符合国家职业卫生标准或者已经失效的职业病防护用品。

第十七条规定:在可能发生急性职业损伤的有毒、有害工作场所,用人单位应当设置报警装置,配置现场急救用品、冲洗设备、应急撤离通道和必要的泄险区。

现场急救用品、冲洗设备等应当设在可能发生急性职业损伤的工作场所或者临近地点,并在醒目位置设置清晰的标识。

在可能突然泄漏或者逸出大量有害物质的密闭或者半密闭工作场所,除遵守本条第一款、第二款规定外,用人单位还应当安装事故通风装置以及与事故排风系统相连锁的泄漏报警装置。

生产、销售、使用、储存放射性同位素和射线装置的场所,应当按照国家有关规定设置明显的放射性标志,其入口处应当按照国家有关安全和防护标准的要求,设置安全和防护设施以及必要的防护安全连锁、报警装置或者工作信号。放射性装置的生产调试和使用场所,应当具有防止误操作、防止工作人员受到意外照射的安全措施。用人单位必须配备与辐射类型和辐射水平相适应的防护用品和监测仪器,包括个人剂量测量报警、固定式和便携式辐射监测、表面污染监测、流出物监测等设备,并保证可能接触放射线的工作人员佩戴个人剂量计。

第十八条规定:用人单位应当对职业病防护设备、应急救援设施进行经常性的维护、检修和保养,定期检测其性能和效果,确保其处于正常状态,不得擅自拆除或者停止使用。

第十九条规定:存在职业病危害的用人单位,应当实施由专人负责的工作场所职业病危害因素日常监测,确保监测系统处于正常工作状态。

第二十条规定:存在职业病危害的用人单位,应当委托具有相应资质的职业卫生技术服务机构,每年至少进行一次职业病危害因素检测。

职业病危害严重的用人单位,除遵守前款规定外,应当委托具有相应资质的职业卫生技术服务机构,每三年至少进行一次职业病危害现状评价。

检测、评价结果应当存入本单位职业卫生档案,并向安全生产监督管理部门报告和劳动者公布。

第二十一条规定:存在职业病危害的用人单位,有下述情形之一的,应当及时委托具有相应资质的职业卫生技术服务机构进行职业病危害现状评价:

(1)初次申请职业卫生安全许可证,或者职业卫生安全许可证有效期届满申请换证的;

(2)发生职业病危害事故的;

(3)国家安全生产监督管理总局规定的其他情形。

用人单位应当落实职业病危害现状评价报告中提出的建议和措施,并将职业病危害现状评价结果及整改情况存入本单位职业卫生档案。

第二十二条规定：用人单位在日常的职业病危害监测或者定期检测、现状评价过程中，发现工作场所职业病危害因素不符合国家职业卫生标准和卫生要求时，应当立即采取相应治理措施，确保其符合职业卫生环境和条件的要求；仍然达不到国家职业卫生标准和卫生要求的，必须停止存在职业病危害因素的作业；职业病危害因素经治理后，符合国家职业卫生标准和卫生要求的，方可重新作业。

第二十三条规定：向用人单位提供可能产生职业病危害的设备的，应当提供中文说明书，并在设备的醒目位置设置警示标识和中文警示说明。警示说明应当载明设备性能、可能产生的职业病危害、安全操作和维护注意事项、职业病防护措施等内容。

用人单位应当检查前款规定的事项，不得使用不符合要求的设备。

第二十四条规定：向用人单位提供可能产生职业病危害的化学品、放射性同位素和含有放射性物质的材料的，应当提供中文说明书。说明书应当载明产品特性、主要成分、存在的有害因素、可能产生的危害后果、安全使用注意事项、职业病防护和应急救治措施等内容。产品包装应当有醒目的警示标识和中文警示说明。贮存上述材料的场所应当在规定的部位设置危险物品标识或者放射性警示标识。

用人单位应当检查前款规定的事项，不得使用不符合要求的材料。

第二十五条规定：任何用人单位不得使用国家明令禁止使用有可能产生职业病危害的设备或者材料。

第二十六条规定：任何单位和个人不得将产生职业病危害的作业转移给不具备职业病防护条件的单位和个人。不具备职业病防护条件的单位和个人不得接受产生职业病危害的作业。

第二十七条规定：用人单位应当优先采用有利于防治职业病危害和保护劳动者健康的新技术、新工艺、新材料、新设备，逐步替代产生职业病危害的技术、工艺、材料、设备。

第二十八条规定：用人单位对采用的技术、工艺、材料、设备，应当知悉其可能产生的职业病危害，并采取相应的防护措施。对有职业病危害的技术、工艺、设备、材料，故意隐瞒其危害而采用的，用人单位对其所造成的职业病危害后果承担责任。

第二十九条规定：用人单位与劳动者订立劳动合同（含聘用合同）时，应当将工作过程中可能产生的职业病危害及其后果、职业病防护措施和待遇等如实告知劳动者，并在劳动合同中写明，不得隐瞒或者欺骗。

劳动者在履行劳动合同期间因工作岗位或者工作内容变更，从事与所订立劳动合同中未告知的存在职业病危害的作业时，用人单位应当依照前款规定，向劳动者履行如实告知的义务，并协商变更原劳动合同相关条款。

用人单位违反本条规定的，劳动者有权拒绝从事存在职业病危害的作业，用人单位不得因此解除与劳动者所订立的劳动合同。

第三十条规定：对从事接触职业病危害因素作业的劳动者，用人单位应当按照《用人单位职业健康监护监督管理办法》、《放射工作人员职业健康管理办法》、《职业健康监护技术规范》（GBZ 188—2007）、《放射工作人员职业健康监护技术规范》（GBZ 235—2011）等有关规定组织上岗前、在岗期间、离岗时的职业健康检查，并将检查结果书面如实告知劳动者。

职业健康检查费用由用人单位承担。

第三十一条规定：用人单位应当按照《用人单位职业健康监护监督管理办法》（GBZ 235—2011）的规定，为劳动者建立职业健康监护档案，并按照规定的期限妥善保存。

职业健康监护档案应当包括劳动者的职业史、职业病危害接触史、职业健康检查结果、处理结果和职业病诊疗等有关个人健康资料。

劳动者离开用人单位时，有权索取本人职业健康监护档案复印件，用人单位应当如实、无偿提供，并在所提供的复印件上签章。

第三十二条规定：劳动者健康出现损害需要进行职业病诊断、鉴定的，用人单位应当如实提供职业病诊断、鉴定所需的劳动者职业史和职业病危害接触史、工作场所职业病危害因素检测结果和放射工作人员个人剂量监测结果等资料。

第三十三条规定：用人单位不得安排未成年工从事接触职业病危害的作业，不得安排有职业禁忌的劳动者从事其所禁忌的作业，不得安排孕期、哺乳期女职工从事对本人和胎儿、婴儿有危害的作业。

第三十四条规定：用人单位应当建立健全下列职业卫生档案资料：

（1）职业病防治责任制文件；

（2）职业卫生管理规章制度、操作规程；

（3）工作场所职业病危害因素种类清单、岗位分布以及作业人员接触情况等资料；

（4）职业病防护设施、应急救援设施基本信息，以及其配置、使用、维护、检修与更换等记录；

（5）工作场所职业病危害因素检测、评价报告与记录；

（6）职业病防护用品配备、发放、维护与更换等记录；

（7）主要负责人、职业卫生管理人员和职业病危害严重工作岗位的劳动者等相关人员职业卫生培训资料；

（8）职业病危害事故报告与应急处置记录；

（9）劳动者职业健康检查结果汇总资料，存在职业禁忌证、职业健康损害或者职业病的劳动者处理和安置情况记录；

（10）建设项目职业卫生“三同时”有关技术资料，以及其备案、审核、审查或者验收等有关回执或者批复文件；

（11）职业卫生安全许可证申领、职业病危害项目申报等有关回执或者批复文件；

（12）其他有关职业卫生管理的资料或者文件。

第三十五条规定：用人单位发生职业病危害事故，应当及时向所在地安全生产监督管理部门和有关部门报告，并采取有效措施，减少或者消除职业病危害因素，防止事故扩大。对遭受或者可能遭受急性职业病危害的劳动者，用人单位应当及时组织救治、进行健康检查和医学观察，并承担所需费用。

用人单位不得故意破坏事故现场、毁灭有关证据，不得迟报、漏报、谎报或者瞒报职业病危害事故。

第三十六条规定：用人单位发现职业病病人或者疑似职业病病人时，应当按照国家规定及时向所在地安全生产监督管理部门和有关部门报告。

第三十七条规定：工作场所使用有毒物品的用人单位，应当按照有关规定向安全生产监督管理部门申请办理职业卫生安全许可证。

第三十八条规定：用人单位在安全生产监督管理部门行政执法人员依法履行监督检查

职责时,应当予以配合,不得拒绝、阻挠。

3. 处罚规定

第四十八条规定:用人单位有下列情形之一的,给予警告,责令限期改正,可以并处5千元以上2万元以下的罚款:

(1)未按照规定实行有害作业与无害作业分开、工作场所与生活场所分开的;

(2)用人单位的主要负责人、职业卫生管理人员未接受职业卫生培训的。

第四十九条规定:用人单位有下列情形之一的,给予警告,责令限期改正;逾期未改正的,处10万元以下的罚款:

(1)未按照规定制定职业病防治计划和实施方案的;

(2)未按照规定设置或者指定职业卫生管理机构或者组织,或者未配备专职或者兼职的职业卫生管理人员的;

(3)未按照规定建立、健全职业卫生管理制度和操作规程的;

(4)未按照规定建立、健全职业卫生档案和劳动者健康监护档案的;

(5)未建立、健全工作场所职业病危害因素监测及评价制度的;

(6)未按照规定公布有关职业病防治的规章制度、操作规程、职业病危害事故应急救援措施的;

(7)未按照规定组织劳动者进行职业卫生培训,或者未对劳动者个体防护采取有效的指导、督促措施的;

(8)工作场所职业病危害因素检测、评价结果未按照规定存档、上报和公布的。

第五十条规定:用人单位有下列情形之一的,责令限期改正,给予警告,可以并处5万元以上10万元以下的罚款:

(1)未按照规定及时、如实申报产生职业病危害的项目的;

(2)未实施由专人负责职业病危害因素日常监测,或者监测系统不能正常监测的;

(3)订立或者变更劳动合同时,未告知劳动者职业病危害真实情况的;

(4)未按照规定组织劳动者进行职业健康检查、建立职业健康监护档案或者未将检查结果书面告知劳动者的;

(5)未按照规定在劳动者离开用人单位时提供职业健康监护档案复印件的。

第五十一条规定:用人单位有下列情形之一的,给予警告,责令限期改正;逾期未改正的,处5万元以上20万元以下的罚款;情节严重的,责令停止产生职业病危害的作业,或者提请有关人民政府按照国务院规定的权限责令关闭:

(1)工作场所职业病危害因素的强度或者浓度超过国家职业卫生标准的;

(2)未提供职业病防护设施和劳动者使用的职业病防护用品,或者提供的职业病防护设施和劳动者使用的职业病防护用品不符合国家职业卫生标准和卫生要求的;

(3)未按照规定对职业病防护设备、应急救援设施和劳动者职业病防护用品进行维护、检修、检测,或者不能保持正常运行、使用状态的;

(4)未按照规定对工作场所职业病危害因素进行检测、现状评价的;

(5)工作场所职业病危害因素经治理仍然达不到国家职业卫生标准和卫生要求时,未停止存在职业病危害因素的作业的;

(6)发生或者可能发生急性职业病危害事故,未立即采取应急救援和控制措施或者未按照规定及时报告的;

(7)未按照规定在产生严重职业病危害的作业岗位醒目位置设置警示标识和中文警示说明的；

(8)拒绝安全生产监督管理部门监督检查的；

(9)隐瞒、伪造、篡改、毁损职业健康监护档案、工作场所职业病危害因素检测评价结果等相关资料，或者不提供职业病诊断、鉴定所需要资料的；

(10)未按照规定承担职业病诊断、鉴定费用和职业病病人的医疗、生活保障费用的。

第五十二条规定：用人单位有下列情形之一的，责令限期改正，并处5万元以上30万元以下的罚款；情节严重的，责令停止产生职业病危害的作业，或者提请有关人民政府按照国务院规定的权限责令关闭：

(1)隐瞒技术、工艺、设备、材料所产生的职业病危害而采用的；

(2)隐瞒本单位职业卫生真实情况的；

(3)可能发生急性职业损伤的有毒、有害工作场所或者放射工作场所不符合本规定第十七条规定的；

(4)使用国家明令禁止使用有可能产生职业病危害的设备或者材料的；

(5)将产生职业病危害的作业转移给没有职业病防护条件的单位和个人，或者没有职业病防护条件的单位和个人接受产生职业病危害的作业的；

(6)擅自拆除、停止使用职业病防护设备或者应急救援设施的；

(7)安排未经职业健康检查的劳动者、有职业禁忌的劳动者、未成年工或者孕期、哺乳期女职工从事接触产生职业病危害的作业或者禁忌作业的。

(8)违章指挥和强令劳动者进行没有职业病防护措施的作业的。

第五十三条规定：用人单位违反《中华人民共和国职业病防治法》的规定，已经对劳动者生命健康造成严重损害的，责令停止产生职业病危害的作业，或者提请有关人民政府按照国务院规定的权限责令关闭，并处10万元以上50万元以下的罚款。

造成重大职业病危害事故或者其他严重后果，构成犯罪的，对直接负责的主管人员和其他直接责任人员，依法追究刑事责任。

第五十四条规定：向用人单位提供可能产生职业病危害的设备或者材料，未按照规定提供中文说明书或者设置警示标识和中文警示说明的，责令限期改正，给予警告，并处5万元以上20万元以下的罚款。

第五十五条规定：用人单位未按照规定报告职业病、疑似职业病的，责令限期改正，给予警告，可以并处1万元以下的罚款；弄虚作假的，并处2万元以上5万元以下的罚款。

第五十七条规定：本规定所规定的行政处罚，由县级以上安全生产监督管理部门决定。法律、行政法规和国务院有关规定对行政处罚决定机关另有规定的，依照其规定。

二十、《用人单位职业健康监护监督管理办法》

《用人单位职业健康监护监督管理办法》(国家安全生产监督管理总局令49号)于2012年3月6日国家安全生产监督管理总局局长办公会议审议通过，于2012年4月27日公布，自2012年6月1日起施行。为了规范用人单位职业健康监护工作，加强职业健康监护的监督管理，保护劳动者健康及其相关权益，根据《中华人民共和国职业病防治法》，制定本办法。

该规定在职业健康监护工作方面对用人单位的职责、安全生产监督管理部门监督管理职责、法律责任三个方面做了明确规定。该规定中相关的安全规定如下。

1. 基本要求

第四条规定：用人单位应当建立、健全劳动者职业健康监护制度，依法落实职业健康监护工作。

第五条规定：用人单位应当接受安全生产监督管理部门依法对其职业健康监护工作的监督检查，并提供有关文件和资料。

第六条规定：对用人单位违反本办法的行为，任何单位和个人均有权向安全生产监督管理部门举报或者报告。

2. 用人单位的职责要求

第七条规定：用人单位是职业健康监护工作的责任主体，其主要负责人对本单位职业健康监护工作全面负责。

用人单位应当依照本办法以及《职业健康监护技术规范》（GBZ 188—2007）、《放射工作人员职业健康监护技术规范》（GBZ 235—2011）等国家职业卫生标准的要求，制定、落实本单位职业健康检查年度计划，并保证所需要的专项经费。

第八条规定：用人单位应当组织劳动者进行职业健康检查，并承担职业健康检查费用。劳动者接受职业健康检查应当视同正常出勤。

第九条规定：用人单位应当选择由省级以上人民政府卫生行政部门批准的医疗卫生机构承担职业健康检查工作，并确保参加职业健康检查的劳动者身份的真实性。

第十条规定：用人单位在委托职业健康检查机构对从事接触职业病危害作业的劳动者进行职业健康检查时，应当如实提供下列文件、资料：

（1）用人单位的基本情况；

（2）工作场所职业病危害因素种类及其接触人员名册；

（3）职业病危害因素定期检测、评价结果。

第十一条规定：用人单位应当对下列劳动者进行上岗前的职业健康检查：

（1）拟从事接触职业病危害作业的新录用劳动者，包括转岗到该作业岗位的劳动者；

（2）拟从事有特殊健康要求作业的劳动者。

第十二条规定：用人单位不得安排未经上岗前职业健康检查的劳动者从事接触职业病危害的作业，不得安排有职业禁忌的劳动者从事其所禁忌的作业。

用人单位不得安排未成年工从事接触职业病危害的作业，不得安排孕期、哺乳期的女职工从事对本人和胎儿、婴儿有危害的作业。

第十三条规定：用人单位应当根据劳动者所接触的职业病危害因素，定期安排劳动者进行在岗期间的职业健康检查。

对在岗期间的职业健康检查，用人单位应当按照《职业健康监护技术规范》（GBZ 188—2007）等国家职业卫生标准的规定和要求，确定接触职业病危害的劳动者的检查项目和检查周期。需要复查的，应当根据复查要求增加相应的检查项目。

第十四条规定：出现下列情况之一的，用人单位应当立即组织有关劳动者进行应急职业健康检查：

（1）接触职业病危害因素的劳动者在作业过程中出现与所接触职业病危害因素相关的不适症状的；

（2）劳动者受到急性职业中毒危害或者出现职业中毒症状的。

第十五条规定:对准备脱离所从事的职业病危害作业或者岗位的劳动者,用人单位应当在劳动者离岗前30日内组织劳动者进行离岗时的职业健康检查。劳动者离岗前90日内的在岗期间的职业健康检查可以视为离岗时的职业健康检查。

用人单位对未进行离岗时职业健康检查的劳动者,不得解除或者终止与其订立的劳动合同。

第十六条规定:用人单位应当及时将职业健康检查结果及职业健康检查机构的建议以书面形式如实告知劳动者。

第十七条规定:用人单位应当根据职业健康检查报告,采取下列措施:

(1)对有职业禁忌的劳动者,调离或者暂时脱离原工作岗位;

(2)对健康损害可能与所从事的职业相关的劳动者,进行妥善安置;

(3)对需要复查的劳动者,按照职业健康检查机构要求的时间安排复查和医学观察;

(4)对疑似职业病病人,按照职业健康检查机构的建议安排其进行医学观察或者职业病诊断;

(5)对存在职业病危害的岗位,立即改善劳动条件,完善职业病防护设施,为劳动者配备符合国家标准的职业病危害防护用品。

第十八条规定:职业健康监护中出现新发生职业病(职业中毒)或者两例以上疑似职业病(职业中毒)的,用人单位应当及时向所在地安全生产监督管理部门报告。

第十九条规定:用人单位应当为劳动者个人建立职业健康监护档案,并按照有关规定妥善保存。职业健康监护档案包括下列内容:

(1)劳动者姓名、性别、年龄、籍贯、婚姻、文化程度、嗜好等情况;

(2)劳动者职业史、既往病史和职业病危害接触史;

(3)历次职业健康检查结果及处理情况;

(4)职业病诊疗资料;

(5)需要存入职业健康监护档案的其他有关资料。

第二十条规定:安全生产行政执法人员、劳动者或者其近亲属、劳动者委托的代理人有权查阅、复印劳动者的职业健康监护档案。

劳动者离开用人单位时,有权索取本人职业健康监护档案复印件,用人单位应当如实、无偿提供,并在所提供的复印件上签章。

第二十一条规定:用人单位发生分立、合并、解散、破产等情形时,应当对劳动者进行职业健康检查,并依照国家有关规定妥善安置职业病病人;其职业健康监护档案应当依照国家有关规定实施移交保管。

3. 处罚规定

第二十六条规定:用人单位有下列行为之一的,给予警告,责令限期改正,可以并处3万元以下的罚款:

(1)未建立或者落实职业健康监护制度的;

(2)未按照规定制定职业健康监护计划和落实专项经费的;

(3)弄虚作假,指使他人冒名顶替参加职业健康检查的;

(4)未如实提供职业健康检查所需要的文件、资料的;

(5)未根据职业健康检查情况采取相应措施的;

(6)不承担职业健康检查费用的。

第二十七条规定:用人单位有下列行为之一的,责令限期改正,给予警告,可以并处5万元以上10万元以下的罚款:

(1)未按照规定组织职业健康检查、建立职业健康监护档案或者未将检查结果如实告知劳动者的;

(2)未按照规定在劳动者离开用人单位时提供职业健康监护档案复印件的。

第二十八条规定:用人单位有下列情形之一的,给予警告,责令限期改正,逾期不改正的,处5万元以上20万元以下的罚款;情节严重的,责令停止产生职业病危害的作业,或者提请有关人民政府按照国务院规定的权限责令关闭:

(1)未按照规定安排职业病病人、疑似职业病病人进行诊治的;

(2)隐瞒、伪造、篡改、损毁职业健康监护档案等相关资料,或者拒不提供职业病诊断、鉴定所需资料的。

第二十九条规定:用人单位有下列情形之一的,责令限期治理,并处5万元以上30万元以下的罚款;情节严重的,责令停止产生职业病危害的作业,或者提请有关人民政府按照国务院规定的权限责令关闭:

(1)安排未经职业健康检查的劳动者从事接触职业病危害的作业的;

(2)安排未成年工从事接触职业病危害的作业的;

(3)安排孕期、哺乳期女职工从事对本人和胎儿、婴儿有危害的作业的;

(4)安排有职业禁忌的劳动者从事所禁忌的作业的。

第三十条规定:用人单位违反本办法规定,未报告职业病、疑似职业病的,由安全生产监督管理部门责令限期改正,给予警告,可以并处1万元以下的罚款;弄虚作假的,并处2万元以上5万元以下的罚款。

二十一、《企业安全生产费用提取和使用管理办法》

为了建立企业安全生产投入长效机制,加强安全生产费用管理,保障企业安全生产资金投入,维护企业、职工以及社会公共利益,财政部、国家安全生产监督管理总局于2012年2月14日联合制定了《企业安全生产费用提取和使用管理办法》,公布之日起施行。

(一)企业应当建立安全生产费用管理制度

安全生产费用(以下简称安全费用)是指企业按照规定标准提取在成本中列支,专门用于完善和改进企业或者项目安全生产条件的资金。安全费用按照“企业提取、政府监管、确保需要、规范使用”的原则进行管理。

(二)安全费用的提取标准

交通运输企业以上年度实际营业收入为计提依据,按照以下标准平均逐月提取:

(1)普通货运业务按照1%提取;

(2)客运业务、管道运输、危险品等特殊货运业务按照1.5%提取。

(三)安全费用的使用

交通运输企业安全费用应当按照以下范围使用:

(1)完善、改造和维护安全防护设施设备支出(不含“三同时”要求初期投入的安全设施),包括道路、水路、铁路、管道运输设施设备和装卸工具安全状况检测及维护系统、运输设施设备和装卸工具附属安全设备等支出。

(2)购置、安装和使用具有行驶记录功能的车辆卫星定位装置、船舶通信导航定位和自动识别系统、电子海图等支出。

(3)配备、维护、保养应急救援器材、设备支出和应急演练支出。

(4)开展重大危险源和事故隐患评估、监控和整改支出。

(5)安全生产检查、评价(不包括新建、改建、扩建项目安全评价)、咨询和标准化建设支出。

(6)配备和更新现场作业人员安全防护用品支出。

(7)安全生产宣传、教育、培训支出。

(8)安全生产适用的新技术、新标准、新工艺、新装备的推广应用支出。

(9)安全设施及特种设备检测检验支出。

(10)其他与安全生产直接相关的支出。

二十二、《劳动防护用品监督管理规定》

《劳动防护用品监督管理规定》于2005年7月8日国家安全生产监督管理总局局务会议审议通过,自2005年9月1日起施行,是目前我国关于劳动防护用品监督管理的重要部门规章。

(一)劳动防护用品违法行为

生产经营单位使用劳动防护用品的情况,是监督管理的重点。生产经营单位有下列违法行为之一的,应当受到依法查处:

(1)不配发劳动防护用品;

(2)不按有关规定或者标准配发劳动防护用品;

(3)配发无安全标志的特种劳动防护用品;

(4)配发不合格的劳动防护用品;

(5)配发超过使用期限的劳动防护用品;

(6)劳动防护用品管理混乱,由此对从业人员造成事故伤害及职业危害;

(7)生产或者经营假冒伪劣劳动防护用品和无安全标志的特种劳动防护用品;

(8)其他违反劳动防护用品管理法律、法规、规章、标准的行为。

(二)监管监察部门的监督检查

各级安全生产监督管理部门和煤矿安全监察部门依法负有对生产经营单位配备和使用劳动防护用品的情况进行监督管理的职责。对发现的违法行为,有权予以纠正或者实施行政处罚。《劳动防护用品监督管理规定》要求安全生产监督管理部门、煤矿安全监察机构依法对劳动防护用品使用情况和特种劳动防护用品安全标志进行监督检查,督促生产经营单位按照国家有关规定为从业人员配备符合国家标准或者行业标准的劳动防护用品。

劳动防护用品主要是国内生产,但也有一些劳动防护用品需要从国外进口。为了加强对进口劳动防护用品的监督管理,《劳动防护用品监督管理规定》第二十九条规定:“进口的一般劳动防护用品的安全防护性能不得低于我国相关标准,并向国家安全生产监督管理总局指定的特种劳动防护用品安全标志管理机构申请办理准用手续;进口的特种劳动防护用品应当按照本规定取得安全标志。”

(三)从业人员的监督

从业人员是企业的主人,依法享有获得劳动防护用品的权利和对本单位配备劳动防护用品及其管理的情况进行监督的权利。他们是劳动防护用品受益者,当然有权维护自身的利益。《劳动防护用品监督管理规定》第二十三条规定:“生产经营单位的从业人员有权依法向本单位提出配备所需劳动防护用品的要求;有权对本单位劳动防护用品管理的违法行为提出批评、检举、控告。安全生产监督管理部门、煤矿安全监察机构对从业人员提出的批评、检举、控告,经查实后应当依法处理。”

(四)工会的监督

工会是维护从业人员权益的群众性组织,依法享有对生产经营单位为从业人员配备劳动防护用品的行为进行监督的权利。为了发挥工会的监督作用,加强对劳动防护用品使用的监督,《劳动防护用品监督管理规定》第二十四条规定:“生产经营单位应当接受工会的监督。工会对生产经营单位劳动防护用品管理的违法行为有权要求纠正,并对纠正情况进行监督。”

二十三、《〈生产安全事故报告和调查处理条例〉罚款暂行办法》

为防止和减少生产安全事故,严格追究生产安全事故发生单位及其有关责任人员的法律责任,正确适用事故罚款的行政处罚,依照《生产安全事故报告和调查处理条例》的规定,制定《〈生产安全事故报告和调查处理条例〉罚款处罚暂行规定》(以下简称《处罚暂行规定》)。该规定于2007年7月12日以国家安全生产监督管理总局令第13号公布;根据2011年9月1日国家安全监管总局《关于修改〈 <生产安全事故报告和调查处理条例> 罚款处罚暂行规定〉的决定》修订。该规定共22条,自公布之日起施行。主要内容如下。

(一)对事故发生单位及其有关责任人员处以罚款的行政处罚,依照下列规定决定:

1. 对发生特别重大事故的单位及其有关责任人员罚款的行政处罚,由国家安全生产监督管理总局决定;

2. 对发生重大事故的单位及其有关责任人员罚款的行政处罚,由省级人民政府安全生产监督管理部门决定;

3. 对发生较大事故的单位及其有关责任人员罚款的行政处罚,由设区的市级人民政府安全生产监督管理部门决定;

4. 对发生一般事故的单位及其有关责任人员罚款的行政处罚,由县级人民政府安全生产监督管理部门决定。

上级安全生产监督管理部门可以指定下一级安全生产监督管理部门对事故发生单位及其有关责任人员实施行政处罚。

(二)事故发生单位主要负责人有《处罚暂行条例》第三十五条规定的行为之一的,依照下列规定处以罚款:

1. 事故发生单位主要负责人在事故发生后不立即组织事故抢救的,处上一年年收入80%的罚款;

2. 事故发生单位主要负责人迟报或者漏报事故的,处上一年年收入40%~60%的罚款;

3. 事故发生单位主要负责人在事故调查处理期间擅离职守的,处上一年年收入60%~80%的罚款。

(三)事故发生单位有《处罚暂行条例》第三十六条第一项规定行为之一的,处200万元的罚款;同时贻误事故抢救或者造成事故扩大或者影响事故调查的,处300万元的罚款;同时贻误事故抢救或者造成事故扩大或者影响事故调查,手段恶劣,情节严重的,处500万元的罚款。

事故发生单位有《处罚暂行条例》第三十六条第二至六项规定行为之一的,处100万元以上200万元以下的罚款;同时贻误事故抢救或者造成事故扩大或者影响事故调查的,处200万元以上300万元以下的罚款;同时贻误事故抢救或者造成事故扩大或者影响事故调查,手段恶劣,情节严重的,处300万元以上500万元以下的罚款。

事故发生单位的主要负责人、直接负责的主管人员和其他直接责任人员有《处罚暂行条例》第三十六条规定的行为之一的,依照下列规定处以罚款:

1. 伪造、故意破坏事故现场,或者转移、隐匿资金、财产、销毁有关证据、资料,或者拒绝接受调查,或者拒绝提供有关情况和资料,或者在事故调查中作伪证,或者指使他人作伪证的,处上一年年收入80% ~90%的罚款;

2. 谎报、瞒报事故或者事故发生后逃匿的,处上一年年收入100%的罚款。

(四)事故发生单位对造成3人以下死亡,或者3人以上10人以下重伤(包括急性工业中毒),或者300万元以上1 000万元以下直接经济损失的事故负有责任的,处10万元以上20万元以下的罚款。

事故发生单位有本条第一款规定的行为且谎报或者瞒报事故的,处20万元的罚款。

(五)事故发生单位对较大事故发生负有责任的,依照下列规定处以罚款:

1. 造成3人以上6人以下死亡,或者10人以上30人以下重伤(包括急性工业中毒),或者1 000万元以上3 000万元以下直接经济损失的,处20万元以上30万元以下的罚款;

2. 造成6人以上10人以下死亡,或者30人以上50人以下重伤(包括急性工业中毒),或者3 000万元以上5 000万元以下直接经济损失的,处30万元以上50万元以下的罚款。

事故发生单位对较大事故发生负有责任且有谎报或者瞒报行为的,处50万元的罚款。

(六)事故发生单位对重大事故发生负有责任的,依照下列规定处以罚款:

1. 造成10人以上15人以下死亡,或者50人以上70人以下重伤(包括急性工业中毒),或者5 000万元以上7 000万元以下直接经济损失的,处50万元以上100万元以下的罚款;

2. 造成15人以上30人以下死亡,或者70人以上100人以下重伤(包括急性工业中毒),或者7 000万元以上1亿元以下直接经济损失的,处100万元以上200万元以下的罚款。

事故发生单位对重大事故发生负有责任且有谎报或者瞒报行为的,处200万元的罚款。

(七)事故发生单位对特别重大事故发生负有责任的,处200万元以上500万元以下的罚款。

事故发生单位有本条第一款规定的行为且谎报或者瞒报事故的,处500万元的罚款。

(八)事故发生单位主要负责人未依法履行安全生产管理职责,导致事故发生的,依照下列规定处以罚款:

1. 发生一般事故的,处上一年年收入30%的罚款;

2. 发生较大事故的,处上一年年收入40%的罚款;

3. 发生重大事故的,处上一年年收入60%的罚款;

4. 发生特别重大事故的,处上一年年收入80%的罚款。

二十四、《安全生产违法行为行政处罚办法》

新修订的《安全生产违法行为行政处罚办法》(以下简称《处罚办法》)于2007年12月

11日以国家安监总局15号令公布，自2008年1月1日起施行。它的公布实施，是健全安全生产法律法规规章体系，加快形成规范的安全生产法治秩序的重要环节，对于进一步惩治安全生产违法行为，规范安全生产行政处罚，促进安全生产状况稳定好转具有重要意义。

（一）修订的必要性

一是适应当前安全生产行政执法工作的需要。2003年5月19日，原国家局第1号令公布了《安全生产违法行为行政处罚办法》。当时，地方各级安全监管部门陆续组建，原《处罚办法》对规范行政处罚实施，制裁安全生产违法行为，发挥了积极作用。但是，随着安全生产工作进入攻坚阶段，各项治本措施的逐步落实，安全生产违法行为日益多样化、复杂化和隐蔽化。因此，需要及时修订原《处罚办法》，强化安全生产行政执法工作。

二是更好地贯彻执行新近出台的安全生产法律、行政法规的需要。原《处罚办法》施行四年来，国家又出台了一些新的安全生产法律和行政法规。其中，有的法律、行政法规及其法条对行政处罚的规定比较原则，处罚幅度较大，需要通过修订原《处罚办法》加以量化、细化，增强可操作性，以保障法律、行政法规的顺利实施。

三是总结行政执法经验，提高行政执法能力的需要。近年来，各地在安全生产执法工作中，积累和创造了一些行之有效的经验和做法，需要上升为规章，为制裁安全生产违法行为提供新的法律武器。另外，各地在执行原《处罚办法》过程中出现并提出了一些具体适用问题，需要通过修订原《处罚办法》加以解决，以保障法律、行政法规的正确实施。

四是进一步严格规范行政处罚程序的需要。从近年发生的行政复议和应诉案例看，有的安全监管监察部门及其执法人员重实体、轻程序，重结果、轻过程的问题仍然比较突出，行政处罚事实不清、证据不足、依据不准、处罚过当等现象时有发生。需要进一步明确并严格行政处罚程序，规范行政处罚行为，增强行政处罚决定的确定力和执行力。

（二）修订的主要内容

新修订的《处罚办法》从执法需要出发，本着量化处罚、细化程序、强化执法，增强可操作性的原则，对原《处罚办法》作出了较大幅度的修订。特别是对行政处罚的程序、适用和执行方面作了进一步补充和完善。对法律、行政法规已有明确规定，不需要进一步量化、细化的条文，进行了删减；对法律、行政法规已经作出的处罚规定（如对事故责任者的处罚），作出了衔接性规定。

1.补充了行政处罚的种类

《处罚办法》第五条规定的9种行政处罚，主要依据来自《安全生产法》、《国务院关于预防煤矿生产安全事故的特别规定》和《生产安全事故报告和调查处理条例》等法律、行政法规。如“没收开采出的煤炭以及采掘设备”出自《国务院关于预防煤矿生产安全事故的特别规定》第五条第二款。“责令改正、责令限期改正、责令停止违法行为”是《安全生产法》规定的行政处罚，但鉴于现行法律、行政法规对上述三种行政行为既有规定为行政处罚的，又有规定为现场处理措施的，两种规定极易混淆。为便于区别适用，《处罚办法》第五条第二款增加了“法律、行政法规将前款的责令改正、责令限期改正、责令停止违法行为规定为现场处理措施的除外”的规定，即安全监管监察部门作出此类现场处理措施不需要走行政处罚的程序。

2.统一了暂扣有关许可证、暂停有关执业资格、岗位证书的期限

对暂扣许可证处罚的期限，由于法律规定不明确，执行中不好掌握。有的地方久扣不

决，甚至变相为吊销许可证，致使生产经营单位被迫关停，并由此引发了行政复议和行政诉讼。为此，《处罚办法》第六条第三款增加了“暂扣、吊销有关许可证和暂停、撤销有关执业资格、岗位证书的行政处罚，由发证机关决定。其中，暂扣有关许可证和暂停有关执业资格、岗位证书的期限一般不得超过6个月；法律、行政法规另有规定的，依照其规定”的规定。

3. 允许行政处罚委托乡镇、街办安监机构实施

为了加强安全监管监察行政执法工作，截至2007年6月底，全国省、市、县三级安全监管部门组建了专门的执法机构1 387个（执法总队、支队、大队），共核定编制12 241名，其中约75%属于事业单位和使用事业编制。此外，一些地方的乡镇和城市街道办事处设立的安监机构也承担了一定的安全监管职责，但却没有相应的行政处罚权。为解决这些执法机构和执法人员的行政处罚权问题，依照《行政处罚法》第十九条的授权，《处罚办法》第十二条规定：“安全监管监察部门根据需要，可以在其法定职权范围内委托符合行政处罚法第十九条规定条件的组织或者乡镇人民政府、城市街道办事处设立的安全生产监督管理机构实施行政处罚。受委托的单位在委托范围内，以委托的安全监管监察部门名义实施行政处罚。委托的安全监管监察部门应当监督检查受委托的单位实施行政处罚，并对其实施行政处罚的后果承担法律责任”。

4. 完善了与行政处罚相关的一些程序

一是现场处理措施。《处罚办法》第十四条规定，在监督检查中发现事故隐患后，为排除治理事故隐患，防止事故发生和人员伤亡，安全监管监察部门及其行政执法人员应当采取现场处理措施，包括责令立即排除、责令从危险区域撤出作业人员，以及责令暂时停产停业、停止建设、停止施工或者停止使用等。法律、行政法规对责令暂时停产停业、停止建设、停止施工或者停止使用没有规定期限的，其期限一般不超过6个月。这是对《安全生产法》第五十六条第一款第（三）项规定的补充和完善。

二是查封、扣押等行政强制措施。对《安全生产法》第五十六条第一款第（四）项规定的查封、扣押等行政强制措施，《处罚办法》第十五条补充了后续处理的规定。

三是隐患排除治理及其验收。《处罚办法》第十六条规定增加了生产经营单位在隐患排除或者治理后申请验收，以及安全监管监察部门进行验收的程序。

四是《处罚办法》第二十四条至第二十七条，对开展现场检查笔录、证据的调取、证据的先行登记保存、有关物品和场所的勘验检查等工作，作出了更明确的规定。

五是《处罚办法》第三十九条、第四十条分别增加了听证中止和终止的规定。

5. 规范了行政处罚的具体适用

一是对《安全生产法》、《安全生产许可证条例》等法律、行政法规中罚款幅度较大的处罚，《处罚办法》第四十六条、第四十八条进行了分档，以保证处罚的正确、适当。

二是对原《处罚办法》规定的部分安全生产违法行为提高了罚款的额度。《处罚办法》第四十四条、第四十五条将原《处罚办法》第三十七条、第三十八条和第四十七条规定的罚款额度，由1万元以下提高到1万元以上3万元以下。

三是对现行法律、行政法规尚未规定处罚但又常见的违法行为增设了罚款的处罚。主要有：《处罚办法》第四十四条规定的“三违”、“三超”行为，第四十九条规定的为无安全生产许可证非法生产的单位提供生产经营条件的行为，第五十条规定的有关单位及其人员弄虚作假、骗取安全生产许可证及有关批准文件，以及不依法办理安全生产许可证书变更手续的行为，第五十一条规定的未取得相应资格、资质证书从事中介活动的行为。

四是为了精简条文、压缩篇幅，对地方各级安全监管监察部门已经比较熟悉，在法律、行政法规中已有规定，且不需要细化的内容作了删除。它们是：原《处罚办法》第三十九条至第四十六条、第五十条至第六十一条、第六十九条。

6. 明确了安全生产违法所得的计算方法

在具体处罚过程中，一些地方安全监管监察部门对如何计算违法所得，希望国家安监总局规定可操作的计算标准。为此，《处罚办法》第五十七条规定，生产、加工产品的，以生产、加工产品的销售收入作为违法所得；销售商品的，以销售收入作为违法所得；提供安全生产中介、租赁等服务的，以服务收入或者报酬作为违法所得。此外，销售收入无法计算的，按当地同类同等规模生产经营单位平均销售收入计算；服务收入、报酬无法计算的，按照当地同行业同种服务平均收入或者报酬计算。需要指出的是，本条规定的销售收入、服务收入和报酬等指的是不扣除成本，全部予以没收。

二十五、《安全生产领域违法违纪行为政纪处分暂行规定》

《安全生产领域违法违纪行为政纪处分暂行规定》(以下简称《暂行规定》)，是我国第一部关于安全生产领域政纪处分方面的部门规章。这部规章对安全生产领域各类违法违纪行为及其处分量纪标准作出明确规定，是查处安全生产领域违法违纪案件的重要依据。《暂行规定》体现了预防为主，是从源头上强化政府安全监管主体、企业安全责任主体应负责任的重要措施。它的颁布实施，对于切实加强安全生产工作，惩处安全生产领域违法违纪行为，促进安全生产法律法规的贯彻实施，落实各级安全生产责任制，保障人民群众生命财产安全，落实科学发展观，构建社会主义和谐社会，具有重要意义。《暂行规定》共二十一条，可归纳为 5 个层面。

(一)立法的宗旨及其法律依据

《暂行规定》第一条开宗明义，指出制定这部规章的目的是“为了加强安全生产工作，惩处安全生产领域违法违纪行为，促进安全生产法律法规的贯彻实施，保障人民群众生命财产和公共财产安全。”它所依据的法律，主要是《行政监察法》《安全生产法》及其他有关法律法规。

(二)适用范围及其执行主体

《暂行规定》明确了“国家行政机关及其公务员，企业、事业单位中由国家行政机关任命的人员有安全生产领域违法违纪行为，应当给予处分的，适用本规定。”；明确了“法律法规授权的具有管理公共事务职能的组织以及国家行政机关依法委托的组织及其工勤人员以外的工作人员有安全生产领域违法违纪行为，应当给予处分的，参照本规定执行”。此外，还明确了“企业、事业单位中除由国家行政机关任命的人员外，其他人员有安全生产领域违法违纪行为，应当给予处分的，由企业、事业单位参照本规定执行。”这实际了涵盖了国家行政机关、企事业单位和中介组织中的所有人员。

(三)安全生产领域违法违纪行为的类别和表现

安全生产领域违法违纪行为类别，是《暂行规定》的主体内容，从第四条到第十六条，分别对国家行政机关及其公务员、国有企业及其工作人员和事业单位、中介组织及其工作人员从 3 个层面作出规定。

1. 对国家行政机关及其公务员归纳为 7 类 25 种表现

一是不执行或者违背安全生产法律法规的行为；

二是违法违规实施的行政行为；

三是违法违规批准向生产经营单位提供剧毒品、火工品等危险物资或者其他生产经营条件的；

四是干预插手安全生产经营活动以及安全生产行政许可、监督执法、中介活动等行为；

五是对工程项目未按照“三同时”规定组织审查验收，对生产安全事故瞒报、谎报，或者不及时组织抢救等行为；

六是妨碍事故调查处理和不执行事故处理决定的行为；

七是违反规定在煤矿等企业投资入股或者在安全生产领域经商办企业以及徇私舞弊等行为。

2. 对国有企业及其工作人员归纳为5类18种表现

一是生产经营和新建、改扩建等环节的违法违纪行为；

二是由于不履行或者不正确履行安全生产管理职责，导致生产安全事故发生的违法违纪行为；

三是瞒报、谎报事故、擅离职守、逃匿以及妨碍事故调查的违法违纪行为；

四是不执行或者擅自改变事故处理决定的违法违纪行为；

五是违反规定在煤矿等企业投资入股或者安全生产领域经商办企业的行为。事业单位及中介组织比较突出的违法违纪行为，就是出具虚假报告与事实不符的文件、资料，造成安全生产隐患。

（四）政纪处分的种类

针对安全生产领域违法违纪行为的类别和表现，《暂行规定》依据有关法律法规，对公务员的处分种类分为6种：即警告、记过、记大过、降级、撤职、开除。对国有企业工作人员的处分种类分为7种：即警告、记过、记大过、降级、撤职、留用察看、开除。

（五）与相关法律法规作了衔接

《暂行规定》第十八条规定：“有安全生产领域违法违纪行为，需在给予组织处理的，按照有关规定办理。”这一条主要是依据有关党政干部引咎辞职的规定作出的。该规定第十九条还规定：“有关安全生产领域违法违纪行为，涉嫌犯罪的，移送司法机关依法处理。”

《暂行规定》的颁布实施，不仅是从源头上加强安全生产工作的重大举措，也是在安全生产领域深入开展反腐败斗争的迫切要求。对安全生产监管、煤矿安全监察系统来说，是强化安全监督管理执法的一把利剑，有利于规范安全执法行为，有利于打击失职渎职和权钱交易、官商勾结等腐败行为，有利于从源头上防范生产安全事故的发生。因此，我们要认真学习，积极宣传，严格执行，对安全生产领域违法违纪行为坚决打击，决不手软，推进我州安全生产状况进一步稳定好转。

二十六、《生产经营单位瞒报谎报事故行为查处办法》

为了促进生产经营单位依法依规报告生产安全事故（以下简称事故），严肃查处瞒报、谎报事故行为，根据《安全生产法》、《生产安全事故报告和调查处理条例》（国务院令第493号）等法律、行政法规和《国务院关于进一步加强企业安全生产工作的通知》（国发［2010］23号）等有关规定，国家安全监管总局于2011年6月15日印发了《生产经营单位瞒报谎报事故行为查处办法》，印发之日起施行。

对生产经营单位及其人员瞒报、谎报事故(包括涉险事故,下同)行为的举报、受理和查处,适用本办法。国家机关工作人员参与瞒报、谎报事故的,依照有关法律、行政法规和纪律处分规定由监察机关或者任免机关按照干部管理权限给予处理。单位主要负责人对事故报告负总责,并对瞒报、谎报事故行为承担法律责任。

(一)瞒报、谎报事故行为的认定

(1)隐瞒已经发生的事故,超过规定时限未向安全监管监察部门和有关部门报告,并经查证属实的,属于瞒报;

(2)故意不如实报告事故发生的时间、地点、初步原因、性质、伤亡人数和涉险人数、直接经济损失等有关内容的,属于谎报。

(二)瞒报、谎报事故行为的举报

(1)对瞒报、谎报事故的行为,任何单位和个人均有权向县级以上安全监管监察部门举报。

(2)举报人应当实事求是、客观公正地反映有关事故情况,故意捏造或者歪曲事实、诬告或者陷害他人的,应当承担相应的法律责任。

(3)安全监管监察部门应当向社会公布举报电话、电子信箱、通信地址及邮政编码,设立举报箱,畅通社会公众和职工群众的举报渠道。严禁将举报人的有关信息和举报事项透露给被举报人或者有可能对举报人产生不利后果的其他人员、单位以及与案件查处无关的人员。

(4)对已经受理的举报,安全监管监察部门应当按照下列规定处理:

①对实名举报的,立即组织查证。查证结束后,及时将查证及处理情况反馈举报人;

②对匿名举报的,根据举报具体情况决定是否进行查证。有具体的事故单位和伤亡人员姓名、联系方式等线索的,立即组织查证;

③举报事项经查证属实的,依照有关规定对举报有功人员给予奖励;

④举报事项经查证不属实的,以适当方式在一定范围内予以澄清,并依法保护被举报人的合法权益。

安全监管监察部门对查证瞒报、谎报事故确有困难的,可以提请本级人民政府组织查证。

(三)瞒报、谎报事故行为的处理和处罚

(1)调查瞒报、谎报事故行为,应当重点查明瞒报、谎报事故的原因、过程,是否贻误事故抢救造成人员伤亡扩大和严重社会危害,参与瞒报、谎报事故的单位和有关人员等情况。瞒报、谎报事故涉嫌犯罪的,负责事故调查的部门应当及时移送司法机关处理。

(2)事故发生单位主要负责人瞒报或者谎报事故的,处上一年年收入100%的罚款,并由公安机关依照《安全生产法》第九十一条的规定,处十五日以下拘留;属于国家工作人员的,并依照法律、行政法规和纪律处分规定由监察机关或者任免机关按照干部管理权限给予处理;构成犯罪的,依法追究刑事责任。

(3)事故发生单位直接负责的主管人员和其他直接责任人员瞒报或者谎报事故的,处上一年年收入100%的罚款;属于国家工作人员的,并依照法律、行政法规和纪律处分规定由监察机关或者任免机关按照干部管理权限给予处理;构成犯罪的,依法追究刑事责任。

(4)事故发生单位瞒报或者谎报事故的,依照下列规定处以罚款:

①没有贻误事故抢救的,处200万元的罚款;

②贻误事故抢救或者造成事故扩大或者影响事故调查的,处300万元的罚款;

③贻误事故抢救或者造成事故扩大或者影响事故调查的,手段恶劣,情节严重的,处500万元的罚款。

(5)事故发生单位对事故发生负有责任且存在瞒报、谎报情形的,依照下列规定处以罚款:

①发生一般事故的,处20万元的罚款;

②发生较大事故的,处50万元的罚款;

③发生重大事故的,处200万元的罚款;

④发生特别重大事故的,处500万元的罚款。

(6)事故发生单位瞒报、谎报事故的,由有关部门依法暂扣或者吊销有关证照;负有事故责任的事故发生单位有关人员瞒报、谎报事故的,依法暂停或者撤销其与安全生产有关的执业资格、岗位证书。对重大、特别重大事故负有主要责任的生产经营单位,其主要负责人终身不得担任本行业生产经营单位的矿长、厂长、经理。

(7)因瞒报、谎报事故,事故发生单位及其有关责任人员违反不同的法律规定,有两个以上应当给予行政处罚的违法行为的,应当适用不同的法律规定,分别裁量,合并处罚。

(四)公告和社会监督

瞒报、谎报事故行为调查处理结案后,承办事故调查处理的安全监管监察部门应当向上级安全监管监察部门报告事故的查处情况,并将查处结果在当地主要新闻媒体和本级政府网站、安全监管监察部门网站上予以公告,接受社会监督。

二十七、北京市安全生产条例

第一章　总　　则

《北京市安全生产条例》于2004年7月29日北京市第十二届人民代表大会常务委员会第十三次会议通过,2011年5月27日北京市第十三届人民代表大会常务委员会第二十五次会议修订完成。

第一条　为了加强安全生产监督管理,防止生产安全事故,保障人民群众生命和财产安全,促进经济和社会协调发展,根据《中华人民共和国安全生产法》,结合本市实际情况,制定本条例。

第二条　在本市行政区域内从事生产经营活动的单位(以下统称生产经营单位)应当遵守《中华人民共和国安全生产法》和本条例。

有关法律、法规对消防安全和道路交通安全、铁路交通安全、水上交通安全、民用航空安全另有规定的,适用其规定。

第三条　本市安全生产管理应当以人为本,坚持安全第一、预防为主的方针,建立健全以生命安全为核心的安全生产责任体系和物质技术保障体系,保障城市安全运行,促进首都安全发展。

第四条　生产经营单位应当根据本单位生产经营活动的特点,加强安全生产管理,建立健全安全生产责任制度,完善安全生产条件,确保安全生产,保障从业人员和社会公众的安全健康。

第五条　生产经营单位的主要负责人对本单位的安全生产工作全面负责。

第六条　工会依法组织职工参加本单位安全生产工作的民主管理和民主监督,维护职工在安全生产方面的合法权益,对单位执行安全生产法律、法规的情况进行监督。

第七条　各级人民政府应当加强对安全生产工作的领导,将安全生产工作纳入国民经济和社会发展计划,合理调整产业结构,加大安全生产投入,将安全生产专项工作所需经费列入本级政府预算,支持、督促各有关部门依法履行安全生产监督管理职责,及时协调、解决安全生产监督管理中的重大问题。

第八条　各级人民政府的主要领导人和政府有关部门的正职负责人对本行政区域和本部门的安全生产工作负全面领导责任;各级人民政府的其他领导人和政府有关部门的其他负责人对分管范围内的安全生产工作负领导责任。

第九条　市和区、县安全生产监督管理部门对本行政区域内安全生产工作实施综合监督管理,指导、协调和监督政府有关部门履行安全生产监督和管理职责,依法对生产经营单位的安全生产工作实施监督检查。

公安、住房和城乡建设、质量技术监督、国土资源、煤炭、电力、国防科技工业等负有安全生产监督管理职责的政府有关部门,按照有关法律、法规的规定,分别对消防、道路交通、建筑施工、特种设备、矿山、电力、民用爆破器材生产等方面的安全生产工作实施监督管理。

商务、文化、教育、卫生、旅游、交通、市政市容、农业、民防等政府有关部门,按照法律、法规、规章的规定和市人民政府确定的职责,负责有关行业或者领域的安全生产管理工作。

第十条　各级人民政府及其有关部门应当采取多种形式,加强对有关安全生产的法律、法规和安全生产知识的宣传,组织开展安全生产教育和培训,推进安全文化建设,增强全社会的安全生产意识和安全防范能力。

第十一条　各级人民政府及其有关部门应当鼓励安全生产科学技术研究,支持安全生产先进适用技术、装备、工艺的推广应用,提高安全生产信息化水平,推进安全生产产业发展。

第十二条　本市推进安全生产社会化服务体系建设,支持、指导、规范有关社会服务机构依法开展评价、认证、检测、检验、咨询、宣传和技术培训等安全生产服务活动。

有关社会服务机构应当按照法律、法规规定和合同约定从事安全生产服务活动,保障所提供的报告、信息真实准确,并对其作出的安全评价、认证、检测、检验的结果负责。

第十三条　安全生产协会和其他相关行业协会应当加强行业自律,对生产经营单位的安全生产工作进行指导,提供安全生产管理和技术咨询等服务。

本市鼓励安全生产协会和其他相关行业协会参与安全生产标准的制定。

第十四条　市和区、县人民政府对在改善安全生产条件、推进安全文化建设、防止生产安全事故、参加抢险救护、安全生产科学技术研究和推广应用、安全生产监督管理等方面取得显著成绩的单位和个人,给予表彰和奖励。

第二章　生产经营单位的安全生产保障

第十五条　生产经营单位应当具备下列安全生产条件:

(一)生产经营场所和设备、设施符合有关安全生产法律、法规的规定和国家标准或者行业标准的要求。

（二）矿山、建筑施工单位和危险化学品、烟花爆竹、民用爆破器材生产单位依法取得安全生产许可证。

（三）建立健全安全生产责任制，制定安全生产规章制度和相关操作规程。

（四）依法设置安全生产管理机构或者配备安全生产管理人员。

（五）从业人员配备符合国家标准或者行业标准的劳动防护用品。

（六）主要负责人和安全生产管理人员具备与生产经营活动相适应的安全生产知识和管理能力。危险物品的生产、经营、储存单位及矿山、建筑施工单位的主要负责人和安全生产管理人员，依法经安全生产知识和管理能力考核合格。

（七）从业人员经安全生产教育和培训合格。特种作业人员按照国家和本市的有关规定，经专门的安全作业培训并考核合格，取得特种作业操作资格证书。

（八）法律、法规和国家标准或者行业标准、地方标准规定的其他安全生产条件。

不具备安全生产条件的单位不得从事生产经营活动。

第十六条　生产经营单位的主要负责人对本单位安全生产工作负有下列职责：

（一）建立健全并督促落实安全生产责任制；

（二）组织制定并督促落实安全生产规章制度和操作规程；

（三）保证安全生产投入；

（四）定期研究安全生产问题；

（五）督促、检查安全生产工作，及时消除生产安全事故隐患；

（六）组织实施本单位从业人员的职业健康工作；

（七）组织制定并实施生产安全事故应急救援预案；

（八）及时、如实报告生产安全事故。

生产经营单位的主要负责人应当每年向职工代表大会或者职工大会报告本单位的安全生产情况。

第十七条　生产经营单位的安全生产责任制应当明确各岗位的责任人员、责任内容和考核要求，形成包括全体人员和全部生产经营活动的责任体系。

第十八条　生产经营单位应当制定下列安全生产规章制度：

（一）安全生产教育和培训制度；

（二）安全生产检查制度；

（三）生产安全事故隐患排查治理制度；

（四）具有较大危险因素的生产经营场所、设备和设施的安全管理制度；

（五）危险作业管理制度；

（六）特种作业人员管理制度；

（七）劳动防护用品配备和管理制度；

（八）安全生产奖励和惩罚制度；

（九）生产安全事故报告和调查处理制度；

（十）其他保障安全生产的规章制度。

第十九条　生产经营单位应当具备的安全生产条件所必需的资金投入，由生产经营单位的决策机构、主要负责人或者个人经营的投资人予以保证，并对由于安全生产所必需的资金投入不足导致的后果承担责任。

矿山、建筑施工单位和危险化学品、烟花爆竹、民用爆破器材生产单位实行提取安全费用制度。具体办法由市人民政府制定。

第二十条　生产经营单位的安全生产资金投入或者安全费用,应当专项用于下列安全生产事项:

(一)安全技术措施工程建设;

(二)安全设备、设施的更新和维护;

(三)安全生产宣传、教育和培训;

(四)劳动防护用品配备;

(五)重大危险源监控;

(六)生产安全事故应急救援演练;

(七)应急救援队伍建设或者救援服务;

(八)其他保障安全生产的事项。

第二十一条　生产经营单位应当对从业人员进行安全生产教育和培训,并建立考核制度。未经安全生产教育和培训合格的人员不得上岗作业。生产经营单位应当对安全生产教育、培训和考核情况进行记录,并按照规定的期限保存。

第二十二条　生产经营单位的主要负责人和安全生产管理人员应当接受相应的安全生产知识和管理能力的培训,具体培训和考核办法按照国家有关规定执行。

危险物品的生产、经营、储存单位从事危险作业的人员应当按照国家有关规定参加专门的安全作业培训,经培训合格方可上岗。

第二十三条　以劳务派遣形式用工的,劳务派遣单位应当对劳务派遣人员进行必要的安全生产教育和培训;用工单位应当对劳务派遣人员进行岗位安全操作规程和安全操作技能的教育和培训。

用工单位与劳务派遣单位应当在劳务派遣协议中明确各自承担的教育和培训的职责和具体内容。

第二十四条　安全生产的教育和培训主要包括下列内容:

(一)安全生产法律、法规和规章;

(二)安全生产规章制度和操作规程;

(三)岗位安全操作技能;

(四)安全设备、设施、工具、劳动防护用品的使用、维护和保管知识;

(五)生产安全事故的防范意识和应急措施、自救互救知识;

(六)生产安全事故案例。

第二十五条　生产经营单位主要负责人、安全生产管理人员和从业人员每年接受的在岗安全生产教育和培训时间不得少于8学时。

新招用的从业人员上岗前接受安全生产教育和培训的时间不得少于24学时;换岗的,离岗6个月以上的,以及生产经营单位采用新工艺、新技术、新材料或者使用新设备的,均不得少于4学时。

法律、法规对安全生产教育和培训的时间另有规定的,从其规定。

第二十六条　矿山、建筑施工单位,城市轨道交通运营单位,危险物品的生产、经营、储存单位及从业人员超过300人的其他生产经营单位,应当设置安全生产管理机构或者配备专职安全生产管理人员。专职安全生产管理人员的配备按照国家或者本市有关规定执行。

前款规定以外的生产经营单位,应当配备专职或者兼职的安全生产管理人员,或者委托具有国家规定的相关专业技术资格的工程技术人员提供安全生产管理服务。

第二十七条　安全生产管理机构和安全生产管理人员履行下列职责：

（一）提出安全生产工作计划并组织实施；

（二）组织开展安全生产检查，督促消除生产安全事故隐患；

（三）组织实施生产安全事故应急演练；

（四）督促本单位各部门履行安全生产职责，组织安全生产考核，提出奖惩意见；

（五）依法组织本单位生产安全事故调查处理。

第二十八条　生产经营单位新建、改建、扩建工程项目（以下统称建设项目）的安全设施，应当与主体工程同时设计、同时施工、同时投入生产和使用。

建设项目投入生产或者使用前，建设单位应当根据有关规定对建设项目的安全设施组织验收，验收合格后方可投入生产使用，并将验收报告向安全生产监督管理部门备案。

本市逐步在工业建设项目、城市基础设施建设项目、城市公共交通建设项目等领域推行安全评价制度，具体办法由市人民政府另行规定。

第二十九条　矿山建设项目和用于生产、储存危险物品的建设项目的安全设施设计应当按照国家有关规定报政府有关部门审查。

生产经营单位申请安全设施设计审查，应当提交下列文件：

（一）设计审查申请表；

（二）建设项目可行性研究报告安全专篇；

（三）安全评价报告；

（四）有关安全设施的设计文件及设计单位资质证明。

经审查批准的安全设施设计需要变更的，应当经原审查部门审查同意。

第三十条　矿山建设项目和用于生产、储存危险物品的建设项目竣工投入生产或者使用前，应当按照法律、行政法规的规定对安全设施进行验收；验收合格后方可投入生产和使用。

生产经营单位申请安全设施验收，应当提交下列文件：

（一）安全设施验收申请表；

（二）建设项目安全设施的综合报告；

（三）安全生产规章制度和操作规程。

第三十一条　生产经营单位安全设备的设计、制造、安装、使用、检测、维修、改造和报废，应当符合国家标准、行业标准。

生产经营单位应当对安全设备进行经常性维护、保养，并定期检测，保证正常运转。维护、保养、检测应当做好记录，并由有关人员签字。维护、保养、检测记录应当包括安全设备的名称和维护、保养、检测的时间、人员等内容。

第三十二条　生产经营单位应当在有较大危险因素的生产经营场所和有关设备、设施上，设置符合国家标准或者行业标准的安全警示标志。

安全警示标志应当明显、保持完好、便于从业人员和社会公众识别。

第三十三条　生产经营单位对重大危险源应当登记建档，进行定期检测、评估、监控，制定应急预案，告知从业人员和相关人员在紧急情况下应当采取的应急措施。

登记建档应当包括重大危险源的名称、地点、性质和可能造成的危害等内容。

第三十四条　生产经营单位应当按照国家有关规定将本单位重大危险源及有关安全措

施、应急措施报安全生产监督管理部门和政府其他有关部门备案。

第三十五条　生产经营单位的生产区域、生活区域、储存区域之间应当保持规定的安全距离。

生产、经营、储存、使用危险物品的车间、商店和仓库周边的安全防护应当符合国家有关规定，不得与员工宿舍在同一座建筑物内，并与员工宿舍保持规定的安全距离。

生产经营场所和员工宿舍应当设有符合紧急疏散要求、标志明显、保持畅通的出口。任何单位或者个人不得以任何理由和任何方式封闭生产经营场所或者堵塞员工宿舍的出口。

第三十六条　生产经营单位应当按照国家有关规定，明确本单位各岗位从业人员配备劳动防护用品的种类和型号，为从业人员无偿提供符合国家标准或者行业标准的劳动防护用品，不得以货币形式或者其他物品替代。购买和发放劳动防护用品的情况应当记录在案。

第三十七条　生产经营单位应当根据本单位生产经营活动的特点，对安全生产状况进行经常性检查。检查情况应当记录在案，并按照规定的期限保存。

生产经营单位对本单位存在的生产安全事故隐患的治理负全部责任，发现事故隐患的，应当立即采取措施，予以消除；对非本单位原因造成的事故隐患，不能及时消除或者难以消除的，应当采取必要的安全措施，并及时向所在地的安全生产监督管理部门或者政府其他有关部门报告。

第三十八条　生产经营单位设置户外广告、牌匾，应当遵守有关户外设施的安全技术标准和管理规范，并进行经常性检查和维护，确保安全、牢固；发现生产安全事故隐患的，应当及时予以消除。

第三十九条　生产经营单位进行爆破、吊装、悬吊、挖掘、建设工程拆除等危险作业，临近高压输电线路作业，以及在有限空间内作业，应当执行本单位的危险作业管理制度，安排负责现场安全管理的专门人员，落实下列现场安全管理措施：

（一）确认现场作业条件符合安全作业要求；

（二）确认作业人员的上岗资质、身体状况及配备的劳动防护用品符合安全作业要求；

（三）就危险因素、作业安全要求和应急措施向作业人员详细说明；

（四）发现直接危及人身安全的紧急情况时，采取应急措施，停止作业或者撤出作业人员。

根据危险作业生产安全事故发生情况，市安全生产监督管理部门可以制定专项管理措施，生产经营单位应当执行。

第四十条　生产经营单位不得将生产经营项目、场所、设备，发包、出租给不具备国家规定的安全生产条件或者相应资质的单位和个人从事生产经营活动。

生产经营单位将生产经营项目、场所、设备发包或者出租的，应当与承包单位、承租单位签订专门的安全生产管理协议，或者在承包、租赁合同中约定各自的安全生产管理职责。

同一建筑物内的多个生产经营单位共同委托物业服务企业或者其他管理人进行管理的，由物业服务企业或者其他管理人依照委托协议承担其管理范围内的安全生产管理职责。

第四十一条　危险化学品生产单位不得向未取得危险化学品经营许可证的经营单位或者个人销售危险化学品。

危险化学品经营单位不得从未取得危险化学品生产许可证或者危险化学品经营许可证的单位采购危险化学品。

危险化学品应当储存在专用仓库、专用场地或者专用储存室内，储存方式、方法和数量应当符合国家标准、地方标准,并由专人管理。

第四十二条　供水、排水、污水处理、供电、供气、供热、环卫等市政基础设施管理单位和轨道交通运营单位、传输管线施工和运营单位,应当加强设备、设施日常维护和施工现场安全管理,定期开展运行安全评价,及时排除生产安全事故隐患,保障基础设施的安全运行。

第四十三条　歌舞厅、影剧院、体育场(馆)、宾馆、饭店、商(市)场、旅游区(点)、网吧等公众聚集的经营场所,其生产经营单位应当遵守下列规定:

(一)不得改变经营场所建筑的主体和承重结构;

(二)在经营场所设置标志明显的安全出口和符合疏散要求的疏散通道并确保畅通;

(三)按照有关规定在经营场所配备应急广播和指挥系统、应急照明设施、消防器材,安装必要的安全监控系统,并确保完好、有效;

(四)制定可靠的安全措施和生产安全事故应急救援预案,配备应急救援人员;

(五)有关负责人能够熟练使用应急广播和指挥系统,掌握应急救援预案的全部内容;

(六)从业人员能够熟练使用消防器材,了解安全出口和疏散通道的位置及本岗位的应急救援职责;

(七)经营场所实际容纳的人员不超过规定的容纳人数。

前款规定的场所设在同一建筑物内的,生产经营单位应当按照国家标准、地方标准和有关技术规范设置安全出口和疏散通道并保持畅通。

第四十四条　生产经营单位承办大型群众性活动的,应当制定符合规定要求的活动方案和突发事件的应急预案,并按照国家和本市有关规定履行审批手续。

活动举办期间,承办单位应当落实各项安全措施,保证活动场所的设备、设施安全运转,配备足够的工作人员维持现场秩序,必要时可以申请公安机关协助。在人员相对聚集时,承办单位应当采取控制和疏散措施,确保参加活动的人数在安全条件允许的范围内。

第三章　从业人员的权利和义务

第四十五条　生产经营单位的从业人员享有《安全生产法》规定的权利,履行相应义务。

第四十六条　生产经营单位与从业人员订立的劳动合同中应当载明有关保障从业人员劳动安全、防止职业危害,以及为从业人员办理工伤保险和其他依法应当办理的安全生产强制性保险等事项。

生产经营单位不得以任何形式与从业人员订立协议,免除或者减轻其对从业人员因生产安全事故伤亡依法应当承担的责任。

第四十七条　从业人员有权向生产经营单位了解下列事项:

(一)作业场所和工作岗位存在的危险因素;

(二)已采取的防范生产安全事故和职业危害的技术措施和管理措施;

(三)发生直接危及人身安全的紧急情况时的应急措施。

生产经营单位应当通过作业场所公示、书面告知、答复、教育培训等方式,将前款所列事项告知从业人员,保障从业人员的知情权。

第四十八条　从业人员有权对本单位安全生产工作和有关职业安全健康问题提出批评、检举、控告;有权拒绝违章指挥和强令冒险作业。

生产经营单位不得因从业人员对本单位安全生产工作提出批评、检举、控告或者拒绝违章指挥、强令冒险作业而降低其工资、福利等待遇或者解除与其订立的劳动合同。

第四十九条　从业人员有权要求生产经营单位依法参加工伤保险和其他安全生产保险。

生产经营单位未依法参加前款规定的保险，从业人员因生产安全事故受到损害的，生产经营单位应当按照相关保险规定的待遇项目和标准支付费用，从业人员依照有关民事法律尚有获得赔偿权利的，有权提出赔偿要求。

第五十条　从业人员应当履行下列义务：

（一）遵守本单位安全生产规章制度和岗位操作规程、施工作业规程；

（二）接受安全生产教育和培训，参加应急演练；

（三）报告生产安全事故隐患或者不安全因素；

（四）发生生产安全事故紧急撤离时，服从现场统一指挥；

（五）配合事故调查，如实提供有关情况；

（六）从事特种作业的，经过专门培训并取得特种作业资格。

第四章　安全生产的监督管理

第五十一条　安全生产监督管理实行属地原则，由生产经营活动所在地的政府及其有关部门实施。

第五十二条　市和区、县人民政府应当建立安全生产控制指标体系，对安全生产工作实行目标管理；每季度至少召开一次会议，专题研究本地区安全生产工作，组织、协调重大生产安全事故隐患治理。

乡镇人民政府和街道办事处根据本地区安全生产工作的需要，设立或者明确负责安全生产工作的机构，配备或者聘请人员，监督、检查本地区安全生产工作，发现安全生产违法行为或者生产安全事故隐患的，应当责令生产经营单位改正或者排除，并及时向安全生产监督管理部门和政府其他有关部门报告。

第五十三条　安全生产监督管理部门履行下列职责：

（一）综合分析本地区安全生产形势，定期向本级人民政府报告安全生产工作，提出安全生产工作的意见和建议，发布安全生产信息；

（二）指导协调、监督检查本级人民政府有关部门和下级人民政府履行安全生产监督管理职责，提出意见和建议；

（三）负责组织对本级人民政府有关部门和下级人民政府的安全生产工作进行综合考核；

（四）法律、法规、规章和市人民政府规定的其他职责。

第五十四条　市人民政府对所属有关部门和区、县人民政府安全生产工作进行综合考核；区、县人民政府对所属有关部门和乡镇人民政府、街道办事处安全生产工作进行综合考核。考核结果纳入绩效考核内容。

第五十五条　市和区、县人民政府应当加强安全生产基础研究、应用研究和安全生产先进技术的推广；完善安全生产技术支撑体系，支持生产经营单位安全技术改造；保障安全生产基础设施建设资金的投入；推进安全生产重点领域、重点单位的物联网建设；监督管理国家安排的安全生产专项资金，确保专款专用，并安排配套资金予以保障。

第五十六条　市人民政府有关部门应当加强对有关行业或者领域安全生产工作的指导，定期统计生产安全事故、从业人员伤亡和职业危害情况，组织制定有关行业或者领域的安全生产标准、管理规范并督促落实。

市质量技术监督部门应当加强规划，组织、指导有关安全生产地方标准的制定，及时协调和处理标准化工作中的问题。

第五十七条　在本市举办重要会议或者重大活动期间，市安全生产监督管理部门可以根据市人民政府的要求，制定专项安全生产管理措施，生产经营单位应当执行。

第五十八条　安全生产监督管理部门和政府其他有关部门应当建立健全重大危险源备案工作制度，加强对重大危险源的监督管理工作。

第五十九条　生产经营单位销售重点监管的化学品，应当如实记录购买者和所购买化学品的相关信息，并将相关证明材料存档备查。重点监管的化学品目录由市安全生产监督管理部门会同公安机关制定并向社会公布。

第六十条　在重大危险源、高压输电线路和输油、输气管道等场所和设施的安全距离范围内，城乡规划主管部门不得批准建设建筑物、构筑物。

对不符合规定安全距离要求的建筑物、构筑物，应当依法予以拆除或者采取其他保障安全的措施。

第六十一条　安全生产监督管理部门根据工作需要，配备安全生产监督检查人员。

安全生产监督检查人员执行监督检查任务时，应当出示有效的监督执法证件，并将检查的时间、地点、内容、发现的问题及其处理情况，作出书面记录，由检查人员和被检查单位的负责人签字。

第六十二条　安全生产监督管理部门应当制定安全生产监督检查计划，有关部门应当按照计划对生产经营单位的安全生产状况进行联合检查；需要分别检查的，应当相互协调，避免重复检查。

负有安全生产监督管理职责的部门在检查中发现安全问题应当及时处理；应当由其他部门处理的，及时移送有关部门并形成记录备查，接受移送的部门应当及时处理。

第六十三条　任何单位或者个人对生产安全事故隐患或者安全生产违法行为，均有权向安全生产监督管理部门和政府其他有关部门报告或者举报。查证属实的，由有关部门按照规定给予奖励。

安全生产监督管理部门和政府其他有关部门应当公开举报电话、通信地址或者电子邮件地址，受理有关安全生产的举报；受理的举报事项经调查核实后，应当形成书面材料；需要落实整改措施的，报经有关负责人签字并督促落实。

第六十四条　居民委员会、村民委员会发现所在区域的生产经营单位存在生产安全事故隐患或者安全生产违法行为的，应当向所在地人民政府或者安全生产监督管理部门、其他有关部门报告。

第六十五条　区、县安全生产监督管理部门或者政府其他有关部门接到生产安全事故隐患报告的，应当及时调查、了解有关情况，组织协调消除事故隐患；属于重大生产安全事故隐患的，应当及时报请区、县人民政府采取治理措施；对于超出本级人民政府管理权限的，有关区、县人民政府应当及时报告市人民政府。

区、县人民政府应当将治理重大生产安全事故隐患的有关情况，向市安全生产监督管理部门通报。

第六十六条　安全生产监督管理部门和政府其他有关部门在检查过程中发现生产安全事故隐患的，应当责令生产经营单位采取措施立即消除；不能立即消除的，应当责令限期消除,并督促落实。在限期消除期间,安全生产监督管理部门或者政府其他有关部门可以在生产经营场所的明显位置设置事故隐患提示标志。

重大生产安全事故隐患消除前或者消除过程中无法保证安全的,安全生产监督管理部门和政府其他有关部门可以责令生产经营单位全部或者部分停产停业,或者采取其他限制措施;隐患消除后,经审查同意,方可恢复生产经营活动。

第六十七条　安全生产监督管理部门在监督检查过程中有根据认为生产经营单位的设备、设施和器材不符合保障安全生产国家标准或者行业标准的,可以予以查封或者扣押,但应当在15日内依法作出处理决定。

第六十八条　市和区、县人民政府有关部门应当对生产经营单位承办的大型群众性活动安全措施的落实、活动场所设备设施的安全运转及维护现场秩序工作人员的配备等情况进行检查,督促承办单位落实相关安全措施和应急预案。

第六十九条　生产经营单位发生一次死亡3人以上责任事故或者年度内发生两起死亡责任事故的,政府有关部门可以依法降低其相应的生产经营资质,限制其一年内参加政府投资、政府融资建设项目和政府采购项目的投标及该年度政府奖项的评奖,并将有关情况记入本市企业信用信息系统。

前款规定的生产经营单位应当委托具有相应资质的安全生产评价机构进行安全评价,并落实有关安全措施。

第七十条　矿山、道路交通运输、建筑施工、危险化学品、烟花爆竹等领域的生产经营单位按照国家有关规定实行安全生产风险抵押金制度。生产经营单位发生生产安全事故时,安全生产风险抵押金转作事故抢险救灾和善后处理资金。

本市建立安全生产责任保险制度,并在各行业或者领域逐步实施。前款规定的生产经营单位参加安全生产责任保险的,不再存缴安全生产风险抵押金。

第七十一条　市安全生产监督管理部门应当定期向社会公布全市安全生产状况和生产安全事故情况,并及时公开严重安全生产违法行为的情况和重大、特大生产安全事故的有关信息。

市安全生产监督管理部门应当建立安全生产违法行为记录系统,记载生产经营单位及其主要负责人、个人经营的投资人、有关中介机构等安全生产活动当事人的违法行为、责任事故及处理结果。任何单位和个人有权查询相关记录。

第七十二条　本市建立安全生产信息网络平台,及时提供安全生产法律、法规、标准、政策、措施等信息服务。

政府有关部门应当建立健全安全生产信息沟通制度,互相通报有关安全生产的政策和执法监督信息。

区、县人民政府及其有关部门应当采取多种形式,及时将有关安全生产的政策和措施告知生产经营单位,并提供相关信息服务。

行业协会应当配合政府有关部门做好有关安全生产信息的宣传工作。

第七十三条　新闻、出版、广播、电视等单位应当对违反安全生产法律、法规的行为进行舆论监督,通过开设公益性专题栏目等形式,对社会公众进行安全意识教育和自救互救知识宣传。

第五章　生产安全事故的应急救援与调查处理

第七十四条　市和区、县人民政府应当组织有关部门制定本地区特大生产安全事故应急救援预案，建立应急救援体系。

第七十五条　特大生产安全事故应急救援预案主要包括下列内容：

(一)应急救援的指挥和协调机构；

(二)有关部门在应急救援中的职责和分工；

(三)危险目标的确定和潜在危险性评估；

(四)应急救援组织及其人员、装备；

(五)紧急处置、人员疏散、工程抢险、医疗急救等措施方案；

(六)社会支持救助方案；

(七)应急救援组织的训练和演习；

(八)应急救援物资储备；

(九)经费保障。

第七十六条　生产经营单位应当根据本单位生产经营的特点，制定生产安全事故应急救援预案，对生产经营活动中容易发生生产安全事故的领域和环节进行监控，建立应急救援组织或者配备应急救援人员，储备必要的应急救援设备、器材，按照国家有关规定在作业区域设置救生舱等紧急避险救生设施。

规模较小的生产经营单位可以委托专业应急救援机构提供救援服务。规模较大的生产经营单位可以组建专业应急救援队伍，受市和区、县人民政府委托执行应急救援任务，市和区、县人民政府应当给予必要的支持。

第七十七条　生产经营单位制定的生产安全事故应急救援预案主要包括下列内容：

(一)应急救援组织及其职责；

(二)危险目标的确定和潜在危险性评估；

(三)应急救援预案启动程序；

(四)紧急处置措施方案；

(五)应急救援组织的训练和演习；

(六)应急救援设备器材的储备；

(七)经费保障。

生产经营单位应当定期演练生产安全事故应急救援预案，每年不得少于一次。

第七十八条　生产经营单位发生生产安全事故的，事故现场有关人员应当立即报告本单位负责人。

单位负责人接到事故报告应当迅速启动应急救援预案，采取有效措施组织抢救，防止事故扩大、减少人员伤亡和财产损失，并按照国家有关规定及时、如实报告安全生产监督管理部门或者政府其他有关部门。单位负责人对事故情况不得隐瞒不报、谎报或者拖延报告。

生产经营单位应当保护事故现场；需要移动现场物品时，应当作出标记和书面记录，妥善保管有关证物。生产经营单位不得故意破坏事故现场、毁灭有关证据。

第七十九条　发生生产安全事故造成人员伤害需要抢救的，发生事故的生产经营单位应当及时将受伤人员送到医疗机构，并垫付医疗费用。

第八十条　事故调查处理应当按照实事求是、尊重科学的原则，及时、准确地查清事故原因，查明事故性质和责任，总结事故教训、提出整改措施，并对事故责任者提出处理意见。

事故调查和处理的具体办法，按照国家和本市有关规定执行。

第八十一条　任何单位和个人不得阻挠和干涉对事故的依法调查、对事故责任的认定及对事故责任人员的处理。

第八十二条　市和区、县人民政府有关部门应当定期统计分析本系统生产安全事故情况，并将有关情况报告同级安全生产监督管理部门。

第六章　法律责任

第八十三条　法律、法规对违反本条例行为的法律责任有规定的，适用其规定；法律、法规没有规定的，适用本条例的规定。

第八十四条　各级人民政府、安全生产监督管理部门或者政府其他有关部门的工作人员，有下列情形之一的，依法给予行政处分；构成犯罪的，依法追究刑事责任：

（一）未按照规定的权限、条件和程序作出行政许可决定或者因其他失职、渎职行为，造成重大生产安全事故隐患的；

（二）未按照规定履行安全生产监督管理责任的；

（三）发生生产安全事故，未按照规定组织救援或者玩忽职守致使人员伤亡或者财产损失扩大的；

（四）对生产安全事故隐瞒不报、谎报或者拖延报告的；

（五）阻挠、干涉生产安全事故调查处理或者生产安全事故责任追究的。

特大生产安全事故行政责任的追究，依照国家有关规定执行。

第八十五条　生产经营单位的主要负责人未履行本条例规定的安全生产管理职责的，责令限期改正；逾期未改正的，责令生产经营单位停产停业整顿。

生产经营单位的主要负责人未履行本条例规定的安全生产管理职责，导致发生生产安全事故，构成犯罪的，依法追究刑事责任；尚不够刑事处罚的，给予撤职处分或者处2万元以上20万元以下罚款。

生产经营单位的主要负责人依照前款规定受刑事处罚或者撤职处分的，自刑罚执行完毕或者受处分之日起，5年内不得担任任何生产经营单位的主要负责人。

第八十六条　生产经营单位有下列行为之一的，责令限期改正；逾期未改正的，责令停产停业整顿，可以并处2万元以下罚款：

（一）违反第十五条第七项，特种作业人员未按照规定经专门的安全作业培训并取得特种作业操作资格证书上岗作业的；

（二）未按照本条例第二十一条、第二十二条和第二十五条规定对从业人员进行安全生产教育和培训的；

（三）未按照本条例第二十六条第一款规定设置安全生产管理机构或者配备专职安全生产管理人员的；

（四）未按照本条例第五十九条规定如实记录相关信息的。

第八十七条　生产经营单位违反本条例第二十八条规定，有下列行为之一的，责令限期改正；逾期未改正的，责令停止建设或者停产停业整顿：

（一）建设项目没有安全设施设计的；

（二）建设项目安全设施未与主体工程同时设计、同时施工、同时投入生产和使用的。

第八十八条　生产经营单位违反本条例第三十六条规定，未提供劳动防护用品的，或者未提供符合规定要求的劳动防护用品的，或者以货币形式、其他物品替代的，责令限期改正；逾期未改正的，责令停产停业整顿，可以并处5万元以下罚款。

第八十九条　生产经营单位违反本条例第三十九条规定，未安排专门人员，落实现场安全管理措施的，责令改正；拒不改正的，责令停产停业整顿，可以并处 2 万元以上 10 万元以下罚款。

第九十条　生产经营单位违反本条例第四十条第一款规定，将生产经营项目、场所、设备发包或者出租给不具备安全生产条件或者相应资质的单位或者个人的，责令限期改正，没收违法所得；违法所得 5 万元以上的，并处违法所得 1 倍以上 5 倍以下的罚款；没有违法所得或者违法所得不足 5 万元的，单处或者并处 1 万元以上 5 万元以下的罚款；导致发生生产安全事故给他人造成损害的，与承包方、承租方承担连带赔偿责任。

第九十一条　生产经营单位违反本条例第四十一条规定，有下列行为之一的，处 2 万元以上 20 万元以下罚款：

（一）向未取得危险化学品经营许可证的经营单位销售危险化学品的；

（二）从未取得危险化学品生产许可证或者危险化学品经营许可证的单位采购危险化学品的。

第九十二条　生产经营单位违反本条例第四十七条规定，不履行对从业人员告知义务的，责令限期改正；逾期未改正的，依法追究生产经营单位主要负责人的责任。

第九十三条　生产经营单位违反本条例第五十七条规定，在本市举办重要会议或者重大活动期间，未执行专项安全生产管理措施的，责令限期改正；拒绝执行的，责令停止生产经营活动。

第九十四条　矿山、道路交通运输、建筑施工、危险化学品、烟花爆竹等领域的生产经营单位违反本条例第七十条规定，未存缴安全生产风险抵押金或者未参加安全生产责任保险的，责令限期改正，可以并处 1 万元以上 10 万元以下罚款。

第九十五条　生产经营单位不具备本条例规定的安全生产条件，经停产停业整顿仍不具备条件的，予以关闭；有关部门应当依法吊销其有关证照。

歌舞厅、影剧院、体育场（馆）、宾馆、饭店、商（市）场、旅游区（点）、网吧等公众聚集经营场所的生产经营单位不具备本条例规定的安全生产条件的，责令限期改正；逾期未改正的，依照前款规定处理。

第九十六条　生产经营单位违反规定，对生产安全事故情况隐瞒不报、谎报或者拖延报告，导致对发生事故的过错无法查明的，生产安全事故认定为生产经营单位的责任事故。

第九十七条　本条例规定的行政处罚，由安全生产监督管理部门决定；予以关闭的行政处罚由安全生产监督管理部门报请市或者区、县人民政府按照国务院规定的权限决定。有关法律、法规对行政处罚的决定机关另有规定的，适用其规定。

第三章　专业法律法规

第一节　城市公共交通专业相关法律法规及标准规范要求

一、《城市公共电汽车客运管理办法》

《城市公共汽电车客运管理办法》(中华人民共和国建设部令第138号,以下简称《办法》)于2005年3月1日经第53次建设部常务会议讨论通过,自2005年6月1日起施行。该办法适用于城市公共汽电车专项规划的编制、城市公共汽电车客运服务设施的建设及城市公共汽电车客运管理。该办法中明确了城市公共汽电车营运的安全管理和应急管理方面的内容,是国家行政管理部门制定的部门规章。

在安全管理方面该办法明确了城市公共汽电车经营者对安全客运工作负有的职责。在应急管理方面,明确了城市公共交通客运主管部门应当制订城市公共汽电车重大突发事件的应急预案以及发生城市公共汽电车客运安全事故后城市公共汽电车经营者、有关管理部门的职责。该办法的相关安全规定如下。

第七条　城市公共交通客运主管部门按照《行政许可法》及有关市政公用事业特许经营管理的规定,依法确定城市公共汽电车经营者。

第十三条　城市公共交通客运主管部门应当按照城市公共汽电车专项规划和公众出行的需要,设置城市公共汽电车客运线路和站点。需要调整城市公共汽电车客运线路和站点设置的,城市公共交通客运主管部门应当在调整前将调整方案向社会公布,征求公众意见。

第十四条　城市公共汽电车经营者应当按照规定在城市公共汽电车站点设置站牌。

城市公共汽电车站牌应当标明线路名称、始末班车时间、所在站点和沿途停靠站点名称等内容。

第十五条　城市公共汽电车经营者,应当遵守下列规定:

(一)执行城市公共汽电车服务标准,向乘客提供安全、方便、稳定的服务;

(二)按照规定的线路、站点、班次及时间组织营运;

(三)不得擅自停业、歇业或者终止营运;

(四)不得强迫从业人员违章作业;

(五)按照规定设置线路客运服务标志;

(六)在客运车辆内设置老、弱、病、残、孕专用座位和禁烟标志;

(七)按照国家有关规定加强对客运车辆的维护和检测,保持车辆技术、安全性能符合有关标准。

第十六条　因市政工程建设、大型公益活动等特殊情况需要临时变更城市公共汽电车客运线路或者站点的,城市公共汽电车经营者应当提前10天在站点张贴公告;必要时,应当通过新闻媒体向社会公告。

第十七条　城市公共汽电车在营运中发生故障不能正常行驶时，驾驶员、乘务员应当及时向乘客说明原因；城市公共汽电车经营者应当安排乘客免费换乘后续同线路同方向车辆或者调派车辆；后续车辆驾驶员、乘务员不得拒载。

第十八条　城市公共汽电车在营运过程中不得到站不停，不得在规定站点范围外上下客，不得无正当理由拒载乘客、中途逐客、滞站揽客。

第二十一条　城市公共汽电车经营者应当定期对其管理的城市公共汽电车客运服务设施进行维修、保养，保持城市公共汽电车客运服务设施技术、安全性能符合国家规定的标准。

城市公共汽电车客运服务设施发生故障时，城市公共汽电车经营者应当及时抢修，有关单位和个人应当积极配合，不得干扰和妨碍抢修作业。

第二十二条　任何单位和个人都有保护城市公共汽电车客运服务设施的义务，不得有下列行为：

（一）损坏城市公共汽电车客运服务设施；

（二）擅自关闭、拆除城市公共汽电车客运服务设施或者将城市公共汽电车客运服务设施移做他用；

（三）在城市公共汽电车站停放非公共汽电车客运车辆、设置摊点、堆放物品；

（四）在电车架线杆、馈线安全保护范围内修建建筑物、构筑物或者堆放、悬挂物品，或者搭设管线、电（光）缆；

（五）覆盖、涂改、污损、毁坏或者迁移、拆除站牌；

（六）其他影响城市公共汽电车客运服务设施使用安全的行为。

第二十三条　城市公共交通客运主管部门应当制定城市公共汽电车重大突发事件的应急预案。

第二十四条　发生灾害以及其他突发事件，城市公共汽电车经营者应当服从县级以上人民政府或者有关部门对车辆的统一调度、指挥，政府或者有关部门应当给予合理补偿。

第二十五条　城市公共汽电车经营者对安全客运工作负有下列职责：

（一）建立、健全本单位的安全客运责任制；

（二）组织制定本单位安全规章制度和操作规程；

（三）保证本单位安全投入的有效实施，为从业人员提供必要的安全客运条件；

（四）督促、检查本单位的安全客运工作，及时消除客运安全事故隐患；

（五）加强对从业人员的安全客运教育与培训，组织制定并实施本单位的客运安全事故应急救援预案；

（六）及时、如实报告客运安全事故。

第二十六条　发生城市公共汽电车客运安全事故后，城市公共汽电车经营者应当按照国家有关规定及时报告。有关部门应当按照国家事故调查处理有关规定及时调查处理。

发生城市公共汽电车客运安全事故后，有关部门以及城市公共汽电车经营者应当按照有关规定及时启动应急救援预案。

第二十七条　城市公共汽电车客运过程中发生乘客伤亡的，城市公共汽电车经营者应当依法承担相应的损害赔偿责任；能够证明伤亡人员故意或者自身健康原因造成的除外。

第二十八条　乘客享有获得安全便捷客运服务的权利，有按照规定支付车费、不得携带危险品乘车、遵守乘坐规则的义务。

第三十条　城市公共交通客运主管部门应当建立投诉受理和处理制度，公开投诉电话号码、通讯地址和电子邮件信箱。

任何单位和个人对城市公共汽电车客运活动中的违法行为，都有权投诉。城市公共交通客运主管部门收到投诉后，应当及时核实，并在20日内将处理意见答复投诉人。

第三十一条　城市公共交通客运主管部门依法对城市公共汽电车经营者的经营活动进行监督检查时，应当有两名以上的执法人员参加，并向当事人出示执法证件；监督检查人员应当如实记录监督检查的情况和处理结果，并签字后归档。公众有权要求查阅行政机关监督检查记录。

第三十二条　城市公共交通客运主管部门应当建立城市公共汽电车经营者的信用档案，并以适当的方式向社会公布。城市公共汽电车经营者的基本情况、服务质量、经营中的不良行为等应当记入信用档案。

城市公共交通客运主管部门应当建立服务质量监管制度，组织有乘客代表参加的对城市公共汽电车经营者服务状况的年度评议，评议结果应当向社会公布。

第三十四条　违反本办法规定，城市公共汽电车经营者有下列行为之一的，由城市公共交通客运主管部门责令改正，并处以1万元以上3万元以下罚款：

（一）未按照规定的线路、站点、班次及时间组织营运的；

（二）擅自停业、歇业或者终止营运的；

（三）强迫从业人员违章作业的；

（四）未按照国家有关规定维护和检测客运车辆，车辆技术、安全性能不符合有关标准的。

第三十五条　违反本办法规定，城市公共汽电车经营者有下列行为之一的，由城市公共交通客运主管部门责令改正，并处以1 000元以上5 000元以下罚款：

（一）未按照规定设置线路客运服务标志的；

（二）未在客运车辆内设置老、弱、病、残、孕专用座位和禁烟标志的；

（三）客运线路或者站点临时变更，未按照规定提前告知公众的；

（四）客运车辆在营运中发生故障不能正常行驶时，未按照规定安排乘客换乘或者后续车辆驾驶员、乘务员拒载的；

（五）客运车辆到站不停或者在规定站点范围外停车上下客的；

（六）客运车辆无正当理由拒载乘客、中途逐客、滞站揽客的。

第三十六条　违反本办法规定，有下列行为之一的，由城市公共交通客运主管部门责令改正，并处以500元以上3 000元以下罚款；造成损失的，依法承担赔偿责任：

（一）损坏城市公共汽电车客运服务设施的；

（二）擅自关闭、拆除城市公共汽电车客运服务设施或者将城市公共汽电车客运服务设施移做他用的；

（三）在城市公共汽电车站停放非公共汽电车客运车辆、设置摊点、堆放物品的；

（四）在电车架线杆、馈线安全保护范围内修建建筑物、构筑物或者堆放、悬挂物品，或者搭设管线、电（光）缆的；

（五）覆盖、涂改、污损、毁坏或者迁移、拆除站牌的；

（六）其他影响城市公共汽电车客运服务设施使用安全的行为。

二、《城市公共汽电车客运服务》

《城市公共汽电车客运服务》（GB/T 22484—2008）规定了城市公共汽电车客运服务的

基本内容和质量要求，对车站设施、运营车辆、运营服务人员、运营调度、行车服务、车厢服务、信息服务、服务评价提出了相关要求，特别规定了运营安全中涉及的驾驶员安全行车要求、乘务员安全要求、运营中突发事件的处置等要求。

1. 一般要求

(1)高峰时间应能满足乘客上车需求。

(2)低谷时间不宜大于15～20 min。

(3)高峰小时平均满载率不宜大于80%。

(4)线路的运营时间应能满足公众日常出行的需要。

2. 车站设施

(1)站台。

①根据需要在站台边缘应设置安全护栏。

②排队上车的车站应按线路设置排队标志和标线。

③候车亭的技术要求应符合CJ/T 107的规定。

④顶篷限界与路缘石外缘的水平距离不应小于0.4 m。

(2)首末站应设置下列设施。

①线路管理、行车调度的工作用房和相应设施。

②运营车回车道和停车坪。

③车辆检修和保洁的场地和设施。

④运营服务人员休息、餐饮、卫生等场所和设施。

(3)消防设施。

3. 运营车辆

(1)车辆的等级和配置应符合《城市客车分等级技术要求与配置》(CJ/T 162—2002)的规定。

(2)车辆的安全性能应符合《机动车运行安全技术条件》(GB 7258—2012)的规定。

(3)服务设施。

①车门、车窗、顶窗设施应完好，开关应灵活，应安全可靠。

②车身顶棚及内外皮无破损、无变形。

③地板、踏步、坐椅、车内扶握设施应完整、牢靠。

④电脑报站器、读卡机、投币箱(机)、电子显示屏、视频监视器、车内照明等设施应完好有效。

(4)安全提示标志。

①在驾驶区应设置"禁止与驾驶员谈话"标志。

②在车门内侧设置"请勿倚靠"、"当心夹手"标志。

③在乘客门旋转立柱上和铰接护栏上应设置"请勿触摸"标志。

④在醒目位置应设置"请勿吸烟"、"禁止头手伸出窗外"及"请勿乱扔废弃物"标志等。

⑤在快速公共汽车车门处应设置"请注意地板间隙"标志。

⑥各种标志应分别符合《城市公共交通标志》GB/T 5845.2、GB/T 5845.3和GB/T 5845.4的要求。

(5)车容和卫生。

①车身外表漆面整洁、完好、无剐痕、无污垢。

②车外顶无污垢、堆积物。

③车门及周边无污垢、油污。

④地板、踏步无污垢、尘土和垃圾。

⑤车厢内壁无污垢。

⑥车窗玻璃清洁、明亮。

⑦座椅无尘土和积水。

⑧扶手杆、环无污垢。

⑨驾驶舱无尘土、杂物。

⑩轮胎、轮毂无积泥、油污。

⑪车内外各种标志清晰、无破损。

⑫车内垃圾箱应及时清理、无异味。

4. 运营服务人员基本要求

(1)身体条件符合岗位工作的要求。

(2)遵纪守法,具有良好的职业道德。

(3)具有相应的职业资格。

(4)岗位培训合格。

(5)工作时按规定着装,佩带或放置服务证、卡。

(6)衣着整洁、仪表端庄、举止大方、文明礼貌。

(7)使用普通话服务,吐字清楚,语速适中,用语文明。

(8)在少数民族地区、地方话较难懂的地区及外宾较多的地区,宜使用双语服务。

(9)尊重乘客,态度和蔼,耐心解答乘客的询问。

(10)在服务过程中,不吸烟、不吃零食、不与他人闲谈,不做其他与本职工作无关的事,不擅离工作岗位。

5. 运营调度

(1)编制线路运行计划及应急调度预案。

①根据需要对线路进行客流调查。

②根据客流数据按季度编制平日和节假日行车时刻表。

③根据行车时刻表、运营车和人员出勤情况编排车次配班计划。

④编制突发事件时的应急调度预案。

(2)行车调度。

①按计划发车。

②提示车组提前进站,准时发车。

③保证首、末班车正点发车。

④掌握车辆运行状况,及时采取调度措施,保证正常的行车间隔。

⑤客流意外增大、受阻时,及时增发车次。

⑥遇突发事件和恶劣天气,启动应急调度预案。

⑦记录发车及运行情况信息。

(3)接待乘客咨询和投诉。

6. 行车服务

(1)每日出车前应按规定的内容进行车辆例行检查,确认车辆性能完好,符合运营安全要求。

(2)按调度指令提前进站,准时发车。

(3)按规定的线路和站点行车。不得擅自越站甩客、改道行驶。

(4)按安全行车要求行车。

(5)车辆进站时,避让出站车辆,按规定位置停靠。

(6)平稳停车,车停稳后开车门。乘客上下车完毕并关好车门后平稳起步。

(7)停车时靠近路边,车身与道路平行。雨天停车时车门宜避开积水。

(8)在不影响正常运行的情况下,应等候跑来的乘客上车,但不得滞站揽客。

(9)交接班时,应交代车况和路况。在中途交接班的,接班人员未到时,应继续行驶到终点。

7.运营安全

(1)驾驶员安全行车要求。

①遵守交通安全法规。

②熟悉车辆性能,集中精力,文明驾驶,礼让行车。

③按规定车速驾驶,保持安全车距。

④超车和会车时注意车头和车尾、让车时应让道减速。

⑤通过人行横道时,应减速行驶或停车让行。

⑥通过繁华路段、交叉路口和拐弯时应提前减速,谨慎驾驶,不与行人和自行车抢行。

⑦熟悉本线路所经事故多发路段和限高部位,谨慎驾驶。

⑧通过铁道口时要做到一停二看三通过。

⑨站外非故障停车,不得开门上下乘客。

⑩能见度较差的风雾雨雪天气及在冰雪路面行车时,保持安全车速,禁止超车。

⑪在冰雪路面行车时,应点刹制动,配备缓速器的车辆宜使用缓速器辅助制动。

⑫遇积水路面,水情不明和积水深度超过车轮半径时,不宜通过。涉水通过后,及时采取点磨刹车的措施。

⑬无轨电车通过分线器、并线器、交叉器时应减速行驶。

⑭随时观察气压是否正常,如低于规定值时应补足气量到规定值后再行车。

⑮发现异响或异味时,靠路边停车查验,在判明原因并排除故障前,不得继续行车。

⑯车辆发生故障时,立即靠路边停车,开启危险报警闪光灯,并在车后方向设置警示标志。

⑰故障车被拖走时,应采取硬拖方式,同时开启危险报警闪光灯。

⑱行车中不与他人闲谈和使用手机。

⑲停车场内限速 15 km/h,出入口限速 5 km/h。

⑳离开车辆时,拉好手刹。收车时,关闭电源和燃气总开关。

㉑如遇突发事件,按应急预案的规定执行。

(2)乘务员安全要求。

①维护乘车秩序,劝解乘客纠纷。

②配合驾驶员开关车门防止夹摔乘客。

③进出站、拐弯、经过繁华地段及能见度较差时,提醒乘客扶好、坐好,注意乘车安全,提醒车旁行人和非机动车注意安全。

④关照老幼病残孕乘客乘车安全。

⑤运营中不与驾驶员闲谈。

⑥发现乘客携带易燃、易爆、危险、有毒及其他禁带物品乘车时应及时制止。

⑦每一单程运营结束时，应检查车内有无乘客遗留物品。

⑧如遇突发事件，按应急预案的规定执行。

(3)运营中突发事件的处置。

①运营车发生冒烟、起火、漏电事故时，立即停车，打开车门，切断电、气源，疏散乘客，用消防器材灭火，及时报警。

②发生客伤事故时，积极抢救受伤人员，保护现场，寻找证人，及时向相关部门报告。

③发现可能造成严重损害人身安全的可疑危险物品（例如爆炸物、剧毒物等），立即组织乘客离车疏散，迅速报警。

④遇有持械抢劫伤人等事件时，保持冷静，并寻机报警。

⑤发生重大盗窃事件时，协助失主报警。

⑥遇有严重传染病流行时，按传染病防治法的要求处理。

⑦遇有突发严重病人时，立即向急救中心呼救，协助医务人员抢救病人。

⑧发生交通事故时，按交通法规处置。

(4)《城市公共交通标志第1部分：总标志和分类标志》（GB/T 5845.1—2008）、《城市公共交通标志第2部分：一般图形符号和安全标志》（GB/T 5845.2—2008）、《城市公共交通标志第3部分：公共汽电车站牌和路牌》（GB/T 5845.3—2008）《城市公共交通标志第4部分：运营工具、站（码头）和线路图形符号》（GB/T 5845.4—2008）系列标准规范了公共交通中车辆、线路、车站等所设置的各种专用标记，其中涉及到公共交通中涉及的各类安全、警示标志。

三、《机动车运行安全技术条件》

标准规定了整车、发动机、转向系、制动系、照明、信号装置和其他电气设备、行驶系、传动系、车身、安全防护装置等方面机动车运行安全的技术要求。

对安全防护装置的要求如下：

1.汽车安全带

(1)乘用车、公路客车、旅游客车、未设置乘客站立区的公共汽车、专用校车和旅居车的所有座椅、其他汽车（低速汽车除外）的驾驶人座椅和前排乘员座椅均应装置汽车安全带。

(2)所有驾驶人座椅、前排乘员座椅（货车前排乘员座椅的中间位置及设有乘客站立区的公共汽车除外）、客车位于踏步区的车组人员座椅以及乘用车除第二排及第二排以后的中间位置座椅外的所有座椅，装置的汽车安全带均应为三点式（或四点式）汽车安全带。

(3)专用校车和专门用于接送学生上下学的非专用校车的每个学生座位（椅）及卧铺客车的每个铺位均应安装两点式汽车安全带。

(4)汽车安全带应可靠有效，安装位置应合理，固定点应有足够的强度。

(5)乘用车应装备驾驶人汽车安全带佩戴提醒装置。当驾驶人未按规定佩戴汽车安全带时，应能通过视觉或声觉信号报警。

(6)乘用车（单排座的乘用车除外）应至少有一个座椅配置符合规定的ISOFIX儿童座椅固定装置，或至少有一个后排座椅能使用汽车安全带有效固定儿童座椅。

2.车外后视镜和前下视镜

(1)机动车（挂车除外）应在左右至少各设置一面后视镜，总质量大于7 500kg的货车和货车底盘改装的专项作业车还应在右侧至少设置广角后视镜和补盲后视镜各一面。

(2)机动车(不带驾驶室的摩托车除外)外后视镜的安装位置和角度,应保证驾驶人能在水平路面上看见车身左侧宽度为 2.5m、车后 10m 以外区域及车身右侧宽度为 4.0m、车后 20m 以外区域的交通情况;专用校车应保证驾驶人能看清乘客门关闭后乘客门车外附近的情况及后窗玻璃后下方地面上长 3.6m、宽 2.5m 范围内的情况,并且在正常驾驶状态下能通过内视镜观察到车内所有乘客区。对于汽车列车,当所牵引挂车的宽度超过牵引车宽度时,牵引车应加装后视镜加长架(延长支架)以保证其后视镜的视野仍满足要求。

(3)汽车及车身部分或全部封闭驾驶人的摩托车的后视镜的性能和安装要求应符合《机动车辆后视镜的性能和安装要求》(GB 15084—2006)的规定,摩托车(车身部分或全部封闭驾驶人的摩托车除外)后视镜的性能和安装要求应符合《摩托车和轻便摩托车后视镜及其安装要求》(GB 17352—2010)的规定,轮式拖拉机运输机组后视镜的性能和安装要求应符合《拖拉机安全要求第 1 部分:轮式拖拉机》(GB 18447.1—2008)的规定。

(4)车长大于等于 6 m 的平头汽车车前应至少设置一面前下视镜或相应的监视装置,以保证驾驶人能看清风窗玻璃前下方长 1.5m、宽 3m 范围内的情况。

(5)车外后视镜和前下视镜应易于调节,并能有效保持其位置。

(6)安装在外侧距地面 1.8 m 以下的后视镜,当行人等接触该镜时,应具有能缓和冲击的功能。

(7)教练车(三轮汽车除外)应安装有符合规定的辅助后视镜,以使教练员能有效观察到车辆周围的交通状态。

3. 前风窗玻璃刮水器

(1)机动车的前风窗玻璃应装备刮水器,其刮刷面积应确保驾驶人具有良好的前方视野。

(2)刮水器应能正常工作。

(3)刮水器关闭时,刮片应能自动返回至初始位置。

4. 应急出口

(1)基本要求。

①车长小于 6m 的客车,在乘坐区的两侧应具有紧急时乘客易于逃生或救援的侧窗。

②车长大于等于 6m 的客车,如车身右侧仅有一个乘客门且在车身左侧未设置驾驶人门,应在车身左侧设置应急门。车长大于 7m 的客车应设置撤离舱口。卧铺客车的卧铺布置为上、下双层时,侧窗洞口应为上下两层。

(2)应急门。

①应急门的净高应大于等于 1 250mm,净宽应大于等于 550mm;但车长小于等于 7m 的客车,应急门的净高应大于等于 1 100mm,如自门洞最低处向上 400mm 以内有轮罩凸出,则在轮罩凸出处应急门净宽可减至 300mm。

②车辆侧面的铰接式应急门应铰链于前端,向外开启角度应大于等于 100°,并能在此角度下保持开启。如在应急门打开时能提供大于等于 550mm 的自由通道,则开度大于等于 100°的要求可不满足。

③通向应急门的引道宽度应大于等于 300mm,不足 300mm 时允许采用迅速翻转座椅的方法加宽引道。专用校车沿引道侧面设有折叠座椅时,在折叠座椅打开的情况下(对在不使用时能自动折叠的座椅,在座椅处于折叠位置时),引道宽度仍应大于等于 300mm。

④应急门应有锁止机构且锁止可靠。应急门关闭时应能锁止，且在车辆正常行驶情况下不会因车辆振动、颠簸、冲撞而自行开启。

⑤当车辆停止时，应急门不用工具应能从车内外很方便打开，并设有车门开启声响报警装置。允许从车外将门锁住，但应保证始终能用正常开启装置从车内将其打开，门外手柄应设保护套，且离地面高度（空载时）应小于等于 1 800mm。

（3）应急窗和撤离舱口。

①应急窗和撤离舱口的面积应大于等于$(3 \times 105)\ mm^2$，且能内接一个 400mm × 600mm（对车长小于等于 7m 的客车为 330mm × 500mm）的椭圆；如应急窗位于客车后端面，则能内接一个 350mm × 1 550mm、四角曲率半径小于等于 250mm 的矩形时也视为满足要求。

②应急窗应采用易于迅速从车内、外开启的装置；或在钢化玻璃上标明易击碎的位置，并在每个应急窗的邻近处提供一个应急锤以方便地击碎车窗玻璃，且应急锤取下时应能通过声响信号实现报警。设有乘客站立区的公共汽车车身两侧的车窗如面积能达到设置为应急窗的要求，均应设置为推拉式应急窗或外推式应急窗。

③安全顶窗应易于从车内、外开启或移开或用应急锤击碎。安全顶窗开启后，应保证从车内外进出的畅通。弹射式安全顶窗应能防止误操作。

（4）标志。

①每个应急出口应在其附近设有“应急出口”字样。

②乘客门和应急出口的应急控制器（包括用于击碎应急窗车窗玻璃的工具）应在其附近标有清晰的符号或字样，并注明其操作方法，字体高度应大于等于 10mm。

5. 燃料系统的安全保护

（1）燃料箱及燃料管路应坚固并固定牢靠，不会因振动和冲击而发生损坏和漏油现象。不准许用户改动或加装燃料箱，不准许用户改动燃料管路。

（2）燃料箱的加注口及通气口应保证在机动车晃动时不泄漏。

（3）机动车（摩托车及装用单缸柴油机的汽车除外）的燃料系统不得用重力或虹吸方法直接向化油器或喷油器供油。

（4）燃料箱的加注口和通气口不得对着排气管的开口方向，且应距排气管的出气口端 300mm 以上，否则应设置有效的隔热装置。燃料箱的加注口和通气口应距裸露的电气接头及外部可能产生火花的电气开关 200mm 以上。车长大于 6m 的客车的燃料箱的加注口和通气口应距排气管的任一部位 300mm 以上。

（5）汽车燃料箱各部分不得前伸至前置汽油发动机的前端面。车长大于 6m 的客车燃料箱距客车前端面应大于等于 600mm，距客车后端面应大于等于 300mm。发动机后置的公路客车和旅游客车，其燃料箱的前端面应位于前轴之后。

（6）机动车燃料箱的通气口和加注口不得设置在有乘员的车厢内。

6. 气体燃料专用装置的安全防护

（1）气体燃料的供给系统应有有效的安全保护结构措施，以防止气体泄漏，每一个钢瓶阀出口端都应安装高压过流保护装置。

（2）对于两用燃料汽车，应设置燃料转换系统并安装燃料转换开关。在燃料控制上，应具有当发动机突然停止运转时，即使点火开关打开也能自动切断气体燃料供给的功能。燃料转换开关的安装位置应便于驾驶人操作，其挡位标记应明显，能分别控制供油、供气两种状态。气体燃料和汽油电磁阀的操作均应由燃料转换开关统一控制；当电流被切断时，电磁阀应处于“关闭”位置。

(3)压缩天然气管路应采用不锈钢管或其他车用高压天然气专用管路,高压液化石油气管路应采用专用管路。不准许用户改动或加装钢瓶。

(4)钢瓶应被可靠地固定在车上,安装钢瓶的固定座应具有阻止钢瓶旋转、移动的能力,固定座应便于拆装工作。钢瓶安装在车上后,钢瓶编号应易见,钢瓶的强度和刚度不得下降,车架(车身)结构强度也不应受影响。

(5)钢瓶安装位置应远离热源,必要时应采取隔热措施。在任何情况下,钢瓶及其所有高压管路和高压接头与发动机排气管和传动轴的任何部位之间的距离应大于等于100mm;当钢瓶及其所有高压管路和高压接头与发动机排气管的距离在100~200mm之间时,应设置固定可靠的隔热装置。

(6)钢瓶应安装在通风位置或采取有效的通风措施,阀门渗漏的气体不应进入驾驶室或载人车厢。

(7)钢瓶与汽车后轮廓边缘的距离应大于等于200mm。钢瓶安装在汽车车架下时,钢瓶下方和后方应采取有效防护措施且钢瓶及其附件不得布置在汽车前轴之前。

(8)钢瓶不得直接安装在驾驶室、载人车厢和货箱内。当不得不安装在上述位置时,应用密封盒、波纹管及通气接口将瓶口阀及连接的高压接头与驾驶室、载人车厢或货箱安全隔离。密封盒等隔离装置应有很强的防护功能,当车辆受到冲撞时应能有效地防止钢瓶冲入驾驶室、载人车厢或货箱内。

(9)通气接口排气方向应指向车尾方向并与地面成45°圆锥的范围内,能将泄漏气体排出车外,通气接口至排气管和其他热源距离应大于等于250mm,通气总面积应大于等于$450mm^2$。

(10)钢瓶的安装和保护罩的设置,应能保证钢瓶集成阀的正常操作和检查。

(11)手动截止阀应安装在钢瓶到调压器之间易于操作的位置,阀体不得直接安装在驾驶室内。

(12)钢瓶至调压器之间应安装滤清装置,并易于检查、清洗和更换。

(13)高压管路的特殊部位(如相对移动的部件之间)应采用柔性管线,其余部位应采用刚性管线。

(14)刚性高压管路应排列整齐、布置合理、固定有效,不得与相邻部件碰撞和摩擦,所有高压管路和高压管接头应得到有效的保护,高压管接头应安装在能看得见且操作者易于接近的位置。

(15)气体燃料车辆应安装泄漏报警装置,所有管路接头处均不应出现漏气现象。

7. 牵引车与被牵引车的连接装置

(1)连接装置应坚固耐用。

(2)牵引车和被牵引车连接装置的结构应能确保相互牢固的连接。

(3)牵引车和被牵引车的连接装置上应装有防止机动车在行驶中因振动和撞击而使连接脱开的安全装置。

8. 客车的特殊要求

(1)客车在设计和制造上应保证发动机排气不会进入客厢。

(2)客车应装备灭火器,灭火器在车上应安装牢靠并便于取用。仅有一个灭火器时,应设置在驾驶人附近;当有多个灭火器时,应在客厢内按前、后,或前、中、后分布,其中一个应靠近驾驶人座椅。

(3)所有专用校车和发动机后置的其他客车应装备发动机舱自动灭火装置,其灭火剂喷射范围应包括发动机舱至少两处具有着火隐患的热源(如增压器、排气管等),启动工作时应能通过声觉信号向驾驶人报警。

四、《客车结构安全要求》

《客车结构安全要求》(GB 13094—2007 以下简称《安全要求》)规定了一系列安全要求。如通过加大应急出口尺寸、降低一级踏步的高度、加大双引道门宽度等措施,提高应急出口的通过性;对乘客门应急控制器及应急门开启装置的位置规定得更加具体,以保证其安全性和使用的方便性,对乘客防夹的要求也作了具体的规定等等。这些要求使本标准的结构安全要求更全面、更细化、更高。

《安全要求》对应急门提出的一系列技术要求,如当车辆停止时,应急门应能从车内和车外方便地打开。这是为满足异常、紧急情况下驾乘人员和乘客的自救以及外部人员的救助。又如应急门在使用时不应是动力控制的形式,这是针对出现异常或紧急情况,动力控制失灵确定的。对应急门开启装置的高度也有规定,即车外开启装置距地高度应在1 000 ~ 1 800mm,且距该门不大于500mm;车内开启装置应距其下方地板(或踏步)的上表面1 000 ~ 1 500mm,且距该门不大于500mm;这是为了有自救或救助能力的人员自救或救助的便利。

《安全要求》对动力控制乘客门的技术要求十分细致。其中的一项要求是:在紧急情况下,当车辆静止时,动力控制乘客门应能通过车门应急控制器从车内打开,当车门未锁住时也能从车外打开。仅对其中提到的应急控制器的要求就有在操纵时优先于启闭车门的其他所有控制,能由位于车门前的人操纵等7项之多。动力控制乘客门的技术要求还包括,每扇动力控制乘客门应能启动一个视觉警示装置,驾驶员在正常驾驶位置及任何照明环境下,均应能明显看到此装置,以提醒驾驶员车门没有完全关闭;每扇动力控制乘客门的结构和控制系统应使乘客在关门时不被车门伤害或夹住等。

《安全要求》共有3个规范性附录,是为行动不便乘客提供方便设施的附加技术要求,包括踏步的高度、优先座位及其相邻装置、标志、优先座位(或轮椅区)进口和出口之间通道的坡度、辅助上车装置、车身降低系统等多项技术要求及计算方法。相关技术要求中也最大程度地考虑了行动不便的乘客,如特殊用途的乘客门自动关闭过程的延迟就主要考虑了行动不便乘客,该条款规定,驾驶员和乘客应能各自操纵特定按钮实现自动关门过程的延迟,自动关闭过程的延迟应显示给驾驶员,驾驶员应能随时恢复自动关门过程。

《安全要求》规定,客车应急门的净高应为1 250mm,净宽应为550mm;应急窗的面积应为$4.0 \times 105mm^2$;撤离舱口的净面积应为$4.0 \times 105mm^2$,而且都要求在此面积内可内接一个500mm × 700mm的矩形。本标准根据不同类型的客车规定,第一级踏步距地面最大高度分别为360mm和380mm,而且要求在车辆处于整车运行状态质量停在水平地面上时测量,测量时轮胎配置和气压应符合制造厂对最大设计装载质量时的规定。在标准对乘客门净宽的要求中规定,如果该乘客门是双引道门,其净宽应为1 100mm。

对应急窗的规定,包括应易于从车内和车外迅速打开;采用易击碎的安全玻璃(而不是夹层玻璃或塑料),并在每扇应急窗的邻近处提供一个方便用来击碎应急窗的工具;能从车外锁住的应急窗,应在结构上保证总能从车内打开。又如座间距,有些客车的座间距让乘客、尤其是长途客车的乘客感觉很不舒服,本《安全要求》规定,同向座椅,座椅靠背的前面与前排座椅靠背后面之间的距离在座垫上表面最高点所处平面与地板上方620mm高度范围内水平测量,应不小于650mm和680mm;相向布置的横排座椅,通过座垫最高点所处平面测量,两相对座椅靠背的前表面之间的最小距离应不小于1 300mm。乘客在符合新版标准的客车上就座,还要让乘客有一个比较舒适的空间,这一要求甚至细化到座位上方的自由空间。标准规定,每个座位均应有一垂直净空间,它是从未压陷坐垫的最高点所处平面向上不小于900mm,以及从就座乘客搁脚的地板处向上不小于1 350mm(对于轮罩处和后排座椅处,可减小为1 250mm)计算的。标准对车内照明的规定之一是,至少应有两条内部照明线路,当一条线路出故障时不应影响另一条线路的照明。

《安全要求》对应急控制器的具体要求包括,在操纵时优先于启闭车门的其他所有控制,车内控制件应安装在车门上或距车门不大于300mm、从第一级踏步向上不小于1 600mm的高度处,临近车门的乘客容易看见并清楚识别,如果控制件附加于正常的车门开启装置则应清楚标示为紧急情况下使用,能由位于车门前的人操纵,直接打开车门或者用手能很容易地打开,可由易于被移开或打破的装置来保护,操纵应急控制器或移开应急控制器上的保护盖,都应通过声响和视觉信号提醒驾驶员等。

《安全要求》对乘客门的结构和控制系统的要求是乘客在关门时不被车门伤害或夹住,为此增加了规范即动力操纵门夹持力测量,规定在任一测量点,车门关闭时的夹持力不得超过150N,否则车门应自动重新开启至完全打开(自动控制乘客门除外)并保持打开直到操纵关门控制,或者乘客手腕和手指能容易地抽出而无伤害。

五、《专用小学生校车安全技术条件》(GB 24407—2012)

2009年国标委发布了《专用小学生校车安全技术条件》(GB 24407—2009)和《校车标识》(GB 24315—2009),旨在通过规范校车荷载、标识等约束社会上参与学生运送的车辆。2010年和2011年校车事故不断发生,校车问题成为全社会关注的热点问题。《专用校车安全技术条件》(GB 24407—2012)代替《专用小学生校车安全技术条件》(GB 24407—2009),并于2012年5月1日正式实施。标准规定了专用校车术语和定义、类型划分、要求及试验方法。适用于幼儿园阶段3周岁以上及九年制义务教育阶段受教育的群体所乘坐的专用校车。标准包括:专用校车类型划分、要求和试验方法、标准实施的过渡期要求几部分。专用校车按车辆结构分包括:轻型专用校车和大中型专用校车。轻型专用校车车长大于5m且小于等于6m。大中型专用校车车长大于6m且小于等于12m。专用校车按用途划分包括儿专用校车、小学生专用校车和中小学生专用校车。对校车的要求和试验方法对外观标识和主要结构尺寸,动力性,乘员质量和最大乘员数,转向系统,制动系统,传动系统,行驶系统,前后保险杠,侧倾稳定性,车身结构、强度、出口及车内布置,信号系统,火灾预防和火灾控制措施,驾驶员视野,车内空气质量,行车信息记录及处理系统,专用校车后围板上的停车提醒标示共十六部分内容进行了规范,具体安全要求如下。

(一)外观标识和主要结构尺寸相关安全要求

(1)专用校车应喷涂符合《校车标识》(GB 24315—2009)要求的专用校车外观标识。

(2)专用校车前部应设置碰撞安全结构。

(3)铰接客车和双层客车不应作为专用校车。

(4)专用校车不得设置车外行李架。

（5）车内外不得有容易卡住幼儿和小学生手指的孔洞，并不应存在可能致人员受伤的突起、凹陷、尖角等缺陷。

（二）乘员质量和最大乘员数要求

（1）幼儿专用校车的每个幼儿的质量按30kg计算，小学生专用校车的每个学生的质量按48kg计算，

中小学生专用校车的每个学生的质量按53kg计算，每个照管人员的质量按68kg计算，驾驶员的质量按75kg计算。

（2）幼儿专用校车的最大乘员数应不超过45人；小学生专用校车和中小学生专用校车的最大乘员数应不超过56人。

（三）车辆转向系统，制动系统，传动系统，行驶系统，前后保险杠，侧倾稳定性

（1）前轮应安装盘式制动器。

（2）专用校车应安装符合GB/T 24545规定的限速装置，出厂时调定的最高车速应不大于80km/h。

（3）传动轴应有防止传动轴滑动连接（花键或其他类似装置）脱离或断裂等故障而引起危险的防护装置。

（4）专用校车应安装前、后保险杠。

（四）车身结构、强度、出口及车内布置

（1）为满足紧急情况下的乘员撤离和车外救助，应急出口的种类、位置、最少数量应符合下表的规定。若车顶或地板上设有一个撤离舱口，应位于车辆中部范围内（该范围的长度等于车长的1/2）；若设有两个撤离舱口，二者相邻两边之间的距离（平行于车辆纵轴线测量）至少2m。应急门和应急窗不应位于排气管出口的上方，应急窗也不应位于停车指示牌的上方。应急门、应急窗和撤离舱口的最小尺寸应符合《客车结构安全技术》（GB 13094—2007）的规定，见表3-1。

应急出口的种类、位置和最少数量 表3-1

车长（L）m	基本应急出口	基本应急出口对应的附加应急出口
$L<6$	“后围应急门”，或者 “左侧应急门＋后围应急窗”	1个左侧应急窗＋1个右侧应急窗
$6\leq L<9$	“后围应急门”，或者 “左侧应急门＋后围应急窗”	1个左侧应急窗＋1个右侧应急窗 ＋1个顶部撤离舱口
$9\leq L<12$	“后围应急门”，或者 “左侧应急门＋后围应急窗”	2个左侧应急窗＋2个右侧应急窗 ＋2个顶部撤离舱口

（2）车辆后围上的应急门应铰接于侧面并向外开启。

（3）通道内不应有台阶，通道应防滑，通道内的盖板高出通道表面应不大于8mm。

（4）驾驶员座椅应配备3点式安全带。

（5）专用校车应至少安装一个照管人员座椅。当幼儿专用校车上的幼儿座椅数大于等于20个小于40个时应安装两个或三个照管人员座椅，大于等于40个时应安装三个或四个照管人员座椅。当小学生专用校车、中小学生专用校车上的学生座椅数大于等于40个时应安装两个或三个照管人员座椅。当只有一个照管人员座椅时，照管人员座椅应位于车辆通道前端并靠近乘客门；当照管人员座椅超过一个时，至少有一个照管人员座椅靠近应急门。

(6)照管人员座椅应配备安全带。

(7)每个幼儿及学生座椅应配备满足《机动车成年乘员用安全带和约束系统》(GB 14166—2003)规定的两点式安全带。

(8)急救箱,专用校车内应设计至少一个急救箱的安装位置和安装支架。

(五)信号系统

(1)停车指示牌。

专用校车应规定安装停车指示牌,当上、下学生时,停车指示牌应伸出以提醒后方车辆停车等候。

(2)安装位置和数量。

专用校车应在车外顶部前后各安装 2 个黄色专用校车标志灯。

(3)倒车信号。

专用校车应有倒车语音提示系统。

(六)火灾预防和火灾控制措施

灭火器:乘员舱内应配备灭火器,应保证至少一个照管人员座椅附近和驾驶员座椅附近各有一只至少 2kg 重的 ABC 型干粉灭火器,其要求应符合《手提式灭火器第 1 部分:性能和结构要求》(GB 4351.1—2005)的规定。灭火器的安装位置应清晰或清楚标识,在紧急情况易于取用。灭火器的压力表应在不移动灭火器的条件下能观察到压力情况。

(七)行车信息记录及处理系统

专用校车应安装具有卫星定位功能并符合《汽车行驶记录仪》(GB/T 19056—2003)规定的行驶记录仪;行驶记录仪的显示部分应易于观察,数据接口应便于移动存储介质的插拔。

专用校车应安装车内和车外录像监控系统。车内监控系统应能监控到驾驶员行为和车内通道的状况;车外监控系统应能监控到车辆前方和乘客门外的状况。

(八)专用校车后围板上的停车提醒标示

专用校车应在车后围板外表面、后方车辆接近时可以看到的区域,清晰标示"请停车等候"及"当停车指示牌伸出时"红色字样。

"当停车指示牌伸出时"字样应在"请停车等候"字样的下方。

六、《北京市公共汽电车运营安全管理规范》(DB11T 649—2009)

《北京市公共汽电车运营安全管理规范》(DB11T 649—2009)于 2009 年 11 月 1 日实施。该标准规定了公共汽电车运营安全管理的原则、组织、基本要求、主要内容、突发事件应急处置。用于公共汽电车运营安全管理工作。该标准首次明确提出公共汽电车运营中典型事件的应急处置方法,一旦发现爆炸物、剧毒物等可疑危险物品,司售人员应组织乘客快速离车疏散。具体安全要求如下:

(一)运营安全管理原则

(1)运营安全管理应坚持"安全第一、预防为主"的方针。

(2)运营安全管理应贯穿于运营服务的全员、全方位、全过程。

(二)安全管理组织的职责

公共汽电车客运企业应按企业规模建立相应的安全管理组织,一般应由安全委员会、运营安全部门和若干运营安全管理员组成。

(三)运营安全管理的主要内容

(1)建立健全运营安全责任制。

(2)制定和实施运营安全规章制度和操作规程。

(3)保证必要的安全资金投入,为从业人员提供必要的运营安全条件。

(4)建立安全教育培训制度,定期进行全员安全学习考试。

(5)对安全管理人员进行培训和工作指导。

(6)将运营安全目标计划分解为各项考核指标,并逐级落实到基层单位和个人。

(7)定期开展各类安全检查,及时发现和消除运营安全事故隐患。对发现的问题有记录、有追踪、有改进措施。

(8)定期召开安全工作会议,分析运营安全形势,研究解决运营服务中的安全问题。

(9)制定和实施运营安全事故紧急救援预案。

(10)对运营安全事故进行调查处理,对违章、违纪人员进行教育并及时上报。

(11)对运营事故进行分类统计,建立运营事故指标体系,并纳入单位考核范围。

(四)驾驶员、乘务员安全管理

(1)驾驶员条件。

持有相应车型的驾驶证,无重大行车违章记录。铰接车、高速路及旅游线路驾驶员须运营安全部门特许。

(2)对驾驶员、乘务员进行素质、技能和安全培训,经考核合格后上岗。

(3)驾驶员应熟悉和遵守交通安全法规。

(4)建立驾驶员安全行车档案。

(五)车辆安全管理

(1)运营车辆的安全性能应符合《机动车安全技术条件》(GB 7258—2012)的规定。

(2)按 DB11/T 648 的规定设置安全警示标识。

(3)制定和实施严格的计划维修和分级定期保养制度,保持车辆安全技术性能。

(4)发现车辆故障或零件缺损、松动时,应于当日报修,不应带故障运行。

(5)按《机动车安全技术条件》(GB 7258—2012)的要求定期对运营车辆进行检验。

(6)按《汽车用压缩天然气钢定期检验与评定》(GB 19533—2004)的要求定期对天然气钢瓶进行检验。

(7)车辆应配备故障车警示标志牌。

(8)车内消防器材应可靠有效,便于取用。

(9)新型车辆应随车配备安全使用说明。

(六)线路、车站及停车场安全管理

(1)绘制线路安全行车示意图,标明事故多发路段。

(2)对客流高断面、事故多发地段及主要场站实施运营安全监控,发现异常情况及时处理。

(3)停车场和主要车站宜设置视频监控系统。

(4)场站内通道及出入口应保持畅通。

(5)停车场应设场内限速 15km/h,出入口限速 5km/h 的标志。

(6)建立停车场安全值班制度,按停车数量配备昼夜值班人员。

(7)建立场站设施每日安全检查制度。

(七)突发事件的应急处置

(1)应急预案的基本要求:统一指挥,分级负责,尽量减少管理层次;组织机构完整,人员和物资配备充足;通信畅通,行动迅速、准确。

(2)应急预案的主要内容:组织机构,人员和物资,通信联络方式,事故处理步骤,快速疏散方法,紧急救护措施,现场保护和清理,善后工作等。

(3)对运营一线人员进行全员培训,要求熟悉和掌握应急预案。

(4)对各项应急预案应定期进行演练,针对演练中的问题,修改和完善应急预案。

(5)定期检查应急预案所需物资的有效性。

第二节　城市轨道交通专业相关法律法规及标准规范要求

一、城市轨道交通运营管理办法(原建设部第 140 号令)

该办法适用于城市轨道交通的运营及相关的管理活动,主要规定了轨道交通运营的运营管理、安全管理和应急管理三方面内容。

安全管理涉及内容包括:运营单位要承担设置安全生产管理机构、配备安全生产管理人员、保证安全生产资金投入、定期维护轨道交通设施设备、设置必要的救援器材和设备、定期对轨道交通进行安全性评价、向乘客宣传安全乘运知识等职责;规定了轨道交通设置控制保护区、控制保护区管理等内容。应急管理涉及内容包括:针对各类突发事件制定专题应急预案、配备救援器材设备、组织演练、强化应急处置等内容。具体如图 3-1 所示。

运营管理部分涉及安全管理的内容,具体条款如下所示:

(1)城市人民政府城市轨道交通主管部门应当按照《行政许可法》以及市政公用事业特许经营的有关规定,依法确定城市轨道交通运营单位。

(2)新建城市轨道交通工程竣工后,应当进行工程初验;初验合格的,可以进行试运行;试运行合格,并具备基本运营条件的,可以进行试运营。

城市轨道交通工程竣工,按照国家有关规定验收,并报有关部门备案。经验收合格后,方可交付正式运营。

安全设施不符合有关国家标准的新建、改建、扩建城市轨道交通工程项目,不得投入运营。

(3)城市轨道交通运营单位应当按照国家有关规定和特许经营协议,制定城市轨道交通运营服务规则和设施保养维护办法,保证城市轨道交通的正常、安全运营。

(4)城市轨道交通运营单位应当为乘客提供安全便捷的客运服务,保证车站、车厢整洁,出入口、通道畅通,保持安全、消防、疏散导向等标志醒目。

(5)城市轨道交通运营单位工作人员应当佩戴标志、态度文明、服务规范。驾驶员、调度员、行车值班员等岗位的工作人员应当经培训合格后,持证上岗。

城市轨道交通运营单位应当在车站配备急救箱，车站工作人员应当掌握必要的急救知识和技能。

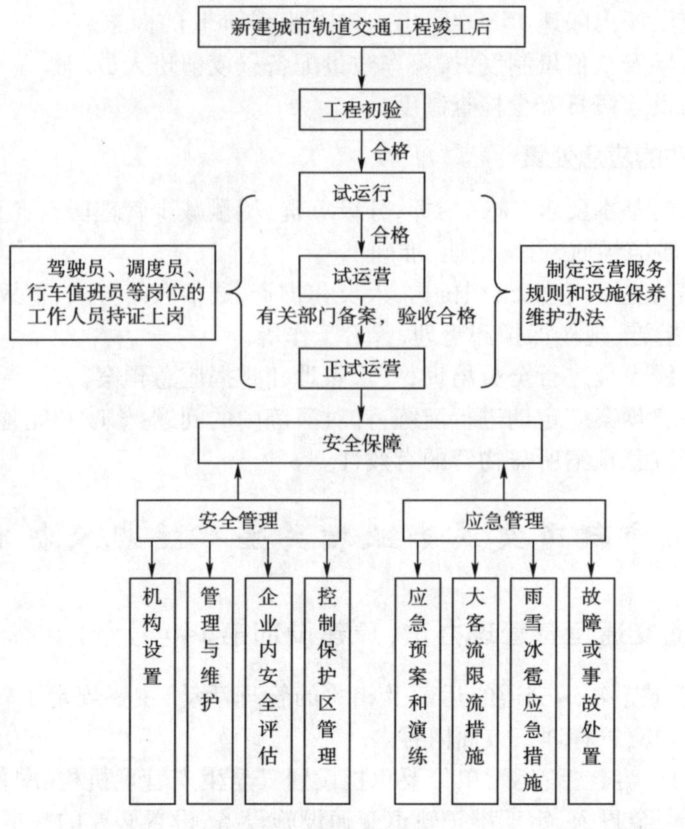

图3-1 城市轨道交通运营管理办法主要条文关系图

(6)城市轨道交通运营过程中发生故障而影响运行的，城市轨道交通运营单位应当及时组织乘客疏散，并尽快排除故障，恢复运行。一时无法恢复运行的，城市轨道交通运营单位应当及时报告城市人民政府城市轨道交通主管部门。

(7)禁止下列危害城市轨道交通正常运营的行为：

①在车厢内吸烟、随地吐痰、便溺、吐口香糖、乱扔果皮、纸屑等废弃物；

②在车站、站台、站厅、出入口、通道停放车辆、堆放杂物或者擅自摆摊设点堵塞通道的；

③擅自进入轨道、隧道等禁止进入的区域；

④攀爬、跨越围墙、护栏、护网、门闸；

⑤强行上下列车；

⑥在车厢或者城市轨道交通设施上乱写、乱画、乱张贴；

⑦携带宠物乘车；

⑧危害城市轨道交通运营和乘客安全的其他行为。

(8)禁止乘客携带易燃、易爆、有毒和放射性、腐蚀性的危险品乘车。

城市轨道交通运营单位可以对乘客携带的物品进行安全检查，对携带危害公共安全的危险品的乘客，应当责令出站；拒不出站的，移送公安部门依法处理。

(9)城市人民政府城市轨道交通主管部门和城市轨道交通运营单位应当建立投诉受理制度，接受乘客对违反运营规定和服务规则的行为投诉。

城市轨道交通运营单位应当自受理投诉之日起10个工作日内作出答复。乘客对答复有异议的,可以向城市人民政府城市轨道交通主管部门投诉,城市人民政府城市轨道交通主管部门应当自受理乘客投诉之日起,10个工作日内作出答复。

安全管理部分共包括9条,具体条款如下所示:

(1)城市轨道交通运营单位应当依法承担城市轨道交通运营安全责任,设置安全生产管理机构,配备专职安全生产管理人员,保证安全生产条件所必需的资金投入。

(2)城市轨道交通运营单位应当按照反恐、消防管理、事故救援等有关规定,在城市轨道交通设施内,设置报警、灭火、逃生、防汛、防爆、防护监视、紧急疏散照明、救援等器材和设备,定期检查、维护,按期更新,并保持完好。

(3)城市轨道交通运营单位负责城市轨道交通设施的管理和维护,定期对土建工程、车辆和运营设备进行维护、检查,及时维修更新,确保其处于安全状态。检查和维修记录应当保存至土建工程、车辆和运营设备的使用期限到期。

(4)城市轨道交通运营单位应当组织对城市轨道交通关键部位和关键设备的长期监测工作,评估城市轨道交通运行对土建工程的影响,定期对城市轨道交通进行安全性评价,并针对薄弱环节制定安全运营对策。

在发生地震、火灾等重大灾害后,城市轨道交通运营单位应当对城市轨道交通进行安全性检查,经检查合格后,方可恢复运营。

(5)城市轨道交通运营单位应当采取多种形式向乘客宣传安全乘运的知识和要求。

(6)城市轨道交通应当在以下范围设置控制保护区:

①地下车站与隧道周边外侧50米内;

②地面和高架车站以及线路轨道外边线外侧30米内;

③出入口、通风亭、变电站等建筑物、构筑物外边线外侧10米内。

(7)在城市轨道交通控制保护区内进行下列作业的,作业单位应当制定安全防护方案,在征得运营单位同意后,依法办理有关行政许可手续:

①新建、扩建、改建或者拆除建筑物、构筑物;

②敷设管线、挖掘、爆破、地基加固、打井;

③在过江隧道段挖沙、疏浚河道;

④其他大面积增加或减少载荷的活动。

上述作业穿过地铁下方时,安全防护方案还应当经专家审查论证。

运营单位在不停运的情况下对城市轨道交通进行扩建、改建和设施改造的,应当制订安全防护方案,并报城市人民政府城市轨道交通主管部门备案。

(8)在城市轨道交通线路弯道内侧,不得修建妨碍行车瞭望的建筑物、构筑物,不得种植妨碍行车瞭望的树木。

(9)禁止下列危害城市轨道交通设施的行为:

①非紧急状态下动用应急装置;

②损坏车辆、隧道、轨道、路基、车站等设施设备;

③损坏和干扰机电设备、电缆、通信信号系统;

④污损安全、消防、疏散导向、站牌等标志,防护监视等设备;

⑤危害城市轨道交通设施的其他行为。

应急管理部分共包括7条,具体条款如下所示:

(1)城市人民政府城市轨道交通主管部门应当会同有关部门制定处理突发事件的应急预案;城市轨道交通运营单位应当根据实际运营情况制定地震、火灾、浸水、停电、反恐、防爆等分专题的应急预案,建立应急救援组织,配备救援器材设备,并定期组织演练。

当发生地震、火灾或者其他突发事件时,城市轨道交通运营单位和工作人员应当立即报警和疏散人员,并采取相应的紧急救援措施。

(2)城市轨道交通车辆地面行驶中遇到沙尘、冰雹、雨、雪、雾、结冰等影响运营安全的气象条件时,城市轨道交通运营单位应当启动应急预案,并按照操作规程进行安全处置。

(3)遇有城市轨道交通客流量激增危及安全运营的紧急情况,城市轨道交通运营单位应当采取限制客流量的临时措施,确保运营安全。

(4)遇有自然灾害、恶劣气象条件或者发生突发事件等严重影响城市轨道交通安全的情形,并且无法采取措施保证安全运营时,运营单位可以停止线路运营或者部分路段运营,但是应当提前向社会公告,并报告城市人民政府城市轨道交通主管部门。

(5)城市轨道交通运营中发生安全事故,城市人民政府城市轨道交通主管部门、城市轨道交通运营单位应当依据应急预案进行处置。

(6)城市轨道交通运营中发生人员伤亡事故,应当按照先抢救受伤者,及时排除故障,恢复正常运行,后处理事故的原则处理,并按照国家有关规定及时向有关部门报告;城市人民政府城市轨道交通主管部门、城市轨道交通运营单位应当配合公安部门及时对现场进行勘察、检验,依法进行现场处理。

(7)城市轨道交通运营过程中发生乘客伤亡的,城市轨道交通运营单位应当依法承担相应的损害赔偿责任;能够证明伤亡人员故意或者自身健康原因造成的除外。

二、北京市城市轨道交通安全运营管理办法(北京市政府第 213 号令)

该办法主要规定了建设与运营的衔接、安全运营管理、应急和事故处理三方面内容。其中明确安监部门负责对轨道交通运营的安全生产工作实施综合监督管理;交通行政管理部门实施行业监督管理;发展改革、规划、公安、消防、园林绿化、住房和城乡建设、市政市容管理等行政管理部门,依照各自职责对城市轨道交通安全实施监督管理,城市轨道交通沿线的区、县人民政府应当做好本行政区域内城市轨道交通安全运营相关服务、保障工作,及时配合有关部门协调、解决有关问题。具体如图 3-2 所示。

其中与安全相关条文如下:

第三条　城市轨道交通安全运营管理,坚持安全第一、预防为主的方针。

第四条　市安全生产监督行政管理部门依照《中华人民共和国安全生产法》的规定,对本市城市轨道交通安全运营实施综合监督管理。

市交通行政管理部门负责本市城市轨道交通行业安全运营的监督管理工作,指导城市轨道交通运营单位(以下简称运营单位)落实安全运营措施,消除事故隐患,对运营单位违反本办法的行为予以纠正并提请有关行政管理部门依法处理。

规划、建设、公安、消防、卫生、环境保护、市政管理等行政管理部门,依照各自职责对城市轨道交通安全实施监督管理。

城市轨道交通沿线的区、县人民政府负有宣传教育、协助组织抢险救援的职责。

第五条　市人民政府相关部门和运营单位应当采取多种形式,向社会公众宣传有关城市轨道交通安全运营的法律规定和安全知识,提高市民的安全意识。

第六条　城市轨道交通工程项目可行性研究报告和初步设计中应当确定列车运行、调度指挥、运营辅助系统、维修保障系统和人员组织等内容并经过运营安全论证，系统功能应当符合安全运营需要。

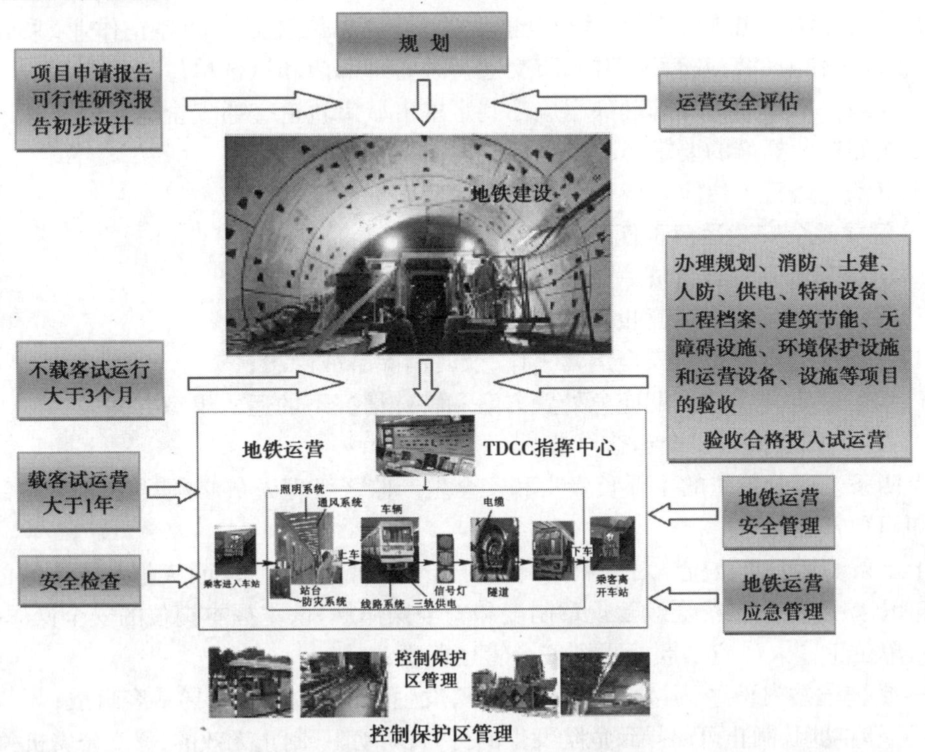

图 3-2　北京市城市轨道交通运营管理办法主要条文关系图

第七条　城市轨道交通设备、设施的设计、安装、建造应当符合国家和本市规定的设计标准和技术规范。

第八条　城市轨道交通工程完工后，建设单位应当向运营单位提供技术档案和相关资料，并会同运营单位组织试运行，对设备、设施进行调试和安全测试。试运行期不得少于 3 个月，并不得载客。

第九条　试运行合格的，建设单位应当组织工程竣工验收。验收合格并依法向建设行政管理部门备案后，方可移交运营单位投入试运营。

试运营期间，运营单位应当按照设计标准和技术规范，对设备、设施运行情况和运营状况进行安全监测和综合调试，试运营期不得少于 1 年。试运营期满，设备、设施保持正常稳定运行状态，可以投入正式运营的，运营单位应当在投入正式运营 30 日前向市交通行政管理部门备案。

第十条　禁止在地面轨道线路上设置平面交叉道口和人行过道。禁止在地面轨道线路弯道内侧建造影响行车安全的建筑物、构筑物。禁止种植影响行车安全的树木。

第十一条　严格控制可能影响安全运营的作业。确需进行下列可能影响安全运营的作业的，作业单位应当制定有效的安全防护方案，征得运营单位同意后，方可向规划、建设等行政管理部门申请办理有关行政许可：

（一）新建、改建、扩建建筑物、构筑物；

（二）拆除建筑物、构筑物；

（三）其他大面积增加或者减少载荷的作业。

有关行政管理部门应当根据经过论证的安全防护方案作出行政许可决定。经许可准予作业的，作业单位必须落实安全防护方案。作业单位和运营单位应当按照有关技术规范对作业进行动态监测。出现危及运营安全情形的，作业单位应当立即停止作业，采取补救措施，并报告许可作业的行政管理部门、市交通行政管理部门和运营单位。

第十二条　市交通行政管理部门应当制定本市城市轨道交通安全运营服务标准。运营单位应当按照服务标准的要求，安全运送乘客。

第十三条　运营单位应当履行下列安全运营职责：

（一）建立健全安全运营责任制；

（二）组织制定安全运营规章制度和操作规程；

（三）保证本单位安全运营投入的有效实施；

（四）督促检查本单位的安全运营工作，及时消除事故隐患；

（五）组织制定并实施先期应急处置方案和特殊情况下的运营组织方案；

（六）及时、如实报告安全运营事故。

第十四条　运营单位的主要负责人和安全生产监督管理人员必须具备与运营活动相应的安全知识和管理能力。

第十五条　运营单位应当对从业人员进行安全教育和培训，保证从业人员具备必要的安全运营知识，熟悉有关的安全运营规章制度和安全操作规程，掌握本岗位的安全操作技能。

运营单位工作人员应当履行下列安全管理职责：

（一）维护车站内秩序，引导乘客有序乘车；发生险情时，及时引导乘客疏散；

（二）及时劝阻、制止可能导致危险发生的行为；对劝阻、制止无效的，移交公安机关处置；

（三）发现事故隐患，及时报告。

第十六条　运营单位的特种作业人员必须按照国家有关规定经过专门的安全作业培训，取得特种作业操作资格证书，方可上岗作业。

列车驾驶员应当遵守运营安全规章制度和安全操作规程，驾驶中不得从事与驾驶列车无关的活动。

第十七条　城市轨道交通车辆地面行驶中遇有沙尘、冰雹、雨、雪、雾、结冰等气象条件时，应当按照预案和操作规程要求行驶。

第十八条　运营单位应当按照国家和本市有关城市轨道交通设备设施的安全标准和技术规范，定期对供电系统、通信系统、信号系统、通风系统、给排水系统、防灾监控系统、环境与设备监控系统等安全保障系统进行检测、维修、更新和改造，保证良好的运行状态。

第十九条　城市轨道交通车站站台、站厅、疏散通道内禁止设置商业摊点。

城市轨道交通车站及车站出入口应当保持畅通，禁止一切影响通行和救援疏散的行为。

第二十条　城市轨道交通车站、列车车厢内及轨道线路、隧道应当配置报警、紧急照明、防护、救援、灭火等设备，设备应当处于完好状态。

第二十一条　运营单位应当在轨道线路、隧道及车站站台、站厅、疏散通道、出入口、通风亭、列车车厢内及其他运营场所的醒目位置设置保障城市轨道交通安全运营的各类发光导向、疏散、提示、警告、限制、禁止等安全标志；定期对各类安全标志进行检查和维修，保证完好。

第二十二条　电力、电信、供水等相关单位应当保证城市轨道交通运营用电、通讯、用水等需要。

第二十三条　运营单位应当为乘客提供安全、便捷的客运服务，保障乘客的合法权益。

城市轨道交通运行过程中发生故障影响运行时，运营单位应当及时排除故障，恢复运行；无法恢复运行的，应当组织乘客疏散和换乘。

第二十四条　对因气象、节假日、大型群众活动等原因引起客流量上升的，运营单位应当及时增加运力，疏导乘客。

第二十五条　进入城市轨道交通车站的人员应当遵守下列规定：

（一）接受、配合公安人员、车站工作人员进行的安全检查；

（二）遵守安全指示标志，听从工作人员指挥；

（三）候车时站在安全线内侧，乘车时先下后上，车门开启、关闭时，不得触摸车门。

第二十六条　禁止下列危害城市轨道交通安全运营的行为：

（一）拦截列车；

（二）擅自进入轨道线路、隧道等禁止进入的区域；

（三）强行上下列车；

（四）向列车、机车、维修工程车以及其他设施投掷物品；

（五）损坏车辆、隧道、轨道；

（六）损害和干扰机电设备，架空电缆和通讯信号系统；

（七）翻越、毁坏隔离围墙、护栏、护网和闸门；

（八）非紧急状态下动用紧急或者安全装置；

（九）损坏、擅自移动安全标志；

（十）其他危害城市轨道交通安全运营的行为。

第二十七条　市交通行政管理部门应当会同政府有关部门及相关单位制定城市轨道交通突发事件应急组织工作预案，报市人民政府批准后实施。

第二十八条　运营单位应当制定城市轨道交通突发事件先期应急处置方案，报市交通行政管理部门备案。

第二十九条　运营单位应当完善应急处置设备的配备和管理，对工作人员进行应急处置培训，定期组织应急演练，提高先期应急处置能力。

第三十条　城市轨道交通运营发生安全事故后，运营单位应当迅速采取有效措施，组织抢救，防止事故扩大，减少人员伤亡和财产损失，同时按照国家和本市有关规定报告政府有关部门。

第三十一条　遇有城市轨道交通客流量激增危及安全运营的紧急情况，运营单位有权采取限制客流的临时措施，确保运营安全。

遇有自然灾害、恶劣气象条件或者发生突发事件等严重影响城市轨道交通安全的情形，采取其他措施难以保证城市轨道交通安全运营时，运营单位可以停止线路运营或者部分路段运营，但应当向社会公告，并报市交通行政管理部门。

第三十二条　城市轨道交通运营发生突发事件后，市人民政府相关部门、突发事件所在地的区、县人民政府以及电力、电信、供水等单位，应当按照应急组织工作预案的规定进行抢险救援和应急保障，尽快恢复运营。

第三十三条　城市轨道交通运营发生事故时，有关行政管理部门接到报告后应当立即派员赶赴现场，及时处置，尽快恢复运营。事故责任由安全生产监督行政管理部门依照国家和本市的有关规定进行认定;事故调查结论和伤亡鉴定结论由公安机关依法出具。

第三十四条　城市轨道交通运营过程中发生人员伤亡的,运营单位应当依法承担损害赔偿责任;能够证明伤亡人员故意或者自身健康原因造成的除外。

三、《地铁运营安全评价标准》

《地铁运营安全评价标准》规定了地铁运营安全评价的一般要求和程序,规定了以基础安全评价和事故风险水平评价为主体的地铁运营安全评价体系,其中,基础安全评价内容包括:安全管理评价、运营组织与管理评价、车辆系统评价、供电系统评价、消防系统与管理评价、线路及轨道系统评价、机电设备评价、通信设备评价、信号设备评价、环境与设备监控系统评价、自动售检票系统评价、车辆段与综合基地评价和土建评价。具体内容如下:

(1)安全管理评价。

依据《中华人民共和国安全生产法》第三、四条:安全生产管理,坚持安全第一、预防为主的方针。生产经营单位必须遵守本法和其他有关安全生产的法律、法规,加强安全生产管理,建立、健全安全生产责任制度,完善安全生产条件,确保安全生产。

(2)运营组织与管理评价。

运营组织与管理是一个集系统、管理者、乘客、组织手段等多种因素于一体的复杂过程,既要考虑行车指挥,又要关注客运组织,而且还与诸多中间环节有着千丝万缕的联系。包括调度指挥、客运组织、系统负荷以及与乘客密切接触的列车运行等方面。

(3)车辆系统评价。

地铁车辆是地铁运营系统中最重要的设备之一。在影响地铁安全运营的重大事件中,有火灾、列车脱轨、列车撞车等重大事件与地铁车辆有关,因此地铁车辆的安全性能状况与安全防护设施、车辆防火性能、车辆可靠性是防止重大事件发生,保证安全运营的重要内容。

(4)供电系统评价。

供电系统评价包括主变电站、牵引变电站、降压变电站、接触网(接触轨)、电力电缆等部分。地铁主变电站是确保地铁牵引供电和动力照明等用电负荷的主要设备。因此必须采取双电源、双回路线路供电,当一个电源发生故障时,另一个电源不应同时受到损坏。同时当线路上一个主变电站故障退出运行时,必须能通过相临主变电站供电,确保地铁的一、二级用电负荷。

辅助主变电站是根据线路电源配置的实际情况而定的,并不是每条线路均设置的,从最大限度节约工程投资考虑,可设一路专用电源。

(5)消防系统与管理评价。

消防系统与管理评价包括火灾自动报警系统(FAS)及联动控制、气体灭火系统、消防水系统、应急照明及疏散指示、灭火器、车站消防管理、消防值班人员与设备管理、建筑与附属设施等。

火灾自动报警系统(FAS)主要由火灾自动报警装置、消防控制设备及其他具有辅助功能的装置组成,FAS应可直接操作联动控制消防设施和防烟、排烟系统设备,或通过BAS等联动控制防烟、排烟系统设备。火灾自动报警系统技术的发展趋向智能化,地铁全线设控制中心集中管理—车站分散控制的报警系统形式,系统具有发布火灾涉及有关车站消防设备的控制命令的功能。

气体灭火系统的电气监控系统由该设备配套提供,车站FAS必须显示气体自动灭火系统保护区的报警、放气、风机和风阀状态、手动/自动放气开关所处位置。

地下车站站厅层应设单口消火栓，站台层的消火栓宜按双口双阀设置，车站内大型消火栓箱内应设自救式软管盘。地下区间只设消火栓接口、不设消火栓箱和不放水带，因为如设消火栓箱，其箱体固定不好，易侵入设备限界，发生箱门碰车事故，另外地铁内潮湿，消防水带易受潮腐烂。

消火栓口的静水压力不超过0.8MPa，消火栓口处出水压力不超过0.5MPa。

应急事故照明包括安全疏散照明、事故照明及指示照明，事故照明设备为确保其可靠安全工作状态，设计采用双电源、在线式或后备式方式供电。区间隧道内设置的集中控制型疏散指示方向要与风机送、排风的模式相匹配。

地铁为大型综合性工程，专业和系统很多，在运营中相互关联，尤其灾害事故处理，必须与多个系统多个部门共同合作才可完成全面救灾工作；车站、主变电站、地铁控制中心等消防重点部位设置24小时值班的消防控制室。

地铁建筑防火部位包括车站站厅、站台、设备区、隧道、通道、与地铁地下及地上相连的其他建筑。

(6)线路及轨道系统评价。

线路及轨道系统评价规定是为了确保正线运营的安全。通常在辅助线与正线接轨处设置安全待避线等设施，平常处于开通安全待避线的位置，确保与正线运营隔离。

轨道是轨道交通的主要设备，它除了引导列车运行方向外，还直接承受列车的竖向、横向及纵向力，因此轨道结构应具有足够的强度，保证列车快速、安全和平稳地运行。同时城市轨道交通是城市专用的客运交通工具，因此轨道结构应有适量的弹性，使乘客舒适。

(7)机电设备评价。

机电设备评价包括自动扶梯、电梯与自动人行道、屏蔽门系统与防淹门系统、给排水设备、通风和空调设备、风亭等。

屏蔽门可以是全封闭式，也可以是半封闭式。屏蔽门由屏封和门组成，将车站站台与站台轨道间分隔开，当列车进站开门时，开门上下乘客，列车关门时关门。屏蔽门可以有效地防止乘客掉下站台。在站台使用空调时，全封闭式屏蔽门可以很好的隔绝站台与隧道的空气流动，节约能源。

列车正常停车时，屏蔽门系统的滑动门与列车门相对，乘客进行上下车；当列车不能按正常位置停车，屏蔽门系统的滑动门不能与列车车门相对时，屏蔽门系统设置的应急门的位置应保证至少有一个与列车车门对齐，供乘客疏散。

空调设备的冷凝器、蒸发器和经济器等属压力容器，应按国家有关特种设备和压力容器管理的有关规定办理相关手续。

(8)通信设备评价。

轨道交通线通信系统是指挥列车运行，进行运营管理、公务联络和传递各种信息的重要手段。当出现紧急情况时，本系统应能迅速及时地为防灾救援和事故的指挥提供通信联络。因此，必须建立一个高可靠性、易扩充、组网灵活、并能传递语音、文字、数据、图像等各种信息的综合数字通信网。

(9)信号设备评价。

轨道交通的信号系统可由列车自动保护子系统(ATP)、列车自动运行子系统(ATO)、列车自动监控子系统(ATS)及连锁设备组成。

(10)环境与设备监控系统。

环境与设备监控系统应具备机电设备监控、执行阻塞模式、环境监控与节能运行管理、环境和设备的管理功能。环境与设备监控系统应能接收火灾自动报警系统(FAS)车站火灾信息,执行车站防烟、排烟模式;执行隧道防排烟模式;执行阻塞通风模式;应能监控车站逃生指示系统和应急照明系统;应能监视各排水泵房危险水位。地下车站及区间隧道内必须设置防烟、排烟与事故通风系统;所有防烟、排烟与事故通风系统均应保证功能完好。车站应配置车站控制室紧急控制盘(IBP 盘)作为 BAS 火灾工况自动控制的后备措施,其操作权高于车站和中央工作站,盘面应以火灾工况操作为主,操作程序应简便、直接。

(11)自动售检票系统评价。

车站售检票设备应由自动售票机、半自动售票机、自动充值机、进出站检票机等组成,其数量配置应按近期高峰客流量配置,并预留远期高峰客流量所需设备的供电,预埋套线及安装位置等条件。

(12)车辆段与综合基地评价。

车辆段与综合基地是存放运营车辆、检修运营车辆的地点。在车辆段与综合基地内,同样有供电系统、信号系统、轨道线路等,因此有必要采取一系列防护措施以保证运营车辆、救援车辆的顺利上线,保证车辆段与综合基地内不发生事故。

在车辆段与综合基地内,有各种仓库、各种车库等,因此以防范火灾为主。车辆段车辆值班室,受地铁控制中心指挥,在运营线路上发生事故时,随时调动救援车辆或保证事故车辆进停车场。

(13)外界环境评价。

依据《国家处置城市地铁事故灾难应急预案》城市轨道交通系统中特别重大、重大事故灾难类型包括地铁遭受台风、水灾、地震等自然灾害的侵袭。此外《地铁设计规范》(GB 50157—2003)19.1 条规定,地铁应具有防风灾、水淹、冰雪、地震、雷击等灾害的防灾设施。

四、《城市轨道交通消防安全管理》

《城市轨道交通消防安全管理》中关于各级、各类人员的消防安全责任和职责,灭火和应急疏散预案与演练,消防设施检查及维护管理,消防宣传教育,人员培训和消防档案管理等消防安全工作的相关要求,具体如下。

(一)总要求

(1)城市轨道交通的消防安全管理应在当地政府的统一组织协调下,建立由政府相关部门(包括公安、消防)与运营单位及供电、通讯、供水和医疗等单位密切协作、运转高效、分工明确的报警接警、监控和抢险救援机制。

(2)城市轨道交通运营单位应制订安全管理责任制度,按照国家现行有关消防法律、法规、规章(以下统称消防法规)落实消防安全责任制。国家有关部门和单位应根据本标准对城市轨道交通中使用的设施、设备的设计、制造、安装与使用制订相关的安全管理办法和技术要求。

(3)城市轨道交通运营单位应结合本单位实际制定单位及各部门的灭火和应急疏散预案,定期组织演练,提高先期应急处置能力。

(4)城市轨道交通运营单位应当遵守有关消防法规,贯彻“预防为主、防消结合”的消防工作方针，正确处理好运营与安全的关系，建立科学的消防设施管理体制，保证轨道交通的安全运营。

(5)城市轨道交通应按照现行有关消防法规和技术规范的要求配置消防设施、器材，并在工程设计中积极采用先进的防火、灭火技术，选用先进可靠的防火灭火设施、器材。

(6)城市轨道交通应依据现行有关消防法规和技术规范设置防火灾、水淹、风灾、冰雪、地震、雷击和停车事故等防灾设施，并以防控火灾的消防设施、器材为主。

(7)城市轨道交通的消防安全管理工作和消防监督工作，除遵守本标准的规定外，还应符合国家现行的其他有关法律法规的规定。

(8)城市轨道交通的消防安全设计、施工、验收管理应符合现行有关消防法规和技术规范的规定，并经国家规定的公安消防监督机构审查和批准。

(二)消防安全管理责任要求

1.一般规定

(1)城市轨道交通运营单位为消防安全重点单位，应建立消防安全责任体系，明确逐级岗位消防安全职责。

(2)城市轨道交通消防设计应有保障消防安全疏散的设施及通道，运营单位应保障消防安全疏散通道及设施完好、可用，落实消防安全措施。

(3)城市轨道交通运营单位应建立与当地公安消防机构联系制度，及时反映单位消防安全管理工作情况。

2.消防安全责任人

城市轨道交通运营单位的法人代表或主要负责人是单位的消防安全责任人，对本单位的消防安全工作全面负责，并应履行下列职责：

①贯彻执行消防法规，保证单位消防安全符合规定，掌握本单位消防安全情况；

②组织编制和审定本单位消防应急预案；

③组织审定与落实年度消防安全工作计划和消防安全资金预算方案；

④确定本单位逐级消防安全责任，任命消防安全管理人，批准实施消防安全制度和保证消防安全的操作规程；

⑤组织建立消防安全例会制度，每月至少召开一次消防安全工作会议；

⑥每月至少参加一次防火检查；

⑦组织火灾隐患整改工作，负责筹措整改资金；

⑧消防安全责任人应当报当地公安消防机构备案。

3.消防安全管理人

城市轨道交通运营单位的消防安全管理人应由消防安全责任人任命，并应履行下列职责：

①拟订年度消防工作计划和消防资金预算方案；

②协助组织编制和审定本单位消防应急预案；

③组织制订消防安全制度和保障消防安全的操作规程；

④组织实施防火检查，每月至少一次；

⑤组织整改火灾隐患；

⑥组织建立消防组织，每半年至少组织一次消防宣传教育、灭火和应急疏散演练；

⑦消防安全责任人委托的其他消防安全管理工作；

⑧向消防安全责任人报告消防安全工作情况，每月至少一次；

⑨消防安全管理人应当报当地公安消防机构备案。

4. 部门主管人员

（1）车站站长（值班站长）上岗前应经运营单位培训合格，并应履行下列消防职责：

①贯彻执行有关消防法规，保障车站安全符合规定，及时掌握车站消防安全情况；

②制订车站年度消防工作计划和消防资金预算方案并组织实施；

③协助组织制订、修改和完善车站消防应急预案；

④每月至少组织一次车站防火检查，及时消除能够整改的火灾隐患，对不能整改的，提出整改意见；

⑤每半年至少组织一次车站消防宣传教育、灭火和应急疏散演练；

⑥发生火灾时能够按照车站消防应急预案及时组织疏散乘客、扑救火灾并向有关部门报告火灾情况，协助灾后调查火灾原因；

⑦每月至少一次向消防安全责任人或消防安全管理人报告消防安全工作情况。

（2）控制中心主任（值班主任）上岗前应经消防专业培训合格，并应履行下列消防职责：

①贯彻执行有关消防法规，保障调度系统安全符合规定，及时掌握调度系统消防安全情况；

②制订调度系统年度消防工作计划和消防资金预算方案并组织实施；

③协助组织制订、修改和完善控制中心消防应急预案；

④每月至少组织一次调度系统防火检查，消除火灾隐患；

⑤每半年至少组织一次调度系统消防宣传教育、灭火和应急处置演练；

⑥发生火灾时能够按照控制中心消防应急预案及时组织各调度处理火灾事故、疏散乘客、扑救火灾并向有关部门报告火灾情况；

⑦协助灾后调查火灾原因、积极组织撰写火灾事件处理经过并向有关部门汇报；

⑧审批施工作业日计划和临时计划，对有安全隐患的计划进行调整；

⑨每月至少一次向消防安全责任人或消防安全管理人报告消防安全工作情况。

5. 消防安全员

（1）一般规定。

城市轨道交通运营单位应确定专、兼职消防安全员。消防安全员应履行下列职责：

①分析研究本部门、岗位的消防安全工作，及时向上级报告；

②确定本部门、岗位的消防安全重点部位，实施日常防火检查、巡查；

③接受安排落实火灾隐患整改措施；

④管理、维护消防设施、灭火器材和消防安全标志；

⑤协助开展消防宣传和消防安全教育培训；

⑥协助编制消防应急疏散预案，组织演练；

⑦记录消防工作落实情况，完善消防档案；

⑧完成其他消防安全管理工作。

（2）环控调度人员。

①负责对全线各车站消防等机电设备的全面监控，及时掌握各车站消防设备的运行状况；

②对火灾事故的报警，应认真确认、分析现场情况，及时通报行调、电调和值班主任；

③在发生火灾事故时，能够按照控制中心消防应急预案，通过调动环控设备执行合理的通风模式，引导乘客和工作人员进行安全疏散。

(3)行车调度人员。

①负责对列车安全运行状况的监控；

②发生火灾时，能够按照控制中心消防应急预案及时指挥着火列车运行、灭火和乘客的安全疏散，并调整后续列车的运行；

③与车站值班站长和列车司机保持联系，随时掌握列车运行、灭火和乘客疏散情况；

④引导乘客和工作人员进行安全疏散，并尽量减少财产损失。

(4)电网调度人员。

①负责轨道交通安全运行的电网保障；

②发生火灾时，能够按照控制中心消防应急预案及时切断相关电网的牵引电流和设备电流；

③通知变电所值班人员注意设备运行，保证排烟系统的电源供应；

④通知接触网专业工作人员配合灭火，检查设备和电缆情况，防止乘客触电。

(5)维修调度人员。

①负责轨道交通安全运行的设备和通讯保障；

②发生火灾时，能够按照控制中心消防应急预案及时通知相关车间轮值工程师，必要时启动抢修程序，尽可能保障轨道交通设备和通讯系统的正常运行。

(6)自动消防系统操作人员。

自动消防系统的操作人员应经消防专业培训合格后持证上岗，并应履行下列职责：

①掌握自动消防系统的工作原理和操作规程，能够熟悉使用和操作各种系统；

②负责对消防设施的每日检查，并认真填写各种消防设施值班和运行记录，并定期对各种消防设施进行检查，保证自动消防设施的完好有效。发现故障应及时排除，不能排除的应报告消防安全管理人；

③核实、确认报警信息；

④熟练掌握火灾和其他灾害事故紧急处理程序，发生火灾时，根据消防应急预案启动相关消防设施。

(7)列车司机。

列车司机除熟练掌握列车驾驶知识外，还应经消防专业培训合格后持证上岗，并应履行下列职责：

①掌握列车火灾应急预案和应急处理办法；

②每日检查列车消防设施和报警通讯设施功能，发现故障应及时排除，不能排除的应报告消防安全管理人、消防安全责任人；

③发生火灾时，用标准用语进行广播宣传和疏散引导，稳定乘客情绪，引导乘客使用车内灭火器灭火和进行紧急疏散；

④将列车着火情况及时报告控制中心或值班站长。

(8)其他人员。

其他人员应严格执行消防安全制度和操作规程，参加消防安全培训及灭火和应急疏散演练，熟知本岗位火灾危险性和消防安全常识，发生火灾时及时引导乘客安全疏散。

6. 承包、租赁、合作或委托经营

城市轨道交通车站站厅内按规定设置的商业场所，实行承包、租赁或委托经营、管理时，应接受和服从运营单位消防安全管理。运营单位应提供符合消防安全要求的建筑物，订立的合同中应明确消防安全责任。

(三)危险源控制

1. 一般规定

(1)运营单位应根据当地实际情况和轨道交通的设施状况、人员特点等制订相应的火源控制管理规定。

(2)城市轨道交通严格限制可燃物品的使用,并制定可燃物品安全使用的管理规定。

2. 限制可燃物

(1)车站内应严格控制可燃材料,车站建筑装修材料和列车车厢内装饰材料的选用应符合相关的设计规范。

(2)车站站厅乘客疏散区、站台及疏散通道内不得设置商业经营场所。

(3)车站站厅内严格按相关消防安全技术规范限制商业经营场所占用面积的比率和数量,并加强消防安全管理。

(4)车站站厅、站台、列车车厢和管理用房内的垃圾应及时清理,可燃垃圾堆积时间不应超过一昼夜。

3. 吸烟管理

(1)车站站厅、站台、列车车厢、管理用房和隧道内严禁吸烟。

(2)在车站站厅、站台、列车车厢、管理用房内应张贴写有"严禁吸烟"的标志。

4. 明火(动火)管理

车站站厅、站台、列车车厢、管理用房和隧道内严禁使用明火,必须使用明火作业时,应在动火前按程序申报并采取必要的消防监护措施。

5. 电气火源控制

(1)机电设备设施中的变压器、带油电气设备应定期巡检和维护。

(2)各级配电设备应安装完善的过负荷、漏电、欠压、过压等保护电路和报警装置,各类电气设备应加装防止打火、短路的装置。

(3)定期对运行车辆上的电气设备、电气线路进行检查维修,及时清除列车运行线路上的导电体,防止受流器、电缆电线短路放弧引起列车火灾。

6. 燃气控制

车站站厅、站台、列车车厢、管理用房和隧道内严禁使用可燃燃气,工程作业中必须使用燃气设备时,应按程序申报并采取必要的消防监护措施。

7. 采暖控制

车站站厅、站台、列车车厢和管理用房内不得采用明火、电炉和电热采暖器采暖,采暖散热器表面平均温度不应超过80V。

8. 用油系统控制

(1)城市轨道交通中的用油系统应按操作规程操作,并应定期巡检和维护。

(2)废油应密闭在专用的防火容器内并及时清运出去,溅洒在地板上的油应及时清理干净,防止废油流入下水道。

9. 易燃易爆化学危险品控制

(1)车站入口处应张贴有劝阻乘客携带易燃易爆化学危险品进入车站内或乘坐列车的警告标志。

工作人员对发现有携带易燃易爆化学危险品的乘客,应责令其出站。

(2)工作人员因工作需要携带时,应按程序申报并采取必要的消防监护措施。易燃易爆化学危险品的携带、使用和剩余用量应采取严格的登记制度。

(3)工作人员因工作需要携带的易燃易爆化学危险品应与乘客分开进出车站和乘坐专用列车。

(4)对于车站内无主或无人认领的包裹、行李应立即转移至远离乘客的安全区域。

(四)灭火和应急疏散预案与演练

1.城市轨道交通特大事故和突发事件应急救援预案

(1)城市轨道交通特大事故和突发事件应急救援预案应由当地政府组织制定。当地政府应组织城市轨道交通运营单位、公安、消防、供电、通讯、供水、交通和医疗等单位建立统一和完善的灾害救援指挥机构和抢险救灾体系,制订故障、火灾、爆炸、化学恐怖袭击、灭火抢险救灾等应急处理工作预案。

(2)当地政府应组织城市轨道交通运营单位、公安、消防、供电、通讯、供水、交通和医疗等单位按应急预案定期进行必要的演习。在演习过程中,应采取措施防止发生人员意外伤亡。

(3)政府应制订报告程序、现场及事故调查、新闻采访接待及事故现场以外区域组织工作程序。

(4)城市轨道交通运营单位应积极配合当地政府制订轨道交通消防应急预案,并严格落实预案中轨道交通运营单位的相关职责。

2.运营单位应急预案

城市轨道交通运营单位应组织制订运营机构应对轨道交通事故和突发事件应急救援预案。该预案应遵循统一指挥、逐级负责、快速反应、配合协同的原则,并应明确以下内容:

(1)运营单位抢险指挥领导小组的人员组成和职责,抢险指挥领导小组应负责抢险救援的组织、指挥、决策,并指挥各部门实施各自应急预案,尽快恢复轨道交通运营;

(2)抢险信息的报告程序,应遵循迅速、准确、客观和逐级报告的原则;

(3)现场处置过程中各部门的组织原则及相关职责;

(4)不同事故情况下的抢险救援策略和人员疏散方案;

(5)扑救初起火灾的程序和措施;

(6)提供救援人员、通信、物资、医疗救护和生活保障;

(7)通讯联络、安全防护与救护的程序和措施。

3.控制中心应急处理预案(调度指挥预案)

城市轨道交通运营单位应组织制订控制中心应急处理预案,该预案应规定控制中心各调度岗位在运营组织中,遇到各类突发事件时的应急处理程序。预案应遵循快速判断、及时汇报、果断处理、协同动作、认真记录的原则,并应包括以下主要内容:

(1)控制中心通过监控系统或现场人员汇报等各种渠道,判明突发事件类型;

(2)控制中心在值班主任的领导下迅速启动相应的应急预案;

(3)通知各调度岗位实施预案中相应职责;

(4)控制中心向上级部门汇报事件信息,请求支援;

(5)各调度岗位根据具体事故类别,通知车站、维修、行车、机电等各部门实施各自预案;

(6)控制中心与事故现场和各调度密切联系,监控事态发展,作出相应决策。

4. 城市轨道交通车站应急处理预案

(1)一般规定。

城市轨道交通运营单位应组织制订车站应对各类事故和突发事件的应急处理预案。车站现场应急处理预案均应遵循及时报警、疏散乘客、抢救伤员的原则,周密制订相关岗位职责、工作流程和设施器材配置标准及操作规程。

(2)轨道交通车站火灾事件应急处理预案。

城市轨道交通车站火灾应急处理预案应规定车站发生火灾时车站现场的应急处理程序,预案结构及主要内容如下:

①确认发生火灾后,在值班站长的领导下迅速启动火灾应急预案;

②通知车站工作人员各自执行预案中的相应职责;

③立即向公安部门和公安消防机构报警;

④向控制中心报告现场情况;

⑤广播通知、组织和引导车站内乘客进行紧急疏散,抢救伤员;

⑥在车站出入口处设立警告标志,阻止人员进入车站;

⑦带好灭火器具,扑救初起火灾;

⑧按实际情况关闭相关机电及空调设备、开启事故照明和启动相应的送风及排烟程序。设置屏蔽门的车站,可以在站台乘客疏散完毕后,打开屏蔽门进行事故排烟;

⑨根据控制中心命令指挥后续列车迅速通过事故车站或防止后续列车进站;

⑩消防队到达现场后,派人引导到火灾现场进行扑救。

(3)列车火灾事件应急处理预案。

列车火灾应急处理预案应按列车在站台或区间发生火灾两种情况分别制订,并应明确司机、行车调度、值班站长等岗位职责和工作流程等主要内容。当列车在区间发生火灾,应遵循只要列车能继续运行,应继续运行至就近车站的原则。预案应按列车能继续运行或无法运行两种情况分别制订各岗位职责和工作流程。

到站列车发生火灾时的应急处理应符合下列规定:

①列车司机迅速打开车门,引导列车上的乘客向站台疏散;

②行车值班员立即向公安部门和公安消防机构报警;

③行车值班员向控制中心报告现场情况,控制中心启动自身预案;

④根据控制中心命令指挥后续列车,采取措施防止后续列车进站;

⑤车站广播通知、组织和引导车站内乘客进行紧急疏散,抢救伤员;

⑥在车站出入口处设立警告标志,阻止人员进入车站;

⑦值班站长带领工作人员带好灭火器具,扑救初起火灾;

⑧按实际情况关闭相关机电及空调设备,开启事故照明和启动相应的送风及排烟程序;

⑨消防队到达现场后,派人引导到火灾现场进行扑救。

列车在区间发生火灾,能继续运行时的应急处理应符合下列规定:

①司机迅速向控制中心和两端车站报告,维持运行至就近车站,引导乘客使用车内灭火器进行灭火;

②行车值班员立即向公安部门和公安消防机构报警,报告值班站长和行车调度;通知相关岗位人员执行列车火灾紧急疏散预案;广播通知和引导乘客进行紧急疏散;

③根据控制中心命令指挥现场列车,将原停靠列车开走,防止后续列车进站;

④值班站长带领工作人员疏散站台、站厅乘客；在车站出入口处设立警告标志，阻止人员进入车站；做好灭火、疏散列车内乘客的准备；

⑤列车进站后执行到站列车发生火灾时的处理程序。

列车在区间发生火灾，无法继续运行时的应急处理应符合下列规定：

①司机迅速判明火情，立即向控制中心和两端车站报告；用标准用语进行广播宣传，稳定乘客情绪，引导乘客使用车内灭火器灭火和进行紧急疏散；

②两端车站行车值班员接到火灾的报告后，立即报告值班站长；通知相关岗位人员；开启相应的隧道照明；做好乘客广播；

③环控调度应按列车火灾实际情况指挥启动相应的送风及排烟程序；

④值班站长带领工作人员疏散站台、站厅内乘客；在车站出入口处设立警告标志，阻止人员进入车站；进入隧道协助乘客疏散；消防队到达现场后，派人引导到火灾现场进行扑救；

⑤根据控制中心命令，防止后续列车继续驶入区间。

(4)车站其他预案。

为确保城市轨道交通运营安全，除火灾应急预案外，运营单位还应建立毒气、爆炸、劫持人质等突发事件应急预案。

5. 车务安全应急处理预案

城市轨道交通运营单位应组织制订车务安全应急处理预案，该预案应规定车站、客车司机及车厂行车有关人员对乘客服务、行车组织、调车作业等工作中可能发生的各种应急事件、事故的处理程序。

6. 乘客疏散预案

(1)一般规定。

因发生火灾等突发事件需要疏散乘客时，各岗位工作人员应密切配合、协调动作，根据指挥进行乘客疏散作业。

(2)行调采取措施。

根据事件现场情况及时发布封锁该站、组织列车在事发站通过、将车站内乘客疏散出站及区间列车内乘客疏散等命令。

当列车被迫停于区间而无法驶入车站进行乘客疏散时，应及时下达区间疏散乘客的命令。同时，应做到：

①立即关闭后方信号机，阻止列车进入该区间，对已进入该区间的其他列车应尽量采取措施使其退回后方站；

②根据列车停车位置，向车站及司机发布疏散乘客的命令，命令中应指明疏散方向及注意事项。

(3)列车司机采取措施。

当列车迫停于区间时，利用列车广播对乘客进行解释，稳定乘客情绪，防止秩序混乱。

迫停于区间的列车需要就地疏散乘客时，在得到调度命令后，配合车站工作人员按行调指定的车站和方向组织乘客疏散。

列车在运行中发生火灾时，在积极扑救的同时，对乘客进行广播宣传，稳定乘客情绪，需在区间疏散乘客时，按区间疏散措施执行。

(4)车站工作人员采取措施。

迫停于区间的列车需要疏散乘客时，车站工作人员应采取如下措施：

①接到行调下达的就地疏散乘客的命令后,组织相关抢险人员携带工具赶赴现场,与列车司机取得联系后,说明乘客疏散方法等有关事项后进行列车乘客疏散;

②对乘客进行广播宣传,稳定乘客情绪,防止秩序混乱;

③在疏散过程中,采取各种措施防止乘客进入不安全区域;为乘客提供各种帮助,提示走行线路和注意事项,防止意外事故发生;

④疏散完毕后,现场负责人撤离现场前对车厢内外进行清查,确认乘客及抢险人员已全部撤离,线路无障碍后将情况向抢险负责人报告。

列车在到达车站后进行乘客疏散时,使用车站广播及口头进行宣传,上车组织乘客疏散。

停止售检票,开启所有能使用的出入口,同时阻止人员进入车站。

抢险人员积极妥善抢救伤员,与专业医疗机构联系请求救护,并派人到指定出入口等候救护车。

7.灭火和应急疏散演练

(1)目的。

使各级指挥人员、各行动组和有关工作人员熟悉相关应急预案,清楚各自的职责。

检验各级应急预案的实用性和可操作性。

检验城市轨道交通运营单位在紧急情况下的应急组织指挥、通信、灭火、疏散和救护等方面的实战能力,积累应对火灾等突发事件的实战经验。

检验各类设备在紧急情况下的运行状态和可能存在的问题。

(2)一般规定。

城市轨道交通运营单位应根据各级应急预案要求制订各级灭火和应急疏散演练计划并积极组织实施。

城市轨道交通运营单位应至少每年组织一次全机构的灭火和应急疏散演练。

城市轨道交通运营单位应组织各车站至少每年进行两次灭火和应急疏散演练。

城市轨道交通运营单位应在灭火和应急疏散演练前至少15天向当地公安部门和公安消防机构上报灭火和应急疏散演练计划,获得批准后方可举行灭火和应急疏散演练。灭火和应急疏散演练应在当地公安部门和公安消防机构的指导和配合下进行。

灭火和应急疏散演练应在城市轨道交通线路投入正式运营前或在投入运营后的非运营时间内进行。

参加灭火和应急疏散演练的人员可以是城市轨道交通运营单位工作人员和身体健康的成年志愿者。

在模拟实际火灾条件下的所有演练中,应注意对火源及烟气的控制,防止疏散队伍混乱及对演练人员的伤害。

(3)疏散演练的内署。

灭火和应急疏散演练组织及内容应包括:

①指挥人员。公安消防机构到达之前指挥灭火和应急疏散工作;

②通讯联络组。报告火警,与相关部门联络,迎接消防车辆,传达指挥员命令;

③疏散引导组。维持火场秩序,引导乘客疏散,抢救重要物资;

④灭火行动组。按照预案要求,及时到达现场扑救火灾;

⑤安全防护救护组。救护受伤人员,准备必要的医药用品;

⑥其他必要的组织。

(4)演练的组织。

演练时应在城市轨道交通运营车站入口处设置带有"正在进行消防演练"字样的标志牌。

演练结束后,应总结问题,做好记录,修订预案内容,解决演练中暴露出的问题。

8. 消防宣传教育、培训

(1)一般规定。

城市轨道交通运营单位应通过公益广告、广播、闭路电视和疏散指示牌等向乘客宣传轨道交通防火、灭火和安全疏散方法。

重大节日和活动期间应开展有针对性的消防宣传、教育活动。

新员工上岗前应进行一次消防安全教育、培训。

城市轨道交通运营单位每半年至少应组织一次全员培训。将培训纳入轨道交通运营单位职业学校教学课程。

宣传教育、培训情况应做记录。

(2)宣传教育、培训内容。

宣传教育和培训应包括下列主要内容:

①有关消防法规、消防安全制度和保障消防安全的操作规程;

②本单位消防应急预案;

③本单位和本岗位火灾危险性及防火措施;

④有关消防设施的性能和使用、检查及维护方法;

⑤报告火警、扑救初起火灾及逃生自救的知识和技能:

⑥组织、引导乘客疏散的知识和技能;

⑦其他消防安全宣传教育内容。

(3)专门培训。

下列人员每年应接受一次消防安全专门培训:

①单位的消防安全责任人(法人代表或主要负责人);

②消防安全管理人;

③车辆、设备设施维修部门经理(车间主任);

④专职消防安全员;

⑤消防控制室的值班、操作人员;

⑥控制中心主任(值班主任)、调度人员;

⑦车站站长(值班站长);

⑧列车司机;

⑨特种作业人员;

⑩其他应当接受消防安全专门培训的人员。

第三节　道路货物运输专业相关法律法规及标准规范要求

一、《中华人民共和国道路运输条例》

《中华人民共和国道路运输条例》(以下简称《道路运输条例》)2004 年国务院令第 406 号公布,于 2004 年 7 月 1 日实施。《道路运输条例》共七章八十三条,制定的目的是为了维护道路运输市场秩序,保障道路运输安全,保护道路运输有关各方当事人的合法权益,促进道路运输业的健康发展。该条例确立了我国道路运输的基本法律制度框架,针对道路运输安全生产问题做了如下规定:

(1)把安全作为准入基本条件。

《道路运输条例》规定从事道路旅客运输、道路货物运输、道路危险货物运输的必须有健全的安全生产管理制度。要求道路运输管理机构对拟从事道路运输的企业是否具备安全生产管理制度进行审查。安全生产管理制度是保证道路运输企业运输安全而制定的,是关系道路运输安全运营的保障,其内容包括本单位的安全生产责任制、安全生产操作规程、安全生产投入相关制度、安全生产监督检查制度、安全生产隐患排查与治理制度等。

(2)明确了道路运输车辆的管理要求。

在道路运输经营的准入条件中规定从事道路运输的车辆应检测合格。其中客运经营者、货运经营者应加强对车辆的维护和检测,确保车辆符合国家相关技术标准,不得使用报废的、擅自改装的和其他不符合国家规定的车辆从事道路运输经营等。

(3)明确了道路运输驾驶员的相关要求。

道路运输经营者准入条件规定,驾驶员必须符合相关条件,控制不合格的车辆和驾驶员从事道路运输经营;客运经营者、货运经营者应加强对道路运输从业人员的安全教育、职业道德教育,以确保道路运输安全。同时,在运输过程中,道路运输从业人员应遵守道路运输操作规程,严禁违章作业等。

(4)明确要求道路运输经营者应保证运输作业安全。

道路旅客运输经营者应采取防止发生侵害旅客人身、财产安全的违法行为;道路货物运输经营者应采取防止货物危害公共安全的行为;道路运输经营者不得超员、超载运输;运输旅客的不得违反规定载货,运输货物的车辆,不得运输旅客等。

(5)明确了道路运输站(场)经营者对进站经营客货运输车辆安全把关责任要求。

首先必须对客源、货源安全把关。要求客运站经营者按照车辆核定载客限额售票,并采取防止携带危险品的人员进站乘车;再者要求货运站经营者按照相关规定的业务操作规程装卸、储存、保管货物。对进出站车辆进行安全检查等。

(6)明确了机动车维修质量管理要求。

《道路运输条例》规定机动车维修实行竣工出厂合格证制度和质量保证制度。要求对机动车进行二次维护、总成修理或者整车修理的应当进行维修质量检验。机动车维修经营者不得使用假冒伪劣配件维修机动车,不得承修已报废的机动车,不得擅自改装机动车。

(7)明确了道路客货经营者建立应急预案和参加社会应急救援的责任。

《道路运输条例》要求,客运经营者、货运经营者应制定交通事故、自然灾害以及其他突发事件的道路运输应急预案。应急预案应包括报告程序、应急指挥、应急车辆和设备的储备、处置措施等内容。发生突发事件时,客运、货运经营者应服从县级以上人民政府或者有关部门的统一调度和指挥。

(8)推行承运人责任险制度。

《道路运输条例》强化了对道路旅客运输和道路危险货物运输的安全风险控制,要求客运经营者、危险货物运输经营者应分别为旅客、危险货物投保承运人责任险。

二、《危险化学品安全管理条例》

《危险化学品安全管理条例》于2002年1月26日中华人民共和国国务院令第344号公

布，2011 年 2 月 16 日国务院第 144 次常务会议修订通过，条例明确规定危险化学品生产、储存、使用、经营和运输的安全管理，都适用于本条例。

条例规定，生产、储存、使用、经营、运输危险化学品的单位的主要负责人对本单位的危险化学品安全管理工作全面负责。

(1)危险化学品道路运输许可要求。

从事危险化学品道路运输的，应当依照有关道路运输的法律、行政法规的规定，取得危险货物道路运输许可，并向工商行政管理部门办理登记手续。

危险化学品道路运输企业应当配备专职安全管理人员。

(2)危险化学品道路运输从业人员要求。

危险化学品道路运输企业的驾驶人员、装卸管理人员、押运人员、申报人员、集装箱装箱现场检查员应当经交通运输主管部门考核合格，取得从业资格。

危险化学品的装卸作业应当遵守安全作业标准、规程和制度，并在装卸管理人员的现场指挥或者监控下进行。水路运输危险化学品的集装箱装箱作业应当在集装箱装箱现场检查员的指挥或者监控下进行，并符合积载、隔离的规范和要求；装箱作业完毕后，集装箱装箱现场检查员应当签署装箱证明书。

运输危险化学品的驾驶人员、装卸管理人员、押运人员、申报人员、集装箱装箱现场检查员，应当了解所运输的危险化学品的危险特性及其包装物、容器的使用要求和出现危险情况时的应急处置方法。

(3)设备设施规定。

运输危险化学品，应当根据危险化学品的危险特性采取相应的安全防护措施，并配备必要的防护用品和应急救援器材。

用于运输危险化学品的槽罐以及其他容器应当封口严密，能够防止危险化学品在运输过程中因温度、湿度或者压力的变化发生渗漏、洒漏；槽罐以及其他容器的溢流和泄压装置应当设置准确、起闭灵活。

(4)危化品道路运输要求。

通过道路运输危险化学品的，应当按照运输车辆的核定载质量装载危险化学品，不得超载。危险化学品运输车辆应当符合国家标准要求的安全技术条件，并按照国家有关规定定期进行安全技术检验。危险化学品运输车辆应当悬挂或者喷涂符合国家标准要求的警示标志。

通过道路运输危险化学品的，应当配备押运人员，并保证所运输的危险化学品处于押运人员的监控之下。运输危险化学品途中因住宿或者发生影响正常运输的情况，需要较长时间停车的，驾驶人员、押运人员应当采取相应的安全防范措施；运输剧毒化学品或者易制爆危险化学品的，还应当向当地公安机关报告。

未经公安机关批准，运输危险化学品的车辆不得进入危险化学品运输车辆限制通行的区域。危险化学品运输车辆限制通行的区域由县级人民政府公安机关划定，并设置明显的标志。

通过道路运输剧毒化学品的，托运人应当向运输始发地或者目的地县级人民政府公安机关申请剧毒化学品道路运输通行证。申请剧毒化学品道路运输通行证，托运人应当向县级人民政府公安机关提交下列材料：①拟运输的剧毒化学品品种、数量的说明；②运输始发地、目的地、运输时间和运输路线的说明；③承运人取得危险货物道路运输许可、运输车辆取得营运证以及驾驶人员、押运人员取得上岗资格的证明文件；④条例第三十八条第一款、第二款规定的购买剧毒化学品的相关许可证件，或者海关出具的进出口证明文件。

剧毒化学品、易制爆危险化学品在道路运输途中丢失、被盗、被抢或者出现流散、泄漏等情况的，驾驶人员、押运人员应当立即采取相应的警示措施和安全措施，并向当地公安机关报告。公安机关接到报告后，应当根据实际情况立即向安全生产监督管理部门、环境保护主管部门、卫生主管部门通报。有关部门应当采取必要的应急处置措施。

三、《道路运输从业人员管理规定》

为了加强道路运输从业人员队伍建设，提高道路运输从业人员综合素质，促进道路运输业健康有序发展，结合贯彻实施《中华人民共和国道路运输条例》，交通运输部于2006年11月23日发布《道路运输从业人员管理规定》（交通运输部2006年第9号令），2007年3月1日起施行。该条例共六章五十三条。

《道路运输从业人员管理规定》对道路运输从业人员的管理原则、管理范围、资格考试和认证程序、从业资格证件管理、从业人员经营行为、违章处罚等做了具体规范，是道路运输从业人员管理的纲领性、系统性规章，其主要内容包括：

（1）明确了纳入从业资格管理的道路运输从业人员的具体种类。

该规定明确要求对六大类二十五种岗位人员的道路运输从业人员实施从业资格管理，即：①经营性道路客货运输驾驶员包括经营性道路旅客运输驾驶员和经营性道路货物运输驾驶员。②道路危险货物运输从业人员包括道路危险货物运输驾驶员、装卸管理人员和押运人员。③机动车维修技术人员包括机动车维修技术负责人、质量检验人员以及从事机修、电器、钣金、涂漆、车辆技术评估（含检测）作业的技术人员。④机动车驾驶培训教练员包括理论教练员、驾驶操作教练员、道路客货运输驾驶员从业资格培训教练员和危险货物运输驾驶员培训教练员。⑤道路运输经理人包括道路客货运输企业、道路客货运输站（场）、机动车驾驶员培训机构、机动车维修企业的管理人员。⑥其他道路运输从业人员是指除上述人员以外的道路运输从业人员，包括道路客运乘务员、机动车驾驶员培训机构教学负责人及结业考核人员、机动车维修企业价格结算员及业务接待员。

（2）确立了六大从业人员的管理制度。

包括道路运输从业人员的从业资格考试制度、道路运输从业人员资格管理档案制度、道路运输从业人员诚信考核制度、建立行车日志制度、道路运输从业人员资格有效制度、道路运输从业人员资格终止制度等。

（3）明确了从业资格的具体条件。

分别对经营性道路运输驾驶员、经营性道路货物运输驾驶员、道路危险货物运输驾驶员、道路危险货物运输装卸管理人员和押运人员、机动车维修技术人员、机动车驾驶培训教练员等的条件进行了明确的规定。

（4）明确了道路运输从业行为的管理。

规定要求，道路运输从业人员在从事道路运输活动时，应携带相应的从业资格证件，遵守法律法规及操作规程，确保运输安全；经营性道路旅客运输驾驶员和道路危险货物运输驾驶员应按规定填写形成日志；运输作业过程中出现危险时负有积极救助义务和及时报告事故等。

四、《道路货物运输及站场管理规定》

为了规范道路货物运输和道路货物运输站（场）经营活动，维护道路货物运输市场秩序，保障道路货物运输安全，保护道路货物运输和道路货物运输站（场）有关各方面当事人的合法权益，根据《道路运输条例》于2005年6月16日制定发布了《道路货物运输及站场管理规定》，并于2008年7月23日、2009年4月20日、2012年3月14日三次修正（交通运输部2012年第1号令）。

该规定共八章七十九条，分别对道路货物运输及站场经营许可、货运车辆管理、货运经营管理、货运站经营管理及监督检查、法律责任进行了规范和要求。

五、《道路危险货物运输管理规定》

为规范道路危险货物运输市场秩序，保障人民生命财产安全，保护环境，维护道路危险货物运输各方当事人的合法权益，根据《中华人民共和国道路运输条例》和《危险化学品安全管理条例》，交通部于2005年6月3日公布《道路危险货物运输管理规定》（交通运输部令2005年第9号），自2005年8月1日起施行。2010年10月27日交通运输部对该规定进行修订，自2011年1月1日起施行（即交通运输部令2010年第5号）。

该规定共七章五十九条，对道路危险货物运输经营的运输许可、专用车辆和设备管理、危险货物运输、监督检查和法律责任进行了规定。

六、《放射性物品道路运输管理规定》

为了规范放射性物品的道路运输活动，保障人民生命财产安全，保护环境，根据《道路运输条例》和《放射性物品运输安全管理条例》的要求，交通运输部于2010年10月27日发布了《放射性物品道路运输管理规定》（交通运输部令2010年第6号），2011年1月1日起施行。

该规定包括六章四十八条，分别规定了放射性物品道路运输的资质许可、专业车辆和设备的管理、放射性物品运输及相关法律责任。

七、《北京市道路运输条例》

为了维护道路运输市场秩序，保障道路运输安全，提高道路运输服务水平，保护道路运输有关各方当事人的合法权益，根据有关法律、法规，结合北京市的实际情况，制定了《北京市道路运输条例》（2009年7月25日北京市第十三届人民代表大会常务委员会第十二次会议通过，自2009年12月1日起施行），条例共分六章七十三条。

该条例适用于北京市行政区域内从事道路旅客运输经营、道路货物运输经营，以及道路运输场站建设和运营、道路运输服务、机动车维修经营和机动车驾驶员培训等道路运输相关业务的活动。

该条例特别规定了道路运输安全相关要求：

（1）道路运输经营者应当遵守下列安全规定：

①制定有效的安全生产措施。定期研究安全生产工作，并对措施执行情况进行检查；

②建立从业人员的安全生产教育和培训制度。未经安全生产教育和培训合格的从业人员，不得上岗作业；

③建立生产安全事故隐患排查制度。制定并执行防范和应急措施，对容易发生事故的部位、设施明确安全责任人员；

④建立运营车辆安全检查制度。未经安全检查或者经安全检查不符合消防、道路交通安全、治安等要求的车辆不得运营。

(2)道路运输经营者应当依法制定生产安全事故应急处置预案。应急处置预案应当包括应急处置组织及职责、危险目标的确定和潜在危险性评估、救援预案的启动程序、紧急处置措施、救援组织的训练和演习,以及救援设备储备、经费保障等内容。要求道路运输经营者应当至少每半年演练1次生产安全事故应急处置预案,并做好记录。

(3)道路运输管理机构应当组织编制和完善突发公共事件的应急运输保障预案,并定期组织演练。预案演练和发生突发公共事件时,道路运输经营者应当服从道路运输管理机构的统一指挥。市和区、县人民政府应当依法给予参与预案演练和发生突发公共事件处置的道路运输经营者适当的补偿。

(4)跨省市客运经营者应当遵守下列运营安全规定。

①按照有关标准和规定,安装并使用远程定位监控系统,并保证与本市道路运输信息共享平台的实时连通;

②运营里程在400公里以上的,配备两名或者两名以上驾驶员;

③采取有效措施,防止驾驶员连续驾驶时间超过4个小时;

④运营中保持车内通道的畅通,采取必要措施保证随车运输行李的平稳和固定。

(5)道路危险货物运输经营者应当遵守下列运营安全规定:

①主要负责人和专职安全管理人员经法定主管部门考核合格;

②按照有关标准和规定,安装并使用远程定位监控系统,并保证与本市道路运输信息共享平台的实时连通;

③按照公安机关依法批准的时间、路线、区域运输危险货物;

④采取必要的安全防护措施,防止危险货物在存储、运输、装卸过程中丢失、泄漏、燃烧、爆炸、辐射;

⑤定期委托具有相应资质的中介机构开展安全评价,并向道路运输管理机构报告评价结果。

(6)危险货物托运人应当委托具有道路危险货物运输资质的经营者运输危险货物,并向运输经营者说明危险货物的品名、性质、应急处置方法等情况。危险货物托运人和发货人在交付危险货物前,应当查验、登记运输经营者、车辆和人员的资格证件。市交通行政主管部门所属的道路运输管理机构应当向社会公布具有道路危险货物运输资质的企业名录及其可以承运的危险货物种类等信息。

(7)客运场站候车大厅实际容纳的乘客人数不得超过设计容量。候车大厅内乘客人数接近设计容量或者人员相对聚集时,场站经营者应当采取有效措施控制和疏散人员,确保安全。候车大厅的安全出口、安全标志标识的设置以及疏散门和疏散通道的宽度应当符合相关标准。客运场站应当设置覆盖场站所有区域的应急广播,并能够使用汉语普通话和英语两种语言播放。

(8)客运场站经营者应当建立行包安全检查制度。客运场站按照规定配备安全检测仪器,对出入省际客运场站以及进入其他客运场站的行包进行安全检查;检查发现危险、违禁物品的,及时移交公安机关处理。

(9)机动车维修经营者应当对废弃的机油、润滑油、制动液、维修油液以及其他危险废物进行归集、贮存,并交由有危险废物经营许可证的单位集中处置。

八、《北京市烟花爆竹安全管理规定》

为了加强烟花爆竹安全管理,保障国家、集体财产和公民人身财产安全,维护社会秩序,结合北京市的实际情况，针对北京市行政区域内生产、销售、储存、运输、燃放烟花爆竹的安全管理颁布实施了《北京市烟花爆竹安全管理规定》（2005 年 9 月 9 日北京市第十二届人民代表大会常务委员会第二十二次会议通过，自 2005 年 12 月 1 日起施行），该规定共二十一条。

该规定涉及烟花爆竹运输管理的内容是规定的第九条："在本市行政区域内运输烟花爆竹，应当取得公安机关的运输许可，未经许可，不得运输。承运单位运输烟花爆竹应当携带许可证件，按照核准载明的品种、数量、路线、有效期限等规定运输。"

九、《北京市实施〈中华人民共和国道路交通安全法〉办法》

为了实施《中华人民共和国道路交通安全法》和《中华人民共和国道路交通安全法实施条例》，根据北京市实际情况，对在本市行政区域内道路上通行的车辆驾驶人、行人、乘车人以及与道路交通活动有关的单位和个人的道路安全确定了具体的实施办法。该实施办法经北京市第十二届人民代表大会常务委员会第十五次会议于 2004 年 10 月 22 日通过，自 2005 年 1 月 1 日起施行。

该办法共分 8 章 108 条，分别对车辆和驾驶人、机动车、非机动车、机动车驾驶人、道路通行条件、道路通行规定、交通事故处理、事故预防与执法监督、法律责任等方面进行了比较具体的规定。

十、《道路运输车辆维护管理规定》

为加强道路运输车辆管理，保持车辆技术状况良好，确保运行安全，保护环境，降低运行消耗，提高运输质量，交通部 1998 年第 2 号令发布《道路运输车辆维护管理规定》，并于 2001 年第 4 号令修正。该规定适用于在中华人民共和国境内，从事道路客货运输的经营业户（单位或个人）、汽车维修一、二类企业及汽车综合性能检测站。

该规定共有 6 章 29 条，分别对道路运输车辆维护、道路运输车辆二级维护检测、管理与监督检查、罚则等方面进行了规定。

十一、《汽车运输、装卸危险货物作业规程》（JT 618—2004）

《汽车运输、装卸危险货物作业规程》（JT 618—2004）规定了汽车运输、装卸危险货物的基本要求和安全作业要求。汽车运输和装卸作业要求覆盖爆炸品、压缩气体和液化气体、易燃液体、易燃固体、自燃物品和遇湿易燃物品、氧化剂和有机过氧化物、毒害品和感染性物品、放射性物品、腐蚀品和杂类等危险货物。

十二、《汽车运输危险货物规则》（JT 617—2004）

《汽车运输危险货物规则》（JT 617—2004）规定了汽车运输危险货物的托运、承运、车辆和设备、从业人员、劳动防护等基本要求。

十三、《汽车快件货物运输操作规程》（JT/T 620—2005）

《汽车快件货物运输操作规程》（JT/T 620—2005）规定了汽车快件货物运输的基本要求，规定了货物受理、理货、货物配装、货物接收、货物交付等业务流程的操作规则以及业务档案管理基本要求。

十四、《营运车辆综合性能要求和检验方法》(GB 18565—2001)

《营运车辆综合性能要求和检验方法》(GB 18565—2001)规定了营运车辆的动力性、燃料经济性、制动性、转向操纵性、照明和信号装置及其他电气设备、排放与噪声控制、密封性、整车装备的基本技术要求和检验方法。

十五、《道路车辆外廓尺寸、轴荷及质量限值》(GB 1589—2004)

《道路车辆外廓尺寸、轴荷及质量限值》(GB 1589—2004)规定了汽车、挂车及汽车列车的外廓尺寸、轴荷及质量的限值,适用于在道路上使用的汽车、挂车及汽车列车,是车辆产品最基本的技术标准之一,用以规范汽车和挂车产品市场、有效治理车辆超限超载现象、加强道路交通的安全管理。

十六、《营运车辆技术等级划分和评定要求》(JT/T 198—2004)

《营运车辆技术等级划分和评定要求》(JT/T 198—2004)规定了营运车辆技术状况等级的评定内容、评定规则、等级划分、评定项目和技术要求。

十七、《危险货物道路运输车辆技术要求》(DB 11/061—2012)

《危险货物道路运输车辆技术要求》(DB 11/061—2012)规定了危险货物道路运输车辆的外廓尺寸、质量参数、外观标志、罐体要求、安全附件要求、综合性能要求、车辆检测的技术要求和检测方法。标准适用于北京市行政区域内从事道路危险货物运输的罐车、载货汽车及厢式货车。

十八、《包装储运图示标志》(GB 191—2008)

《包装储运图示标志》(GB 191—2008)规定了包装储运图示标志的名称、图形符号、尺寸、颜色及应用方法。标准适用于各种货物的运输包装。

十九、《流散物体运输车辆全密闭装置通用技术条件》(DB 11/T 158—2002)

为了减少敞开式货运车辆扬尘、遗洒带来的城市环境污染,规范北京市汽车行业对敞开式货运汽车配装全密闭装置的设计、生产活动,制定北京市地方标准《流散物体运输车辆全密闭装置通用技术条件》(DB 11/T 158—2002)。标准规定了流散物体运输车辆全密闭装置的技术要求、试验方法、检验规则、标志以及使用说明书等内容。标准适用于以装载流散物体为主的在用自卸汽车及载货汽车。

二十、《道路危险货物运输安全技术要求》(DB 11/415—2007)

《道路危险货物运输安全技术要求》(DB 11/415—2007)规定了道路危险货物运输企业或单位的一般要求、车辆及设备、人员、自备停车场、运输及安全管理等方面的安全技术要求。标准适用于北京市行政区域内从事道路危险货物运输的企业和单位。

二十一、《城市中心区货运汽车营运技术要求》(DB 11/T 761—2010)

《城市中心区货运汽车营运技术要求》(DB 11/T 761—2010)规定了城市中心区从事经

营性货运汽车的类型及运输范围、技术要求、标志标识和检验方法。该标准适用于城市中心区从事经营性货运汽车，其他货运汽车可参照执行。但挂车和危险货运汽车不适用于该标准。

第四节　出租汽车专业相关法律法规及标准规范要求

一、《城市出租汽车管理办法》

（一）概况

1997 年 12 月 23 日原中华人民共和国建设部、中华人民共和国公安部令第 63 号发布了《城市出租汽车管理办法》（中华人民共和国建设部公安部令第 63 号）。为加强城市出租汽车管理，提高出租汽车服务质量，保障乘客、用户和出租汽车经营企业、个体工商户及其从业人员的合法权益，促进城市客运交通事业的发展，根据国家的有关法律、法规，制定本办法。本办法所称的出租汽车，是指经主管部门批准的按照乘客和用户意愿提供客运服务，并且按照行驶里程和时间收费的客车。

（二）相关安全规定

第十七条第四款规定：不得将出租汽车交给无客运资格证件的人员驾驶。

第十七条第五款规定：未经客运管理机构批准，不得将出租汽车转让或者移作他用。

第十八条第一款规定：车辆技术性能、设施完好，车容整洁。

第十八条第一款规定：小客车应当装置经公安机关鉴定合格的防劫安全设施。

第十九条规定：遇有抢险救灾，主要客运集散点供车严重不足、重大活动等特殊情况时，经营者应当服从客运管理机构调集车辆的统一指挥。

第二十二条第一款规定：携带客运资格证件。

第二十二条第二款规定：按照合理路线或者乘客要求的路线行驶，不得绕道和拒载；营运途中无正当理由不得中断服务。

第二十二条第四款规定：不得将车辆交给无客运资格证件的人员使用。

第二十二条第五款规定：不得利用车辆进行违法犯罪活动。

第二十二条第六款规定：不发现违法犯罪嫌疑人员，应当及时报告公安机关，不得知情不报。

第二十八条规定：客运管理机构和出租汽车经营企业应当建立投诉受理制度，接受对违反本办法行为的投诉和社会监督。

第三十三条规定：对未经批准非法从事出租汽车经营活动的单位和个人，由城市客运管理机构责令停止违法行为，并处以 5 000 元以上 30 000 元以下罚款。

第三十四条规定：妨碍客运管理机构工作人员执行公务、违反第二十二条第（五）项、利用承租车辆从事非法活动触犯《中华人民共和国治安管理处罚条例》的，由公安机关给予行政处罚；构成犯罪的，依法追究其刑事责任。

二、《出租汽车驾驶员从业资格管理规定》

（一）概况

2011 年 12 月 26 日中华人民共和国交通运输部发布了《出租汽车驾驶员从业资格管理

规定》(中华人民共和国交通运输部令2011年第13号)。为了规范出租汽车驾驶员从业行为,提升出租汽车客运服务水平,根据国家有关规定,制定本规定。该规定强调国家对从事出租汽车客运服务的驾驶员实行从业资格制度。该规定从从业资格考试、从业资格证注册、继续教育、从业资格证件管理以及相关法律责任5个方面对出租汽车驾驶员从业行为做了明确规定。

(二)相关安全规定

第九条规定:拟从事出租汽车客运服务的驾驶员,应当填写《出租汽车驾驶员从业资格证申请表》向所在地设区的市级道路运输管理机构申请参加出租汽车驾驶员从业资格考试。

第十条规定:申请参加出租汽车驾驶员从业资格考试的,应当符合下列条件:

(1)取得相应的机动车驾驶证3年以上;

(2)近3年内无重大以上且负同等以上责任的交通事故。

第十一条规定:申请参加出租汽车驾驶员从业资格考试的,应当提供符合第十条规定的证明材料:

(1)机动车驾驶证及复印件;

(2)有关部门或者单位出具的近3年内无重大以上且负同等以上责任的交通事故记录证明;

(3)身份证明及复印件。

第十五条规定:出租汽车驾驶员到从业资格证发证机关核定的范围外从事出租汽车客运服务的,应当参加当地的区域科目考试。区域科目考试合格的,由当地设区的市级道路运输管理机构核发从业资格证。

第十六条规定:取得从业资格证的出租汽车驾驶员,应当经道路运输管理机构从业资格注册后,方可从事出租汽车客运服务。

出租汽车驾驶员从业资格注册有效期为3年。

第十七条规定:出租汽车经营者应当聘用取得从业资格证的出租汽车驾驶员,并在出租汽车驾驶员办理从业资格注册后再安排上岗。

第十八条规定:申请从业资格注册或者延续注册的出租汽车驾驶员,应当填写《出租汽车驾驶员从业资格注册登记表》,持其从业资格证及与出租汽车经营者签订的劳动合同或者聘用协议或者经营合同,到发证机关所在地的市、县级道路运输管理机构申请注册。

个体出租汽车经营者自己驾驶出租汽车从事经营活动的,持其从业资格证及车辆运营证申请注册。

第二十条规定:出租汽车驾驶员注册有效期届满需继续从事出租汽车客运服务的,应当在有效期届满30日前,向所在地市、县级道路运输管理机构申请延续注册。

第二十一条规定:出租汽车驾驶员不具有完全民事行为能力,或者受到刑事处罚且刑事处罚尚未执行完毕的,不予延续注册。

第二十二条规定:出租汽车驾驶员在从业资格注册有效期内,与出租汽车经营者解除劳动合同、聘用协议或者经营合同的,应当在20日内向原注册机构报告,并申请注销注册。

出租汽车驾驶员变更服务单位的,应当重新申请注册。

第二十三条规定:出租汽车驾驶员在注册期内应当按规定完成继续教育。

继续教育周期自出租汽车驾驶员从业资格注册之日起计算。

第二十四条规定：出租汽车驾驶员继续教育周期为3年。

出租汽车驾驶员在每个连续计算的继续教育周期内，应当接受不少于54学时的继续教育。出租汽车驾驶员累计注册时间满3年的，也应当接受不少于54学时的继续教育。

取得从业资格证超过3年未申请注册的，注册后应当在1年内完成不少于27学时的继续教育。

第二十六条规定：出租汽车驾驶员继续教育以出租汽车企业为主组织实施。

具备条件的出租汽车企业经市、县级道路运输管理机构备案后，组织开展出租汽车驾驶员继续教育工作。不具备条件的出租汽车企业和个体出租汽车驾驶员的继续教育工作，由其他继续教育机构承担，具体包括以下形式：

(1)交通运输部或者省级交通运输主管部门备案的网络远程继续教育；

(2)在县级以上道路运输管理机构备案的其他继续教育形式。

第二十七条规定：出租汽车驾驶员完成继续教育后，应当由出租汽车经营者向所在地市、县级道路运输管理机构报备，道路运输管理机构在出租汽车驾驶员从业资格证中予以记录。

第二十九条规定：出租汽车企业和继续教育机构应当建立学员培训档案，将继续教育计划、继续教育师资情况、参培学员登记表等纳入档案管理，并接受道路运输管理机构的监督检查。

第三十条规定：出租汽车企业和继续教育机构违反本规定，有下列情形之一的，由道路运输管理机构责令改正：

(1)未经备案擅自从事继续教育或者提供虚假继续教育资料的；

(2)未按照继续教育大纲要求组织相应继续教育的；

(3)发布继续教育虚假信息的。

第三十二条规定：出租汽车驾驶员从业资格证遗失、毁损的，应当到原发证机关办理证件补(换)发手续。

第三十三条规定：出租汽车驾驶员办理从业资格证补(换)发手续，应当填写《出租汽车驾驶员从业资格证补(换)发登记表》。道路运输管理机构应当对符合要求的从业资格证补(换)发申请予以办理。

第三十四条规定：出租汽车驾驶员在从事出租汽车客运服务时，应当携带从业资格证。

第三十五条规定：出租汽车驾驶员从业资格证不得转借、出租、涂改、伪造或者变造。

第三十六条规定：出租汽车经营者应当维护出租汽车驾驶员的合法权益，为出租汽车驾驶员从业资格注册、继续教育等提供便利。

第三十九条规定：出租汽车驾驶员有下列情形之一的，由发证机关注销其从业资格证。从业资格证被注销的，应当及时收回；无法收回的，由发证机关公告作废。

(1)持证人死亡的；

(2)持证人申请注销的；

(3)持证人达到法定退休年龄的；

(4)持证人机动车驾驶证被注销或者被吊销的；

(5)因身体健康等其他原因不宜继续从事出租汽车客运服务的。

第四十条规定：出租汽车驾驶员有下列不具备安全运营条件情形之一的，由发证机关撤销其从业资格证，并公告作废：

(1)持证人身体健康状况不再符合从业要求且没有主动申请注销从业资格证的；

(2)发生重大以上且负同等以上责任的交通事故的。

第四十一条规定：出租汽车驾驶员在运营过程中，应当遵纪守法、文明行车、优质服务。出租汽车驾驶员不得有下列行为：

(1)拒载；

(2)议价；

(3)途中甩客；

(4)故意绕道行驶。

出租汽车驾驶员有本条前款违法行为的，应当加强继续教育；情节严重的，道路运输管理机构应当对其延期注册。

第四十二条规定：违反本规定，有下列行为之一的人员，由县级以上道路运输管理机构责令改正，并处200元以上2 000元以下的罚款；构成犯罪的，依法追究刑事责任：

(1)未取得从业资格证或者超越从业资格证核定范围，驾驶出租汽车从事经营活动的；

(2)使用失效、伪造、变造的从业资格证，驾驶出租汽车从事经营活动的；

(3)转借、出租、涂改从业资格证的。

第四十三条规定：违反本规定，出租汽车驾驶员有下列行为之一的，由县级以上道路运输管理机构责令改正，并处50元以上200元以下的罚款：

(1)不按照规定携带从业资格证的；

(2)未办理注册手续驾驶出租汽车从事经营活动的；

(3)拒载、议价、途中甩客或者故意绕道行驶的。

第四十四条规定：违反本规定，有下列行为之一的出租汽车经营者，由县级以上道路运输管理机构责令改正，并处1 000元以上3 000元以下的罚款：

(1)聘用未取得从业资格证的人员，驾驶出租汽车从事经营活动的；

(2)聘用未按规定办理注册手续的人员，驾驶出租汽车从事经营活动的；

(3)不按照规定组织实施继续教育的。

第四十六条规定：本规定实施前已取得出租汽车驾驶员从业资格的，可在原证件有效期内申请换发新的从业资格证，并按规定进行注册。

三、《出租汽车运行技术条件》

(一)概况

1993年5月18日原中华人民共和国建设部发布了《出租汽车运行技术条件》(CJ/T 3003—1993)。该标准规定了出租汽车运行应具备的技术条件，从车型、级别，运行车车辆技术要求，出租车其他要求，出租车标志与补充标志四个方面做了明确规定。

(二)相关的安全规定

第5.1条规定：出租汽车车辆的发动机、转向系、制动系、传动系、行驶系、车身及照明等技术要求均应符合《机动车运行安全技术条件》(GB 7258—2012)的规定。

第5.3条规定：车辆密封应良好。车窗玻璃完好，不眩目。车门开关灵活可靠。微型客车、轻型小客车、不宜用窗帘、滤光薄膜纸等物遮挡、阻视。

第5.4条规定：汽车的座椅、头靠、扶手、拉杆和原有保险带等完整、牢固、有效。

第 5.5 条规定:微型客车、轻型小客车必须装置出租汽车顶灯、计价器。计价器必须满足有关标准规定。

第 5.8 条规定:无乘座条件、无安全保障、客货两用的车辆严禁用作出租汽车。

第 5.9 条规定:二开门小轿车、无行李厢的微型汽车等,若行驶年限(行驶公里)接近报废年限(公里)则不宜用作出租汽车和车辆出租。

第 5.10 条规定:无厂牌车、拼装车和行驶年限(行驶公里)超过报废年限(公里)的车辆严禁用于出租汽车运行和车辆出租运营。

第 6.1 条规定:微型客车、轻型小客车应根据各地情况不同装置防劫车设施或报警装置。

第 6.2 条规定:出租汽车应配置灭火器材,并保持完好。

第 6.3 条规定:出租汽车的车厢应定期消毒,座套、枕套应定期换洗,确保车厢内清洁卫生。

第 6.4 条规定:出租汽车必须明码标价,车内应设置服务标志及乘车规则。

四、《北京市出租汽车管理条例》

第一章　总　　则

第一条　为了加强本市出租汽车管理,提高出租汽车服务水平,维护出租汽车的正常营运秩序,保障出租汽车乘客、经营者以及从业人员的合法权益,适应城市经济发展和人民生活的需要,制定本条例。

第二条　本市行政区域内的出租汽车经营者、驾驶员、乘务员、设立出租汽车营业站的单位、调度员和出租汽车乘客以及出租汽车管理部门,均应当遵守本条例。

本条例所称出租汽车(含旅游客运汽车)是指按照乘客意愿提供运送服务并按行驶里程和时间收费的客车。

第三条　市交通行政主管部门主管本市出租汽车管理工作,负责本条例的组织实施。市交通行政主管部门所属的市区管理处和郊区县交通行政主管部门负责本行政区域内出租汽车的日常管理工作。

工商行政、税务、物价、劳动、公安、公安交通、技术监督、旅游等管理机关,按照各自的职责,依法对出租汽车进行管理。

第四条　本市出租汽车行业的发展和管理应当遵循统一管理、协调发展、公平竞争、方便群众的原则。

第五条　市交通行政主管部门应当根据北京城市总体规划的要求,编制本市出租汽车发展规划和年度发展计划,并报市人民政府批准后实施。

第六条　本市鼓励和支持出租汽车管理的科学技术研究,积极推广先进技术和设备的使用,提高出租汽车科学管理水平。

第七条　本市出租汽车经营者以及从业人员,应当依法经营,文明服务。

对经营管理、营运服务成绩显著和拾金不昧、救死扶伤、见义勇为等方面事迹突出的,由市交通行政主管部门给予表彰和奖励。

第二章　经营资质管理

第八条　出租汽车经营者应当具备下列条件:

（一）有经检验合格的并符合规定数量的车辆；

（二）有固定的经营场所和相应的车辆停放场地；

（三）有合格的驾驶员，经营旅游客运汽车的还应当有合格的乘务员；

（四）有相应的管理人员和管理制度。

第九条　出租汽车驾驶员应当具备下列条件：

（一）有本市常住户口，男60岁、女50岁以下，身体健康，取得驾驶证3年以上。旅游客运汽车驾驶员还必须连续从事3年以上大、中型客车驾驶工作；

（二）遵守法律、法规；

（三）被吊销营运资格证件的，须期满5年以上；

（四）经市交通行政主管部门考核并取得合格证书。

第十条　申请经营出租汽车的单位和个人应当按照下列规定办理申报审批手续：

（一）到工商行政管理机关办理名称预先核准登记。

（二）持有关证明向市交通行政主管部门提出书面申请，市交通行政主管部门自接到申请书之日起30天内作出审批决定。合格的，发给经营许可证件。

（三）持经营许可证件向工商行政管理机关申领营业执照，向税务机关办理税务登记，向公安机关办理治安登记。

（四）取得营业执照、办理税务和治安登记后，按规定对营运车辆进行车身装饰，安装安全防护装置、计价器，依法办理保险手续；营运车辆按规定检验合格后，到公安交通管理机关申领车辆牌证。从事旅游客运汽车经营的申请者还须向公安交通管理机关申请发车地点、行车路线等事项，经审查同意后，取得公安交通管理机关发给的旅游通行证。

（五）取得车辆牌证后，向市交通行政主管部门领取车辆营运证及驾驶员准驾证、乘务员服务证等营运资格证件和服务监督卡。从事旅游客运汽车经营的申请者向交通行政主管部门申领旅游准运证。

第十一条　出租汽车经营者增加、减少或者更新车辆的，应当报市交通行政主管部门核准；变更办公地点和联系电话以及变更登记事项的，应当向市交通行政主管部门备案；停运或者歇业的，应当向市交通行政主管部门备案，并到工商行政管理机关办理有关手续。

经批准歇业或者减少营运车辆的，应当向交通行政主管部门缴销营运资格证件，并涂掉原营运车辆的车身装饰、拆除车内的营运设施。

第十二条　出租汽车营运车辆应当符合下列要求：

（一）经公安、公安交通管理机关检验合格；

（二）符合本市规定的车型、车身颜色、车身装饰和使用年限；

（三）按照规定安装出租汽车标志灯、安全防护装置和计价器；

（四）按照规定在车辆前风挡玻璃右侧上方张贴营运证，在车内规定位置张贴车辆收费标准，并具有空车待租标志和停运标志；

（五）旅游客运汽车在车内规定位置放置旅游准运证、旅游通行证等营运证件；在车内明显位置张贴旅游客运说明；

（六）车辆整洁。

第三章　营运服务管理

第十三条　出租汽车经营者应当遵守下列规定：

(一)遵守法律、法规和规章,接受交通行政主管部门和工商行政、税务、物价、劳动、公安、公安交通、技术监督等管理机关的监督检查;

(二)执行物价管理机关制定的收费标准,使用经税务机关监制的专用收费凭证,不得擅自改变收费标准或者使用其他收费凭证;

(三)制定服务标准、规程和驾驶员、乘务员守则以及车辆检修、安全行车、治安保卫等规章制度;

(四)依法与驾驶员签订劳动合同、承包合同,明确双方权利义务;

(五)建立实施治安保卫责任制,对从业人员进行法制教育,建立学习和业务培训制度;

(六)对乘客提出的服务质量问题及时调查处理,并应当自乘客提出之日起10天内作出答复;

(七)执行交通行政主管部门协调营运业务的措施;

(八)法定代表人和管理人员按照规定参加市交通行政主管部门组织的培训,经培训合格后方可上岗;

(九)按照规定期限和要求向交通行政主管部门如实报送营运报表及其他营运资料,接受交通行政主管部门对营运资料和票证的查阅;

(十)不得使用无营运资格证件、被暂扣营运资格证件的驾驶员或者非本单位的驾驶员驾驶车辆营运;

(十一)不得擅自在出租汽车内或者在车身上张贴、设置商业性广告。

第十四条　旅游客运汽车经营者及其从业人员还应当遵守下列规定:

(一)在售票地点公布发车地点、时间和行驶路线;

(二)因故变更发车地点、时间和行驶路线的,应当提前通知乘客,允许乘客退票;

(三)旅游高峰期间,按照规定向公安交通管理机关申领旅游景点通行证;

(四)乘务员具有相应的旅游客运服务知识,向乘客提供相应的旅游客运服务;

(五)不得流动揽客;

(六)不得强行为乘客代买旅游景点门票或者参观券;

(七)不得擅自将旅游客运业务转让其他单位或者个人经营;

(八)不得违反乘客意愿强行将乘客载至旅游景点、旅馆、饭店、商店等处参观、住宿、用餐、购物;

(九)不得索取、收受回扣;

(十)从事涉外旅游的,应当遵守国家和本市的有关规定。

第十五条　出租汽车驾驶员在营运时应当遵守下列规定:

(一)服饰整洁、文明礼貌、服务规范;

(二)安全行车,遵守交通管理法规;

(三)携带并按照规定放置、张贴营运资格证件和服务监督卡;

(四)在准许停车的路段实行招手停车载客或者停车下客,不得乱停车;

(五)按照规定使用标志灯,车内无乘客时应当显示空车待租标志,因故暂时不能营运时,应当显示停车标志;

(六)按照最佳路线行驶,不得故意绕行;

(七)必须正确使用计价器,不得与乘客议价,不得向乘客索要财物,收款后需要给乘客找零钱时，必须找零钱；

（八）按照计价器显示的金额收费，禁止私自拆除、改装计价器或者在计价器上弄虚作假；

（九）收款后应当向乘客开具项目填写齐全并与实收金额相符的专用收费凭证，不得在专用收费凭证上弄虚作假；

（十）满足乘客提出的使用或者不使用车内服务设施的要求；

（十一）不得擅自拆除安全防护装置；

（十二）保持车辆整洁，牌证齐全、清晰，不得挪用车辆牌证或者对车辆牌证弄虚作假；

（十三）遇有计价器损坏、失准、显示不全、无专用收费凭证、标志灯发生故障、车辆号牌污损、不全等情形时，不得营运载客。上述情况在载客过程中发生时，应当立即告知乘客，并与乘客协商解决；

（十四）出本市或者夜间去远郊区、县营运，应当按照规定向本单位或者到就近的公安机关、营业站登记；

（十五）在出租汽车营业站候客时，应当按序排队、顺序走车，服从调度员的调派，不得欺行霸市或者私自揽客；

（十六）乘客遗失在车内的物品，应当及时归还失主或者交有关部门处理，不得私自隐匿；

（十七）不得将车辆交予他人驾驶或者驾驶非本单位的出租汽车营运；

（十八）不得利用车辆为违法犯罪提供方便，发现违法犯罪嫌疑人应当及时向公安机关或者本单位报告；

（十九）禁止运载违禁和易燃、易爆等物品；

（二十）接受市交通行政主管部门和有关管理机关的监督检查。

第十六条　出租汽车驾驶员除下列情形外，不得以任何理由拒绝载客或者中途终止客运服务：

（一）乘客在禁止停车的路段招手拦车；

（二）乘客携带违禁和易燃、易爆等危险品以及污损车辆的物品乘车；

（三）醉酒者、精神病患者在无人监护下乘车；

（四）乘客要求出本市或者在夜间到远郊区、县而不按规定随驾驶员进行登记；

（五）乘客的要求有其他违反出租汽车管理、道路交通管理、治安管理规定的。

第十七条　乘客在乘坐出租汽车时应当遵守下列规定：

（一）文明乘车，不得损坏车内设施，维护车内清洁卫生；

（二）按照计价器显示的金额交付乘车费用或者按照规定购买车票，不与驾驶员议价；

（三）不向驾驶员提出违反出租汽车管理、道路交通管理、治安管理的要求；

（四）不在车内进行违法活动。

第十八条　出租汽车乘客对出租汽车经营者及其从业人员在营运中侵犯其合法权益的行为，有权向出租汽车经营者反映或者向交通行政主管部门投诉。

乘客反映服务质量问题或者投诉应当自权利被侵犯之日起30天内提出，投诉时应当提供书面材料和出租汽车专用收费凭证、车辆牌号等证据。

第十九条　交通行政主管部门受理乘客投诉后，应当及时调查处理，并在30天内将处理结果答复投诉人。

第四章　营业站管理

第二十条　出租汽车营业站和停车站，应当按照本市城市规划、道路交通和出租汽车管理等有关规定设置。

设置、关闭或者拆除出租汽车营业站和停车站，或者改变其用途的，该站的所有者应当按照规定程序提前30天向社会公示。

第二十一条　机场、火车站、宾馆、饭店、医院等客运业务较集中的公共场所，其主管部门可根据出租汽车发展规划设立出租汽车营业站，公示站区范围，选派调度员，对出租汽车的营运进行调度和管理。

第二十二条　设立出租汽车营业站的单位应当遵守下列规定：

(一)建立管理责任制度，维护营运秩序，保障乘客用车，制止和纠正扰乱营业站管理秩序的行为；

(二)所设的车站对所有出租汽车和乘客开放，做到公正调派车辆；

(三)对调度员进行法制教育、职业道德教育和业务培训；

(四)发生重大或者紧急情况时，应当妥善处理并及时向交通行政主管部门及有关部门报告；

(五)接受交通行政主管部门的监督和指导。

第二十三条　出租汽车营业站调度员应当遵守下列规定：

(一)经市交通行政主管部门考核并取得调度员证件后持证上岗；

(二)服饰整洁、文明礼貌、服务规范；

(三)按序派车，做好派车记录；

(四)维护营业站秩序，对出租汽车驾驶员扰乱营运秩序的行为进行制止和纠正；

(五)对出本市或者夜间到远郊区、县营运的出租汽车进行登记；

(六)发现违法犯罪活动或者违法犯罪嫌疑人，应当及时向公安机关报告；

(七)不得为出租汽车驾驶员私揽业务或者利用职务牟取私利。

第五章　法律责任

第二十四条　违反本条例规定，未经批准擅自经营出租汽车业务的，由交通行政主管部门暂扣车辆，责令停止经营活动，没收违法所得，并按每辆车1万元至2万元处以罚款。

公安交通管理机关发现无照经营出租汽车业务的，可暂扣车辆，并在5日内移送工商行政管理机关处理。

第二十五条　违反本条例的规定，出租汽车经营者未经批准擅自增加或者减少出租汽车营运车辆的，由交通行政主管部门责令限期改正，没收违法所得，并按每增加或者减少一辆车处以2 000元至5 000元罚款。

第二十六条　出租汽车经营者和驾驶员、乘务员、调度员不符合本条例规定的资质条件的，由交通行政主管部门责令限期改正。逾期未改正的，吊销出租汽车经营者的经营许可证件和驾驶员、乘务员的营运资格证件、调度员的调度员证。

营运车辆不符合本条例规定的运营条件的，由交通行政主管部门责令经营者限期改正。逾期未改正的，吊销车辆营运证件。

第二十七条　出租汽车经营者违反本条例，有下列行为之一的，由交通行政主管部门给

予警告,并可处以200元至2 000元的罚款;情节严重的,处以2 000元至2万元罚款,并可责令停业整顿3天至7天:

(一)未按规定建立或者执行各项规章制度;

(二)对乘客和用户提出的服务质量问题置之不理或者不及时处理;

(三)使用无营运资格证件、被暂扣营运资格证件的驾驶员或者非本单位的驾驶员驾驶车辆营运;

(四)不执行交通行政主管部门协调营运业务的措施;

(五)法定代表人和管理人员不按照规定参加市交通行政主管部门组织的培训或者未经培训合格擅自上岗;

(六)未按照规定报送各类营运报表或者拒绝交通行政主管部门对营运资料、票证进行查阅。

第二十八条　旅游客运汽车经营者或者驾驶员、乘务员违反本条例的规定,有下列行为之一的,由交通行政主管部门对旅游客运汽车经营者处以500元至5 000元的罚款,情节严重的,处以5 000元至2万元的罚款,并可责令停业整顿3天至7天;对责任者个人处以200元至1 000元的罚款,在其营运资格证件上作违章纪录,暂扣其营运资格证件1个月至3个月;情节严重的,吊销其营运资格证件:

(一)未按照规定的时间、地点售票、发车、营运;

(二)强行为乘客代买旅游景点门票或者参观券;

(三)擅自将旅游客运业务转让其他单位或者个人经营;

(四)违反乘客意愿将乘客载至旅游景点、旅馆、饭店、商店等处参观、住宿、用餐、购物;

(五)索取、收受回扣。

第二十九条　出租汽车驾驶员违反本条例第十六条第(一)、(三)、(五)、(六)、(七)、(九)、(十)、(十二)、(十三)、(十五)、(十七)、(二十)项规定的,由交通行政主管部门给予警告、并可处以100元至1 000元的罚款;情节严重的,处以1 000元至2 000元的罚款,在营运资格证件上作违章记录,并可暂扣营运资格证件1个月至3个月。

第三十条　出租汽车驾驶员违反本条例第十七条的规定,拒绝载客或者中途终止客运服务的,由交通行政主管部门处以1 000元至2 000元的罚款,在营运资格证件上作违章记录,并可暂扣营运资格证件1个月至3个月;情节严重的,吊销营运资格证件。

第三十一条　出租汽车驾驶员违反本条例的规定,私自拆除、改装计价器或者在计价器上弄虚作假的,由交通行政主管部门吊销其营运资格证件。

出租汽车驾驶员违反本条例的规定,在营运中发生严重服务质量事故或者利用出租汽车为违法犯罪活动提供方便的,由交通行政主管部门吊销其营运资格证件。

第三十二条　设立出租汽车营业站的单位违反本条例第二十三条第(一)、(二)、(四)项规定的,由交通行政主管部门给予警告,并可处以200元至2 000元的罚款;情节严重的,处以2 000元至2万元的罚款。

出租汽车营业站调度员违反本条例第二十四条第(一)、(二)、(三)、(四)、(七)项规定的,由交通行政主管部门给予警告,并可处以100元至1 000元的罚款,暂扣调度员证1个月至3个月;情节严重的,吊销其调度员证。

第三十三条　出租汽车经营者治安保卫责任制不落实,多次发生治安案件,由公安机关依照有关规定处以罚款;情节严重的,责令其停业整顿3天至7天。

出租汽车驾驶员或者调度员擅自拆除安全防护装置的，出本市或者夜间去远郊区、县营运不按规定登记的，由公安机关处以200元以下罚款；情节严重的，由交通行政主管部门吊销其营运资格证件或者调度员证。

第三十四条　出租汽车驾驶员一年内违章记录达到两次或者被暂扣营运资格证件的时间在6个月以下的，由市交通行政主管部门对其进行培训，经考试合格方可重新上岗。

出租汽车驾驶员一年内违章记录达到三次或者被暂扣营运资格证件的时间累计达到6个月以上的，以及在被暂扣营运资格证件期间继续营运载客的，由市交通行政主管部门吊销其营运资格证件。

第三十五条　出租汽车经营者因管理不善，本单位出租汽车驾驶员、乘务员、调度员违法行为严重、服务质量低劣，由交通行政主管部门对出租汽车经营者处以3 000元至3万元罚款，并可责令停业整顿5天至15天。

第三十六条　违反本条例，属于违反工商行政、税务、物价、劳动、公安、公安交通、技术监督和旅游等管理方面的法律、法规和规章的，由有关主管部门依法处理。

第三十七条　交通行政主管部门的工作人员滥用职权、玩忽职守、徇私舞弊的，由其所在单位或者上级主管部门给予行政处分；构成犯罪的，依法追究其刑事责任。

第五节　机动车维修专业相关法律法规及标准规范要求

《机动车维修管理规定》于2005年6月3日经第十一次交通运输部部务会议通过，自2005年8月1日起施行。

(一)机动车维修管理规定总则

1. 立法目的

为规范机动车维修经营活动，维护机动车维修市场秩序，保护机动车维修各方当事人的合法权益，保障机动车运行安全，保护环境，节约能源，促进机动车维修业的健康发展，根据《中华人民共和国道路运输条例》及有关法律、行政法规的规定，制定本规定。

2. 适用范围

从事机动车维修经营的个人和单位，都应当遵守本规定。

3. 基本原则

(1)机动车维修经营者应当依法经营、诚实守信、公顷竞争、优质服务。

(2)机动车维修管理，应当公平、公正、公开和便民。

(3)任何单位和个人不得封锁或垄断机动车维修市场。

4. 鼓励政策

鼓励机动车维修企业实行集约化、专业化、连锁经营。促进机动车维修业的合理分工和协调发展。

鼓励推广应用机动车维修环保、节能、不解体检测和故障诊断技术，推进行业信息或建设和救援、维修服务网路化建设，提高机动车维修行业整体素质，满足社会需要。

5. 管理部门

(1)交通部主管全国机动车维修管理工作。

(2)县级以上地方人民政府交通主管部门负责组织领导本行政区域的机动车维修管理

工作。

(3)县级以上道路运输管理机构负责具体实施本行政区域内的机动车维修管理工作。

(二)机动车维修经营许可

机动车维修经营依据维修车型种类、服务能力和经营项目实行分类许可。

机动车维修经营业务根据维修对象分为汽车维修经营业务、危险货物运输车辆维修经营业务、摩托车维修经营业务和其他机动车维修经营业务四类。

汽车维修经营业务、其他机动车维修经营业务根据经营项目和服务能力分为一类维修经营业务、二类维修经营业务和三类维修经营业务。

摩托车经营维修业务根据经营项目和服务能力分为一类维修经营业务和二类维修经营业务。

1. 汽车维修经营业务许可

获得一类汽车维修经营业务、一类其他机动车维修经营业务许可的,可以从事相应车型的整车修理、总成修理、整车维护、小修、维修救护、专项修理和维修竣工检验工作。

获得二类汽车维修经营业务、二类其他机动车维修经营业务许可的,可以从事相应车型的整车修理、总成修理、整车维护、小修、维修救援和专项修理工作。

获得三类汽车维修经营业务、三类其他机动车维修经营业务许可的,可以分别从事发动机、车身、电气系统、自动变速器维修及车身清洁维护、涂漆、轮胎动平衡和修补、四轮定位检测调整、燃料供给系统维护和油品更换、喷油泵和喷油器维修、曲轴修磨、汽缸镗磨、散热器(水箱)维修、空调维修、车辆装潢(篷布、坐垫及车内装饰)、车辆玻璃安装等专项工作。

获得一类摩托车维修经营业务许可的,可以从事摩托车整车修理、总成修理、整车维护、小修、专项修理和竣工检验工作。获得二类摩托车维修经营业务许可的,可以从事摩托车维护、小修和专项修理工作。

获得危险货物运输车辆维修经营业务许可的,除可以从事危险货物运输车辆维修经营业务外,还可以从事一类汽车维修经营业务。

2. 从事汽车维修经营的条件

机动车维修管理规定第是一条规定,申请从事汽车维修经营业务或者其他机动车维修经营业务的,应当符合下列条件:

(1)有与其经营业务相适应的维修车辆停车场和生产厂房。租用的场地应当有书面的租赁合同,且租赁期限不得少于1年。停车场和生产厂房面积按照国家标准《汽车维修业开业条件》(GB/T 16739—2004)相关条款的规定执行。

(2)有与其经营业务相适应的设备、设施。所配备的计量设备应当符合国家有关技术标准要求,并经法定检定机构检定合格。从事汽车维修经营业务的设备、设施的具体要求按照国家标准《汽车维修业开业条件》(GB/T 16739—2004)相关条款的规定执行;从事其他机动车维修经营业务的设备、设施的具体要求,参照国家标准《汽车维修业开业条件》(GB/T 16739—2004)执行,但所配备设施、设备应与其维修车型相适应。

(3)有必要的技术人员:

①从事一类和二类维修业务的应当各配备至少1名技术负责人员和质量检验人员。技术负责人员应当熟悉汽车或者其他机动车维修业务,并掌握汽车或者其他机动车维修及相关政策法规和技术规范;质量检验人员应当熟悉各类汽车或者其他机动车维修检测作业规

范,掌握汽车或者其他机动车维修故障诊断和质量检验的相关技术,熟悉汽车或者其他机动车维修服务收费标准及相关政策法规和技术规范。技术负责人员和质量检验人员总数的60%应当经全国统一考试合格。

②从事一类和二类维修业务的应当各配备至少1名从事机修、电器、钣金、涂漆的维修技术人员;从事机修、电器、钣金、涂漆的维修技术人员应当熟悉所从事工种的维修技术和操作规范,并了解汽车或者其他机动车维修及相关政策法规。机修、电器、钣金、涂漆维修技术人员总数的40%应当经全国统一考试合格。

③从事三类维修业务的,按照其经营项目分别配备相应的机修、电器、钣金、涂漆的维修技术人员;从事发动机维修、车身维修、电气系统维修、自动变速器维修的,还应当配备技术负责人员和质量检验人员。技术负责人员、质量检验人员及机修、电器、钣金、涂漆维修技术人员总数的40%应当经全国统一考试合格。

(4)有健全的维修管理制度。包括质量管理制度、安全生产管理制度、车辆维修档案管理制度、人员培训制度、设备管理制度及配件管理制度。具体要求按照国家标准《汽车维修业开业条件》(GB/T 16739—2004)相关条款的规定执行。

(5)有必要的环境保护措施。具体要求按照国家标准《汽车维修业开业条件》(GB/T 16739—2004)相关条款的规定执行。

机动车维修管理规定第十二条规定,从事危险货物运输车辆维修的汽车维修经营者,除具备汽车维修经营一类维修经营业务的开业条件外,还应当具备下列条件:

①有与其作业内容相适应的专用维修车间和设备、设施,并设置明显的指示性标志;

②有完善的突发事件应急预案,应急预案包括报告程序、应急指挥以及处置措施等内容;

③有相应的安全管理人员;

④有齐全的安全操作规程。

3. 从事摩托车维修经营的条件

机动车维修管理规定第十三条规定,申请从事摩托车维修经营的企业,应当符合下列条件:

(1)有与其经营业务相适应的摩托车维修停车场和生产厂房。租用的场地应有书面的租赁合同,且租赁期限不得少于1年。停车场和生产厂房的面积按照国家标准《摩托车维修业开业条件》(GB/T 18189—2008)相关条款的规定执行。

(2)有与其经营业务相适应的设备、设施。所配备的计量设备应符合国家有关技术标准要求,并经法定检定机构检定合格。具体要求按照国家标准《摩托车维修业开业条件》(GB/T 18189—2008)相关条款的规定执行。

(3)有必要的技术人员:

①从事一类维修业务的应当至少有1名质量检验人员。质量检验人员应当熟悉各类摩托车维修检测作业规范,掌握摩托车维修故障诊断和质量检验的相关技术,熟悉摩托车维修服务收费标准及相关政策法规和技术规范。质量检验人员总数的60%应当经全国统一考试合格。

②按照其经营业务分别配备相应的机修、电器、钣金、涂漆的维修技术人员。机修、电器、钣金、涂漆的维修技术人员应当熟悉所从事工种的维修技术和操作规范,并了解摩托车维修及相关政策法规。机修、电器、钣金、涂漆维修技术人员总数的30%应当经全国统一考

试合格。

(4)有健全的维修管理制度。包括质量管理制度、安全生产管理制度、摩托车维修档案管理制度、人员培训制度、设备管理制度及配件管理制度。具体要求按照国家标准《摩托车维修业开业条件》(GB/T 18189—2008)相关条款的规定执行。

(5)有必要的环境保护措施。具体要求按照国家标准《摩托车维修业开业条件》(GB/T 18189—2008)相关条款的规定执行。

4. 经营许可程序

申请从事机动车维修经营的个人和单位,应当向所在地的县级道路运输管理机构提出申请,并提交下列材料:

(1)《交通行政许可申请书》。

(2)经营产地与停车场面积材料、土地使用权及产权证明复印件。

(3)技术人员汇总表及相应从业资格证明。

(4)维修检测设备及计量设备检定合格证明复印件。

(5)按照汽车、其他机动车、危险货物运输车辆、摩托车维修经营分类,分别提供本规定第十一条、第十二条、第十三条规定条件的其他相关材料。

道路运输管理机构应当按照《中华人民共和国道路运输条例》和《交通行政许可实施程序规定》规范的程序实施机动车维修经营的行政许可。

道路运输管理机构对机动车维修经营申请予以受理的,应当自受理申请之日起 15 日内作出许可或者不予许可的决定。符合法定条件的,道路运输管理机构作出准予行政许可的决定,向申请人出具《交通行政许可决定书》,在 10 日内向被许可人颁发机动车维修经营许可证件,明确许可事项。不符合法定条件的,道路运输管理机构作出不予许可的决定,向申请人出具《不予交通行政许可决定书》,说明理由并告知申请人享有依法申请行政复议或者提起行政诉讼的权利。

机动车维修经营者应当持机动车维修经营许可证件依法向工商行政管理机关办理有关登记手续。

申请机动车维修连锁经营服务网点的,可有机动车维修连锁经营企业总部向连锁经营服务网点所在地县级道路运输管理机构提出申请,提交下列材料,并对材料真实性承担相应的法律责任:

(1)机动车维修连锁经营企业总部机动车维修经营许可证件复印件。

(2)连锁经营协议书副本。

(3)连锁经营的作业标准和管理手册。

(4)连锁经营服务网点符合机动车维修经营相应开业条件的承诺书。

道路运输管理机构在查验申请资料齐全有效后,应当场或在 5 日内予以许可,并发给相应许可证件。连锁经营服务网点的经营稀客项目应当在机动车维修连锁经营企业总部许可项目的范围之内。

5. 经营许可证件和经营变更相关规定

机动车维修经营许可证实行有效期制。从事一、二类汽车维修业务和一类摩托车维修业务的证件有效期为 6 年;从事三类汽车维修业务、二类摩托车维修业务及其他机动车维修业务的证件有效期为 3 年。

机动车维修经营许可证件由各省、自治区、直辖市道路运输管理机构统一印制并编号,县级道路运输管理机构按照规定发放和管理。

机动车维修经营者应当在许可证件有效期届满前30日到作出原许可决定的道理运输管理机构办理换证手续。

机动车维修经营者变更许可事项的,应当按照本章有关规定办理行政许可事宜。机动车维修经营者变更名称、法定代表人、地址等事项的,应当向作出原许可决定的道路运输管理机构备案。

机动车维修经营者需要终止经营的,应当在终止经营前30日告知作出原许可决定的道路运输管理机构办理注销手续。

(三)维修经营规定

(1)按照许可项目经营并挂牌。机动车维修管理规定第二十一条指出,机动车维修经营者应当按照经批准的行政许可事项开展维修服务。

机动车维修管理规定第二十二条指出,机动车维修经营者应当将机动车维修经营许可证件和机动车维修标志牌悬挂在经营场所的醒目位置。机动车维修标志牌由机动车维修经营者按照统一式样和要求自行制作。

(2)机动车维修管理规定第二十三条指出,机动车维修经营者不得擅自改装机动车,不得承修已报废的机动车,不得利用配件拼装机动车。

托修方要改变机动车车身颜色,更换发动机、车身和车架的,应当按照有关法律、法规的规定办理相关手续,机动车维修经营者在查看相关手续后方可承修。

(3)安全生产。机动车维修经营者应当加强对从业人员的安全教育和职业道德教育,确保安全生产。机动车维修从业人员应当执行机动车维修安全操作规程,不得违章作业。

(4)环保经营。机动车维修产生的废弃物,应当按照国家的有关规定进行处理。

(5)应当公布维修工时定额和收费标准。机动车维修经营者应当公布机动车维修工时定额和收费标准,合理收取费用。

机动车维修工时定额可按各省机动车维修协会等行业中介组织统一制定的标准执行,也可按机动车维修经营者报所在地道路运输管理机构备案后的标准执行,也可按机动车生产厂家公布的标准执行。当上述标准不一致时,优先使用机动车维修经营者备案的标准。

机动车维修经营者应当将其执行的机动车维修工时单价标准报所在地道路运输管理机构备案。

机动车生产厂家在新车型投放市场后的1个月内,有义务向社会公布其维修技术资料和工时定额。

(6)出具结算票据和结算清单。机动车维修经营者应当使用规定的计算票据,并向托修方交付维修结算清单。维修结算清单中的工时费与材料费应分项计算。维修计算清单格式和内容由省级道路运输管理机构制定。

机动车维修经营者不出具规定的结算票据和结算清单时,托修方有权拒绝支付费用。

(7)报送统计资料。机动车维修经营者应当按照规定,向道路运输管理机构报送统计资料。道路运输管理机构应当为机动车维修经营者保守商业秘密。

(8)连锁经营的规定。机动车维修连锁经营企业总部应当按照统一采购、统一配送、统一标识、统一经营方针、统一服务规范和价格的要求,建立连锁经营的作业标准和管理手册,加强对连锁经营服务网点经营行为的监管和约束,杜绝不规范的商业行为。

(四)机动车维修质量管理

1. 按照标准和规范进行维修

机动车维修经营者应当按照国家、行业或者地方的维修标准和规范进行维修。尚无标准或规范的,可参照机动车生产企业提供的维修手册、使用说明书和有关技术资料进行维修。

2. 不得使用假冒伪劣配件

机动车维修经营者不得使用假冒伪劣配件维修机动车。

机动车维修经营者应当建立采购配件登记制度,记录购买时期、供应商名称、地址、产品名称及规格型号等,并查验产品合格证等相关证明。

机动车维修经营者维修时换下的配件、总成、应当交托修方自行处理。

机动车维修经营者应当将原厂配件、副厂配件和修复配件分别标识,明码标价,供用户选择。

3. 竣工质量检验制度

机动车维修经营者对机动车进行二级维护、总成修理、整车修理时,应当实行维修前诊断检验、维修过程检验和竣工质量检验制度。

承担机动车维修竣工质量检验的机动车维修企业或机动车综合性能检测机构应当使用符合有关标准并在检定有限期内的设备,按照有关标准进行检测,如实提供检测结果证明,并对检测结果承担法律责任。

机动车维修竣工质量检验合格后,维修质量检验人员应当签发《机动车维修竣工出厂合格证》。未签发机动车维修竣工出厂合格证的机动车,不得交付使用,车主可以拒绝交费或接车。

机动车维修竣工出厂合格证由升级道路运输管理机构统一印制和编号,县级道路运输管理机构按照规定发放和管理。

禁止伪造、倒卖、转接机动车维修竣工出厂合格证。

4. 建立机动车维修档案

机动车维修经营者对机动车进行二级维护、总成修理、整车修理时,应当建立机动车维修档案。机动车维修档案主要内容包括:维修合同、维修项目、具体维修人员及质量检验人员、检验单、竣工出厂合格证(副本)及结算清单等。

机动车维修档案保存期为两年。

5. 机动车维修专业技术人员的管理

道理运输管理机构应当加强对机动车维修专业技术人员的管理,严格执行专业技术人员考试和管理制度。

机动车维修专业技术人员考试及管理具体办法另行制定。

6. 机动车维修质量保证期制度

道路运输管理机构应当加强对机动车维修经营的质量监督和管理工作,可委托具有法定资格的机动车维修质量监督检验中心,对机动车维修质量进行监督检验。

机动车维修实行竣工出厂质量保证其制度。

汽车和危险货物运输车辆整车修理或总成修理质量保证期为车辆行驶 20 000km 或 100 日;二级维护质量保证期为车辆行驶 5 000km 或 30 日;一级维护、小修及专项修理质量保证期为车辆行驶 200km 或 10 日。

摩托车整车修理或者总成修理质量保证期为摩托车行驶 7 000km 或 80 日；维护、小修及专项修理质量保证期为摩托车行驶 800km 或 10 日。

其他机动车整车修理或者总成修理质量保证期为机动车行驶 6 000km 或 60 日；维护、小修及专项修理质量保证期为机动车行驶 700km 或 7 日。

质量保证期中的行驶里程和日期指标，以先达到者为准。

机动车维修质量保证期，从维修竣工出厂之日起计算。

在质量保证期和承诺的质量保证期内，因维修质量原因造成机动车无法正常使用，且承修方在 3 日内不能或者无法提供因非维修原因而造成机动车无法使用的相关证据时，机动车维修经营者应当及时无偿返修，不得故意拖延或者无理拒绝。

在质量保证内，机动车因同一故障或维修项目经两次修理仍不能正常使用的，机动车维经营者应当负责联系其他机动车维修经营者，并承担相应修理费用。

机动车维修经营者应当公示承诺的机动车维修质量保证期。所承诺的质量保证期不得低于前述的规定。

道理运输管理机构应当受理机动车维修质量投诉，积极按照维修合同约定和相关规定调节维修质量纠纷。

7. 维修质量纠纷的调解

机动车维修质量纠纷双方当事人均有保护当时车辆原始状态的义务。必要时可拆检车辆有关部位，但双方当事人应同时在场，共同认可拆检情况。

需要对机动车维修质量的责任认定进行技术分析和鉴定。当成修方和托修方共同要求道路运输管理机构出面协调时，道路运输管理机构应当组织专家组或委托具有法定检测资格的检测机构作出技术分析和鉴定。鉴定费用由责任方承担。

对机动车维修经营者实行质量信誉考核制度。机动车维修质量信誉考核办法另行制定。

机动车维修质量信誉考核内容应当包括经营者基本情况、经营业绩（含奖励情况）、不良记录等。

道路运输管理机构应当建立机动车维修企业诚信档案。机动车维修质量信誉考核结果是机动车维修企业诚信档案的重要组成部分。

道路运输管理机构建立的机动车维修企业诚信信息，除涉及国家机密、商业机密外，应当依法公开，供公众查阅。

（五）机动车维修经营活动的监督检查

机动车维修管理规定对于机动车维修经营活动的监督检查规定如下：

（1）道路运输管理机构应当加强对机动车维修经营检查。

（2）道路运输管理机构的工作人员应当严格按照职责权限和程序进行监督检查，不得滥用职权、徇私舞弊，不得乱收费、乱罚款。

（3）道路运输管理机构应当积极运用信息化技术手段，科学、高效地开展机动车维修管理工作。

机动车维修管理规定第四十七条规范了执法人员的现场监督检查，具体要求如下：

（1）道路运输管理机构的执法人员在机动车维修经营场所实施监督检查时，应当有 2 名以上人员参加，并向当事人出示交通运输部监制的交通行政执法证件。

(2)道路运输管理机构实施监督检查时,可以采取下列措施:

①询问当事人或者有关人员,并要求其提供有关资料;

②查询、复制与违法行为有关的维修台账、票据、凭证、文件及其他资料,核对与违法行为有关的技术资料;

③在违法行为发现场所进行摄影、摄像取证;

④检查与违法行为有关的维修设备及相关机具的有关情况。

检查的情况和处理结果应当记录,并按照规定归档。当事人有权查阅监督检查记录。

从事机动车维修经营活动的单位和个人,应当自觉接受道路运输管理机构及其他工作人员的检查,如实反映情况,提供有关资料。

(六)违反机动车维修管理规定的法律责任

1. 机动车维修管理规定第四十九条规定

违反本规定,有下列行为之一,擅自从事机动车维修相关经营活动的,由县级以上道路运输管理机构责令其停止经营;有违法所得的,没收违法所得,处违法所得 2 倍以上 10 倍以下的罚款;没有违法所得或者违法所得不足 1 万元的,处 2 万元以上 5 万元以下的罚款;构成犯罪的,依法追究刑事责任:出现下列任一行为,应按上述规定进行处理。

(1)未取得机动车维修经营许可,非法从事机动车维修经营的;

(2)使用无效、伪造、变造机动车维修经营许可证件,非法从事机动车维修经营的;

(3)超越许可事项,非法从事机动车维修经营的。

2. 机动车维修管理规定第五十条规定

违反本规定,机动车维修经营者非法转让、出租机动车维修经营许可证件的,由县级以上道路运输管理机构责令停止违法行为,收缴转让、出租的有关证件,处以 2 000 元以上 1 万元以下的罚款;有违法所得的,没收违法所得。

对于接受非法转让、出租的受让方,应当按照第四十九条的规定处罚。

3. 机动车维修管理规定第五十一条规定

违反本规定,机动车维修经营者使用假冒伪劣配件维修机动车,承修已报废的机动车或者擅自改装机动车的,由县级以上道路运输管理机构责令改正,并没收假冒伪劣配件及报废车辆;有违法所得的,没收违法所得,处违法所得 2 倍以上 10 倍以下的罚款;没有违法所得或者违法所得不足 1 万元的,处 2 万元以上 5 万元以下的罚款,没收假冒伪劣配件及报废车辆;情节严重的,由原许可机关吊销其经营许可;构成犯罪的,依法追究刑事责任。

4. 机动车维修管理规定第五十二条规定

违反本规定,机动车维修经营者签发虚假或者不签发机动车维修竣工出厂合格证的,由县级以上道路运输管理机构责令改正;有违法所得的,没收违法所得,处以违法所得 2 倍以上 10 倍以下的罚款;没有违法所得或者违法所得不足 3 000 元的,处以 5 000 元以上 2 万元以下的罚款;情节严重的,由许可机关吊销其经营许可;构成犯罪的,依法追究刑事责任。

5. 机动车维修管理规定第五十三条规定

违反本规定,有下列行为之一的,由县级以上道路运输管理机构责令其限期整改;限期整改不合格的,予以通报:

(1)机动车维修经营者未按照规定执行机动车维修质量保证期制度的;

(2)机动车维修经营者未按照有关技术规范进行维修作业的;

(3)伪造、转借、倒卖机动车维修竣工出厂合格证的；

(4)机动车维修经营者只收费不维修或者虚列维修作业项目的；

(5)机动车维修经营者未在经营场所醒目位置悬挂机动车维修经营许可证件和机动车维修标志牌的；

(6)机动车维修经营者未在经营场所公布收费项目、工时定额和工时单价的；

(7)机动车维修经营者超出公布的结算工时定额、结算工时单价向托修方收费的；

(8)机动车维修经营者不按照规定建立维修档案和报送统计资料的；

(9)违反本规定其他有关规定的。

6.机动车维修管理规定第五十四条规定

违反本规定，道路运输管理机构的工作人员有下列情形之一的，由同级地方人民政府交通主管部门依法给予行政处分；构成犯罪的，依法追究刑事责任：

(1)不按照规定的条件、程序和期限实施行政许可的；

(2)参与或者变相参与机动车维修经营业务的；

(3)发现违法行为不及时查处的；

(4)索取、收受他人财物或谋取其他利益的；

(5)其他违法违纪行为。

第六节　道路旅客运输专业相关法律法规及标准规范要求

一、《道路旅客运输企业安全管理规范(试行)》

为了提高道路旅客运输企业的安全生产水平，加强对道路旅客运输企业的综合治理，根据《中华人民共和国安全生产法》、《中华人民共和国道路交通安全法》、《中华人民共和国道路交通安全法实施条例》、《中华人民共和国道路运输条例》等法律法规，制定了《道路旅客运输企业安全管理规范(试行)》(以下简称《旅客管理规范》)。该《旅客管理规范》于2012年1月19日由交通运输部、公安部、国家安全生产监督管理总局以交运发[2012]33号印发。《旅客管理规范》分总则、安全生产基础保障、安全生产管理职责、安全生产管理制度、安全隐患排查与治理、目标考核、附则七章七十四条，自发布之日起施行。

1.总则

总则是对《旅客管理规范》的引用法律条文、适用范围等作出明确规定，同时对企业安全生产方针政策及基本的安全生产措施等作出概括性说明。

2.安全生产基础保障

安全生产基础保障主要对安全生产领导机构和管理机构的设置、主要负责人及安全生产人员等均作出具体要求。同时对安全生产例会及安全生产投入均作出详细规定。

《旅客管理规范》第十条规定："道路旅客运输企业应当保障安全生产投入，按照《高危行业企业安全生产费用财务管理暂行办法》或地方政府的有关规定，按不低于营业收入的0.5%的比例提取、设立安全生产专项资金。"

3.安全生产管理职责

安全生产管理职责主要规定了企业安的全生产目标管理、各个岗位的安全生产责任制。同时对企业负责人和安全管理的责任作出明确规定。

《旅客管理规范》第十六条规定:“道路旅客运输企业的主要负责人对本单位安全生产工作负有下列职责:

(一)严格执行安全生产的法律、法规、规章、规范和标准,组织落实相关管理部门的工作部署和要求;

(二)建立健全本单位安全生产责任制,组织制定并落实本单位安全生产规章制度、客运驾驶人和车辆安全生产管理办法,落实安全生产操作规程;

(三)依法建立适应安全生产工作需要的安全生产管理机构,确定符合条件的分管安全生产的负责人、技术负责人,配备专职安全管理人员;

(四)按规定足额提取安全生产专项资金,保证本单位安全生产投入的有效实施;

(五)督促、检查本单位安全生产工作,及时消除生产安全事故隐患;

(六)组织开展本单位的安全生产教育培训工作;

(七)组织开展安全生产标准化建设;

(八)组织制定并实施本单位的生产安全事故应急救援预案,建立应急救援组织,开展应急救援演练;

(九)定期组织分析企业安全生产形势,研究解决重大问题;

(十)按相关规定报告道路旅客运输生产安全事故,严格按照“事故原因不查清不放过、事故责任者得不到处理不放过、整改措施不落实不放过、教训不吸取不放过”原则,严肃处理事故责任人,落实生产安全事故处理的有关工作;

(十一)实行安全生产目标管理,定期公布本单位安全生产情况,认真听取和积极采纳工会、职工关于安全生产的合理化建议和要求。”

《旅客管理规范》第十七条规定:“道路旅客运输企业的安全生产管理机构及安全管理人员,负有下列职责:

(一)监督执行安全生产法律、法规和标准,参与企业安全生产决策;

(二)制定本单位安全生产规章制度、客运驾驶人和车辆安全生产管理办法、操作规程和相关技术规范,明确各部门、各岗位的安全生产职责,督促贯彻执行;

(三)制定本单位安全生产年度管理目标和安全生产管理工作计划,组织实施考核工作,参与本单位安全生产事故应急预案的制定和演练,参与企业营运车辆的选型和客运驾驶人的招聘等安全运营工作;

(四)制定本单位安全生产经费投入计划和安全技术措施计划,组织实施或监督相关部门实施;

(五)组织开展本单位的安全生产检查,对检查出的安全隐患及其他安全问题应当督促相关部门立即处理,情况严重的,责令停止生产活动,并立即上报。对相关管理部门抄告、通报的车辆和客运驾驶人交通违法行为,进行及时处理;

(六)组织实施本单位安全生产宣传、教育和培训,总结和推广安全生产工作的先进经验;

(七)发生生产安全事故时,按照《生产安全事故报告和调查处理条例》等有关规定,及时报告相关部门;组织或者参与本单位生产安全事故的调查处理,承担生产安全事故统计和分析工作;

(八)其他安全生产管理工作。”

4.安全生产管理制度

安全生产管理制度主要从客运驾驶人管理、车辆管理、动态监控、运营组织、安全生产操作规程、其他安全生产管理制度六个方面对企业安全生产管理制度作出详细的规定。

驾驶人管理制度主要从驾驶人聘用、驾驶人岗前培训、驾驶人安全教育培训及考核、从业行为定期考核、信息档案管理、调离和辞退、安全告诫、防止客运驾驶人疲劳驾驶等方面对驾驶人进行管理,以期提高驾驶人的安全生产素质,降低安全生产事故的发生。

车辆管理制度主要包括车辆管理机构、车辆基本条件、管理档案、车辆维护检测、标志、出口及通道、停车场、派车单等方面的管理制度,这些制度主要保障车辆营运车辆处于良好的技术状况。

动态监控主要是指为营运客车安装符合标准的卫星定位装置并有效接入全国重点营运车辆联网联控系统,同时制定相应的管理制度并配备相应的人员,达到对车辆行驶状态进行动态监控的目的,及时发现问题,消除安全隐患,降低事故发生概率。

运营组织主要对运营路线的设置、驾驶员的驾驶时间、运营行为、安全带的设置、进站协议的签订等方面作出具体规定。

安全生产操作规程主要从驾驶人行车操作规程、车辆日常安全检查操作规程、车辆动态监控操作规程、乘务员安全服务操作规程等方面对形成过程中的各项操作行为作出具体规定,保证整个行车过程中的安全。

其他安全生产管理制度主要是指为了保证道路旅客运输企业的运营安全,除了对以上五个方面的管理制度之外,还应建立的一系列的安全生产管理制度。这些制度主要包括安全生产基础档案制度、安全生产奖惩制度、安全生产事故应急处置制度、安全生产事故责任倒查制度、应急救援制度、安全生产宣传和教育制度、安全生产社会监督机制及本企业安全生产管理所需要的其他制度。

5. 安全隐患排查与治理

安全隐患排查与治理主要从排查与治理的制度建立、排除方式及内容、隐患档案、治理措施、有关奖励等方面对企业的隐患排查与治理工作进行具体规定。

6. 目标考核

目标考核主要包括制定年度安全生产目标、建立安全生产年度考核与奖惩制度、建立安全生产内部评价机制及聘请第三方机构评估等措施,同时还规定根据评价结果及时改进安全生产管理工作内容和方法,修订和完善各项安全生产制度,持续改进和提高安全管理水平。

二、道路旅客运输及客运站管理规定

《道路旅客运输及客运站管理规定》(以下简称《旅客管理规定》)于 2005 年 7 月 12 日由交通部发布;根据 2012 年 12 月 11 日中华人民共和国交通运输部令 2012 年第 8 号《关于修改〈道路旅客运输及客运站管理规定〉的决定》第 4 次修正。该《旅客管理规定》分总则、经营许可、客运车辆管理、客运经营管理、客运站经营、监督检查、法律责任、附则 8 章 101 条,自 2005 年 8 月 1 日起施行。

《旅客管理规定》按照其内容可分为总则、经营许可、经营管理、监督检查、法律责任及附则 6 部分。

1. 总则

总则是对《旅客管理规定》的引用法律条文、适用范围等作出明确规定,对企业安全生产方针政策及基本的安全生产措施等作出概括性说明。同时,对道路客运经营作出明确定义。

《旅客管理规定》第三条规定："本规定所称道路客运经营，是指用客车运送旅客、为社会公众提供服务、具有商业性质的道路客运活动，包括班车（加班车）客运、包车客运、旅游客运。

（一）班车客运是指营运客车在城乡道路上按照固定的线路、时间、站点、班次运行的一种客运方式，包括直达班车客运和普通班车客运。加班车客运是班车客运的一种补充形式，是在客运班车不能满足需要或者无法正常运营时，临时增加或者调配客车按客运班车的线路、站点运行的方式。

（二）包车客运是指以运送团体旅客为目的，将客车包租给用户安排使用，提供驾驶劳务，按照约定的起始地、目的地和路线行驶，按行驶里程或者包用时间计费并统一支付费用的一种客运方式。

（三）旅游客运是指以运送旅游观光的旅客为目的，在旅游景区内运营或者其线路至少有一端在旅游景区（点）的一种客运方式。

本规定所称客运站经营，是指以站场设施为依托，为道路客运经营者和旅客提供有关运输服务的经营活动。"

2. 经营许可

《旅客管理规定》对于道路客运及客运站的经营许可及相关政府部门的权利和义务作出了明确规定。

（1）道路客运经营的行政许可。

《旅客管理规定》中在申请从事道路客运经营企业的以下几个方面作出详细规定，他们分别是：客车条件、驾驶员条件、安全生产管理制度、线路和站点方案四个方面。同时对初次申请及申请新增客运班线时应准备的材料作出了详细规定。

（2）道路客运站经营的行政许可。

《旅客管理规定》中在申请从事道路客运经营企业的以下几个方面作出详细规定，他们分别是：工程竣工验收、专业人员和管理人员、设备设施、安全生产操作规范和管理制度四个方面。同时对申请时应准备的材料作出了详细规定。

（3）客运班线经营者在经营期限内暂停、终止班线经营及在客运班线经营期限届满后申请延续经营。

《旅客管理规定》中第三十一条、三十二条及三十三条，对客运班线经营者在经营期限内暂停、终止班线经营及在客运班线经营期限届满后申请延续经营是的注意事项及资料作出了详细规定。

3. 经营管理

《旅客管理规定》中对经营管理的规定主要包括运营车辆的管理、客运行为的管理、客运站经营的管理三方面。

（1）运营车辆的管理。

《旅客管理规定》中对运营车辆管理的规定主要包括运营车辆的运营条件、运营车辆的维护检测及档案管理三方面。其中对运营车辆的维护检测的周期、检测内容、检测方均作出了详细规定，以确保客运车辆技术状况良好。

（2）客运行为管理。

《旅客管理规定》中对客运行为管理的规定主要包括许可证管理、经营范围管理、客运途中管理、票价管理、乘车环境管理、旅客保险、应急预案管理、客运标志牌管理等方面。其中，客运途中管理包括上下车乘客、驾驶员行为、运营路线等方面的管理工作。

(3)客运站经营管理。

《旅客管理规定》中对客运站经营管理的规定主要包括经营范围及许可证管理、设备设施管理、安全生产责任制管理、安全检查管理、信息公布管理、票价管理、应急预案管理、相关服务管理、台账和档案管理等几方面。

4. 监督检查

监督检查主要是针对道路运输管理机构监督检查的内容及方式、监督检查过程中的注意事项、法律权利及违法处理作出明确规定。

5. 法律责任

《旅客管理规定》中对相关违法行为所负的法律责任进行了详细的说明。

三、汽车客运站安全生产规范

为规范汽车客运站安全生产管理工作,强化汽车客运站安全生产主体责任,根据《中华人民共和国安全生产法》、《中华人民共和国道路运输条例》及有关法律、行政法规和规章,制定了《汽车客运站安全生产规范》(以下简称《客运生产规范》)。该《客运生产规范》于2008年1月3日由交通运输部以交公路发[2008]2号印发。《客运生产规范》分总则、安全生产管理职责、安全生产基础保障、安全生产监督规则5章31条,自2008年3月1日起施行。

《客运生产规范》对汽车客运站在安全生产方针、管理机构设置、人员责任制、培训教育、管理制度、档案管理、设备设施管理、应急管理、安全投入及安全检查等方面均作出详细规定及说明。

1. 安全生产方针

《客运生产规范》第六条规定:"汽车客运站经营者应当坚持"安全第一、预防为主、综合治理"的安全生产方针,落实安全生产主体责任。"

2. 管理机构设置

《客运生产规范》对安全生产管理机构设置及人员配备均作出详细规定。

《客运生产规范》第十三条规定:"汽车客运站应当依法设置安全生产管理机构或者安全生产管理岗位,组织落实汽车客运站各项安全生产管理制度,督促相关人员确实履行安全生产管理职责。"

《客运生产规范》第十四条规定:"汽车客运站应当配备安全生产管人员,并保持安全生产管理人员的相对稳定。三级以上汽车客运站应当配备专职安全生产管理人员,四级以下汽车客运站配备专职或者兼职安全生产管理人员。专职和兼职安全生产管理人员数量应当适应工作需要。"

3. 人员责任制

《客运生产规范》第七条规定:"汽车客运站的法定代表人是安全生产第一责任人,全面负责汽车客运站的安全生产工作。分管安全生产的领导对安全生产负直接的领导责任,其他分管领导对分管业务范围的安全生产工作负责。"

汽车客运站领导和工作人员应当实行"一岗双责"制,既对分管的业务工作负责,又对分管业务范围的安全生产工作负责。"

《客运生产规范》第八条至第十四条对客运站经营者的安全生产责任作出了详细规定。

《客运生产规范》第十条规定:"汽车客运站经营者应当与道路旅客运输经营者签订安全责任协议,依法明确双方的安全责任。"

4. 培训教育

《客运生产规范》第十六条规定:“汽车客运站经营者应当制定对所属工作人员特别是安全生产管理人员年度及长期的继续教育培训计划,明确培训内容和年度培训时间,确保相关人员具备必要的安全生产知识和安全生产管理能力。安全生产管理人员每人每年应当接受20小时以上培训。”

5. 管理制度

《客运生产规范》中对各项管理制度均有规定和说明。对安全生产例会制度具备的频次、内容等均作出了详细规定。

同时。《客运生产规范》对危险品查堵制度、车辆安全例行检查制度及出站检查制度的内容作出了详细规定和说明。

6. 档案管理

《客运生产规范》第十九条规定:“汽车客运站经营者应当建立和完善安全生产管理登记台账和档案,妥善保管备查。”

7. 设备设施管理

《客运生产规范》中对设备设施的管理主要体现在新设备新技术的使用、附属服务设施和场所、消防设备设施的配置等方面。

《客运生产规范》第二十三条规定:“汽车客运站经营者应当按国家有关规定配备安全消防设备和消防器材,并确保齐全有效。”

8. 应急管理

《客运生产规范》中对应急管理的规定主要体现应急预案的管理上。

《客运生产规范》第二十四条规定:“汽车客运站经营者应当制定有关自然灾害、客运量突增、公共卫生以及其他突发事件的应急预案。

应急预案应当包括报告程序、应急指挥、通信联络、应急设备的储备以及处置措施等内容。”

9. 安全投入

《客运生产规范》第二十条规定:“汽车客运站经营者应当保障安全生产经费投入。安全生产经费投入应当不低于上年度汽车客运站客运代理费总额的0.5%,专项用于安全生产支出,主要包括:安全生产设施设备购置和维护、安全生产检查和评价、安全教育培训、应急救援演练、事故的抢险救灾和善后处理工作等。

安全生产经费年度结余可以转入下年度使用,当年安全生产经费不足的,超出部分按照正常成本费用渠道列支。”

10. 安全检查

《客运生产规范》中对于企业内部监督管理机制、自检自查、安全评价及举报制度方面均作出详细规定,以期通过《客运生产规定》,加强企业主体责任感,提高企业自检自查的规范性,有效改善企业安全生产状况。

第七节　道路建筑施工及养护专业相关法律法规及标准规范要求

一、《中华人民共和国建筑法》

《中华人民共和国建筑法》(以下简称《建筑法》)于1997年11月由第八届全国人民代

表大会常务委员会第二十八次会议通过,1998 年 3 月 1 日起开始施行。

《建筑法》是我国第一部规范建筑活动的法律。该法的颁布实施,对于加强建筑活动的监督管理,维护建筑市场秩序,保证建筑工程的质量和安全,促进建筑业的健康发展,起到了重要作用。《建筑法》的立法目的在于加强对建筑活动的监督管理,维护建筑市场秩序,保证建筑工程的质量和安全,促进建筑业的健康发展。《建筑法》主要用于各类房屋建筑及其附属设施的建造和与其配套的线路、管道、设备的安装活动,但是《建筑法》第八十一条规定:"本法关于施工许可、建筑施工企业资质审查和建筑工程发包、承包、禁止转包,以及建筑工程监理、建筑工程安全与质量管理的规定,适用于其他专业建筑工程的建筑活动"。可见,《建筑法》同样适用于公路工程。

《建筑法》共八十五条,分别从建筑许可、建筑工程发包与承包、建筑工程监理、建筑安全生产管理、建筑工程质量管理等方面作出了规定。其中,第五章"建筑安全生产管"共十六条,就建筑安全生产管理中若干重要问题作出了明确规定,包括:(1)建筑工程安全生产管理必须遵循的基本方针和基本制度(第三十六条);(2)建筑工程设计必须遵循保证工程安全性能的要求(第三十七条);(3)对建筑施工企业提出的保证安全生产的要求,包括:对施工企业编制施工组织设计的安全要求(第三十八条),对施工现场安全管理的要求(第三十九条、第四十五条),对建立健全企业安全生产责任制的要求(第四十四条),对建立健全劳动安全生产教育培训制度的要求(第四十六条),禁止进行危及安全生产的违章指挥、违章作业(第四十七条);(4)对涉及建筑主体和承重结构变动的装修工程的安全要求(第四十九条);(5)对房屋拆除作业的安全要求(第五十条);(6)发生建筑安全事故的处理(第五十一条);(7)工程建设单位为保证建筑生产安全应履行的义务(第四十二条);(8)有关行政主管部门对建筑安全生产监督管理的职责(第四十三条)。

以下就建筑工程安全生产管理的基本方针、基本制度以及建筑施工企业的安全生产职责进行归纳总结。

1. 建筑工程安全生产管理的基本方针和基本制度

(1)建筑工程安全生产管理必须坚持安全第一、预防为主的方针。

(2)建筑工程安全生产管理必须建立健全安全生产的责任制度和群防群治制度。

2. 建筑施工企业的安全生产职责

建筑法对建筑施工企业的安全生产职责进行了比较全面的规定,具体来说,有以下八个方面:

(1)编制施工组织设计;

(2)对施工现场安全管理,

(3)建立健全企业安全生产责任制;

(4)建立健全劳动安全生产教育培训制度;

(5)从业人员的权利和义务;

(6)为从事危险作业的职工办理意外伤害保险;

(7)环境保护职责;

(8)事故报告职责。

二、《中华人民共和国公路法》

《中华人民共和国公路法》(以下简称《公路法》)于 1997 年 7 月 3 日第八届全国人民

代表大会常务委员会第二十六次会议通过，自 1998 年 1 月 1 日起施行。《公路法》有关安全生产的法律规定主要有以下几个方面。

(一)公路施工中的安全管理

《公路法》第三十二条规定，改建公路时，施工单位应当在施工路段两端设置明显的施工标志、安全标志。需要车辆绕行的，应当在绕行路口设置标志；不能绕行的，必须修建临时道路，保证车辆和行人通过。

(二)公路养护作业中的安全管理

《公路法》第三十九条规定，为保障公路养护人员的人身安全，公路养护人员进行养护作业时，应当穿着统一的安全标志服；利用车辆进行养护作业时，应当在公路作业车辆上设置明显的作业标志。公路养护车辆进行作业时，在不影响过往车辆通行的前提下，其行驶路线和方向不受公路标志、标线限制；过往车辆对公路养护车辆和人员应当注意避让。公路养护工程施工影响车辆、行人通行时，施工单位应当依照《公路法》第三十二条的规定办理。

三、《建设工程安全生产管理条例》

《建设工程安全生产管理条例》于 2003 年 11 月 12 日国务院第二十八次常务会议通过，自 2004 年 2 月 1 日起施行。

该条例的颁布，是我国工程建设领域安全生产工作发展史上具有里程碑意义的一件大事，是《建筑法》和《安全生产法》在建设工程领域的进一步细化和延伸，标志着我国建设工程领域安全生产管理进入法制化、规范化发展的新时期。该条例详细的规定了建设单位、勘察、设计、工程监理、其他有关单位和施工单位的安全责任，以及政府部门能对建设工程安全生产实施监督管理的责任等。

(一)建设单位的安全责任

1. 向施工单位提供资料的责任

《建设工程安全生产管理条例》第六条规定："建设单位应当向施工单位提供施工现场毗邻区域内供水、排水、供电、供气、供热、广播电视等地下管线资料，气象和水文观测资料，相邻建筑物和构筑物、地下工程的有关资料，并保证资料的真实、准确、完整。建设单位因建设工程需要，向有关部门或者单位查询前款规定的资料时，有关部门或者单位应当及时提供"。

建设单位提供的资料将成为施工单位后续工作的主要参考依据。这些资料如果不真实、准确、完整，并因此导致了施工单位的损失，施工单位可以就此向建设单位要求赔偿。

2. 依法履行合同的责任

《建设工程安全生产管理条例》第七条规定："建设单位不得对勘察、设计、施工工程监理等单位提出不符合建设工程安全生产法律、法规和强制性标准规定的要求，不得压缩合同约定的工期"。

建设单位与勘察、设计、施工、工程监理等单位都是完全平等的合同双方的关系，不存在建设单位是这些单位的管理单位的关系。其对这些单位的要求必须要以合同为根据，并不得触犯相关的法律、法规。

工期并非不可压缩，但是此处的"不得压缩合同约定的工期"指的是不得单方面压缩工期。如果由于外界的原因不得不压缩工期的话，也要在不违背施工工艺的前提下，与合同另一方当事人协商并达成一致意见后方可压缩。

3.提供安全生产费用的责任

《建设工程安全生产管理条例》第八条规定:"建设单位在编制工程概算时,应当确定建设工程安全作业环境及安全施工措施所需费用。"

安全生产需要资金的保证,而这笔资金的源头就是建设单位。只有建设单位提供了用于安全生产的费用,施工单位才可能有保证安全生产的费用。

4.不得推销劣质材料设备的责任

《建设工程安全生产管理条例》第九条规定:"建设单位不得明示或者暗示施工单位购买、租赁、使用不符合安全施工要求的安全防护用具、机械设备、施工机具及配件、消防设施和器材。"

由于建设单位与施工单位的特殊关系,建设单位的明示或者暗示经常被施工单位理解为强制性的命令。因此,法律明确规定了建设单位不得向施工单位推销劣质材料,以解除施工单位的进退两难的处境。

5.提供安全施工措施资料的责任

《建设工程安全生产管理条例》第十条规定:"建设单位在申请领取施工许可证时,应当提供建设工程有关安全施工措施的资料。依法批准开工报告的建设工程,建设单位应当自开工报告批准之日起15日内,将保证安全施工的措施报送建设工程所在地的县级以上地方人民政府建设行政主管部门或者其他有关部门备案。"

6.对拆除工程进行备案的责任

《建设工程安全生产管理条例》第十一条规定,建设单位应当将拆除工程发包给具有相应资质等级的施工单位。建设单位应当在拆除工程施工15日前,将下列资料报送建设工程所在地的县级以上地方人民政府建设行政主管部门或者其他有关部门备案:

(1)施工单位资质等级证明;

(2)拟拆除建筑物、构筑物及可能危及毗邻建筑的说明;

(3)拆除施工组织方案;

(4)堆放、清除废弃物的措施;

(5)实施爆破作业的,应当遵守国家有关民用爆炸物品管理的规定。

(二)勘察、设计、工程监理单位的安全责任

《建筑工程安全生产管理条例》对这些单位的安全责任作出了明确规定。

《建设工程安全生产管理条例》第十二条规定:"勘察单位应当按照法律、法规和工程建设强制性标准进行勘察,提供的勘察文件应当真实、准确,满足建设工程安全生产的需要;勘察单位在勘察作业时,应当严格执行操作规程,采取措施保证各类管线、设施和周边建筑物、构筑物的安全。

《建设工程安全生产管理条例》第十三条规定:"设计单位应当按照法律、法规和工程建设强制性标准进行设计,防治因设计不合理导致生产安全事故的发生;设计单位应当考虑施工安全操作和防护的需要,对涉及施工安全的重点部位和环节在设计文件中注明,并对防范生产安全事故提出指导意见;采用新结构、新材料、新工艺的建设工程和特殊结构的建设工程,设计单位应当在设计中提出保障施工作业人员安全和预防生产安全事故的措施建议;设计单位和注册建筑师等注册执业人员应当对其设计负责。"

工程监理单位的安全责任主要体现在审查施工组织设计、安全隐患报告、依法监理的责任三个方面。《建设工程安全生产管理条例》第十四条规定："工程监理单位应当审查施工组织设计中的安全技术措施或者专项施工方案是否符合工程建设强制性标准。工程监理单位在实施监理过程中，发现存在安全事故隐患的，应当要求施工单位整改；情况严重的，应当要求施工单位暂时停止施工，并及时报告建设单位。施工单位拒不整改或者不停止施工的，工程监理单位应当及时向有关主管部门报告。工程监理单位和监理工程师应当按照法律、法规和工程建设强制性标准实施监理，并对建设工程安全生产承担监理责任。"

（三）施工单位的安全责任

1. 主要负责人、项目负责人和专职安全生产管理人员的安全责任

（1）主要负责人的安全责任。

加强对施工单位安全生产的管理，首先要明确责任人。《建设工程安全生产管理条例》第二十一条第一款规定："施工单位主要负责人依法对本单位的安全生产工作全面负责"。在这里，"主要负责人"并不仅限于施工单位的法定代表人，而是指对施工单位全面负责，有生产经营决策权的人。"

明确施工单位主要负责人对安全生产工作全面负责，是贯彻"安全第一、预防为主"方针的基本要求，也是被实践证明行之有效的"管生产必须同时管安全"原则在法律制度上的具体体现。根据《建设工程安全生产管理条例》的有关规定，施工单位主要负责人的安全生产方面的主要职责包括：

①建立健全安全生产责任制度和安全生产教育培训制度；

②制定安全生产规章制度和操作规程；

③保证本单位安全生产条件所需资金的投入；

④对所承建的建设工程进行定期和专项安全检查，并做好安全检查记录。

（2）项目负责人的安全责任。

《建设工程安全生产管理条例》第二十一条第二款规定："施工单位的项目负责人应当由取得相应职业资格的人员担任，对建设工程项目的安全施工负责"。

项目负责人（主要指项目经理）在工程项目中处于中心地位，对建设工程项目的安全全面负责。鉴于项目负责人对安全生产的重要作用，国家规定施工单位的项目负责人应当取得相应职业资格的人员担任。这里，"相应职业资格"目前指建造师职业资格。根据《建设工程安全生产管理条例》第二十一条的规定，项目负责人的安全责任主要包括：

①落实安全生产责任制度、安全生产规章制度和操作规程；

②确保安全生产费用的有效使用；

③根据工程的特点组织制定安全施工措施，消除安全事故隐患；

④及时、如实报告生产安全事故。

（3）安全生产管理机构和专职安全生产管理人员的安全责任。

《建设工程安全生产管理条例》第二十三条规定："施工单位应当设立安全生产管理机构配备专职安全生产管理人员"。

①安全生产管理机构的设立及其职责。

安全生产管理机构是指施工单位及其在建设工程项目中设置的负责安全生产管理工作的独立职能部门。

安全生产管理机构的安全责任主要包括:落实国家有关安全生产法律法规和标准、编制并适时更新安全生产管理制度、组织开展全员安全教育培训及安全检查等活动。

②专职安全生产管理人员的安全责任。

专职安全生产管理人员是指经建设主管部门或者其他有关部门安全生产考核合格,并取得安全生产考核合格证书在企业从事安全生产管理工作的专职人员,包括:施工单位安全生产管理机构的负责人及其工作人员和施工现场专职安全生产管理人员。根据《建设工程安全生产管理条例》第二十三条的有关规定,专职安全生产管理人员的安全责任主要包括:对安全生产进行现场监督检查,发现安全事故隐患,应当及时向项目负责人和安全生产管理机构报告;对于违章指挥、违章操作的,应当立即制止。

2. 总承包单位和分包单位的安全责任

(1)总承包单位的安全责任。

《建设工程安全生产管理条例》第二十四条的规定:"建设工程实行施工总承包的,由总承包单位对施工现场的安全生产负总责"。这条规定赋予了总承包人施工现场的统一管理权,其中也包括对分包单位的安全生产管理。

同时,为了防止违法分包和转包等违法行为的发生,真正落实施工总承包单位的安全责任,《建设工程安全生产管理条例》进一步强调:"总承包单位应当自行完成建设工程主体结构的施工"。

(2)总承包单位与分包单位的安全责任划分。

《建设工程安全生产管理条例》第二十四条规定:"总承包单位依法将建设工程分包给其他单位的,分包合同中应当明确各自的安全生产方面的权利、义务。总承包单位和分包单位对分包工程的安全生产承担连带责任"。

施工现场往往同时有多个分包单位同时在施工现场作业,需要由总承包单位统一协调。但是,由于利益等原因,分包人并不愿意服从总承包单位的管理,基于此,《建设工程安全生产管理条例》第二十四条规定:"分包单位应当服从总承包单位的安全生产管理,分包单位不服从管理导致生产安全事故的,由分包单位承担主要责任"。

3. 安全生产教育培训

(1)管理人员的考核。

《建设工程安全生产管理条例》第三十六条规定:"施工单位的主要责任人、项目责任人、专职安全生产管理人员应当经建设行政主要部门或者其他有关部门考核合格后方可任职"。

(2)作业人员的安全生产教育培训。

①日常的安全生产教育培训。

《建设工程安全生产管理条例》第三十六条规定:"施工单位应当对管理人员和作业人员每年至少进行一次安全生产教育培训,其教育培训情况记入个人工作档案。安全生产教育培训考核不合格的人员,不得上岗"。

②新岗位培训。

《建设工程安全生产管理条例》第三十七条规定:"作业人员进入新的岗位或者新的施工现场前,应当接受安全生产教育培训"。

③特种作业人员的培训。

特种作业人员是指从事特殊岗位作业人员。《建设工程安全生产管理条例》第二十五条规定:“垂直运输机械作业人员、安装拆卸工、爆破作业人员、起重信号工、登高架设作业人员等特种作业人员,必须按照国家有关规定经过专门的安全作业培训,并取得特种作业操作资格证书后,方可上岗作业”。

4. 施工单位应采取的安全措施

(1)编制安全技术措施、施工现场临时用电方案和专项施工方案。

①编制安全技术措施。

②编制施工现场临时用电方案。

《建设工程安全生产管理条例》第二十六条规定:“施工单位应当在施工组织设计中编制安全技术措施和施工现场临时用电方案”。

③编制专项施工方案。

《建设工程安全生产管理条例》第二十六条规定,对下列达到一定规模的危险性较大的分部分项工程编制专项施工方案,并附具安全验算结果,经施工单位技术负责人、总监理工程师签字后实施,由专职安全生产管理人员进行现场监督:a. 基坑支护与降水工程;b. 土方开挖工程;c. 模板工程;d. 起重吊装工程;e. 脚手架工程;f. 拆除、爆破工程;g. 国务院建设行政主管部门或者有关部门规定的其他危险性较大的工程。

《建设工程安全生产管理条例》第二十六条还规定:“对前款所列工程中涉及深基坑、地下暗挖工程、高大模板工程的专项施工方案,施工单位还应当组织专家进行论证、审查”。

(2)安全施工技术交底。

《建设工程安全生产管理条例》第二十七条规定:“建设工程施工前,施工单位负责项目管理的技术人员应当对有关安全施工的技术要求向施工作业班组、作业人员作出详细说明,并由双方签字确认”。根据2006年12月1日实施的《建设工程项目管理规范》安全技术交底应符合下列规定:

①工程开工前,项目经理部的技术负责人应向有关人员进行安全技术交底;

②结构复杂的分部分项工程实施之前,项目经理部的技术负责人应进行安全技术交底;

③项目经理部应保存安全技术交底记录。

(3)施工现场安全警示标志的设置。

《建设工程安全生产管理条例》第二十八条第一款规定:“施工单位应当在施工现场入口处、施工起重机械、临时用电设施、脚手架、出入通道口、楼梯口、电梯井口、孔洞口、桥梁口、隧道口、基坑边沿、爆破物及有害危险气体和液体存放处等危险部位,设置明显的安全警示标志。安全警示标志必须符合国家标准”。

(4)施工现场的安全防护。

《建设工程安全生产管理条例》第二十七条作出了一般性的规定:“建设单位或者施工单位应当做好施工现场安全保卫工作,采取必要的防盗措施,在现场周边设立围护设施。施工现场在市区的,周围应当设置遮拦围栏,临街的脚手架也应当设置相应的围护设施。非施工人员不得擅自进入施工现场”。

如果由于监理工程师指令有误而导致施工现场停止施工,产生的费用就要由建设单位承担。也就是说,施工单位可以就此向建设单位所赔,而不是直接向监理单位索赔。

(5)施工现场的布置应当符合安全和文明施工要求。

《建设工程安全生产管理条例》第二十九条规定:“施工单位应当将施工现场的办公、生活与作业区分开设置,并保持安全距离;办公、生活区的选址应当符合安全性要求。职工的膳食、饮水、休息场所等应当符合卫生标准。施工单位不得在尚未竣工的建筑物内设置员工集体宿舍"。

同时,《建设工程安全生产管理条例》第二十九条还规定,"施工现场临时搭建的建筑物应当符合安全使用要求。施工现场使用的装配式活动房屋应当具有产品合格证"。临时建筑物一般包括施工现场的办公用房、宿舍、食堂、仓库、卫生间等。这些设施虽然是临时搭建的,但由于直接用于现场工作人员的生产生活,因此必须符合安全使用要求。

(6)对周边环境采取防护措施。

工程建设不能以牺牲环境为代价,施工单位在进行施工时必须要采取措施减少对周边环境的不良影响。

《建设工程安全生产管理条例》第三十条规定:"施工单位对因建设工程施工可能造成所害的毗邻建筑物、构筑物和地下管线等,应当采取专项防护措施。施工单位应当遵守有关环境保护法律、法规的规定,在施工现场采取措施,防止或者减少粉尘、废气、废水、固体废物、噪声、振动和施工照明对人和环境的危害和污染。在城市市区内的建设工程,施工单位应当对施工现场实行封闭围挡"。

《建设工程安全生产管理条例》第三十二条规定:"施工单位应当采取下列防止环境污染的措施:

①妥善处理泥浆水,未经处理不得直接排入城市排水设施和河流;

②除设有符合规定的装置外,不得在施工现场熔融沥青或者焚烧油毡、油漆以及其他会产生有毒有害烟尘和恶臭气体的物质;

③使用密封式的圈筒或者采取其他措施处理高空废弃物;

④采取有效措施控制施工过程中的扬尘;

⑤禁止将有毒有害废弃物用作土方回填;

⑥对产生噪声、振动的施工机械,应采取有效控制措施,减轻噪声扰民"。

(7)施工现场的消防安全措施。

《建设工程安全生产管理条例》第三十一条规定:"施工单位应当在施工现场建立消防安全责任制度,确定消防安全责任人,制定用火、用电、使用易燃易爆材料等各项消防安全管理制度和操作规程,设置消防通道、消防水源,配备消防设施和灭火器材,并在施工现场入口处设置明显标志"。

(8)安全防护设备管理。

《建设工程安全生产管理条例》第三十四条规定:"施工单位采购、租赁的安全防护用具、机械设备、施工机具及配件,应当具有生产(制造)许可证、产品合格证,并在进入施工现场前进行查验"。

(9)起重机械设备管理。

《建设工程安全生产管理条例》第三十五条规定:"施工单位在使用施工起重机械和整体提升脚手架、模板等自升式架设设施前,应当组织有关单位进行验收,也可以委托具有相应资质的检验检测机构进行验收;使用承租的机械设备和施工机具及配件的,由施工总承包单位、分包单位、出租单位和安装单位共同进行验收。验收合格的方可使用。

《特种设备安全监察条例》规定的施工起重机械,在验收前应当经有相应资质的检验检测机构监督检验合格。

施工单位应当自施工起重机械和整体提升脚手架、模板等自升式架设设施验收合格之日起30日内,向建设行政主管部门或者其他有关部门登记。登记标志应当置于或者附着于该设备的显著位置”。

依据《特种设备安全监察条例》第二条,作为特种设备的施工起重机械指的是“涉及生命安全、危险性较大的”起重机械。

(10)办理意外伤害保险。

《建设工程安全生产管理条例》第三十八条规定:“施工单位应当为施工现场从事危险作业的人员办理意外伤害保险。意外伤害保险费由施工单位支付。实行施工总承包的,由总承包单位支付意外伤害保险费。意外伤害保险期限自建设工程开工之日起至竣工验收合格止”。

根据这个条款,分包单位的从事危险作业人员的意外伤害保险的保险费是由总承包单位支付的。

(四)建设工程安全生产管理的基本制度

《建设工程安全生产管理条例》依据《建筑法》和《安全生产法》的规定,进一步明确了建设工程安全生产管理基本制度。

1. 安全生产责任制度

安全生产责任制度是建筑生产中最基本的安全管理制度,是所有安全规章制度的核心。安全生产责任制度是指将各种不同的安全责任落实到负责有安全管理责任的人员和具体岗位人员身上的一种制度。这一制度是“安全第一、预防为主”方针的具体体现,是建筑安全生产的基本制度。在建筑活动中,只有明确安全责任,分工负责,才能形成完整有效的安全管理体系,激发每个人的安全责任感,严格执行建筑工程安全的法律、法规和安全规程、技术规范,防患于未然,减少和杜绝建筑工程事故,为建筑工程的生产创造出一个良好的环境。

2. 群防群治制度

群防群治制度是职工群众进行预防和治理安全的一种制度。这一制度也是“安全第一、预防为主”方针的具体体现;同时也是群众路线在安全工作中的具体体现,是企业进行民主管理的重要内容。这一制度要求建筑企业职工在施工中应当遵守有关生产的法律、法规和建筑行业安全规章、规程,不得违章作业;对于危及生命安全和身体健康的行为有权提出批评、检举和控告。

3. 安全生产教育培训制度

安全生产教育培训制度是对职工进行安全教育培训,提高安全意识,增加安全知识和技能的制度。安全生产,人人有责。只有通过对广大职工进行安全教育、培训,才能是广大职工真正认识到安全生产的重要性、必要性,才能使广大职工掌握更多、更有效的安全生产的科学技术知识,牢固树立安全第一的思想,自觉遵守各项安全生产和规章制度。分析许多安全事故,一个重要的愿意就是有关人员安全意识不强,安全技能不够,这些都是没有做好安全教育培训工作的后果。

4. 安全生产检查制度

安全生产检查制度是上级管理部门或者企业自身对安全生产状况进行定期或不定期检查的制度。通过检查可以发现问题,查出隐患,从而采取有效措施,堵塞漏洞,把事故消灭在发生之前,做到防患于未然,是“预防为主”的具体体现。通过检查,还可总结出好的经验加以推广,为进一步做好安全工作打下基础。由此可见,安全检查制度是安全生产的保障。

5. 伤亡事故处理报告制度

施工中发生事故时,应当采取紧急措施减少人员伤亡和事故损失,并按照国家有关规定及时向有关部门报告的制度。事故处理必须遵循一定的程序，做到“三不放过”（事故原因不清楚不放过、事故责任者和群众没有受到教育不放过、没有防范措施不放过）。通过对事故的严格处理，可以总结出教训，为制定规程、规章提供第一手素材，做到亡羊补牢。

6. 安全责任追究制度

建设单位、设计单位、施工单位、监理单位，由于没有履行职责造成人员伤亡和事故损失的，视情节给予相应处理；情节严重的，责令停业整顿，降低资质等级或吊销资质证书；构成犯罪的，依法追究刑事责任。

四、《公路水运工程安全生产监督管理办法》

《公路水运工程安全生产监督管理办法》于2007年1月25日经第二次交通运输部部务会议通过，自2007年3月1日起施行。

本办法主要包括总则、安全生产条件、安全责任、安全责任、监督检查和附则。

（一）总则的相关内容

1. 立法目的和依据

立法目的：为加强公路水运工程安全生产监督管理工作，保障人身及财产安全；

立法依据：《中华人民共和国安全生产法》、《建设工程安全生产管理条例》、《安全生产许可证条例》。

2. 适用范围

公路水运工程建设活动的安全生产行为及对其实施监督管理。

本办法所称公路水运工程，是指列入国家和地方基本建设计划的公路、水运基础设施新建、改建、扩建以及拆除、加固等建设项目。

本办法所称从业单位，是指从事公路水运工程建设、勘察、设计、监理、施工、检验检测、安全评价等工作的单位。

3. 安全方针

公路水运工程安全生产监督管理应当坚持安全第一、预防为主、综合治理的方针。

4. 监督管理

公路水运工程安全生产监督管理实行统一监管、分级负责。

交通部负责全国公路水运工程安全生产的监督管理工作。县级以上地方人民政府交通主管部门负责本行政区域内的公路水运工程安全生产监督管理工作。交通部和县级以上地方人民政府交通主管部门，可以委托其设置的安全监督机构负责具体工作，法律、行政法规规定不能委托的事项除外。

公路水运工程安全生产监督管理部门的主要职责：

（1）宣传、贯彻、执行有关安全生产的法律、法规，按照法定权限制定公路水运工程安全生产管理规章和技术标准；

（2）依法对公路水运工程从业单位安全生产条件实施监督管理，组织施工单位的主要负责人、项目负责人、专职安全生产管理人员的考核管理工作；

（3）建立公路水运工程安全生产应急管理机制，制定重大生产安全事故应急预案；

（4）建立公路水运工程从业单位安全生产信用体系，作为交通行业信用体系建设的一部分，对从业单位和人员实施安全生产动态管理；

（5）受理公路水运工程安全生产方面的举报和投诉，依法对公路水运工程安全生产实施监督检查和相应的行政处罚；

(6)依法组织或者参与调查处理生产安全事故，按照职责权限对公路水运工程生产安全事故进行统计分析，发布公路水运工程安全生产动态信息。省级交通主管部门负责向交通部和国务院其他有关部门报送事故信息；

(7)指导下级交通主管部门开展公路水运工程安全生产监督管理工作；

(8)组织公路水运工程安全生产技术研究和先进技术推广应用；

(9)开展公路水运工程安全生产经验交流，普及安全生产知识；

(10)法律、法规规定的其他职责。

(二)安全生产条件

(1)从业单位从事公路水运工程建设活动，应当具备法律、行政法规规定的安全生产条件。任何单位和个人不得降低安全生产条件。

(2)施工单位应当取得安全生产许可证，施工单位的主要负责人、项目负责人、专项安全生产管理人员(以下简称安全生产三类人员)必须取得考核合格证书，方可参加公路水运工程投标及施工。

施工单位主要负责人，是指对本企业日常生产经营活动和安全生产工作全面负责、有生产经营决策权的人员，包括企业法定代表人、企业安全生产工作的负责人等。

项目负责人，是指由企业法定代表人授权，负责公路水运工程项目施工管理的负责人。包括项目经理、项目副经理和项目总工。

专职安全生产管理人员，是指在企业专职从事安全生产管理工作的人员，包括企业安全生产管理机构的负责人及其工作人员和施工现场专职安全员。

(3)交通部负责组织公路水运工程一级及以上资质施工单位安全生产三类人员的考核发证工作。

省级交通主管部门负责组织公路水运工程二级及以下资质施工单位安全生产三类人员的考核发证工作。

(4)施工单位安全生产三类人员考核分为安全生产知识考试和安全管理能力考核两部分。考核合格的，由交通部或省级交通主管部门颁发《安全生产考核合格证书》。

(5)施工单位的垂直运输机械作业人员、施工船舶作业人员、爆破作业人员、安装拆卸工、起重信号工、电工、焊工等国家规定的特种作业人员，必须按照国家规定经过专门的安全作业培训，并取得特种作业操作资格证书后，方可上岗作业。

(6)施工单位在工程中使用施工起重机械和整体提升式脚手架、滑模爬模、架桥机等自行式架设设施前，应当组织有关单位进行验收，或者委托具有相应资质的检验检测机构进行验收，使用承租的机械设备和施工机具及配件的，由承租单位、出租单位和安装单位共同进行验收，验收合格的方可使用。验收合格后30日内，应向当地交通主管部门登记。

(7)从业单位应当对从业人员进行安全生产教育和培训，保证从业人员具备必要的安全生产知识，熟悉有关的安全生产规章制度和安全操作规程，掌握本岗位的安全操作技能。未经安全生产教育和培训合格的从业人员，不得上岗作业。

(三)安全责任

1.建设单位的安全责任

(1)在编制工程招标文件时，应当确定公路水运工程项目安全作业环境及安全施工措施所需的安全生产费用。

安全生产费用由建设单位根据监理工程师对工程安全生产情况的签字确认进行支付。

(2)在公路水运工程施工招标文件中应当按照法律、法规的规定对施工单位的安全生产条件、安全生产信用情况、安全生产的保障措施等提出明确要求。

建设单位不得对咨询、勘察、设计、监理、施工、设备租赁、材料供应、检测等单位提出不符合工程安全生产法律、法规和工程建设强制性标准规定的要求。不得随意压缩合同规定的工期。

2. 勘察、设计和监理单位的安全责任

(1)勘察单位的责任。

应当按照法律、法规和工程建设强制性标准进行勘察,重视地质环境对安全的影响,提交的勘察文件应当真实、准确,满足公路水运工程安全生产的需要。

应当对有可能引发公路水运工程安全隐患的地质灾害提出防治建议。

勘察单位及勘察人员应对勘察结论负责。

(2)设计单位的责任。

应当按照法律、法规和工程建设强制性标准进行设计,防止因设计不合理导致安全生产隐患或者生产安全事故的发生。

采用新结构、新材料、新工艺的工程和特殊结构的工程,设计单位应当在设计文件中提出保障施工作业人员安全和预防生产安全事故的措施建议。

设计单位和设计人员应当对其设计负责。

(3)监理单位的责任。

应当按照法律、法规和工程建设强制性标准进行监理,对工程安全生产承担监理责任。应当编制安全生产监理计划,明确监理人员的岗位职责、监理内容和方法等。对危险性较大的工程作业应当加强巡视检查。

应当审查施工组织设计中的安全技术措施或者专项施工方案是否符合工程建设强制性标准。监理单位在实施监理过程中,发现存在安全事故隐患的,应当要求施工单位整改,必要时,可下达施工暂停指令并向建设单位和有关部门报告。

应当填报安全监理日志和监理月报。

(4)其他单位的安全责任。

为公路水运工程提供施工机械设备、设施和产品的单位,应确保配备齐全有效的保险、限位等安全装置,提供有关安全操作的说明,保证其提供的机械设备和设施等产品的质量和安全性能达到国家有关标准。所提供的机械设备、设施和产品应当具有生产(制造)许可证、产品合格证或者法定检验检测合格证明。对于尚无相关国家标准或者行业标准的设备和设施,应当保障其质量和安全性能。

3. 施工单位的安全责任

(1)主要负责人职责:依法对本单位的安全生产工作全面负责。

(2)项目负责人职责:依法对项目的安全施工负责,落实安全生产各项制度,确保安全生产费用的有效使用,并根据工程特点组织制定安全施工措施,消除安全事故隐患,及时、如实报告生产安全事故。

(3)施工单位作业人员的权利和义务。

权利:作业人员有权对施工现场的作业条件、作业程序和作业方式中存在的安全问题提出批评、检举和控告,有权拒绝违章指挥和强令冒险作业。在施工中发生可能危及人身安全的紧急情况时,作业人员有权立即停止作业或者在采取必要的应急措施后撤离危险区域。

义务:作业人员应当遵守安全施工的工程建设强制性标准、规章制度,正确使用安全防护用具、机械设备等。

(4)施工单位应当承担的安全责任。

施工单位应当建立健全安全生产责任制度和安全生产教育培训制度及安全生产技术交底制度,制定安全生产规章制度和操作规程,保证本单位安全生产条件所需资金的投入,对所承担的公路水运工程进行定期和专项安全检查,并做好安全检查记录。

安全生产管理机构和人员配备要求:施工单位应当设立安全生产管理机构,配备专职安全生产管理人员。施工现场应当按照每5 000万元施工合同额配备一名的比例配备专职安全生产管理人员,不足5 000万元的至少配备一名。专职安全生产管理人员负责对安全生产进行现场监督检查,并做好检查记录,发现生产安全事故隐患,应当及时向项目负责人和安全生产管理机构报告;对违章指挥、违章操作和违反劳动纪律的,应当立即制止。

安全生产费用要求:施工单位在工程报价中应当包含安全生产费用,一般不得低于投标价的1%,且不得作为竞争性报价。

施工单位应当在施工组织设计中编制安全技术措施和施工现场临时用电方案,对下列危险性较大的工程应当编制专项施工方案,并附安全验算结果,经施工单位技术负责人、监理工程师审查同意签字后实施,由专职安全生产管理人员进行现场监督:

①不良地质条件下有潜在危险性的土方、石方开挖;

②滑坡和高边坡处理;

③桩基础、挡墙基础、深水基础及围堰工程;

④桥梁工程中的梁、拱、柱等构件施工等;

⑤隧道工程中的不良地质隧道、高瓦斯隧道、水底海底隧道等;

⑥水上工程中的打桩船作业、施工船作业、外海孤岛作业、边通航边施工作业等;

⑦水下工程中的水下焊接、混凝土浇筑、爆破工程等;

⑧爆破工程;

⑨大型临时工程中的大型支架、模板、便桥的架设与拆除;桥梁、码头的加固与拆除;

⑩其他危险性较大的工程。

必要时,施工单位对前款所列工程的专项施工方案,还应当组织专家进行论证、审查。

施工单位应当在施工现场出入口或者沿线各交叉口、施工起重机械、拌和场、临时用电设施、爆破物及有害危险气体和液体存放处以及孔洞口、隧道口、基坑边沿、脚手架、码头边沿、桥梁边沿等危险部位,设置明显的安全警示标志或者必要的安全防护设施。

施工单位应当根据不同施工阶段和周围环境及季节、气候的变化,在施工现场采取相应的安全施工措施。施工现场暂时停止施工的,施工单位应当做好现场防护。因施工单位安全生产隐患原因造成工程停工的,所需费用由施工单位承担,其他原因按照合同约定执行。

施工单位应当将施工现场的办公、生活区与作业区分开设置,并保持安全距离;办公、生活区的选址应当符合安全性要求。职工的膳食、饮水、休息场所、医疗救助设施等应当符合卫生标准。

施工现场临时搭建的建筑物应当符合安全使用要求。施工现场使用的装配式活动房屋应当具有生产(制造)许可证、产品合格证。

施工单位应当在施工现场建立消防安全责任制度,确定消防安全责任人,制定用火、用电、使用易燃易爆材料等各项消防管理制度和操作规程,设置消防通道,配备相应的消防设施和灭火器材。

施工单位应当向作业人员提供必需的安全防护用具和安全防护服装,书面告知危险岗位的操作规程并确保其熟悉和掌握有关内容和违章操作的危害。

施工单位采购、租赁的安全防护用具、机械设备、施工机具及配件,应当具有生产(制造)许可证、产品合格证,并在进入施工现场前由专职安全管理人员进行查验。施工现场的安全防护用具、机械设备、施工机具及配件必须由专人管理,定期进行检查、维修和保养,建立相应的资料档案,并按照国家有关规定及时报废。

管理人员和作业人员培训教育要求:施工单位应当对管理人员和作业人员进行每年不少于两次的安全生产教育培训,其教育培训情况记入个人工作档案。施工单位在采用新技术、新工艺、新设备、新材料时,应当对作业人员进行相应的安全生产教育培训。新进人员和作业人员进入新的施工现场或者转入新的岗位前,施工单位应当对其进行安全生产培训考核。

未经安全生产教育培训考核或者培训考核不合格的人员,不得上岗作业。

施工单位应当为施工现场的人员办理意外伤害保险,意外伤害保险费应由施工单位支付。实行施工总承包的,由总承包单位支付意外伤害保险费。

建设工程实行施工总承包的,由总承包单位对施工现场的安全生产负总责。总承包单位依法将建设工程分包给其他单位的,分包合同中应当明确各自的安全生产方面的权利、义务。总承包单位对分包工程的安全生产承担连带责任。分包单位应当服从总承包单位的安全生产管理,分包单位不服从管理导致生产安全事故的,由分包单位承担主要责任。

建设单位、施工单位应当针对本工程项目特点制定生产安全事故应急预案,定期组织演练。发生生产安全事故,施工单位应当立即向建设单位、监理单位和事故发生地的公路水运工程安全生产监督管理部门以及地方安全监督部门报告。建设单位、施工单位应当立即启动事故应急预案,组织力量抢救,保护好事故现场。

(四)监督检查

(1)公路水运工程安全生产监督管理部门在职责范围内履行安全生产监督检查职责时,有权采取下列措施。

①要求被检查单位提供有关安全生产的文件和资料;

②进入被检查单位施工现场进行检查;

③纠正施工中违反安全生产要求的行为,依法实施行政处罚。

(2)公路水运工程安全生产监督管理部门对从业单位安全生产监督检查的内容。

①从业单位安全生产条件的符合情况;

②施工单位安全生产三类人员和特种作业人员具备上岗资格情况;

③从业单位执行安全生产法律、法规、规章和工程建设强制性标准的情况;

④从业单位对安全生产管理制度、安全责任制度和各项应急预案的建立和落实情况;

⑤安全生产管理机构或者专职安全生产管理人员的设置和履行职责情况;

⑥员工的安全教育培训情况;

⑦其他应当监督检查的情况。

(3)公路水运工程安全生产监督管理部门对公路水运工程下列施工现场的安全生产进

行监督检查的范围。

①现场驻地;

②施工作业点(面);

③危险品存放地;

④预制厂、半成品加工厂;

⑤非标施工设备组装厂。

公路水运工程安全生产监督管理部门对易发生生产安全事故的危险工程及施工作业环节应当进行重点监督检查。

(4)公路水运工程安全生产监督管理部门对监督检查中发现安全问题的处理措施。

①从业单位存在安全管理问题需要整改的,以书面方式通知存在问题单位限期整改;

②从业单位存在严重安全事故隐患的,责令立即排除;

③重大安全事故隐患在排除前或者在排除过程中无法保证安全的,责令其从危险区域内撤出作业人员或者暂时停止施工;

④建设单位违反安全管理规定造成重大生产安全事故的,对全部或者部分使用国有资金的建设项目,暂停资金拨付;

⑤建设单位未列建设工程安全生产费用的,责令其限期改正并不得办理监督手续;逾期未改正的,责令该建设工程停止施工并通报批评。

被检查单位应当立即落实处理决定,并将整改结果书面报检查单位。责令停工的,应当经复查合格后,方可复工。

(5)公路水运工程安全生产监督管理部门应当建立从业单位信用档案,并将监督检查情况和处理结果及时登录在安全生产信用管理系统中。

(6)从业单位整改不力,多次整改仍然存在安全问题的,公路水运工程安全生产监督管理部门将其列入安全监督检查重点名单,登录在安全生产信用管理系统中,并向有关部门通报。对存在重大安全事故隐患但拒绝整改或者整改效果不明显或者发生重特大安全事故等不再具备安全生产条件的,公路水运工程安全生产监督管理部门应当向安全生产许可证颁发部门通报,建议暂扣或者吊销安全生产许可证,同时向有关资质证书颁发部门建议降低资质等级。

(7)公路水运工程安全生产监督管理部门可委托具备国家规定资质条件的机构对容易发生重特大生产安全事故的工程项目和危险性较大的工程施工进行安全评价和监测。

(8)公路水运工程安全生产监督管理部门应当健全内部管理制度,加强对监督管理人员的教育培训,提高执法水平。监督管理人员应当忠于职守,秉公办事,坚持原则,清正廉洁。与监督检查对象有利害关系的监督人员,应当回避。

(9)公路水运工程安全生产监督管理部门应当建立举报制度,及时受理对公路水运工程生产安全事故或者事故隐患以及监督检查人员违法行为的检举、控告和投诉。

五、《公路水运施工企业安全生产管理人员考核管理办法》

为了贯彻落实《安全生产法》、《建设工程安全生产管理条例》、《安全生产许可证条例》和《国务院关于进一步加强安全生产的决定》,加强交通基本建设施工安全生产管理工作,原交通部于2004年出台了《关于开展公路水运工程施工企业安全生产管理人员考核工作的通知》(交质监发[2004]594号)以及《公路水运工程施工企业安全生产管理人员考核实施意见》。上述594号文件和考核实施意见对于规范三类人员的考核管理起到了十分重要的作用。为了进一步规范公路水运工程施工企业主要负责人、项目负责人和专职安全生产管理人员的考核管理,促进公路水运工程安全生产,根据《安全生产法》、《建设工程安全生产管理条例》、《公路水运工程安全生产监督管理办法》,交通运输部于2009年12月9日发布了《公路水运工程施工企业安全生产管理人员考核管理办法》。新的考核管理办法必将积极促进三类人员的考核管理工作。

(一)安全生产三类人员

企业安全生产三类人员包括企业主要负责人、项目负责人和专职安全生产管理人员。

企业主要负责人,对本企业日常生产经营活动和安全生产工作全面负责、有生产经营决策权的人员,包括企业生产经营工作的负责人、企业安全生产工作的负责人等;

项目负责人,由企业法定代表人授权,负责公路水运工程项目施工管理的负责人,包括项目经理、项目副经理和项目总工等;

专职安全生产管理人员,在企业专职从事安全生产管理工作的人员,包括企业安全生产管理机构专职安全员和施工现场专职安全员(以下分别简称为企业专职安全员和施工现场专职安全员)。

安全生产三类人员必须通过考核,取得《安全生产考核合格证书》(以下简称"考核证书"),方可参加公路水运工程投标及施工活动。

安全生产三类人员中企业主要负责人、项目负责人不得兼任专职安全生产管理人员。

(二)适用范围

安全生产三类人员的考核、发证与管理,应当遵守本办法。

(三)分级管理

安全生产三类人员考核实施分级管理。

交通运输部负责考核工作的统一管理。负责公路水运工程施工总承包一级、专业承包一级及以上资质施工企业、及未分资质等级的专项资质施工企业(以下简称"一级企业")安全生产三类人员考核管理工作。

省级交通运输主管部门负责工商注册地在本行政区域内的公路水运工程施工总承包二级、专业承包二级及以下资质企业(以下简称"二级企业")安全生产三类人员考核管理工作。

(四)考核申请

1.考核申请形式

安全生产三类人员考核申请由施工企业统一组织申报,不接受个人申请。

中央管理的施工企业总部(集团)及其所属一级企业(以下简称"中央企业")直接向交通运输部提出考核申请。其他一级企业应向工商注册地的省级交通运输主管部门提出考核申请,经省级交通运输主管部门初步审核合格后报交通运输部。

2.施工企业提出考核申请时,需要提交的书面材料

(1)企业出具的申请函;

(2)企业施工资质证书、安全生产许可证等复印件,对未取得安全生产许可证的企业,需提供说明材料;

(3)个人考核申请表及考核申请汇总表;

(4)企业聘用劳动合同复印件;

(5)申请人的有效身份证件及学历证书或职称证书等复印件,并附申请人白色背景1寸免冠彩色正面照片1张。

3. 安全生产三类人员考核内容

安全生产三类人员考核分为安全管理能力考核(以下简称能力考核)和安全生产知识考试(以下简称知识考试)两部分。

能力考核是对申请人申请资格的审核。

知识考试是对申请人具备法律法规、安全生产管理、安全生产技术知识情况的测试。知识考试管理办法另行制定。

能力考核与知识考试均合格后,方可取得考核证书。

4. 申请人条件应当具备的条件

(1)具有完全民事行为能力;

(2)与申报企业有正式劳动关系;

(3)申请项目负责人考核的,年龄不超过65周岁;申请专职安全生产管理人员考核的,年龄不超过60周岁。

5. 一级企业申请人的能力考核应具备的条件

(1)具有以下学历、职称和工作经历:

①企业主要负责人,应具有大专及以上学历或中级及以上技术职称,且具有3年及以上的土木工程建设经历;

②项目负责人,应具有大专及以上学历或中级及以上技术职称,且具有3年及以上的土木工程建设经历;

③施工现场专职安全员,应具有中专或同等学历且具有5年及以上的土木工程建设经历,或大专及以上学历且具有1年及以上的土木工程建设经历;

④企业专职安全员,应具有大专及以上学历或初级及以上技术职称,且具有1年及以上的土木工程建设或安全管理经历。

(2)在申请考核之日前1年内,申请人未有在较大及以上等级安全责任事故中负有责任的情形。

(3)符合有关国家法律法规规定的要求。

6. 证书的延期

安全生产三类人员的考核证书有效期满前,应于有效期截止日前3个月内,提出延期申请。有效期满而未申请延期的考核证书自动失效。

延期申请按考核申请程序执行。延期申请按考核申请程序执行。施工企业除登录管理系统在线办理申请外,还应按规定向相应的交通运输主管部门提交如下申请材料:企业出具的延期申请函;个人延期申请表及延期申请汇总表;考核证书有效期内,施工企业发生过生产安全责任事故,本企业人员负有责任的,或因违反安全法律法规,本企业人员受到部或省级交通运输主管部门处罚或者通报批评的,需如实提供有关部门出具的事故认定报告或者处罚、通报文件等;原考核证书。

在考核证书有效期内,安全生产三类人员应当至少参加一次由省级交通运输主管部门组织的、不低于8个学时的安全生产继续教育。中央企业安全生产三类人员可参加部组织的安全生产继续教育。

第十九条规定:除中央企业外的一级企业延期申请材料经省级交通运输主管部门书面审核后报部。延期申请符合以下条件的,审核通过,准予延期:按期提出延期申请;

按规定接受企业年度安全生产教育培训,参加部或省级交通运输主管部门组织的安全生产继续教育;在管理系统中申请人无不良从业记录;无本办法第二十条所列行为。

经审核准予延期的,由原发证机关在考核证书上加盖专用章,在管理系统中更新考核证书有效期。考核证书有效期每次延期期限为3年,项目负责人延期期限最长不超过65周岁,企业专职安全员和施工现场专职安全员延期期限最长不超过60周岁。

在考核证书有效期内,安全生产三类人员有下列行为之一的,不予延期,必须重新考核:

(1)企业主要负责人和企业专职安全员所在企业发生1起及以上重大、特大等级生产安全责任事故或2起及以上较大生产安全责任事故,且本人负有责任的;项目负责人和施工现场专职安全员承建的工程项目发生过1起及以上一般及以上等级生产安全责任事故,且本人负有责任的;

(2)本人受到部或者省级交通运输主管部门及安全监管机构行政处罚或通报批评的;

(3)未参加本企业组织的年度安全教育和交通运输主管部门组织的继续教育的;

(4)本人或为他人伪造证书或出据虚假证明的。

7.证书变更

主要包括三个方面,一是施工企业名称变更;二是申请人工作单位调动;三是其他个人信息变更。

(1)施工企业名称变更。

①企业出具的变更申请函和变更申请表;

②企业上级主管部门关于企业名称变更的批复文件或者工商行政管理部门出具的变更核准通知书等相关证明材料复印件;

③企业新的施工资质证书和安全生产许可证等复印件;

④原考核证书。

(2)申请人工作单位调动。

①新受聘企业出具的变更申请函和调动变更申请表;

②新受聘企业的施工资质证书、安全生产许可证等复印件;

③原企业解聘证明文件、新企业聘用或者任用证明文件等复印件;

④原考核证书。

(3)其他个人信息变更。

①企业出具的变更申请函和变更申请表;

②变更信息的有效证明文件复印件;

③原考核证书。

申请证书类别变更的,还应当提交证明申请人符合相应能力考核条件的证明材料,经审核及知识考试后,方可变更。

④证书使用及管理。

考核证书在全国公路水运工程建设领域通用。

建设单位或其委托的工程招标代理机构在编制有关招标文件时,应当明确要求投标施工企业提供本企业拟担任该项目安全生产三类人员的考核证书。在项目实施过程中应当将安全生产三类人员具备考核证书纳入合同履约内容。

施工企业应当加强项目负责人及施工现场专职安全员的上岗登记和离岗核销管理。工程开工前,应当在管理系统中将参与工程的上述两类人员进行上岗登记。工程结束后或上述两类人员离岗时,应在管理系统中进行评价并核销。从业记录将作为考核证书延期审查的依据。

各地交通运输主管部门及其安全监管机构应当对建设项目安全生产三类人员的岗位登记情况进行监督检查。

交通运输主管部门应当加强对安全生产三类人员履行安全管理职责的监督检查,并将安全生产三类人员的违法违规行为或者受到其他处罚的信息在管理系统中予以记录。任何单位或个人均有权向交通运输主管部门举报安全生产三类人员违法违规行为。

六、《北京市建设工程施工现场消防安全管理规定》

本条例在 2001 年 8 月 14 日市人民政府第 37 次常务会议通过,现予公布,自 2001 年 12 月 1 日起施行。

(一)制定目的

为加强建设工程施工现场消防管理,保障施工现场的消防安全,根据有关法律、法规,结合本市实际情况,制定本规定。

(二)适用范围

适用于本市行政区域内新建、改建、扩建以及装饰、装修和房屋修缮等建设工程施工现场(以下简称施工现场)的消防安全管理。

(三)各级政府部门职责

本市各级公安消防机构负责施工现场消防安全监督管理工作。

城市规划、建设、市政管理等部门应当按照各自的职责权限,对施工现场进行监督管理。

(四)施工现场的消防安全管理责任

施工现场的消防安全由施工单位负责。

建设工程施工实行总承包和分包的,由总承包单位对施工现场的消防安全实行统一管理,分包单位负责分包范围内施工现场的消防安全,并接受总承包单位的监督管理。

(1)除桥涵施工和乡村工程外,施工单位应当在建设工程开工前将施工组织设计、施工现场消防安全措施和保卫方案(以下简称施工组织设计和方案)报送公安消防机构。

(2)施工单位应当落实防火安全责任制,确定一名施工现场负责人,具体负责施工现场的防火工作,配备或者指定防火工作人员,负责日常防火安全管理工作。

(3)建设工程内不准存放易燃易爆化学危险物品和易燃可燃材料。对易燃易爆化学危险物品和压缩可燃气体容器等,应当按其性质设置专用库房分类存放。施工中使用易燃易爆化学危险物品时,应当制订防火安全措施;不得在作业场所分装、调料;不得在建设工程内使用液化石油气;使用后的废弃易燃易爆化学危险物料应当及时清除。

(4)施工单位应当建立健全用火管理制度。施工作业用火时,应当经施工现场防火负责人审查批准,领取用火证后,方可在指定的地点、时间内作业。施工现场内禁止吸烟。

(5)施工单位应当建立健全用电管理制度,并采取防火措施。安装电气设备和进行电焊、气焊作业等，必须由经培训合格的专业技术人员操作。

(6)施工单位不得在建设工程内设置宿舍。在建设工程外设置宿舍的，禁止使用可燃材料做分隔和使用电热器具。设置的应急照明和疏散指示标志应当符合有关消防安全的要求。

(7)施工单位应当在施工现场设置临时消防车道，并保证临时消防车道的畅通。禁止在临时消防车道上堆物、堆料或者挤占临时消防车道。

(8)施工单位应当在施工现场配置消防器材，设置临时消防给水系统。对建筑高度超过24米的建设工程，应当安装临时消防竖管，在正式消防给水系统投入使用前，不得拆除或者停用临时消防竖管。

(五)处罚措施

(1)施工单位违反本规定，有下列情形之一的，由公安消防机构对施工单位处警告或者2 000元以上2万元以下罚款；可对单位直接负责的主管人员和其他直接责任人员并处200元以上2 000元以下罚款：

①未按规定期限向公安消防机构报送施工组织设计和方案的；

②施工暂设和施工现场使用的安全网、围网和保温材料不符合消防安全规范，或者使用易然、可燃材料的；

③违反本规定存放、保管施工材料的；

④设置宿舍不符合本规定要求的；

⑤未设置临时消防车道，或者影响临时消防车道畅通的；

⑥未按本规定配置消防器材或者设置、使用临时消防给水系统的。

(2)公安消防机构工作人员有下列行为之一的，由所在单位或者其上级机关给予行政处分；构成犯罪的，依法追究刑事责任：

①对施工单位报送的施工组织设计和方案不予答复或者故意拖延的；

②对检查中发现的问题不及时指出并督促有关单位改正的；

③其他滥用职权、玩忽职守、徇私舞弊的行为。

七、《公路养护安全作业规程》(JTG H30—2004)

本标准自2004年9月1日起施行，其主要内容包括：总则；术语与符号；养护维修作业控制区；养护安全设施；高速公路及一般公路养护维修作业控制区布置；二、三级公路养护维修作业控制区布置；特大桥桥面和隧道养护维修作业控制区布置；平面交叉口养护维修作业控制区布置；平面交叉口养护维修作业控制区布置、收费广场养护维修作业控制区布置；养护维修安全作业。

1. 总则

明确了规程制定的目的是“为保障公路养护维修作业人员和设备的安全以及车辆的安全运行，规范养护维修工程的安全管理和作业行为”；适用范围是“适用于三级及三级以上公路的养护维修作业，四级公路可参照执行”；同时，提出了公路养护维修作业的基本要求。

2. 术语与符号

术语包括养护维修作业控制区(Traffic Control Zone for Maintenance Work)、警告区(Warning Area)、警告区最小长度(Minimum Length of Warning Area)、上游过渡区(Upstream Transition Area)、缓冲区(Buffer Space)、工作区(Activity Area)、下游过渡区(Downstream

Transition Area)、终止区(Termination Area)等内容。

术语包括警告区长度、车辆封闭上游过渡区长度、缓冲区长度、工作区长度等内容。

3. 养护维修作业控制区

该条明确了养护维修作业控制区包括警告区、上游过渡区、缓冲区、工作区、下游过渡区及终止区六个组成部分,以及各区规定了各区的最小长度。

4. 养护安全设施

养护安全设施主要包括用作渠化交通的安全设施、移动式标志车、施工警告灯号、夜间照明设施。同时,本条还对养护安全设施的设置与撤除进行了规范。

5. 高速公路一级公路养护维修作业控制区布置

包括基本要求、养护维修作业控制区布置。

6. 二、三级公路养护维修作业控制区布置

包括基本要求、养护维修作业控制区布置。

7. 特大桥桥面和隧道养护维修作业控制区布置。

包括基本要求、特大桥养护维修作业控制区布置、隧道养护维修作业控制区布置。

8. 平面交叉口养护维修作业控制区布置

9. 收费广场养护维修作业控制区布置

10. 养护维修安全作业

包括公路养护维修安全作业,桥梁、隧道养护维修安全作业,冬季除雪安全作业,雨季安全作业,雾天养护维修安全作业,山区养护维修安全作业,清扫、绿化养护及道路检测安全作业,养护维修机具安全操作。

八、《公路养护技术规范》(JTG H10—2009)

本标准自2009年10月30日发布,2010年1月1日起实施,其主要内容包括总则;术语;路基;路面;桥梁、涵洞与渡口;隧道;路线交叉;公路防灾与突发事件处置;交通工程及沿线设施;公路绿化与环境保护;公路养护作业安全;技术管理。其中涉及到公路养护安全生产管理的为第11条公路养护作业安全,如下:

1. 一般规定

公路养护维修企业在维修作业前,应制定安全保障方案;公路养护维修企业应建立安全管理制度,实施对养护作业人员的安全培训教育;公路养护维修作业单位或经营单位应加强养护维修作业安全的管理,各级公路管理机构应加强对养护维修作业安全的监督和检查;养护维修作业的安全设施在未完成维修作业前应保持完好,任何人不得随意撤除或改变安全设施的位置,扩大或缩小控制区范围,以保证养护作业控制区的安全。

2. 养护作业安全

该条目规定凡在公路上进行养护维修作业和管理的人员必须穿着带有反光标志的橘红色工作服装;公路路面养护维修作业应按作业控制区交通控制标准设置相关的渠化装置和标志,必要时应指派专人负责维持交通。在可能发生山体滑坡、塌方、泥石流及高路堤、陡边坡等路段养护维修作业,必要时应设专人观察险情,严防安全事故发生;养护维修作业人员应在控制区内作业和活动能够,养护机械或材料不得堆放于控制区外。公路桥梁、涵洞、隧道养护现场,应专门设置养护维修作业的交通标志,在桥梁栏杆外侧和桥墩台进行养护维修作业时,必须设置有效的安全防护设施,作业人员必须系好安全带。除此,还对在隧道内作

业，在高温、冬季、雨季、大雾天、夜间等特殊条件下的养护作业，以及清扫、绿化养护及道路检测作业应当遵守的内容；养护维修作业安全设施的设置和撤除应遵守的程序；养护维修作业控制区的组成等内容进行了规定。

九、《公路工程施工安全技术规程》（JTJ 076—1995）

本标准自1995年10月1日起施行，其主要内容包括：总则；一般规定；施工准备；路基工程；路面工程；桥涵工程；隧道工程；主要工序作业；特殊季节与夜间施工；边通车、边施工地段交通管理。

1. 总则

总则中规定了“安全第一，预防为主”的方针，确立了“管生产必须管安全”的原则。

2. 一般规定

一般规定中规定了，参加施工的人员，必须接受安全技术教育，熟知和遵守本工种的各项安全技术操作规程，并应定期进行安全技术考核，合格者方准上岗。

3. 施工准备

施工准备包括施工现场，施工测量，场内交通及水电设施，砂、石采集及堆放，施工机械和临时码头等内容。

4. 路基工程

路基工程包括清理场地、土方工程、石方工程和防护工程。

5. 路面工程

路面工程包括基层施工、沥青路面、水泥混凝土路面、机械碾压和旧路面凿除等。

6. 桥涵工程

桥涵工程包括一般规定、基础工程、墩台工程、上部工程、预制场地和预制构件运输等。

7. 隧道工程

隧道工程包括一般规定，开挖、凿孔及爆破，洞内运输，支护，衬砌，竖井与斜井，通风及防尘，照明、排水及防火，瓦斯防治。

8. 主要工序作业

主要工序作业包括模板、土木机械、支架、脚手架、钢筋、焊接、锅炉、起重吊装、高处作业、水上作业和潜水作业。

9. 特殊季节与夜间施工

特殊季节与夜间施工包括雨季、冬季、高温季节和夜间施工。

10. 边通车、边施工地段的交通管理

边通车、边施工地段的交通管理包括改扩建工程中的各项注意事项。

第八节　其他专业相关法律法规及标准规范要求

一、北京市机动车公共停车场管理办法

《北京市机动车公共停车场管理办法》于2001年3月28日经市人民政府第33次常务

会议通过,自2001年7月1日起施行。

(一)立法目的、适用范围和主管部门

1. 立法目的

为促进本市机动车公共停车场的建设和发展,加强机动车公共停车场的管理,规范机动车公共停车场的服务活动,制定本办法。

2. 适用范围

本办法适用于本市行政区域内机动车公共停车场的规划、建设和管理。公共停车场包括机动车公共停车库、机动车公共停车楼等停车设施。

本市鼓励企业事业单位的内部停车场对外开放。对外开放的内部停车场的管理,适用本办法的有关规定。

3. 主管部门

市政管理委员会主管本市公共停车场的管理工作,负责组织拟订有关停车设施建设和经营管理的政策,审查公共停车场经营者的资质,制定公共停车场行业管理规范,并会同规划行政主管部门监督公共停车场专业规划的实施。

区、县人民政府确定的行政主管部门在市市政管理委员会的指导下,按照规定的职责负责本辖区内的公共停车场管理工作。

规划、发展计划、建设、价格、公安交通管理等部门按照各自的职责,依法对公共停车场的建设和服务活动实施监督管理。

(二)公共停车场规划建设要求

1. 规划要求

本市根据城市总体规划和城市建设发展的需要,编制公共停车场专业规划,逐步缓解停车设施供需矛盾。公共停车场专业规划由市规划行政主管部门会同市政管理、公安交通管理等部门组织编制,经市人民政府批准后实施。

2. 建设要求

公共停车场的建设应当与新区开发、旧城及商业街区改造、道路建设等相结合。市市政管理委员会会同规划、发展计划、公安交通管理等部门根据公共停车场专业规划制定公共停车场年度建设计划,并组织实施。

本市采取招标投标方式选择公共停车场的投资建设者,招标投标的组织工作,由市市政管理委员会或者区、县有关行政主管部门负责。

新建、改建居住区应当按照规定同步配套建设公共停车场。现有居住区未建公共停车场或者停车位不足的,应当按照规划建设程序规划改造公共停车场。居民委员会有权对居住区公共停车场的配套建设和管理情况进行监督。

3. 设计验收

公共停车场建设工程的设计应当符合国家和本市规定的设计标准和规范。

公共停车场建设工程的竣工验收应当有公共停车场主管部门和公安交通管理部门参加。经验收合格的,方可投入使用。

政府投资建设的公共停车场由市市政管理委员会或者区、县人民政府有关行政主管部门组织竣工验收。

(三)公共停车场经营管理要求

1. 经营管理部门

公共停车场可以由投资建设者经营管理,也可以委托专业停车管理企业经营管理。居住区公共停车场的管理由该居住区物业管理部门或者其委托的专业停车管理企业负责。

临时占道停车位、立交桥下停车场由市市政管理委员会和区、县有关行政主管部门按照职责权限采用招标投标方式委托专业停车管理企业进行经营管理。

任何单位和个人不得将已建成的公共停车场挪作他用或者擅自停止使用。

公共停车场建成投入使用后,在其周围一定范围内,不得新设置临时占道停车位;原有的临时占道停车位应当及时撤销。

2. 公共停车场条件

公共停车场应当具备下列条件:

(1)完备的消防设施;

(2)完善的安全监控设施;

(3)符合规定的安全警示标志、停车标志、标线和停车设施。

3. 公共停车场经营者要求

公共停车场经营者应当遵守下列规定:

(1)遵守国家和本市有关法律、法规和规章;

(2)建立健全经营管理制度和服务规范,按照规定向公共停车场主管部门备案,并接受其指导、监督和检查;

(3)工作人员和收费人员应当佩戴明显标志;

(4)按照市价格主管部门批准的收费范围和标准收费,明码标价,使用税务部门监制的统一票据;

(5)保持公共停车场内良好的停车秩序,确保停车设施的正常运行;

(6)保障停车安全,杜绝事故隐患,防止车辆丢失、损坏。

4. 机动车驾驶员的要求

机动车驾驶员在公共停车场内停放机动车的,应当遵守下列规定:

(1)自觉遵守公共停车场管理制度,爱护停车设备设施;

(2)遵守停车标志、标线;

(3)按照规定交纳停车费;

(4)接受公共停车场工作人员的指挥调度,车辆有序停放。

(四)违反管理办法的法律责任

任何单位和个人将已建成的公共停车场挪作他用或者擅自停止使用的,责令限期改正,并处1万元以上3万元以下罚款。

公共停车场经营者未建立健全经营管理制度和服务规范,未按照规定向公共停车场主管部门备案;工作人员和收费人员未佩戴明显标志;公共停车场经营者未能保持公共停车场内良好的停车秩序,未能确保停车设施的正常运行的,责令限期改正,并处2 000元以上1万元以下罚款。

违反本办法、属于违反规划、建设、价格、市政管理、公安交通管理等法律、法规和规章的规定的,由规划、建设、价格、市政管理、公安交通管理等部门依法处理。

二、北京市汽车租赁管理办法

《北京市汽车租赁管理办法》(以下简称《租赁管理办法》)于2002年8月21日北京市人民政府第105号令发布,于2004年6月1日北京市人民政府第150号令第一次修订,并与2012年3月1日北京市人民政府令第243号第二次修订。新《租赁管理办法》突出了强化汽车租赁企业安全服务管理的条款和内容,第七条、第十二条规定对企业安全生产、经营行为、服务质量、管理水平等方面进行综合评价,实行年度质量信誉考核制度;企业申请租赁小客车新增指标,必须经年度质量信誉考核合格。

涉及安全的主要条款如下。

第六条　市交通行政主管部门应当建立汽车租赁服务和管理信息系统,并与公安、工商行政管理等相关部门共享管理信息,对行业实施信息化管理,为社会公众提供信息服务。

汽车租赁经营者应当配置信息化服务的相关设备设施,并将安全服务信息即时传输至汽车租赁服务和管理信息系统。

第七条　本市对汽车租赁经营者实行年度质量信誉考核制度,对经营者的安全生产、经营行为、服务质量、管理水平和履行社会责任等方面进行综合评价。年度质量信誉考核结果向社会公布。

第十四条　汽车租赁经营者应当遵守下列规定:

(一)在经营场所显著位置明示服务项目、收费标准、车辆保险、租车流程及监督电话;

(二)按照约定的价格收取租赁费用;

(三)按照规定进行车辆检测和维护保养,保证租赁车辆技术性能良好、符合安全行驶条件;

(四)建立并完善救援服务体系,对租赁期间发生故障或者事故的车辆,及时按照约定提供救援服务;

(五)建立租赁经营管理档案和车辆管理档案,并按照规定报送管理数据信息;

(六)建立健全经营服务、安全保卫、消防等管理制度;

(七)国家和本市其他相关规定。

第十五条　用于租赁的车辆应当符合下列要求:

(一)行驶牌证齐全有效且为汽车租赁经营者所有;

(二)已按照国家规定办理相应的保险;

(三)已安装车辆定位装置;

(四)技术性能良好、符合安全行驶条件;

(五)车内配备有效的车用灭火器、故障车警示标志牌和必要的维修工具。

第二十一条　汽车租赁经营者有下列情形之一的,年度质量信誉考核不合格:

(一)发生重大生产安全事故,经调查确定为责任事故的;

(二)对治安案件发生负有较大责任,被公安机关依法处理的;

(三)存在重大违法经营行为,被有关部门依法处理的;

(四)经营场所、设备设施、租赁车辆不符合本办法规定,被依法处理后仍不改正的;

(五)经营服务行为不符合本办法规定,被依法处理后仍不改正的。

上一年度质量信誉考核不合格的,相关部门暂缓办理本年度车辆更新指标手续。

第二十五条　违反本办法第十四条第六项的规定,汽车租赁经营者未建立安全保卫管理制度的，由公安机关给予警告，责令限期改正，并可处以 1 000 元罚款；造成严重后果的，处以 1 000 元以上 1 万元以下罚款。

第二十六条　违反本办法第十五条第三项的规定，汽车租赁经营者未安装车辆定位装置的，由公安机关给予警告，并责令限期改正；逾期未改正的，处以 1 000 元罚款；造成严重后果的，处以 1 000 元以上 1 万元以下罚款。

三、北京市汽车租赁经营备案管理办法

结合贯彻实施《汽车租赁经营服务规范》（北京市地方标准 DB11/T 475—2007）和本市实际，北京市运输管理局于 2007 年 8 月 24 日印发了《北京市汽车租赁经营备案管理暂行办法》（京运管赁发[2007]303 号），自 2007 年 11 月 1 日起实施。《暂行办法》对汽车租赁经营的开业备案、变更备案和停业歇业备案等作出具体规定。

为了加强本市汽车租赁行业管理，结合备案管理实际，北京市运输管理局于 2009 年 3 月 20 日印发了《北京市汽车租赁经营备案管理办法》（京运管赁发[2009]62 号），并于 2012 年进行了修订，新《北京市汽车租赁经营备案管理办法》（京交运赁发[2012]319 号）于自 2013 年 1 月 1 日起施行。新修订的主要内容一是明确备案范围，9 座以上的载客车辆不予备案；二是增加车辆证件管理内容，对租赁备案车辆发放车辆备案证；三是变更备案时限，企业法人所属的车辆、营业门店及工商登记事项发生变更的，须在相关部门办理变更后 15 日内到交通运输管理部门备案。

第二部分　专业知识

第四章　安全生产管理实务

第一节　安全生产管理概述

一、常用名词术语

安全生产是为了使生产过程在符合物质条件和工作程序下进行的，防止发生人身伤亡和财产损失等生产事故，消除或控制危险、有害因素，保障人身安全与健康、设备和设施免受损坏、环境免遭破坏的总称。

安全生产管理是管理的重要组成部分，是安全科学的一个分支。所谓安全生产管理，就是针对人们在生产过程中的安全问题，运用有效的资源，发挥人们的智慧，通过人们的努力，进行有关决策、计划、组织和控制等活动，实现生产过程中人与机器设备、物料、环境的和谐，达到安全生产的目标。

二、事故、危险、危险源与重大危险源

1. 事故

在生产过程中，事故是指造成人员死亡、伤害、职业病、财产损失或其他损失的意外事件。事故的分类方法有很多种，我国在工伤事故统计中，按照《企业职工伤亡事故分类》(GB 6441—1986)将企业工伤事故分为20类，分别为物体打击、车辆伤害、机械伤害、起重伤害、触电、淹溺、灼烫(电灼伤不属于灼烫事故)、火灾、高处坠落、坍塌、冒顶片帮、透水、放炮、瓦斯爆炸、火药爆炸、锅炉爆炸、容器爆炸、其他爆炸、中毒和窒息及其他伤害等。

2. 危险

根据系统安全工程的观点，危险是指系统中存在导致发生不期望后果的可能性超过了人们的承受程度。

危险是人们对事物的具体认识，必须指明具体对象，如危险环境、危险条件、危险状态、危险物质、危险场所、危险人员、危险因素等。

3. 危险源

从安全生产角度解释，危险源是指可能造成人员伤害、疾病、财产损失、作业环境破坏或其他损失的根源或状态。从这个意义上讲，危险源可以是一次事故、一种环境、一种状态的载体，也可以是可能产生不期望后果的人或物。

4. 重大危险源

广义上说,可能导致重大事故发生的危险源就是重大危险源。《安全生产法》第九十六条的解释是:重大危险源是指长期地或者临时地生产、搬运、使用或者储存危险物品,且危险物品的数量等于或者超过临界量的单元(包括场所和设施)。

三、安全、本质安全

安全与危险是相对的概念,它们是人们对生产、生活中是否可能遭受健康损害和人身伤亡的综合认识,按照系统安全工程的认识论,无论是安全还是危险都是相对的。

(1)安全,泛指没有危险、不出事故的状态。

(2)本质安全是指设备、设施或技术工艺含有内在的能够从根本上防止发生事故的功能。

本质安全是生产中“预防为主”的根本体现,也是安全生产的最高境界。实际上,由于技术、资金和人们对事故的认识等原因,目前还很难做到本质安全,只能作为追求的目标。

第二节　现代安全生产管理理论

一、安全生产管理发展历史

人类要生存、要发展,就需要认识自然、改造自然,通过生产活动和科学研究,掌握自然变化规律。科学技术的不断进步,生产力的不断发展,使人类生活越来越丰富,也产生了威胁人类安全与健康的安全问题。

20世纪初,现代工业兴起并快速发展,重大生产事故和环境污染相继发生,造成了大量的人员伤亡和巨大的财产损失,给社会带来了极大危害,使人们不得不在一些企业设置专职安全人员,对工人进行安全教育。到了20世纪30年代,很多国家设立了安全生产管理的政府机构,颁布了劳动安全卫生的法律法规,逐步建立了较为完善的安全教育、管理、技术体系,呈现了现代安全生产管理雏形。进入20世纪50年代,经济的快速增长,使人们生活水平迅速提高,创造就业机会、改进工作条件、公平分配国民生产总值等问题,引起了越来越多经济学家、管理学家、安全工程专家和政治家的注意。工人强烈要求不仅要有工作机会,还要有安全与健康的工作环境。一些工业化国家,进一步加强了安全生产法律法规体系的建设,在安全生产方面投入大量的资金进行科学研究,加强企业生产安全管理的制度化建设,产生了一些安全生产管理原理、事故致因理论和事故预防原理等风险管理理论。致此,以系统安全理论为核心的现代安全管理方法、模式、思想、理论基本形成。

到20世纪末,随着现代制造业和航空航天技术的飞跃发展,人们对职业安全卫生问题的认识也发生了很大变化,安全生产成本、环境成本等成为产品成本的重要组成部分,职业安全卫生问题成为非官方贸易壁垒的利器。在这种背景下,“持续改进”、“以人为本”的安全健康管理理念逐渐被企业管理者所接受,以职业安全健康管理体系为代表的企业安全生产风险管理思想开始形成,现代安全生产管理的内容更加丰富,现代安全生产管理理论、方法、模式以及相应的标准、规范更加成熟。现代安全生产管理理论、方法、模式是20世纪50年代进入我国的。在20世纪60~70年代,我国开始吸收并研究事故致因理论、事故预防理论和现代安全生产管理思想。20世纪80~90年代,开始研究企业安全生产风险评价、危险源辨识和监控,我国一些企业管理者尝试安全生产风险管理。在20世纪末,我国几乎与世界工业化国家同步,研究并推行了职业安全健康管理体系。进入21世纪以来,我国提出了系统化企业安全生产风险管理的理论雏形,该理论认为企业安全生产管理是风险管理,管理的内容包括:危险源辨识、风险评价、危险预警与监测管理、事故预防与风险控制管理以及应急管理,该理论将现代风险管理完全融入了安全生产管理之中。

二、安全生产管理原理与原则

安全生产管理作为管理的主要组成部分,遵循管理的普遍规律,既服从管理的基本原理与原则,又有其特殊的原理与原则。

安全生产管理原理是从生产管理的共性出发,对生产管理工作的实质内容进行科学分析、综合、抽象与概括所得出的生产管理规律。

安全生产原则是指在生产管理原理的基础上,指导生产管理活动的通用规则。

(一)系统原理

1. 系统原理的含义

系统原理是现代管理学的一个最基本原理。它是指人们在从事管理工作时,运用系统理论、观点和方法,对管理活动进行充分的系统分析,以达到管理的优化目标,即用系统论的观点、理论和方法来认识和处理管理中出现的问题。

所谓系统是由相互作用和相互依赖的若干部分组成的有机整体。任何管理对象都可以作为一个系统。系统可以分为若干个子系统,子系统可以分为若干个要素,即系统是由要素组成的。按照系统的观点,管理系统具有6个特征,即集合性、相关性、目的性、整体性、层次性和适应性。

安全生产管理系统是生产管理的一个子系统,包括各级安全管理人员、安全防护设备与设施、安全管理规章制度、安全生产操作规范和规程以及安全生产管理信息等。安全贯穿于生产活动的方方面面,安全生产管理是全方位、全天候和涉及全体人员的管理。

2. 运用系统原理的原则

(1)动态相关性原则。动态相关性原则告诉我们,构成管理系统的各要素是运动和发展的,它们相互联系又相互制约。显然,如果管理系统的各要素都处于静止状态,就不会发生事故。

(2)整分合原则。高效的现代安全生产管理必须在整体规划下明确分工,在分工基础上有效综合,这就是整分合原则。运用该原则,要求企业管理者在制订整体目标和进行宏观决策时,必须将安全生产纳入其中,在考虑资金、人员和体系时,都必须将安全生产作为一项重要内容考虑。

(3)反馈原则。反馈是控制过程中对控制机构的反作用。成功、高效的管理,离不开灵活、准确、快速的反馈。企业生产的内部条件和外部环境在不断变化,所以必须及时捕获、反馈各种安全生产信息,以便及时采取行动。

(4)封闭原则。在任何一个管理系统内部,管理手段、管理过程等必须构成一个连续封闭的回路,才能形成有效的管理活动,这就是封闭原则。封闭原则告诉我们,在企业安全生产中,各管理机构之间、各种管理制度和方法之间,必须具有紧密的联系,形成相互制约的回路,才能有效。

(二)人本原理

1. 人本原理的含义

在管理中必须把人的因素放在首位,体现以人为本的指导思想,这就是人本原理。以人为本有两层含义:一是一切管理活动都是以人为本展开的,人既是管理的主体,又是管理的客体,每个人都处在一定的管理层面上,离开人就无所谓管理;二是管理活动中,作为管理对象的要素和管理系统各环节,都是需要人掌管、运作、推动和实施。

2. 运用人本原理的原则

(1)动力原则。推动管理活动的基本力量是人,管理必须有能够激发人的工作能力的动力,这就是动力原则。对于管理系统,有三种动力,即物质动力、精神动力和信息动力。

(2)能级原则。现代管理认为,单位和个人都具有一定的能量,并且可按照能量的大小顺序排列,形成管理的能级,这与原子中电子的能级一样。在管理系统中,建立一套合理的能级,根据单位和个人能量的大小安排其工作,发挥不同能级的能量,保证结构的稳定性和管理的有效性,这就是能级原则。

(3)激励原则。管理中的激励就是利用某种外部诱因的刺激,调动人的积极性和创造性。以科学的手段,激发人的内在潜力,使其充分发挥积极性、主动性和创造性,这就是激励原则。人的工作动力来源于内在动力、外部压力和工作吸引力。

(4)行为原则。需要与动机是人的行为的基础,人类的行为规律是需要决定动机,动机产生行为,行为指向目标,目标完成需要得到满足,于是又产生新的需要、动机、行为,以实现新的目标。安全生产工作重点是防治人的不安全行为。

(三)预防原理

1. 预防原理的含义

安全生产管理工作应该做到预防为主,通过有效的管理和技术手段,减少和防止人的不安全行为和物的不安全状态,从而使事故发生的概率降到最低,这就是预防原理。

2. 运用预防原理的原则

(1)偶然损失原则。事故后果以及后果的严重程度,都是随机的、难以预测的。反复发生的同类事故,并不一定产生完全相同的后果,这就是事故损失的偶然性。偶然损失原则告诉我们,无论事故损失的大小,都必须做好预防工作。

(2)因果关系原则。事故的发生是许多因素互为因果连续发生的最终结果,只要诱发事故的因素存在,发生事故是必然的,只是时间或迟或早而已,这就是因果关系原则。

(3)3E 原则。造成人的不安全行为和物的不安全状态的原因可归结为 4 个方面,即技术原因、教育原因、身体和态度原因以及管理原因。针对这 4 方面的原因,可以采取 3 种预防对策,即工程技术(Engineering)对策、教育(Education)对策和法制(Enforcement)对策,即所谓 3E 原则。

(4)本质安全化原则。本质安全化原则是指从一开始和从本质上实现安全化,从根本上消除事故发生的可能性,从而达到预防事故发生的目的。本质安全化原则不仅可以应用于设备、设施,还可以应用于建设项目。

(四)强制原理

1. 强制原理的含义

采取强制管理的手段控制人的意愿和行为,使个人的活动、行为等受到安全生产管理要求的约束,从而实现有效的安全生产管理,这就是强制原理。所谓强制就是绝对服从,不必经被管理者同意便可采取控制行动。

2. 运用强制原理的原则

(1)安全第一原则。安全第一就是要求在进行生产和其他工作时把安全工作放在一切工作的首要位置。当生产和其他工作与安全发生矛盾时,要以安全为主,生产和其他工作要服从于安全,这就是安全第一原则。

(2)监督原则。监督原则是指在安全工作中,为了使安全生产法律法规得到落实,必须设立安全生产监督管理部门,对企业生产中的守法和执法情况进行监督。

三、事故致因理论

(一)事故频发倾向理论

1919 年,英国的格林伍德(M. Greenwood)和伍兹(H. H. Woods)把许多伤亡事故发生次数按照如下三种分布进行了统计分析,之后发现:

(1)泊松分布。当发生事故的概率不存在个体差异时,即不存在事故频发倾向者时,一定时间内事故发生次数服从泊松分布。这种情况下,事故的发生原因是由于工厂里的生产条件、机械设备以及一些其他偶然因素引起的。

(2)偏倚分布。一些工人由于存在精神或心理方面的问题,一旦在生产操作过程中发生过一次事故,则会造成胆怯或神经过敏,当再继续操作时,就有重复发生第二次、第三次事故的倾向,符合这种统计分布的主要是少数有精神或心理缺陷的工人。

(3)非均等分布。当工厂中存在许多特别容易发生事故的人时,发生不同次数事故的人数服从非均等分布,即每个人发生事故的概率不相同。这种情况下,事故的发生主要是由于人的因素引起的。进而的研究结果发现,工厂中存在事故频发倾向者。

在此研究基础上,1939 年,法默和查姆勃等人提出了事故频发倾向理论。事故频发倾向是指个别容易发生事故的稳定的个人的内在倾向。事故频发倾向者的存在是工业事故发生的主要原因,即少数具有事故频发倾向的工人是事故频发倾向者,他们的存在是工业事故发生的原因。如果企业中减少了事故频发倾向者,就可以减少工业事故。

(二)事故因果连锁理论

1. 海因里希事故因果连锁理论

海因里希第一次提出了事故因果连锁理论,阐述导致伤亡事故各种因素间及与伤害间的关系,认为伤亡事故的发生不是一个孤立的事件,尽管伤害可能在某个瞬间突然发生,却是一系列原因事件相继发生的结果。

伤害事故连锁构成。海因里希把工业伤害事故的发生发展过程描述为具有一定因果关系的事件的连锁:

①人员伤亡的发生是事故的结果。

②事故的发生原因是人的不安全行为或物的不安全状态。

③人的不安全行为或物的不安全状态是由于人的缺点造成的。

④人的缺点是由于不良环境诱发或者是由先天的遗传因素造成的。

海因里希将事故因果连锁过程概括为以下 5 个因素:

①遗传及社会环境;

②人的缺点；

③人的不安全行为或物的不安全状态；

④事故；

⑤伤害。

海因里希用多米诺骨牌来形象地描述这种事故的因果连锁关系。在多米诺骨牌系列中，一枚骨牌被碰倒了，则将发生连锁反应，其余几枚骨牌相继被碰倒。如果移去中间的一枚骨牌，则连锁被破坏，事故过程被中止。他认为，企业安全工作的中心就是防止人的不安全行为，消除机械的或物质的不安全状态，中断事故连锁的进程，从而避免事故的发生。

2.现代因果连锁理论的提出

与早期的事故频发倾向、海因里希因果连锁等理论强调人的性格、遗传特征等不同。博德（Frank Bird）在海因里希事故因果连锁理论的基础上，提出了现代事故因果连锁理论。博德的因果连锁理论主要观点包括以下5个方面。

（1）控制不足——管理。

事故因果连锁中一个最重要的因素是安全管理。安全管理人员应该充分认识到，他们的工作要以得到广泛承认的企业管理原则为基础，即安全管理者应该懂得管理的基本理论和原则。控制是管理机能（计划、组织、指导、协调及控制）中的一种机能。安全管理中的控制是指损失控制，包括对人的不安全行为和物的不安全状态的控制。它是安全管理工作的核心。

大多数工厂企业中，由于各种原因，完全依靠工程技术上的改进来预防事故既不经济，也不现实。只有通过提高安全管理工作水平，并经过较长时间的努力，才能防止事故的发生。管理者必须认识到，只要生产没有实现高度安全化，就有发生事故及伤害的可能性，因而他们的安全活动中必须包含有，针对事故因果连锁中所有因素的控制对策。

在安全管理中，企业领导者的安全方针、政策及决策占有十分重要的位置。它包括生产及安全的目标，职员的配备，资料的利用，责任及职权范围的划分，职工的选择、训练、安排、指导及监督，信息传递，设备器材及装置的采购、维修及设计，正常及异常时的操作规程，设备的维修保养等。

管理系统是随着生产的发展而不断发展完善的，十全十美的管理系统并不存在。由于管理上的缺欠，使得能够导致事故的基本原因出现。

（2）基本原因——起源论。

为了从根本上预防事故，必须查明事故的基本原因，并针对查明的基本原因采取对策。

基本原因包括个人原因及与工作有关的原因。个人原因包括缺乏知识或技能、动机不正确、身体上或精神上的问题等。工作方面的原因包括操作规程不合适，设备、材料不合格，通常的磨损及异常的使用方法等，以及温度、压力、湿度、粉尘、有毒有害气体、蒸汽、通风、噪声、照明、周围的状况（容易滑倒的地面、障碍物、不可靠的支持物、有危险的物体等）等环境因素。只有找出这些基本原因，才能有效地预防事故的发生。所谓起源论，强调找出问题的基本的、背后的原因，而不仅停留在表面的现象上。只有这样，才能实现有效的控制。

（3）直接原因——征兆。

不安全行为和不安全状态是事故的直接原因，这点是最重要的，是必须加以追究的原因。但是，直接原因不过是基本原因的征兆，是一种表面现象。在实际工作中，如果只抓住作为表面现象的直接原因而不追究其背后隐藏的深层原因，就永远不能从根本上杜绝事故的发生。另一方面，安全管理人员应该能够预测及发现这些作为管理缺欠的征兆的直接原因，采取恰当的改善措施；同时，为了在经济上及实际可能的情况下采取长期的控制对策，必须努力找出其基本原因。

(4)事故——接触。

从实用的目的出发，往往把事故定义为最终导致人员身体损伤和死亡、财产损失的不希望的事件。但是，越来越多的学者从能量的观点把事故看做是人的身体或构筑物、设备与超过其阈值的能量的接触，或人体与妨碍正常活动的物质的接触。于是，防止事故就是防止接触。为了防止接触，可以通过改进装置、材料及设施，防止能量释放，通过训练、提高工人识别危险的能力，佩戴个人保护用品等来实现。

(5)受伤——损坏——损失。

在博德的模型中，伤害包括了工伤、职业病以及对人员精神方面、神经方面或全身性的不利影响。人员伤害及财物损坏统称为损失。

在许多情况下，可以采取恰当的措施使事故造成的损失最大限度地减少。如对受伤人员迅速抢救，对设备进行抢修，以及平日对人员进行应急训练等。

(三)能量意外释放理论

1. 能量意外释放理论的提出

1961年，吉布森提出了事故是一种不正常的或不希望的能量释放，各种形式的能量是构成伤害的直接原因。因此，应该通过控制能量或控制作为能量达及人体媒介的能量载体来预防伤害事故。

1966年，在吉布森的研究基础上，哈登完善了能量意外释放理论，提出"人受伤害的原因只能是某种能量的转移"，并提出了能量逆流于人体造成伤害的分类方法，并将伤害分为两类：第一类伤害是由于施加了局部或全身性损伤阈值的能量引起的；第二类伤害是由影响了局部或全身性能量交换引起的，主要指中毒窒息和冻伤。

哈登认为，在一定条件下，某种形式的能量能否产生造成人员伤亡事故的伤害取决于能量大小、接触能量时间长短和频率以及力的集中程度。根据能量意外释放论，可以利用各种屏蔽来防止意外的能量转移，从而防止事故的发生。

2. 事故致因和表现

(1)事故致因。如果失去控制的、意外释放的能量达及人体，并且能量的作用超过了人们的承受能力，人体必将受到伤害。根据能量意外释放理论，伤害事故原因是：

①接触了超过机体组织(或结构)抵抗力的某种形式的过量的能量。

②有机体与周围环境的正常能量交换受到了干扰(如窒息、淹溺等)。

因而，各种形式的能量是构成伤害的直接原因。同时，也常常通过控制能量，或控制达及人体媒介的能量载体来预防伤害事故。

(2)能量转移造成事故的表现。机械能、电能、热能、化学能、电离及非电离辐射、声能和生物能等形式的能量，都可能导致人员伤害。其中前四种形式的能量引起的伤害最为常见。

3. 事故防范对策

哈登认为，预防能量转移于人体的安全措施可用屏蔽防护系统。约束限制能量，防止人体与能量接触的措施称为屏蔽，这是一种广义的屏蔽。同时，他指出，屏蔽设置得越早，效果越好。按能量大小可建立单一屏蔽或多重的冗余屏蔽。

在工业生产中经常采用的防止能量意外释放的屏蔽措施主要有下列 11 种：

(1)用安全的能源代替不安全的能源。有时被利用的能源危险性较高,这时可考虑用较安全的能源取代。例如,在容易发生触电的作业场所,用压缩空气动力代替电力,可以防止发生触电事故,还有用水力采煤代替火药爆破等。但是应该看到,绝对安全的事物是没有的,以压缩空气做动力虽然避免了触电事故,但压缩空气管路破裂、脱落的软管抽打等都带来了新的危害。

(2)限制能量。即限制能量的大小和速度,规定安全极限量,在生产工艺中尽量采用低能量的工艺或设备,这样,即使发生了意外的能量释放,也不致发生严重伤害。例如,利用低电压设备防止电击,限制设备运转速度以防止机械伤害,限制露天爆破装药量以防止飞石伤人等。

(3)防止能量蓄积。能量的大量蓄积会导致能量突然释放,因此,要及时泄放多余能量,防止能量蓄积。例如,应用低高度位能,控制爆炸性气体浓度,通过接地消除静电蓄积,利用避雷针放电保护重要设施等。

(4)控制能量释放。如建立水闸墙防止高势能地下水突然涌出。

(5)延缓释放能量。缓慢地释放能量可以降低单位时间内释放的能量,减轻能量对人体的作用。例如,采用安全阀、逸出阀控制高压气体;采用全面崩落法管理煤巷顶板,控制地压;用各种减振装置吸收冲击能量,防止人员受到伤害等。

(6)开辟释放能量的渠道。如安全接地可以防止触电;在矿山探放水可以防止透水,抽放煤体内瓦斯可以防止瓦斯蓄积爆炸等。

(7)设置屏蔽设施。屏蔽设施是指防止人员与能量接触的物理实体,即狭义的屏蔽。屏蔽设施可以被设置在能源上,例如安装在机械转动部分外面的防护罩;也可以被设置在人员与能源之间,例如安全围栏等。人员佩戴的个体防护用品,可被看做是设置在人员身上的屏蔽设施。

(8)在人、物与能源之间设置屏障,在时间或空间上把能量与人隔离。在生产过程中有两种或两种以上的能量相互作用引起事故的情况,例如,一台吊车移动的机械能作用于化工装置,使化工装置破裂而有毒物质泄漏,引起人员中毒。针对两种能量相互作用的情况,我们应该考虑设置两组屏蔽设施:一组设置于两种能量之间,防止能量间的相互作用;一组设置于能量与人之间,防止能量达及人体,如防火门、防火密闭等。

(9)提高防护标准。如采用双重绝缘工具防止高压电能触电事故;对瓦斯连续监测和遥控遥测以及增强对伤害的抵抗能力,如用耐高温、耐高寒、高强度材料制作的个体防护用具等。

(10)改变工艺流程。如改变不安全流程为安全流程,用无毒少毒物质代替剧毒有害物质等。

(11)修复或急救。治疗、矫正以减轻伤害程度或恢复原有功能;搞好紧急救护,进行自救教育;限制灾害范围,防止事态扩大等。

(四)系统安全理论

在 20 世纪 50 ~ 60 年代美国研制洲际导弹的过程中,系统安全理论应运而生。

系统安全理论包括很多区别于传统安全理论的创新概念:

(1)在事故致因理论方面,改变了人们只注重操作人员的不安全行为,而忽略硬件故障在事故致因中的作用的传统观念,开始考虑如何通过改善物的系统可靠性来提高复杂系统的安全性,从而避免事故。

(2)没有任何一种事物是绝对安全的,任何事物中都潜伏着危险因素。通常所说的安全或危险只不过是一种主观的判断。

(3)不可能根除一切危险源,可以减少来自现有危险源的危险性,宁可减少总的危险性而不是只彻底消除几种选定的风险。

(4)由于人的认识能力有限,有时不能完全认识危险源及其风险,即使认识了现有的危险源,随着生产技术的发展,新技术、新工艺、新材料和新能源的出现,又会产生新的危险源。

第三节　生产经营单位的安全生产管理

一、安全生产目标管理

安全生产目标管理在安全管理方面的应用,它是指企业内部各个部门以至每个职工,从上到下围绕企业安全生产的总目标,层层展开各自的目标,确定行动方针,安排安全工作进度,制订实施有效组织措施,并对安全成果严格考核的一种管理制度。安全目标管理是参与管理的一种形式,是根据企业安全工作目标来控制企业安全生产的一种民主的、科学的、有效的管理方法,是我国施工企业实行安全管理的一项重要内容。

1. 安全目标管理的步骤

安全目标管理的实施过程可分为四个阶段,即:安全管理目标的制订、建立安全目标体系、安全管理目标的实施、目标的评价与考核。

2. 安全管理目标的制订原则

安全管理目标是实现企业安全化的行动指南。目标管理是以各类事故及其资料为依据的一项长远管理方法,是以现代化管理为基础理论的一门综合管理技术。安全目标的制订必须围绕施工企业生产经营目标和上级对安全生产的要求,结合施工生产经营的特点,做科学的分析,并按如下原则制订:

(1)突出重点,分清主次,不能平均分配、面面俱到。安全目标应突出重大事故,负伤频率,施工环境标准合格率等方面指标,如对惯性事故及频发事故应作为重点管理。同时注意次要目标对重点目标的有效配合。

(2)安全目标具有先进性,即目标的适用性和挑战性。也就是说制订的目标一般略高于实施者的能力和水平,使之经过努力可以完成,应是"跳一跳,够得到",不能低而不费力,容易达到,但不能高不可攀,令人望目标兴叹。

(3)安全管理目标的制订使目标的预期效果做到具体化、定量化、数据化。如负伤率比去年降低百分之几,以利于进行同期比较,易于检查和评价。

(4)目标要有综合性,又有实现的可能性。制订的企业安全管理目标,既要保证上级下达指标的完成,又要考虑企业各部门、各项目部及每个职工的承担目标能力,目标的高低要有针对性和实现的可能性,以利各部门、各项目部及每个职工都能接受,努力去完成。

(5)坚持安全目标与保证目标实现措施的统一性。为使目标管理具有科学性、针对性和有效性,在制定目标时必须有保证目标实现的措施,使措施为目标服务,以利目标的实现。

3. 建立安全目标管理体系

安全目标管理涉及企业各个部门、各项目部及各单位，是关系安全生产全局的大问题，为此应建立安全目标管理体系。

(1)安全目标体系：安全目标体系就是安全目标的网络化、细分化，是安全目标管理的核心。它按企业管理层次由总目标、分目标、子目标，所有目标共同构成一个由上而下的目标体系。企业所需要达到的安全目标为总目标，各项目部（职能科室）为完成企业总目标而导出的分目标，施工队为完成项目分目标而提出子目标，班组和个人为完成施工队子目标提出孙目标。

(2)安全目标的内容有：安全管理水平提高目标、安全教育达到程度目标、伤亡事故控制目标、施工环境达标率提高目标、事故隐患整改完成率目标、现代化科学管理方法应用目标、安全标准化班组达标率目标、企业安全性评价目标、经理任职安全目标等各项安全工作目标。

(3)为实现企业安全生产总目标，应将总目标分解到各职能部门和项目部，做到横向到边、纵向到底、纵横交错、形成网络。横向到边就是把企业安全总目标分解到机关各职能部门；纵向到底就是把企业总目标由上到下按管理层次分解到项目部、施工作业队、班组直到每个职工，实现多层次安全目标体系。

4. 安全目标管理的实施

企业安全目标管理是一项长期任务，必须始终不渝地进行决策、实施、检查、整改、总结、提高的循环管理，实施目标管理要做到：

(1)把企业的安全目标列为领导任期内目标，作为企业稳定生产秩序的既定方针。

(2)要赋予安全部门一定的职权，能保证对各职能部门实施安全目标监督检查的功能和作用。

(3)要求各职能部门对自身安全工作发挥主观能动作用，自觉地对安全管理工作进行密切的配合与协调。

(4)明确各级安全责任制，实行安全一票否决原则以保证措施的贯彻落实。

(5)要动员人人参与管理，要有每个人的责任目标，一级抓一级，层层落实共同保证安全目标的实施。

二、安全生产规章制度体系建设

安全生产规章制度是指生产经营单位依据国家有关法律法规、国家和行业标准，结合生产、经营的安全生产实际，以生产经营单位名义起草颁发的有关安全生产的规范性文件。一般包括规程、标准、规定、措施、办法、制度、指导意见等。

（一）安全生产规章制度建设的目的和意义

安全生产规章制度是生产经营单位贯彻落实国家有关安全生产法律法规、国家和行业标准，贯彻落实国家安全生产方针政策的行动指南，是生产经营单位有效防范生产、经营过程安全生产风险，保障从业人员安全和健康，加强安全生产管理的重要措施。

(1)建立健全安全生产规章制度是生产经营单位的法定责任。生产经营单位是安全生产的责任主体，国家有关法律法规对生产经营单位加强安全规章制度建设有明确的要求。《安全生产法》第四条规定“生产经营单位必须遵守本法和其他有关安全生产的法律、法规，加强安全生产管理,建立、健全安全生产责任制度,完善安全生产条件,确保安全生产”;《劳动法》第五十二条规定“用人单位必须建立、健全劳动安全卫生制度,严格执行国家劳动安全卫生规程和标准,对劳动者进行劳动安全卫生教育,防止劳动过程中的事故,减少职业危害”;《突发事件应对法》第二十二条“所有单位应当建立健全安全管理制度,定期检查本单位各项安全防范措施的落实情况,及时消除事故隐患……”所以,建立、健全安全规章制度是国家有关安全生产法律法规明确的生产经营单位的法定责任。

(2)建立、健全安全规章制度是生产经营单位安全生产的重要保障。生产经营的目的就是追求利润,但是,在追求利润的过程中,如果不能有效防范安全风险,生产经营单位的生产、经营秩序就不能保障,甚至还会引发社会的灾难。客观上需要生产经营单位对生产工艺过程、机械设备、人员操作进行系统分析、评价,制订出一系列的操作规程和安全控制措施,以保障生产、经营工作合法、有序、安全地运行,将安全风险降到最低。在长期的生产经营活动中,生产经营单位积累了大量的安全风险防范对策措施,这些措施只有形成安全规章制度,才能有效地得到继承和发扬。

(3)建立、健全安全规章制度是生产经营单位保护从业人员安全与健康的重要手段。安全生产的法律法规明确规定,生产经营单位必须采取切实可行的措施,保障从业人员的安全与健康。因此,只有通过安全规章制度的约束,才能防止生产经营单位安全管理的随意性,才能使从业人员进一步明确自己的权利和义务,有效地保障从业人员的合法权益。同时,也为从业人员在生产、经营过程中遵章守纪提供明确的标准和依据。

(二)生产经营单位安全规章制度的建设

安全规章制度是对安全生产客观规律的反映。国家对安全生产客观规律的认识,对安全生产工作的宏观控制,是通过法律法规、国家和行业标准的形式体现出来,作为强制执行的防范安全生产风险的对策措施。具体到安全生产责任主体的生产经营单位,就是要通过自身的安全规章制度建设来贯彻国家要求,准确把握和驾驭生产、经营过程中的安全生产客观规律,规范生产、经营秩序,保障生产安全。安全规章制度的起草和管理是安全工程师的一项基本技能。

1.安全规章制度建设的依据

以安全生产法律法规、国家和行业标准、地方政府的法规、标准为依据。生产经营单位安全规章制度首先必须符合国家法律法规,国家和行业标准,以及生产经营单位所在地地方政府的相关法规、标准的要求。生产经营单位安全规章制度是一系列法律法规在生产经营单位生产、经营过程具体贯彻落实的体现。

以生产、经营过程的危险有害因素辨识和事故教训为依据。安全规章制度的建设,其核心就是危险有害因素的辨识和控制。通过危险有害因素的辨识,有效提高规章制度建设的目的性和针对性,保障生产安全。同时,生产经营单位要积极借鉴相关事故教训,及时修订和完善规章制度,防范同类事故的重复发生。

以国际、国内先进的安全管理方法为依据。随着安全科学技术的迅猛发展,安全生产风险防范和控制的理论、方法不断完善。尤其是安全系统工程理论研究的不断深化,为生产经营单位的安全管理提供了丰富的工具,如职业安全健康管理体系、风险评估、安全性评价体系的建立等,都为生产经营单位安全规章制度的建设提供了宝贵的参考资料。

2.安全规章制度建设的原则

主要负责人负责的原则。安全规章制度建设,涉及生产经营单位的各个环节和所有人员，只有生产经营单位主要负责人亲自组织，才能有效调动生产经营单位的所有资源，才能协调各个方面的关系。同时，我国安全生产的法律法规明确规定，如《安全生产法》规定“建立、健全本单位安全生产责任制；组织制定本单位安全生产规章制度和操作规程，是生产经营单位的主要负责人的职责”。

安全第一的原则。“安全第一，预防为主，综合治理”是我国的安全生产方针，也是安全生产客观规律的具体要求。生产经营单位要实现安全生产，就必须采取综合治理的措施，在事先防范上下工夫。在生产经营过程中，必须把安全工作放在各项工作的首位，正确处理安全生产和工程进度、经济效益等的关系。只有通过安全规章制度建设，才能把这一安全生产客观要求，融入生产经营单位的体制建设、机制建设、生产经营活动组织的各个环节，落实到生产、经营各项工作中去，才能保障安全生产。

系统性原则。风险来自于生产、经营过程之中，只要生产、经营活动在进行，风险就客观存在。因而，要按照安全系统工程的原理，建立涵盖全员、全过程、全方位的安全规章制度。即涵盖生产经营单位每个环节、每个岗位、每个人；涵盖生产经营单位的规划设计、建设安装、生产调试、生产运行、技术改造的全过程；涵盖生产经营全过程的事故预防、应急处置、调查处理等全方位的安全规章制度。

规范化和标准化原则。生产经营单位安全规章制度的建设应实现规范化和标准化管理，以确保安全规章制度建设的严密、完整、有序。建立安全规章制度起草、审核、发布、教育培训、修订的严密的组织管理程序，安全规章制度编制要做到目的明确，流程清晰，标准明确，具有可操作性，按照系统性原则的要求，建立完整的安全规章制度体系。

3. 安全规章制度的编制和管理

生产经营单位应每年编制安全规章制度制订、修订的工作计划。计划的主要内容包括：规章制度的名称、编制目的、主要内容、责任部门、进度安排等，确保生产经营单位安全规章制度建设和管理的有序进行。

安全规章制度的制订一般包括起草、会签、审核、签发、发布五个流程。安全规章制度发布后，生产经营单位应组织有关部门和人员进行学习和培训，对安全操作规程类安全规章制度，还应对相关人员进行考试，考试合格后才能上岗作业。安全规章制度日常管理的重点是在执行过程中的动态检查，确保得到贯彻落实。

(1)起草。根据生产经营单位安全生产责任制，由负有安全生产管理职能的部门负责起草。安全规章制度在起草前，应首先收集国家有关安全生产法律法规、国家行业标准、生产经营单位所在地地方政府的有关法规、标准等，作为制度起草的依据，同时结合生产经营单位安全生产的实际情况，进行起草。涉及安全技术标准、安全操作规程等的起草工作，还应查阅设备制造厂的说明书等。

安全规章制度起草要做到目的明确，文字表达条理清楚、结构严谨、用词准确、文字简明、标点符号正确。

技术规程规范、安全操作规程的编制应按照企业标准的格式进行起草。其他规章制度格式可根据内容多少分章（节）、条、款、项、目结构表达，内容单一的也可直接以条的方式表达。规章制度中的序号可用中文数字和阿拉伯数字依次表述。

规章制度的草案应对起草目的、适用范围、主管部门、具体规范、解释部门和施行日期等作出明确的规定。

新的规章制度代替原有规章制度应在草案中写明白本规章制度生效后原规定废止的

内容。

(2)会签。责任部门起草的规章制度草案,应在送交相关领导签发前征求有关部门的意见,意见不一致时,一般由生产经营单位主要负责人或分管安全的负责人主持召开会议,协调各方意见最终达成一致。

(3)审核。安全规章制度在签发前,应进行审核。一是由生产经营单位负责法律事务的部门,对规章制度与相关法律法规的符合性及与生产经营单位现行规章制度一致性进行审查;二是提交生产经营单位的职工代表大会或安全生产委员会会议进行讨论,对各方面工作的协调性、各方利益的统筹性进行审查。

(4)签发。技术规程规范、安全操作规程等一般技术性安全规章制度由生产经营单位分管安全生产的负责人签发,涉及全局性的综合管理类安全规章制度应由生产经营单位主要负责人签发。

签发后要进行编号,注明生效时间,以"自发布之日起执行"或"现予发布,自某年某月某日起施行"。

(5)发布。生产经营单位的安全规章制度,应采用固定的发布方式,如通过红头文件形式、在生产经营单位内部办公网络发布等。发布的范围应覆盖与制度相关的部门及人员。

(6)培训和考试。新颁布的安全规章制度应组织相关人员进行培训,对安全操作规程类制度,还应组织进行考试。

(7)修订。生产经营单位应每年对安全规章制度进行一次修订,并公布现行有效的安全规章制度清单。对安全操作规程类安全规章制度,除每年进行一次修订外,3~5年应组织进行一次全面修订,并重新印刷。

(三)安全生产规章制度体系的建立

目前我国还没有明确的安全规章制度体系建设标准。在长期的安全生产实践过程中,生产经营单位按照自身的习惯和传统,形成了各具特色的安全规章制度体系。按照安全系统工程原理建立的安全规章制度体系,一般由综合安全管理、人员安全管理、设备设施安全管理、环境安全管理四类组成;按照标准化体系建立的安全规章制度体系,一般把安全规章制度分为安全技术标准、安全管理标准和安全工作标准;按职业安全健康管理体系建立的安全规章制度体系,一般分为手册、程序文件、作业指导书三大类。

为便于生产经营单位建立安全规章制度体系,下面以安全系统工程原理,按照《安全生产法》和《北京市安全生产条例》(2011年修订)的基本要求,对一般性生产经营单位安全规章制度体系的建立进行说明,安全生产高危行业的生产经营单位还应根据相关法律法规等进行补充和完善。

1. 综合安全管理制度

(1)安全生产管理目标、指标和总体原则,应包括:生产经营单位安全生产的具体目标、指标,明确安全生产的管理原则、责任,明确安全生产管理的体制、机制、组织机构,安全生产风险防范、控制的主要措施,日常安全生产监督管理的重点工作等内容。

(2)安全生产责任制度,应包括:生产经营单位各级领导、各职能部门、管理人员及各生产岗位的安全生产责任权利和义务等内容。

(3)安全管理定期例行工作制度,应包括:生产经营单位定期安全分析会议,定期安全学习制度,定期安全活动,定期安全检查等内容。

(4)承包与发包工程安全管理制度,应包括:生产经营单位承包与发包工程的条件、相关资质审查、各方的安全责任、安全生产管理协议、施工安全的组织措施和技术措施、现场的安全检查与协调等内容。

(5)安全措施和费用管理制度,应包括:生产经营单位安全措施的日常维护、管理;明确安全生产费用保障;根据国家、行业新的安全生产管理要求或季节特点以及生产、经营情况等发生变化后,生产经营单位临时采取的安全措施及费用来源等。

(6)重大危险源管理制度,应包括:重大危险源登记建档、进行定期检测、评估、监控,相应的应急预案管理;上报有关地方人民政府负责安全生产监督管理的部门和有关部门备案内容及管理。

(7)危险物品使用管理制度,应包括:生产经营单位存在的危险物品名称、种类、危险性;使用和管理的程序、手续;安全操作注意事项;存放的条件及日常监督检查;针对各类危险物品的性质,在相应的区域设置人员紧急救护、处置的设施等。

(8)隐患排查和治理制度,应包括:应排查的设备、设施、场所的名称,排查周期、人员、排查标准;发现问题的处置程序、跟踪管理等内容。

(9)事故调查报告处理制度,应包括:生产经营单位内部事故标准,报告程序、现场应急处置、现场保护、资料收集、相关当事人调查、技术分析、调查报告编制等;还应包括向上级主管部门报告事故的流程、内容等。

(10)消防安全管理制度,应包括:生产经营单位消防安全管理的原则、组织机构、日常管理、现场应急处置原则、程序;消防设施、器材的配置、维护保养、定期试验;定期防火检查、防火演练等内容。

(11)应急管理制度,应包括:生产经营单位的应急管理部门,预案的制订、发布、演练、修订和培训等;明确总体预案,专项预案,现场预案等内容。

(12)安全奖惩制度,应包括:生产经营单位安全奖惩的原则;奖励或处分的种类、额度等内容。

2.人员安全管理制度

(1)安全教育培训制度,应包括:生产经营单位各级领导人员安全管理知识培训、新员工三级教育培训、转岗培训;新材料新工艺新设备使用培训;特种作业人员培训;岗位安全操作规程培训;应急培训等内容。还应明确各项培训的对象、内容、时间及考核标准等。

(2)劳动防护用品发放使用和管理制度,应包括:生产经营单位劳动防护用品的种类、适用范围、领取程序、使用前检查标准;用品寿命周期等内容。

(3)安全工器具的使用管理制度,应包括:生产经营单位安全工器具的种类、使用前检查标准、定期检验、用品寿命周期等内容。

(4)特种作业及特殊作业管理制度,应包括:生产经营单位特种作业的岗位、人员,作业的一般安全措施要求等。特殊作业是指危险性较大的作业,应包括作业的组织程序,保障安全的组织措施、技术措施的制订及执行等内容。

(5)岗位安全规范,应包括:生产经营单位除特种作业岗位外,其他作业岗位保障人身安全、健康,预防火灾、爆炸等事故的一般安全要求。

(6)职业健康检查制度,应包括:生产经营单位职业禁忌的岗位名称、职业禁忌症,定期健康检查的内容、标准等,女工保护,以及按照《职业病防治法》要求的相关内容等。

(7)现场作业安全管理制度,应包括:现场作业的组织管理制度,如工作联系单、工作票、操作票制度，以及作业的风险分析与控制制度、反违章管理制度等内容。

3. 设备设施安全管理制度

(1)三同时制度，应包括：生产经营单位新建、改建、扩建工程"三同时"的组织、执行程序；上报、备案的执行程序等。

(2)定期巡视检查制度，应包括：生产经营单位所有设备、设施的种类、名称、数量，以及日常检查的责任人员，检查的周期、标准、线路，发现问题的处置等内容。

(3)定期维护检修制度，应包括：生产经营单位所有设备、设施的维护周期、维护范围、维护标准等内容。

(4)定期检测、检验制度，应包括：生产经营单位须进行定期检测的设备种类、名称、数量；有权进行检测的部门或人员；检测的标准及检测结果管理；安全使用证或者安全标志的取得和管理等内容。

(5)安全操作规程，应包括：生产经营单位涉及的电器、起重设备、锅炉压力容器、内部机动车辆、建筑施工维护、机加工等对人身安全健康、生产工艺流程及周围环境有较大影响的设备、装置的安全操作规程。

4. 环境安全管理制度

(1)安全标志管理制度，应包括：生产经营单位现场安全标志的种类、名称、数量；安全标志的定期检查、维护等内容。

(2)作业环境管理制度，应包括：生产经营单位生产经营场所的通道、照明、通风等管理标准；以及人员紧急疏散方向、标志的管理等内容。

(3)工业卫生管理制度，应包括：生产经营单位尘、毒、噪声、辐射等涉及职业健康因素的种类、场所；定期检查、检验及控制等管理内容。

当然，生产经营单位的所有制形式、组织形式、生产过程存在的危险有害因素各不相同，这里所指的安全规章制度是原则性和指导性的，其中每个制度又可以分解成若干个制度来制订。只要每个制度都能够做到目的明确、流程清晰、责任明确、标准明确，就能够用于规范管理或作业行为，就是一个好的安全规章制度。每个生产经营单位，都应认真策划，建立起严密、完整、有效的安全规章制度体系，并按照体系管理生产、经营过程的安全工作，生产经营单位的安全生产工作就有了基本保障。

三、安全生产管理组织保障

生产经营单位的安全生产管理必须有组织上的保障，否则安全生产管理工作就无从谈起。所谓组织保障主要包括两方面：一是安全生产管理机构的保障；二是安全生产管理人员的保障。

安全生产管理机构是指生产经营单位中专门负责安全生产监督管理的内设机构。安全生产管理人员是指在生产经营单位从事安全生产管理工作的专职或兼职人员。在生产经营单位专门从事安全生产管理工作的人员则是专职安全生产管理人员。在生产经营单位既承担其他工作职责同时又承担安全生产管理职责的人员则为兼职安全生产管理人员。安全生产管理机构和安全生产管理人员的作用是落实国家有关安全生产的法律法规，组织生产经营单位内部各种安全检查活动，负责日常安全检查，及时整改各种事故隐患，监督安全生产责任制的落实等。

《安全生产法》第十九条对生产经营单位安全生产管理机构的设置和安全生产管理人员

的配备原则作出了明确规定:“矿山、建筑施工单位和危险物品的生产、经营、储存单位,应当设置安全生产管理机构或者配备专职安全生产管理人员。前款规定以外的其他生产经营单位,从业人员超过300人的,应当设置安全生产管理机构或者配备专职安全生产管理人员。从业人员在300人以下的,应当配备专职或者兼职的安全生产管理人员,或者委托具有国家规定的相关专业技术资格的工程技术人员提供安全生产管理服务。”

1.生产经营单位安全生产管理机构的设置要求

根据《安全生产法》第十九条规定,生产经营单位安全生产管理机构的设置应满足如下要求:

(1)矿山、建筑施工单位和危险物品的生产、经营、储存单位,以及从业人员超过300人的其他生产经营单位,是否设置安全生产管理机构应根据生产经营单位危险性的大小、从业人员的多少、生产经营规模的大小等因素确定。在国家安监总局发布的有关安全质量标准化试行标准中对此作出了更为具体的规定,可参照执行。

(2)除上述三类高风险单位以外且从业人员在300人以下的生产经营单位,可以不设置安全生产管理机构。具体由生产经营单位根据实际情况自行确定。

2.生产经营单位安全生产管理人员的配备要求

根据《安全生产法》第十九条规定,生产经营单位安全生产管理人员的配备应满足如下要求:

(1)矿山、建筑施工单位和危险物品的生产、经营、储存单位,以及从业人员超过300人的其他生产经营单位,必须配备专职的安全生产管理人员。

(2)除上述三类高风险单位以外且从业人员在300人以下的生产经营单位,可以配备专职的安全生产管理人员,也可以只配备兼职的安全生产管理人员,还可以委托具有国家规定的相关专业技术资格的工程技术人员提供安全生产管理服务。具体配备哪类安全生产管理人员由生产经营单位根据其危险性大小、从业人员多少、生产经营规模大小等因素确定。

(3)当生产经营单位依据法律规定和本单位实际情况,委托工程技术人员提供安全生产管理服务时,应保证安全生产的责任仍由本单位负责。

四、安全生产责任制

保护从业人员的安全和健康是生产经营单位管理人员的重要责任。《安全生产法》对安全生产责任进行了明确规定。落实安全生产责任制是安全生产管理的重要内容。本章介绍了安全生产责任制、安全生产管理组织保障和安全生产技术措施计划等内容。

1.建立安全生产责任制的目的和意义

安全生产责任制是按照“安全第一,预防为主”的安全生产方针和“管生产的同时必须管安全”的原则,将各级负责人员、各职能部门及其工作人员和各岗位生产人员在安全生产方面应做的事情和应负的责任加以明确规定的一种制度。安全生产责任制是生产经营单位岗位责任制和经济责任制度的重要组成部分,是生产经营单位各项安全生产规章制度的核心,同时也是生产经营单位最基本的安全管理制度。

(1)建立安全生产责任制的目的,一方面是增强生产经营单位各级负责人员、各职能部门及其工作人员和各岗位生产人员对安全生产的责任感;另一方面是明确生产经营单位中各级负责人员、各职能部门及其工作人员和各岗位生产人员在安全生产中应履行的职责和应承担的责任，以充分调动各级人员和各部门在安全生产方面的积极性和主观能动性，确保安全生产。

(2)建立安全生产责任制的重要意义主要体现在两方面。一是落实我国安全生产方针和有关安全生产法规和政策的具体要求。《安全生产法》第四条明确规定："生产经营单位必须遵守本法和其他有关安全生产的法律法规，加强安全生产管理，建立、健全安全生产责任制，完善安全生产条件，确保安全生产。"《中华人民共和国矿山安全法》(以下简称《矿山安全法》)第二十条规定："矿山企业必须建立、健全安全生产责任。"二是通过明确责任使各级各类人员真正重视安全生产工作，对预防事故和减少损失、进行事故调查和处理、建立和谐社会等都有重要作用。

生产经营单位是安全生产的责任主体，生产经营单位必须建立安全生产责任制，把"安全生产，人人有责"从制度上固定下来；生产经营单位法定代表人要切实履行本单位安全生产第一责任人的职责，把安全生产的责任落实到每个环节、每个岗位、每个人，从而增强各级管理人员的责任心，使安全管理工作既做到责任明确，又互相协调配合，共同努力把安全生产工作真正落到实处。

2. 建立安全生产责任制的要求

建立一个完善的安全生产责任的总体要求是：横向到边、纵向到底，并由生产经营单位的主要负责人组织建立。建立的安全生产责任制具体应满足如下要求：

(1)必须符合国家安全生产法律法规和政策、方针的要求。

(2)与生产经营单位管理体制协调一致。

(3)要根据本单位、部门、班组、岗位的实际情况制订，既明确、具体，又具有可操作性，防止形式主义。

(4)有专门的人员与机构负责制订和落实，并应适时修订。

(5)应有配套的监督、检查等制度，以保证安全生产责任制得到真正落实。

3. 安全生产责任制的主要内容

安全生产责任制的内容主要包括下列两个方面：一是纵向方面，即从上到下所有类型人员的安全生产职责。在建立责任制时，可首先将本单位从主要负责人一直到岗位工人分成相应的层级；然后结合本单位的实际工作，对不同层级的人员在安全生产中应承担的职责作出规定。二是横向方面，即各职能部门(包括党、政、工、团)的安全生产职责。在建立责任制时，可按照本单位职能部门的设置(如安全、设备、计划、技术、生产、基建、人事、财务、设计、档案、培训、党办、宣传、工会、团委等部门)，分别对其在安全生产中应承担的职责作出规定。

生产经营单位在建立安全生产责任制时，在纵向方面至少应包括下列几类人员。

(1)生产经营单位主要负责人。

生产经营单位的主要负责人是本单位安全生产的第一责任者，对安全生产工作全面负责。《安全生产法》第十七条将其职责规定为：

①建立、健全本单位安全生产责任制；

②组织制定本单位安全生产规章制度和操作规程；

③保证本单位安全生产投入的有效实施；

④督促、检查本单位的安全生产工作，及时消除生产安全事故隐患；

⑤组织制定并实施本单位的生产安全事故应急救援预案；

⑥及时、如实报告生产安全事故。

具体可根据上述6个方面,结合本单位的实际情况对主要负责人的职责作出具体规定。

(2)生产经营单位其他负责人。

生产经营单位其他负责人的职责是协助主要负责人搞好安全生产工作。不同的负责人分管的工作不同,应根据其具体分管工作,对其在安全生产方面应承担的具体职责作出规定。

(3)生产经营单位各职能部门负责人及其工作人员。

各职能部门都会涉及安全生产职责,需根据各部门职责分工作出具体规定。各职能部门负责人的职责是按照本部门的安全生产职责,组织有关人员做好本部门安全生产责任制的落实,并对本部门职责范围内的安全生产工作负责;各职能部门的工作人员则是在本人职责范围内做好有关安全生产工作,并对自己职责范围内的安全生产工作负责。

(4)班组长。

班组是搞好生产经营单位安全生产工作的关键。班组长全面负责本班组的安全生产工作,是安全生产法律、法规和规章制度的直接执行者。班组长的主要职责是贯彻执行本单位对安全生产的规定和要求,督促本班组的工人遵守有关安全生产规章制度和安全操作规程,切实做到不违章指挥、不违章作业,遵守劳动纪律。

(5)岗位工人。

岗位工人对本岗位的安全生产负直接责任。岗位工人的主要职责是要接受安全生产教育和培训,遵守有关安全生产规章和安全操作规程,遵守劳动纪律,不违章作业。特种作业人员必须接受专门的培训,经考试合格取得操作资格证书的,方可上岗作业。

五、安全生产投入

1.安全生产投入基本要求

交通企业应具备的安全生产条件所必需的资金投入,由企业的决策机构、主要负责人予以保证,并对由于安全生产所必需的资金投入不足导致的后果承担责任。此外《国务院关于进一步加强安全生产工作的决定》(国发[2004]2号)中也要求:为保证安全生产所需资金投入,形成企业安全生产投入的长效机制,借鉴煤矿提取安全费用的经验,在条件成熟后,逐步建立对高危行业生产企业提取安全费用制度。企业安全费用的提取,要根据地区和行业的不同,分别确定提取标准,由企业自行提取,专户储存,专项用于安全生产。

依据《安全生产法》第三十九条、第四十三条:生产经营单位应当安排用于配备劳动防护用品、进行安全生产培训的经费。生产经营单位必须依法参加工伤社会保险,为从业人员缴纳保险费。

2.交通运输企业安全费用使用范围

交通运输企业安全费用应当按照以下范围使用:

(1)完善、改造和维护安全防护设施设备支出(不含“三同时”要求初期投入的安全设施),包括道路、水路、铁路、管道运输设施设备和装卸工具安全状况检测及维护系统、运输设施设备和装卸工具附属安全设备等支出。

(2)购置、安装和使用具有行驶记录功能的车辆卫星定位装置、船舶通信导航定位和自动识别系统、电子海图等支出。

(3)配备、维护、保养应急救援器材、设备支出和应急演练支出。

(4)开展重大危险源和事故隐患评估、监控和整改支出。

(5)安全生产检查、评价(不包括新建、改建、扩建项目安全评价)、咨询和标准化建设支出。

(6)配备和更新现场作业人员安全防护用品支出。

(7)安全生产宣传、教育、培训支出。

(8)安全生产适用的新技术、新标准、新工艺、新装备的推广应用支出。

(9)安全设施及特种设备检测检验支出。

(10)其他与安全生产直接相关的支出。

六、安全生产教育培训

完善的安全教育培训体系能够使安全教育更贴近、更适应受教育者接受能力,使受教育者掌握安全知识和提高安全意识。安全教育培训体系必须达到“五有”标准,即有完整的安全教育程序、有规范的安全教育培训教材、有适应于各层次人员的安全教育方法、有严密的安全教育考试标准、有显著的安全教育效果。通过安全教育可将因人的因素造成的事故大幅度减少,为实现本质安全、事故为零的目标起到积极作用。

1.对企业主要负责人的教育培训

(1)基本要求。企业主要负责人必须按照国家有关规定进行安全生产培训,经培训单位考核合格并取得安全培训合格证后方可任职。所有单位主要负责人应进行安全生产再培训。

(2)安全生产教育培训的主要内容。

①国家安全生产方针、政策和有关安全生产的法律、法规及标准。

②安全生产管理基本知识、安全生产技术、安全生产专业知识。

③重大危险源管理、重大生产安全事故防范、应急管理和救援组织及事故调查处理的有关规定。

④职业危害及其预防措施。

⑤国内外的先进安全生产管理经验。

⑥典型生产安全事故和应急救援案例分析。

⑦其他需要培训的内容。

(3)安全生产再培训的主要内容。

①有关安全生产的法律法规、规章、规程、标准和政策。

②安全生产的新技术、新知识。

③安全生产管理经验。

2.对安全生产管理人员的教育培训

(1)基本要求。

安全生产管理人员必须经安全生产监督管理部门或法律、法规规定的有关主管部门考核合格并取得安全资格证书后方可任职。其他单位安全生产管理人员必须按照国家有关规定进行安全生产培训,经培训单位考核合格并取得安全培训合格证后方可任职。所有单位安全生产管理人员每年应进行安全生产再培训。

(2)安全生产教育培训的主要内容。

①国家安全生产方针、政策和有关安全生产的法律法规及标准。

②安全生产管理、安全生产技术、职业卫生等知识。

③伤亡事故统计报告及职业危害的调查处理方法。

④应急管理、应急预案编制及应急处置的内容和要求。

⑤国内外的先进安全生产管理经验。

⑥典型生产安全事故和应急救援案例分析。

⑦其他需要培训的内容。

(3)安全生产再培训的主要内容。

①有关安全生产的法律法规、规程和政策。

②安全生产的新技术、新知识。

③安全生产管理经验。

④典型安全事故案例。

3. 特种作业人员的教育培训

(1)特种作业及人员范围包括:

①电工作业。含发电、送电、变电、配电工,电气设备的安装、运行、检修(维修)、试验工,矿山井下电钳工。

②金属焊接、切割作业。含焊接工,切割工。

③起重机械(含电梯)作业。含起重机械(含电梯)司机,司索工,信号指挥工,安装与维修工。

④企业内机动车辆驾驶。含在企业内码头、货场等生产作业区域和施工现场行驶的各类机动车辆的驾驶人员。

⑤登高架设作业。含2m以上登高架设、拆除、维修工,高层建(构)物表面清洗工。

⑥锅炉作业(含水质化验)。含承压锅炉的操作工、锅炉水质化验工。

⑦压力容器作业。含压力容器罐装工、检验工、运输押运工、大型空气压缩机操作工。

⑧制冷作业。含制冷设备安装工、操作工、维修工。

⑨爆破作业。含地面工程爆破、井下爆破工。

⑩矿山通风、排水、安全检查、提升运输、救护作业及采掘(剥)作业。

⑪危险物品作业。含危险化学口、民用爆炸品、放射性物品的操作工,运输押运工、储存保管员。

⑫经国家安全生产监督管理局批准的其他作业。

(2)对特种作业人员的培训、考核和取证要求。特种作业人员上岗前必须进行专门的安全技术和操作技能的培训与考核,并经考核合格,取得《特种作业人员操作证》后方可上岗。特种作业人员的培训实行全国统一培训大纲、统一考核标准、统一证件制度,《特种作业人员操作证》由国家统一印制,地、市级以上行政主管部门负责签发,全国通用。特种作业人员安全技术考核包括安全技术理论考试与实际操作技能考核两部分,以实际操作技能考核为主。

(3)特种作业人员重新考核和证件的复审要求。离开特种作业岗位达6个月以上的特种作业人员,应当重新进行实际操作技能考核,经确认合格后方可上岗作业。取得《特种作业人员操作证》者,每2年进行1次复审。连续从事本工种10年以上的,经用人单位进行知识更新教育后,每4年复审1次。复审的内容包括健康检查、违章记录检查、安全新知识管理教育、本工种安全知识考试。未按期复审或复审不合格者,其操作证自行失效。

4. 对企业其他从业人员的教育培训

生产经营单位其他从业人员是指除主要负责人和安全生产管理人员以外,该单位从事生产经营活动的所有人员,包括其他负责人、管理人员、技术人员和各岗位的工人,以及临时聘用的人员。

(1)对新从业人员的培训。

对新从业人员应进行公司级、车站(厂)级、班组级三级安全生产教育培训。

公司级安全教育培训的主要内容是:本公司安全生产情况及安全生产基本知识;公司安全生产规章制度和劳动纪律;从业人员的安全生产权利和义务;有关事故案例。

车站(厂)级安全生产教育培训的主要内容是:本车站(厂)安全生产状况和规章制度;工作环境及危险因素;所从事工种可能遭受的职业伤害和伤害事故,所从事工种的安全职责、操作技能及强制性标准;自救、互救、急救方法,疏散和现场紧急情况的处理;安全设备设施、工人防护用品的使用和维护;预防事故和职业危害的措施以及应注意的安全事项;有关事故案例;其他需要培训的内容。

班组级安全生产教育培训的主要内容是:岗位安全操作规程;岗位之间工作衔接配合的安全与职业卫生事项;有关事故案例;其他需要培训的内容。

新从业人员安全生产教育培训时间不得少于24学时,每年接受再培训的时间不得少于20学时。

(2)对调整工作岗位或离岗以后重新上岗的从业人员的培训。

从业人员调整岗位或离岗一年以上重新上岗时,应进行相应的车站(厂)级和班组级安全生产教育培训。脱离原岗位半年以上重新上岗时,须重新接受班组级安全教育培训。

企业实施新工艺、新技术或使用新设备、新材料时,应对从业人员进行有针对性的安全生产教育培训。

(3)经常性的安全培训。

企业要确立终身教育的观念和全员培训的目标,对在岗的从业人员应进行经常性地安全生产教育培训。其主要内容是:安全生产新知识、新技术;安全生产法律法规;作业场所和工作岗位存在的危险因素、防范措施;有关事故案例等。

5. 安全生产教育的形式和方法

(1)安全生产教育的形式有:三级安全教育、特种作业人员安全教育训练、经常性的安全教育等。经常性的安全教育形式有:每天的班前班后会上说明安全注意事项,举办安全活动日、安全生产月、各类安全生产业务培训班,召开安全生产会议、事故现场分析会,张贴安全生产招贴画、宣传标语及标志,开展安全竞赛、安全考试、安全演讲等。

(2)安全生产教育的方法有:课堂讲授法、实操演练法、案例研讨法、读书指导法、宣传娱乐法等。

6. 安全培训时间

生产经营单位主要负责人、安全生产管理人员和从业人员每年接受的在岗安全生产教育和培训时间不得少于8学时。

新招用的从业人员上岗前接受安全生产教育和培训的时间不得少于24学时;换岗的,离岗6个月以上的,以及生产经营单位采用新工艺、新技术、新材料或者使用新设备的,均不得少于4学时。

法律、法规对安全生产教育和培训的时间另有规定的,按其规定执行。

七、安全生产检查

安全生产检查是指对生产过程及安全管理中可能存在的隐患、有害与危险因素、缺陷等进行查证，以确定隐患或有害与危险因素、缺陷的存在状态，以及它们转化为事故的条件，以便制订整改措施，消除隐患和危险有害因素，确保生产的安全。

安全生产检查是安全管理工作的重要内容，是消除隐患、防止事故发生、改善劳动条件的重要手段。通过安全生产检查，可以发现生产经营单位生产过程中的危险因素，以便有计划地制订纠正措施，保证生产的安全。

1. 安全生产检查的类型

安全生产检查通常可分为以下6种类型。

(1)定期安全生产检查，一般是通过有计划、有组据各单位实际情况确定，如次/年、次/季、次/月时发现并解决问题。

(2)经常性安全生产检查，是采取个别的、日常的巡视方式来实现的。在施工(生产)过程中进行经常性的预防检查，能及时发现隐患，及时消除，保证施工(生产)正常进行。

(3)季节性及节假日前后安全生产检查，由各级生产单位根据季节变化，按事故发生的规律对易发的潜在危险，突出重点进行季节检查，如冬季防冻保温、防火、防煤气中毒；夏季防暑降温、防汛、防雷电等检查。

由于节假日(特别是重大节日：如元旦、春节、劳动节、国庆节)前后，职工注意力在过节上，容易发生事故，因而应在节假日前后进行有针对性的安全检查。

(4)专业(项)安全生产检查，是对某个专业(项)问题或在施工(生产)中存在的普遍性安全问题进行的单项定性或定量检查。

如对危险较大的在用设备、设施，作业场所环境条件的管理性或监督性定量检测检验则属专业(项)安全检查。专业(项)检查具有较强的针对性和专业要求，用于检查难度较大的项目。通过检查，发现潜在问题，研究整改对策，及时消除隐患，进行技术改造。

(5)综合性安全生产检查，一般是由主管部门对下属各企业或生产单位进行的全面综合性检查，必要时可组织进行系统的安全性评价。

(6)职工代表不定期对安全生产的巡查，由企业或车间工会负责组织有专业技术特长的职工代表进行安全生产巡视和检查。重点查国家安全生产方针、法规的贯彻执行情况；查单位领导干部安全生产责任制的执行情况；查工人安全生产权利的保障情况；查事故原因、隐患整改情况；查责任者的处理情况等。此类检查可进一步强化各级领导安全生产责任制的落实，促进职工劳动保护合法权利的维护。

2. 安全生产检查的内容

安全生产检查的内容包括：软件系统和硬件系统。软件系统主要是查思想、查意识、查制度、查管理、查事故处理、查隐患、查整改。硬件系统主要是查生产设备、查辅助设施、查安全设施、查作业环境。

安全生产检查具体内容应本着突出重点的原则进行确定。对于危险性大、易发事故、事故危害大的生产系统、部位、装置、设备等应加强检查。一般应重点检查的内容有：易造成重大损失的易燃易爆危险物品、剧毒品、锅炉、压力容器、起重设备、运输设备、冶炼设备、电气设备、冲压机械、高处作业和本企业易发生工伤、火灾、爆炸等事故的设备、工种、场所及其作业人员；造成职业中毒或职业病的尘毒产生点及其作业人员；直接管理重要危险点和有害点的部门及其负责人。

3. 安全生产检查的方法及工作程序

(1)检查方法。

①常规检查是常见的一种检查方法。通常是由安全管理人员作为检查工作的主体,到作业场所的现场,通过感观或辅助一定的简单工具、仪表等,对作业人员的行为、作业场所的环境条件、生产设备设施等进行的定性检查。安全检查人员通过这一手段,及时发现现场存在的安全隐患并采取措施予以消除,纠正施工人员的不安全行为。

常规检查完全依靠安全检查人员的经验和能力,检查的结果直接受安全检查人员个人素质的影响。因此,对安全检查人员个人素质的要求较高。

②安全检查表法。为使检查工作更加规范,将个人的行为对检查结果的影响减少到最小。

安全检查表(SCL)是事先把系统加以剖析,列出各层次的不安全因素,确定检查项目,并把检查项目按系统的组成顺序编制成表,以便进行检查或评审,这种表就叫做安全检查表。安全检查表是进行安全检查,发现和查明各种危险和隐患,监督各项安全规章制度的实施,及时发现事故隐患并制止违章行为的一个有力工具。

安全检查表应列举需查明的所有可能会导致事故的不安全因素。每个检查表均需注明检查时间、检查者、直接负责人等,以便分清责任。安全检查表的设计应做到系统、全面,检查项目应明确。

③仪器检查法。机器、设备内部的缺陷及作业环境条件的真实信息或定量数据,只能通过仪器检查法来进行定量化的检验与测量,才能发现安全隐患,从而为后续整改提供信息。因此,必要时需要实施仪器检查。由于被检查的对象不同,检查所用的仪器和手段也不同。

(2)安全生产检查的工作程序,一般包括以下几个步骤。

①安全检查准备。

a. 确定检查的对象、目的、任务;

b. 查阅、掌握有关法规、标准、规程的要求;

c. 了解检查对象的工艺流程、生产情况、可能出现危险、危害的情况;

d. 制订检查计划,安排检查内容、方法、步骤;

e. 编写安全检查表或检查提纲;

f. 准备必要的检测工具、仪器、书写表格或记录本;

g. 挑选和训练检查人员并进行必要的分工等。

②实施安全检查是通过访谈、查阅文件和记录、现场观察、仪器测量的方式获取信息的过程。

a. 访谈。通过与有关人员谈话来查安全意识、查规章制度执行情况等;

b. 查阅文件和记录。检查设计文件、作业规程、安全措施、责任制度、操作规程等是否齐全、有效;查阅相应记录,判断上述文件是否被执行;

c. 现场观察。对作业现场的生产设备、安全防护设施、作业环境、人员操作等进行观察,寻找不安全因素、事故隐患、事故征兆等;

d. 仪器测量。利用一定的检测检验仪器设备,对在用的设施、设备、器材状况及作业环境条件等进行测量,以发现隐患。

③通过分析作出判断。掌握情况(获得信息)之后,要进行分析、判断和验证。可凭经验、技能进行分析,作出判断,必要时需对所做判断进行验证,以保证得出正确结论。

④及时作出决定进行处理。作出判断后,应针对存在的问题作出采取措施的决定,即提出隐患整改意见和要求,包括要求进行信息的反馈。

⑤整改落实。存在隐患的单位必须按照检查组(人员)提出的隐患整改意见和要求落实整改。检查组(人员)整改落实情况进行复查,获得整改效果的信息,以实现安全检查工作的闭环。

八、隐患排查治理

1. 隐患排查及治理的重要性

《安全生产法》第十七条规定:企业主要负责人有"督促、检查本单位的安全生产工作,及时消除生产安全事故隐患"的职责。

《国务院关于进一步加强企业安全生产工作的通知》(国发[2010]23号),以下简称《通知》,进一步强调了及时排查治理安全隐患的重要性。

《通知》第4条要求:企业要经常性开展安全隐患排查,并切实做到整改措施、责任、资金、时限和预案"五到位"。建立以安全生产专业人员为主导的隐患整改效果评价制度,确保整改到位。对隐患整改不力造成事故的,要依法追究企业和企业相关负责人的责任。对停产整改逾期未完成的不得复产。

《通知》第8条要求:因安全生产技术问题不解决产生重大隐患的,要对企业主要负责人、主要技术负责人和有关人员给予处罚。

《通知》第14条要求:依法维护和落实企业职工对安全生产的参与权与监督权,鼓励职工监督举报各类安全隐患,对举报者予以奖励。

《通知》第16条要求:对重大危险源和重大隐患要报当地安全生产监管监察部门、负有安全生产监管职责的有关部门和行业管理部门备案。

《通知》第26、30条要求:对存在落后技术装备、构成重大安全隐患的企业,要予以公布,责令限期整改,逾期未整改的依法予以关闭;存在重大隐患整改不力的企业,由省级及以上安全监管监察部门会同有关行业主管部门向社会公告,并向投资、国土资源、建设、银行、证券等主管部门通报,一年内严格限制新增的项目核准、用地审批、证券融资等,并作为银行贷款等的重要参考依据。

《国务院安委会办公室关于实行安全生产事故隐患排查治理情况月通报的通知(安委办[2012]23号)》要求:自2012年7月1日起,对全国安全生产事故隐患排查治理情况实行月通报。月通报主要内容是:每月汇总各地区、各有关部门和单位开展安全生产事故隐患排查治理情况,重点分析开展隐患排查治理企业和单位、一般事故隐患排查治理、重大事故隐患排查治理、重大事故隐患挂牌督办以及落实隐患治理资金等情况,查找存在的问题,提出下一阶段的工作措施。启用安全生产事故隐患排查治理信息统计网上报送系统。

可见,对于企业而言,隐患排查和治理已经成为安全生产管理的核心内容之一,企业隐患治理整改情况也是政府安全生产监督部门关注的焦点之一,企业应从安全生产制度上确保隐患排查治理的经常化,通过安全生产技术创新提高隐患排查治理绩效。

2. 隐患排查治理措施与方法

隐患排查是指企业组织安全生产管理人员、工程技术人员和其他相关人员对本单位的事故隐患进行排查的行为。隐患治理就是指消除或控制隐患的活动或过程。

企业是隐患排查工作的责任主体,方法是定期组织安全生产管理人员、工程技术人员和其他相关人员排查本单位的事故隐患和鼓励、发动职工发现事故隐患,鼓励社会公众举报。此项工作通常与企业的各种安全生产检查工作相结合。对排查出的事故隐患,应当按照事故隐患的等级进行登记,建立事故隐患信息档案。根据上述要求,隐患排查的过程就是企业定期组织所属人员主动、全面地查找并发现隐患、确定其等级、建立事故隐患信息档案,同时鼓励社会公众举报。

企业对于排查出的事故隐患,应当按照事故隐患的等级进行登记,建立事故隐患信息档案,并按照职责分工实施监控治理。对于一般事故隐患,由于其危害和整改难度较小,发现后应当立即整改排除。对于重大事故隐患,由应企业主要负责人组织制订并实施事故隐患治理方案;在事故隐患治理过程中,应采取相应的安全防范措施,防止事故发生。

(1)企业隐患排查治理工作的主要内容。

企业是隐患排查治理工作的最直接和最重要的主体,是隐患排查治理工作的直接实施者。企业隐患排查治理工作主要包括三个方面:自查隐患、治理隐患和自报隐患。自查是为了发现自身所存在的隐患,保证全面而减少遗漏;治理是为了将自查中发现的隐患控制住,防止引发后果,尽可能从根本上解决问题;自报是为了将自查和治理情况报送政府有关部门,以使其了解企业在排查和治理方面的信息,提供监管和帮助,从企业的外部获得相关的服务。

企业在政府及其部门的统一安排和指导下,确定自身的分类分级的定位,采用其适用的隐患排查治理标准,通过全面准备、制度建设、实施排查、分析改进等步骤形成完整的系统的企业自查机制。

①全面准备。为保证隐患自查工作从一开始就能够打下坚实的基础,企业必须做好与之相关的全面准备工作。隐患排查治理是涉及企业所有部门、所有生产流程、所有人员的一项系统工程,如果不做好全面的准备,那么所建立的隐患排查治理机制肯定缺乏系统性并且可操作性差,结果必然是“一阵风”式的开展一次“运动”,不能做到深入和持久地开展自查工作。

②制度建设。制度是企业管理的基本依据,需要企业将法律法规和标准规范以及上级和外部的其他要求全面掌握,吃透其精神和实质,将其各项具体的规定结合自身的实际情况,通过编制工作将外部的规定转化为企业内部的各项规章制度,再经过全面地执行和落实,变成企业的管理行动。隐患排查治理工作也不例外,也基本上按这一思路展开。

③实施排查。排查的实施是一个涉及企业所有管理范围的工作,不能是“一窝蜂”式的运动式排查,需要有计划、按部就班地开展。排查的实施阶段主要工作包括:排查计划、首次会议、实施排查、总结分析、末次会议和隐患治理等。

④上报。企业隐患排查治理主管部门将有关排查记录等材料整理后,在企业信息管理部门的配合下,应用隐患排查治理信息管理系统,向上级单位和有关政府监管部门的上报规定的信息。

⑤改进。全面总结分析隐患排查治理工作的情况,重点关注实际工作中的情况与隐患排查治理制度所规定的内容不相符合的地方,对制度文件进行修订,为隐患排查治理工作的常规化奠定基础。

(2)隐患的日常自查。

企业通过前一阶段的隐患排查治理初期工作已经初步形成了一个隐患排查治理工作框

架,但还需要通过更多的日常工作才能建立比较完善、正常运转的隐患排查治理工作的实施机制,以保证此项工作的常态化和持续改进。

①组织机构。要形成从主要负责人到一线员工的隐患排查治理工作网络,确定各个层级的隐患排查治理职责。

领导层:主要负责人是隐患排查治理工作的第一责任人,通过安委会、办公会等形式,将隐患排查治理工作纳入到其日常工作的范围中,亲自定期组织和参与检查,及时准确把握情况,发出明确的指令。确定主管负责人,当然常见的就是主管安全生产工作的副职,要在其职责中明确有关隐患排查治理的内容,将有关情况上传下达,做好主要负责人的帮手。其他有关领导也要在各自管辖范围内做好隐患排查治理工作,至少要知道、过问、督促、确认。

管理层:安全生产管理机构和人员是隐患排查治理工作的骨干力量,编制有关制度、培训各类人员、组织检查排查、下达整改指令、验证整改效果等是主要的工作内容,还要通过监督方式对各级管理人员在隐患排查治理工作方面的履职情况进行了解,纳入考核,避免将隐患排查治理工作只限于安全部门的范围,而是要全力推动全方位和全员化。

操作层:在责任制和操作规程中明确隐患排查治理是其工作内容的不可或缺的重要组成部分,在日常的各项工作中,要有高度的隐患意识,随时发现和处理各种隐患和事故苗头,自己不能解决的及时上报,并采取临时性的控制措施,并注意做好记录,为统计分析隐患问题留下一手资料。

②规章制度。与隐患排查治理工作相关的内容应包含在安全生产责任制中,并有专门的隐患排查治理制度,还要在操作规程中有所体现。

③隐患排查的主体是企业的所有人员,从领导到一线员工直到在企业工作范围内的外部人员。因为隐患的存在是广泛的,而所有人员能够在各自工作岗位上及时发现之,才能保证排查的全面性和有效性。所有人员能不能或者会不会隐患排查是有前提的,必须对其进行有针对性和有效果的教育培训,在各种安全生产教育培训工作中要将隐患排查的内容纳入,并根据需要做专门的培训,还要确认培训的效果,以保证所有人员有意识、有能力地开展隐患排查。

隐患排查的主体重点在专业技术人员和班组的一线员工。

(3)隐患排查的方式方法。排查隐患前要制订隐患排查方案,明确排查的目的、范围,选择合适的排查和方法。排查方案应根据:有关安全生产法律、法规要求;涉及规范、管理标准、技术标准,行业安全生产目标。

事故隐患排查方法有很多,有群查、点查、循章排查和类比复查等,实际排查中,可以将这几种方法组合运用。

①群查,是指调动员工预防事故的积极性和能动性,同心协力查找生产中的事故隐患,它包括部门、车间、班组内的自查互查、基层工会的监督检查等形式。群查的优点是把排查事故隐患的视线从身边逐步向远处延伸,既要做好自身岗位设备设施以及周边作业环境中事故隐患的排查,又要以自身为基本依据,撒开"大网",把平时那些司空见惯、习以为常的问题都网在其中,逐一排查,防止出现漏洞。

②点查,是采取抽样的方式、不定期的"突袭排查",也可以针对容易形成重大事故隐患的重要部位组织专人进行排查。"点查"能够发现一些平时不容易暴露或预先检查中被"掩饰"的事故隐患,掌握其真实情况,有利于纠偏和事故隐患的治理;也可以突出重点,强化地重要部位的控制和防范。

③循章排查,是遵循法律、法规、标准、条例和操作规程等规定,排查生产过程中的事故隐患,凡不符合法规、标准规定的,都是事故隐患,都是可能出现事故或导致伤亡,必须立即制止,坚决纠正。“循章排查”能提高企业遵纪守法的自觉性,使排查内容“合规合法”。

④类比复查,是借鉴事故案例,复查本单位有没有类似情况,确定事故隐患。企业应善于吸取其他单位的事故案例,将导致事故的原因“对号入座”,排查本单位是否存在这类情况,是否构成了事故隐患。同时,企业要“借题发挥”,要及时将事故案例当作一面镜子,衍射到安全生产的方方面面,反复进行排查。

“群查”与“点查”相结合的事故隐患排查方法,既可以扩大排查的面,又能突出排查中的重点:无论是“群查”还是“点查”,都应结合生产工艺和作业方式的实际,编制事故隐患排查标准,其基本内容为:排查时间、排查内容、执行人、信息交流和反馈的方式及程序等。“循章排查”和“类比复查”相结合的事故隐患排查方法,可以提高排查的科技含量和排查的合规性及针对性。

(4)隐患排查的范围。

交通运输企业营运过程风险种类复杂,既涉及法律风险、市场风险,也较为频繁受到自然灾害、恶劣天气和人为因素的影响,此外,设备设施的运转状态等也是重要因素。因此,交通运输企业隐患排查范围可以进行如下界定:

①经营资质:企业是否取得合法许可证照、经营资质、经营范围是否合法合规。

②人员资质及设备设施标准:各级各类从业人员是否取得合法证照及资质,各种设备设施是否符合相关法规、规范及标准要求。

③安全生产管理制度合规性:安全生产管理责任制是否建立,安全主体责任是否落实,是否逐级签订责任书,安全生产台账、安全生产费用是否制度化。

④挂靠或代管运输设备安全管理:非本企业运输设备安全管理是否落实。

⑤设备设施及作业场所、作业活动安全管理:是否制订、落实设备、设施、作业场所及关键作业活动安全管理制度。

⑥人员安全管理:是否通过培训、教育、检查及奖惩等各项措施落实安全文化建设。

⑦重大危险源管理:是否建立危险源辨识、分级及监控制度,执行是否到位,整改要求是否切实执行。

⑧应急管理:是否针对企业具体情况制订相关预案体系或专项预案,应急人员是否配备并执行应急值班、应急设备、物资是否齐备及状态正常,应急演练是否按期开展等。

⑨事故管理:是否严格执行安全生产事故责任制度。

(5)隐患治理与持续改进。

隐患排查的目的不仅是要发现隐患,更要消除隐患,并不断改进企业安全生产水平。针对隐患排查结果,企业应采取合理的隐患治理措施进行应对。

①制订隐患治理方案主要针对重大事故隐患来讲的。对于一般事故隐患,由企业或部门负责人或者有关人员立即组织整改。对于重大事故隐患,由企业主要负责人组织制订并实施事故隐患治理方案。重大事故隐患治理方案应当包括以下内容:

a. 治理的目标和任务;

b. 采取的方法和措施;

c. 经费和物资的落实;

d. 负责治理的机构和人员;

e. 治理的时限和要求；

f. 安全措施和应急预案。

②采取隐患治理措施。在事故隐患治理过程中，应当采取相应的安全防范措施，防止事故发生。事故隐患排除前或者排除过程中无法保证安全的，应当从危险区域内撤出作业人员，并疏散可能危及的其他人员，设置警戒标志，暂时停产停业或者停止使用；对暂时难以停产或者停止使用的相关生产储存装置、设施、设备，应当加强维护和保养，防止事故发生。重大事故隐患在治理前应采取临时控制措施并制订应急预案。

一般而言，隐患治理措施应包括：

a. 工程技术措施；

b. 管理措施；

c. 教育措施；

d. 防护措施和应急措施。

③自然灾害或极端环境的预防。对于因自然灾害或极端环境可能导致事故灾难的隐患，应当按照有关法律、法规、标准和本规定的要求排查治理，采取可靠的预防措施，制订应急预案。在接到有关自然灾害或极端环境预报时，应当及时向下属单位发出预警通知；发生自然灾害或极端环境可能危及企业和人员安全情况时，应当采取撤离人员、停止作业、加强监测等安全措施，并及时向当地人民政府及其有关部门报告。

④验证和评估。隐患治理情况验证和评估。治理完成后，应对治理情况进行验证和效果评估，验证治理的措施是否得当，是否达到了预期效果，隐患是否已经消除，是否满足生产安全运行，是否产生新的安全隐患等。

隐患排查治理机制的各个方面都不是一成不变的，要随着安全生产管理水平的提高而与时俱进，借助安全生产标准化的自评和评审、职业健康安全管理体系的合规性评价、内部审核与认证审核等外力的作用，实现企业在此工作方面的持续改进。另外，隐患排查治理也为整体安全生产管理提供了持续改进的信息资源，通过对隐患排查治理情况的统计、分析，能够为预测预警输入必要的信息，能够为管理的改进提供方向性的资料。这种资源在当前还没有得到充分的认识和重视，应当给予特别的关注。

(6)企业隐患排查治理的制度及相关措施。

企业应建立完备的隐患排查及治理制度。内容应涉及：事故隐患排查治理的档案台账制度、监控和应急管理制度、挂牌制度、限期整改销号制度、专项资金使用制度、岗位责任制度、统计分析制度、公告公示制度、定期报告和举报奖励等制度，组织事故隐患排查，及时发现并排除从业人员存在的各类违章行为和带病运行的设备、设施及场所的各类事故隐患。具体而言，需要做好以下几个方面的工作。

①企业主要负责人对本单位事故隐患排查治理工作全面负责。定期组织安全生产管理人员和其他相关人员排查本单位的事故隐患，并逐级落实，从主要负责人到每个从业人员的隐患排查治理的范围和责任，保证不留空当，不留死角。

②依照有关法律法规和文件要求制订具体方案，对安全生产规章制度、落实责任、安全管理体系、资金投入、人员培训、劳动纪律、现场管理、防控手段、事故查处以及安全生产基本条件、基础设施、技术、作业环境等方面组织自查。

③企业接到有关部门下达的责令停产整改指令，必须立即停止经营，由主要负责人组织制订方案，并及时报送有关部门。停产整改方案应确定整改项目、整改目标、整改时限、整改

作业范围、从事整改的作业人员,落实整改责任人、资金,还应包括安全技术措施和应急预案,以及职工安全教育和培训等内容。

④定期召开例会,企业主要负责人和内设机构负责人参加,通报隐患排查治理工作,研究解决隐患排查工作中存在的问题,安排隐患排查治理阶段性工作;安全生产小组应结合安全生产日常监管工作,组织人员,定期对企业安全生产事故隐患进行检查,发现问题及时依法查处。

⑤对本企业自查和有关部门检查发现的重大事故隐患要予以公示。对本企业存在的重大事故隐患应当在排查或检查发现的 3 日内进行公示。出现重大隐患,应主动接受社会舆论监督,及时公开重大事故隐患的治理情况。

⑥安全生产小组对单位重大事故隐患整改,要落实跟踪督办的内设机构和责任人,督促企业落实各项防范措施,对单位重大事故隐患的治理情况进行跟踪督办。督促整改的责任人应当定期进入作业现场,跟踪检查有关防范和监控措施落实情况,及时掌握重大事故隐患整改进度,督促相关部门按整改方案对重大事故隐患进行治理,彻底消除重大事故隐患。

⑦重大事故隐患整改结束后,整改单位应向督办单位提出复产验收申请。接受申请的部门应组织有关人员进行现场核查。

⑧重大事故隐患在整改期限内彻底治理,经有关部门验收合格后,将有关档案整理后归档管理。

⑨应当建立隐患排查治理工作奖惩机制,对未定期排查事故隐患或未及时有效整改事故隐患的部门和个人,实施责任追究;对在隐患排查治理工作中成效突出的部门和个人给予奖励。

九、劳动防护用品管理

劳动防护用品是指由生产经营单位为从业人员配备的,使其在劳动过程中免遭或者减轻事故伤害及职业危害的个人防护装备。使用劳动防护用品,是保障从业人员人身安全与健康的重要措施,也是保障生产经营单位安全生产的基础。

1. 劳动防护用品分类

劳动防护用品种类很多,下面主要介绍 3 种分类方法。

(1)按劳动防护用品防护性能分类。

2005 年 7 月 22 日,国家安全生产监督管理总局 1 号令发布的《劳动防护用品监督管理规定》中将劳动防护用品分为特种劳动防护用品和一般劳动防护用品两大类。

①特种劳动防护用品。国家安监总局 1 号令第四条中规定:“特种劳动防护用品目录由国家安全生产监督管理总局确定并公布。”2005 年 10 月国家安监总局发布安监总规划字[2005]149 号文的《特种劳动防护用品安全标志实施细则》的特种劳动防护用品目录中,将特种劳动防护用品分为:头部护具类、呼吸护具类、眼(面)护具类、防护服类、防护鞋类、防坠落护具类。

②一般劳动防护用品。未列入特种劳动防护用品目录的劳动防护用品为一般劳动防护用品。如一般的工作服、手套等。

(2)按劳动防护用品防护部位分类。

①头部防护用品。为防御头部不受外来物体打击和其他因素危害配备的个人防护装备,如一般防护帽、防尘帽、防水帽、安全帽、防寒帽、防静电帽、防高温帽、防电磁辐射帽、防

昆虫帽等。

②呼吸器官防护用品。为防御有害气体、蒸气、粉尘、烟、雾由呼吸道吸人,或直接向使用者供氧或清净空气,保证尘、毒污染或缺氧环境中作业人员正常呼吸的防护用具,如防尘口罩(面具)、防毒口罩(面具)等。

③眼面部防护用品。预防烟雾、尘粒、金属火花和飞屑、热、电磁辐射、激光、化学飞溅等伤害眼睛或面部的个人防护用品,如焊接护目镜和面罩、炉窑护目镜和面罩以及防冲击眼护具等。

④听觉器官防护用品。能够防止过量的声能侵入外耳道,使人耳避免噪声的过度刺激,减少听力损失,预防由噪声对人身引起的不良影响的个体防护用品,如耳塞、耳罩、防噪声头盔等。

⑤手部防护用品。保护手和手臂,供作业者劳动时戴用的手套(劳动防护手套),如一般防护手套、防水手套、防寒手套、防毒手套、防静电手套、防高温手套、防 X 射线手套、耐酸碱手套、防油手套、防振手套、防切割手套、绝缘手套等。

⑥足部防护用品。防止生产过程中有害物质和能量损伤劳动者足部的护具,通常人们称劳动防护鞋,如防尘鞋、防水鞋、防寒鞋、防静电鞋、防高温鞋、耐酸碱鞋、防油鞋、防烫脚鞋、防滑鞋、防刺穿鞋、电绝缘鞋、防振鞋等。

⑦躯干防护用品,即通常讲的防护服,如一般防护服、防水服、防寒服、防砸背心、防毒服、阻燃服、防静电服、防高温服、防电磁辐射服、耐酸碱服、防油服、水上救生衣、防昆虫服、防风沙服等。

⑧护肤用品,指用于防止皮肤(主要是面、手等外露部分)免受化学、物理等因素的危害的用品,如防毒、防腐、防射线、防油漆的护肤品等。

(3)按劳动防护用品用途分类。

①按防止伤亡事故的用途可分为:防坠落用品、防冲击用品、防触电用品、防机械外伤用品、耐酸碱用品、耐油用品、防水用品、防寒用品。

②按预防职业病的用途可分为:防尘用品、防毒用品、防噪声用品、防振动用品、防辐射用品、防高低温用品等。

2.劳动防护用品的配备

《安全生产法》第三十七条规定:“生产经营单位必须为从业人员提供符合国家标准或者行业标准的劳动防护用品,并监督、教育从业人员按照使用规则佩戴、使用。”

《职业病防治法》规定:“用人单位必须为劳动者提供个人使用的职业病防护用品。”

(1)选用原则。

1989 年,我国颁布了《劳动防护用品选用的规则》(GB11651—1989)国家标准,为选用劳动防护用品提供了依据。正确选用优质的防护用品是保证劳动者安全与健康的前提,选用的基本原则是:

①根据国家标准、行业标准或地方标准选用;

②根据生产作业环境、劳动强度以及生产岗位接触有害因素的存在形式、性质、浓度(或强度)和防护用品的防护性能进行选用;

③穿戴要舒适方便,不影响工作。

(2)劳动防护用品发放要求。

2000 年,国家经贸委颁布了《劳动防护用品配备标准(试行)》(国经贸安全[2000]189

号),规定了国家工种分类目录中的116个典型工种的劳动防护用品配备标准。用人单位应当按照标准,根据不同工种和劳动条件发给职工个人劳动防护用品。

用人单位发放劳动防护用品的具体责任为:

①用人单位应根据工作场所中的职业危害因素及其危害程度,按照法律、法规、标准的规定,为从业人员免费提供符合国家规定的护品。不得以货币或其他物品替代应当配备的护品。

②用人单位应到定点经营单位或生产企业购买特种劳动防护用品。特种劳动防护用品必须具有"三证"和"一标志",即生产许可证、产品合格证、安全鉴定证和安全标志。购买的特种劳动防护用品须经本单位安全管理部门验收,并应按照特种劳动防护用品的使用要求,在使用前对其防护功能进行必要的检查。

③用人单位应教育从业人员,按照防护品的使用规则和防护要求正确使用防护品,确保职工做到"三会":会检查防护品的可靠性,会正确使用防护品,会正确维护保养防护品。用人单位应定期进行监督检查。

④用人单位应按照产品说明书的要求,及时更换、报废过期和失效的防护品。

⑤用人单位应建立健全防护品的购买、验收、保管、发放、使用、更换、报废等管理制度和使用档案,并进行必要的监督检查。

3. 劳动防护用品的正确使用方法

使用劳动防护用品的一般要求是:

(1)劳动防护用品使用前应首先做一次外观检查。检查的目的是确认防护用品对危险有害因素防护效能的程度。检查的内容包括外观有无缺陷或损坏,各部件组装是否严密,启动是否灵活等。

(2)劳动防护用品的使用必须在其性能范围内,不得超极限使用;不得使用未经国家指定、未经监测部门认可(国家标准)和检测还达不到标准的产品;不得使用无安全标志的特种劳动防护用品;不能随便代替,更不能以次充好。

(3)严格按照使用说明书正确使用劳动防护用品。

第四节　企业安全生产标准化

一、安全生产标准化建设的意义

安全生产标准化:通过建立安全生产责任制,制订安全管理制度和操作规程,排查治理隐患和监控重大危险源,建立预防机制,规范生产行为,使各生产环节符合有关安全生产法律法规和标准规范的要求,人、机、物、环境处于良好的生产状态,并持续改进,不断加强企业安全生产规范化建设。

安全生产标准化建设:用科学的方法和手段,提高人的安全意识,创造人的安全环境,规范人的安全行为,使人—机—环达到最佳统一,从而实现最大限度地防止和减少伤亡事故的目的。其核心是人——即企业的每个员工。

1. 建立和保持

企业安全生产标准化工作采用"策划、实施、检查、改进"动态循环的模式,依据本标准的要求,结合自身特点,建立并保持安全生产标准化系统;通过自我检查、自我纠正和自我完善,建立安全绩效持续改进的安全生产长效机制。

2. 评定和监督

实行企业自主评定、外部评审的方式。企业应当根据本标准和有关评分细则，对本企业开展安全生产标准化工作情况进行评定；自主评定后申请外部评审定级。安全生产标准化评审分为一级、二级、三级，一级为最高。

安全生产监督管理部门对评审定级进行监督管理。

二、标准化建设重点内容

1. 目标

企业根据自身安全生产实际，制订总体和年度安全生产目标。

按照所属基层单位和部门在生产经营中的职能，制订安全生产指标和考核办法。

2. 组织机构和职责

企业应按规定设置安全生产管理机构，配备安全生产管理人员。

企业主要负责人应按照安全生产法律法规赋予的职责，全面负责安全生产工作，并履行安全生产义务。

企业应建立安全生产责任制，明确各级单位、部门和人员的安全生产职责。

3. 安全生产投入

建立安全生产投入保障制度，完善改进安全生产条件，按规定提取安全费用，专项用于安全生产，并建立安全费用台账。投入资金充分、满足法律法规要求、对后果负责。

4. 法律法规与安全管理制度

建立识别获取适用的安全生产法律法规、标准规范制度，明确主管部门，确定获取的渠道、方式，及时识别和获取适用的安全生产法律法规、标准规范。

各职能部门应及时识别和获取本部门适用的安全生产法律法规、标准规范，并跟踪、掌握有关法律法规、标准规范的修订情况，及时提供给企业内识别和获取适用的安全生产法律法规的主管部门汇总。

企业应将适用的安全生产法律法规、标准规范及其他要求及时传达给从业人员。企业应遵守安全生产法律法规、标准规范，并将相关要求及时转化为本单位的规章制度，贯彻到各项工作中。

5. 教育培训

企业应确定安全教育培训主管部门，按规定及岗位需要，定期识别安全教育培训需求，制订、实施安全教育培训计划，提供相应的资源保证。

应做好安全教育培训记录，建立安全教育培训档案，实施分级管理，并对培训效果进行评估和改进。

6. 生产设备设施建设

企业建设项目的所有设备设施应符合有关法律法规、标准规范要求；安全设备设施应与建设项目主体工程同时设计、同时施工、同时投入生产和使用。

企业应按规定对项目建议书、可行性研究、初步设计、总体开工方案、开工前安全条件确认和竣工验收等阶段进行规范管理。

生产设备设施变更应执行变更管理制度，履行变更程序，并对变更的全过程进行隐患控制。

设备设施运行管理

企业应对生产设备设施进行规范化管理，保证其安全运行。企业应有专人负责管理各种安全设备设施，建立台账，定期检维修。对安全设备设施应制定检维修计划。

设备设施检维修前应制订方案。检维修方案应包含作业行为分析和控制措施。检维修过程中应执行隐患控制措施并进行监督检查。

安全设备设施不得随意拆除、挪用或弃置不用；确因检维修拆除的，应采取临时安全措施，检维修完毕后立即复原。

设备的设计、制造、安装、使用、检测、维修、改造、拆除和报废，应符合有关法律法规、标准规范的要求。

企业应执行生产设备设施到货验收和报废管理制度，应使用质量合格、设计符合要求的设施。

拆除的生产设备设施应按规定进行处置。拆除的生产设备设施涉及危险物品的，须制定危险物品处置方案和应急措施，并严格按规定组织实施。

7. 作业安全

(1)生产现场管理和生产过程控制。企业应加强生产现场安全管理和生产过程的控制。对生产过程及物料、设备设施、器材、通道、作业环境等存在的隐患，应进行分析和控制。对动火作业、受限空间内作业、临时用电作业、高处作业等危险性较高的作业活动实施作业许可管理，严格履行审批手续。作业许可证应包含危害因素分析和安全措施等内容。

进行爆破、吊装等危险作业时，应当安排专人进行现场安全管理，确保安全规程的遵守和措施的落实。

(2)作业行为管理。企业应加强生产作业行为的安全管理。对作业行为隐患、设备设施使用隐患、工艺技术隐患等进行分析，采取控制措施。

(3)安全警示标志。企业应根据作业场所的实际情况，按照《安全标志使用导则》(GB 2894—2008)及企业内部规定，在有较大危险因素的作业场所和设备设施上，设置明显的安全警示标志，进行危险提示、警示，告知危险的种类、后果及应急措施等。

企业应在设备设施检维修、施工、吊装等作业现场设置警戒区域和警示标志，在检维修现场的坑、井、洼、沟、陡坡等场所设置围栏和警示标志。

(4)相关方管理。企业应执行承包商、供应商等相关方管理制度，对其资格预审、选择、服务前准备、作业过程、提供的产品、技术服务、表现评估、续用等进行管理。企业应建立合格相关方的名录和档案，根据服务作业行为定期识别服务行为风险，并采取行之有效的控制措施。企业应对进入同一作业区的相关方进行统一安全管理。

企业不得将项目委托给不具备相应资质或条件的相关方。企业和相关方的项目协议应明确规定双方的安全生产责任和义务。

(5)变更管理。企业应执行变更管理制度，对机构、人员、工艺、技术、设备设施、作业过程及环境等永久性或暂时性的变化进行有计划的控制。变更的实施应履行审批及验收程序，并对变更过程及变更所产生的隐患进行分析和控制。

8. 隐患排查和治理

企业应组织事故隐患排查工作，对隐患进行分析评估，确定隐患等级，登记建档，及时采取有效的治理措施。

(1)排查前提及依据。

法律法规、标准规范发生变更或有新的公布，以及企业操作条件或工艺改变，新建、改建、扩建项目建设，相关方进入、撤出或改变，对事故、事件或其他信息有新的认识，组织机构发生大的调整的，应及时组织隐患排查。

隐患排查前应制订排查方案，明确排查的目的、范围，选择合适的排查方法。排查方案应依据：

①有关安全生产法律、法规要求；

②设计规范、管理标准、技术标准；

③企业的安全生产目标等。

(2)排查范围与方法。企业隐患排查的范围应包括所有与生产经营相关的场所、环境、人员、设备设施和活动。企业应根据安全生产的需要和特点，采用综合检查、专业检查、季节性检查、节假日检查、日常检查等方式进行隐患排查。

(3)隐患治理。企业应根据隐患排查的结果，制订隐患治理方案，对隐患及时进行治理。

隐患治理方案应包括目标和任务、方法和措施、经费和物资、机构和人员、时限和要求。重大事故隐患在治理前应采取临时控制措施并制订应急预案。隐患治理措施包括：工程技术措施、管理措施、教育措施、防护措施和应急措施。治理完成后，应对治理情况进行验证和效果评估。

(4)预测预警。企业应根据生产经营状况及隐患排查治理情况，运用定量的安全生产预测预警技术，建立体现企业安全生产状况及发展趋势的预警指数系统。

9.重大危险源监控

(1)辨识与评估。企业应依据有关标准对本单位的危险设施或场所进行重大危险源辨识与安全评估。

(2)登记建档与备案。企业应当对确认的重大危险源及时登记建档，并按规定备案。

(3)监控与管理。企业应建立健全重大危险源安全管理制度，制订重大危险源安全管理技术措施。

10.职业健康

(1)职业健康管理。企业应按照法律法规、标准规范的要求，为从业人员提供符合职业健康要求的工作环境和条件，配备与职业健康保护相适应的设施、工具。定期对作业场所职业危害进行检测，在检测点设置标识牌予以告知，并将检测结果存入职业健康档案。

对可能发生急性职业危害的有毒、有害工作场所，应设置报警装置，制订应急预案，配置现场急救用品、设备，设置应急撤离通道和必要的泄险区。

各种防护器具应定点存放在安全、便于取用的地方，并有专人负责保管，定期校验和维护。企业应对现场急救用品、设备和防护用品进行经常性的检维修，定期检测其性能，确保其处于正常状态。

(2)职业危害告知和警示。企业与从业人员订立劳动合同时，应将工作过程中可能产生的职业危害及其后果和防护措施如实告知从业人员，并在劳动合同中写明。企业应采用有效的方式对从业人员及相关方进行宣传，使其了解生产过程中的职业危害、预防和应急处理措施，降低或消除危害后果。

对存在严重职业危害的作业岗位，应按照《工作场所职业病危害警示标识》(GBZ 158—2003)要求设置警示标识和警示说明。警示说明应载明职业危害的种类、后果、预防和应急救治措施。

(3)职业危害申报。企业应按规定，及时、如实向当地主管部门申报生产过程存在的职业危害因素,并依法接受其监督。

11. 应急救援

(1)应急机构和队伍。企业应按规定建立安全生产应急管理机构或指定专人负责安全生产应急管理工作。

企业应建立与本单位安全生产特点相适应的专兼职应急救援队伍,或指定专兼职应急救援人员,并组织训练;无需建立应急救援队伍的,可与附近具备专业资质的应急救援队伍签订服务协议。

(2)应急预案。企业应按规定制订生产安全事故应急预案,并针对重点作业岗位制订应急处置方案或措施,形成安全生产应急预案体系。应急预案应根据有关规定报当地主管部门备案,并通报有关应急协作单位。应急预案应定期评审,并根据评审结果或实际情况的变化进行修订和完善。

(3)应急设施、装备、物资。企业应按规定建立应急设施,配备应急装备,储备应急物资,并进行经常性的检查、维护、保养,确保其完好、可靠。

(4)应急演练。企业应组织生产安全事故应急演练,并对演练效果进行评估。根据评估结果,修订、完善应急预案,改进应急管理工作。

(5)事故救援。企业发生事故后,应立即启动相关应急预案,积极开展事故救援。

12. 事故报告、调查和处理

(1)事故报告。企业发生事故后,应按规定及时向上级单位、政府有关部门报告,并妥善保护事故现场及有关证据。必要时向相关单位和人员通报。

(2)事故调查和处理。企业发生事故后,应按规定成立事故调查组,明确其职责与权限,进行事故调查或配合上级部门的事故调查。事故调查应查明事故发生的时间、经过、原因、人员伤亡情况及直接经济损失等。事故调查组应根据有关证据、资料,分析事故的直接、间接原因和事故责任,提出整改措施和处理建议,编制事故调查报告。

13. 绩效评定和持续改进

(1)绩效评定。企业应每年至少一次对本单位安全生产标准化的实施情况进行评定,验证各项安全生产制度措施的适宜性、充分性和有效性,检查安全生产工作目标、指标的完成情况。

企业主要负责人应对绩效评定工作全面负责。评定工作应形成正式文件,并将结果向所有部门、所属单位和从业人员通报,作为年度考评的重要依据。企业发生死亡事故后应重新进行评定。

(2)持续改进。企业应根据安全生产标准化的评定结果和安全生产预警指数系统所反映的趋势,对安全生产目标、指标、规章制度、操作规程等进行修改完善,持续改进,不断提高安全管理水平。

第五节　重大危险源辨识与控制

一、重大危险源基础知识和辨识标准

1. 重大危险源基础知识

20 世纪 70 年代以来,预防重大工业事故已引起国际社会的广泛重视。随之产生"重大

危害”、“重大危害设施(国内称为重大危险源)”等概念。1993 年 6 月第 80 届国际劳工大会通过的《预防重大工业事故公约》,将“重大事故”定义为:在重大危害设施内的一项活动过程中出现意外的、突发性的事故,如严重泄漏、火灾或爆炸,其中涉及一种或多种危险物质,并导致对工人、公众或环境造成即刻的或延期的严重危险。对重大危害设施定义为:不论长期地或临时地加工、生产、处理、搬运、使用或储存数量超过临界量的一种或多种危险物质,或多类危险物质的设施(不包括核设施、军事设施以及设施现场之外的非管道的运输)。

我国国家标准《危险化学品重大危险源辨识》(GB 18218—2009)中将“重大危险源”定义为长期地或临时地生产、加工、使用或储存危险化学品,且危险化学品的数量等于或超过临界量的单元。单元指一个(套)生产装置、设施或场所,或同属一个生产经营单位的且边缘距离小于 500m 的几个(套)生产装置、设施或场所。

2. 重大危险源的辨识登记、申报或普查

防止重特大事故的第一步是以重大危险源辨识标准为依据,确认或辨识重大危险源。国际劳工组织认为,各国应根据具体的工业生产情况制订合适的重大危险源辨识标准,该标准应能代表本国优先控制的危险物质和设施,并根据新的知识和经验进行修改和补充。

在开展重大危险源辨识登记的同时,要进行隐患排查工作,即查找和确认是否存在人的不安全行为、物的不安全状态和管理上的缺陷。如果重大危险源已产生隐患,则必须立即整改或治理,并按法规标准进行评审和验收。对受技术或其他条件限制,不能立即整改治理的重大事故隐患,必须在安全评价基础上,强化安全管理、监控和应急措施等风险控制措施。

通过重大危险源和重大事故隐患辨识登记、申报或普查,建立重大危险源和重大事故隐患数据库,使企业和各级安全监管部门掌握重大危险源和重大事故隐患分布、分类及其安全状况,使事故预防做到心中有数,重点突出。

二、危险化学品重大危险源的辨识标准及方法

防止重大工业事故发生的第一步是辨识或确认高危险性的工业设施(危险源)。一般由政府主管部门或权威机构在物质毒性、燃烧和爆炸特性基础上,确定危险物质及其临界量标准(即重大危险源辨识标准)。通过危险物质及其临界量标准,就可以确定哪些是可能发生重大事故的潜在危险源。

国际劳工组织认为,各国应根据具体的工业生产情况制订适合国情的重大危险源辨识标准。标准的定义应能反映出当地急需解决的问题以及一个国家的工业模式,可能需有一个特指的或是一般类别或是两者兼有的危险物质一览表,并列出每种物质的限额或允许的数量,设施现场的危险物质超过这个数量,就可以定为重大危险源。任何标准一览表都必须是明确的,以便使雇主能迅速地鉴别出其控制下的哪些设施是在这个标准定义的范围内。要把所有可能会造成伤亡的工业过程都定为重大危险源是不现实的,因为由此得出的一览表会太广泛,现有的资源无法满足要求。标准的定义需要根据经验和对危险物质了解的不断加深进行修改。

参考国外同类标准,结合我国工业生产的特点和火灾、爆炸、毒物泄漏重大事故的发生规律,以及 1997 年由原劳动部组织实施的重大危险源普查试点工作中对重大危险源辨识进行试点的情况,中国安全生产科学研究院会同有关生产企业和研究院起草提出了国家标准《危险化学品重大危险源辨识》(GB 18218—2009),此标准自 2009 年 12 月 1 日实施。

单元内存在危险化学品的数量等于或超过附录一中表 1、表 2 规定的临界量,即被定为

重大危险源。单元内存在的危险化学品的数量根据处理危险化学品种类的多少区分为以下两种情况:

(1)单元内存在的危险化学品为单一品种,则该危险化学品的数量即为单元内危险化学品的总量,若等于或超过相应的临界量,则定为重大危险源。

(2)单元内存在的危险化学品为多品种时,则按下式计算,若满足该式,则定为重大危险源:

$$\frac{q_1}{Q_1}+\frac{q_2}{Q_2}+\cdots+\frac{q_n}{Q_n}\geqslant 1$$

式中:q_1、q_2……q_n——每种危险化学品实际存在量,单位为吨(t);

Q_1、Q_2……Q_n——与各危险化学品相对应的临界量,单位为吨(t)。

第六节　事故应急救援

一、事故应急救援体系

1. 事故应急救援的基本任务

事故应急救援的总目标是通过有效的应急救援行动,尽可能地降低事故的后果,包括人员伤亡、财产损失和环境破坏等。事故应急救援的基本任务包括下述4个方面:

(1)立即组织营救受害人员,组织撤离或者采取其他措施保护危害区域内的其他人员。抢救受害人员是应急救援的首要任务。在应急救援行动中,快速、有序、有效地实施现场急救与安全转送伤员,是降低伤亡率、减少事故损失的关键。由于重大事故发生突然、扩散迅速、涉及范围广、危害大,应及时指导和组织群众采取各种措施进行自身防护,必要时迅速撤离出危险区或可能受到危害的区域。在撤离过程中,应积极组织群众开展自救和互救工作。

(2)迅速控制事态,并对事故造成的危害进行检测、监测,测定事故的危害区域、危害性质及危害程度。及时控制住造成事故的危险源是应急救援工作的重要任务。只有及时地控制住危险源,防止事故的继续扩展,才能及时有效地进行救援。特别对发生在城市或人口稠密地区的化学事故,应尽快组织工程抢险队与事故单位技术人员一起及时控制事故继续扩展。

(3)消除危害后果,做好现场恢复。针对事故对人体、动植物、土壤、空气等造成的现实危害和可能的危害,迅速采取封闭、隔离、洗消、监测等措施,防止对人的继续危害和对环境的污染。及时清理废墟和恢复基本设施,将事故现场恢复至相对稳定的状态。

(4)查清事故原因,评估危害程度。事故发生后应及时调查事故的发生原因和事故性质,评估出事故的危害范围和危险程度,查明人员伤亡情况,做好事故原因调查,并总结救援工作中的经验和教训。

2. 事故应急管理的过程

尽管重大事故的发生具有突发性和偶然性,但重大事故的应急管理不只限于事故发生后的应急救援行动。应急管理是对重大事故的全过程管理,贯穿于事故发生前、中、后的各个过程,充分体现了“预防为主,常备不懈”的应急思想。应急管理是一个动态的过程,包括预防、准备、响应和恢复4个阶段。尽管在实际情况中这些阶段往往是交叉的,但每一阶段都有自己明确的目标,而且每一阶段又是构筑在前一阶段的基础之上,因而预防、准备、响应和恢复的相互关联,构成了重大事故应急管理的循环过程。

(1)预防。

在应急管理中预防有两层含义，一是事故的预防工作，即通过安全管理和安全技术等手段，尽可能地防止事故的发生，实现本质安全；二是在假定事故必然发生的前提下，通过预先采取的预防措施，达到降低或减缓事故的影响或后果的严重程度，如加大建筑物的安全距离、工厂选址的安全规划、减少危险物品的储存量、设置防护墙以及开展公众教育等。从长远看，低成本、高效率的预防措施是减少事故损失的关键。

(2)准备。

应急准备是应急管理过程中一个极其关键的过程。它是针对可能发生的事故，为迅速有效地开展应急行动而预先所做的各种准备，包括应急体系的建立、有关部门和人员职责的落实、预案的编制、应急队伍的建设、应急设备(施)与物资的准备和维护、预案的演练、与外部应急力量的衔接等，其目标是保持重大事故应急救援所需的应急能力。

(3)响应。

应急响应是在事故发生后立即采取的应急与救援行动，包括事故的报警与通报、人员的紧急疏散、急救与医疗、消防和工程抢险措施、信息收集与应急决策和外部求援等。其目标是尽可能地抢救受害人员，保护可能受威胁的人群，尽可能控制并消除事故。

(4)恢复。

恢复工作应在事故发生后立即进行。首先应使事故影响区域恢复到相对安全的基本状态，然后逐步恢复到正常状态。要求立即进行的恢复工作包括事故损失评估、原因调查、清理废墟等。在短期恢复工作中，应注意避免出现新的紧急情况。长期恢复包括厂区重建和受影响区域的重新规划和发展。在长期恢复工作中，应吸取事故和应急救援的经验教训，开展进一步的预防工作和减灾行动。

3. 事故应急救援体系的建立

(1)事故应急救援体系的基本构成。

由于潜在的重大事故风险多种多样，所以相应每一类事故灾难的应急救援措施可能千差万别，但其基本应急模式是一致的。构建应急救援体系，应贯彻顶层设计和系统论的思想，以事件为中心，以功能为基础，分析和明确应急救援工作的各项需求，在应急能力评估和应急资源统筹安排的基础上，科学地建立规范化、标准化的应急救援体系，保障各级应急救援体系的统一和协调。

一个完整的应急体系应由组织体制、运作机制、法制基础和应急保障系统4部分构成。

①组织体制。应急救援体系组织体制建设中的管理机构是指维持应急日常管理的负责部门；功能部门包括与应急活动有关的各类组织机构，如消防、医疗机构等；应急指挥是在应急预案启动后，负责应急救援活动场外与场内指挥系统；而救援队伍则由专业和志愿人员组成。

②运作机制。应急救援活动一般划分为应急准备、初级反应、扩大应急和应急恢复四个阶段，应急机制与这四阶段的应急活动密切相关。应急运作机制主要由统一指挥、分级响应、属地为主和公众动员这四个基本机制组成。

a. 统一指挥是应急活动的最基本原则。应急指挥一般可分为集中指挥与现场指挥，或场外指挥与场内指挥等。无论采用哪一种指挥系统，都必须实行统一指挥的模式，无论应急救援活动涉及单位的行政级别高低和隶属关系不同，但都必须在应急指挥部的统一组织协调下行动，有令则行，有禁则止，统一号令，步调一致。

b. 分级响应是指在初级响应到扩大应急的过程中实行的分级响应的机制。扩大或提高应急级别的主要依据是事故灾难的危害程度,影响范围和控制事态能力。影响范围和控制事态能力是“升级”的最基本条件。扩大应急救援主要是提高指挥级别、扩大应急范围等。

c. 属地为主强调“第一反应”的思想和以现场应急、现场指挥为主的原则。

d. 公众动员机制是应急机制的基础,也是整个应急体系的基础。

③法制基础。法制建设是应急体系的基础和保障,也是开展各项应急活动的依据,与应急有关的法规可分为 4 个层次:由立法机关通过的法律,如紧急状态法、公民知情权法和紧急动员法等;由政府颁布的规章,如应急救援管理条例等;包括预案在内的以政府令形式颁布的政府法令、规定等;与应急救援活动直接有关的标准或管理办法等。

④保障系统。列于应急保障系统第一位的是信息与通讯系统,构筑集中管理的信息通讯平台是应急体系最重要的基础建设。应急信息通讯系统要保证所有预警、报警、警报、报告、指挥等活动的信息交流快速、顺畅、准确,以及信息资源共享;物资与装备不但要保证有足够的资源,而且还要实现快速、及时供应到位;人力资源保障包括专业队伍的加强、志愿人员以及其他有关人员的培训教育;应急财务保障应建立专项应急科目,如应急基金等,以保障应急管理运行和应急反应中各项活动的开支。

(2)事故应急救援体系响应机制。重大事故应急救援体系应根据事故的性质、严重程度、事态发展趋势和控制能力实行分级响应机制,对不同的响应级别,相应的明确事故的通报范围、应急中心的启动程度、应急力量的出动和设备、物资的调集规模、疏散的范围、应急总指挥的职位等。典型的响应级别通常可分为 3 级:

①一级紧急情况。必须利用所有有关部门及一切资源的紧急情况,或者需要各个部门同外部机构联合处理的各种紧急情况,通常要宣布进入紧急状态。在该级别中,作出主要决定的职责通常是紧急事务管理部门。现场指挥部可在现场作出保护生命和财产以及控制事态所必需的各种决定。解决整个紧急事件的决定,应该由紧急事务管理部门负责。

②二级紧急情况。需要两个或更多个部门响应的紧急情况。该事故的救援需要有关部门的协作,并且提供人员、设备或其他资源。该级响应需要成立现场指挥部来统一指挥现场的应急救援行动。

③三级紧急情况。能被一个部门正常可利用的资源处理的紧急情况。正常可利用的资源指在该部门权力范围内通常可以利用的应急资源,包括人力和物力等。必要时,该部门可以建立一个现场指挥部,所需的后勤支持、人员或其他资源增援由本部门负责解决。

(3)事故应急救援体系响应程序。

事故应急救援系统的应急响应程序按过程可分为接警、响应级别确定、应急启动、救援行动、应急恢复和应急结束等几个过程。

①接警与响应级别确定。接到事故报警后,按照工作程序,对警情作出判断,初步确定相应的响应级别。如果事故不足以启动应急救援体系的最低响应级别,则响应关闭。

②应急启动。应急响应级别确定后,按所确定的响应级别启动应急程序,如通知应急中心有关人员到位、开通信息与通讯网络、通知调配救援所需的应急资源(包括应急队伍和物资、装备等)、成立现场指挥部等。

③救援行动。有关应急队伍进入事故现场后,迅速开展事故侦测、警戒、疏散、人员救助、工程抢险等有关应急救援工作,专家组为救援决策提供建议和技术支持。当事态超出响应级别无法得到有效控制时,向应急中心请求实施更高级别的应急响应。

④应急恢复。救援行动结束后,进入临时应急恢复阶段。该阶段主要包括现场清理、人员清点和撤离、警戒解除、善后处理和事故调查等。

⑤应急结束。执行应急关闭程序,由事故总指挥宣布应急结束。

二、事故应急预案的策划与编制

1. 事故应急预案的作用

事故应急预案在应急系统中起着关键作用,它明确了在突发事故发生之前、发生过程中以及刚刚结束之后,谁负责做什么、何时做,以及相应的策略和资源准备等。它是针对可能发生的重大事故及其影响、后果的严重程度,为应急准备和应急响应的各个方面所预先作出的详细安排,是开展及时、有序和有效事故应急救援工作的行动指南。

(1)事故应急预案在应急救援中的重要作用。

①应急预案明确了应急救援的范围和体系,使应急准备和应急管理不再是无据可依、无章可循,尤其是培训和演习工作的开展。

②制订应急预案有利于作出及时的应急响应,降低事故的危害程度。

③事故应急预案成为各类突发重大事故的应急基础。通过编制基本应急预案,可保证应急预案足够灵活,对那些事先无法预料到的突发事件或事故,也可以起到基本的应急指导作用,成为开展应急救援的“底线”。在此基础上,可以针对特定危害编制专项应急预案,有针对性地制订应急措施、进行专项应急准备和演习。

④当发生超过应急能力的重大事故时,便于与上级应急部门协调。

⑤有利于提高风险防范意识。

(2)策划应急预案时应考虑的因素。

策划应急预案时应进行合理策划,做到重点突出,反映主要的重大事故风险,并避免预案相互孤立、交叉和矛盾。策划重大事故应急预案时应充分考虑下列因素:

①重大危险源普查的结果,包括重大危险源的数量、种类及分布情况,重大事故隐患情况等。

②本地区的地质、气象、水文等不利的自然条件(如地震、洪水、台风等)及其影响。

③本地区以及国家和上级机构已制订的应急预案的情况。

④本地区以往灾难事故的发生情况。

⑤功能区布置及相互影响情况。

⑥周边重大危险可能带来的影响。

⑦国家及地方相关法律法规的要求。

2. 重大事故应急预案的层次

基于可能面临多种类型的突发重大事故或灾害,为保证各种类型预案之间的整体协调性和层次,并实现共性与个性、通用性与特殊性的结合,对应急预案合理地划分层次,是将各种类型应急预案有机组合在一起的有效方法。应急预案可分为3个层次。

(1)综合预案。

综合预案相当于总体预案,从总体上阐述预案的应急方针、政策,应急组织结构及相应的职责,应急行动的总体思路等。通过综合预案,可以很清晰地了解应急的组织体系、运行机制及预案的文件体系。更重要的是,综合预案可以作为应急救援工作的基础和“底线”,对那些没有预料的紧急情况也能起到一般的应急指导作用。

(2)专项预案。

专项预案是针对某种具体的、特定类型的紧急情况,如危险物质泄漏、火灾、某一自然灾害等的应急而制订的。专项预案是在综合预案的基础上,充分考虑了某种特定危险的特点,对应急的形势、组织机构、应急活动等进行更具体的阐述,具有较强的针对性。

(3)现场预案。

现场预案是在专项预案的基础上,根据具体情况而编制的。它是针对特定的具体场所(即以现场为目标),通常是该类型事故风险较大的场所、装置或重要防护区域等所制订的预案。如危险化学品事故专项预案下编制的某重大危险源的应急预案等。现场应急预案的特点是针对某一具体场所的该类特殊危险及周边环境情况,在详细分析的基础上,对应急救援中的各个方面作出具体、周密而细致的安排,因而现场预案具有更强的针对性和对现场具体救援活动的指导性。

现场预案的另一特殊形式为单项预案。单项预案可以是针对一大型公众聚集活动(如经济、文化、体育、民俗、娱乐、集会等活动)或高风险的建设施工或维修活动(如人口高密度区建筑物的定向爆破、生命线施工维护等活动)而制订的临时性应急行动方案。随着这些活动的结束,预案的有效性也随之终结。单项预案主要是针对临时活动中可能出现的紧急情况,预先对相关应急机构的职责、任务和预防性措施作出的安排。

3. 应急预案的基本结构

不同的应急预案由于各自所处的层次和适用的范围不同,因而在内容的详略程度和侧重点上会有所不同,但都可以采用相似的基本结构,“1 +4”预案编制结构,该结构是由一个基本预案加上应急功能设置、特殊风险管理、标准操作程序和支持附件构成。

(1)基本预案。

基本预案是应急预案的总体描述,主要阐述应急预案所要解决的紧急情况、应急的组织体系、方针、应急资源、应急的总体思路,并明确各应急组织在应急准备和应急行动中的职责以及应急预案的演练和管理等规定。

(2)应急功能设置。

应急功能是指针对各类重大事故应急救援中通常采取的一系列的基本应急行动和任务,如指挥和控制、警报、通讯、人群疏散与安置、医疗、现场管制等。因此,设置应急功能时,应针对潜在重大事故的特点综合分析并将其分配给相关部门。对每一项应急功能都应明确其针对的形势、目标、负责机构和支持机构、任务要求、应急准备和操作程序等。

应急预案中包含的应急功能的数量和类型,主要取决于所针对的潜在重大事故危险的类型,以及应急的组织方式和运行机制等具体情况。

(3)特殊风险管理。

特殊风险指根据某类事故灾难、灾害的典型特征,需要对其应急功能作出针对性安排。应说明处置此类风险应该设置的专有应急功能或有关应急功能所需的特殊要求,明确这些应急功能的责任部门、支持部门、介入部门以及它们的职责和任务,为制订该类风险的专项预案提出特殊要求和指导。

(4)标准操作程序。

由于基本预案、应急功能设置并不说明各项应急功能的实施细节,因此各应急功能的主要责任部门必须组织制定相应的标准操作程序,为应急组织或个人提供履行应急预案中规定职责和任务的详细指导。标准操作程序应保证与应急预案的协调和一致性,其中重要的标准操作程序可作为应急预案附件或以适当方式引用。

(5)支持附件。

支持附件主要包括应急救援的有关支持保障系统的描述及有关的附图表,如危险分析附件,通讯联络附件,法律法规附件,机构和应急资源附件,教育、培训、训练和演习附件,技术支持附件,协议附件,其他支持附件等。

从广义上来说,应急预案是一个由各级文件构成的文件体系,它不仅是应急预案本身,也包括针对某个特定的应急任务或功能所制订的工作程序等。一个完整的应急预案的文件体系可包括预案、程序、指导书、记录等,是一个4级文件体系。

4. 应急预案的编制过程

应急预案的编制应包括下面5个过程:

(1)成立由各有关部门组成的预案编制小组,指定负责人。

(2)危险分析和应急能力评估。辨识可能发生的重大事故风险,并进行影响范围和后果分析(即危险识别、脆弱性分析和风险分析);分析应急资源需求,评估现有的应急能力。

(3)编制应急预案。根据危险分析和应急能力评估的结果,确定最佳的应急策略。

(4)应急预案的评审与发布。预案编制后应组织开展预案的评审工作,包括内部评审和外部评审,以确保应急预案的科学性、合理性以及与实际情况的符合性。预案经评审完善后,由主要负责人签署发布,并按规定报送上级有关部门备案。

(5)应急预案的实施。预案经批准发布后,应组织落实预案中的各项工作,如开展应急预案宣传、教育和培训,落实应急资源并定期检查,组织开展应急演习和训练,建立电子化的应急预案,对应急预案实施动态管理与更新,并不断完善。

5. 重大事故应急预案核心要素及编制要求

应急预案是针对可能发生的重大事故所需的应急准备和应急响应行动而制订的指导性文件,其核心内容如下:

(1)对紧急情况或事故灾害及其后果的预测、辨识和评估。

(2)规定应急救援各方组织的详细职责。

(3)应急救援行动的指挥与协调。

(4)应急救援中可用的人员、设备、设施、物资、经费保障和其他资源,包括社会和外部援助资源等。

(5)在紧急情况或事故灾害发生时保护生命、财产和环境安全的措施。

(6)现场恢复。

(7)其他,如应急培训和演练,法律法规的要求等。

应急预案是整个应急管理体系的反映,它不仅包括事故发生过程中的应急响应和救援措施,而且还应包括事故发生前的各种应急准备和事故发生后的紧急恢复,以及预案的管理与更新等。因此,一个完善的应急预案按相应的过程可分为6个一级关键要素,包括:①方针与原则;②应急策划;③应急准备;④应急响应;⑤现场恢复;⑥预案管理与评审改进。

6个一级要素相互之间既相对独立,又紧密联系,从应急的方针、策划、准备、响应、恢复到预案的管理与评审改进,形成了一个有机联系并持续改进的体系结构。根据一级要素中所包括的任务和功能,其中应急策划、应急准备和应急响应3个一级关键要素可进一步划分成若干个二级小要素。所有这些要素即构成了城市重大事故应急预案的核心要素。这些要素是重大事故应急预案编制所应当涉及的基本方面,在实际编制时,可根据职能部门的设置和职责分配等具体情况，将要素进行合并或增加，以便于组织编写。

三、应急预案的演练与维护

1. 事故应急救援预案演练的基本要求

发现缺陷、发现不足、改善协调、增强意识、提高水平、明确职责、预案协调、整体能力。

(1)可检验事故应急救援预案和程序的可操作性，在事故发生前暴露其缺点。

(2)辨识初应急救援资源的不足。

(3)进一步协调个应急机构、部门和人员。

(4)使公众对事故救援方面的信心和应急意识进一步加强。

(5)增强应急人员的熟练程度和信心。

(6)明确应急相关人员的岗位与职责。

(7)提高各级预案之间的协调性。

(8)进一步提高整体应急反应能力。

2. 事故应急救援演练的类型、基本任务及实施过程

(1)演练的类型。

①桌面演练。桌面演练仅限于有限的应急响应和内部协调活动，由应急组织的代表或关键岗位人员参加，按照应急预案及标准工作程序讨论发生紧急情况时应采取的行动。这种口头演练一般在会议室内举行，目的是锻炼参演人员解决问题的能力，解决应急组织相互协作和职责划分的问题。事后采取口头评论形式收集参演人员的建议，提交一份简短的书面报告，总结演练活动和提出有关改进应急响应工作的建议，为功能演练和全面演练做准备。

②功能演练。针对某项应急响应功能或其中某些应急响应行动举行的演练活动，一般在应急指挥中心或现场指挥部举行，并可同时开展现场演练，调用有限的应急设备，主要目的是针对应急响应功能，检验应急人员以及应急体系的策划和响应能力。演练完成后，除采取口头评论形式外，还应向地方提交有关演练活动的书面汇报，提出改进建议。

③全面演练。针对应急预案中全部或大部分应急响应功能，检验、评价应急组织应急运行的能力和相互协调的能力，一般持续几个小时，采取交互式方式进行，演练过程要求尽量真实，调用更多的应急人员和资源，并开展人员、设备及其他资源的实战性演练。演练完成后，除采取口头评论外，还应提交正式的书面报告。

(2)演练的基本任务。在事故真正发生前暴露预案和程序的缺陷；发现应急资源的不足(包括人力和设备等)；改善各应急部门、机构、人员之间的协调；增强公众应对突发重大事故救援的信心和应急意识；提高应急人员的熟练程度和技术水平；进一步明确各自的岗位与职责；提高各级预案之间的协调性；提高整体应急反应能力。

(3)演练的实施过程。综合性应急演练的过程可划分为演练准备、演练实施和演练总结三个阶段，各阶段的基本任务教材有明确要求。建立由多种专业人员组成的应急演练策划小组是成功组织开展演练工作的关键。参演人员不得参与策划小组，更不能参与演练方案的设计。

3. 事故应急救援预案演练效果评审方法及内容

应急演练结束后对演练的效果作出评价，提交演练报告，并详细说明演练过程中发现的问题。

(1)不足项。不足项指演练过程中观察或识别出的应急准备缺陷,在紧急事件发生时,可能导致应急救援体系有无法采取合理应对措施。应在规定的时间内予以纠正。策划小组负责人应对该不足项进行详细说明,并给出应采取的纠正措施和完成时限。

(2)整改项。整改项指演练过程中观察或识别出的,单独不可能在应急救援中对公众的安全与健康造成不良影响的应急准备缺陷。在下次演练前予以纠正。以下两种情况的整改项可列为不足项:某个应急组织中存在两个以上整改项,共同作用可影响保护公众安全与健康能力;某个应急组织在多次演练过程中,反复出现前次演练发现的整改项。

(3)改进项。改进项指应急准备过程中应予改善的问题,不会对人员的生命安全与健康产生严重的影响,视情况予以改进,不要求必须纠正。

第七节　职业危害预防和管理

一、职业危害评价与管理

1.职业卫生基本概念

《职业安全卫生术语》(GB/T 15236—2008)中对职业卫生的定义是:以职工的健康在职业活动过程中免受有害因素侵害为目的的工作领域及其在法律、技术、设备、组织制度和教育等方面所采取的相应措施。

2.职业性有害因素

(1)生产过程,指按生产工艺所要求的各项生产工序进行连续或间断作业的过程,它随生产技术、机器设备、使用材料和工艺流程变化而改变。

(2)劳动过程,指在按生产工艺所要求的各项生产中,从事有目的和有价值的职业活动过程,它涉及针对生产工艺流程的劳动组织、生产设备布局、作业者操作体位和劳动方式,以及智力和体力劳动的比例。

(3)生产环境,指作业场所环境,包括按工艺过程建立的室内作业环境和周围大气环境,以及户外作业大自然环境。

(4)工作场所,也称作业场所,指劳动者进行职业活动的全部地点。

(5)职业性有害因素,也称职业性危害因素或职业危害因素,是指在生产过程中、劳动过程中、作业环境中存在的各种有害的化学、物理、生物因素以及在作业过程中产生的其他危害劳动者健康、能导致职业病的有害因素。

(6)职业性有害因素分类

①按来源分类。各种职业性有害因素按其来源可分为以下3类:

a.生产过程中产生的有害因素:

化学因素。包括生产性粉尘和化学有毒物质。生产性粉尘,例如矽尘、煤尘、石棉尘、电焊烟尘等。化学有毒物质,例如铅、汞、锰、苯、一氧化碳、硫化氢、甲醛、甲醇等。

物理因素。例如异常气象条件(高温、高湿、低温)、异常气压、噪声、振动、辐射等。

生物因素。例如附着于皮毛上的炭疽杆菌、甘蔗渣上的真菌,医务工作者可能接触到的生物传染性病原物等。

b.劳动过程中的有害因素:劳动组织和制度不合理,劳动作息制度不合理等;精神性职业紧张;劳动强度过大或生产定额不当;个别器官或系统过度紧张,如视力紧张等;长时间不良体位或使用不合理的工具等。

c. 生产环境中的有害因素：自然环境中的因素，例如炎热季节的太阳辐射；作业场所建筑卫生学设计缺陷因素，例如照明不良、换气不足等。

②按有关规定分类。

2002 年卫生部颁布的《职业病目录》将职业危害因素分为十大类(115 种)：粉尘类(13 种)；放射性物质类(电离辐射)；化学物质类(56 种)；物理因素(4 种)；生物因素(3 种)；导致职业性皮肤病的危害因素(8 种)；导致职业性眼病的危害因素(3 种)；导致职业性耳鼻喉口腔疾病的危害因素(3 种)；导致职业性肿瘤的职业危害因素(8 种)；其他职业危害因素(5 种)。

3. 职业接触限值(OEL)

职业性有害因素的接触限值量值，指劳动者在职业活动过程中长期反复接触，对绝大多数接触者的健康不引起有害作用的容许接触水平。

其中，化学有害因素的职业接触限值包括时间加权平均容许浓度、最高容许浓度、短时间接触容许浓度、超限倍数四类。

(1)时间加权平均容许浓度(PC—TWA)。指以时间为权数规定的 8h 工作日、40h 工作周的平均容许接触浓度。

(2)最高容许浓度(MAC)。工作地点、在一个工作日内、任何时间有毒化学物质均不应超过的浓度。

(3)短时间接触容许浓度(PC—STEL)。在遵守时间加权平均容许浓度前提下容许短时间(15min)接触的浓度。

(4)超限倍数。对未制订 PC—STEL 的化学有害因素，在符合 8h 时间加权平均容许浓度的情况下，任何一次短时间(15min)接触的浓度均不应超过的 PC—TWA 的倍数值。

4. 职业禁忌与职业健康监护

(1)职业禁忌，指员工从事特定职业或者接触特定职业危害因素时，比一般职业人群更易于遭受职业危害的侵袭和罹患职业病，或者可能导致原有自身疾病的病情加重，或者在从事作业过程中诱发可能导致对他人生命健康构成危险的疾病的个人特殊生理或者病理状态。

(2)职业健康监护，是通过各种检查和分析，评价职业性有害因素对接触者健康影响及其程度，掌握职工健康状况，及时发现健康损害征象，以便采取相应的预防措施，防止有害因素所致疾患的发生和发展。包括开展职业健康体检、职业病诊疗、建立职业健康监护档桑等。

(3)职业健康监护档案，指生产经营单位需要建立的劳动者职业健康档案，包括劳动者的职业史、职业危害接触史、职业健康检查结果和职业病诊疗等有关个人健康资料。

5. 职业性病损和职业病

(1)健康，指整个身体、精神和社会生活的完好状态，而不仅仅是没有疾病或不虚弱。

(2)职业性病损，劳动者职业活动过程中接触到职业危害因素而造成的健康损害，统称职业性病损。包括工伤、职业病和工作有关疾病。

(3)职业病，指企业、事业和个体经济组织的劳动者在职业活动中，因接触粉尘、放射性物质和其他有毒、有害物质或有害因素等而引起的疾病。如在职业活动中，接触铍可引致铍肺，接触氟可致氟骨症，接触氯乙烯可引起肢端溶骨症，接触焦油沥青可引起皮肤黑变病等。

由国家主管部门公布的职业病目录所列的职业病称为法定职业病。界定法定职业病的4个基本条件是:在职业活动中产生;接触职业危害因素;列入国家职业病范围;与劳动用工行为相联系。

(4)职业病的分类。卫生部、原劳动和社会保障部于2002年颁布《职业病目录》(卫法监发[2002]108号),将10类共115种职业病列入法定职业病,包括:①尘肺13种;②职业性放射性疾病11种;③化学因素所致职业中毒56种;④物理因素所致职业病5种;⑤生物因素所致职业病3种;⑥职业性皮肤病8种;⑦职业性眼病3种;⑧职业性耳鼻喉口腔疾病3种;⑨职业性肿瘤8种;⑩其他职业病5种。

二、职业危害因素预防控制

职业危害因素预防控制工作的目的是预防、控制和消除职业危害,防治职业病,保护劳动者健康及相关权益,促进经济发展;利用职业卫生与职业医学和相关学科的基础理论,对工作场所进行职业卫生调查,判断职业危害对职业人群健康的影响,评价工作环境是否符合相关法规、标准的要求。

职业危害防治工作,必须发挥政府、生产经营单位、工伤保险、职业卫生技术服务机构、职业病防治机构等各方面的力量,由全社会加以监督,贯彻"预防为主,防治结合",的方针,遵循职业卫生"三级预防"的原则,实行分类管理,综合治理,不断提高职业病防治管理水平。

第一级预防,又称病因预防。是从根本上杜绝职业危害因素对人的作用,即改进生产工艺和生产设备,合理利用防护设施及个人防护用品,以减少工人接触的机会和程度。将国家制订的工业企业设计卫生标准、工作场所有害物质职业接触限值等作为共同遵守的接触限值或"防护"的准则,可在职业病预防中发挥重要的作用。

根据职业病防治法对职业病前期预防的要求,产生职业危害的生产经营单位的设立,除应当符合法律、行政法规规定的设立条件外,其工作场所还应当符合以下要求:

(1)职业危害因素的强度或者浓度符合国家职业卫生标准。

(2)有与职业危害防护需求相适应的设施。

(3)生产布局合理,符合有害与无害作业分开的原则。

(4)有配套的更衣间、洗浴间、孕妇休息间等卫生设施。

(5)设备、工具、用具及设施符合保护劳动者生理、心理健康的要求。

(6)法律、行政法规和国务院卫生行政部门关于保护劳动者健康的其他要求。

国家实行由安全生产监督管理部门主持的职业危害项目的申报制度,即新建、扩建、改建建设项目和技术改造、技术引进项目可能产生职业危害的,建设单位在可行性论证阶段应当提交职业危害预评价报告。建设项目在竣工验收前,建设单位应当进行职业危害控制效果评价。建设项目竣工验收时,其职业病防护设施经卫生行政部门验收合格后,方可投入正式生产和使用。建设项目的职业危害防护设施所需费用,应当纳入建设项目工程预算,并与主体工程同时设计,同时施工,同时投入生产和使用。这些措施均属于第一级预防措施。

第二级预防,又称发病预防。是早期检测和发现人体受到职业危害因素所致的疾病。其主要手段是定期进行环境中职业危害因素的监测和对接触者的定期体格检查,评价工作场所职业危害程度,控制职业危害,加强防毒防尘,防止物理性因素等有害因素的危害,使工作场所职业危害因素的浓度(强度)符合国家职业卫生标准。对劳动者进行职业健康监护,开展职业健康检查,早期发现职业性疾病损害,早期鉴别和诊断。

第三级预防，是在病人患职业病以后，合理进行康复处理。包括对职业病病人的保障；疑似职业病病人进行诊断。保障职业病病人享受职业病待遇，安排职业病病人进行治疗、康复和定期检查，对不适宜继续从事原工作的职业病病人，应当调离原岗位并妥善安置。

第一级预防是理想的方法，针对整体的或选择的人群，对人群健康和福利状态均能起本的作用，一般所需投入比第二级预防和第三级预防要少，且效果更好。

第八节　生产安全事故调查与分析

一、生产安全事故等级和分类

生产安全事故等级，是指根据生产安全事故造成的人员伤亡或者直接经济损失严重程度划分的事故等级。这种事故等级的划分，主要是为了便于生产安全事故报告和调查处理工作的分级管理。长期以来，我们一直把事故分成若干等级，并根据不同等级事故规定不同的报告和调查处理程序要求。但不同时期和不同行业对事故等级的划分有不同的分级办法，如1986年颁布的国家标准《企业职工伤亡事故分类》(GB 6442—1986)将一次死亡3人以上事故定为特大事故，将一次死亡1～2人事故定为重大伤亡事故。而后来我们在实际工作中，一般将一次死亡3～9人的事故称之为重大事故，把一次死亡10～29人的事故称之为特大事故，把一次死亡30人以上事故称之为特别重大事故。由此可见，过去对事故等级划分有些混乱。为统一生产安全事故分级标准，《生产安全事故报告和调查处理条例》(国务院令第493号)根据生产安全事故造成的人员伤亡或者直接经济损失严重程度，明确规定了生产安全事故分级标准，这是在国家行政法规中第一次明确规定生产安全事故分级标准，是目前我国最权威的事故分级标准。此外，有关法规和交通运输安全管理的部门规章也有一些特殊的事故等级划分办法。

1.普通生产安全事故的等级划分

根据《生产安全事故报告和调查处理条例》第三条的有关规定，生产安全事故一般分为以下四个等级：

(1)特别重大事故：

①一次造成30人以上(含30人)死亡；

②一次造成100人以上(含100人)重伤(包括急性工业中毒)；

③一次造成1亿元以上(含1亿元)直接经济损失。

(2)重大事故：

①一次造成10～29人死亡；

②一次造成50～99人重伤(包括急性工业中毒)；

③一次造成5 000万～1亿元直接经济损失。

(3)较大事故：

①一次造成3～9人死亡；

②一次造成10～49人重伤(包括急性工业中毒)；

③一次造成1 000万～5 000万元直接经济损失。

(4)一般事故：

①一次造成1～2人死亡；

②一次造成1～9人重伤(包括急性工业中毒)；

③一次造成100万～1 000万元直接经济损失。

需要说明的是,《生产安全事故报告和调查处理条例》在规定事故一般分为上述四个等级的同时,也规定针对一些行业或者领域事故的实际情况,国务院安全生产监督管理部门可以会同国务院有关部门,制订事故等级划分的补充性规定。这样规定,体现了原则性和灵活性的统一,符合实际情况。

2. 特殊行业或者领域的事故等级划分

公安、交通、民航等有关部门都制订有火灾事故、道路交通事故、水上交通事故、民航飞行事故分级标准,如《铁路交通事故应急救援和调查处理条例》中对铁路交通事故的分级作出了规定。这些分级标准有的与《生产安全事故报告和调查处理条例》的规定不一致,应进行调整修订。但事实上,这些分级标准仍在行业或领域内使用。现将这些分级标准介绍如下：

(1)道路交通事故。

1991年12月2日,公安部《关于修订道路交通事故等级划分标准的通知》(公通字[1991]113号)将道路交通事故分为4类：

①轻微事故,是指一次造成轻伤1～2人,或者财产损失机动车事故不足1 000元,非机动车事故不足200元的事故。

②一般事故,是指一次造成重伤1～2人,或者轻伤3人以上,或者财产损失不足3万元的事故。

③重大事故,是指一次造成死亡1～2人,或者重伤3人以上10人以下,或者财产损失3万元以上不足6万元的事故。

④特大事故,是指一次造成死亡3人以上,或者重伤11人以上,或者死亡1人,同时重伤8人以上,或者死亡2人,同时重伤5人以上,或者财产损失6万元以上的事故。

(2)火灾事故。

1996年12月3日,公安部、原劳动部、国家统计局联合颁布的关于重新印发《火灾统计管理规定》的通知(公通字[1996]82号),将火灾事故分为特大火灾、重大火灾和一般火灾3类：

①特大火灾事故,是指死亡10人以上(含10人,下同)事故;重伤20人以上事故;死亡、重伤20人以上事故;受灾50户以上事故;直接财产损失100万元以上事故。

②重大火灾事故,是指死亡3人以上事故;重伤10人以上事故;死亡、重伤10人以上事故;受灾30户以上事故;直接财产损失30万元以上事故。

③一般火灾,是指不具有前列两项情形的燃烧事故。

3. 事故的分类

有关事故的分类问题,由于研究的目的不同,角度不同,分类的方法也有所不同。目前主要有以下3种分类方法：

①依照造成事故的责任不同,分为责任事故和非责任事故两大类：

a. 责任事故,是指由于人们违背自然或客观规律,违反法律、法规、规章和标准等行为造成的事故；

b. 非责任事故,是指遭遇不可抗拒的自然因素或目前科学无法预测的原因造成的事故。

②依照事故造成的后果不同,分为伤亡事故和非伤亡事故：

a. 伤亡事故:造成人身伤害的事故;

b. 非伤亡事故:只造成生产中断、设备损坏或财产损失的事故。

③依事故监督管理的行业不同,分为企业职工伤亡事故(工矿商贸企业伤亡事故)、火灾事故、道路交通事故、水上交通事故、铁路交通事故、民航飞行事故、农业机械事故、渔业船舶事故等。

二、生产安全事故报告及调查处理

事故报告是安全生产工作中的一项十分重要的内容,事故发生后,及时、准确、完整地报告事故,对于及时、有效地组织事故救援,减少事故损失,顺利开展事故调查具有十分重要的意义。

1. 生产安全事故报告的原则

(1)《生产安全事故报告和调查处理条例》第四条第一款规定:生产安全事故报告应当及时、准确、完整,任何单位和个人对事故不得迟报、漏报、谎报或者瞒报。

(2)《安全生产法》第七十条、第七十一条对事故的报告作出了如下规定:生产经营单位发生生产安全事故后,事故现场有关人员应当立即报告本单位负责人。

单位负责人接到事故报告后,应当迅速采取有效措施,组织抢救,防止事故扩大,减少人员伤亡和财产损失,并按照国家有关规定立即如实报告当地负有安全生产监督管理职责的部门,不得隐瞒不报、谎报或者拖延不报,不得故意破坏事故现场、毁灭有关证据。

负有安全生产监督管理职责的部门接到事故报告后,应当立即按照国家有关规定上报事故情况。负有安全生产监督管理职责的部门和有关地方人民政府对事故情况不得隐瞒不报、谎报或者拖延不报。

2. 生产安全事故报告责任

《安全生产法》和《生产安全事故报告和调查处理条例》都明确规定了事故报告责任,下列人员和单位负有报告事故的责任:

①事故现场有关人员。

②事故发生单位的主要负责人。

③安全生产监督管理部门。

④负有安全生产监督管理职责的有关部门。

⑤有关地方人民政府。

事故单位负责人既有向县级以上人民政府安全生产监督管理部门报告的责任,又有向负有安全生产监督管理职责的有关部门报告的责任,即事故报告是两条线,实行双报告制。

安全生产监督管理部门和负有安全生产监督管理职责的有关部门,既有向上级部门报告事故的责任,又有同时报告本级人民政府的责任。

3. 生产安全事故报告程序及时限

根据《生产安全事故报告和调查处理条例》的有关规定,事故现场有关人员、事故单位负责人和有关部门应当按照下列程序和时间要求报告事故:

(1)事故发生后,事故现场有关人员应当立即向本单位负责人报告;情况紧急时,事故现场有关人员可以直接向事故发生地县级以上人民政府安全生产监督管理部门和负有安全生产监督管理职责的有关部门报告。

(2)单位负责人接到事故报告后,应当于1h内向事故发生地县级以上人民政府安全生产监督管理部门和负有安全生产监督管理职责的有关部门报告。

(3)安全生产监督管理部门和负有安全生产监督管理职责的有关部门接到事故报告后,应当按照事故的级别逐级上报事故情况,并报告同级人民政府,通知公安机关、劳动保障行政部门、工会和人民检察院,且每级上报的时间不得超过2h。

①特别重大事故、重大事故逐级上报至国务院安全生产监督管理部门和负有安全生产监督管理职责的有关部门;

②较大事故逐级上报至省、自治区、直辖市人民政府安全生产监督管理部门和负有安全生产监督管理职责的有关部门;

③一般事故上报至设区的市级人民政府安全生产监督管理部门和负有安全生产监督管理职责的有关部门。

(4)国务院安全生产监督管理部门和负有安全生产监督管理职责的有关部门以及省级人民政府接到发生特别重大事故、重大事故的报告后,应当立即报告国务院。

必要时,安全生产监督管理部门和负有安全生产监督管理职责的有关部门可以越级上报事故情况。

4.生产安全事故报告的内容

报告事故应当包括的内容。根据《生产安全事故报告和调查处理条例》的有关规定,事故报告的内容应当包括:

①事故发生单位概况。事故发生单位概况应当包括单位的全称、所处地理位置、所有制形式和隶属关系、生产经营范围和规模、持有各类证照的情况、单位负责人的基本情况以及近期的生产经营状况等。对于不同行业的企业,报告的内容应该根据实际情况来确定,但应当以全面、简洁为原则。

②事故发生的时间、地点以及事故现场情况。报告事故发生的时间应当具体,并尽量精确到分钟。报告事故发生的地点要准确,除事故发生的中心地点外,还应当报告事故所波及的区域。报告事故现场的情况应当全面,不仅应当报告现场的总体情况,还应当报告现场人员的伤亡情况、设备设施的毁损情况;不仅应当报告事故发生后的现场情况,还应当尽量报告事故发生前的现场情况,以便于前后比较,分析事故原因。

③事故的简要经过。事故的简要经过是对事故全过程的简要叙述。核心要求在于“全”和“简”,“全”是要全过程描述,“简”是要简单明了。需要强调的是,对事故经过的描述应当特别注意事故发生前作业场所有关人员和设备设施的一些细节,因为这些细节可能就是引发事故的重要原因。

④事故已经造成或者可能造成的伤亡人数(包括下落不明的人数)和初步估计的直接经济损失。对于人员伤亡情况的报告,应当遵守实事求是的原则,不进行无根据的猜测,更不能隐瞒实际伤亡人数,对可能造成的伤亡人数,要根据事故单位当班记录,尽可能准确报告。对直接经济损失的初步估算,主要指事故所导致的建筑物的毁损、生产设备设施和仪器仪表的损坏等。

⑤已经采取的措施。已经采取的措施主要是指事故现场有关人员、事故单位责任人、已经接到事故报告的安全生产管理部门为减少损失、防止事故扩大和便于事故调查所采取的应急救援和现场保护等具体措施。

⑥事故的补报。事故报告后出现新情况的,应当及时补报。自事故发生之日起30日内,事故造成的伤亡人数发生变化的,应当及时补报。道路交通事故、火灾事故自发生之日

起 7 日内,事故造成的伤亡人数发生变化的,应当及时补报。

三、事故调查

1. 事故调查的基本原则

根据《生产安全事故报告和调查处理条例》第四条的规定:

(1)实事求是的原则。实事求是,是唯物辩证法的基本要求。事故调查工作必须坚持实事求是,坚决克服主观主义,保证做到客观、公正。

(2)尊重科学的原则。尊重科学,是事故调查工作的客观规律。

2. 事故调查工作的职责划分

我国生产安全事故调查工作实行"政府统一领导、分级负责"的原则,《生产安全事故报告和调查处理条例》对不同等级事故组织事故调查的责任分别做了规定。

(1)特别重大事故的调查由国务院或者国务院授权的有关部门组织事故调查组进行调查。

(2)重大事故以下等级事故的调查。

①重大事故、较大事故、一般事故分别由事故发生地省级人民政府、设区的市级人民政府、县级人民政府负责调查。省级人民政府、设区的市级人民政府、县级人民政府可以直接组织事故调查组进行调查,也可以授权或者委托有关部门组织事故调查组进行调查。

②未造成人员伤亡的一般事故,县级人民政府也可以委托事故发生单位组织事故调查组进行调查。

(3)跨行政区域发生的事故的调查。

事故发生地与事故发生单位不在同一县级以上行政区域的,由事故发生地人民政府负责调查,事故发生单位所在地人民政府应当派人参加。

(4)上级人民政府可以调查下级人民政府负责调查的事故。

上级人民政府认为必要时,可以调查由下级人民政府负责调查的事故。一般情况下,有下列情形之一时,可由上级政府组织进行调查:

①事故性质恶劣、社会影响较大;

②同一地区连续频繁发生同类事故;

③事故发生地不重视安全生产工作、不能真正吸取事故教训的;

④社会和群众对下级政府调查的事故反响十分强烈的;

⑤事故调查难以做到客观、公正的。

(5)因事故伤亡人数变化导致事故等级发生变化的事故调查。

自事故发生之日起 30 日内(道路交通事故、火灾事故自发生之日起 7 日内),因事故伤亡人数变化导致事故等级发生变化,依照《生产安全事故报告和调查处理条例》规定应当由上级人民政府负责调查的,上级人民政府可以另行组织事故调查组进行调查。

3. 事故调查组的组成

(1)事故调查组的组成原则。事故调查组的组成应当遵循精简、效能的原则。根据事故的具体情况,事故调查组由有关人民政府、安全生产监督管理部门、负有安全生产监督管理职责的有关部门、监察机关、公安机关以及工会派人组成,并应当邀请人民检察院派人参加。事故调查组可以聘请有关专家参加。

(2)事故调查组成员的基本条件。事故调查组成员的基本原则:应当具有事故调查所需要的知识和专长，并与所调查的事故没有直接利害关系。

(3)事故调查组组长的产生：由负责事故调查的人民政府指定，也可以由授权组织事故调查组的有关部门指定，事故调查组应当根据事故的具体情况和事故等级，设事故调查组副组长1～3人。

(4)事故调查组应当明确的几个问题：

①事故调查组的组成必须依照《生产安全事故报告和调查处理条例》的规定执行；

②事故调查组的成员履行事故调查的行为是职务行为，代表其所属部门、单位进行事故调查工作；

③事故调查组成员都要接受事故调查组的领导；

④事故调查组聘请的参与事故调查的专家，也是事故调查组的成员。

4.事故调查组的职责及权利

(1)事故调查组的职责：

根据《生产安全事故报告和调查处理条例》的有关规定，事故调查组履行下列职责：

①查明事故发生的经过。包括事故的具体时间、地点；事故发生前，事故发生单位生产作业状况；事故现场状况及事故现场保护情况；事故发生后采取的应急处置措施情况；事故报告经过；事故抢救情况；事故善后处理情况；其他与事故发生经过有关的情况。

②查明事故发生的原因。包括事故发生的直接原因；事故发生的间接原因；事故发生的其他原因。

③查明人员伤亡情况。包括事故发生前，事故发生单位生产作业人员分布情况；事故发生时人员涉险情况；事故当场人员伤亡情况及人员失踪情况；事故抢救过程中人员伤亡情况；最终伤亡情况；其他与事故发生有关的人员伤亡情况。

④查明事故的直接经济损失。包括三类：人员伤亡后所支出的费用，如医疗费用、丧葬及抚恤费用、补助及救济费用、歇工工资等；事故善后处理费用，如事故处理的事务性费用、现场抢救费用、现场清理费用、事故罚款和赔偿费用等；事故造成的财产损失费用，如固定资产损失价值、流动资产损失价值等。

⑤认定事故的性质和事故责任。通过事故调查分析，对事故的性质要有明确结论。其中对认定为自然事故(非责任事故或者不可抗拒的事故)的可不再认定或者追究事故责任人；对认定为责任事故的，要按照责任大小和承担责任的不同分别认定下列事故责任：

a.直接责任者，即其行为与事故发生有直接责任的人员，如违章作业人员。

b.主要责任者，即对事故发生负有主要责任的人员，如违章指挥者。

c.领导责任者，即对事故发生负有领导责任的人员。

⑥提出对事故责任者的处理建议。通过事故调查分析，在认定事故的性质和事故责任的基础上，提出对事故责任者的处理建议。一般包括：对事故责任者的行政处分、纪律处分建议；对事故责任者的行政处罚建议；对事故责任者追究刑事责任的建议；对事故责任者追究民事责任的建议。

⑦总结事故教训。通过事故调查分析，在查明事故原因和事故单位在安全生产管理上存在的问题及漏洞，认定事故性质和事故责任的基础上，要认真总结事故教训，要针对安全生产管理、安全投入、安全条件等方面存在的不足和漏洞，查找事故根源。如：事故发生单位、事故发生单位主要负责人、事故发生单位有关主管人员和有关职能部门、从业人员、政府及其有关主管部门、相关生产经营单位、社会公众应该吸取的教训。

⑧提出事故防范措施和整改意见。在事故调查分析的基础上,针对事故发生单位和政府监管工作中存在的问题,提出事故防范措施和整改建议。

⑨提交事故调查报告。在事故调查组全面完成事故调查任务的前提下,提出事故调查报告。该调查报告必须经事故调查组全体成员讨论通过并签名。

(2)事故调查组的职权。

根据《生产安全事故报告和调查处理条例》第二十六条的有关规定,事故调查组在履行事故调查职责时有以下权利:

①有权向有关单位和个人了解与事故有关的情况。事故发生单位的负责人和有关人员在事故调查期间不得擅离职守,并应当随时接受事故调查组的询问,如实提供有关情况。

②有权获得相关文件、资料。事故调查组根据事故调查工作的需要,有权向事故单位和相关部门、单位及个人调阅、复制相关文件、资料,有关单位和个人必须及时、如实提供,不得拒绝。

③事故调查组在事故调查中发现涉嫌犯罪的,事故调查组应当及时将有关材料或者其复印件移交司法机关处理。

5. 事故调查组成员的行为规范

《生产安全事故报告和调查处理条例》第二十八条对事故调查组成员的行为规范做了明确规定,包括:

(1)事故调查组成员要有品德操守。

(2)事故调查组成员要有工作操守。

(3)事故调查组成员要守纪、保密。

(4)事故信息发布工作,应当由事故调查组统一安排,未经事故调查组组长允许,事故调查组成员不得擅自发布有关事故的信息。

第五章　安全生产技术实务

第一节　公共交通安全技术

一、企业经营资质要求

（一）城市公共汽车客运企业经营模式

国家对城市公共交通线路实行经营许可制度，《城市公共汽电车客运管理办法》第七条明确：城市公共交通客运主管部门按照《行政许可法》及有关市政公用事业特许经营管理的规定，依法确定城市公共汽电车经营者。

对新开辟的线路、经营期限届满需要重新确定经营者的线路或者在经营期限内需要重新确定经营者的线路，城市人民政府公共交通主管部门应当与经营者签订线路经营协议，并核发线路经营许可证。

（二）城市公共汽车客运企业应具备的资质与条件

公共交通客运企业应当依法取得线路经营许可证，并具备下列条件方可从事经营：

（1）有独立的法人资格。

（2）有符合线路经营要求的运营车辆、场站设施、运营资金。

（3）有合理、可行的线路经营方案。

（4）有与经营业务相适应并取得驾驶员客运服务资格证的驾驶员。

（5）有健全的客运服务、行车安全等方面的运营管理制度。

驾驶人员应当具备下列条件，并依法取得城市人民政府公共交通主管部门核发的驾驶员客运服务资格证后，方可从事公共交通驾驶活动：

（1）年龄不超过60周岁，身体健康，无职业禁忌症。

（2）持有相应车型的驾驶证，无重大行车违章记录，铰接车、高速路及旅游线路驾驶员需运营安全部门特许。

对多次发生违规操作、责任事故或严重违章的驾驶员进行重点教育和处罚，直至调离驾驶岗位。城市人民政府公共交通主管部门对被吊销驾驶员客运服务资格证的驾驶员，自吊销之日起5年内，不得核发驾驶员客运服务资格证。

对驾驶员、乘务员进行素质、技能和安全培训，经考核合格后上岗需经培训考核合格后，方可上岗。

二、设备设施

（一）运营车辆

车辆的安全配置有以下几点要求：

(1)整车性能。公共汽车主要总成及系统应匹配合理,在功能、结构、强度等方面达到相关标准和设计任务书规定,力求整车各总成匹配标准化、通用化、系列化。

发动机及其冷却系,燃料供给系布置合理,电路、气路、管路排列整齐,保证良好的车厢内部通过性和维修方便性。后置发动机舱内应设置误起动保险装置、起动开关、快速灭火装置和照明灯等常用电器设备。制动、操纵机构应符合《机动车运行安全技术条件》(GB 7258—2012)的规定,发动机舱、车顶、车身侧围材料的阻燃性能应符合《汽车内饰材料的燃烧特性》(GB 8410—2006)的规定。

(2)应急出口。当交通事故发生时,应急出口可为乘客提供安全、方便的逃生通道,这为乘客的生命和财产安全提供了有力保障。根据《机动车运行安全技术条件》(GB 7258—2012),车辆应急出口包括应急门、应急窗和撤离舱口,应急窗包括安全顶窗。

(3)车辆安全警示标志。运营车辆应按《公共汽电车客运服务规范》(DB11/T 648)的规定设置安全警示标识并配备故障车警示标志牌。

(4)消防设施。车辆应装备灭火器,灭火器在车上应安装牢靠并便于取用。仅有一个灭火器时,应设置在驾驶员附近;当有多个灭火器时,应在客厢内按前、后或前、中、后分布,其中一个应靠近驾驶员座椅。

(二)车辆维修与保养

虽然机动车辆在整车布置、结构设计、总成匹配、材质选用上充分注意到了对安全性能的保证,但车辆在使用过程和保修过程中,有可能由于某些原因,不能再保证应有的安全性能或使安全性能降低。因此,加强对车辆使用与保修环节的管理,是保证行车安全的重要内容,公共汽车客运企业应制定和实施严格的计划维修和分级定期保养制度,保持车辆安全技术性能。

对车辆的保修维护,按作业性质可分为对车辆的保养维护与修理维护。保养是为保持车辆技术状况或工作能力完好的作业或作业的综合;而修理则是为了恢复车辆良好技术状况,对零件与总成进行检验与鉴定的总和。

按照《汽车维护、检测、诊断技术规范》(GB/T 18344—2001)的规定,车辆维护分为日常维护、一级维护和二级维护。

日常维护是指出车前、行车中、收车后,以清洁、补给和安全检视为作业中心内容,由驾驶员负责执行的车辆维护作业。

一级维护是指除日常维护作业外,以清洁、润滑、紧固为作业中心内容,并检查有关制动、操纵等安全部件,由维修企业负责执行的车辆维护作业。

二级维护是指除一级维护作业外,以检查、调整转向节、转向摇臂、制动蹄片、悬架等经过一定时间的使用容易磨损或变形的安全部件为主,并拆检轮胎,进行轮胎换位,检查调整发动机工作状况和排气污染控制装置等,由维修企业负责执行的车辆维护作业。

(三)运营设施

公共汽车线路、车站及停车场建设应符合《城市公共交通站、场、厂设计规范》(CJJ 15)和《公共汽电车站台规范》(DB11/T 650—2009)对运行、照明、消防、避雷等安全要求的规定。运营企业应绘制线路安全行车示意图,标明事故多发路段。对客流高断面、事故多发地段及主要场站实施运营安全监控,发现异常情况及时处理。

站台是提供乘客上下车的平台,有首、末站和中途站之分,是公共交通服务设施的重要组成部分。站台设施包括在公共电、汽车的首、末站或中途站的站台上为乘客提供候乘条件和服务信息的各种设施。站台应靠近客流集散点设置,距地铁站、长途汽车站、火车站、机场及住宅小区出入口等大型客流集散点不宜大于200m。站台不应设置在坡度大于5%的道路上。

站台包括候车廊(棚、亭)、候车座椅、客运提示、通讯与运行显示及站台护栏。

站台及设施维护应做到:

(1)站台地面破损应及时修复。

(2)候车亭、站牌及安全护栏每月检查一次,发现有锈蚀、油漆脱落及连接点松动断裂等现象应进行修复,保证站台设施完好。

(3)对电器设备应定期维护,确保用电安全。

(4)应确保电子站牌及发车指示装置工作正常,若出现不能正常显示现象,在48h内修复。

(5)站牌出现被覆盖、缺损等现象应及时清理、修复或更换。

(6)雨季前,应检测避雷设施,保证正常安全使用。

三、运营安全

北京市公共汽车客运运营安全坚持“安全第一、预防为主”的方针,运营安全管理应贯穿于运营服务的全员、全方位、全过程。

(一)运营安全管理的基本要求

运营安全管理的基本要求为:

(1)遵守国家和地方政府制定的道路交通安全法律、法规。

(2)执行企业运营安全制度、规程、措施。

(3)统一领导,分级管理,各负其责。

(4)完成上级下达的运营安全目标计划。

(5)推进现代科学技术在安全管理中的应用。

(二)运营安全管理主要内容

运营安全管理的主要内容包括:

(1)建立健全运营安全责任制。

(2)制定和实施运营安全规章制度和操作规程。

(3)保证必要的安全资金投入,为从业人员提供必要的运营安全条件。

(4)建立安全教育培训制度,定期进行全员安全学习考试。

(5)对安全管理人员进行培训和工作指导。

(6)将运营安全目标计划分解为各项考核指标,并逐级落实到基层单位和个人。

(7)定期开展各类安全检查,及时发现和消除运营安全事故隐患。对发现的问题有记录、有追踪、有改进措施。

(8)定期召开安全工作会议,分析运营安全形势,研究解决运营服务中的安全问题。

(9)制定和实施运营安全事故紧急救援预案。

(10)对运营安全事故进行调查处理,对违章、违纪人员进行教育并及时上报。

(11)对运营事故进行分类统计,建立运营事故指标体系,并纳入单位考核范围。

(三)企业运营指标

1. 公交企业的常见运营指标

公交企业的运营情况可以通过不同的运营指标进行评价与考核,常见的运营指标有客流量、客运量、客运能力、行车准点率等。

(1)客流量。

客流量是指在一定的时间内,沿一个方向通过线路某断面的乘客数,它是具有一定的方向性、时间性的量,单位是人。由于乘客乘车活动的时间、地点、方向等都存在不均衡性,因而客流量的统计必须靠调查的方法取得。客流量是公共交通线路规划、改进运营调度方法和编制行车时刻表的依据。

(2)客运量。

客运量是指在一定的时间内运送的乘客数,单位是人次。

(3)客运能力。

客运能力是指单位时间内在固定线路网上运送乘客的能力,单位是人次/分。

(4)行车准点和准点率。

行车准点是指客运车辆按线路规定的行驶时间准时到达终点的车次,单位是车次。它包括始站发车准点、中途准点和终点到达准点。

准点率是指准点行车次数与行车总次数的比率。准点率是考核客运的质量指标,是评价客运企业为乘客服务好坏的重要标志之一。

(5)车次兑现率。

车次兑现率是对计划车次执行情况的考核。实际车次如果不能按计划兑现,必然会造成乘客滞留,打乱正常的运营计划,造成行车不准点,甚至出现大间隔现象。

(6)满载率。

满载率是指运营车辆运载乘客量与额定载客量之比。这项指标不仅反映企业投入有效运营车辆的多少,而且还反映有效运能满载系数的大小,用以说明运能、运量的适应程度和公共交通的拥挤状况。

(7)大间隔。

一般解释的标准是,正常间隔加 10min 为一次大间隔。大间隔次数是考核运营质量的重要指标之一。

2. 北京市公共汽车运营安全管理考核指标

北京市地方标准《公共汽电车运营安全管理规范》(DB11/T 649—2009)中给出了北京市公共汽车运营安全管理考核指标。

(1)驾驶员安全教育合格率。

驾驶员安全教育合格率应为 100%。

$$驾驶员安全教育合格率=\frac{安全教育考试合格的驾驶员人数}{在岗运营驾驶员人数}\times 100\%$$

(2)机件安全检查合格率。

机件安全检查合格率应为 100%。

$$机件安全检查合格率=\frac{机件安全检查件数}{受检运营车总件数}\times 100\%$$

(3)驾驶员违章率。

驾驶员违章率不大于100%。

$$驾驶员违章率=\frac{违章驾驶员人次}{受检驾驶员人次}\times 100\%$$

(4)违章处理率。

违章处理率不大于100%。

$$违章处理率=\frac{已处理违章次数}{驾驶员违章次数}\times 100\%$$

(5)行车责任事故间隔里程。

行车责任事故间隔里程不小于120万公里/次。

$$行车责任事故间隔里程=\frac{公共交通车辆总行使里程}{行车责任事故次数}$$

3. 北京市公共汽车运营服务指标

北京市地方标准《公共汽电车客运服务规范》(DB11/T 648—2009)中给出了北京市公共汽车运营质量服务指标。

(1)车辆清洁合格率。

车辆清洁合格率不低于95%。

车辆清洁合格率=统计期内车辆清洁合格车次/被检查车次×100%

(2)车厢及行车服务合格率。

车厢及行车服务合格率不低于90%。

车厢及行车服务合格率=统计期内车厢及行车服务合格车辆数/被检查车次×100%

(3)车厢服务设施合格率。

车厢服务设施合格率不低于90%。

车厢服务设施合格率=统计期内车厢服务设施合格车辆数/被检查车次×100%

(4)站台服务合格率。

站台服务合格率不低于90%。

站台服务合格率=统计期内服务合格人数/被检查人数×100%

(5)乘客投诉率。

乘客投诉率不大于1%。

乘客投诉率=月投诉件次/在册一线员工人数×100%

(6)责任纠纷发生率。

责任纠纷发生率不大于0.1%。

责任纠纷发生率=年度责任纠纷件次/在册一线员工人数×100%

(7)运营车次兑现率。

运营车次兑现率不低于90%。

运营车次兑现率=统计期内运营车辆实际发车次数/计划发车次数×100%

(8)高峰小时最大断面客流平均满载率。

高峰小时最大断面客流平均满载率不宜高于80%。

$$高峰小时最大断面客流平均满载率=\frac{高峰小时内最大断面客流量}{(高峰小时通过车数\times 定员)}\times 100\%$$

(9)乘客满意率。

乘客满意率不低于90%。

乘客满意率 = 合格程度的问卷数/收回的问卷调查表总数 ×100%

（四）车辆运营安全

车辆使用是车辆安全性能的最终体现，没有出车之前对车辆的认真检查，在行车中不注意正确合理的驾驶操作，又不能及时、准确地报修，行车安全是没有保障的。因此，必须加强对车辆使用各环节的管理，以确保行车安全。

1. 出车前对车辆的检查

出车之前对车辆进行认真的检查，不仅能够及时地发现隐患，避免途中发生意外故障损伤，而且对于保障行车安全有着直接的意义。出车前的例行检查内容涉及到车辆各个系统，除保证正常行车的检查项目外，还要强化行车安全的检查，主要是那些与安全有直接或间接关系的项目，例如制动系统、转向系统、操纵机构和传动、行路、车身等相关内容。

（1）对制动效能的检查。制动效能是制动系统各总成装置及至操纵机构、仪表信号的功能效用的综合表征，其中哪一方面失去正常功能效用，都会削弱或不能保证制动效能而危及行车安全。

①对制动力介质的检查。以压缩空气为制动力介质的气刹车，没有足够的压缩空气便不能保证对车辆应有的制动作用，而足够的压缩空气量来源于打气泵（空气压缩机）并贮存于贮气罐、输送压缩空气的管路和阀类。出车之前应首先检查涉及压缩空气量的总成、装置的效能作用，诸如打气泵的上气情况，贮气罐、管路、阀类有无漏气。对于以制动液为制动力介质的油刹车，同样要首先检查刹车油（制动液）量，尤其是制动总泵贮液室内的油量。也要注意检查有无漏油情况。

②对制动传动总成机件的检查。从驾驶员踩下制动踏板到制动蹄片被张开贴压制动鼓发生制动，其间要经过各传动总成机件的连接传递。如果其中某一总成机件中断传递，也不能发生有效制动。因此，出车之前注意检查这些总成机件的连接传递情况是十分必要的。对传动总成机件的检查内容，指对除去制动力源部分（打气泵、贮气罐）以外的传力（气管、销套、分泵）、控制（总泵）及作用部分（制动器）的检查，包括制动踏板与踏板轴的连接、踏板与拉杆的连接、总泵的控制作用情况、刹车软管与管路的连接、分泵推杆与制动凸轮摇臂的连接以及各阀类的动作情况等。

（2）对转向效能的检查。车辆转向效能是转向系统各总成装置功能效用的综合表征。无论是转向变速机构还是转向传动机件失去正常功能效用，都将影响转向的灵敏可靠，构成对行车安全的威胁。

①对转向机的检查。对转向盘与转向机杆的连接也要注意检查，连接螺母要紧固锁止，防止转向盘拔脱。

②对转向传动件的检查。

③对传动、行路系统的检查。

行路系统包括车轮、车桥、车架与悬挂。其中与行车安全直接有关的是车轮。如果车轮从车桥上甩出或是前轮轮胎在行车中爆破，都会引发行车事故。

由此可见，出车之前注意对传动轴连接情况的检查（松动或缺少传动轴螺丝），查看轮胎螺丝是否齐全紧固，胎压是否正常，轮胎有无夹嵌物对于行车安全是十分必要的。在检查轮胎（特别是前轮轮胎）时，还应注意有无异常磨损或成分过低。

（3）对车身的检查。车身对行车的安全影响，主要来自于伸出车身外之物。例如向外开启的箱盖在行车中被颠振开、铰接棚布破损棚杆歪斜、在车身上定位的排污放水(贮气罐)手柄被刮动等。向外张开的箱盖或歪斜的棚杆,在行驶中会车或穿行于密集车流人流时会导致刮碰的危险。因此,出车之前要注意对箱盖扣合、铰接部位、可动手柄的检查。

当车辆较长时间停放后,出车之前还要注意对车下进行查看,以防可能有人钻到车下的不测。

此外,后视镜的固定情况、各类灯光、指示信号、油箱口盖等,在出车之前也应检查。

(4)对车内服务设施检查。

对车内服务设施一旦发生故障,也会影响行车及车内乘客的安全,检查项目包括:

①车门异常,不能正常工作。

②车门开关异常,不能达到正常开度。

③车窗玻璃缺损、推拉或升降不灵活、行车中振动噪声过大或关不严。

④车顶漏水。

⑤顶窗开启关闭不灵活,闭合后漏水。

⑥伸缩篷破损或漏水。

⑦座椅松动,坐垫和靠背不齐全。

⑧扶手杆及扶手套松动、缺损;拉手损坏及不齐全。

⑨地板塌漏,地板盖缺损,地板条翘曲。

⑩报站设备损坏或音质不清晰。

⑪前后路牌或腰牌不完好,其线路号与行驶路线不一致。

⑫跳站运行或区间运行的车辆无跳站或区间标志。

⑬车厢内的标志残缺不清。

⑭厢灯故障。

⑮空调故障。

⑯车灯面罩缺损。

⑰车厢内饰破损。

⑱装饰条翘头超过2cm。

⑲显示屏不能正常工作。

⑳监视器或摄像头故障。

㉑投币机故障。

㉒读卡机计价不准、显示字迹不清等故障。

㉓GPS车载机不能正常工作。

㉔电视故障。

㉕发动机舱盖缺损或漏风。

㉖灭火器或其固定支架缺损。

2.行车操作与观察

经出车前对车辆安全检查后,车辆起步运行,开始驾驶车辆的行车过程,这是安全行驶的直接过程。这一过程是否能安全驾驶操作和留意观察动态变化,直接关系到行车安全。

(1)起步操作。车辆起步是使车辆从静止状态进入到运动状态的操作。在车辆起步之前,要注意观察车外情况,做到平稳起步。过猛的起步也可能发生前撞后碰事故(离前车过近或错挂倒挡)。当前轮还在偏转的位置上,起步过猛还会在左右方向上发生碰撞。

(2)行车速度。“十次事故九次快”,简明地表述了行车速度与行车安全的密切关系。有资料表明,当车速为30km/h时,制动距离是8.10m,车速达到60km/h时,制动距离则达28.9m。

(3)滑行与制动。滑行是利用车辆行驶惯性的操作。无论是加速滑行还是减速滑行以及选用坡道的滑行,都要求在保证安全的前提下进行。在滑行中要备好刹车,通过险路、陡坡禁止滑行。

刹车的动作宜为点刹车或缓刹车,尽量避免急刹车。特别是公交车运送乘客,更应注意避免,以防造成乘员的磕摔。

(4)行车中的观察。一是对车外动态、静态情况的观察,二是对与车辆本身有关性能动态的观察。行车中适时留意车辆状况的变化,如对气压表、机油表、水温表等反映车况仪表的观察也是十分必要的。

(5)停驶报修。车辆停驶要按规定停放,停放车辆要留有安全间距和通道。停放的车辆要关好门窗、切断总电源,并按要求放水排污,执行有关规定。司机发现车辆故障或零件缺损、松动时,应于当日报修,不应带故障运行。

(五)运营调度

1.运营调度管理

运营调度管理,就是利用计划、组织、指挥和控制的职能,科学合理地安排运行各要素,在企业经营方针指导下有计划、有秩序、高效率地实现运营目标。

运营调度管理是一项技术性很强的工作,从管理的职能来分,包括运营计划、运营组织、运营控制。从运营业务范围来分,包括客流调查与预测、运营条件与设施、运营组织与调度。

2.运营调度管理的职责与要求

(1)客流调查。及时、准确地收集和掌握客流动态资料。客流状况是运营组织和管理的基本出发点,运调的首要工作就是客流的调查、分析、统计、预测组织等。每月应对运营线路进行不少于一次的客流调查。

(2)线路管理。检查、督促运行准备工作,负责实施线路开辟、调整行车计划、临时改变线路的调度措施及调度设施。停车站和乘客所需的服务设施。根据客流规律和服务水平要求编制平日、节假日和季度行车时刻表,有效满足客流需求。根据行车时刻表编制配班计划,保证运营需要。制定突发事件和恶劣天气的应急预案。

(3)现场调度。这是运营调度最经常、最具体的工作,它是为保障调度方案、调度计划的顺利执行以及使线路车辆运行保持适应客流需要的秩序,而在现场实施的调度指挥措施。

(4)行车人员与车辆调派。它集中体现在制定各种调度措施,时常处在线路变化中而需要调派行车人员与车辆,及时准确地掌握变化情况,采取措施,果断合理。

(5)制定相应的规章制度。建立与健全适应运营生产发展和指标考核的各项规章制度,确保运营工作顺利完成。

(6)建立信息系统。掌握各种原始台账、记录、统计报表、资料数据,向计划部门提供运营调度业务和线路经营有关的各种经济指标。沟通运行信息,并能及时快速地反馈传递。

3.现场调度管理具体要求

(1)严肃调度纪律。必须在调度体系内严格实行下级服从上级的调度命令,并能直接贯彻到线路。

(2)做好原始记录。是考核企业服务与技术经济指标执行情况的主要依据。因此填写行车调度报表,必须坚持实事求是,决不允许弄虚作假。

(3)提高业务水平。线路调度员应掌握企业运营安全服务和劳动组织等规章制度。要熟悉车辆的行驶性能,了解行车人员操作和服务水平及特点。

(4)调度措施及时准确(合理):线路调度措施的原则是及时运送乘客,维护行车秩序。

(5)及时反映情况。为使分公司调度部门随时掌握运营现场动态,线路调度员应认真执行汇报制度。

①因交通受阻、肇事、纠纷或乘车拥挤,发生行车脱挡,出现20min以上大间隔。

②因故造成线路中断,间断或绕道行驶。

③遇暴雨、积水和冰雪雾天,影响全线车辆正常行驶。

(6)加强控制与考核。加强线路调度管理的一个重要内容,通过这些信息反馈,及时分析解决运营工作的问题,以不断提高线路调度员业务水平和线路运营服务水平。

4.现场调度管理的内容

(1)行车计划管理。

①在线路正常情况下,调度员要严格执行行车计划,保证行车计划的具体落实。

②在线路出现临时情况或客流发生变化,调度员要尽快采取调度措施,尽快恢复线路正常运营秩序。

(2)运营车辆的管理。

①调度员要掌握线路及车队车辆的使用情况,严格执行车辆调动需经调度员同意并签发路单。

②具体掌握各车辆执行生产任务安排情况和车辆完成生产任务情况,随时掌握运营车辆动态。

(3)劳动人事的管理。

①负责所在线路司售站务人员的出勤考核工作,负责对有关岗位进行重新调配工作。

②负责平衡运营线路配车和司售人员劳动力的工作,及时安排车、点、班变动工作,确保车辆及人员按行车计划投入运营。

(4)线路(场站)设施管理。

①负责线路(场站)服务设施(站台、站杆、站牌、车牌)综合管理,确保各种服务设施符合质量要求。

②负责场站职工所需生活设施及办公设施的综合管理,确保公物不受到损坏,资产不造成浪费。

(5)车辆技术的管理。

①负责对车辆定期维护工作的安排,确保车辆按时、按需进行各种正常检修维护。

②负责掌握各车辆技术性能和车辆完好情况,对故障车辆及时通知有关人员安排抢修并如实记录故障情况和修复情况。

(6)安全服务的管理。

①遇有特殊天气和特殊情况,应及时采取调度措施并负责对驾驶员、售票人员的安全叮嘱。

②负责在调度工作中的安全管理工作,并对突发安全情况进行简单的处理。

(7)服务票务的管理。

①负责对本线路整体服务质量的管理，全面落实各项服务要求，处理好乘客来电来访的接待工作。

②负责对本线路的票务日常管理工作。加强对票务制度的管理和落实具体操作规程。

(8)运营生产指标的管理。

①负责完成本线路运营生产质量指标。组织、实施运营生产工作，确保各项质量指标的完成。

②负责完成本线路运营生产效益指标。要以完成企业效益指标为前提，确保不断提高企业经济效益水平。

(六)行车突发事件应急处置

公共电汽车在行驶过程中，驾驶员驾驶可能发生行车事故，乘客可能发生各类伤害事故及公共安全事件，驾驶员和乘务员应掌握各类突发事件的应急处置方法。

1. 行车事故

运行当中一旦发生行车事故，乘务人员必须保持冷静，首先要积极抢救伤者，也就是首先要查看乘客有无受伤，对伤情较严重的乘客要协助驾驶员迅速将伤者送到附近医院；其次是保护好现场，在必须移动现场时，驾驶员应标明现场位置，最好在现场寻求第三者目击证人，留下证人姓名和联系电话；最后是及时汇报或报警。事故发生后马上向车队汇报或向交通队报警，同时对伤者遗落在现场的贵重物品要妥善保管。

2. 乘客受伤

车门失灵造成夹伤乘客时，要及时察看乘客致伤程度，根据伤情到附近医院治疗，记下当事人情况，如属于非责任致伤，要记下证明人的联系电话、单位。如果车门没有造成对乘客的伤害，要及时向乘客道歉，以减轻乘客的惊吓和不满情绪。

3. 车辆起火

当车辆行驶过程中因车辆故障发生火灾时，应采取以下措施：

(1)立即熄火停车开门(断电情况下使用车门截气门)，迅速疏散乘客。

(2)切断电源总开关，关闭燃气总开关。

(3)取下灭火器材，前置式发动机不准打开发动机舱，从发动机底部和发动机舱缝处用灭火器扑救；后置式发动机应打开后机舱门，对准起火点进行扑救。

(4)就近寻求帮助，同时向“119”报警，向单位领导报告。

(5)协助乘客换乘。一旦车用自动灭火装置启动，应采取以下措施：

①立即熄火停车开门，迅速疏散乘客。

②取下灭火器材，做好灭火准备，打开后机舱门查看。

③向乘客做好说明和疏导工作，协助乘客换乘。

④向单位领导报告。

4. 突发公共安全事件

(1)车厢内发现可疑爆炸物品。

①立即靠边停车，以车辆发生故障为由，迅速疏散乘客；

②迅速向“110”报警，向单位领导报告；

③禁止移动可疑爆炸物品；

④协助乘客换乘。

(2)车厢内发生人为纵火或爆炸。

①立即停车开门,迅速疏散乘客;

②迅速向"110"报警,向单位领导报告;

③积极抢救伤员,如引起火灾,要立即用灭火器扑救;

④注意保护现场,配合公安机关调查处理。

第二节　轨道交通安全技术

一、地铁运营系统主要事故危险因素辨识分析

(一)地铁火灾危险因素分析

1.内部火灾危险、有害因素分析

(1)车站、隧道以及列车内存在大量的电气设备等,这些设备一旦发生故障可能引发火灾危险。

(2)车站、列车内的建筑装饰材料、广告牌等为可燃材料,可能会发生火灾危险。

(3)地铁车辆、供电设备、机电设备等均处在超期服役状态,一旦发生故障,可能导致地铁火灾事故。

2.乘客违章携带危险品、吸烟和吸烟后烟蒂随处乱扔等不当处置引起火灾危险

(1)人为因素(如恐怖袭击、投毒、纵火等)、意外明火可能引起火灾危险。

(2)地铁车站站厅乘客疏散区、站台和疏散通道内违规设置的商业网点存在发生火灾的危险,且可能会引起连锁火灾事故。

(二)地铁列车脱轨危险因素分析

地铁列车脱轨主要是由地铁内部危险因素导致的。

(1)线路设计或铺设不合格、道岔伤损、轨枕伤损、道床伤损、接触轨伤损、钢轨断裂等均可能导致列车脱轨危险。

(2)列车超速、列车走行部件发生故障,可能导致列车脱轨危险。

(3)地铁列车、线路设备等存在老化现象,均处在超期服役状态,这些设备一旦发生故障,可能导致列车脱轨事故。

(4)地铁轨道周边物体侵入运营线路,如电缆伪装门坠落、抹灰层脱落等,异物侵限可引起列车损坏、列车倾覆、列车脱轨等重、特大安全事故。

(三)地铁拥挤踩踏危险因素分析

地铁发生拥挤踩踏事故有两方面原因:一是车站内人员负荷过大、车站疏散通道或疏散楼梯设置不合理、车站站台、集散厅及疏散通道内有妨碍疏散的设施或堆放物品、车站出入口存在缺陷或有突发事件发生时,都可能造成人员拥挤踩踏;二是如地铁列车故障、火灾或其他危险状况等紧急情况发生时,也可能发生乘客挤伤、踩踏等危险。

(四)地铁列车撞车危险因素分析

处于高速移动状态的列车,也伴随着高风险,一旦瞬间的设备异常或人员违章操作,可能造成撞车危险。撞车危险包括与第三方相撞、迎向相撞、迎面相撞等。

(五)地铁中毒和窒息危险因素分析

中毒和窒息:包括中毒、缺氧窒息、中毒性窒息。在火灾事故情况下,可能产生大量烟气,存在中毒和窒息的危险。

地铁发生火灾后会产生大量的烟雾,如果通风设施存在故障,可能造成中毒和窒息的危险。人为恐怖袭击可能使用的有害气体等也能造成中毒和窒息。

(六)其他事故危险因素分析

地铁电动车辆、地铁变电所、配电室、电缆、三轨以及风机、水泵等设备由于设备缺陷、设计不周、防护不当等技术原因可能导致触电伤害危险。此外,由于人的违章作业、违章操作也可能造成触电伤害危险。

乘客使用扶梯时,可能造成碰撞、夹击、卷入等伤害。扶梯正常运行状态下的乘客违章乘梯,可能造成严重的乘客摔伤。

列车车厢内灯管爆裂、内侧玻璃意外脱落等均可能导致机械伤害。此外,列车在紧急起、制动时具有很大的惯性,可能导致乘客摔伤危险。

乘客手扶车门、上下车时机选择不当或地铁列车设备故障可能发生车门夹人等机械伤害。

二、人员安全管理

(一)车站人员安全管理

尽管城市轨道交通系统的自动化程度非常高,但是在车站中必须安排一定的管理人员以维持车站的正常运转。这些人员包括站长、值班站长等,具体人员的数量需要根据车站的规模等因素进行合理设置。

1. 站长

站长是车站运营工作的总指挥,全面负责车站客流组织、行车组织、票务管理以及大客流情况下的内勤保障和组织协调工作。

2. 值班站长

当班值班站长主要负责车站客流组织,指挥车站客运人员维持站厅秩序,组织人员控制乘客进入车站,及时引导疏散乘客,防止事态扩大。保持与行车值班员、站长联系,以及开启紧急出入口,随时准备限制客流,保证站厅通畅、站台不超员。

车站站长(值班站长)上岗前应经运营单位培训合格,并应履行下列安全职责:贯彻执行有关安全法规,保障车站安全符合规定,及时掌握车站消防安全情况;制定车站年度安全计划和安全资金预算方案并组织实施;协助组织制定、修改和完善车站应急预案;每月至少组织一次车站防火检查,及时消除能够整改的火灾隐患,对不能整改的,提出整改意见;每半年至少组织一次车站安全宣传教育、灭火和应急疏散演练;发生火灾时能够按照车站消防应急预案及时组织疏散乘客、扑救火灾并向有关部门报告火灾情况,协助灾后调查火灾原因;每月至少一次向消防安全责任人或消防安全管理人报告消防安全工作情况。

3. 行车值班员

车站的车控室需要配备行车值班员,主要负责车站的组织工作,根据行车调度员指挥办理行车业务,监控列车运行,当出现大客流、服务纠纷等突发事件时,及时报告值班站长并保持与行车调度员及其他有关部门的联系。一般还可以设置一名备班行车值班员负责加强监控，利用广播宣传组织、疏散客流，在非正常行车时负责接发列车及递送路票等站台层的列车任务。

4. 客运值班员

当班客运值班员负责当天所有的票务工作，确保各个售票员都有充足的零钱找兑，对发票等相关单据加强管理，负责清点当日票款收入。备班客运值班员负责在站厅巡视，处理乘客事务，更换自动售票机 TVM、自动检票机 GATE、半自动售票机 POST 的票箱，确保票务室的安全和整洁。

5. 售检票员

售检票员应听从值班站长的指挥，坚守岗位，如停止售检票后，保护好票款安全，同时做好解释疏散工作，维护好车站秩序。

6. 站台安全员

站台安全员站在站台两端紧急停车按钮处及站台中部，并听从值班站长的指挥，参与组织、疏散客流。利用电喇叭等设备做好宣传工作，维护好站台秩序，制止乘客强扒车门上下车，防止乘客跌入轨道，并与车控制保持联系，及时汇报站台客流情况。

7. 引导人员

在需要的情况下，车站每组进站闸机可以安排一名工作人员，负责指导乘客快速通过闸机，并处理简单的乘客事务和维护现场秩序。当闸机出现故障时，客运人员和自动售检票(AFC)专业人员能够迅速修复，确保闸机处于正常服务状态。

(二)行车人员安全管理

1. 列车驾驶员

列车驾驶员除熟悉掌握列车驾驶知识外，还应经消防专业培训合格后持证上岗，并应履行下列职责：

(1)掌握列车火灾应急预案和应急处理办法。

(2)每日检查列车消防设施和报警通讯设施功能，发现故障应及时排除，不能排除的应报告消防安全管理人、消防安全责任人。

(3)发生火灾时，用标准用语进行广播宣传和疏散引导，稳定乘客情绪，引导乘客使用车内灭火器灭火和进行紧急疏散。

(4)将列车着火情况及时报告控制中心或值班站长。

2. 控制中心主任(值班主任)

控制中心主任(值班主任)上岗前应经消防专业培训合格，并应履行下列消防职责：贯彻执行有关消防法规，保障调度系统安全符合规定，及时掌握调度系统消防安全情况；制订调度系统年度消防工作计划和消防资金预案并组织实施；协助组织制定、修改和完善控制中心消防应急预案；每月至少组织一次调度系统防火检查，消除火灾隐患；每半年至少组织一次调度系统消防宣传教育、灭火和应急处置演练；发生火灾时能够按照控制中心消防应急预案及时组织各调度处理火灾事故、疏散乘客、扑救火灾并向有关部门报告火灾情况；协助灾后调查火灾原因、积极组织撰写火灾事件处理经过并向有关部门汇报；审批施工作业日计划和临时计划，对有安全隐患的计划进行调整；每月至少一次向消防安全责任人或消防安全管理人报告消防安全工作情况。

3. 环控调度员

(1)负责对全线各车站消防等机电设备的全面监控，及时掌握各车消防设备的运行情况。

(2)对火灾事故的报警,应认真确认、分析现场情况,及时通报行车调度、电网调度和值班主任。

(3)在发生火灾事故时,能够按照控制中心消防应急预案,通过调动环控设备执行合理的通风模式,引导乘客和工作人员进行安全疏散。

4.行车调度人员

(1)负责对行车安全运行状况的监控。

(2)发生火灾时,能够按照控制中心消防应急预案及时指挥着火列车运行、灭火和乘客的安全疏散,并调整后续列车的运行。

(3)与车站值班站长和列车驾驶员保持联系,随时掌握列车运行、灭火和乘客疏散情况。

(4)引导乘客和工作人员进行安全疏散,并尽量减少财产损失。

5.电网调度人员

(1)负责轨道交通安全运行的电网保障。

(2)发生火灾时,能够按照控制中心消防应急预案及时切断相关电网的牵引电流和设备电流。

(3)通知变电所值班人员注意设备运行,保证排烟系统的电源供应。

(4)通知接触网专业工作人员配合灭火,检查设备和电缆情况,防止乘客触电。

6.维修调度人员

(1)负责轨道交通安全运行的设备和通讯故障。

(2)发生火灾时,能够按照控制中心消防应急预案及时通知相关车间轮值工程师。必要时启动抢修程序,尽可能保障轨道交通设备和通讯设备的正常运行。

7.自动消防系统操作人员

自动消防系统操作人员应经消防专业培训合格后持证上岗,并应履行以下职责:

(1)掌握自动消防系统的工作原理和操作规程,能够熟悉使用和操作各种系统。

(2)负责对消防设施的每日检查,认真填写各种消防设施值班和运行记录,并定期对各种消防设施进行检查,保证自动消防设施的完整有效。发现故障及时排出,不能排除的应报告消防安全管理人。

(3)核实、确认报警信息。

(4)熟练掌握火灾和其他灾害事故紧急处理程序,发生火灾时,根据消防应急预案启动相关消防设施。

三、行车调度工作

城市轨道交通行车调度工作由调度控制中心实施,实行高度集中统一指挥,以使各个环节紧密配合、协调工作,保证列车安全、正点地运行。行车调度上作是城市轨道交通系统的核心,它的好坏直接影响乘客运输任务的完成情况。

(一)行车调度工作的基本任务

(1)组织指挥各部门、各工种严格按照列车运行图工作。

(2)监控列车到达、出发及途中运行情况,确保列车运行正常秩序。

(3)当列车运行秩序不正常时,及时采取措施,尽快恢复正常运行秩序。

(4)及时、准确地处理行车异常情况,防止行车事故的发生。

(5)随时掌握客流情况,及时调整列车运行方案。

(6)检查监督各行车部门执行运行图情况,发布调度命令。

(7)当发生行车事故时,按规定程序及时向上级主管部门汇报,并采取措施防止事故扩大,积极参与组织救援工作。

(二)调度机构及其组成

城市轨道交通系统是一个复杂的、技术密集型的城市公共交通系统。为统一指挥,有序组织运输生产活动,轨道交通系统设立调度控制中心。调度控制中心实行分工管理原则,按业务性质划分若干部分,设置不同的调度工种。如在控制中心通常设有行车调度、电力调度和环控调度等调度工种,如图 5-1 所示。

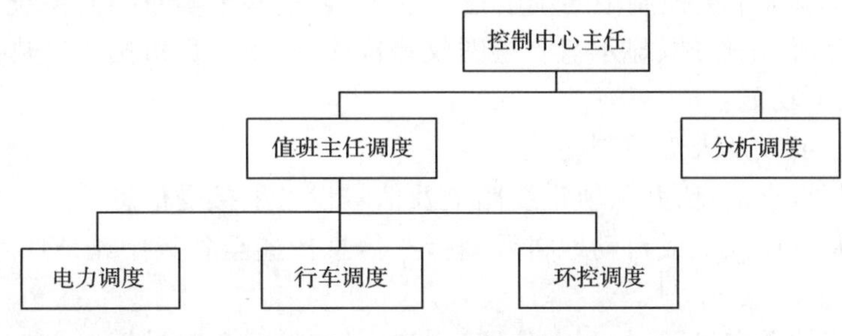

图 5-1 运营调度生产组织系统

(三)行车调度工作的主要设备及功能

随着科学技术的发展,城市轨道交通系统运行控制设备正逐步向自动化、远程化、计算机化的方向发展,行车调度工作也从人工电话调度指挥方式向电子调度集中和计算机集中控制设备发展。

1. 人工调度指挥系统(电话闭塞法)

(1)控制调度中心设备:调度电话、无线调度电话、传输线路。

(2)车站设备:调度电话分机、传输线路。

(3)列车上设备:无线调度电话。

该系统主要由行车调度员通过电话向车站值班员直接发布指令,由车站值班员安排列车进路。通过值班员报点,调度员掌握列车到达、出发信息,下达列车运行调整调度命令,并通过无线调度电话呼叫列车驾驶员,发布调度指令。在该阶段,由调度员人工绘制列车运行图。

2. 电子调度集中系统(自动闭塞法)

(1)调度控制中心设备:调度集中总机、运行显示屏、运行图绘图仪、传输线路等。

(2)车站设备:调度集中分机、传输线路等。

(3)列车上设备:无线调度电话。

电子调度集中设备实现了运行调度指挥的遥信和遥控两大远程控制功能(尚缺遥测这一基础功能)。它的特点是区间采用自动闭塞、车站采用电气集中联锁,并用电缆引接到控制中心。控制中心行车调度员可以直接排列进路,直接指挥列车的运行调整,并通过列车显示屏监控列车运行情况。必要时,可将列车运行进路排列权限下放给车站,由车站值班员操作。

在电子调度集中情况下，列车进入区间的行车凭证为出站信号机的绿灯显示。如出站信号故障，凭行车调度的命令发车，追踪运行列车间的安全间隔由自动闭塞设备实现。

3. 计算机控制的自动调度设备（ATC 系统与 CATS 系统）

目前，ATC 系统已被越来越多的城市轨道交通系统采用。通常，ATC 系统由列车自动保护系统（ATP）、列车自动驾驶系统（ATO）、列车自动监控系统（ATS）组成。

（1）ATP 子系统。ATP 子系统强制规定列车运行速度，保证前行与后续列车之间的安全行车间隔。

（2）ATO 子系统。ATO 子系统能使列车按 ATS 速度进行平稳调速，使列车自动停在车站的正确位置。它是中心，ATS 系统对列车实现自动调整的前提。

（3）ATS 子系统。ATS 子系统能监控列车运行状态，实时控制列车运行时刻表。

CATS 是 ATC 系统中央控制中的调度指挥系统，它是一个实时控制系统，由调度控制和数据传输电子计算机、工作站、显示盘和绘图仪等构成，电子计算机按双机热备用配置。

CATS 具有以下功能：

①具有运行显示以及人工控制功能。

②能发出控制需求信息，并从轨道线路上及信号设备上接受信息。

③可由行车调度员人工或自动地将调度指挥信息传递至各集中站 ATC 设备，如停站时间、运行等级等。

④实现了列车的动态显示，如列车位置、到站出发时分、车次号等。

⑤存储多套列车运行图，如工作日运行图、双休日运行图、客流组织运行图等。

⑥按当前正在使用的列车运行图调整列车运行。

⑦监控列车运行，调整列车发车时刻，控制列车停站时分和终点站列车折返模式。

⑧非正常情况的报警。

⑨生成、终止运行报告。

⑩记录运行数据信息，提供实时记录的重放。

四、设备设施管理

（一）车站设备安全管理

车站是城市轨道交通路网中一种重要的建筑物，它是供旅客乘降，换乘和候车的场所，应保证旅客使用方便，安全、迅速地进出车站，并有良好的通风、照明、卫生、防火设备等，给旅客提供舒适、清洁的环境。车站应容纳主要的技术设备和运营管理系统，从而保证城市轨道交通的安全运行。地铁车站里的辅助设备包括自动扶梯、直升电梯、卷帘门、防洪门、旅客引导、照明、售检票系统、车站设备自控系统等。根据需要还可设置屏蔽门和防核辐射门等。

地铁车站按照线路布线情况分，可分为地面站、地下站、高架站。

地铁车站由站台层、站厅层、设备层以及出入口组成。地铁站台按照线路分布情况，又可分为岛式站台、侧式站台以及混合式站台。

（二）车辆安全管理

地铁车辆是城市轨道交通系统的重要组成部分，也是技术含量较高的机电设备。地铁车辆应具有先进性、可靠性和实用性，应满足容量大、安全、快速、美观和节能的要求。地铁车辆有动车（M，Motor）和拖车（T，Trailer）、带驾驶室车和不带驾驶室车等多种形式。动车本身带有动力牵引装置，拖车本身无动力牵引装置；动车又分为带有受电弓的动车和不带受电弓的动车。

地铁车辆在运营时一般采用动拖结合、固定编组，形成电动列车组。由于它本身带有动力牵引装置，兼有牵引和载客两大功能，因此和铁路列车不同，不需要再连挂单独的机车。

一般地铁车辆由以下七部分组成：

(1)车体。车体是容纳乘客和驾驶员驾驶（对于有驾驶室的车辆）的地方，又是安装与连接其他设备和部件的基础。一般有底架、端墙、侧墙及车顶等。

(2)动力转向架和非动力转向架。动力转向架和非动力转向架装置位于车体和轨道之间，用来牵引和引导车辆沿着轨道行驶，承受与传递来自车体及线路的各种载荷并缓冲其动力作用，是保证车辆运行品质的关键部位。一般由构架、弹簧悬挂装置、轮对轴箱装置和制动装置等组成。

(3)牵引缓冲连接装置。车辆编组成列安全运行必须借助于连接装置。为了改善列车纵向平稳性，一般在车钩的后部装设缓冲装置，以缓和列车的冲力。

(4)制动装置。制动装置是保证列车安全运行所不可少的装置。城市轨道车辆制动装置除常规的空气制动装置外，还有再生制动、电阻制动和磁轨制动等。

(5)受流装置。从接触导线（接触网）或导电轨（第三轨）将电流引入动车的装置称为受流装置或受流器。受流装置按其受流方式可分为以下几种形式：杆形受流器、弓形受流器、侧面受流器、轨道式受流器、受电弓受流器。

(6)车辆内部设备。车辆内部设备包括服务于乘客的车体内的固定附属装置和服务于车辆运行的设备装置。属于前者的有车电、通风、取暖、空调、座椅、拉手等；服务于车辆运行的设备装置大多吊挂于车底架，如蓄电池箱、继电器箱、主控制箱、电动空气压缩机组、总风缸、电源变压器、各种电气开关和接触器箱等。

(7)车辆电气系统。车辆电气包括车辆上的各种电气设备及其控制电路。按其作用和功能可分为主电路系统、辅助电路系统和控制电路系统3个部分。

(三)供电安全管理

供电系统是地铁所有用电用户的电能源泉，是机车和机电系统运行的动力保证。一旦供电系统发生故障，将使整条线路失去运营能力，造成重大经济损失。随着地铁线路的不断增多，地铁供电系统复杂程度越来越高，出现事故的可能性和故障波及的范围、造成的损失也不断增大。供电系统能否安全可靠运行将直接关系到地铁的安全、稳定运营。

1. 地铁高压供电系统

一般地，城市电网对城市轨道交通进行供电的方式有3种：集中式供电、分散式供电和混合式供电。

(1)集中供电方式。沿城市轨道交通线路，根据用电量和线路的长短，建设城市轨道交通专用主变电所。主变电所应有两路独立的110kV电源，再由主变电所变压为城市轨道交通内部供电系统所需的电压级（35kV或10kV等）。由主变电所构成的供电方案为集中式供电。

(2)分散供电方式。分散供电方式是指不设主变电所，而直接由城市电网区域变电所的35(33)kV或10kV中压输电线直接向城市轨道交通沿线设置的牵引变电所、降压变电所供电并行车环网。采用这种方式的环境必须是城市电网比较发达，在有关车站附近有符合可靠性要求的供电电源。其中网络的电压等级应与城市电网相一致。在这种方式下,可设置电源开闭所,并可与车站变电所合建。

(3)混合供电方式。即前两种供电方式的结合,以集中式供电方式为主,个别地段引入城市电网电源作为集中供电的补充,使供电系统更加完善和可靠。如武汉轨道交通、北京地铁1号线和环线即为此种供电方式。

2. 牵引供电系统及其运行方式

(1)牵引供电系统组成。在城市轨道交通牵引供电系统中,电能从牵引变电所经馈电线、接触网输送给电动列车,再从电动列车经钢轨(称轨道回路)、回流线流回牵引变电所。由馈电线、接触网、轨道回路及回流线组成的供电网络称为牵引网。牵引供电系统即由牵引变电所和牵引网组成,其中牵引变电所和接触网是牵引供电系统的主要组成部分。

(2)牵引供电系统运行方式。

①正常运行方式。正线各供电区间,均由相邻牵引变电所双边供电;车辆段内接触网由车辆段牵引变电所供电:停车场内接触网由停车场牵引变电所供电。

②任一牵引变电所解列时的运行方式。当任一牵引变电所解列(不含线路端头牵引变电所),由相邻变电所越区"大双边"供电。当正线线路端头的牵引变电所解列,分别由相邻的牵引变电所单边供电。

(3)动力照明供电系统。

①系统构成。城市轨道交通除了直流电动车辆外,其他所有交流低压负荷都由动力照明供电系统供电。动力与照明配电系统由降压变电所、动力配电系统和照明配电系统构成。降压变电所与牵引变电所共用AC35kV供电网络,降压变电所将AC35kV降压成AC0.4kV后向动力与照明配电系统供电。动力与照明配电系统的供电范围为车站、区间、车辆段和控制中心的所有动力照明负荷。根据各种用电负荷对供电可靠性的要求,地铁动力照明负荷一般分为三级。

一级负荷:包括消防用电设备及地铁运行中特别重要的负荷两部分。消防设备有消防泵、水喷淋泵、防灾报警系统(FAS)、区间隧道通风机、排风/排烟机及相应风阀、直升电梯、事故照明等。地铁运行中的重要负荷包括设备监控系统(BAS)、通信、信号、无线传输、售检票、变电所自用电、直流屏电源及废水泵等。

二级负荷:包括站厅、站台层公共区的一般照明、节电照明、各设备用房的照明、出入口照明、集水泵、一般风机等。

三级负荷:主要包括空调冷水机组及其配套设备、自动扶梯、广告照明、电热设备、清洗机械等。三级负荷为单电源供电,由降压变电所单母线馈出,当供电系统为非正常运行方式时,允许将其切除。

②降压变电所。每个车站都应设降压变电所承担本站及区间动力照明负荷。若地下车站负荷较大,一般于站台两端设降压变电所,各负责半个车站和相邻半个区间的供电。其中一端可以和牵引变电所合建为混合变电所,若地面车站负荷较小,可设一个降压变电所。降压变电所的两路电源可以来自主变电所,也可来自相邻牵引变电所。单母线分段,根据系统需要,也可以不设分段开关。

③动力照明。动力照明系统采用380/220V三相五线制系统(TN-S系统)配电。基本上采用放射式供电,个别负荷可采用树干式供电。一类负荷要求双电源、双电缆,供电末端自动切换,来电自复;二类负荷为双电源、单电缆;三类负荷为单电源、单电缆。

(4)电力监控系统。

电力监控系统实现在控制中心(OCC)对供电系统进行集中管理和调度、实时控制和数据采集。除利用“四遥”(遥控、遥信、遥测、遥调)功能监控供电系统设备的运行情况,及时掌握和处理供电系统的各种事故、报警事件功能外,利用该系统的后台站还可以对系统进行数据归档和统计报表功能,以更好地管理供电系统。

电力监控系统作用是保证控制中心对供电系统的主变电所、牵引变电所、降压变电所等供电设备的运行状态监视、控制和数据采集。它由设在控制中心的主机、设在各变电所的远程控制终端以及连接终端与中心的通信网络3部分组成。

(四)线路设备安全管理

线路是地铁的主要技术装备之一,是行车的基础。线路由钢轨、轨枕、道床、道岔、连接零件及其防爬设备组成。它的作用是引导机车车辆运行,直接承受由车轮传来的载荷,并把它传给路基。线路必须坚固稳定,并具有正确的几何形状,线路的平面和纵断面符合规范,才能确保机车车辆的安全、平稳、不间断的运行。

(五)通信信号管理

1. 城市轨道交通通信系统

城市轨道交通通信系统是指挥列车运行、公务联络和传递各种信息的重要手段,是保证列车安全、快速、高效运行不可缺少的综合通信系统。通信系统主要包括传输系统、公务电话系统、专用电话系统、无线集群通信系统、闭路电视监控系统(CCTV)、有线广播系统(PA)、时钟系统、电源及接地系统、乘客导乘信息系统(PIS)、办公室自动化(OA)等子系统。通信系统的服务范围涵盖了控制中心、车站、车辆段、停车场、地面线路、高架线路、地下隧道与列车。

2. 城市轨道交通信号系统

城市轨道交通信号系统是保证列车运行安全,实现行车指挥和列车运行现代化,提高运输效率的关键系统设备。

城市轨道交通信号系统通常由列车自动控制系统(Automatic Train Control,简称ATC)组成,ATC系统包括3个子系统:

(1)列车自动监控系统(Automatic Train Supervision,简称ATS)。

(2)列车自动防护子系统(Automatic Train Protection,简称ATP)。

(3)列车自动运行系统(Automatic Train Operation,简称ATO)。

这3个子系统通过信息交换网络构成闭环系统,实现地面控制与车上控制结合、现地控制与中央控制结合,构成一个以安全设备为基础,集行车指挥、运行调整以及列车驾驶自动化等功能为一体的列车自动控制系统。

(六)消防与应急设施设备

1. 火灾自动报警系统(FAS)

FAS通过各种探测器、感温电缆、监视模块、手动报警器、破玻按钮、警铃、火警报警控制器和相关软件及全线网络设备,对车站、区间隧道、行车调度指挥中心、车辆段、变电所、材料库等与地铁运营有关的建筑和设施,实行全方位的实时监控,并将其状态监测信息实时的传送至各车站综合控制室、控制中心及BAS、公共广播、旅客信息等各个子系统,以使地铁能正常有序的运行，避免或降低灾害情况下造成的人员与财产损失。

2. 环境与设备监控系统（BAS）

BAS 对全线各个车站的通风空调、给排水、自动扶梯、照明等地铁内所属各系统机电设备进行全面、有效的实时监控与管理，确保设备处于安全、高效、节能的最佳运行状态。要求系统具有开放性，所有硬件和软件应采用技术先进、可靠性高、布线简便、网络组成灵活、扩展方便、设备体积小、智能化程度高、可操作性强及易于维修和维护的设备，以降低运营成本。

3. 通风排烟系统

空调通风系统是对全部车站及相应地下区间隧道内温度、湿度、风速、噪声和空气质量进行全面控制，并在事故工况下，为人员安全疏散提供新鲜空气，同时满足一定的排烟风速，以控制烟气流向和排除烟气；提供满足设备管理用房要求的温度、湿度和噪声；维持乘务人员安全、舒适的工作环境。

地上车站或高架车站公共区采用自然通风。当设备管理用房采用自然通风无法满足其要求时，采用 VRV 空调系统。冬季管理用房常有人及有防冻要求的房间设置采暖系统。

地下车站通风空调系统包括：区间隧道通风防排烟系统、车站公共区通风空调防排烟系统、车站设备及管理用房通风空调防排烟系统、空调水系统、备用 VRV 空调系统。

高架车站通风空调系统包括：公共区自然通风系统、工艺性通风空调系统、舒适性通风空调系统、通风系统。

4. 应急设施设备

城市轨道交通系统为能保证紧急情况下乘客的人身安全，在列车和车站都安装有相应的应急设备，当出现紧急情况时，乘客可以通过应急设备进行报警或自救。

图 5-2　列车的紧急报警按钮

（1）列车应急设备。

一般情况下，地铁列车上应配备的应急设备有：紧急报警按钮或紧急对讲器、紧急开门装置、灭火器、逃生装置。

列车的每节车厢至少要安装两个紧急报警按钮或紧急对讲器，如图 5-2、图 5-3 所示。当车厢内发生意外事件、火警等紧急情况时，乘客可以立即使用该装置通知列车驾驶员，以便列车驾驶员及时采取相关措施进行处理。

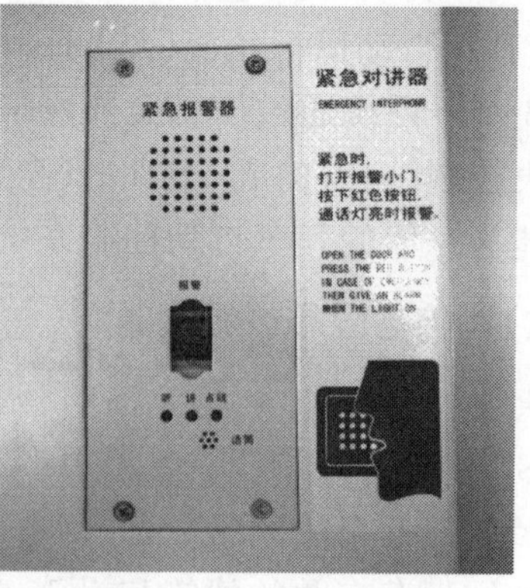

图 5-3　列车的紧急对讲器（不同列车型号对讲器可能存在不同）

在列车的每个车门上都安装有紧急开门装置和安全锤,如图5-4、图5-5所示,其主要作用是列车在故障或紧急情况下,需要人工开门时使用。

灭火器是为预防地铁列车发生火灾情况配备的应急设备。每节车厢有两个灭火器,一个在车厢连接处,一个在车厢内座位下方(座位上有明确的标志指示)。当列车发生火灾初期,乘客除通过车厢内的紧急报警按钮或紧急对讲器通知列车驾驶员外,还可以用列车配备的灭火器灭火自救,尽量将火势控制、扑灭,如图5-6、图5-7所示。

图5-4　列车车门紧急解锁手柄

图5-5　安全锤

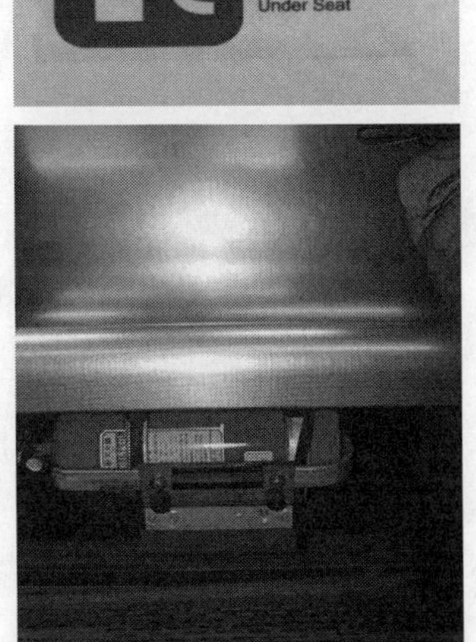

图5-6　列车座椅下的灭火器

图5-7　车厢连接处的灭火器

逃生装置一般安装在列车两端的驾驶室。如果该城市的轨道交通系统采取疏散平台方式进行疏散,列车的逃生装置则为客室门。列车逃生装置一般在发生紧急情况下,必须通过人工疏散时才能使用。

(2)车站应急设备。

车站的应急设备分为火灾紧急报警器、自动扶梯紧停装置、紧急停车按钮、屏蔽门紧急开关4类。其安装位置和数量均根据不同的城市轨道交通系统建设的要求而有所不同，但各类应急设备的启用电动机相同，就是必须在发生危机列车行车安全或危及人身安全时使用。

车站内的手动报警按钮、站台紧急停车按钮，可帮助乘客应对地铁列车或车站火灾、列车故障等突发事件，如图5-8、图5-9所示。

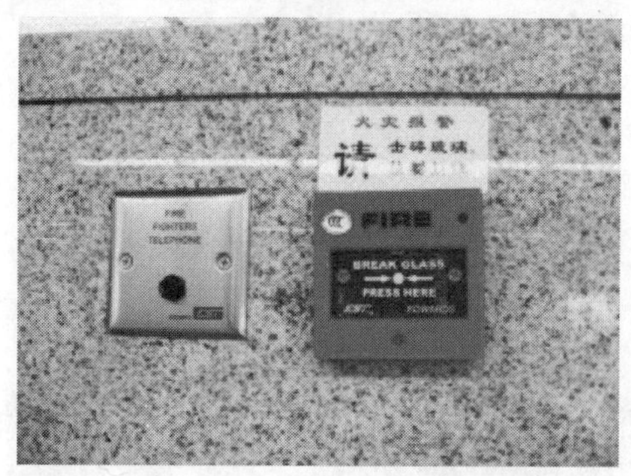

图5-8　手动报警按钮位于消火栓旁的墙壁上

图5-9　站台紧急停车按钮

屏蔽门手动解锁把手/推杆锁、自动扶梯紧急停梯按钮等应急装置可应对屏蔽门故障、扶梯紧急事故，如图5-10、图5-11所示。

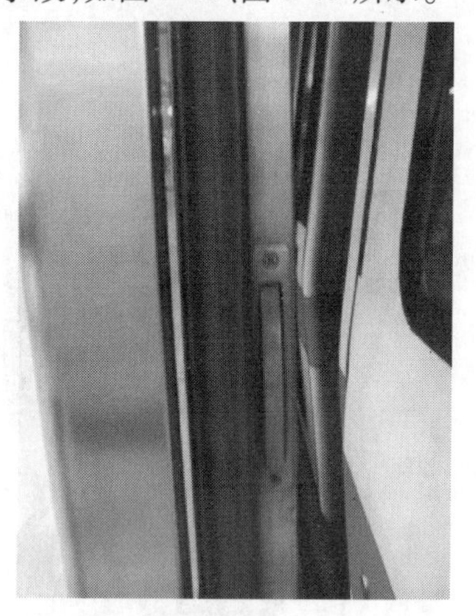

图5-10　屏蔽门手动解锁把手（位于每挡滑动门中部链接处）

图5-11　自动扶梯紧急停止按钮

第三节　道路货物运输安全技术

一、道路货物运输、危险货物运输经营者的要求

1.道路货物运输经营者

从事道路货物运输经营的，应当具备下列基本条件：

（1）有与其经营业务相适应并经检测合格的运输车辆：

①车辆技术要求：

a.车辆技术性能应当符合国家标准《营运车辆综合性能要求和检验方法》（GB 18565—

2001)的要求；

b. 车辆外廓尺寸、轴荷和质量应当符合国家标准《道路车辆外廓尺寸、轴荷及质量限值》(GB 1589—2004)的要求。

②车辆其他要求：

a. 从事大型物件运输经营的，应当具有与所运输大型物件相适应的超重型车组；

b. 从事冷藏保鲜、罐式容器等专用运输的，应当具有与运输货物相适应的专用容器、设备、设施，并固定在专用车辆上；

c. 从事集装箱运输的，车辆还应当有固定集装箱的转锁装置。

(2)有符合规定条件的驾驶人员：

①取得与驾驶车辆相应的机动车驾驶证；

②年龄不超过60周岁；

③经设区的市级道路运输管理机构对有关道路货物运输法规、机动车维修和货物及装载保管基本知识考试合格，并取得从业资格证。

(3)有健全的安全生产管理制度，包括安全生产责任制度、安全生产业务操作规程、安全生产监督检查制度、驾驶员和车辆安全生产管理制度等。

①除了具备上述基本要求外，根据《北京市道路运输条例》规定，道路运输经营者应当遵守下列规定：

a. 按照许可的范围或者事项从事经营活动，接受道路运输管理机构和有关行政管理部门的监督检查；

b. 制定并执行服务标准和规程、收费管理、安全行车等规章制度；

c. 对从业人员加强法制教育、职业道德教育和专业技能培训；

d. 按照规定维护和检测运输车辆，确保车辆符合国家和本市规定的技术标准、排放标准和燃料消耗限值；

e. 运营中携带车辆营运证件、驾驶员资格证件以及其他规定的证件；

f. 按照国家和本市有关价格管理的规定，明码标价，合理收取费用；

g. 使用由税务部门监制的道路运输专用发票，不得伪造、涂改、倒卖、转借和转让专用发票；

h. 对服务对象提出的服务质量问题及时调查处理；

i. 按照规定向道路运输管理机构报送统计报表和信息。

②道路运输经营者应遵守下列安全规定：

a. 制定有效的安全生产措施。定期研究安全生产工作，并对措施执行情况进行检查；

b. 建立从业人员的安全生产教育和培训制度。未经安全生产教育和培训合格的从业人员，不得上岗作业；

c. 建立生产安全事故隐患排查制度。制定并执行防范和应急措施，对容易发生事故的部位、设施明确安全责任人员；

d. 建立运营车辆安全检查制度。未经安全检查或者经安全检查不符合消防、道路交通安全、治安等要求的车辆不得运营；

e. 道路运输经营者应当依法制定生产安全事故应急处置预案。

应急处置预案应当包括应急处置组织及职责、危险目标的确定和潜在危险性评估、救援预案的启动程序、紧急处置措施、救援组织的训练和演习以及救援设备储备、经费保障等内容。至少每半年演练一次生产安全事故应急处置预案,并做好记录。

北京市城市中心区的货运应保障城市正常运行和人民群众生产、生活的需要,缓解道路交通压力;实行夜运为主、昼运为辅的方式。本市对在城市中心区内从事昼运的货运车辆实行总量控制、分类管理、择优配置,并逐步实施。

货运经营者应按照货物运输规则和作业规程受理、承运货物,遵守国家和本市有关禁运、限运、检疫控制进出境货物的管理规定,并采取必要措施防止运输中货物的脱落、扬洒或者泄漏;按照规定使用具有符合要求的密闭装置的车辆运输散装、流体货物;使用专用车辆运输集装箱、冷藏保鲜货物和危险货物。

外省市货运经营者驻京从事道路货物运输的,应按照国家和本市有关规定向经营所在地的道路运输管理机构备案,并接受备案机构的监督管理。

道路货物运输经营者应当按照《道路运输经营许可证》核定的经营范围从事货物运输经营,不得转让、出租道路运输经营许可证件。道路货物运输经营者不得运输法律、行政法规禁止运输的货物。道路运输车辆运输货物的,不得运输旅客,运输的货物应当符合核定的载重量,严禁超载;载物的长、宽、高不得违反装载要求。

道路货物运输经营者应聘用持有从业资格证的驾驶人员,并对从业人员进行经常性的安全、职业道德教育和业务知识、操作规程培训。要求其聘用的车辆驾驶员随车携带《道路运输证》。《道路运输证》不得转让、出租、涂改、伪造。营运驾驶员应当驾驶与其从业资格类别相符的车辆。驾驶营运车辆时,应当随身携带从业资格证。

道路货物运输经营者在受理法律、行政法规规定限运、凭证运输的货物时,应当查验并确认有关手续齐全有效后方可运输。货物托运人应当按照有关法律、行政法规的规定办理限运、凭证运输手续。道路货物运输经营者不得采取不正当手段招揽货物、垄断货源。不得阻碍其他货运经营者开展正常的运输经营活动。

道路货物运输经营者应当制定有关交通事故、自然灾害、公共卫生以及其他突发公共事件的道路运输应急预案。应急预案应当包括报告程序、应急指挥、应急车辆和设备的储备以及处置措施等内容。发生交通事故、自然灾害、公共卫生以及其他突发公共事件,道路货物运输经营者应当服从县级以上人民政府或者有关部门的统一调度、指挥。

2. 道路危险货物运输经营者

在本市内从事道路危险货物运输的企业或单位,应进行安全评价,其有效的安全评价结论应为基本符合安全要求或符合安全要求,方可依法申请取得《道路运输经营许可证》或《道路危险货物运输许可证》。其中,运输剧毒化学品、爆炸品的企业或单位,应对其运输车辆、经营场地、自备停车场、设备设施等至少每年进行一次安全评价;运输其他危险货物的企业或单位,应对其运输车辆、经营场地、自备停车场、设备设施等至少每两年进行一次安全评价;停业超过三个月的道路危险货物运输企业或单位,应重新进行安全评价;发生重大及重大以上危险货物运输责任事故的企业或单位,应重新进行安全评价。

从事营业性道路危险货物运输的单位(《道路危险货物运输管理规定》),应有符合下列要求的专用车辆及设备:

(1)自有专用车辆5辆以上。

(2)专用车辆技术性能符合国家标准《营运车辆综合性能要求和检验方法》(GB 18565—2001)的要求,车辆外廓尺寸、轴荷和质量符合国家标准《道路车辆外廓尺寸、轴荷和质量限值》(GB 1589—2004)的要求,车辆技术等级达到行业标准《营运车辆技术等级划分和评定要求》(JT/T 198—2004)规定的一级技术等级。

(3)配备有效的通讯工具。

(4)有符合安全规定并与经营范围、规模相适应的停车场地。具有运输剧毒、爆炸和Ⅰ类包装危险货物专用车辆的,还应当配备与其他设备、车辆、人员隔离的专用停车区域,并设立明显的警示标志。

(5)配备有与运输的危险货物性质相适应的安全防护、环境保护和消防设施设备。

(6)运输剧毒、爆炸、易燃危险货物的,应当具备罐式车辆或厢式车辆、专用容器,车辆应当安装行驶记录仪或定位系统。

(7)罐式专用车辆的罐体应当经质量检验部门检验合格。运输爆炸、强腐蚀性危险货物的罐式专用车辆的罐体容积不得超过20m^3,运输剧毒危险货物的罐式专用车辆的罐体容积不得超过10m^3,但符合国家有关标准的罐式集装箱除外.

(8)运输剧毒、爆炸、强腐蚀性危险货物的非罐式专用车辆,核定载质量不得超过10t,但运输符合国家有关标准的集装箱的非罐式专用车辆除外。

除上述基本条件和要求外,道路危险货物运输经营者应当遵守下列运营安全规定:

①主要负责人和专职安全管理人员经法定主管部门考核合格;

②按照有关标准和规定,安装并使用远程定位监控系统,并保证与本市道路运输信息共享平台的实时连通;

③按照公安机关依法批准的时间、路线、区域运输危险货物;

④采取必要的安全防护措施,防止危险货物在存储、运输、装卸过程中丢失、泄漏、燃烧、爆炸、辐射;

⑤定期委托具有相应资质的中介机构开展安全评价,并向道路运输管理机构报告评价结果。

此外,《北京市烟花爆竹安全管理规定》第九条规定:“在本市行政区域内运输烟花爆竹,应当取得公安机关的运输许可,未经许可,不得运输。承运单位运输烟花爆竹应当携带许可证件,按照核准载明的品种、数量、路线、有效期限等规定运输”。

二、道路货物运输、危险货物运输人员要求

1. 主要负责人

道路危险货物运输企业或单位的主要负责人和安全生产管理人员应经有关主管部门的考核合格。道路危险货物运输企业或单位运输危险货物过程中发生化学品事故时,主要负责人应按照本企业或单位制定的应急救援预案组织救援,同时立即报警,并报告安监、公安、环保、质监及运输管理等有关管理部门。

道路危险货物运输经营者主要负责人的职责如下:

(1)建立、健全本企业或单位的安全生产责任制。

(2)组织制定本企业或单位的安全生产规章制度和操作规程。

(3)保证本企业或单位安全投入的有效实施。

(4)督促、检查本企业或单位的运输安全工作,及时消除安全事故隐患。

(5)组织制定并实施本企业或单位的运输安全事故应急救援预案。

(6)及时、如实报告运输安全事故。

2. 安全生产管理人员

道路危险货物运输企业或单位应依法设置安全管理机构,配备专职安全管理人员。安

全生产管理人员发现作业现场存在安全隐患时，应及时向企业或单位安全管理机构和主要负责人报告，对违章指挥、违章操作的，应立即制止。

道路危险货物运输企业或单位应配备专职安全生产管理人员或设置安全管理机构。配有5辆以下车辆的至少设1名安全生产管理人员，每增加10辆至少增加1名安全生产管理人员，配有30辆以上车辆的企业或单位应设置安全管理机构。

道路危险货物运输经营者主要负责人的职责如下：

(1)建立本企业或单位安全生产知识的教育和培训计划，每半年应至少组织一次从业人员的集中安全生产培训，并建立教育和培训档案。

(2)对本企业或单位的危险货物运输安全进行监督和指导。

(3)负责落实企业或单位各项安全生产管理制度和各岗位安全操作规程。

(4)负责运输、装卸等现场安全巡视督查，并做好记录。

(5)负责安全生产相关数据统计、安全防护设备和劳动保护用品配备、使用及检查。

(6)负责车辆及相关设备的安全管理、检修维护，并建立检修技术档案和行车记录档案等。

3. 道路货物运输从业人员

根据《北京市道路运输条例》第十六条规定，道路运输经营者应当对道路客货运输驾驶员、道路危险货物运输的驾驶员、押运人员、装卸管理人员等专业人员进行岗前和在职专业技能培训。

道路运输经营者对持有外省市核发的从业资格证件的驾驶员，应当按照有关规定进行本市道路交通状况、道路通行条件、道路通行规定等专项培训，并办理本市驾驶员信息卡；未经培训或培训不合格的，道路运输经营者不得安排其从事专业营运活动。

《道路运输从业人员管理规定》第六条规定："经营性道路客货运输驾驶员和道路危险货物运输从业人员必须取得相应从业资格，方可从事相应的道路运输活动"，即驾驶危险品货运车辆的驾驶员其从业资格证件的经营类别中必须有危险品货物运输的从业资格，驾驶经营性普通货车的驾驶员其从业资格证件的经营类别中必须有普通货物运输的从业资格。其中，由于危险品货物运输从业资格是在获取经营性普通货物运输或者旅客运输从业资格两年以上的基础上取得的，因此已取得危险品货物运输从业资格证件的驾驶员视其原从业资格范围可以从事经营性普通货物运输或者旅客运输。

运输危险货物的驾驶人员、押运人员和装卸管理人员应持证上岗。从业人员应了解所运危险货物的特性、包装容器的使用特性、防护要求和发生事故时的应急措施，熟练掌握消防器材的使用方法。

《道路运输从业人员管理规定》中要求"经营性道路危险货物运输驾驶员应当按照规定填写行车日志"。行车日志是记录经营性道路危险货物运输驾驶员每日运送危险货物时车辆的具体运行路线、运行时间、货运站场安全检查情况、行径道路状况、中途停经驶离站点与时间、行车中车辆发生故障与事故、运行途中车辆检查与修理等情况的表单，同时也是运输企业加强对驾驶员和车辆动态监管的重要手段。经营性道路危险货物运输驾驶员应按照规定规范填写行车日志的每一项内容，以便为驾驶员安全教育、驾驶员绩效与安全考核提供详实的依据。

运输危险货物应配备押运人员。押运人员应熟悉所运危险货物特性，并负责监管运输全过程。驾驶人员和押运人员在运输途中应经常检查货物装载情况，发现问题及时采取措施。驾驶人员不得擅自改变运输作业计划。

道路危险货物运输驾驶员应按照道路交通安全主管部门制定的行车时间和路线运输危

险货物。道路危险货物运输装卸管理人员应当按照安全作业规程对道路危险货物装卸作业进行现场监督，确保装卸安全。道路危险货物运输押运人员应当对道路危险货物运输进行全程管理。道路危险货物运输从业人员应当严格按照《汽车运输危险货物规则》(JT 617—2004)、《汽车运输、装卸危险货物作业规程》(JT 618—2004)操作，不得违章作业。

1)驾驶员

(1)普通货物运输驾驶员。

《道路运输从业人员管理规定》第十条规定："经营性道路货物运输驾驶员应当符合下列条件：

①取得相应的机动车驾驶证；

②年龄不超过 60 岁；

③掌握相关道路货物运输法规、机动车维修和货物装载保管基本知识；

④经考试合格，取得相应的从业资格证件"。

《道路运输条例》第二十三条规定了对经营性道路货物运输驾驶员从业资格的规定。普通货物运输驾驶员的职责包括：

①了解所驾驶牵引车的总体构造和主要技术性能、参数；熟悉安全质量保证的有关规定和规范；掌握驾驶、维护汽车列车的技能，并具备判断和紧急处理意外情况的能力，能在较复杂的条件下，与挂车工配合完成超限货物运输作业。

②掌握相关道路货物运输法规和货物装载保管基本知识，熟悉货运事故应急处置要求。

③装载货物能做到均衡平稳，捆扎牢固，严禁超重、超高、超宽载物。

④在用起重设备装卸车时，驾驶员必须离开驾驶室，不准在此时检查、维修车辆。

(2)危险货物运输驾驶员。

根据《道路危险货物运输安全技术要求》(DB 11/415—2007)规定，道路危险货物运输驾驶员应满足：

①道路危险货物运输车辆应每车至少配备一名具有危险货物运输从业资格的与本企业或单位签订劳动合同的驾驶员；

②危险货物运输驾驶员准驾车型驾龄至少为 5 年，且年龄不超过 55 岁；

③驾驶员必须掌握危险货物运输的安全知识，并经考核合格，取得上岗资格证书；

④有酒后驾车违法记录和交通安全违章满 12 分的危险货物运输驾驶员，应重新参加安全考核；

⑤发生重大及重大以上危险货物运输责任事故的驾驶人员，不得从事危险货物运输。

(3)危险货物运输驾驶员的职责。

①取得道路危险货物运输从业资格，证件合法有效。

②接受相关法规、安全运输、专业技术、职业卫生防护和应急救援知识的培训，了解危险货物性质、危害特征、包装容器的使用特性和发生意外时的应急措施。

③熟悉《汽车运输、装卸危险货物作业规程》(JT 618—2004)、《汽车运输危险货物规则》(JT 617—2004)，并能够按规定进行运输、装卸作业。

④严格遵守运输作业规程，按有关部门关于危险货物运输线路、时间、速度方面的相关规定作业。运输过程中，应每隔 2h 检查一次。若发现货损(如丢失、泄漏等)，应及时联系当地有关部门予以处理。一次连续驾驶 4h 应休息 20min 以上；24h 内实际驾驶车辆时间累计不得超过 8h。

⑤运输危险货物的车辆发生故障需修理时，应选择在安全地点和具有相关资质的汽车修理企业进行。

⑥熟悉并掌握应急预案、应急措施。能熟练使用车辆配备的消防器材。在途中发现泄漏等情况会及时处理，疏散人员，设立警戒线，并及时向当地的消防部门报警。

⑦要监督、提醒押运人员对货物包装、容器、槽罐等进行安全检查，防止泄漏等危险货物运输事故的发生。

2）装卸管理人员和押运人员

《道路运输从业人员管理规定》第十一条规定："道路危险货物运输装卸管理人员和押运人员应当符合下列四个条件：

①年龄不超过60周岁；

②初中以上学历；

③接受相关法规、安全知识、专业技术、职业卫生防护和应急救援知识的培训，了解危险货物性质、危害特征、包装容器的使用特性和发生意外时的应急措施；

④经考试合格，取得相应的从业资格证件"。

（1）装卸管理人员主要职责。

①装卸危险货物作业时，查验托运的危险货物是否符合《汽车运输危险货物规则》（JT 617—2004）有关危险货物的分类和分项、包装和标志、车辆和设备、托运和单证、承运和交接、运输和装卸、保管和消防、劳保和急救以及事故应急处理等规定。

②查验装卸现场是否配备和正确使用必要的应急处理器材和劳动防护用品。

③查验装卸作业现场作业区是否通风良好，电气设备是否符合要求，是否具有防爆、防静电和避雷装置，工作人员是否关闭随身携带的手机等通讯设备和电子设备，在装卸易燃易爆物品时，应当穿着防静电的工作服和不带铁钉的工作鞋，是否有无关人员进入作业区等。

④查验装卸工作现场温度，若超过35℃应停止作业，如必须作业的，须用冷水喷淋现场，确保工作现场温度降到30℃以下。

⑤装卸操作时应根据货物包装的类型、体积、质量、件数的情况，并根据《包装储运图示标志》（GB/T 191—2008）的要求，轻拿轻放，谨慎操作，严防跌落、摔碰、泄漏，禁止撞击、拖拉翻滚、投掷，并做到：

a. 装卸前，对装卸机具进行检查，装卸爆炸品、有机过氧化物、一级毒害品，装卸机具应按额定负荷降低25%使用；

b. 堆码整齐，紧靠妥帖，易于点数；堆码时，桶口、箱盖朝上，允许横倒的桶口及袋装货物的袋口应朝里；

c. 装载平衡，高出栏板的最上一层包装件，堆码时应从车厢两侧向内错位骑缝堆码，超出车厢前挡板的部分不得大于包装件高度的1/2；

d. 装运高出挡板的货物，装车后，必须用绳索捆扎牢固，易滑动的包装件，需用防散失的网罩覆盖并用绳索捆扎牢固或用毡布覆盖严实，需用两块毡布覆盖货物时，中间接缝处须有大于15cm的重叠覆盖，且车厢前半部分毡布需压在后半部分的毡布上；

e. 装有通气孔的包装件，不准倒置、侧置；

f. 装载危险货物应符合交通部、公安部、发改委《关于进一步加强车辆超限超载集中治理工作的通知》中规定的认定标准，不得超载超运；

g. 装卸过程中，车辆确保熄火，并切断总电源。有坡度的场地作业时，必须采取防止车辆溜坡的有效措施；

h. 装卸过程如需移动车辆，应先关上车厢门或栏板。

装卸管理人员必须掌握危险货物运输的安全知识，并经考核合格，取得上岗资格证书；因装卸现场指挥失职的装卸管理人员，应重新参加安全考核。发生重大及重大以上危险货物运输责任事故的装卸管理人员，不得从事危险货物装卸。

（2）押运人员主要职责。

①确保危险货物一直处于押运人员的监管之下，防止盗失。

②监督危险货物的运输、装卸、堆放作业按规定要求进行。

③在发生危险货物运输事故后，正确处理，防止危害和损失进一步扩大，并负责从任务领取到危险货物装载、运输、卸载整个过程的安全监督检查工作，具体包括：

a. 出车前的监督检查；

b. 装载时的监督检查；

c. 运输途中的监督检查；

d. 卸载时的监督检查；

e. 回场后的监督检查。

根据《道路危险货物运输安全技术要求》（DB 11/415—2007）规定，危险货物运输车辆应每车至少配备一名具有危险货物运输从业资格的与本企业或单位签订劳动合同的押运人员。此外，押运人员除了必须掌握危险货物运输的安全知识，并经考核合格取得上岗资格证书外，未履行押运监管职责导致危险货物运输责任事故的押运人员，应重新参加安全考核；发生重大及重大以上危险货物运输责任事故的押运人员，不得从事危险货物押运。

三、道路普货运输、危货运输安全技术要求

1. 道路货物运输安全技术要求

1）基本要求

道路运输经营者应建立货运车辆技术档案，并妥善保管。对相关内容的记载应及时、完整和准确，不得随意更改；道路货物运输车辆办理过户变更手续时，道路货物运输经营者应将货运车辆技术档案完整移交。

道路货物运输经营者车辆技术档案主要内容包括车辆基本情况、主要部件更换情况、修理和二级维护记录（含出厂合格证）、技术等级评定记录、车辆变更记录、行驶里程记录、交通事故记录等。

国家鼓励道路货物运输实行集约化、网络化经营；鼓励采用集装箱、封闭厢式车和多轴重型车运输。道路货物运输经营者应当采取有效的措施，防止货物脱落、扬撒等情况发生。道路货物运输经营者应当采取有效措施，防止货物变质、腐烂、短少或者损失。

道路货物运输经营者应按照国家有关规定在其重型货运车辆、牵引车上安装、使用行驶记录仪，并采取有效措施，防止驾驶人员连续驾驶时间超过4h。

运输的货物应符合货运车辆核定的载质量，载物的长、宽、高不得违反装载要求。禁止货运车辆违反国家有关规定超限、超载运输。禁止使用货运车辆运输旅客。道路货物运输经营者运输大型物件，应当制定道路运输组织方案。涉及超限运输的应当按照交通部颁布的《超限运输车辆行驶公路管理规定》办理相应的审批手续。从事大型物件运输的车辆，应当按照规定装置统一的标志和悬挂标志旗；夜间行驶和停车休息时应当设置标志灯。

禁止使用报废的、擅自改装的、拼装的、检测不合格的和其他不符合国家规定的车辆从事道路货物运输经营；道路货物运输经营者对达到国家规定的报废标准或者经检测不符合国家强制性标准要求的货运车辆，应当及时交回《道路运输证》，不得继续从事道路货物运输经营。

2）易泄漏、遗撒运输车辆安全技术要求

为了维护市容环境卫生，禁止车辆运输泄漏、遗撒，根据《北京市市容环境卫生条例》，制定了《北京市人民政府关于禁止车辆运输泄漏遗撒的规定》（1996 年 8 月 13 日北京市人民政府第 13 号令发布，2002 年 11 月 18 日北京市人民政府第 116 号令第一次修改，2007 年 11 月 23 日北京市人民政府第 200 号令第二次修改），要求在北京市行政区域内的道路上运输垃圾、渣土、砂石、土方、灰浆等流体、散装货物的车辆必须符合下列规定：

（1）有市政管理行政部门核发的准运证件。

（2）符合本市环保要求。

（3）城镇地区内流体、散装货物应当实行密闭运输。

（4）运输散装货物的车辆，四周槽帮牢固可靠，无破损，挡板严密。

（5）运输渣土、砂石的车辆应当安装符合本市技术标准的运输装置，并保持密封完好。

（6）运输流体货物的车辆，必须使用不渗漏的容器装载运输。

此外，该规定命令禁止拖拉机、兽力车和农用运输车在规划市区、郊区的城镇地区以及其他禁止通行的地区从事垃圾、渣土、砂石、土方、灰浆等流体和散装货物的运输。

根据北京市人民政府《关于全面推进建筑垃圾综合管理循环利用工作的意见》（京政办发[2011]31 号），为进一步加强建筑垃圾运输管理，严格控制扬尘、遗撒、乱倒乱卸行为，规定建筑垃圾运输车辆须为绿标车且加装软质机械式全密闭装置，保证不扬尘、不遗撒；车辆后箱板喷涂反光、放大车号，字体大小为车牌号的 2.5 倍，字迹颜色与车身颜色色差分明，示宽条为红白相间；车辆驾驶室两侧车门喷涂运输企业（个体）名称，喷涂字迹端正，字号不得大于车身高度的 10%，字迹颜色与车身颜色色差分明；车辆驾驶室上方安装三棱体标识顶灯，规格为长 90cm、底宽 10cm、高 20cm，灯身为白底红字，印有“渣土运输”字样，顶灯夜间保持开启状态。

3）城市中心区货运汽车营运技术要求

城市中心区是北京政治、文化等核心职能和重要经济功能集中体现的地区，即指五环路以内（含五环路）的行政区域。

城市中心区货运汽车外廓尺寸、轴荷及质量的限值应符合《道路车辆外廓尺寸、轴荷及质量限值》（GB 1589—2004）的要求；货运汽车运行安全技术要求应符合《机动车运行安全技术条件》（GB 7258—2012）的规定；货运汽车技术状况应符合《营运车辆技术等级划分和评定要求》（JT/T 198—2004）规定的一级车况标准。货运汽车应正确使用与服务属性相对应的标志标识，标志图形与文字应轮廓清晰、颜色均匀，标志应清晰牢固地喷涂或粘贴在货运汽车适当位置。

城市中心区货运汽车主要安全要求如下：

①车窗玻璃不应粘贴妨碍驾驶员视野的附加物和镜面反光遮阳膜；

②货运汽车所有座椅应配备安全带，安全带应可靠有效并有认证标志；

③货运汽车应配备灭火器。灭火器应完好有效、安放牢固、取用方便并应定期更换；

④货运汽车应配备符合《机动车用三角警告牌》（GB 19151—2003）规定的三角警告牌；

⑤除封闭货车外，其他货运汽车驾驶室正面碰撞、后部碰撞、顶压强度等乘员保护性能

应满足《关于就商用车辆驾驶室乘员防护方面批准车辆的统一规定》(ECE R29)的要求;

⑥货运汽车的轮胎应在胎面磨损达到厂家规定的磨耗标识前更换;

⑦货运汽车经营者应定期检查车辆制动系统,保证车辆具有良好的制动性能;

⑧货运汽车宜安装倒车声音提醒装置。

城市中心区货运汽车主要有厢式货车、封闭货车、自卸货车、罐式货车等,不同的货运汽车有特殊的要求。

(1)厢式货车、封闭货车。

①封闭货车的货厢与驾驶室间应有刚性封闭隔离,各自独立成室。

②厢式货车的货厢与底盘的连接应牢固可靠。驾驶室可翻转的厢式货车,其驾驶室翻转操作说明标识应保持完好,字迹清晰易见。翻转锁止机构不应出现不能锁止或锁止不牢等故障。

③用于农副产品运输的厢式货车、封闭货车的货厢,若设置通风装置,通风装置应可控。

④货厢应具有良好的防水、防尘密封性,不应有渗水、滴水、漏水、扬尘等现象。

⑤货厢内地板上下表面应采取防腐措施,其上表面应平整,并具有密封性;采用木质地板时,木料需经干燥处理。

⑥货厢内应安装照明灯具,宜根据配送货物的类型设置可拆卸的货物分区分隔设施及配置货物固定的卡带、地环、挂钩等装置。

⑦货厢门的形式可采用后开门、左右侧开门或翼式的方式。车厢门应启闭灵活、轻便,工作可靠。车厢门开启后应能牢固地锁定在货厢上。

⑧货厢门锁止机构应操作灵活,锁止可靠,不允许脱落和自行开启。

⑨安装尾板的汽车,其外形尺寸和轴荷限值应符合《道路车辆外廓尺寸、轴荷及质量限值》(GB 1589—2004)的规定。尾板应工作可靠。尾板收起后,不应自行脱开。

⑩保温车、冷藏车宜安装温度监控系统。

厢式货车、封闭货车标志标识要求如图5-12、图5-13所示。

(2)自卸货车。

①用于运送散装货物的自卸货车应安装符合《自卸汽车密闭式顶盖　技术条件》(QC/T 782—2007)要求的密闭式顶盖,顶盖在运行过程中不应自行打开。

②自卸货车的车厢举升、下降应平稳,不应出现窜动、卡滞和冲撞的现象。

③车厢栏板应开闭灵活,锁紧可靠,在行驶过程中不应自行打开。

④倾卸操纵机构应操作灵活、准确、可靠,倾卸操纵机构应安装自动锁止装置,在行驶过程中不应出现车厢自动举升现象。

⑤自卸货车应安装车厢举升报警装置,举升后应有防止车厢自降的保险装置。

⑥自卸货车驾驶室后部不应有盲窗。

自卸货车标志标识要求如图5-14所示。

(3)罐式货车。

①罐体应符合《道路运输液体危险货物罐式车辆　第1部分:金属常压罐体技术要求》(GB 18564.1—2006)和《道路运输液体危险货物罐式车辆　第2部分:非金属常压罐体技术要求》(GB 18564.2—2008)的相关规定,罐体的安全阀应齐全并可靠工作。

②罐体应具有良好的密闭性,运输过程中不应产生泄漏、遗洒;车辆宜安装泄漏报警装置。

罐式货车标志标识要求如图5-15所示。

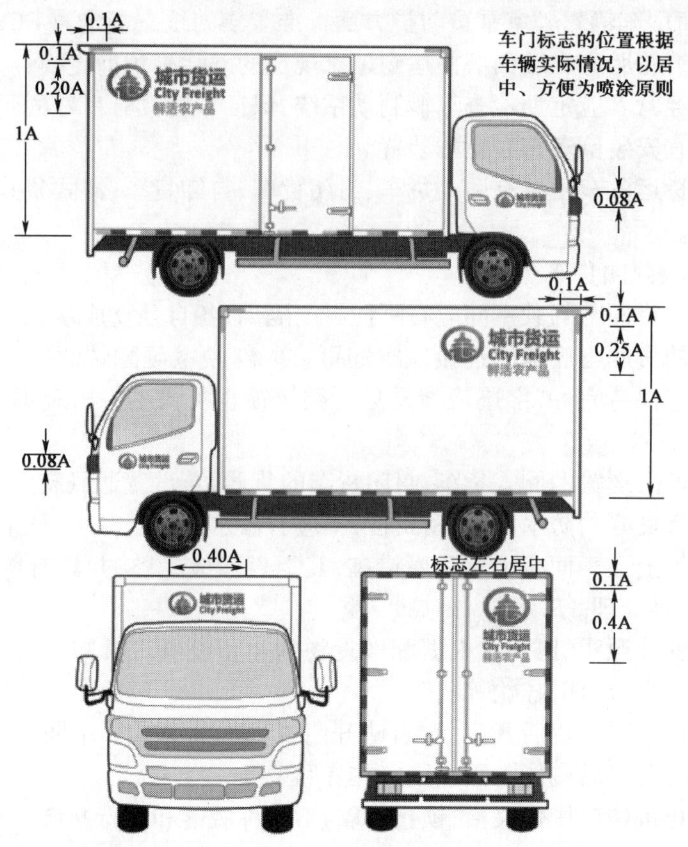

图 5-12　厢式货车标志标识要求

A-一个计量单位

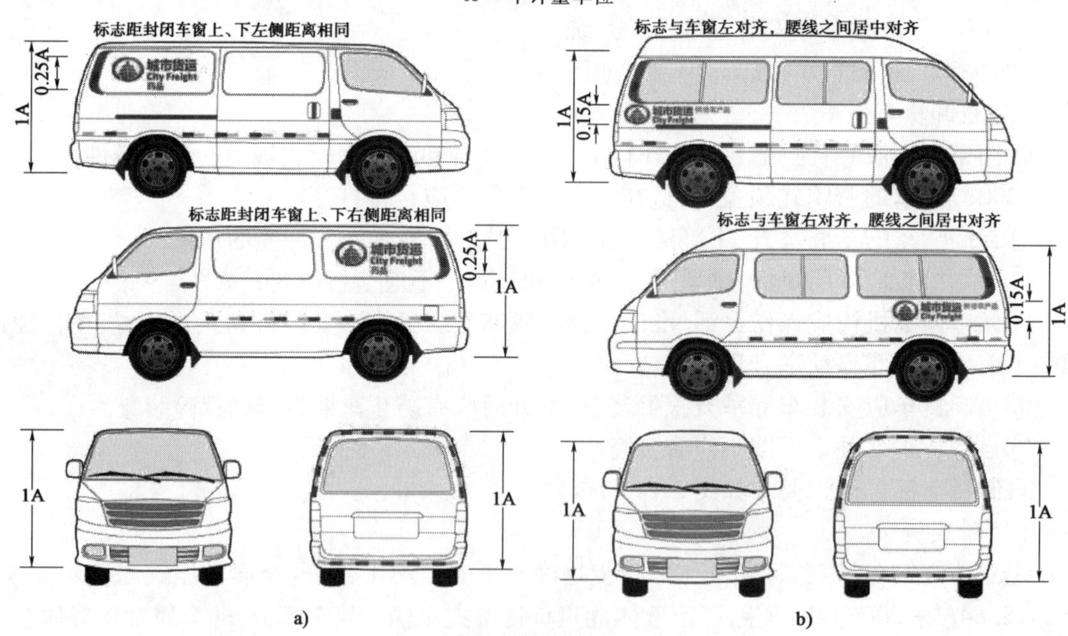

图 5-13　封闭货车标志标识位置

a)封闭货车标志标识位置(盲窗)；b) 封闭货车标志标识位置(车窗与腰线之间)

A-一个计量单位

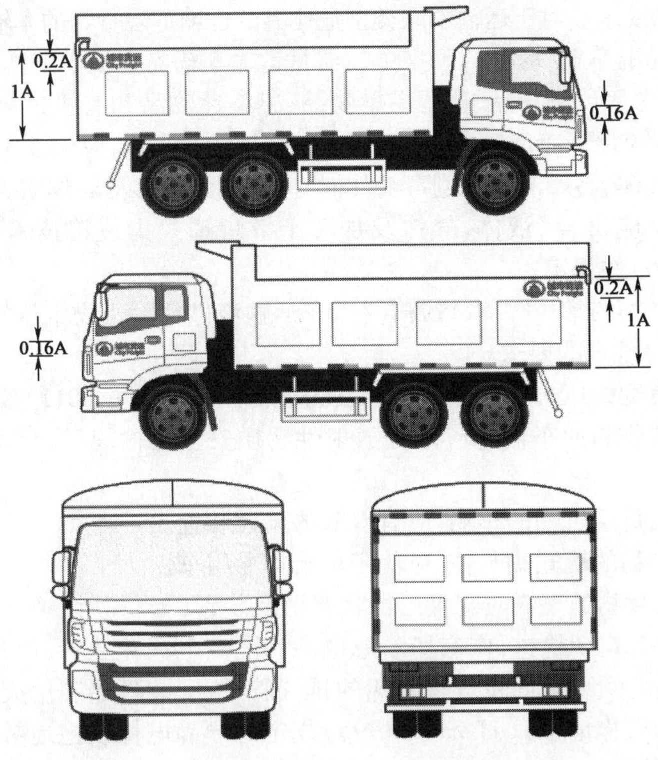

图 5-14　自卸货车标志标识要求

A-一个计量单位

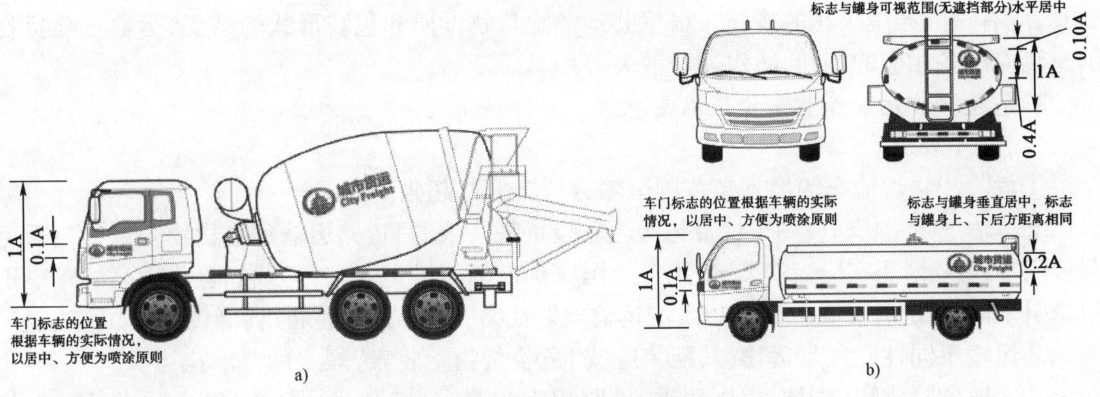

图 5-15　罐式货车标志标识位置

a)混凝土搅拌运输车标识；b)其他罐式货车标识

A-一个计量单位

2. 道路危险货物运输安全技术要求

1)危险货物运输车辆和设备安全技术要求

运输危险货物的车辆安全技术状况应符合《机动车运行安全技术条件》(GB 7258—2012)的要求；车辆技术状况应符合《营运车辆技术等级划分和评定要求》(JT/T 198—2004)规定的一级车况标准、车辆应配置符合《道路运输危险货物车辆标志》(GB 13392—2005)的标志，并按规定使用；应按照《危险化学品汽车运输安全监控系统通用规范》(AQ 3003—2005)的要求建立道路危险货物运输安全监控平台，对道路危险货物运输车辆进行实时动态监控；运输车辆应安装定位系统，车辆安装的车载终端应符合《危险化学品汽车运输安全监控车载终端》

(AQ 3004—2005)的要求。对于运输不同类型危化品的运输危险货物的车辆,有不同的要求:

(1)运输爆炸品的车辆,应符合国家爆破器材运输车辆安全技术条件规定的有关要求。

(2)运输爆炸品、固体剧毒品、遇湿易燃物品、感染性物品和有机过氧化物时,应使用厢式货车运输,运输时应保证车门锁牢;对于运输瓶装气体的车辆,应保证车厢内空气流通。

(3)运输液化气体、易燃液体和剧毒液体时,应使用不可移动罐体车、拖挂罐体车或罐式集装箱;罐式集装箱应符合《液体、气体及加压干散货罐式集装箱技术要求和试验方法》(GB/T 16563—1996)的规定。

(4)运输危险货物的常压罐体,应符合《汽车运输液体危险货物常压容器(罐体)通用技术条件》(GB 18564)规定的要求。

(5)运输危险货物的压力罐体,应符合《压力容器》(GB 150—2011)规定的要求。

(6)运输放射性物品的车辆,应符合《放射性物质安全运输规程》(GB 11806—2004)规定的要求。

(7)运输需控温危险货物的车辆,应有有效的温控装置。

(8)运输危险货物的罐式集装箱,应使用集装箱专用车辆。

此外,运输危险货物的车辆应配置运行状态记录装置(如行驶记录仪)和必要的通讯工具;应配备消防器材并定期检查;应有切断总电源和隔离电火花装置,切断总电源装置应安装在驾驶室内;运输易燃易爆危险货物车辆的排气管,应安装隔热和熄灭火星装置,并配装符合《汽车导静电橡胶拖地带》(JT 230—1995)规定的导静电橡胶拖地带装置;车辆车厢底板应平整完好,周围栏板应牢固;在装运易燃易爆危险货物时,应使用木质底板等防护衬垫措施。各种装卸机械,工、属具,应有可靠的安全系数;装卸易燃易爆危险货物的机械及工、属具,应有消除产生火花的措施。根据装运危险货物性质和包装形式的需要,运输危险货物的车辆应配备相应的捆扎、防水和防散失等用具。

2)危险货物运输作业安全技术要求

(1)基本要求。

①危险货物运输车辆严禁超范围运输,严禁超载、超限。

②运输危险货物时应随车携带与所运危险货物一致的"道路运输危险货物安全卡";重型载货汽车、半挂牵引车应当安装、使用符合国家标准的行驶记录仪;运载危险化学品的车辆不得牵引车辆;核定载质量在1t及以下的运输放射性物质的车辆应为厢式货车或封闭货车。

③运输不同性质危险货物,其配装应按"危险货物配装表"规定的要求执行。

④运输危险货物应根据货物性质,采取相应的遮阳、控温、防爆、防静电、防火、防震、防水、防冻、防粉尘飞扬、防撒漏等措施。

⑤运输危险货物的车厢应保持清洁干燥,不得任意排弃车上残留物;运输结束后被危险货物污染过的车辆及工、属具,应到具备条件的地点进行车辆清洗消毒处理。

⑥运输危险废物时,应采取防止污染环境的措施,并遵守国家有关危险货物运输管理的规定。

⑦运输医疗废物时,应使用有明显医疗废物标识的专用车辆;医疗废物专用车辆应达到防渗漏、防遗撒以及其他环境保护和卫生要求;专用车辆使用后,应当在医疗废物集中处置场所内及时进行消毒和清洁;运送医疗废物的专用车辆不得运送其他物品。

⑧夏季高温期间限制运输的危险货物,应按有关规定执行。

⑨运输危险货物的车辆禁止搭乘无关人员;不得在居民聚居点、行人稠密地段、政府机关、

名胜古迹、风景游览区停车。如需在上述地区进行装卸作业或临时停车,应采取安全措施。

⑩运输爆炸物品、易燃易爆化学物品以及剧毒、放射性等危险物品,应事先报经当地公安部门批准,按指定路线、时间、速度行驶,悬挂警示标志并采取必要的安全措施。运输爆炸品、固体剧毒品、遇湿易燃物品、感染性物品和有机过氧化物时,应使用厢式货车运输,运输时应保证车门锁牢。运输需控温危险货物应选用控温厢式货车。道路危险货物运输专用车辆一年审验一次。不得使用罐式专用车辆或者运输有毒、腐蚀性危险货物的专用车辆运输普通货物。

⑪运输危险货物的车辆在一般道路上最高车速为60km/h,在高速公路上最高车速为80km/h,并应确认有足够的安全车间距离。如遇雨天、雪天、雾天等恶劣天气,最高车速为20km/h,并打开示警灯,警示后车,防止追尾。运输过程中,应每隔2h检查一次。若发现货损(如丢失、泄漏等),应及时联系当地有关部门予以处理。驾驶员一次连续驾驶1h应休息20min以上;24h内实际驾驶车辆时间累计不得超过8h,并应做行车记录。

⑫运输危险货物的车辆发生故障需修理时,应选择在安全地点和具有相关资质的汽车修理企业进行。严格禁止在装卸作业区内维修运输危险货物的车辆。

⑬对装有易燃易爆的和有易燃易爆残留物的运输车辆,不得动火修理。确需修理的车辆,应向当地公安部门报告,根据所装载的危险货物特性,采取可靠的安全防护措施,并在消防员监控下作业。

(2)劳动防护要求。

运输危险货物的企业(单位),应配备必要的劳动防护用品和现场急救用具;特殊的防护用品和急救用具应由托运人提供。运输危险货物的企业(单位)应负责定期对从业人员进行健康检查和事故预防、急救知识的培训。

危险货物装卸作业时,应穿戴相应的防护用具,并采取相应的人身肌体保护措施;防护用具使用后,应按照国家环保要求集中清洗、处理;对被剧毒、放射性、恶臭物品污染的防护用具应分别清洗、消毒。危险货物一旦对人体造成灼伤、中毒等危害,应立即进行现场急救,并迅速送医院治疗。

(3)运输作业安全要求。危险货物运输作业包括出车前、运输及装卸过程中的不同作业操作,因此不同的作业环境有不同的安全技术要求。

①出车前的安全要求。

运输危险货物车辆的有关证件、标志应齐全有效,车辆技术状况应良好,并对车辆安全技术状况进行严格检查,发现故障立即排除。驾驶员、押运员应检查随车携带的"道路运输危险货物安全卡"是否与所运危险货物一致,并根据所运危险货物特性,应随车携带遮盖、捆扎、防潮、防火、防毒等工、属具和应急处理设备、劳动防护用品;检查运输危险货物的车辆配备的消防器材,发现问题应立即更换或修理。

运输危险货物车辆的车厢底板应平坦完好、栏板牢固,对于不同的危险货物,应采取相应的衬垫防护措施(如铺垫木板、胶合板、橡胶板等),车厢或罐体内不得有与所装危险货物性质相抵触的残留物。

装车完毕后,驾驶员应对货物的堆码、遮盖、捆扎等安全措施及对影响车辆起动的不安全因素进行检查,确认无不安全因素后方可起步。

②运输过程中安全要求。

驾驶员应根据道路交通状况控制车速,禁止超速和强行超车、会车;运输途中应尽量避免紧急制动，转弯时车辆应减速。通过隧道、涵洞、立交桥时，要注意标高、限速。

运输危险货物过程中，押运员应密切注意车辆所装载的危险货物，根据危险货物性质定时停车检查，发现问题及时会同驾驶人员采取措施妥善处理。驾驶员、押运员不得擅自离岗、脱岗。

运输过程中在道路危险货物运输过程中需停车住宿或遇有无法正常运输的情况时，应向当地公安部门报告；运输过程中发生燃烧、爆炸、污染、中毒或者被盗、丢失、流散、泄漏等事故，道路危险货物运输驾驶员、押运人员应当立即向当地公安部门和所在运输企业或者单位报告，说明事故情况、危险货物品名和特性，并采取一切可能的警示措施和应急措施，积极配合有关部门进行处置。

运输过程中遇有天气、道路路面状况发生变化，应根据所装载危险货物特性，及时采取安全防护措施。如遇雷雨天气，不得在树下、电线杆、高压线、铁塔、高层建筑及容易遭到雷击和产生火花的地点停车；若要避雨时，应选择安全地点停放。如遇有泥泞、冰冻、颠簸、狭窄及山崖等路段时，应低速缓慢行驶，防止车辆侧滑、打滑及危险货物剧烈震荡等，确保运输安全。

工业企业厂内进行危险货物运输，应按《工业企业厂内铁路、道路交通运输安全》(GB 4387—2008)执行，即装载易燃、易爆、剧毒等危险货物时，应做到：

a. 装载液态和气态易燃、易爆物品的罐车，必须挂接地静电导链；装载液化气体的车辆，应有防晒措施；

b. 装载氯酸钠、氯酸钾和用铁桶装的一级易燃液体时，不得使用铁底板车辆；

c. 装载剧毒品的车辆，用后应进行清洗，消毒；

d. 不得与其他货物混装；易燃易爆物品的装载量不得超过货物载重量的2/3，堆放高度不得高于车厢栏板。

装运易燃、易爆、剧毒等危险货物时，应遵守：

a. 必须经厂交通安全管理部门和保卫部门批准，按指定的路线和时间行驶；

b. 必须由具有50 000km和3年以上安全驾驶经历的驾驶员驾驶，并选派熟悉危险品性质和有安全防护知识的人担任押运员；驾驶员和押运员必须取得交通主管部门颁发的危险货物运输从业资格证；

c. 必须用货运汽车运输，禁止用汽车挂车及其他机动车运输；

d. 车上应根据危险货物的性质配带相应的防护、消防器材，并按规定悬挂标志和标志灯；

e. 应在货车排气管消音器处装设阻火器，易燃易爆货物专用车的排气管应装在车厢前一侧，向前排气；

f. 车厢周围严禁烟火；

g. 两台以上车辆跟踪运输时，两车最小间距为50m，行驶中不得紧急制动，严禁超车；

h. 中途停车应选择安全地点，停车或未卸完货物前，驾驶员和押运员不得离车；

i. 必须有危险货物运输应急处置预案。

③装卸过程中的安全要求。

危险货物的装卸应在装卸管理人员的现场指挥下进行。在危险货物装卸作业区应设置警告标志。装卸作业现场应远离热源，通风良好；电气设备应符合国家有关规定要求，严禁使用明火灯具照明，照明灯应具有防爆性能；无关人员不得进入装卸作业区。雷雨天气装卸时，应确认避雷电、防湿潮措施有效；易燃、易爆货物的装卸场所要有防静电和避雷装置，进入易燃、易爆危险货物装卸作业区应：

a. 禁止随身携带火种；

b. 关闭随身携带的手机等通讯工具和电子设备；

c. 严禁吸烟；

d. 穿着不产生静电的工作服和不带铁钉的工作鞋。

运输危险货物的车辆应按照装卸作业有关安全规定驶入装卸作业区，车辆停放在容易驶离作业现场的方位上，不准堵塞安全通道。停靠货垛时，应听从作业区业务管理人员的指挥，车辆与货垛之间留有安全距离。待装卸的车辆与装卸中的车辆应保持足够的安全距离。

装卸作业前，车辆发动机应熄火，并切断总电源（需从车辆上取得动力的除外）。在有坡度的场地装卸货物时，应采取防止车辆溜坡的有效措施。装卸作业前应对照运单，核对危险货物名称、规格、数量，并认真检查货物包装。货物的安全技术说明书、安全标签、标识、标志等与运单不符或包装破损、包装不符合有关规定的货物应拒绝装车。

装卸作业时应根据危险货物包装的类型、体积、质量、件数等情况和包装储运图示标志的要求，采取相应的措施，轻装轻卸，谨慎操作。同时应做到：

a. 堆码整齐，紧凑牢靠，易于点数；

b. 装车堆码时，桶口、箱盖朝上，允许横倒的桶口及袋装货物的袋口应朝里；卸车堆码时，桶口、箱盖朝上，允许横倒的桶口及袋装货物的袋口应朝外；

c. 装载平衡，堆码时应从车厢两侧向内错位骑缝堆码，高出栏板的最上一层包装件，堆码超出车厢前挡板的部分不得大于包装件本身高度的1/2；

d. 装车后，货物应用绳索捆扎牢固；易滑动的包装件，需用防散失的网罩覆盖并用绳索捆扎牢固或用毡布覆盖严密；需用多块毡布覆盖货物时，两块毡布中间接缝处须有大于15cm的重叠覆盖，且货厢前半部分毡布需压在后半部分的毡布上面；

e. 包装件体积为450L以上的易滚动危险货物应紧固；

f. 带有通气孔的包装件不准倒置、侧置，防止所装货物泄漏或混入杂质造成危害。

装卸过程中需要移动车辆时，应先关上车厢门或栏板。若车厢门或栏板在原地关不上时，应有人监护，在保证安全的前提下才能移动车辆。起步要慢，停车要稳。

装卸危险货物的托盘、手推车应尽量专用。装卸前，要对装卸机具进行检查。装卸爆炸品、有机过氧化物、剧毒品时，装卸机具的最大装载量应小于其额定负荷的75%。

危险货物装卸完毕，作业现场应清扫干净。装运过剧毒品和受到危险货物污染的车辆、工具应按《汽车运输危险货物规则》（JT 617—2004）中车辆清洗消毒方法洗刷和除污。危险货物的撒漏物和污染物应送到当地环保部门指定地点集中处理。

（4）装卸设备要求。

装卸作业的吊钩、吊环、钢丝绳和链条等吊挂用具和起重设备应在使用前检查，并定期检验，严禁降低安全系数使用。

装卸易燃、易爆货物，装卸机械应安置火星熄灭装置，禁止使用非防爆型电器设备。

道路危险货物运输企业或单位自行对其危险货物运输车辆维修的，应具备危险货物运输车辆维修条件。

道路危险货物运输企业或单位应定期将运输车辆、运输工具、罐车罐体和配载容器送质量监督部门认可的机构进行检测检验，并取得检测检验合格证明。

危险货物装卸前应对装卸机械进行检查，装卸机械的制动器、限位器、指示器和安全防护装置等应齐全有效，照明和信号装置作用良好。装卸爆炸品、有机过氧化物、一级毒害品、放射性物品、装卸机械和工具应按额定负荷降低25%使用。装卸其他危险货物,应按其额定负荷降低20%使用。

3)各类危险货物运输的安全技术要求

以下是针对危险化学品运输的不同形式,如包装货物、散装货物、集装箱货物、大宗货物,分别介绍在运输、装卸作业中的安全技术要求。

(1)包装货物运输、装卸安全技术要求。

①爆炸品。

运输爆炸品应使用厢式货车,车厢内不得有酸、碱、氧化剂等残留物。不具备有效的避雷电、防湿潮条件时,雷雨天气应停止对爆炸品的运输、装卸作业。

运输爆炸品车辆应按公安部门核发的道路通行证所指定的时间、路线等行驶。运输过程中发生火灾时,应尽可能将爆炸品转移到危害最小的区域或进行有效隔离;不能转移、隔离时,应组织人员疏散;施救人员应戴防毒面具;扑救时禁止用沙土等物压盖,不得使用酸碱灭火剂。

任何情况下,爆炸品不得配装;装运雷管和炸药的两车不得同时在同一场地进行装卸。爆炸物品的装卸中严禁接触明火和高温、严禁使用会产生火花的工具、机具。车厢装货总高度不得超过1.5m。无外包装的金属桶只能单层摆放,以免压力过大或撞击摩擦引起爆炸。

火箭弹和旋上引信的炮弹应横装,与车辆行进方向垂直。凡从1.5m以上高度跌落或经过强烈震动的炮弹、引信、火工品等应单独存放,未经鉴定不得装车运输。

②压缩气体和液化气体(气瓶)。

装卸人员应根据所装气体的性质穿戴防护用品,必要时需戴好防毒面具。用起重机装卸大型气瓶或气瓶集装架(格)时,应戴好安全帽。

装车时要旋紧瓶帽,注意保护气瓶阀门,防止撞坏。车下人员须待车上人员将气瓶放置妥当后,才能继续往车上装瓶。在同一车厢内不准有两人以上同时单独往车上装瓶。

气瓶应尽量采用直立运输,直立气瓶高出栏板部分不得大于气瓶高度的四分之一。不允许纵向水平装载气瓶。水平放置的气瓶均应横向平放,瓶口朝向应统一;水平放置最上层气瓶不得超过车厢栏板高度。妥善固定瓶体,防止气瓶窜动、滚动,保证装载平衡。

装货时,漏气气瓶、严重破损瓶(报废瓶)、异形瓶不准装车。收回漏气气瓶时,漏气气瓶应装在车厢的后部,不得靠近驾驶室。

车厢内不得有与所装货物性质相抵触的残留物。夏季运输应检查并保证瓶体遮阳、瓶体冷水喷淋降温设施等安全有效。

运输中,低温液化气体的瓶体及设备受损、真空度遭破坏时,驾驶员、押运人员应站在上风处操作,打开放空阀泄压,注意防止灼伤。一旦出现紧急情况,驾驶员应将车辆转移到距火源较远的地方。当运输过程中气瓶内气体的温度高于40℃时(除另有限运规定外),应对瓶体实施遮阳、冷水喷淋降温等措施。

压缩气体遇燃烧、爆炸等险情时,应向气瓶大量浇水使其冷却,并及时将气瓶移出危险区域。若从火场上救出的气瓶,应及时通知有关技术部门另作处理,不可擅自继续运输。

发现气瓶泄漏时,应确认拧紧阀门,并根据气体性质做好相应的人身防护:

a.施救人员应戴上防毒面具,站在上风处抢救;

b.易燃、助燃气体气瓶泄漏时,严禁靠近火种;

c.有毒气体气瓶泄漏时,应迅速将所装载车辆转移到空旷安全处。

卸车时，要在气瓶落地点铺上铅垫或橡皮垫；应逐个卸车，严禁溜放。

装卸作业时，不要把阀门对准人身，注意防止气瓶安全帽脱落，气瓶应直立转动，不准脱手滚瓶或传接，气瓶直立放置时应稳妥牢靠。

装运大型气瓶（盛装净重在0.5t以上的）或气瓶集装架（格）时，气瓶与气瓶、集装架与集装架之间需填牢填充物，在车厢后栏板与气瓶空隙处应有固定支撑物，并用紧绳器紧固，严防气瓶滚动，重瓶不准多层装载。

装卸有毒气体时，应预先采取相应的防毒措施。装卸氧气瓶时，工作服、手套和装卸工具、机具上不得沾有油脂；装卸氧气瓶的机具应采用氧溶性润滑剂，并应装有防止产生火花的防护装置；不得使用电磁起重机搬运。库内搬运氧气瓶应采用带有橡胶车轮的专用小车，小车上固定氧气瓶的槽、架也要注意不产生静电。配装时应做到：

a.易燃气体中除非助燃性的不燃气体、易燃液体、易燃固体、碱性腐蚀品、其他腐蚀品外，不得与其他危险货物配装；

b.助燃气体（如空气、氧气及具有氧化性的有毒气体）不得与易燃、易爆物品及酸性腐蚀品配装；

c.不燃气体不得与爆炸品、酸性腐蚀品配装；

d.有毒气体不得与易燃易爆物品、氧化剂和有机过氧化物、酸性腐蚀物品配装；

e.有毒气体液氯与液氨不得配装。

③易燃液体。根据所装货物和包装情况（如化学试剂、油漆等小包装），随车携带好遮盖、捆扎等防散失工具，并检查随车灭火器是否完好，车辆货厢内不得有与易燃液体性质相抵触的残留物。

装运易燃液体的车辆不得接近明火、高温场所。装卸作业现场应远离火种、热源。操作时货物不准撞击、摩擦、拖拉；装车堆码时，桶口、箱盖一律向上，不得倒放；箱装货物，堆码整齐；装载完毕，应罩好网罩，捆扎牢固。

钢桶盛装的易燃液体，不得从高处翻滚溜放卸车。装卸时应采取措施防止产生火花，周围需有人员接应，严防钢桶撞击致损。

钢制包装件多层堆码时，层间应采取合适衬垫，并应捆扎牢固。

对低沸点或易聚合的易燃液体，若发现其包装容器内装物有膨胀（鼓桶）现象时，不得装车。

④易燃固体、自燃物品和遇湿易燃物品。

运输危险货物车辆的货厢、随车工、属具不得沾有水、酸类和氧化剂。运输遇湿易燃物品，应采取有效的防水、防潮措施。

运输过程中，应避开热辐射，通风良好，防止受潮。雨雪天气运输遇湿易燃物品，应保证防雨雪、防湿潮措施切实有效。

装卸场所及装卸用工、属具应清洁干燥，不得沾有酸类和氧化剂。搬运时应轻装轻卸，不得摩擦、撞击、震动、摔碰。

装卸自燃物品时，应避免与空气、氧化剂、酸类等接触；对需用水（如黄磷）、煤油、石蜡（如金属钠、钾）、惰性气体（如三乙基铝等）或其他稳定剂进行防护的包装件，应防止容器受撞击、震动、摔碰、倒置等造成容器破损，避免自燃物品与空气接触发生自燃。遇湿易燃物品，不宜在潮湿的环境下装卸；若不具备防雨雪、防湿潮的条件，不准进行装卸作业。装卸容易升华、挥发出易燃、有害或刺激性气体的货物时，现场应通风良好、防止中毒；作业时应防止摩擦、撞击,以免引起燃烧、爆炸。装卸钢桶包装的碳化钙(电石)时,应确认包装内有无填充保护气体(氮气);如未填充的,在装卸前应侧身轻轻的拧开桶上的通气孔放气,防止爆炸、冲击伤人。电石桶不得倒置。装卸对撞击敏感,遇高热、酸易分解、爆炸的自反应物质和有关物质,应控制温度,且不得与酸性腐蚀品及有毒或易燃脂类危险品配装。

配装时还应做到:

a. 易燃固体不得与明火、水接触,不得与酸类和氧化剂配装;

b. 遇湿易燃物品不得与酸类、氧化剂及含水的液体货物配装。

⑤氧化剂和有机过氧化物。

有机过氧化物应选用控温厢式货车运输;若车厢为铁质底板,需铺有防护衬垫。车厢应隔热、防雨、通风,保持干燥。运输货物的车厢与随车工具不得沾有酸类、煤炭、砂糖、面粉、淀粉、金属粉、油脂、磷、硫、洗涤剂、润滑剂或其他松软、粉状等可燃物质。

性质不稳定或由于聚合、分解在运输中能引起剧烈反应的危险货物,应加入稳定剂;有些常温下会加速分解的货物,应控制温度。

运输需要控温的危险货物应做到:

a. 装车前检查运输车辆、容器及制冷设备;

b. 配备备用制冷系统或备用部件;

c. 驾驶员和押运人员应具备熟练操作制冷系统的能力。

有机过氧化物应加入稳定剂后方可运输。有机过氧化物的混合物按所含最高危险有机过氧化物的规定条件运输,并确认自行加速分解温度(SADT),必要时应采取有效控温措施。运输应控制温度的有机过氧化物时,要定时检查运输组件内的环境温度并记录,及时关注温度变化,必要时采取有效控温措施。

运输过程中,环境温度超过控制温度时,应采取相应补救措施;环境温度超过应急温度,应启动有关应急程序。其中,控制温度低于应急温度,应急温度低于自行加速分解温度(SADT)。

对加入稳定剂或需控温运输的氧化剂和有机氧化物,作业时应认真检查包装,密切注意包装有无渗漏及膨胀(鼓桶)情况,发现异常应拒绝装运。装卸时,禁止摩擦、震动、摔碰、拖拉、翻滚、冲击。防止包装及容器损坏。装卸时发现包装破损,不能自行将破损件改换包装,不得将撒漏物装入原包装内,而应另行处理。操作时,不得踩踏、碾压撒漏物,禁止使用金属和可燃物(如纸、木等)处理撒漏物。

外包装为金属容器的货物,应单层摆放。需要堆码时,包装物之间应有性质与所运货物相容的不燃材料衬垫并加固。

有机过氧化物装卸时严禁混有杂质,特别是酸类、重金属氧化物、胺类等物质。

配装时还应做到:

a. 氧化剂不能和易燃物质配装运输,尤其不能与酸、碱、硫磺、粉尘类(炭粉、糖粉、面粉、洗涤剂、润滑剂、淀粉)及油脂类货物配装;

b. 漂白粉及无机氧化剂中的亚硝酸盐、亚氯酸盐、次亚氯酸盐不得与其他氧化剂配装。

⑥毒害品和感染性物品。

a. 毒害品。

除有特殊包装要求的剧毒品采用化工物品专业罐车运输外,毒害品应采用厢式货车运输。

运输毒害品过程中,押运人员要严密监视,防止货物丢失、撒漏。行车时要避开高温、明火场所。

装卸作业前,对刚开启的仓库、集装箱、封闭式车厢要先通风排气,驱除积聚的有毒气体。当装卸场所的各种毒害品浓度低于最高容许浓度时方可作业。

作业人员应根据不同货物的危险特性,穿戴好相应的防护服装、手套、防毒口罩、防毒面具和护目镜等。认真检查毒害品的包装,应特别注意剧毒品、粉状的毒害品的包装,外包装表面应无残留物。发现包装破损、渗漏等现象,则拒绝装运。装卸作业时,作业人员尽量站在上风处,不能停留在低洼处。

避免易碎包装件、纸质包装件的包装损坏,防止毒害品撒漏。货物不得倒置;堆码要靠紧堆齐,桶口、箱口向上,袋口朝里。

对刺激性较强的和散发异臭的毒害品,装卸人员应采取轮班作业。

在夏季高温期,尽量安排在早晚气温较低时作业;晚间作业应采用防爆式或封闭式安全照明。积雪、冰封时作业,应有防滑措施。

忌水的毒害品(如磷化铝、磷化锌等),应防止受潮。装运毒害品之后的车辆及工、属具要严格清洗消毒,未经安全管理人员检验批准,不得装运食用、药用的危险货物。

配装时应做到:无机毒害品不得与酸性腐蚀品、易感染性物品配装;有机毒害品不得与爆炸品、助燃气体、氧化剂、有机过氧化物及酸性腐蚀物品配装;毒害品严禁与食用、药用的危险货物同车配装。

b. 感染性物品。

应穿戴专用安全防护服和用具。认真检查盛装感染性物品的每个包装件外表的警示标识,核对医疗废物标签,标签内容包括医疗废物产生单位、产生日期、类别及需要的特别说明等。标签、封口不符合要求时,拒绝运输。

运输感染性物品,应经有关的卫生检疫机构的特许。运输医疗废物,应符合《汽车运输危险货物规则》(JT 617—2004)的相关要求,并应按照有关部门规定的时间和路线,从产生地点运送至指定地点。车厢内温度应控制在所运医疗废物要求的温度范围之内。

根据不同的医疗废物分类,装卸过程中作业人员在工作中应穿戴好相应的防护服装、手套、防毒口罩、面具和护目镜等。如作业人员受到医疗废物刺伤、擦伤等伤害时,应采取相应的处理措施,并及时报告相关部门。

⑦放射性物品。

放射性物品的运输装卸应按《放射性物质安全运输规则》(GB 11806—2004)的有关规定执行。专用车辆运输放射性物品过程中,应悬挂符合《道路危险货物运输车辆标志》(GB 13392—2005)要求的警示标志。

根据《放射性物品运输管理规定》(交通运输部2010 年第6 号令)规定:运输放射性物品的专用车辆核定载质量在 1t 及以下的车辆为厢式或者封闭货车,车辆应配备满足在线监控要求,且具有行驶记录仪功能的卫星定位系统;应配备必要的辐射防护用品和依法经定期检定合格的检测仪器。

从事放射性物品道路运输的驾驶人员、装卸管理人员、押运人员应经所在地设区的市级人民政府交通运输主管部门考试合格,取得注明从业资格类别为"放射性物品道路运输"的道路运输从业资格证;还要有具备辐射防护与相关安全知识的安全管理人员。

禁止使用报废的、擅自改装的、检测不合格的或者其他不符合国家规定要求的车辆、设备从事放射性物品的运输活动;禁止专业车辆用于非放射性物品运输,但集装箱运输车(包括牵引车、挂车）、甩挂运输的牵引车以及运输放射性药品的专用车辆除外；使用专用车辆运输非放射性物品的，不得将放射性物品与非放射性物品混装。

⑧腐蚀品。

运输过程中发现货物撒漏时，要立即用干砂、干土覆盖吸收；货物大量溢出时，应立即向当地公安、环保等部门报告，并采取一切可能的警示和消除危害措施。运输过程中发现货物着火时，不得用水柱直接喷射，以防腐蚀品飞溅，应用水柱向高空喷射形成雾状覆盖火区；对遇水发生剧烈反应，能燃烧、爆炸或放出有毒气体的货物，不得用水扑救；着火货物是强酸时，应尽可能抢出货物，以防止高温爆炸、酸液飞溅；无法抢出货物时，可用大量水降低容器温度。

扑救易散发腐蚀性蒸气或有毒气体的货物时，应穿戴防毒面具和相应的防护用品。扑救人员应站在上风处施救。如果被腐蚀物品灼伤，应立即用流动自来水或清水冲洗创面15～30min，之后送医院救治。

应根据危险货物性质配备相应的防护用品和应急处理器具。装卸作业前应穿戴具有防腐蚀的防护用品，并穿戴带有面罩的安全帽。对易散发有毒蒸气或烟雾的，应配备防毒面具。并认真检查包装、封口是否完好，要严防渗漏，特别要防止内包装破损。

装卸作业时，应轻装、轻卸，防止容器受损。液体腐蚀品不得肩扛、背负；忌震动、摩擦；易碎容器包装的货物，不得拖拉、翻滚、撞击；外包装没有封盖的组合包装件不得堆码装运。

装卸、运输具有氧化性的腐蚀品不得接触可燃物和还原剂；有机腐蚀品严禁接触明火、高温或氧化剂。配装时应做到：

a. 特别注意，腐蚀品不得与普通货物配装；

b. 酸性腐蚀品不得与碱性腐蚀品配装；

c. 有机酸性腐蚀品不得与有氧化性的无机酸性腐蚀品配装；

d. 浓硫酸不得与任何其他物质配装。

⑨杂类危险货物。

杂类危险货物汽车运输，应按货物特性采取相应措施。

（2）散装货物运输、装卸要求。

①散装固体。

运输散装固体车辆的车厢应采取衬垫措施，防止撒漏；应带好装卸工、属具和苫布。易撒漏、飞扬的散装粉状危险货物，装车后应用苫布遮盖严密，必要时应捆扎结实，防止飞扬，包装良好方可装运。

行车中尽量防止货物窜动、甩出车厢。高温季节，散装煤焦沥青应在早晚时段进行装卸。

装卸硝酸铵时，环境温度不得超过40℃，否则应停止作业；装卸现场应保持足够的水源以降温和应急。装卸会散发有害气体、粉尘或致病微生物的散装固体，应注意人身保护并采取必要的预防措施。

②散装液体。

运输易燃液体的罐车应有阻火器和呼吸阀，应配备导除静电装置；排气管应安装熄灭火星装置；罐体内应设置防波挡板，以减少液体震荡产生静电。

装卸作业可采用泵送或自流灌装。作业环境温度要适应该液体的储存和运输安全的理化性质要求。作业中要密切注视货物动态，防止液体泄漏、溢出。需要换罐时，应先开空罐，后关满罐。

易燃液体装卸始末，管道内流速不得超过 1m/s，正常作业流速不宜超过 3m/s。其他液体产品可采用经济流速。

装卸料管应专管专用。装卸作业结束后，应将装卸管道内剩余的液体清扫干净；可采用泵吸或氮气清扫易燃液体装卸管道。

③散装气体。

根据所装危险货物的性质选择罐体。与罐壳材料、垫圈、装卸设备及任何防护衬料接触可能发生反应而形成危险产物、或明显减损材料强度的货物，不得充灌。

装卸前应对罐体进行检查，罐体应符合下列要求：

a. 罐体无渗漏现象；

b. 罐体内应无与待装货物性质相抵触的残留物；

c. 阀门应能关紧，且无渗漏现象；

d. 罐体与车身应紧固，罐体盖应严密；

e. 装卸料导管状况应良好无渗漏；

f. 装运易燃易爆的货物，导除静电装置应良好；

g. 罐体改装其他液体时，应经过清洗和安全处理，检验合格后方可使用。清洗罐体的污水经处理后，按指定地点排放。

在运输过程中罐体应采取防护措施，防止罐体受到横向、纵向的碰撞及翻倒时导致罐壳及其装卸设备损坏。化学性质不稳定的物质，需采取必要的措施后方可运输，以防止运输途中发生危险性的分解、化学变化或聚合反应。

运输过程中，罐壳（不包括开口及其封闭装置）或隔热层外表面的温度不应超过 70℃。

装卸作业现场应通风良好。装卸人员应站在上风处作业。装卸前要联好防静电装置。易燃易爆品的装卸工具要有防止产生火花的性能。装卸时应轻开、轻关孔盖，密切注视进出料情况，防止溢出。装料时，认真核对货物品名后按车辆核定吨位装载，并应按规定留有膨胀余位，严禁超载。装料后，关紧罐体进料口，将导管中的残留液体或残留气体排放到指定地点。

卸料时，贮罐所标货名应与所卸货物相符；卸料导管应支撑固定，保证卸料导管与阀门的连接牢固；要逐渐缓慢开启阀门。此外，卸料时装卸人员不得擅离操作岗位。卸料后应收好卸料导管、支撑架及防静电设施等。

④液化气体。

车辆进入贮罐区前，应停车提起导除静电装置；进入充灌车位后，再接好导除静电装置。

灌装前，应对罐体阀门和附件（安全阀、压力计、液位计、温度计）以及冷却、喷淋设施的灵敏度和可靠性进行检查，并确认罐体内有规定的余压；如无余压的，经检验合格后方可充灌。严格按规定控制灌装量，做好灌装量复核、记录，严禁超量、超温、超压。

发生下列异常情况时，一律不准灌装，操作人员应立即采取紧急措施，并及时报告有关部门：

a. 容器工作压力、介质温度或壁温超过许可值，采取各种措施仍不能使之下降；

b. 容器的主要受压元件发生裂缝、鼓包、变形、泄漏等缺陷而危及安全；

c. 安全附件失效、接管端断裂或紧固件损坏，难以保证运输安全；

d. 雷雨天气，充装现场不具备避雷电作用；

e. 充装易燃易爆气体时，充装现场附近发生火灾。

禁止用直接加热罐体的方法卸液。卸液后,罐体内应留有规定的余压。

运输过程中应严密注视车内压力表的工作情况,发现异常,应立即停车检查;排除故障后方可继续运行。

a. 非冷冻液化气体。非冷冻液化气体的单位体积最大质量(kg/L)不得超过50℃时该液化气体密度的0.95倍;罐体在60℃时不得充满液化气体。装载后的罐体不得超过最大允许载质量,并且不得超过所运各种气体的最大允许载质量。

罐体在下列情况下不得交付运输:罐体处于不足量状态,由于罐体压力骤增可能产生不可承受的压力;罐体渗漏时;罐体的损坏程度已影响到罐体的总体及其起吊或紧固设备;罐体的操作设备未经过检验,不清楚是否处于良好的工作状态。

b. 冷冻液化气体。不可使用保温效果变差的罐体;充灌度应不超过92%,且不得超重。装卸作业时,装卸人员应穿戴防冻伤的防护用品(如防冻手套),并穿戴带有面罩的安全帽。

⑤有机过氧化物和易燃固体中的自反应物质。

罐体应配置感温装置。罐体应有泄压安全装置和应急释放装置。在达到由有机过氧化物的性质和罐体的结构特点所确定的压力时,泄压安全装置就应启动。罐壳上不允许有易熔化的元件。

罐体的表面应采用白色或明亮的金属。罐体应有遮阳板隔热或保护。如果罐体中所运物质的自行加速分解温度(SADT)为55℃或以下,或者罐体为铝质的,罐体则应完全隔热。环境温度为15℃时,充灌度不得超过90%。

⑥放射性物质。运输放射性物质的可移动罐体不得用于装运其他货物。运输放射性物质的可移动罐体的充灌度不得超90%或代以经主管机关批准的其他数值。

⑦腐蚀品。运输腐蚀品的罐体材料和附属设施应具有防腐性能。运输腐蚀品的罐车应专车专运。

装卸操作时应注意:

a. 作业时,装卸人员应站在上风处;

b. 出车前或灌装前,应检查卸料阀门是否关闭,防止上放下漏;

c. 卸货前,应让收货人确认卸货贮槽无误,防止放错贮槽引发货物化学反应而酿成事故;

d. 灌装和卸货后,应将进料口盖严盖紧,防止行驶中车辆的晃动导致腐蚀品溅出;

e. 卸料时,应保证导管与阀门的连接牢固后,逐渐缓慢开启阀门。

(3)集装箱货物运输、装卸要求。

装箱作业前,应检查所用集装箱,确认集装箱技术状态良好并清扫干净,去除无关标志、标记和标牌;检查集装箱内有无与待装危险货物性质相抵触的残留物,发现问题,应及时通知发货人进行处理;应检查待装的包装件;破损、撒漏、水湿及沾污其他污染物的包装件不得装箱,对撒漏破损件及清扫的撒漏物交由发货人处理。

不准将性质相抵触、灭火方法不同或易污染的危险货物装在同一集装箱内。如符合配装规定而与其他货物配装时,危险货物应装在箱门附近。包装件在集装箱内应有足够的支撑和固定。

装箱作业时,应根据装载要求装箱,防止集重和偏重。装箱完毕,关闭、封锁箱门,并按要求粘贴好与箱内危险货物性质相一致的危险货物标志、标牌。

熏蒸中的集装箱,应标贴有熏蒸警告符号。当固体二氧化碳(干冰)用作冷却目的时,集装箱外部门端明显处应贴有指示标记或标志,并标明"内有危险的二氧化碳(干冰),进入之前务必彻底通风!”字样。

集装箱内装有易产生毒害气体或易燃气体的货物时,卸货时应先打开箱门,进行足够的通风后方可装卸作业。

对卸空危险货物的集装箱要进行安全处理;有污染的集装箱,要在指定地点、按规定要求进行清扫或清洗。装过毒害品、感染性物品、放射性物品的集装箱在清扫或清洗前,应开箱通风。进行清扫或清洗的工作人员应穿戴适用的防护用品。洗箱污水在未作处理之前,禁止排放。经处理过的污水,应符合《污水综合排放标准》(GB 8978—1996)的排放规定。

(4)部分常见大宗危险货物运输、装卸要求。

①液化石油气。

运输液化石油气罐车应按当地公安部门规定的路线、时间和车速行驶,不准带拖挂车,不得携带其他易燃、易爆危险物品。罐体内温度达到40℃时,应采取遮阳或罐外冷水降温措施。

运输过程中,液化石油气罐车若发生大量泄漏时,应切断一切火源,戴好防护面具与手套;同时应立即采取防火、灭火措施,关闭阀门制止渗漏,并用雾状水保护关闭阀门的人员;设立警戒区,组织人员向逆风方向疏散;一般不得起动车辆。

装卸作业前应接好安全地线,管道和管接头连接应牢固,并排尽空气。装卸人员应相对稳定。作业时,驾驶人员、装卸人员均不得离开现场。在正常装卸时,不得随意起动车辆。

新罐车或检修后、首次充装的罐车,充装前应作抽真空或充氮置换处理,严禁直接充装。液化石油气罐车充装时须用地磅、液面计、流量计或其他计量装置进行计量,严禁超装。罐车的充装量不得超过设计所允许的最大充装量。充装完毕,应复检重量或液位,并应认真填写充装记录。若有超装,应立即处理。

液化石油气罐车抵达厂(站)后,应及时卸货。罐车不得兼作贮罐用。一般情况不得从罐车直接向钢瓶直接灌装;如临时确需从罐车直接灌瓶,现场应符合安全防火、灭火要求,并有相应的安全措施,且应预先取得当地公安消防部门的同意。

禁止采用蒸汽直接注入罐车罐内升压,或直接加热罐车罐体的方法卸货。液化石油气罐车卸货后,罐内应留有规定的余压。

凡出现下列情况,罐车应立即停止装卸作业,并作妥善处理:雷击天气;附近发生火灾;检测出液化气体泄漏;液压异常;其他不安全因素。

②油品(常压燃油罐车运输燃油)。

当罐车的罐体内温度达到40℃时,应采取遮阳或罐外冷水降温措施。

燃油罐车可采用泵送或自流灌装。在灌油前和放油后,驾驶员应检查阀门和管盖是否关牢,查看搭铁线是否接牢,不得敞盖行驶,严禁罐车顶部载物。

罐车进加油站卸油时,要有专人监护,避免无关人员靠近。卸油时发动机应熄火,夹好导静电接线,接好卸油胶管,当确认所卸油品与贮油罐所贮的油品种类相同时方可缓慢开启卸油阀门。雷雨天气时,应确认避雷电措施有效,否则应停止卸油作业。

卸油前要检查油罐的存油量,以防止卸油时冒顶跑油。卸油时应严格控制流速,在油品没有淹没进油管口前,油品的流速应控制在0.7~1m/s以内,防止产生静电。

卸油过程要做到不冒、不洒、不漏,各部分接口牢固,卸油时驾驶员不得离开现场,应与加油站工作人员共同监视卸油情况,发现问题随时采取措施。

卸油时,卸油管应深入罐内。卸油管口至罐底距离不得大于300mm,以防喷溅产生静电。卸油要尽可能卸净，当加油站工作人员确认罐内已无贮油时方可关闭放油阀门，收好放油管，盖严油罐盖。

在卸完油30min以后进行，以防测油尺与油液面、油罐之间静电放电。

四、自备停车场安全要求

1. 选址

(1)停车场不应设置在饮用水源、政府机关、居住区、学校、医院、体育馆、风景游览区、电力设施区域和其他人口密集的被保护区域内。

(2)停车场不应布置在易燃、可燃液体或可燃气体的生产装置区和贮存区内。

(3)停车场的出入口应有良好的视野，并设置相应的安全警示标志。

2. 平面布置

(1)停车场宜布置在本单位全年最小频率风向的上风侧。

(2)停车场地应坚实平整。

(3)停车场车位大于30个时，出入口不应少于2个。

(4)与停车车身方向平行的停车场路面坡度不应大于5‰，同时不宜小于最小排水坡度2‰~3‰。

3. 交通标志和标线

(1)停车场内应按照《道路交通标志和标线　第2部分：道路交通标志》(GB 5768.2—2009)和《道路交通标志和标线　第3部分：道路交通标线》(GB 5768.3—2009)设置交通标志，施划交通标线。

(2)停车场内的车辆交通标线应采取单向行驶路线，避免互相交叉，并应与停车场的出入口方向相一致。

4. 消防设施配备

停车场应根据道路危险货物运输企业或单位运输危险货物的种类配备相应的消防设施。灭火器的类型、规格、数量及设置地点应符合《建筑灭火器配置设计规范》(GB 50140—2005)的要求。

5. 停车场地面积

自备停车场应与企业或单位经营规模相适应，停车位面积不少于实有车辆投影面积的2倍。租用其他单位停车场地的，应签定一年以上合法有效的租用合同，明确安全责任。

6. 停车场停车要求

装载有危险货物的车辆不应停放在企业或单位自备停车场。

第四节　出租车运营安全技术

一、出租汽车运营人员管理

1. 驾驶员

1)驾驶员准入条件

按照《出租汽车驾驶员从业资格管理规定》的要求，出租汽车驾驶员应当具备以下五个基本条件：一是取得相应的机动车驾驶证3年以上；二是近3年内无重大以上且负同等以上责任的交通事故；三是通过出租汽车驾驶员从业资格考试，取得《中华人民共和国道路运输从业人员从业资格证》；四是满足其他规定（如北京市的出租车驾驶员应有本市户口）；五是取得从业资格证的出租汽车驾驶员，应当经道路运输管理机构从业资格注册后，方可从事出租汽车客运服务。

2）驾驶作业安全操作要点

（1）严格遵守道路安全法律、法规和道路运输驾驶操作规程，谨慎和安全驾驶、文明礼让、安全行车。

（2）出车前、行车中、收车后要做好车辆的日常检查和维护，确保车辆安全技术状况良好；保持车辆清洁和车内空气清新，保证车上消防等各项设备、设施齐全有效。

（3）出省、市、县境或夜间去偏远、冷僻地区时，应向本单位和有关部门报告并办理相关手续。

（4）严禁酒后驾车、疲劳驾车、带病驾车，行车途中不应接手机。应劝阻乘客提出的不利于安全行车的要求。

（5）载客时不应超过核定的载客人数，不应装载可燃、易爆等危险物品。

（6）行车中，要系好安全带，并提醒乘客系好安全带，不要将手和头部等身体部位伸出窗外。

（7）乘客上车坐稳后，确认车门关好后起步；起步或停车时，应尽可能平稳，以避免乘客在车上受伤。

（8）乘客上下车时，车辆应与人行道平行停靠，并在右侧下车。在交通法规禁止上下乘客的地方，驾驶员应劝拒乘客上下车。

（9）行车途中密切关注车辆技术状况，发现故障或不安全的隐患，应及时停车、排除，不得驾驶带病车辆继续行驶。

（10）车内发生治安、刑事案件，应及时报警。

（11）车辆发生火灾时，应立即停车，首先帮助乘客下车至安全区域，然后进行灭火。

2. 调度员

根据《出租汽车服务》（GB/T 22485—2008）的规定，出租汽车企业宜建立车辆调度中心、采用网络调度电话进行车辆调度，配置的电话线路接听席位应满足乘客及时要车的需要；并应为乘客提供满足需要的饭店、机场、火车站的公共调度服务。上述两规定均需要出租汽车企业设置调度员，调度员应通过交通行政主管部门考核并取得调度员证件后持证上岗。

调度员主要职责如下：

（1）严格执行操作规程和安全生产作业规定，严禁违章指挥、违章操作、违反劳动纪律。

（2）掌握极端天气及路况信息，及时提示驾驶员谨慎驾驶，遇突发事件和恶劣天气，启动应急调度预案。

（3）按序派车，做好派车记录。

（4）维护营运秩序，对出租汽车驾驶员扰乱营运秩序的行为进行制止和纠正。

（5）对出市境或者夜间到偏远、冷僻地区营运的出租汽车进行登记。

（6）发现违法犯罪活动或者违法犯罪嫌疑人，应当及时向公安机关报告。

（7）不得为出租汽车驾驶员私揽业务或者利用职务牟取私利。

二、车辆管理

1. 车辆技术要求

出租汽车客运车辆在正常营运期间必须保持车辆技术状况良好，各项技术性能指标符合相关要求。

(1)出租汽车车辆的发动机转向系、制动系、传动系、行驶系、车身及照明等技术要求均应符合《机动车运行安全技术条件》(GB 7258—2012)的规定。

(2)车内外蒙皮平整完好，装饰条件光亮。全车车身涂层应符合要求。

(3)车辆密封应良好。车窗玻璃完好、不眩目。车门开关灵活可靠。微型客车、轻型小客车不宜用窗帘、滤光薄膜纸等物遮挡阻视。

(4)汽车的座椅、头靠、扶手、拉杆和原有保险带等完整、牢固、有效。

(5)有冷热空调、自动温控设施的车辆，应保持冷热空调、自动温控设施完好、有效。

(6)车辆装有的收音机或收放音机，应功能完好，效果良好。

(7)无乘坐条件、无安全保障、客货两用的车辆严禁用作出租汽车。

(8)二开门小轿车、无行李厢的微型汽车等，若行驶年限(行驶公里)接近报废年限(公里)，则不宜用作出租汽车和车辆出租。

(9)无厂牌车、拼装车和行驶年限(行驶公里)超过报废年限(公里)的车辆严禁用于出租汽车运行和车辆出租运营。

2. 车辆维护

按照《汽车维护、检测、诊断技术规范》(GB/T 18344—2001)的规定，车辆维护分为日常维护、一级维护、二级维护。

日常维护是指出车前、行车中、收车后，以清洁、补给和安全检视为作业中心内容，由驾驶员负责执行的车辆维护作业。

一级维护是指除日常维护作业外，以清洁、润滑、紧固为作业中心内容，并检查有关制动、操纵等安全部件，由维修企业负责执行的车辆维护作业。

二级维护是指除一级维护作业外，以检查、调整转向节、转向摇臂、制动蹄片、悬架等经过一定时间的使用容易磨损或变形的安全部件为主，并拆检轮胎，进行轮胎换位，检查调整发动机工作状况和排气污染控制装置等，由维修企业负责执行的车辆维护作业。

具体的维护内容、维护周期应按照《汽车维护、检测、诊断技术规范》(GB/T 18344—2001)的规定执行。

3. 车辆安全、服务设施

(1)车门上喷有所属企业或代管单位的名称。

(2)出租汽车应当固定装置统一的顶灯和显示空车待租的明显标志。

(3)出租汽车应当装置由客运管理机构批准的，并经技术监督部门鉴定合格的计价器。

(4)车内应当装置经公安机关鉴定合格的防劫安全设施。

(5)前排座位备有安全带。

(6)车上配备三角木、警示牌、防滑链、有效灭火器。

(7)在车身明显部位标设经营者全称及投诉电话，张贴标价牌。

(8)携带交通部统一样式的营运证正本。在车前挡风玻璃处张贴建设部统一样式的营运证副本。

(9)符合客运服务规范的其他要求。

4. 车辆车容标准

(1)设施、设备齐全有效,卫生清洁无异味,后备箱内无杂物。

(2)车身外观保护良好,无脏物、无严重锈斑和脱漆;前后车辆牌照号整洁、清晰;车门、车窗开闭自如、锁止可靠,玻璃齐全明净。

5. 车辆日常管理

出租汽车企业应从以下几个方面加强出租汽车的日常管理:

(1)制定车辆技术管理制度,设置专职部门或配备专职人员负责车辆技术管理,并在岗位职责里有明确规定,以保证车辆能定期维护保养。

(2)重视车辆安全检查工作,设置专职部门或配备专职人员负责车辆安全定期检查工作,并在岗位职责里有明确规定。

(3)明确由专职部门或专职人员负责每日出车前的安全检查,或有当日的驾驶员负责出车前的车辆安全检查,并做相关记录。

(4)为保证车辆按期维护及维护质量,企业应到交通运输管理部门认定的汽车维修企业进行车辆的维护作业,建立维护合作关系。

(5)企业应在车辆技术管理制度里明确车辆技术档案的内容,并为每一辆车建立一技术档案,记录车辆安全性能参数及维护保养等情况。车辆技术档案应以纸质和电子文档两种形式保存。

三、应急预案体系

应急管理是一项系统工程,出租汽车企业应结合本单位的实际情况,从股份公司、分公司、各职能部门到车间、车队、班组、岗位分别制订相应的应急预案,形成体系,互相衔接,并按照统一领导、分级负责、条块结合、属地为主的原则,同地方人民政府和相关部门应急预案相衔接。

出租汽车企业应结合本单位的组织体系、管理模式、风险种类以及生产规模等特点,编制本单位的应急预案体系。出租汽车企业应急预案体系一般包括综合应急预案、专项应急预案和现场处置方案。

出租汽车企业综合应急预案应当包括本单位的应急组织机构及其职责、预案体系及响应程序、事故预防及应急保障、应急培训及预案演练等主要内容。

出租汽车企业专项应急预案应当包括危险性分析、可能发生的事故特征、应急组织机构与职责、预防措施、应急处置程序和应急保障等内容。

出租汽车企业专项应急预案一般包括停车场突发事件预案、内保突发事件预案、交通事故应急预案、火灾事故应急预案、机械事故应急预案、压力容器事故应急预案、自然灾害事故应急预案、运营应急保障预案、防汛工作应急预案、突发性群体访应急工作预案等。

出租汽车企业现场处置方案应当包括危险性分析、可能发生的事故特征、应急处置程序、应急处置要点和注意事项等内容。

出租汽车企业编制的综合应急预案、专项应急预案和现场处置方案之间应当相互衔接,并与所涉及的其他单位的应急预案相互衔接。

出租汽车企业应急预案应当包括应急组织机构和人员的联系方式、应急物资储备清单等附件信息。附件信息应当经常更新,确保信息准确有效。

第五节　机动车维修安全技术

一、机动车维修作业危险、有害因素辨识

随着我国汽车工业的发展和技术的不断进步，机动车保有量大幅增加，社会对机动车维修的需求也迅猛增加。与此同时，社会对安全的重视也使得机动车维修行业担负的社会责任越来越大。

机动车维修企业是多工种联合交叉作业的综合服务单位。生产作业环境复杂，劳动强度相对大，存在较多风险源。近些年来，机动车企业喷烤漆房着火、举升机失控等安全生产事故时有发生。机动车维修作业过程中存在以下危险有害因素：

1. 火灾

机动车维修作业过程中需经常使用润滑油、汽油、油漆、制冷剂等危化品，易在作业场所空气中形成浓度较大的可燃气体；加之汽车本身许多部件是橡胶、塑料、人造革等易燃材料，这些都给燃烧提供了充分的物质基础。鉴于机动车维修作业自身特点，若干操作都可形成火种，如：修理时敲打工件发出火星；使用电动工具时频繁进行电器件的插接转换会发出电火花；车辆自身的电路在某些情况下会发生短路起火或电火花；钣金修理时也会使用气焊设备。综上，如安全管理不善，极易点燃周围可燃物而引发火灾。

若机动车维修企业各类车间设置在同一建筑物内，没有设置防火分隔，或建筑耐火等级低、防火间距不足时，一旦发生火灾，就有火烧连营的危险。

2. 触电

现代汽车是一个机电一体化的组合体，自身最高电压可达20000V。机动车维修企业使用小型电动工具多，各种电源插座、电源转换器和拖曳地线多，移动用电频繁，加上作业场所有时会比较潮湿，极有可能会发生维修人员触电事故。

3. 重物打击

在机动车维修行业，举升机是最重要，最基本的工具之一，它能否正常运转会直接影响到维修车辆、维修人员的安全。举升机安全装置一旦失控或汽车停放位置不对，造成中心偏移，都将造成严重的摔车伤人事故。

4. 爆炸

在维修作业中，汽车轮胎的充气、安全气囊的不合理安装有可能发生爆炸而造成人员伤害。

5. 机械伤害

在维修作业时，容易发生滑跌、坠落和挤压等引起的工伤事故。由于在机动车维修过程中经常产生废油液、废旧机油，若不及时清理废液，地面较滑，维修人员有可能遭受摔倒、扭伤或滑倒骨折。

使用机械加工设备时，其运动部件的缺陷可对维修人员的肢体造成损伤；从业人员也可能因锋利的毛边被切伤或被高温部位烫伤。此外，对拆卸了传动系统、转向系统或制动系统的车辆和停放在坡道或不平地面上的车辆进行维修作业时，若未将机动车前后轮用三角木固定，也极易挤压维修人员。

二、企业开业条件和类别

为了使汽车维修市场建立良好的运行机制，提高汽车维修质量和维护汽车用户的合法权益，引导汽车维修企业走高起点、高质量和高效益的发展道路，国家对汽车维修业设置准入门槛，即国家标准《汽车维修业开业条件》（GB/T 16739.1～.2—2004），对汽车维修业开业条件作出了规定要求，是交通行政主管部门对汽车维修业开业审批和日常管理的依据。另外，《机动车维修管理规定》对汽车维修业开业条件也提出了相关要求。

从汽车维修的类别和主要作业内容可以看出，各维修类别的作业内容和复杂程度有很大的区别，维修作业所要求的技术条件也相差悬殊。汽车维修企业类别的划分就是按其完成维修作业的最高类别来确定的。按照国家标准《汽车维修业开业条件》（GB/T 16739.1～.2—2004）规定，汽车维修企业按经营项目分为3个类别：

一类汽车维修企业（汽车大修）是从事汽车大修和总成修理生产的企业。此类企业亦可从事汽车维护、汽车小修和汽车专项修理生产；

二类汽车维修企业（汽车维护）是从事汽车一级维护、二级维护和汽车小修作业的企业；

三类汽车维修企业是专门从事汽车专项修理（或维护）生产的企业和个体户。专项修理（或维护）的主要项目为：车身修理，涂漆，篷布、应垫及内装饰修理，电器、仪表修理，蓄电池修理，散热器、油箱修理，轮胎修补，安装汽车门窗玻璃，空调器、暖风机修理，喷油泵、喷油器、化油器修理，曲轴修磨，车身清洁维护等。汽车维修企业可根据自身条件，申请从事一项或数项专项修理作业。

随着行业管理工作的深入，摩托车修理已在大部分省（市）纳入汽车维修行业管理范围，并把它归入三类汽车维修企业。

（一）汽车整车维修企业（一类、二类）

国家标准《汽车维修业开业条件第1部分：汽车整车维修企业》（GB/T 16739.1—2004）是交通主管部门对汽车整车维修企业（一、二类）开业审批和日常管理的依据。该标准规定，汽车整车维修企业必须具备的人员、组织管理、设施、设备、安全生产和环境保护等条件如下。

1.人员条件

人员素质是汽车维修质量的关键，所有关键岗位人员都必须经过行业主管部门培训，取得从业资格证书，持证上岗。

（1）人员构成及数量要求。一、二类汽车整车维修企业人员结构及数量要求见表5-1。

汽车整车维修企业（一、二类）人员构成及数量要求 表5-1

序号	人员构成	数 量（名）
1	企业管理负责人	1
2	技术负责人	1
3	检验（总检验员和进厂检验员）	总检验员：1；进厂检验员：1
4	业务	1
5	价格核算	1
6	维修（机修、电器、钣金、油漆等，工种设置应覆盖维修业务中涉及的各专业）	各岗位至少配备1名，具体根据企业规模按需要配备

(2)人员素质要求。一、二类汽车整车维修企业人员素质要求见表5-2。

汽车整车维修企业(一、二类)人员素质要求　表5-2

人　员	素质要求
企业管理负责人	(1)应经过有关培训,取得行业主管部门颁发的从业资格证书,持证上岗; (2)应熟悉汽车维修业务,具备企业经营、管理能力,并了解汽车维修及相关工业的法规及标准
技术负责人	(1)应经过有关培训,取得行业主管部门颁发的从业资格证书,持证上岗; (2)应具有汽车维修或相关专业的大专以上文化程度,或具有汽车维修或相关专业的中级以上技术职称;应熟悉汽车维修业务,并掌握汽车维修及相关的法规及标准
检验(总检验员和进厂检验员)	应经过相关培训,取得行业主管部门颁发的从业资格证书,持证上岗
业务	(1)应经过有关培训,取得行业主管部门颁发的从业资格证书,持证上岗; (2)应熟悉各类汽车维修检测作业,从事汽车维修工作3年以上,具备丰富的汽车技术状况诊断经验,熟练掌握汽车维修服务收费标准及相关政策法规
价格核算	应经过有关培训,取得行业主管部门颁发的从业资格证书,持证上岗
维修(机修、电器、钣金、油漆等)	(1)维修(机修、电器、钣金、油漆等)关键岗位应经过有关培训,取得行业主管部门颁发的从业资格证书,持证上岗; (2)维修人员的专业知识和业务技能应达到行业主管部门规定的要求

2.组织管理条件

1)经营管理

(1)应具有与汽车维修有关的法规等文件资料。汽车维修作为一种经济活动,其一切行为应遵守我国的法律和规章,才能保证我国汽车维修行业的健康发展。目前我国颁布的与汽车维修有关的法规等文件主要有以下几个,汽车维修企业应注意收集并学习执行。

①《中华人民共和国安全生产法》;

②《中华人民共和国消防法》;

③《中华人民共和国环境保护法》;

④《中华人民共和国消费者权益保护法》;

⑤《中华人民共和国合同法》;

⑥《中华人民共和国标准化法》;

⑦《中华人民共和国产品质量法》;

⑧《中华人民共和国计量法》;

⑨《中华人民共和国道路运输条例》;

⑩《机动车维修管理规定》。

(2)应具有规范的业务工作流程,并明示业务受理程序、服务承诺、用户抱怨受理制度等。维修企业具有规范的业务工作流程有利于工作的规范化、标准化,有利于提高企业的素质,改善企业在社会中的形象。麦当劳快餐在全球范围内获得巨大成功,其统一、规范的服务标准是主要原因之一。维修企业应该从其成功经验中学习期精髓,促进自身的发展。维修企业明示业务受理程序、服务承诺、用户抱怨受理制度等,可以方便客户、提醒自身,并时刻接受来自客户的监督。

(3)应具有健全的经营管理体系,设置技术负责、业务受理、质量检验、文件资料管理、材料管理、仪器设备管理、价格结算等岗位并落实责任人。规范的业务工作流程需要有健全的经营管理体系来保障,这些管理实际上是企业质量管理体系的一部分。我国大部分的企业质量管理一直处于较低的水平。维修企业的管理工作要上台阶,应认真学习和研究先进的管理模式和方法,自觉向管理工作做得好的企业学习取经,探讨 ISO9000 族标准在企业中的应用等。

(4)应实行计算机管理。目前计算机在我国各行各业中已得到普遍应用,使用计算机管理极大地提高了管理效率和水平。调查显示,我国发达地区具规模的汽车维修企业,使用计算机管理已达到较高的程度。在计算机管理软件开发方面,许多软件公司已开发了多种版本的汽车维修企业管理软件,汽车维修企业管理软件的使用正在普及。全国使用计算机管理的汽车维修发展的必然方向。只有大部分汽车维修企业实施了计算机管理,才能建立整个汽车维修行业的信息化系统。

2)质量管理

(1)应具有汽车维修的国家标准和行业标准以及相关技术标准。维修企业应该收集并掌握的标准。

(2)应具有所维修车型的维修技术资料及工艺文件,确保完整有效并及时更新。目前我国汽车工业和汽车技术发展迅猛,车型日新月异,维修企业应确保及时更新所维修车型的维修技术资料,并保证其完整性。

(3)应具有汽车维修质量承诺、进出厂登记、检验、竣工出厂合格证管理、技术档案管理、标准和计量管理、设备管理及维护、人员技术培训等制度。这是鸿业管理的具体要求。

(4)应建立汽车维修档案和进出厂登记台账。汽车维修档案应包括维修合同,进厂、过程、竣工检验记录,出厂合格证附页,结算凭证和工时、材料清单等。这也是行业管理的具体要求。

3. 安全生产条件

1)安全管理制度

企业应具有与其维修作业内容相适应的安全管理制度,建立并实施安全生产责任制。安全管理制度包括安全生产和消防两大方面。要建立包括维修车间、停车场、库房、重要工位等的安全管理制度,并制定发生事故处理的预案。

2)安全保护措施

(1)企业应具有与其维修作业内容相适应的安全保护措施。安全保护设施、消防设施等应符合有关规定。安全保护措施是执行安全管理制度的有效保障,只有措施到位,各种管理制度才能得到有效落实。因此,维修企业应根据本企业的实际情况,在安全生产和消防两大方面采取必要的安全保护措施,且安全保护、消防设施等应符合有关规定。

(2)使用、储存有毒、易燃、易爆物品,腐蚀剂,压力容器等均存在较大的危险性,一旦发生不测,将造成巨大的危害,因此维修企业应予重点关注。

(3)生产厂房和停车场应符合安全、环保和消防等各项要求。这是企业安全生产最基本的要求。

3)安全操作规程

(1)企业应有个工种、各类机电设备的安全操作规程。安全操作规程是依据各种、各类机电设备的特点制定额正确的操作方法。用操作规程来约束操作者的行为,使其操作规范化,减少了操作者操作的随意性。

(2)安全操作规程明示在相应的工作或设备处。这是宣贯安全操作规程的有效方法,不但能指导操作者的行为,而且还能时刻提醒操作者,增强安全意识。

4. 环境保护条件

1)环境保护管理制度

维修企业生产中产生的废油、废液、废气、废蓄电池、废轮胎及垃圾等有害物质,会对环境产生较大的污染,企业应具有对这些有害物质集中收集、有效处理和保持环境整洁的环境保护管理制度。

2)环境保护措施

维修企业对有害物质存储区域应界定清楚,必要时应有隔离、控制措施;作业环境以及按生产工艺配置的处理"三废"(废油、废液、废气)、通风、吸尘、净化、消声等设施,均应符合有关规定;涂漆车间应设有专用的废水排放处及处理设施,采用干打磨工艺的,应有粉尘收集装置和除尘设备,应设有通风设备;调试车间或调试工位应设置汽车尾气收集净化装置。

5. 设施条件

1)接待室(含客户休息室)

(1)企业应设有接待室,一类企业的面积不少于40m²,二类企业的面积不少于20m²。

(2)接待室应整洁明亮,明示各类证、照、主修车型、作业项目、工时定额及单价等,并应有客户休息的设施。

2)停车场

(1)企业应有与承修车型、经营规模相适应的合法停车场地,一类企业的面积不少于200m²,二类企业的面积不少于150m²。

(2)企业租赁的停车场地,应具有合法的书面合同书,且租赁期限不得少于1年。

(3)停车场地面应平整坚实,区域界定标志明显。

3)生产厂房

(1)生产厂房地面应平整坚实,面积应能满足维修设备的工位布置、生产工艺和正常作业,一类企业的面积不少于800m²,二类企业的面积不少于200m²。

(2)租赁的生产厂房应具有合法的书面合同书,且租赁期限不得少于1年。

汽车整车维修企业的最低设施要求见表5-3。

汽车整车维修企业的最低设施要求(单位:m²) 表5-3

企业类别	接待室面积	停车场面积	生产厂房面积
一类	40	200	800
二类	20	150	200

6. 设备条件

1)设备配备及要求

企业应配备与其所承修车型相适应的量具、机工具及手工具。应配备通用设备、专用设备及检测设备,其规格和数量应与其生产纲领和生产工艺相适用,汽车整车维修企业应配备的通用设备、专用设备和主要检测设备分别见表5-4、表5-5及表5-6。对已适用效率低但却有一定市场需求的机加工等设备,允许外协,以减轻企业的负担,适应市场经济发展要求,引导和鼓励汽车维修的专业化、规模化。各种设备应符合相应的产品技术条件等国家标准和行业标准的要求,技术状况良好。

汽车维修企业应配备的通用设备　　表 5-4

序号	设备名称	序号	设备名称
1	钻床	4	压力机
2	电焊及气体保护焊设备	5	空气压缩机
3	气焊设备		

汽车整车维修企业应配备的专用设备　　表 5-5

<table>
<tr><th>序号</th><th>设备名称</th><th>大中型客车</th><th>大型货车</th><th>小型车</th><th>其他要求</th></tr>
<tr><td>1</td><td>换油设备</td><td colspan="3">√</td><td></td></tr>
<tr><td>2</td><td>轮胎轮辋拆装设备</td><td colspan="3">√</td><td></td></tr>
<tr><td>3</td><td>轮胎螺母拆装机</td><td>√</td><td>√</td><td>—</td><td></td></tr>
<tr><td>4</td><td>车轮动平衡机</td><td colspan="3">√</td><td></td></tr>
<tr><td>5</td><td>四轮定位仪</td><td>—</td><td>—</td><td>√</td><td></td></tr>
<tr><td>6</td><td>转向轮定位仪</td><td>√</td><td>√</td><td>—</td><td></td></tr>
<tr><td>7</td><td>制动鼓和制动盘维修设备</td><td>√</td><td>√</td><td>—</td><td></td></tr>
<tr><td>8</td><td>汽车空调冷媒加注回收设备</td><td>√</td><td>—</td><td>√</td><td></td></tr>
<tr><td>9</td><td>总成吊装设备</td><td colspan="3">√</td><td></td></tr>
<tr><td>10</td><td>汽车举升机</td><td>—</td><td>—</td><td>√</td><td>一类应不少于 5 台</td></tr>
<tr><td>11</td><td>地沟设施</td><td>√</td><td>√</td><td>—</td><td>一类应不少于 2 个</td></tr>
<tr><td>12</td><td>发动机检测诊断设备</td><td colspan="3">√</td><td>应具备示波器、转速表、发动机检测专用真空表的功能</td></tr>
<tr><td>13</td><td>数字式万用电表</td><td colspan="3">√</td><td></td></tr>
<tr><td>14</td><td>故障诊断设备</td><td>—</td><td>—</td><td>√</td><td></td></tr>
<tr><td>15</td><td>汽缸压力表</td><td colspan="3">√</td><td></td></tr>
<tr><td>16</td><td>汽油喷油器清洗及流量测量仪</td><td>—</td><td>—</td><td>√</td><td></td></tr>
<tr><td>17</td><td>正时仪</td><td colspan="3">√</td><td></td></tr>
<tr><td>18</td><td>燃油压力表</td><td>—</td><td>—</td><td>√</td><td></td></tr>
<tr><td>19</td><td>液压油压力表</td><td colspan="3">√</td><td></td></tr>
<tr><td>20</td><td>连杆校正器</td><td colspan="3">√</td><td>允许外协</td></tr>
<tr><td>21</td><td>无损探伤设备</td><td colspan="3">√</td><td>修理大中型客车必备，其他允许外协</td></tr>
<tr><td>22</td><td>车身清洗设备</td><td>—</td><td>—</td><td>√</td><td></td></tr>
<tr><td>23</td><td>打磨抛光设备</td><td>√</td><td>—</td><td>√</td><td></td></tr>
<tr><td>24</td><td>除尘除垢设备</td><td>√</td><td>—</td><td>√</td><td></td></tr>
<tr><td>25</td><td>型材切割机</td><td colspan="3">√</td><td></td></tr>
<tr><td>26</td><td>车身整形设备</td><td colspan="3">√</td><td></td></tr>
<tr><td>27</td><td>车身校正设备</td><td>—</td><td>—</td><td>√</td><td></td></tr>
<tr><td>28</td><td>车架校正设备</td><td>√</td><td>√</td><td>—</td><td>二类允许外协</td></tr>
<tr><td>29</td><td>悬架试验台</td><td>—</td><td>—</td><td>√</td><td>二类允许外协</td></tr>
<tr><td>30</td><td>喷烤漆房及设备</td><td>√</td><td>—</td><td>√</td><td></td></tr>
</table>

续上表

序号	设备名称	大中型客车	大型货车	小型车	其他要求
31	喷油泵试验设备		√		允许外协
32	喷油器试验设备		√		
33	调漆设备	√	—	√	
34	自动变速器维修设备(见 GB/T 16739.2—2004 中 5.4.4)	—	—	√	
35	立式精镗床		√		
36	立式珩磨机		√		
37	曲轴磨床		√		
38	曲轴校正设备		√		
39	凸轮轴磨床		√		
40	激光淬火设备		√		
41	曲轴、飞轮与离合器总成动平衡机		√		

注:√——要求具备,— ——不要求具备

汽车整车维修企业应配备的主要检测设备 表 5-6

序号	设备名称	其他要求	序号	设备名称	其他要求
1	声级计		5	制动检验台	修理大型货车及二类允许外协
2	排气分析仪或烟度计		6	车速表检验台	二类允许外协
3	汽车前照灯检测设备	二类允许外协	7	底盘测功机	允许外协
4	侧滑试验台	二类允许外协			

2)量具及检测设备的定期检定

《中华人民共和国计量法》第九条规定:"县级以上人民政府计量行政部门对社会公用计量标准器具,部门和企业、事业单位使用的最高计量标准器具,以及用于贸易结算、安全防护、医疗卫生、环境监测方面的列入强制检定目录的工作计量器具,实行强制检定。未按照规定检定或者检定不合格的,不得使用。对前款规定以外的其他计量标准器具和工作计量器具,使用单位应当自行定期检定或者送其他计量检定机构检定,县级以上人民政府计量行政部门应当进行监督检查。"

(1)汽车维修检测设备的检定规程。汽车维修企业使用的量具和检测设备较多。对于汽车维修企业,无论是从执行国家法律角度,还是从保护仪器使用精度的角度来看,维修用的主要检测设备应进行定期检定。

(2)主要检测设备的形式认定。汽车维修检测设备是指汽车维护及修理作业设备、检测诊断设备、汽车综合性能检测站使用的设备。目前国内汽车维修、检测、诊断设备生产和营销单位有 1 300 多家,产品有 1 100 多个品种、2 800 多个规格型号,但随着产品品种、数量的增长,产品质量、技术性能不容乐观。从市场调查和用户的反映意见来看,由于缺乏必要的管理指导和措施,一些产品存在较严重的产品缺陷和安全隐患。如检测设备检测重复性差,不同产品检测数值没有可比性,检测结果缺乏公正性等。为提高汽车维修质量和检测诊断的准确性,保障车辆运行安全性,经济性和排放性能,通过实施有效的行业自律手段和规范管理,保障维修作业安全性、检测诊断结果的准确性和可比性,提高产品技术水平和质量水平,从硬件条件保障汽车维修与检测相关政策、制度措施的有效落实,促进汽车检测设备,规定了形式认定的要求。

(二)汽车专项维修业户(三类)

国家标准《汽车维修业开业条件第二部分:汽车专项维修业户》(GB/T 16739.2—2004)是交通主管部门对汽车专项维修业户开业审批和日常管理的依据。

汽车专业维修业户必须具备通用条件,以及各专项维修的经营范围、人员、设施、设备的条件如下:

1. 通用条件

(1)从事专项维修关键岗位的人员数量应能满足生产的需要,并取得行业主管部门颁发的从业资格证书,持证上岗。

(2)应具有相关的法规、标准、规章等文件以及相关的维修技术资料和工艺文件等,并确保完整有效、及时更新。

(3)应具有规范的业务工作流程,并明示业务受理程序、服务程序、用户抱怨受理制度等。

(4)生产厂房的面积、结构及设施应满足专项维修作业设备的工位布置、生产工艺和正常作业要求。停车场地界定标志明显,不得占用道路和公共场所进行作业和停车,地面应平整坚实。租赁的生产厂房、停车场地应具有合法的书面合同书,且租赁期限不得少于1年,并应符合安全生产、环保和消防等各项要求。

(5)配备的设备应与其生产作业规模及生产工艺相适应,其技术状况应完好,符合相应的产品技术条件等国家标准或行业标准的要求,并能满足加工、检测精度的要求和使用要求。检测设备及量具应按规定经有资质的计量检定机构检定合格。

(6)使用、存储有毒、易燃、易爆物品,粉尘、腐蚀剂、污染物、压力容器等均应有安全防护措施和设施。作业环境以及按生产工艺安装、配置的处理"三废"(废油、废液、废气)、通风、吸尘、净化、消声等设施,均应符合国家有关法规、标准的规定。

2. 人员条件

汽车专项维修业户(三类)人员构成及素质要求见表5-7,人员数量要求见表5-8。

汽车专项维修业户(三类)人员构成及素质要求 表5-7

人员	素质要求
企业管理负责人	(1)应经过有关培训,取得行业主管部门颁发的从业资格证书,持证上岗; (2)应熟悉汽车维修业务,具备企业经营、管理能力,并了解汽车维修及相关行业的法规及标准
技术负责人	(1)应经过有关培训,取得行业主管部门颁发的从业资格证书,持证上岗; (2)应具有汽车维修或相关专业的大专以上文化程度,或具有汽车维修或相关专业的中级以上专业技术职称。应熟悉汽车维修业务,并掌握汽车维修及相关行业的法规及标准
检验(总检验员和进厂检验员)	应经过有关培训,取得行业主管部门颁发的从业资格证书,持证上岗
发动机主修、车身主修、电子电器主修、自动变速器专业主修等	应经过有关培训,取得行业主管部门颁发的从业资格证书,持证上岗

汽车专项维修业(三类)人员数量要求 表5-8

业户 / 人员(个)	发动机维修	车身维修	电气系统维修	自动变速器维修	车身清洁维护	涂漆	轮胎动平衡及修补	四轮定位检测调整	供油系统维护及油品更换	喷油泵和喷油器维修	曲轴修磨	汽缸镗磨	散热器维修	空调维修	汽车装潢	门前玻璃安装
企业管理负责人	1	1	1	1												
技术负责人	1	1	1	1												
检验	2	1	1	1												
发动机主修	2															
车身主修及维修涂漆		2														
电子电器主修			2													
自动变速器专业主修				2												
车身清洁					2											
涂漆		2				1										
轮胎维修							1									
高压油泵维修										1						
曲轴修磨											1					
汽缸镗磨												1				
散热器维修													1			
空调维修														1		
汽车装潢															1	
汽车玻璃																1
汽车其他维修								1	1							

注:上表为最低要求人数,关键岗位的实际人员数量应能满足生产的需要。

3. 组织管理

(1)专项维修业户应具有健全的经营管理体系,设置必要的岗位并落实责任人。

(2)专项维修业户应具有汽车维修质量承诺、进出厂登记、检验记录及技术档案管理、标准和计量管理、设备管理及维护、人员技术培训等制度并严格实施。

4. 设施条件

专项维修业户设施条件主要指接待室、停车场及生产厂房,专项维修业户的最低设施要求见表5-9。

汽车专项维修业户(三类)的设施要求(单位:m^2) 表5-9

设施 / 业户	接待室面积	停车场面积	生产厂房面积
发动机维修	20	30	200
车身维修	20	30	120
电气系统维修	20	30	120

续上表

业户＼设施	接待室面积	停车场面积	生产厂房面积
自动变速器维修	20	30	120
车身清洁维护	20	30	120
涂漆	—	40	120
轮胎平衡及修补	—	30	30
四轮定位检测调整	—	30	40
供油系统维护及油品更换	—	30	40
喷油泵和喷油器维修	—	30	30
曲轴修磨	—	30	60
汽缸镗磨	—	30	60
散热器维修	—	30	30
空调维修	—	30	40
汽车装潢	—	30	30
汽车门窗比例安装	—	30	30

5. 设备条件

(1)发动机修理业户的设备条件。发动机修理业户应配备的主要设备见表5-10。

发动机修理业户应配备的主要设备　　表5-10

序号	设备名称	序号	设备名称
1	压力机	14	喷油器试验设备
2	空气压缩机	15	连杆校正器
3	发动机解体清洗设备	16	排气分析仪
4	发动机等总成吊装设备	17	烟度计
5	发动机试验设备	18	无损探伤设备
6	废油收集机	19	立式精镗床
7	数字式万用电表	20	立式珩磨机
8	汽缸压力表	21	曲轴磨床
9	量缸表	22	曲轴校正设备
10	正时仪	23	凸轮轴磨床
11	汽油喷油器清洗及流量测量仪	24	激光淬火设备
12	燃油压力表	25	曲轴、飞轮与离合器总成动平衡机
13	喷油泵试验设备		

(2)车身维修业户的设备条件。车身维修业户应配备的主要设备见表5-11。

车身维修业户应配备的主要设备　　表5-11

序号	设备名称	序号	设备名称
1	电焊及气体保护焊设备	4	空气压缩机
2	气焊设备	5	汽车外部清洗设备
3	压力机	6	打磨抛光设备

续上表

序号	设备名称	序号	设备名称
7	除尘除垢设备	11	车架校正设备
8	型材切割机	12	车身尺寸测量设备
9	车身整形设备	13	喷烤漆房及设备
10	车身校正设备	14	调漆设备(允许外协)

(3)电气系统维修业户的设备条件。电气系统维修业户应配备的主要设备见表5-12。

电气系统维修业户应配备的主要设备 表5-12

序号	设备名称	序号	设备名称
1	空气压缩机	5	电解液比重计
2	故障诊断设备	6	高频放电叉
3	数字式万用电表	7	汽车前照灯检测设备(允许外协)
4	充电机	8	电路检测设备

(4)自动变速器修理业户的设备条件。自动变速器修理业户应配备的主要设备见表5-13。

自动变速器修理业户应配备的主要设备 表5-13

序号	设备名称	序号	设备名称
1	自动变速器翻转设备	7	零件高压清洗设备
2	自动变速器拆解设备	8	电控变速器测试仪
3	变扭器维修设备	9	油路总成测试机
4	变扭器切割设备	10	液压油压力表
5	变扭器焊接设备	11	自动变速器总成测试机
6	变扭器检测(漏)设备	12	自动变速器专用测量器具

(5)车身清洁维护业户的设备条件。车身清洁维护业户应配备的主要设施见表5-14。

车身清洁维护业户应配备的主要设备 表5-14

序号	设备名称	序号	设备名称
1	举升设备或地沟	4	除尘、除垢设备
2	汽车外部清洗设备	5	打蜡设备
3	吸尘设备	6	抛光设备

(6)涂漆业户的设备条件。涂漆业户营配的主要设备见表5-15。

涂漆业户营配的主要设备 表5-15

序号	设备名称	序号	设备名称
1	举升设备	5	喷烤漆房(从事轿车喷漆必备)或喷漆设备
2	除锈设备	6	调漆设备(允许外协)
3	砂轮机	7	吸尘、通风设备
4	空气压缩机		

(7)轮胎动平衡及修补业户的设备条件。轮胎动平衡及修补业户应配备的主要设备见表5-16。

轮胎动平衡及修补业户应配备的主要设备 表5-16

序号	设备名称	序号	设备名称
1	空气压缩机	5	轮胎螺母拆装机或专用拆装工具
2	漏气试验设备	6	轮胎轮辋拆装、除锈设备或专用工具
3	轮胎气压表	7	轮胎修补设备
4	千斤顶	8	车轮动平衡机

(8)四轮定位检测调整业户的设备条件。四轮定位检测调整业户应配备的主要设备见表5-17。

四轮定位检测调整业户应配备的主要设备 表5-17

序号	设备名称	序号	设备名称
1	举升设备	3	空气压缩机
2	四轮定位仪	4	轮胎气压表

(9)供油系统维护及油品更换业户的设备条件。供油系统维护及油品更换业户应配备的主要设备见表5-18。

供油系统维护及油品更换业户应配备的主要设备 表5-18

序号	设备名称	序号	设备名称
1	不解体油路清洗设备	4	举升设备或地沟
2	换油设备	5	空气压缩机
3	废油收集设备		

(10)喷油泵、喷油器维修业户的设备条件。喷油泵、喷油器维修业户应配备的主要设备见表5-19。

喷油泵、喷油器维修业户应配备的主要设备 表5-19

序号	设备名称	序号	设备名称
1	喷油泵、喷油器清洗和试验设备	4	千分尺
2	喷油泵－喷油器密封性试验设备（从事喷油泵、喷油器维修的业户）	5	厚薄规
3	弹簧试验仪		

(11)曲轴修磨业户的设备条件。曲轴修磨业户应配备的主要设备见表5-20。

曲轴修磨业户应配备的主要设备 表5-20

序号	设备名称	序号	设备名称
1	曲轴磨床	6	百分表及磁力表座
2	曲轴校正设备	7	外径千分尺
3	曲轴动平衡设备	8	无损探伤设备
4	平板	9	吊装设备
5	V形块		

(12)汽缸镗磨业户的设备条件。汽缸镗磨业户应配备的主要设备见表5-21。

汽缸镗磨业户应配备的主要设备 表5-21

序号	设备名称	序号	设备名称
1	立式精镗床	6	量缸表
2	立式珩磨机	7	外径千分尺
3	压力机	8	厚薄规
4	吊装起重设备	9	激光淬火设备(从事激光淬火必备)
5	汽缸体水压试验设备	10	平板

(13)散热器维修业户的设备条件。散热器维修业户应配备的主要设备见表5-22。

散热器维修业户应配备的主要设备 表5-22

序号	设备名称	序号	设备名称
1	洗及管道疏通设备	4	空气压缩机
2	气焊设备	5	喷漆设备
3	钎焊设备	6	散热器密封试验设备

(14)空调维修业户的设备条件。空调维修业户应配备的主要设备见表5-23。

空调维修业户应配备的主要设备 表5-23

序号	设备名称	序号	设备名称
1	汽车空调冷媒加注回收设备	4	空调专用检测设备
2	气焊设备	5	数字式万用电表
3	空调电器检测设备		

(15)汽车装潢业户的设备条件。汽车装潢业户(篷布、坐垫及内装饰)应配备的主要设备见表5-24。

汽车装潢业户(篷布、坐垫及内装饰)应配备的主要设备 表5-24

序号	设备名称	序号	设备名称
1	缝纫机	5	电熨斗
2	锁边机	6	裁剪工具
3	工作台或工作案	7	烘干设备
4	台钻或手电钻		

(16)汽车玻璃安装业户的设备条件。汽车玻璃安装业户应配备的主要设备见表5-25。

汽车玻璃安装业户应配备的主要设备 表5-25

序号	设备名称	序号	设备名称
1	工作台	5	直尺、弯尺
2	玻璃切割工具	6	玻璃拆装工具
3	注胶工具	7	吸尘器
4	玻璃固定工具		

三、设备设施

设备和工具是汽车维修企业进行维修生产活动必不可少的物质手段,也是衡量一个现代汽车维修企业维修能力水平高低的标志。设备和工具管理水平的高低从侧面反映出一个企业管理水平的情况。

(一)维修设备类型及简介

设备的分类主要依据设备的结构、性能和工艺特征进行。凡设备性能基本相同,又属于各行业通用的,列为通用设备;设备结构、性能只适用于某一行业专用,列为专用设备。汽车维修设备也同样分为两大类,即汽车维修通用设备和汽车维修专用设备。

汽车维修设备、工具、仪器按照用途可分为汽车清洗设备、汽车举升移动设备、汽车拆装设备、汽车整形设备、汽车喷烤漆设备、各类检测仪器、辅助设备、各类维修工具、量具等。

1. 汽车清洗设备

汽车清洗设备可分为车身外部清洗设备、内饰清洗设备、零件清洗设备。

(1)车身外部清洗设备主要用于车体和底盘的外部清洗。按照工作方式分高压水喷射清洗设备和滚筒式刷洗设备。高压水喷射清洗设备是利用高压水来冲击去除附着在车身和底盘上的尘土、污垢。如全自动洗车机,适用于轿车和客车的外部清洗。

(2)内饰清洗设备主要有吸尘器、蒸汽清洗机等。吸尘器和家用吸尘器相似,利用真空原理将车内部的尘土、碎小的杂物甚至积水吸走,以达到车内清洁的目的。

(3)零件清洗设备主要用于对零件表面进行清洗,以达到去除油污的目的。

2. 汽车举升移动设备

举升移动设备主要用于汽车维修生产中将整车或总成举起或位移。常见的举升设备有汽车举升机、发动机小吊车、变速器拆装小车、液压高位输送器、发动机翻转架、移动式液压千斤顶等。

发动机小吊车一般为液压式,可以很方便地将发动机总成从车上吊起,并可移动,大大减小维修工人的劳动强度,更安全,更方便。常见的发动机小吊车最大起吊力为2t,起吊力可在0.5~2t调节。

3. 汽车检测仪器

主要用于汽车维修前的故障诊断、维修过程中的零部件检测、维修竣工后的性能试验和车辆技术状况的检测。当前随着汽车检测技术的发展,检测仪器的品种也越来越多,但总体分为发动机检测仪、电控系统故障诊断仪、底盘检测仪器、零部件检测仪器、各种通用量具等几类。

(1)发动机检测仪主要用于发动机性能的检测和故障诊断,有综合性能检测仪和单项检测仪两种。综合性能检测仪可以检测发动机的点火系统、起动系统、充电系统、发动机转速、功率、配气相位、供油提前角、单缸动力性能等,主要用于轿车发动机的综合诊断。发动机单项检测设备有检测汽缸活塞密封性的QJ-B型汽缸漏气量检测仪、检测汽缸压力的VAGl763型汽缸压力表、检测发动机尾气排放的南华M1A-015组分尾气分析仪、检测喷射系统油压的VAGl318油压测试仪、检测发动机涡轮增压压力的VAGl937增压检测仪等。

(2)底盘检测仪器是用于检测汽车底盘性能和技术状况的仪器。主要有四轮定位仪、侧滑试验台、制动试验台、前照灯光检测仪、车轮动平衡仪、自动变速器检测试验台等。其中四轮定位仪、车轮动平衡仪应用最广泛。

4. 汽车整形设备

主要用于事故车辆的修理作业中。汽车整形设备用于车辆变形部位的修复,主要设备有车身矫正机、车身修复机等。

5. 汽车喷烤漆设备

汽车喷烤漆设备主要有无尘干磨机、喷枪、红外线烤灯、汽车喷烤漆房等。

6. 辅助设备

在汽车维修生产中起必要的辅助性作用，是多位充注补给性设备，如制冷剂回收充注机、空气压缩机、齿轮油加注器、自动变速器换油机、制动液充放机、电瓶充电机等。

7. 维修工具和量具

分为专用型和通用型两类。通用型主要有各种扳手、套头、螺丝刀、卡钳、扭力扳手等；专用型适用于某一种或某几种特定的车型，种类繁多。汽车维修用的各种量具主要有游标卡尺、千分尺、深度尺、塞规等。

汽车维修检测设备是汽车维护及修理作业设备、检测诊断设备、汽车综合性能检测站使用的设备。汽车维修企业使用的量具和检测设备较多。对于汽车维修企业来说，无论是从执行国家法律角度，还是从保持仪器使用精度的角度来看，维修用的主要检测设备应定期检定。

(二)汽车喷烤漆房

汽车喷烤漆房是汽车维修的关键设备之一，其质量直接影响到汽车的维修质量和公共安全，关系生产作业人员的安全和健康。近年来，汽车喷烤漆房火灾事故成为汽车维修行业突出的安全隐患，引起了政府和社会以及相关行业协会的高度重视。

1. 喷烤漆房基本功能

喷烤漆房的功用分为喷漆和烤漆两部分，喷漆和烤漆的工作原理如下所述。

1)喷漆工作原理

在风机的作用下，空气经过风口进入风机，通过风机内的前置过滤棉对空气进行第一次过滤，滤除空气中的大部分灰尘，然后空气经过风机、热交换器、风管等进入主房体上层，再经过主房体上部的天花过滤棉，将空气中残存的灰尘作精细过滤。这时进入主房体工作间的空气为几乎不含灰尘的洁净气流，保证了高品质喷烤漆的需要。

2)烤漆工作原理

在烤漆时，电动风门执行器自动将风门转换到“烤漆”位置；热空气流动而形成循环气流。当燃烧器工作时，燃烧器将燃油喷到热交换器内腔燃烧，使热交换器壳体温度升高，从而加热流过热交换器外表面的气流，使房内温度逐渐升高而对工件进行烤干，燃油燃烧时产生的废气，经过热交换器上的排烟管排走。

2. 喷烤漆房分类

1)按加热形式分类

喷烤漆房按加热形式分为：燃油加热型、燃气加热型和电加热型。

(1)燃油加热型喷烤漆房：以燃烧油料(煤油、柴油或废油)产生的热量间接加热空气介质，并在其中进行喷漆、烘烤作业的装置。

(2)燃气加热型喷烤漆房：以燃烧气态燃料(天然气、城市煤气、液化气等)产生的热量间接加热空气介质，并在其中进行喷漆、烘烤作业的装置。

(3)电加热型喷烤漆房：以电能转化的热量直接加热空气介质，并在其中进行喷漆、烘烤作业的装置。

2)按作业区长度分类

喷烤漆房按作业区长度分为:小型、中型、大型、特大型。其对应关系见表5-26。

喷烤漆房类型与作业区长其对应关系表 表5-26

规　格	小　型	中　型	大　型	特大型
作业区长度 L(m)	$L≤8$	$8<L≤12$	$12<L≤16$	$L>16$

3.喷烤漆房失火原因

火灾的发生必须具备三个条件:火源、可燃物、助燃物。喷烤漆房失火也与这三个要素相关。

1)喷烤漆房失火火源

喷烤漆房失火火源主要有四个方面:

(1)燃烧系统由燃烧器、热交换器、烟道组成。当扫堂延时失效,数次点火不成功时,喷入的柴油(或废机油)未点燃,造成热交换器内部存留大量已被雾化而未燃烧的柴油(或废机油),若此刻再次点火成功热交换器内部将产生爆燃(亦称闪爆)现象,其产生的压力足以使热交换器撕裂(或开焊),使火窜进循环风系统而成为火源之一。

(2)如果燃烧系统常年不清理,导致热交换器内部将存留大量积炭(尤其是使用废机油作为燃料时)。当喷烤漆房长时间工作时,经烤红的积炭也可将热交换器局部传导烤红(温度达600℃以上),交换器外部的附着物将被烤红、松动、脱落,形成火星,从而成为火源之一。

(3)若电机线路接头松动而产生接触电阻(或称接触电阻增大),也可致使局部过热,成为火源之一。

(4)如果电机轴承或扇叶损坏,产生金属摩擦的火花,也会成为火灾的种子。

2)可燃物

喷烤漆房失火过程中的可燃物有如下几种:

(1)在烤漆房烤漆过程中,如果不及时更换过滤棉,长期不清理风道,漆雾可能会进入空气循环系统并附着在通风道壁上成为易燃物。

(2)不正当使用喷烤漆房,喷漆后将废漆、溶剂倒在地棉上,或在喷烤房内洗抢,都将使可燃气体进入空气循环系统内。

(3)当进入空气循环系统的漆雾附着在二次过滤棉上时,漆雾将变为漆物,阻燃的过滤棉将成为可燃物。

3)助燃物

当送风机将氧气不停地送往起火点时,氧气就成为了助燃物。

当上述3个条件都具备时,喷烤漆房的火灾就不能避免了。

4.汽车喷烤漆房评价

汽车喷烤漆房认证采用国际通用的认证模式,依据交通产品认证实施规则及交通行业标准和技术指标,通过对认证企业严格审查、产品抽检、认证后监督等环节,确保产品持续稳定符合认证要求。对汽车喷烤漆房实施认证,指导用户选购质量稳定合格的产品,为企业创造一个公平、良好的竞争市场环境。这是加强汽车维修生产安全设备质量控制的有效手段,也是净化和改善汽车维修市场环境、保障汽车维修生产安全、提高汽车维修质量的具体措施。汽车喷烤漆房产品认证结果,是交通产品认证中心实施道路用沥青、公路桥梁用锚具产品认证之后的第三类交通产品。

为了有效遏制汽车维修企业喷烤漆房火灾事故频发的被动局面，推进汽车喷烤漆房设备安全使用标准化，北京市交通委员会运输管理局制定了《在用汽车喷烤漆房使用安全综合评价规则》，从设备的送、排风系统、加热系统、照明系统、控制系统、安全保护系统等入手，采取“企业申请、评价入户、技术检测”的方法，委托交通产品认证机构对在用汽车喷烤漆房设备技术状况、安全状况、使用状况、维护状况进行全面安全综合评价。

1)送、排风系统

(1)送风系统的驱动电机内置时，应选用防爆型，绝缘等级不低于F级。采用非防爆型驱动电机时，电机应外置。

(2)排风系统不得采用轴流式风机；采用轴流式风机，驱动电机应外置。

(3)进风口应装有防鸟网。

(4)送、排风电机外壳及风叶应定期清理，不得有油漆、污垢堆积。

(5)风道中油漆经过的所有路径应定期清理。

2)加热系统

(1)加热装置：

①燃烧器应有不小于8s的扫膛延时时间，并具有点火超时断油、断气保护功能，且点火成功率应少于5次；

②以燃气为热能的喷烤漆房，燃气火焰发生器的下部应有空气均衡装置；

③电加热型喷烤漆房的电加热器与金属支架间应有良好的电气绝缘，其常温绝缘电阻不得小于4MΩ。电加热器与导线的连接应保证良好接触，接线端的设置应便于检查。

(2)油路、气路连接：

①燃油加热型喷烤漆房应设置专用燃油箱，并与加热装置隔离；

②燃油加热型喷烤漆房的油路进口应加装燃油单向截止阀；

③油路、气路的连接件应连接可靠、牢固，不得有漏、渗现象。

(3)热交换器：

①热交换器应选用耐热、防锈和具有良好导热性的不锈钢材料，壁厚应不小于2mm；

②热交换器应有泄压装置，其泄压口面积不小于175cm^2；

③热交换器不应有泄漏、开焊、穿孔、变形；

④热交换器表面应无油漆附着。

(4)气体循环方式：

①不得采用完全循环加热方式；

②风门应当具有良好的密封性，自动风门的动作应有效。

3)照明系统

(1)作业区照明电路应选用耐高温导线、导线应装在绝缘护套(管)内并固定。

(2)照明电路应采用单独的断路器或熔断器作短路保护，不得借用其他电路的保护器件。

(3)电动机、照明线路等所有电缆应无老化现象。

4)控制系统

(1)导线线径选择合理，其载流容量应保证运转安全。

(2)系统应根据负荷的大小装有断路器或熔断器，电机控制应有过载、断相保护装置。

(3)电缆线穿过金属物体时，应加装绝缘套管。

(4)温控系统除应具有工作温度设定及控制功能外，还应有超温报警保护功能。超温时，系统能自动关闭加热装置并报警。

(5)送风系统应与加热系统联锁。送风系统未启动时，加热装置启动开关无效。

(6)送风驱动电机发生过载或断相故障时，应能自动关闭加热装置。

(7)控制系统的温度示值误差为±3℃。

5)安全防护要求

(1)房体材料和空气净化材料均应阻燃。

(2)喷烤漆房应设有安全门，安全门应有泄压功能。

(3)喷烤漆房应有永久性安全操作及保养的文字标志，并在醒目的位置安装。

(4)所有电缆线及照明线路均应加装绝缘套管并固定。

随着在用汽车喷烤漆房使用安全综合评价工作的逐步深入，被评价的烤房数量和种类也在增加，为现场评价增加了一定的难度。在实际工作过程中，现场评价人员会碰到各种各样的新奇喷烤房，遇到各种各样的问题。因此，在实际评估过程中，有很多问题需要引起高度注意。

①燃油型汽车喷烤漆房评估过程中需注意的事项如下：

第一，评估人员抵达评估现场后，在点燃燃烧机之前，应先进行如下检查：

一是要让维修企业操作工把喷烤漆房燃烧机拆下来，检查热交换器炉膛内底部是否有积油：如有积油，必须把积油清理干净。在实际评估过程中，发现有个别喷烤漆房热交换器炉膛内底部有积油，如果没有清理干净积油就贸然点火，容易使炉膛底部积油产生爆燃，有可能导致炉膛爆炸，危及检测和现场人员人身安全。

二是在现场汽车喷烤漆房结构允许的情况下，应打开汽车喷烤漆房加热柜外墙板，仔细检查热交换器是否存在漏焊、开焊、穿孔、变形等问题。如果无法轻易打开汽车喷烤漆房加热柜外墙板，那么现场评价人员必须拆下燃烧机，通过热交换器燃烧口，用手电辅助照明，仔细检查热交换器炉膛内部是否存在漏焊、开焊、穿孔、变形等问题。如果炉膛存在漏焊、开焊、穿孔、变形等其中一项问题，不能进行汽车喷烤漆房点火、升温检查。

三是在现场喷烤漆房结构允许的情况下，打开汽车喷烤漆房加热柜外墙板，检查热交换器表面有无油漆附着。如有，应将热交换器表面油漆清理干净后，才能进行汽车喷烤漆房点火、升温检查。

第二，当不能打开加热柜外墙板时，应从热交换器炉膛燃烧口处，用手进入炉膛测量热交换壁厚，但测量时应注意以下几点：

一是应在炉膛内表面、侧面和底部，分别选择一点进行测量。当测量值异常(如偏大)，应更换测量位置(可能测量点底下有支撑物)：二是测量前，应清洁干净膛内表面的积炭等杂质：三是探头和被测表面上应涂抹专用油，使探头良好耦合到被测材料。

第三，当燃烧器拆下重新安装好后，不能立即进行点火成功率检查。因为此时燃烧器拆下后，燃烧器内和油路中的柴油被排空，重新安装后，要燃烧机点火启动几次后，柴油才能充满燃烧器和供油管，燃烧器才能点燃。故要燃烧器成功点燃几次后，才能进行点火成功率检查。

第四，同理，进行完点火超时断油保护功能测试后，也不能立即进行点火成功率检查。

第五，汽车喷烤漆房应设置专用油箱，油箱应是全密闭的。

第六，对于喷烤漆时，只进行热风加热循环，漆雾不循环的汽车喷烤漆房，其内置驱动电机，绝缘等级不能低于F级，但不必选用防爆型电机。

②电加热型汽车喷烤漆房评估过程中需注意的事项如下：

一是在实际检测过程中，经常出现电加热器与金属支架间常温绝缘电阻测量值接近于零。这主要发生在由燃油型汽车喷烤漆房改造为红外加热模块的电加热型汽车喷烤漆房。原因是由于其改造过程中，图省事，没有区分零线和地线，使烤房零线、地线共接造成。只要把烤漆房零线、地线区分开来，并设置专用地线就可解决。

二是电加热器与导线的连接不允许用两导线扭接，绝缘胶布包扎的方式连接，必须为焊接外包绝缘套管或采用接线柱连接的方式。

三是电加热导线必须采用耐500℃高温阻燃导线。

四是红外加热模块外建议加装金属防护罩。

五是采用红外加热模块的电加热型汽车喷烤漆房，由于其风机和加热模块启动分别采用两个控制柜，且其加热过程中不启动送风系统，故无法进行送风系统与加热系统连锁和加热装置自动保护测试。

六是由燃油型改造为红外加热模块电加热型汽车喷烤漆房，风门应固定在外循环模式，并把内循环通道封死。

七是由燃油型改造为红外加热模块电加热型汽车喷烤漆房，必须把燃烧机拆除，把热交换器燃烧口封死。

（三）汽车举升机

汽车举升机是进行汽车维修和保养等作业的重要升降设备，我国早在20世纪80年代就开始生产和使用。因其操作方便、经济适用的特点，越来越受到人们的青睐。随着我国经济的发展，汽车数量的日益增加，汽车举升机的需求量也随之增加。由于人们在使用汽车举升机进行汽车的维修和维护等作业的过程中，人员要在汽车下面或侧面工作，因此，汽车举升机的安全性直接关系到操作人员的生命安全。目前，国内有产品标准《汽车举升机》（JT/T 155—2004）和安全标准《汽车举升机安全规程》（GB 27695—2011），两个标准对汽车举升机生产、制造、使用和管理进行了规定，对进一步提高汽车举升机的安全性，保障人员生命和财产安全，具有重要作用。

1.汽车举升机基本概念和基本构成

根据《汽车举升机》JT/T155—2004的定义，汽车举升机是指用以支承在汽车底盘或车身的某一部位，使汽车升降的设备。汽车举升机主要由以下几部分组成：

（1）升降台（架、臂）：活动架、托臂、升降台面、升降横梁。

（2）机械系统：动力箱、液压装置、钢丝绳与滑轮等。

（3）电气系统：电气控制装置、电气操作装置、电气信号和线路等。

（4）机架：立柱、各式机架、固定支架、底架等。

（5）安全保护装置：托臂下降保险（机械锁止/止退装置）、钢丝绳断裂保护装置托臂。

（6）辅助装置：防护罩、支承垫、橡胶缓冲垫、加高支承等。

2.汽车举升机分类

1）按结构类型分类

举升机按结构分为有柱式举升机和无柱式举升机。

柱式举升机主要有：双柱式汽车举升机、门式举升机、四柱汽车举升机、汽车升降平台。其中，双柱式汽车举升机的特点主要有工艺先进、结构简单、操纵简单、使用寿命长；采用液压传动、运行平稳、噪声低、效率高；设置有同步结构、保证同步精度高；拖盘可调节高度，适合多种车型支承要求；设有防坠保险装置等安全装置，运行安全可靠。

无柱式举升机主要有折叠式举升机、大剪式子母双层液压举升机两类。

2)传动形式分类

汽车举升机按传动方式分为机械传动举升机和液压传动举升机两类，其主要性能对比见表5-27。其中机械传动举升机由于其结构特点容易发生丝杠或工作螺母滑扣，导致所举汽车跌落或丝杠卡死等故障，存在很大的安全隐患。液压传动举升机由于其性能优势成为目前主流的举升机产品类型。常见的液压式举升机有两柱、四柱和剪式举升机，其主要性能见表5-28。

根据传动方式的举升机分类 表5-27

种类名称	性能优势	性能劣势
机械传动举升机	结构简单，价格便宜	举升质量有限，易发生汽车跌落或丝杠卡死等故障
液压传动举升机	安全性能好、运行平稳、维护简单以及工作效率高	成本高

液压举升机分类 表5-28

种类名称	性能优势	性能劣势
两柱举升机	安装快，空间条件简单；使用过程中无噪声、升降速度平稳；可根据不同车型设置支撑位置	支撑质量不足，只能适合中小型车辆
四柱举升机	可适用于大多数车型，具有快速起降的优势，适合于以快速保养为主的小型企业，也逐渐成为4S店的急需产品	由于具有宽大的支撑装置而妨碍工作人员的正常维修工作，因此要求使用空间大
剪式举升机	制造精密，使用方便，不用时不占空间，受特约维修站的欢迎，是未来举升机的发展方向	低价剪式举升机存在台面不平、单边升降等危险

3)按行业标准分类

主要分为汽车维修作业举升吊运成套设备、柱式、菱架式、倾斜式、地坑式等汽车举升设备。

3. 影响举升机性能的主要因素

举升机作为一种综合多项技术的产品，其影响举升机性能的因素很多，主要影响因素有举升机的设计方案、制造工艺、保险装置、同步装置等。

1)制造工艺

目前很多生产厂家在设计举升机时主要采用经验类比法，对不同举升吨位的举升机按照一定的经验公式进行比例加大或缩小相应构件的尺寸。这种设计方法不仅难以保障产品的性能和安全，而且设计制造周期长，成本高。

举升机的关键制造工序包括板材切割、板材焊接。

板材切割方面，国内举升机的下料技术和下料方式过于陈旧落后，基本上处于传统的手工切割生产方式，主要采用的切割方法为气割和数控切割，其中气割主要依靠熟练的放样工人和放样经验，由于手工放样效率低，且工厂缺乏熟练的放样工人，使得企业经常发生放样错误，导致返工、窝工而延误工期。同时，手工气割的切割效率低，从而导致钢材浪费严重，严重制约企业的发展。许多企业未能较好地管理和重复利用剩余钢材，使得剩余钢材堆积如山，导致钢材浪费严重。

板材焊接方面，由于举升机的机械结构设计未能考虑到后续焊接工艺而使得焊接后工件容易出现变形和裂纹，使得产品性能不稳定。以一种移动式车辆举升机底板加工为例，许多厂家采用基座钢板与上部立柱、两侧腿管相互焊接结构的形式。此种结构主要缺点：

(1)在焊接过程中易出现受热变形现象，且工件较大，焊接后无法借助工艺手段来消除变形，导致立柱底部与地面接触较少。

(2)在长期使用过程中，因立柱中部的油缸顶压底板，会导致地板中部变形严重，出现“锅底”现象。为了消除以上变形，厂家加大了基座钢板的厚度，但是该方案不仅增加成本，而且会增加设备高度，影响后续的举升机标准集装运输；同时还增加了自身质量，不利于使用。同时这种结构在承载运行过程中，如地面不平整，或者立柱下方的底板设计不合理或者焊接变形严重时，均易导致举升机举升运行过程中出现滑移现象，甚至引起摔车等严重后果。

因此合理的举升机结构设计、切割、焊接工艺、工装及设备等对举升机产品的质量具有重要影响。

2)保险装置

举升机升到预定高度后，必须采用锁紧装置将维修汽车锁定，使其在维修过程中不会因液压系统的干扰、维修过程中的振动而使汽车掉落或剧烈振动。举升机的稳定性以及保险装置设计合理，对维修人员的安全具有重要的保护作用。能否设计出经济且安全的保险装置是举升机生产厂家提高市场竞争力的又一因素。在现有技术中，大部分厂家在机械结构上设置包含电磁铁、弹簧或制动板的自锁保险装置。电磁铁保险装置，由于电磁铁的设计制造质量问题，易使电磁铁工作噪声过大，且易出现被烧毁等问题，给用户带来安全隐患。包含弹簧的保险装置，常因扭转弹簧本身的制造缺陷、使用寿命等从根本上降低了举升机安全锁紧性能，给设备使用带来很大的安全隐患。在举升机立柱的不同高度上分别设置若干止动板以及升降臂端部对应于止动板处则分别设置有可转动的锁钩，当升降臂需做上下运动时，锁钩同时向内缩进或者升降臂停止运动时，锁钩则向外伸出并钩住止动板的顶部，防止升降臂和车辆沿立柱下滑。但此类升降臂保险装置易受结构设计的限制，使得锁钩不能承受太大的载荷，容易影响举升机的最大承载能力；同时，由于举升机的升降臂在作上下运动时，其相对应的锁钩受外力作用而向里收缩，而需定位时，其外作用力撤去，此时锁钩依靠自重伸出，使锁钩与止动板相抵并将升降臂定位，但是由于这种结构形式的锁钩有可能在伸出时不能全部及时地复位，因此此类举升机也容易产生各种事故隐患。针对这些保险装置面前存在的相关问题，很多厂家经过探索，已申请了多项相关保险装置专利，这充分说明保险装置的重要性。

3)同步装置

举升机的同步性及升降是否平稳，是衡量举升机性能的重要标准。汽车举升机的作用是将需要维修的汽车水平地提升到合适的位置，这要求举升机两侧的上升或下降必须是完全同步的，且升降要求非常平稳。目前大多数厂家采用的是链条牵引、钢丝绳平衡两侧升降架的举升机高度。但存在的问题主要有：液压缸爬行现象严重，钢丝绳和导轮有咯咯作响的声音，钢丝绳摩擦严重，车辆举升时有抖动。

4. 汽车举升机的安全技术要求

近年来,国内汽车举升机制造行业鱼龙混杂、良莠不齐,大量劣质产品充斥市场,不但严重扰乱举升机市场的市场秩序,也给维修企业带来了很大的安全隐患。导致汽车举升机发生故障的原因有很多,有自锁装置失效、立柱或拖臂变形、板式链断裂、液压油路爆裂、汽车拖垫打滑、安装基础不牢等。

下面介绍一下汽车举升机的主要零部件(钢丝绳、链条、滑轮、螺母和丝杆)、液压系统、电气、控制与操作系统、电气保护、安全防护装置等的安全技术要求。该安全要求适用于汽车维修用,动力源为液压传动,机械传动的汽车举升机。

1)主要零部件

(1)钢丝绳。

①汽车举升机举升和平衡用钢丝绳应采用性能不低于《一般用途钢丝绳》(GB/T 20118—2006)规定的钢丝绳,举升用钢丝绳安全系数不应小于7,平衡用钢丝绳安全系数不应小于5。

②钢丝绳端部的固定和连接强度应达到钢丝绳的最小破断拉力。

(2)链条。

①汽车举升机使用的链条,应采用性能不低于GB/T 5074规定的链条,其安全系数不应小于5。

②链条出现下列情况之一时,应报废:

a. 裂纹;

b. 链条伸长量达原长度的1.5%;

c. 链条及孔直径磨损量达原直径的5%;

d. 链板厚度及宽度磨损量达原厚度及宽度的10%。

(3)滑轮。

①滑轮应设有防止钢丝绳脱出绳槽的装置或结构。在滑轮罩的侧板和圆弧顶板等处与滑轮本体的间隙不应超过钢丝绳直径0.5倍。

②人手可触及的滑轮组,应设置滑轮罩壳。

③滑轮直径与举升用钢丝绳直径的比值应大于18。

④滑轮出现下述情况之一时,应报废:

a. 影响性能的表面缺陷(如裂纹等);

b. 轮槽不均匀磨损达3mm;

c. 轮槽壁厚磨损达原壁厚的20%;

d. 因磨损使轮槽底部直径减少量达钢丝绳直径的50%。

(4)螺母和丝杆。

出现下列情况之一时,应报废:

a. 裂纹;

b. 螺纹牙拆断;

c. 螺纹牙磨损变形达到螺距的5%;

d. 受压螺杆其外径母线直线度公差大1 000:0.6,全长超过杆长的4 000:1。

2)液压系统

①液压系统应有防止过载和冲击的安全装置。采用溢流阀时,溢流阀设定的最高工作

压力不应大于系统额定工作压力的1.1倍，同时不应大于液压泵的额定压力。

②液压系统应有符合液压元件对介质清洁度要求的过滤器或其他防止油污染的装置。

③液压系统的液压油应按照设备使用说明书的要求，按环境条件选用；油箱的最高和最低油位应有明显的油位标志。液压系统工作时，液压油的最高温升不得影响安全性能。

④液压系统应在合适部位设置排气装置。

⑤液压系统应设置停电时使汽车举升机能下降的装置。

⑥应在系统中适当位置设压力检测点并在液压系统原理图中注明。

⑦应采取有效措施防止液压系统在装配、安装、保养和维修过程中落入污物，污染度应符合使用说明书的规定。

⑧液压钢管连同它们的终端部件，爆破压力与设计工作压力的安全系数不应小于2.5。

⑨液压软管连同它们的终端部件，爆破压力与设计工作压力的安全系数不应小于4。

⑩液压缸的端口和阀（例如保护阀）之间的焊接或装配连接件爆破压力与设计工作压力的安全系数不应小于2.5。

3）电气

（1）电源切断。汽车举升机应装设切断举升机总电源的电源开关。电源开关可以是隔离开关、与开关电器一起使用的隔离器、具有隔离功能的断路器。

（2）总断路器。总电源回路应设置总断路器，其额定电流应大于汽车举升机额定工作电流，电流整定值应大于汽车举升机最大工作电流。总断路器的断弧能力应能断开汽车举升机上发生的短路电流。

（3）动力电源接触器。动力电源回路宜设能够分断动力线路的接触器。

（4）紧急停止并关。每台汽车举升机应设置具有紧急停止功能的开关，该开关不能自动复位。

4）控制与操作系统

（1）控制与操作系统的设计和布置应能避免发生误操作的可能性，保证在正常使用中汽车举升机能安全可靠地运转。

（2）控制与操作系统的布置应使操作人员对汽车举升机工作区域及所要完成的操作有足够的视野。

（3）应将操作杆或按钮布置在操作人员能方便操作的位置。控制与操作装置应用文字或代码清晰地标明其功能（如用途等）。

（4）操作装置控制电压不应超过36V。

（5）以控制上升及下降为目的的操作装置，应采用“手离即停”的方式。

（6）对于采用多个操作控制点控制一台汽车举升机的，应具有电气互锁功能，在任何给定时间内只允许一个操作控制点工作。每个操作控制点均应设置紧急停止开关。

5）电气保护

（1）电动机的保护。电动机应具有如下一种或一种以上的保护功能，具体选用应按电动机及其控制方式确定：

①瞬动或反时限动作的电流保护，其瞬时动作电流整定值应约为电动机最大起动电流的1.25倍。

②具有热过载保护功能。

（2）线路保护。所有线路应具有短路或接地引起的过电流保护功能，在线路发生短路或搭铁时,瞬时保护装置应能分断线路。对于导线截面较小,外部线路较长的控制线路或辅助线路,当预计接地电流达不到脱扣电流值时,应增设热脱扣功能,以保证导线不会因接地而引起的绝缘烧损。

(3)错相和缺相保护。当错相和缺相会引起危险时,应设置错相和缺相保护。

(4)失压保护。当汽车举升机供电电源中断后,凡涉及安全或不宜自动开启的用电设备均应处于断电状态,避免恢复供电后用电设备自动运行。

(5)搭铁。

①设计者应按不同的配电网形式设计不同形式的接地故障保护,并由用户负责实施。接地故障保护应符合《低压配电设计规范》(GB 50054—2011)的有关规定。

②汽车举升机本体的金属结构应与供电线路的保护导线可靠连接。

③汽车举升机所有电气设备外壳、金属导线管、金属支架及金属线槽均应按配电网情况进行可靠搭铁(保护搭铁或探护接零)。

④严禁用汽车举升机金属结构和搭铁线作为载流零线(电气系统电压为安全电压除外)。

⑤在每个引入电源点,外部保护导线端了应使用字母 PE 来标明。其他位置的保护导线端子应使用图示符号⏚或用字母 PE 或用黄/绿双色组合标记。

⑥保护导线只用颜色标识时,应在导线全长上使用黄/绿双色组合。如果保护导线能容易地按其形状、位置或结构(如编织导线)识别,或者绝缘导线难以购到,则不必在导线全长上使用颜色代码。但应在端头或易接近部位上清楚标明图示符号⏚或黄/绿双色组合标记。

⑦对于保护接零系统,汽车举升机的重复接地的接地电阻不应大于 10Ω。对于保护扶地系统的搭铁电阻不应大于 4Ω。

(6)绝缘电阻。在电路与裸露导电部件之间施加 500V 时测得的绝缘电阻不应小于 1MΩ。对于不能承受所规定的测试电压的元件(如半异体元件、电容器等),试验时应将其短接。试验后,被试电器进行外观检查,应无影响继续使用的变化。

(7)防护等级。室内工作的汽车举升机,其电气设备防护等级不应低于《计时仪器的检验位置标记》(GB/T 4028—1994)中的 IP3X;在露天工作的汽车举升机,其电气设备防护等级不应低于《计时仪器的检验位置标记》(GB/T 4028—1994)中的 IP44。

6)安全防护装置

(1)限制运动行程与工作位置的安全装置。

①汽车举升机应设置限制运动行程的安全装置,汽车举升机的升降台、托臂在下降到最低位置及举升到最大举升高度的位置时,应具有自动停机装置。

②靠托臂举升工作的汽车举升机应设置托臂回转角度锁紧装置,调整好角度后,托臂承载时回转方向应被锁紧。锁紧系统应设计成能承受汽车举升机额定载荷的 4.5%,而无永久变形;或能承受汽车举升机额定载荷的 6.75%,而无断裂。这两种情况下,锁紧系统承受的载荷分别不得小于 1 500N 和 2 250N。假定这些载荷沿水平最不利方向作用在承载点上,且支撑臂完全展开。

(2)防止钢丝绳及链条突然断裂、油管突然爆裂的安全装置。液压式汽车举升机应设有钢丝绳及链条突然断裂,油管突然爆裂的安全保护装置。

(3)防止被举车辆自然下降的安全装置。汽车举升机应设有在升降过程中防止被举升车辆自然下降的安全装置。

(4)防止损伤车顶的安全装置。门式汽车举升机应配备防止损伤汽车车顶的装置。

(5)防止车轮滚动的安全装置。平板组合升降台式汽车举升机应配备防止车轮滚动的装置。

(6)机械式汽车举升机安全自锁装置。机械式汽车举升机任何工作点都能安全自锁,且应设有工作螺母失效保护装置。

(7)液压式汽车举升机机械锁止装置。液压式汽车举升机除液压系统能自锁外,还应设有机械或液压锁止装置。

(8)同步装置。具有两个以上升降台、托臂的汽车举升机应设有保持同步升降的装置,在升降的有效工作行程范围内汽车举升机上升和下降时,应满足下列条件之一:

①各托臂支撑面的相对高度差不超过50mm;

②升降台的倾斜度不大于1°;

③不同步性不大于3mm/10s。

若未满足上述条件,汽车举升机必须立刻停止运行并报警。

(9)防护罩。在正常工作或维修时,为防止异物进入或防止其运行对人员可能造成危险的零部件,应设有保护装置。汽车举升机上下外露的、有可能伤人的运动零部件,如链轮、链条、钢丝绳、滑轮等,均应装设防护罩/栏。

5.汽车举升机的操作

(1)操作人员操作举升机时,不应分散注意力。

(2)操作人员体力和精神不适时,不应操作举升机。

(3)操作人员应接受举升作业指挥信号。当汽车举升机的操作不需要指挥员时,操作人员负有举升作业的责任。任何情况下,操作人员随时都应执行来自任何人发出的停止信号。

(4)任何情况下,当怀疑有不安全情况时,操作人员在举升作业前应告知指派人员。

(5)如对于电源切断装置或启动控制器有报警信号,在指定人员取消这类信号之前,操作人员不得接通电路或开动设备。

(6)在接通电源或开动设备之前,操作人员应查看所有控制器,使其处于"零位"或空挡位置,确保所有现场人员均在安全区内。

(7)在作业期间发生供电故障,操作人员应该做到下列要求:

①应将所有的控制器手柄调回零位。

②如果可行,通过手动装置使举升车辆放到地面。

③操作人员应熟悉设备和设备的正常维护;如举升机需要调试或修理,操作人员应把情况迅速的报告给管理人员并应通知接班操作人员。

④在每一个工作班开始,操作人员应试验所有控制器;如果控制器操作不正常,应在举升机运行之前调试和修理。

⑤夜班操作举升机时,作业现场应有足够的照度。

(四)汽车维修设备管理

1.维修设备、工具、仪器的配置

维修设备、工具、仪器的配置不但是建立维修企业时的一项重要工作,而且这项工作的好坏,直接影响汽车维修质量和维修作业效率,直接影响维修企业的经济效益。设备、工具、仪器的配置应当遵循的基本原则是:符合有关法规、生产上领先、技术上领先、经济上合理。一般情况下,这四个原则是基本统一的。配置维修设备时应注意:

(1)应符合国家或者地方标准规定的汽车维修业开业条件中规定的有关设备、工具、仪器的配置要求。在设备条件中明确规定:企业配备设备型号、规格和数量应与其生产纲领、生产工艺相适应;汽车维修业开业条件的规定中,一类、二类汽车维修企业的开业条件是GB/T 16739.1—2004;三类汽车维修企业的开业条件是GB/T 16739.2—2004。

(2)根据主要维修车型的技术特点和技术发展趋势,合理选配维修设备、工具和检测仪器,以保证在技术上、质量上满足维修要求,并具备一定的超前性。对于品牌汽车维修企业,也应遵守品牌厂家的有关要求或技术规定。

(3)设备的生产效率。设备的生产效率是指单位时间内完成的维修汽车作业量或与工作速度有关的技术参数。选购设备时,根据生产流程和作业量,尽量选购工艺流程自动化程度高、工作速度快、效率高的维修设备。应结合维修车间的维修能力规划和平面布局,做好购置计划。就目前情况来看,一般小轿车维修企业每个工位的日修车作业能力为3~5台次,工位数与维修人员比例大约为1:1.5,配备举升机的工位数不应少于全部工位数的75%,而且制定设备购置计划时应该有一定前瞻性。

(4)设备的可靠性与耐用性。设备的可靠性是指在规定的时间内,在正常使用条件下,无故障地发挥其效能。设备的耐用性是指设备的使用寿命。这是选购设备应考虑的一个重要因素。

(5)设备的安全性。汽车维修设备的安全性是指在使用过程中对操作人员、维修车辆以及设备本身的安全保证程度。汽车维修设备在生产使用过程中由于技术、经济、质量、环境等原因,有可能会存在一些不安全因素,因此选购设备时应考虑是否配置自动控制安全保护装置,如自动断电、自动停车、自动锁止机构、自动报警等,以提高设备预防事故的能力。

(6)设备的配套性。汽车维修设备的配套性是指设备本身之间相互配套的水平或密切程度。在选购汽车设备时,应根据车型特点、维修工艺要求,使有关设备在技术性能、维修能力方面相互协调,以达到每台维修设备的能力都能充分发挥。

(7)设备的维修性。汽车维修设备的维修性主要应考虑汽车维修设备的结构先进简单、装配合理、能迅速拆卸、易于检查。设备供应方能持续提供有关资料、技术支持和维修备件,有较强的服务能力等。

(8)设备的经济性。汽车维修设备的经济性是指在选购维修设备时,不仅要考虑设备初期投资费用大小,而且还要考虑设备投资回报期限和投入后的维修费用。设备购置计划应与投资能力相适应,制定的计划应量力而行,有可操作性。选购设备之前要进行经济评价,要在经济上比较几种设备的优劣。在进行设备购置时所选择的供应商、生产厂不应过多,否则将来售后服务不方便,应选择那些实力强、信誉好、售后服务好的供应商、生产厂。

2. 维修设备使用与维护

汽车维修设备的合理使用是保持设备处于正常运行状态、保证汽车维修质量和生产效率、降低维修生产成本的重要一环。合理使用设备是汽车维修设备管理的基础工作。汽车维修设备在使用过程中随着作业时间延长,零部件在运转过程中将发生摩擦和磨损。如果配合间隙正常、润滑条件良好,可以降低零部件的磨损。设备的维护可使设备经常保持在正常状态下运转,可以减少设备的摩擦和磨损,延长使用寿命。

汽车维修设备的维护，一般采用三级维护制，即日常维护、一级维护、二级维护。维护周期一般根据设备的分类和利用率而定。一般一级维护3个月进行一次，二级维护12个月进行一次。实践经验证明，凡严格执行三级维护制度的维修企业，设备完好率都很高。

汽车维修设备的维护作业内容如下：

(1)日常维护。设备的日常维护是维护作业的基础性工作，应当做到制度化、经常化，每天由设备操作人员进行。操作者在使用前对设备进行检查、润滑，使用中严格执行操作规程，下班前对设备进行认真清扫擦拭，达到清洁、整齐、无油污、无灰尘、无杂物，并做好使用运行记录。

(2)一级维护。以设备操作使用人员为主，设备维修工指导，按维修计划对汽车维修设备进行局部或重要部位的拆卸和检查，彻底清洗设备外表面和内部，以调整、紧固为主，并做好维护记录。

(3)二级维护。以设备维修工为主，设备操作使用人员参加的维护作业。对汽车维修设备进行部分解体检查和修理，更换或修复磨损件，清洗、换油、检修电器控制部分，使设备局部恢复精度，以满足汽车维修工艺要求。二级维护后要做好维护记录。

要做好对设备的合理使用与维护，管理上应注意以下几方面内容：

①合理配备操作人员。配备与设备相适应的操作人员才能充分发挥设备的性能，使设备经常处于最佳技术状态。对于那些精密贵重设备、工具或检测仪器应配备具有丰富专业知识和技能的专业技术人员或高级技师，以避免使用不当或误操作造成重大损失。

②操作人员应进行岗前培训。新加入的维修人员在独立使用维修设备前，必须经过专业培训，熟练掌握设备的构造、原理和操作要领，并具备“四会”(会使用、会维护、会检查、会排除故障)，才可以独立使用汽车维修设备。对维修人员还应经常进行素质教育，以使所有人员能够爱护设备，能够养成自觉维护设备的良好习惯。

③为汽车维修设备创造良好的工作环境和条件。为保证汽车维修设备安全地正常可靠运行、延长使用寿命、保证安全生产，汽车维修设备应有一个适宜的工作环境。一般来讲，安装汽车维修设备的厂房应整洁、宽敞、明亮，并且还应根据设备的具体要求，配备必要的防尘、防潮、防腐、恒温、通风设施。比较精密的检测仪器还应设立单独的工作间，室内的温度、湿度、防尘、防震、通风、亮度应满足设备使用说明书中的有关规定。

④建立健全维修设备使用、维护的规章制度。为保证汽车维修设备的合理使用，汽车维修企业应根据汽车维修设备的构成特点，建立一套科学严密的管理制度，如岗位责任制。汽车维修设备的使用维护岗位责任制的基本原则是谁使用、谁维护，谁管理、谁负责。明确规定各有关岗位人员的责任，是加强汽车维修设备使用维护和保管的行之有效的办法。岗位责任制在具体制定上一般采用定人定机管理，其目的是把设备的使用、维护、保管的各项规定落实到人，要求每一位操作人员固定使用一台或多台汽车维修设备，并根据实际情况制定相应的定人定机保管办法。公用设备应指定专人负责保管、维护。定人定机的好处是把设备的使用、维护、保管责任落实到人，把设备的管理工作建立在广泛的群众基础上。

3. 维修设备更新与报废

设备在使用过程中总是会有磨损的，设备的磨损形式分为有形磨损和无形磨损两种。有磨损就需要有补偿，磨损的形式不同，补偿的形式也不同，补偿分为局部补偿和整体补偿。设备有形磨损的局部补偿是设备的维护和修理，设备无形磨损的局部补偿是设备改造和技术升级。有形磨损和无形磨损的整体补偿是设备的更新。

(1)汽车维修设备凡有下列情况之一者,均可更新或报废:

①经过大修已不能满足维修生产工艺要求的汽车维修设备。

②技术性能落后,经济效益很差,已无修复价值的汽车维修设备。

③耗能多或污染环境,威胁人身安全与健康,进行技术改造升级又不经济的汽车维修设备。

④因灾害或意外事故,设备受到严重损坏,已无法修复的汽车维修设备。

(2)汽车维修设备的寿命。汽车维修设备的寿命一般分为物质寿命、经济寿命、技术寿命。物质寿命是指设备从投入使用到报废为止所经历的时间;技术寿命是设备从投入使用直到因无形磨损而被淘汰所经历的时间;经济寿命是设备从投入使用到因使用不经济而提前更新所经历的时间。在设备的使用后期设备老化,使用费用大幅度增加。

近年来随着汽车维修技术的迅速发展,各种新型、技术先进的维修设备、工具、仪器不断出现,旧设备的淘汰率很高。维修设备的更新换代很快,技术寿命越来越短。实际上,更新汽车维修设备往往是因为设备的技术寿命提前到达而不是经济寿命提前到达。

四、职业健康管理

机动车维修作业是多工种联合交叉综合性作业,作业流程复杂,作业环节多,维修过程中的调漆、喷漆、焊接、清洗、打磨和钣金等工序,全部为人工作业。现有机动车维修企业的职业病危害因素控制水平参差不齐,若维修车间的作业环境条件差,职业病危害因素控制措施不到位,作业人员个体防护用品缺失或佩戴不正确,作业人员短时间高浓度接触或长期暴露于职业危害因素中,可能造成急性职业伤害或引发作业人员罹患职业病。

(一)职业病危害因素辨识

机动车维修作业人员可能接触到化学性有害因素、粉尘、噪声、高温、紫外辐射等职业病危害因素。

1. 化学性有害因素

汽车维修行业存在的化学性有害因素主要是由生产工艺和使用的原、辅材料决定的,主要包括:苯系物(苯、甲苯、二甲苯)、酮类、乙酸酯类(乙酸乙酯、乙酸丁酯)、溶剂汽油等。其中,苯属于《高毒物品目录》中的高毒物质,主要经呼吸道进入人体,少量可经皮肤吸收,慢性毒作用主要是造血组织和神经系统损害,对皮肤黏膜可有刺激作用。

化学性有害因素主要在调漆、喷漆、清洗过程中使用天那水、稀释剂、清洁剂、开油水和油漆等有机溶剂时产生。

2. 粉尘

粉尘主要包括电焊烟尘和打磨粉尘,主要在焊接、打磨和抛光过程中产生。

3. 噪声

噪声主要在沙板打磨、气枪吹干、气枪吹尘、清洗气枪、金属敲打过程中产生。

4. 高温

高温主要存在于烘漆岗位。

5. 紫外辐射

紫外辐射主要来自电焊弧光。

(二)职业危害控制技术

1. 管理措施

为了预防、控制和消除职业病危害,防治职业病,保护劳动者健康及其相关权益,企业应加强机动车维修有毒有害作业岗位职业卫生管理,强化职业病防治主体意识,履行法定责任和义务,主要包括:

(1)建立职业卫生管理制度,配备专职或兼职的职业卫生管理人员。

(2)为劳动者提供符合职业卫生要求的个人防护用品。

(3)落实作业场所职业病危害因素定期监测评价制度,保障劳动者的健康。

(4)建立劳动者职业健康监护制度,做好劳动者上岗前、在岗期间和离岗时的职业健康检查,并建立职业健康档案。

(5)履行危害告知义务,包括合同告知、作业场所公告、教育培训等。

(6)在产生严重职业病危害的作业岗位醒目位置设置醒目的警示标识和中文警示说明,标识应符合《工作场所职业病危害警示标识》(GBZ 158—2003)的要求。

(7)依法参加工伤社会保险。

(8)对未成年工和女工等特殊群体的保护等。

2. 工程控制措施

机动车维修场所产生职业危害的工艺、设备相对固定,通过分区布置可在一定程度上降低职业病危害因素的相互交叉影响。机动车维修车间布局应本着有害作业和无害作业分开的原则,分区布置机修、钣金、喷烤漆、打磨、抛光等维修设备。具体控制措施如下:

(1)钣金、喷漆、打磨等易产生粉尘、焊烟、有毒有害气体的工序应设在车间自然通风或机械通风进风口的下风侧。

(2)钣金、切割、打磨、抛光等产生噪声的工位宜分区布置。噪声超标时,应采取隔声等控制措施,如使用隔声间、移动式隔声屏、隔声帘罩等。

(3)空气压缩机等噪声与振动较大的设备应采取设置隔离机房等有效的隔声和减振措施。

(4)漆料、溶剂(稀释剂)、油料、清洗剂、退炭剂等物料应贮存在通风良好的专门库房中。危险废物贮存场所应在维修车间外独立设置。

(5)调漆室应设置在具有防爆排风装置的独立空间,远离人员办公区,避免日光直接照射。

(6)对于多层厂房,喷烤漆房宜布置在建筑物最上层。喷烤漆房排气净化装置的排气筒出气口不应设置在厂房建筑物内、低于厂房建筑物高度、厂房建筑物通风换气系统进风口的上风侧、相邻建筑物当地全年最小频率风向的下风侧等对维修车间产生影响的位置。

(7)办公区、休息区与维修区域在同一建筑物内的,应隔离布置,且不应在维修车间内设置宿舍和食堂。

3. 个体防护措施

由于机动车在维修过程中需要进行移动,且维修量与业务量有密切的关系。在维修过程中产生的职业病危害因素存在不连续性、不固定性等特点,不利于采取大量集中式工程控制措施,可以采用机旁或移动式的工程控制措施,目前主要以个体防护措施为主。基于上述情况,机动车维修个体防护成为保护机动车维修作业人员的重要手段。

作业人员应穿着工作服、安全鞋进入维修场所，应根据维修工序的特点和产生职业病危害因素的种类，做好呼吸管道、眼部、听力及皮肤防护，其中：

(1)进行电瓶液检查的作业人员，应佩戴防护手套、防护眼罩。

(2)进行喷漆操作的作业人员，应佩戴自吸过滤式(防有机蒸汽且带滤烟层)防毒面具或长管呼吸器(导气管应具有耐油性和防静电性)、防护手套、防护眼罩，穿着防静电的三紧式连体罩头工作服、防静电鞋(可同服装一体)。

(3)进行调漆操作的作业人员，应佩戴自吸过滤式(防有机蒸气)防毒面具、防护手套、防护眼罩，穿着防静电服。

(4)进行电焊、气焊、二氧化碳保护焊、气割操作的作业人员，应佩戴焊接眼面护具、焊接服、焊工防护手套、具有防尘防毒功能的口罩。

(5)进行抛光、切割、打磨操作的作业人员，应佩戴防颗粒物呼吸器(防尘口罩)、防冲击眼护具、防护手套。

(6)进行机动车整形(使用介子机)操作的作业人员，应佩戴防颗粒物呼吸器(防尘口罩)、防护手套、防冲击眼护具。

(7)进行废液倒装、收集操作的作业人员，应佩戴防护手套、防护眼罩、自吸过滤式(有机蒸气)防毒面具。

(8)接触噪声作业的作业人员，应佩戴护听器(耳塞或耳罩)。

(9)使用产生振动的手持工具，应佩戴防振手套。

作业人员应具有正确使用个体防护用品的能力，了解个体防护用品的适用性、局限性、维护保养、失效判断和更换方法；作业人员作业时，应正确使用个体防护用品。

作业人员不应在产生粉尘、有毒物质等职业病危害的区域饮水、进食和休息，不应穿工作服进入餐厅等非作业场所。

(三)机动车维修行业危险废物管理

为加强北京市机动车维修企业危险废物的收集和处置，防止机动车维修危险废物污染环境，保障人体健康，维护生态安全，促进社会、经济的可持续发展，市交通委运输管理局依据《北京市道路运输条例》和相关环保法规，制定了《北京市机动车维修行业危险废物管理办法》。该办法明确了机动车维修企业归集、处置机动车维修危险废物的主体责任，对机动车维修危险废物收集、存储、移交和处置全过程作出了具体的规定，要求机动车维修企业要与有资质的危险废物处置单位签订危险废物处置协议，对机动车维修危险废物进行统一的规范化处置。

机动车维修企业要强化主体责任意识，完善本单位危险废物管理规章制度，建立、健全危险废物管理责任制。建立法定代表人为第一责任人、专兼职人员组成的企业危险废物管理机构，明确主管部门及责任，指派专人负责危险废物污染防治工作。机动车维修企业危险废物收集、贮存应满足以下要求：

(1)必须建立专用的危险废物的贮存设施或专用贮存区域，做到危险废物分类收集、分区存放，并设置危险废物警示标志。

(2)贮存设施应符合相关消防、安全规定。

(3)贮存房间应有防渗的硬化地面、有泄漏液体收集装置。废铅酸电池存放区域，地面须采取防腐、防渗处理。

(4)危险废物贮存期不得超过一年。

机动车维修企业产生的危险废物应委托具有危险废物经营许可证资质的单位机构收集、利用、处置,不得违反规定自行处置或焚烧利用。严禁将危险废物提供或者委托给无危险废物经营许可证的单位和个人从事收集、贮存、利用、处置等经营活动。

第六节　道路旅客运输安全技术

一、道路旅客运输及其分类

本书所说的道路客运经营,是指用客车运送旅客、为社会公众提供服务、具有商业性质的道路客运活动,包括班车(加班车)客运、包车客运、旅游客运。

(一)班车客运

班车客运是指营运客车在城乡道路上按照固定的线路、时间、站点、班次运行的一种客运方式,包括直达班车客运和普通班车客运。加班车客运是班车客运的一种补充形式,是在客运班车不能满足需要或者无法正常运营时,临时增加或者调配客车按客运班车的线路、站点运行的方式。

班车客运的线路根据经营区域和营运线路长度分为以下四种类型:

(1)一类客运班线:地区所在地与地区所在地之间的客运班线或者营运线路长度在800km以上的客运班线。

(2)二类客运班线:地区所在地与县之间的客运班线。

(3)三类客运班线:非毗邻县之间的客运班线。

(4)四类客运班线:毗邻县之间的客运班线或者县境内的客运班线。

本书所称地区所在地,是指设区的市、州、盟人民政府所在城市市区;本规定所称县,包括县、旗、县级市和设区的市、州、盟下辖乡镇的区。

县城城区与地区所在地城市市区相连或者重叠的,按起讫客运站所在地确定班线起讫点所属的行政区域。

(二)包车客运

包车客运是指以运送团体旅客为目的,将客车包租给用户安排使用,提供驾驶劳务,按照约定的起始地、目的地和路线行驶,按行驶里程或者包用时间计费并统一支付费用的一种客运方式。

包车客运按照其经营区域分为省际包车客运和省内包车客运,省内包车客运分为市际包车客运、县际包车客运和县内包车客运。

(三)旅游客运

旅游客运是指以运送旅游观光的旅客为目的,在旅游景区内运营或者其线路至少有一端在旅游景区(点)的一种客运方式。

旅游客运按照营运方式分为定线旅游客运和非定线旅游客运。

定线旅游客运按照班车客运管理,非定线旅游客运按照包车客运管理。

二、道路旅客运输作业与安全管理

(一)行车管理

1. 行车前管理

行车前的日常管理主要包括对设备设施(主要为车辆)、人员及其他相关事宜进行管理。

(1)设备设施行车前管理。

①道路旅客运输企业不得使用已达到报废标准、检测不合格、非法拼(改)装等不符合运行安全技术条件的客车以及其他不符合国家规定的车辆从事道路旅客运输经营。

②道路旅客运输企业应当按照国家有关规定建立车辆安全技术状况检测和年度审验、检验制度,严格执行营运车辆综合性能检测和技术等级评定制度,确保车辆符合安全技术条件。逾期未年审、年检或年审、年检不合格的车辆禁止上路行驶。

③道路旅客运输企业应当加强车辆技术管理,确保营运车辆处于良好的技术状况。

④客运经营者应当在客运车辆外部的适当位置喷印企业名称或者标识。

⑤车辆发班前,企业应对车辆的技术状况进行检查,合格后,企业签发派车单。

⑥行车前,车内安全带、安全锤、灭火器、故障车警告标志的配备应齐全有效,安全出口通道畅通,应急门、应急顶窗开启装置有效,开启顺畅,并在车内明显位置标示客运车辆行驶区间和线路、经批准的停靠站点。

⑦车厢内前部、中部、后部明显位置应标示客运车辆车牌号码、核定载客人数和投诉举报座机、手机电话,方便旅客监督举报。

⑧道路旅客运输企业应当按相关规定,为其营运客车安装符合标准的卫星定位装置(卧铺客车应安装符合标准且具有视频功能的卫星定位装置)。

⑨客运经营者应当为旅客提供良好的乘车环境,确保车辆设备、设施齐全有效,保持车辆清洁、卫生,并采取必要的措施防止在运输过程中发生侵害旅客人身、财产安全的违法行为。

(2)人员行车前管理。

①车辆发班前,车辆检查合格后,企业签发派车单,由客运驾驶人领取派车单和车辆运营牌证。

②行车前,驾驶员应对车辆技术状况进行检查,检查内容主要包括轮胎、制动、转向、灯光等安全部件。

③行车前,驾驶员应对旅客进行安全告知。

④行车前,驾驶员应负责做好宣传工作,督促乘客系好安全带。

(3)行车前其他相关事宜管理

①对于单程运行里程超过400km(高速公路直达客运600km)的客运车辆,企业应当配备两名以上客运驾驶员。

②道路旅客运输企业在安排运输任务时应当严格要求客运驾驶员在24h内累计驾驶时间不得超过8h(特殊情况下可延长2h,但每月延长的总时间不超过36h)。

③对于三级以下(含三级)山区公路达不到夜间安全通行要求的路段,道路旅客运输企业不应在夜间(晚22时至早6时)安排营运客车在该路段运行。

2. 行车中管理

(1)设备设施行车中管理。

①道路旅客运输企业应当确保卫星定位装置正常使用,保持车辆运行时在线。

②客运包车要凭包车客运标志牌,按照约定的时间、起始地、目的地和线路,持包车票或包车合同运行。

(2)人员行车中管理。

①在营运中,客运驾驶员应如实填写派车单相关内容。

②班线客车要严格按照许可的线路、班次、站点运行,在规定的停靠站点上下旅客,不得在沿途、站外、旅游景区停车场内揽客,不得超员运输。客运包车不得承运包车合同约定之外的旅客。

③驾乘员要对途中上车的旅客进行危险品检查,行李堆放区和乘客区要隔离,不得在行李堆放区内载客。

④客车驾驶员应合理安排作息时间,保证充足睡眠,行车途中思想集中,连续驾驶时间不得超过4h,每次停车休息时间不少于20min,确保行车安全。

⑤当乘客遭遇违法行为侵害时,驾驶员应当积极给予合理救助、协助。

⑥客车行经险桥、渡口、危险地段和加油前,要组织旅客下车;事后以及中途就餐、停歇后均须核实人数,方能开车。途中遇非常情况或发生事故,应尽快呼救,抢救伤员,保护现场,必要时组织旅客疏散。

⑦行车中,驾驶员应密切关注车辆状态,一旦发现车辆出现故障,应及时停车检查,若出现故障且无法再短时间内修复,及时组织旅客下车。

⑧驾乘人员负责做好宣传工作,发车前、行驶中要督促乘客系好安全带。

⑨乘务员值乘工作规范,值乘途中安全检查要求,车辆行驶中相关信息报送等。

⑩不得强迫旅客乘车,不得中途将旅客交给他人运输或者甩客,不得敲诈旅客,不得擅自更换客运车辆。

⑪严禁客运车辆超载运行,在载客人数已满的情况下,允许再搭乘不超过核定载客人数10%的免票儿童。

⑫客运车辆不得违反规定载货。

3.行车后管理

(1)行车后,驾驶员应对车辆进行检查,一旦发现问题或隐患,及时解决问题,确保车辆处于安全状态。

(2)营运客车完成运输任务后,及时交回派车单和运营单证。

(二)日常管理

1.运营管理

(1)道路客运班线属于国家所有的公共资源。班线客运经营者取得经营许可后,应当向公众提供连续运输服务。

(2)客运经营者应当为旅客投保承运人责任险。

(3)客运车辆驾驶人员应当随车携带《道路运输证》、从业资格证等有关证件,在规定位置放置客运标志牌。客运班车驾驶人员还应当随车携带《道路客运班线经营许可证明》。

(4)凭临时客运标志牌运营的客车应当按正班车的线路和站点运行。属于加班或者顶班的,还应当持有始发站签章并注明事由的当班行车路单;班车客运标志牌正在制作或者丢失的,还应当持有该条班线的《道路客运班线经营许可证明》或者《道路客运班线经营行政许可决定书》的复印件。

(5)因班车客运标志牌正在制作或者丢失而使用的省际临时客运标志牌有效期不得超过30天。

(6)在春运、旅游"黄金周"或者发生突发事件等客流高峰期运力不足时,道路运输管理机构可临时调用车辆技术等级不低于三级的营运客车和社会非营运客车开行包车或者加班车。非营运客车凭县级以上道路运输管理机构开具的证明运行。

2. 日常检查

(1)对设备设施的定期检查。主要是对常用设备设施的功能性检查和定期维护。

(2)隐患排查。道路旅客运输企业依据相关法律法规及自身管理规定,对营运车辆、客运驾驶员、运输线路、运营过程等安全生产各要素和环节进行安全隐患排查,及时消除安全隐患。

三、汽车客运站作业与安全管理

汽车客运站是公益性交通基础设施,是道路旅客运输网络的节点,是道路运输经营者与旅客进行运输交易活动的场所,是为旅客和运输经营者提供站务服务的场所,是培育和发展道路运输市场的载体。

(一)汽车客运站的主要任务

客运站的主要任务是为旅客提供良好的旅行环境和舒适的候车条件,方便旅客办理一切旅行手续,安全、及时、有序地组织旅客上下车,在整个道路旅客运输过程中发挥着枢纽作用。

(二)汽车客运站的主要作业流程

客运站的服务对象为旅客和客运经营者,其主要流程如图5-16所示。

四、汽车客运站作业安全管理

汽车客运站作业安全管理主要包括设备设置安全管理、安全检查工作管理及其他相关安全管理。

1. 设备设置安全管理

(1)客运站经营者应当维护好各种设施、设备,保持其正常使用。

(2)客运站经营者应当设置旅客购票、候车、乘车指示、行李寄存和托运、公共卫生等服务设施,向旅客提供安全、便捷、优质的服务,加强宣传,保持站场卫生、清洁。

(3)汽车客运站经营者应当为客运驾驶员和乘务员提供必要的服务设施和临时休息场所。

(4)汽车客运站消防系统设置应符合《汽车客运站级别划分和建设要求》(JT/T200—2004)要求,具备旅客安全通道和客运车辆安全通道,具备客运车辆安全检验台、室外消火栓和适用于扑灭汽油、柴油、燃气等易燃物质燃烧的消防设施设备。

(5)一、二级客运站应具备治安室和行包安全检查设备,一、二、三级客运站应安装图像信息管理系统,并按要求与公安、执法部门联网。客运站安全设施、设备应完好有效。

2. 安全检查工作管理

汽车客运站经营者应当对进出汽车客运站的人员、车辆进行严格检查,确保"三不进站"和"五不出站"。

"三不进站"是指危险品不进站、无关人员不进站(发车区)、无关车辆不进站。

"五不出站"是指超载客车不出站、安全例检不合格客车不出站、驾驶员资格不符合要求不出站、客车证件不齐全不出站、"出站登记表"未经审核签字不出站。

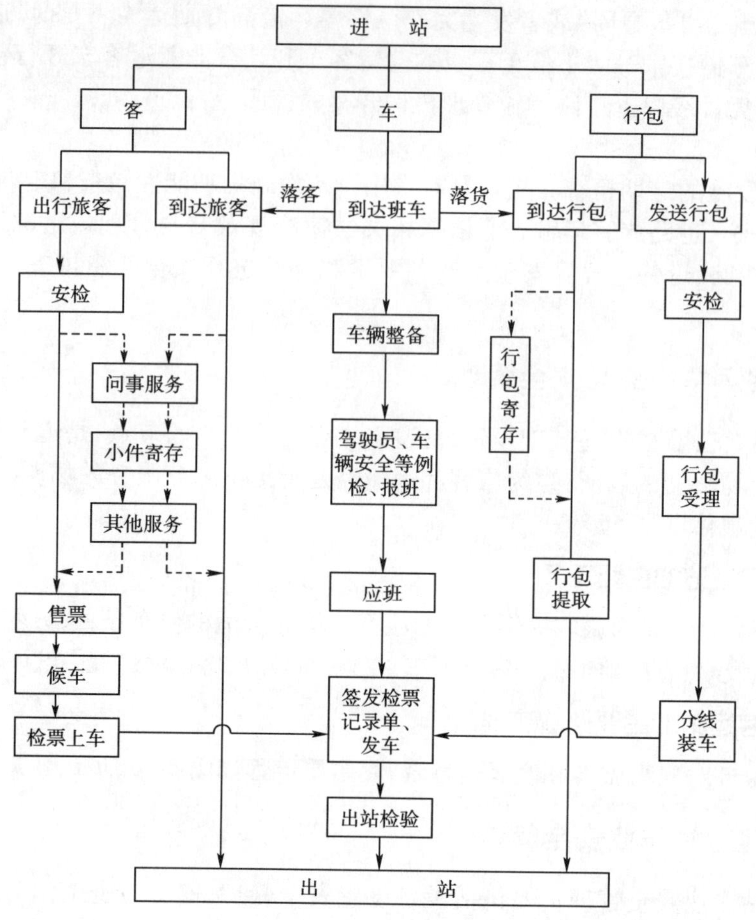

图 5-16　客运站主要作业流程图

(1)按照《汽车客运站营运客车安全例行检查项目及要求》的要求,对营运客车进行安全例行检查,并采取以下措施防止不检或漏检的车辆(因车辆结构原因需拆卸检查的除外)出站运行。

①指定专门的安全例检人员。安全例检人员应当熟悉客车结构、检验方法和相关技术标准,并经汽车客运站考核合格。

②设置专门的检查场地,配备汽车安全检验台及必要的仪器、设备。

③严格填写车辆安全例行检查表。对符合要求的客车,安全例检人员应当填写车辆安全例行检查表,加盖汽车客运站安全例行检查印章,并经签字后出具"安全例检合格通知单"。

"安全例检合格通知单"24h 内有效。汽车客运站调度部门在调度客车发班时,应当对其"安全例检合格通知单"进行检查,确认完备有效后才准予报班。

(2)客运站经营者应当禁止无证经营的车辆进站从事经营活动,无正当理由不得拒绝合法客运车辆进站经营。

(3)汽车客运站对出站客车和驾驶员的相关情况进行检查,严禁不符合条件的客车和驾驶员出站运营。

对出站客车主要检查"安全例检合格通知单"、行驶证、《道路运输证》、客运标志牌和实载旅客人数等;对驾驶员主要检查驾驶证、从业资格证件等。

经出站检查符合要求的客车和驾驶员,汽车客运站出站检查人员应当在"出站登记表"上进行记录,并经受检客车驾驶员签字确认。

(4)汽车客运站采取以下措施防止易燃、易爆和易腐蚀等危险品进站上车。

①制定危险品检查工作程序,规范危险品查堵工作。

②设立专门的危险品查堵岗位。在进站口等关键环节对进站旅客携带的行李物品和托运行包进行安全检查,对查获的危险品要进行登记并妥善保管或者按规定处理。

③配备必要的检查设备。一级汽车客运站应当配置行包安全检查设备;二级以下汽车客运站应当积极创造条件安装使用行包安全检查设备,提高危险品查堵效率和质量。

3. 其他相关安全管理

(1)客运站经营者应当公布进站客车的班车类别、客车类型等级、运输线路、起讫停靠站点、班次、发车时间、票价等信息,调度车辆进站发车,疏导旅客,维持秩序。

(2)进站客运经营者应当在发车30min前备齐相关证件进站等待发车,不得误班、脱班、停班。进站客运经营者不按时派车辆应班,1h以内视为误班,1h以上视为脱班。但因车辆维修、肇事、丢失或者交通堵塞等特殊原因不能按时应班,并且已提前告知客运站经营者的除外。

第七节　公路工程施工安全生产技术

一、概述

(一)基本概念

公路工程施工安全技术是为控制或消除施工生产工程中的危险因素,防止发生职工因工伤亡事故而研究与应用的技术。它是保证安全生产的基本条件。一般情况下,在控制施工生产工艺过程的同时,必须控制其不安全因素,施工生产技术措施本身就包含预防事故的功能。但公路工程施工安全技术与生产技术又有许多不同之处,因此,必须遵循它相应的原则和规律。

公路工程施工安全技术工作的基本任务:

(1)分析公路工程施工过程中引起或可能引起伤亡事故的技术方面原因,并据此制定和执行相应的安全技术规程、标准及企业的安全技术操作规程、制度以消除危险因素,预防事故发生。

(2)对具体的施工方案进行安全可行性、可靠性分析、计算、评估,编制和实施专项安全施工组织设计方案。

(3)对从业人员进行安全技术知识和技能进行培训教育。

(4)研究并制定分析发生伤亡事故规律的手段和方法,并实施安全生产预评价。

(二)安全技术管理

1. 公路工程安全技术管理的重要性

安全技术,是为发现并掌握因工伤亡事故发生的规律,控制或消除生产过程中的危险因素,防止人身事故而研究采取的专门的技术措施。安全技术有别于一般其他各种技术的最突出点就是,它是以防止因工伤亡事故的发生为主攻目标的。也就是说,以提高工作效率或提高产品质量等而研究使用的技术,也会有助于安全生产或事故预防能力的提高,有助于劳动条件的改善,但这些都不属于安全技术的范畴。因此,可以看出安全技术是以最基础、最本质、最直接的方法,来保证安全生产的。安全技术对于安全生产是十分重要和关键的。

2. 公路工程安全技术管理要素

(1)施工人员方面。应该按照下列要素对各类人员实施安全技术管理:

①人员的从业资格和上岗资格及其考核标准;

②人员的岗位技能和安全知识及事故预防能力;

③人员履行岗位安全职责的情况;

④人员执行安全技术管理制度的情况;

⑤各类人员防护用品发放的标准、安全技术性能和采购、发放、使用、管理情况及其安全技术资料(包括合格证、说明书等)。

(2)机电设备方面。应该按照下列要素对各类机电设备实施安全技术管理:

①合格机电设备的安全技术性能标准以及产品的各种原始安全技术资料(包括产品的合格证、说明书等);

②机电设备采购、安装、使用、保养、维修、改造、检查、验收工作及其相应的安全技术资料和档案;

③机电设备安装安全防护装置的要求和技术标准及其原始的安全技术资料(包括安全防护装置的合格证书、说明书等);

④机电设备的安全技术管理制度。

(3)工程和施工材料方面。应该按照下列要素对各类工程和施工材料实施安全技术管理:

①各类工程和施工材料的技术性能标准以及产品的各种原始安全技术资料(包括产品的合格证、说明书等);

②国家及其主管部门有关炸药等爆破器材以及危险化学品管理的法律、法规、规范、技术标准以及本单位专门的炸药等爆破器材以及危险化学品安全组织管理制度和安全技术管理制度;

③有关炸药等爆破器材以及危险化学品采购、运输、保管、使用等的各种批文和合法手续;

④有关炸药等爆破器材以及危险化学品采购、运输、保管、使用等的各种原始记录、技术资料;

⑤各类工程和施工材料运输、堆放、搬运。

(4)施工对象和安全防护设施方面。应该按照下列要素对施工对象和安全防护设施实施安全技术管理:

①施工对象和安全防护设施本身的安全技术状况或性能及其相关技术资料;

②施工对象和安全防护设施的施工、安装组织设计或施工、安装方案的安全性及其相关的安全技术管理的原始资料;

③施工对象和安全防护设施变更设计或者变更施工方案时的安全技术管理的原始资料;

④安全防护装置的落实情况等；

(5)作业环境方面。应该按照下列要素对作业环境实施安全技术管理：

①施工地区的气候、地质水文、江海潮汐、施工现场地下管线以及周边人文、建筑、原有设施等的技术资料；

②避免或者减小施工环境对施工和安全生产影响的应对措施和应急预案；

③应对措施和应急预案的演练；

④应对措施和应急预案所需的物资、设备等的保障。

3. 公路工程安全技术管理的主要措施

(1)各级要认真制定本单位的安全技术措施费用计划和使用管理的制度。对于从事公路水运工程施工的生产经营单位，安全技术措施费用计划应根据中标工程的实际情况制定。

(2)采用安全系统工程学等科学手段进行安全技术管理工作。

(3)做好安全技术措施的检查、验收工作。

(4)做好安全技术措施方案和专项施工方案专家论证审查以及安全技术交底工作。

(5)加强重点部位和机电设备的安全技术管理工作。

(6)加强安全技术培训、教育、考核工作。

(7)加强对事故及其形成机理的技术分析和研究工作。

二、公路工程施工现场管理与文明施工

(一)场地、临时设施的管理

1. 场地

施工现场场地布置是工程施工过程中的重要组成部分。它对施工安全、质量、进度的影响相当大。因此，我们必须通过施工现场平面图设计来实现施工现场的合理、优化布置。

2. 场地、临时设施管理的要求

(1)施工现场道路应按照施工组织设计的施工平面布置图修筑。

(2)施工现场内的道路、临时设施、生产生活房屋、易燃易爆仓库、料场、停车场以及动力通讯线路的位置均要符合防火、防洪、防风、防爆的要求。

(3)易燃易爆品仓库、发电机房、变电所，应采取必要的安全措施，严禁用易燃材料修建。

(4)施工现场必须建立现场安全用火和消防制度。

(5)施工现场临时用电线路按照临时用电的施工组织设计布设，并符合《施工现场临时用电安全技术规范》的要求。

(6)公路工程施工现场临时供排水应进行设计。

(7)对环境有污染的设施和材料应设置在远离人员居住的较为空旷的地点。

(8)施工现场应按照规定设置防护设施、安全标志、警告标志，并不得擅自拆动。

(9)进入施工现场，必须戴安全帽。在没有防护设施的高处、悬崖、陡坡作业，必须系安全带。

(10)水上作业应按照《中华人民共和国水上水下施工作业通航安全管理规定》(交通部令 1999 年第 4 号)到当地有关主管部门办理水上施工许可证，并按照施工方案和水上作业的有关规定进行施工。

(11)施工现场临时码头、栈桥、便桥位置应按照当地有关部门批准的设计选址施工，并

应配备相应的安全防护设施。

(二)边通车、边施工地段的交通管理

(1)改建工程中,边通车、边施工路段的安全生产除应遵守相应的规定外,还必须加强对通行车辆和施工车辆的安全管理,确保施工、交通安全。在边通车、边施工路段的两端及中途出入口处,应设专职人员指挥交通。

(2)改建工程需挖除旧路路基、路面进行重建的路段,在施工路段的两端及其延伸一定安全距离外,应竖立鲜明、醒目的正在施工的警告标志。

(3)一侧拓宽或两侧拓宽的改建工程,原有道路的路面宜先保留,以维持交通。

(4)在拓宽地段,如需在原有道路上运送土石方或工程材料时,宜采用机动车辆运输。

(5)应设置专职的清洁人员,对通车路段的路面进行经常性的清扫工作。

(6)在原有路段上,进行降坡改建的工程,有条件的可修建临时便道维持交通,也可在降坡地段半幅施工,另半幅作通车之用。

(7)半幅通车路段,在车辆驶入(出)前方应设置指示方向和减速慢行的标志。

(8)半幅施工的路段不宜过长,一般以不超过300~500m为宜。

(9)在单车道维持通车路段上,当路段不长,交通量不大时,可在该路段的是当地点设置车辆会让处。当施工路段较长、交通量较大时,应实行交通管制。

(10)在居民点或公共场所附近开挖沟槽时,应按公共场所设施的标准设置牢固护栏和跳板供行人通过。夜间应设置照明灯和红灯。

(11)在原地拆除旧桥(涵),重建新桥(涵)时,应先建好通车便桥(涵)或渡口。

(三)环境保护

施工现场应当针对施工方案建立环境保护管理方案,从源头遏制住污染源。国家关于保护和改善环境、防治污染的法律、法规主要有《环境保护法》、《大气污染防治法》、《固体废物污染环境防治法》、《环境噪声污染防治法》等,施工单位应当自觉遵守。

三、施工现场工作中的安全技术要点

(一)施工现场

1.施工现场安排

(1)施工现场应有利于生产,方便职工生活,符合防洪、防火等安全要求。具备文明生产、文明施工的条件。

(2)施工现场的临时设施,必须避开泥沼、悬崖、陡坡、泥石流、雪崩等危险区域,选在水文、地质良好的地段。

(3)施工现场应设置安全标志,并不得擅自拆除。

(4)施工现场内的坑、沟、水塘等边缘应设安全护栏。

2.施工现场的要求

(1)施工现场的生活生产房屋、变电所、发电机房、临时油库等均应设在干燥地基上,并应符合防火、防洪、防风、防爆、防震的要求。

(2)施工现场要设置足够的消防设备,施工人员应熟悉消防设备的性能和使用方法。

(3)生产生活房屋应按规定保持必须的安全净距。

(4)易燃易爆的仓库、发电机房、变电所，应采取必要的安全防护措施，严禁用易燃材料修建。

(5)工地上较高的建(构)筑物、临时设施及重要库房，如炸药房、油库、发(变)电房、塔架、龙门吊架等，均应加设避雷装置。

(6)对环境有污染的设施和材料应设置在远离人员居住的空旷的地点。

(二)施工测量

1.陆上施工测量的防范措施

(1)密林丛草间进行施工测量时，应遵守护林防火规定，严禁烟火，并需预防有害动、植物伤人。

(2)测量打桩时要注意周围行人的安全，不得对面使锤、钢钎和其他工具，不得随意抛掷。

(3)测量人员在高压线附近工作时，必须保持足够的安全距离。

(4)在陡坡及危险地段测量时应系安全带，脚穿软底轻便鞋。在桥墩上测量时应有上下桥墩及防止人体坠落的安全措施。

(5)在公路、街道、交通繁忙的道路上测量时，必须有专人警戒，防止交通事故的发生。

2.水文测量人员应穿救生衣

在陡峻的河岸进行观测时，应有简易便道和防护措施。

3.冰上测量防范措施

应向当地有关部门了解冰的情况，确认无危险后，方可作业。

(三)场内交通及水电设施

1.场内交通

(1)场内道路应经常维护，保持畅通。

(2)靠近河流和陡壁处的道路，应设置护栏和明显的警告标志。

(3)场内行驶斗车、平车的轨道应平坦顺直，纵坡不得大于3%。

2.水电设施

(1)生产生活用水应进行鉴定，其水质必须符合国家现行标准。

(2)场内架设的电线应绝缘良好，悬挂高度及线间距必须符合电力部门的安全规定。

(3)现场架设的临时线路必须用绝缘物支持，不得将电线缠绕在钢筋、树木或脚手架上。

(4)电工在接近高压线操作时，要满足安全距离，否则必须停电后方可操作。

①其安全距离为10kV以下不得小于0.7m，20～35kV不得小于1m，44kV不得小于1.2m，否则必须停电后方可操作。

②各种电器设备应配有专用开关，室外使用的开关、插座应外装防水箱并加锁，在操作处加设绝缘垫层。

③在三相四线制中性点搭铁供电系统中，电气设备的金属外壳，应做接零保护；在非三相四线制供电系统中，电气设备的金属外壳应做接地保护，其接地电阻不大于4Ω，并不得在同一供电系统上有的搭铁，有的接零。

④各种电气设备的检查维修，一般应停电作业，如必须带电作业时，应有可靠的安全措施并派专人监护。

⑤工地安装变电器必须符合电业部门的要求，并设专人管理，施工用电尽量保持三相

平衡。

⑥现场变(配)电设备处,必须有灭火器材和高压安全用具。非电工人员严禁接近带电设备。

⑦使用高温灯具,要防止失火,其与易燃物的距离不得小于1m,一般电灯泡易燃物品不得小于50cm。

(5)工地安装变电器必须符合电业部门的要求,必须有灭火器材和高压安全用具,并设专人管理。各种电器设备应配有专用开关。各种电气设备的检查维修,一般应停电作业。

(6)移动式电气机具设备应用橡胶电缆供电;跨越道路时,应埋入地下或做穿管保护。

(7)遇有雷雨天气不得爬杆带电作业,在室外无特殊防护装置时必须使用绝缘拉杆拉闸。

(8)电气设备的转动带、转轮、飞轮等外露部位必须安设防护罩。

(9)大型桥梁施工现场,隧道和预制场地,应有自备电源,以免因电网停电造成工程损失和出现事故。

3.检修电气设备要求

(1)电气设备的检修必须由电工进行,他人不得任意操作。

(2)工作中如遇停电应拉下开关,切断电源;检修结束必须仔细检查各项设备的情况,没有异常,方可合闸。

(3)大型电气设备检修应在切断电源,设好防护后进行,并在开关处设置警示标牌,工作完成后方可拆除。

4.施工现场的临时照明

(1)室内照明线路应用瓷夹固定。

(2)电线接头应牢固,并用绝缘胶带包扎。

(3)熔断丝应按用电负荷量装设。

(四)砂、石采集及堆放

(1)人工沿河采集砂石料,宜在河滩采集或者浅水处打捞,采集时应注意水情变化。

使用机械在深处采挖砂石,集料船、采挖船应锚固牢靠,但不得阻碍通航。长期定点采挖时应取得港航监督部门的同意,并设置警示标志。

(2)石料开采应由上而下逐层采取,并根据石崖高低,修成阶梯。上下层不得重叠作业。

(3)有关石料的凿眼、爆破和搬运应符合有关规定。

(五)便道、便桥与临时码头

1.便道

(1)便道处于傍山时,要注意边缘的危石处理,防止滑坡、塌方破坏便道。

(2)便道应起拱5‰,两侧做宽300mm、深200mm的排水沟。

(3)便道沿河时,应严格按防汛要求,做好一定的保护措施。

(4)便道应设置连贯、通畅的排水设施和其他应急措施,防止泥浆、污水、废水排入河沟。

2.便桥

(1)便桥的位置应按照当地有关部门批准的设计选址施工。

(2)便桥必须坚固可靠,桥面满铺木板。便桥临水端应设置靠船的靠帮和系缆设施。

(3)通过便桥的电线、电缆必须绝缘良好,并固定在桥的一侧。

(4)便桥应有抗洪水、流水及其他漂浮物的能力,并做到经常维修。

3. 临时码头

(1)临时码头位置应选在河流两岸比较开阔、河床比较稳定、水流顺直、地质较好的地段,两岸引道应保持坚固稳定。

(2)临时码头应按设计施工,并应配备相应的安全防护设施。

(3)渡船、拖轮应配有安全设施,严禁超载、超高、超宽。

(4)码头的附属设备,如跳板、支撑、船环、柱桩等应牢固可靠。

(六)拆除工程

拆除工程安全技术管理:

(1)拆除工程开工前,应根据工程实际情况由专业工程技术人员编制安全施工组织设计或方案。经施工单位技术负责人、总监理工程师审核批准后实施。

(2)进入施工现场的人员,必须配戴安全帽。

(3)在恶劣的气候条件影响施工安全时,严禁拆除作业。

(4)拆除工程施工现场的安全管理由施工单位负责。施工现场临时用电必须按照有关规定执行。

(5)拆除工程施工过程中,当发生险情或异常情况时,应立即停止施工,查明原因,及时排除险情;发生生产安全事故时,要立即组织抢救,保护事故现场,并向有关部门报告。

四、路基工程施工中的安全要点

(一)清理现场

1. 砍伐树木的安全要点

(1)伐树前,确定伐树范围并设置警戒,非工作人员不得在范围内逗留和接近。制定砍伐工作计划。预先砍除周围有碍砍伐作业的灌木和藤条,并选好安全躲避的退路。做好伐具的检查工作。

(2)在陡坡悬岩处砍代树木,应有防止树木伐倒后顺坡溜滑和撞落石块伤人的安全措施;在山坡上严禁在同一地段的上下同时进行砍伐作业。

(3)截锯木料时,三叉马和树干垫撑必须稳固。

(4)大风、大雾和雨天不得进行伐树作业。

(5)清挖树根,特别是用拖拉机配缆绳拖拔大树根时,缆绳与树根要捆结牢固,缆绳必须具有足够强度,以防缆绳绷脱树根或断裂而出现事故。

(6)清除的丛草、杂树、树根等严禁放火焚烧,以防引起火灾。

2. 拆除建筑物的安全要点

(1)拆除作业之前,应制定安全可靠的拆除方案。切断与拆除物有连通的电线、水、气管道。

(2)拆除工序应由上而下,先外后里,严禁数层同时作业。

(3)搭设的脚手架必须稳固可靠,并应在作业前进行检查,以确保安全。

(4)操作人员所用的工具,如大锤等必须符合要求,把手拼接必须紧固,以防脱锤伤人。

(5)严密注意观察拆除过程中结构的变化。对有倒塌危险的结构物应予以可靠的临时支撑加固,严防拆除某部分而引起其他部位发生坍塌。

(6)在拆除作业中应注意劳逸结合，同时应采取防尘、防噪声的有效措施。

(7)清除淤泥时，应有效地排除积水，并应制定出相应的安全措施后方可清淤。

(8)拆除建筑物一般不采用推倒方法。

(9)在高处进行拆除工程，要设置流放槽，以便散碎废料顺槽流下。禁止向下抛掷。

(10)当采用控爆法拆除大型建(构)筑物时，必须有经批准的控制爆破设计文件，并有可靠的安全技术措施计划。

(二)土方工程

(1)土方开挖前，必须了解土质、地下水等情况。施工现场技术负责人在开工前必须对作业人员详细交底，内容包括地下设施情况及其危险性、施工作业方法，安全技术措施要点等。

(2)开挖深度超过2m时，其边缘上面作业同样应视为高处作业，要设置警告标志。

(3)在沟槽(坑)边缘1m以内不准推土或堆放物料；距沟槽(坑)边缘1~3m间堆土高度不得超过1.5m；距沟槽(坑)边缘3~5m间堆土高度不得超过2.5m；停置车辆、设备、起重机械、振动机械不少于4m。

(4)在靠近建筑物、设备基础、电杆及各种脚手架附近挖土时，必须采取安全防护措施。

(5)开挖沟槽时，应当根据土质情况进行放坡或支撑防护。

(6)人力挖掘土方时应随时检查锹、镐、锤等操作工具，必须保持足够的安全距离，自上而下顺序放坡进行，严禁采用挖空底脚的操作方法。

(7)高陡边坡处施工，作业人员必须绑系安全带，边坡开挖中如遇地下水涌出，应先排水，后开挖；严禁上、下双重作业；弃土下方和有滚石危及的区域，应设警告标志，下方有道路时，作业时严禁通行。

(8)施工中如发现山体有滑动、崩坍迹象危及施工安全时，应暂停施工，撤出人员和机具，并报告领导处理。

(9)滑坡地段的开挖，应从滑坡体两侧向中部自上而下进行，严禁全面拉槽开挖。落石与岩堆地段施工，应先清理危石和设置拦截设施后再行开挖。岩溶地区施工，应认真处理岩溶水的涌出，以免导致突发性的坍陷。泥沼地段施工，应制定和落实预防人、机下陷的安全技术措施。

(10)施工中遇有土体不稳，发生坍塌危险，水位暴涨或山洪暴发以及在爆破警戒区内听到爆破信号时，应立即停工，人、机撤至安全地点。

(11)沟槽(坑)回填时，必须在构筑物两侧对称回填夯实。

(12)使用机械破冻土时，机械5m以内禁止站人，并应注意附近建筑物的安全。

(13)运土方的车辆会车时，应轻车让重车。通过交通复杂地段时，应注意来往行人的车辆。重车运行，前后两车间距必须大于5m，下坡时，间距不小于10m，严禁车上乘人。

(14)电动蛙式夯机的电源线必须完好无损，并应安装漏电保护器。操作时，应戴绝缘手套，并要求一人操作、一人扶持电缆进行辅助。

(15)机械在危险地段作业时，必须设明显的安全警告标志。配合机械作业的清底、平地、修坡等辅助工作应与机械作业交替进行。

(16)挖掘作业安全控制要点：发动机起动后，铲斗内、臂杆、履带和机棚上严禁站人；工作位置必须平坦稳固；在高陡的工作面上挖掘夹有石块的土方时，严禁用铲斗将悬空土方砸下;严禁铲斗从运土车的驾驶室顶上越过。

(17)推土机作业安全控制要点:推土机下坡时,其坡度不得大于30°,在横坡上作业,其横坡度不得大于10°。严禁空挡滑行;在陡坡、高坎上作业时,必须有专人指挥,严禁铲刀超出边坡的边缘。在垂直边坡的沟槽作业,注意沟槽深度;推土机在摘卸推土刀片时,必须考虑下次挂装的方便。多机在同一作业面作业时,前后两机相距不应小于8m,左右相距应大于1.5m。

(18)铲运作业安全控制要点

①拖式铲运机。作业前应先将运行道路刮平,其宽度应大于机身宽2m;行驶中严禁把铲斗和斗门提升到最高点,以免在转弯时将钢丝绳崩断,下坡时,应放下铲运机斗作辅助制动,严禁空挡滑行;铲斗与机身不正时,不得铲土;驾驶员离开机车时,应将变速杆放在空挡并关闭发动机,将铲斗放落在地上;在新填的土堤上作业,应离开土堤边缘1m以上,靠路堤边缘填土时,必须保持外侧高内侧低和纵向基本平顺,卸土时铲斗应放低,防止铲运机滑落;多台铲运机作业,前后净距不得小于10m,左右净距不得小于2m;拖运铲运机时,必须用挂钩将铲斗挂牢,解除钢丝绳负荷。

②自行式铲运机。运行车道必须平整坚实,单行道的宽度不得小于4.5m(或1.5倍车宽),超、会车时,两车净距不得小于1m;多台机械在工地纵队行驶时,前后间距不得小于20m;在作业过程中发现后主离合器制动不灵,机械有异响,警报器发生时,应立即停车检修;特别注意严禁在大于15°的横坡上行驶,不应在陡坡上进行危险性作业。

(19)平地机作业安全控制要点:在公路上行驶时,应遵守道路交通的规则,刮刀和松土器应提起,刮刀不得伸出机侧,速度不得超过20km/h。平地机作业一般需有专人现场指挥,驾驶员对作业环境要进行动态观察;刮刀的回转与铲土角的调整以及向机外倾斜都必须停机后进行;作业中,刮刀升降量差不得过大;在坡道停放时,应使车头向下坡方向,并将刀片或松土器压入土中;夜间不宜作业。

(20)装载机作业安全控制要点:起步前,应将铲斗提升到离地面0.5m左右。作业时应使用低速挡,用高速挡行驶时,不得进行升降和翻转铲斗;严禁铲斗载人;不准用装载机代替起重设备,进行吊装作业;要对装载机行驶道路、作业场地情况时行检查;装载机运送距离不宜过长,铲斗满载运送时,铲斗应保持在低位;装料时,铲斗应从正面低速插入,防止铲斗单边受力。铲斗卸料时,前翻和回位不得碰撞车厢。

(21)汽车作业安全控制要点:运土车辆必须遵守交通法规,不得超载、偏载、超高,不得人货混装,驾驶室内不得超员;装、卸土场地都要设专人指挥车辆行走和装卸土;卸土时,严禁在驾驶室外进行翻斗操作,翻斗内严禁站人;卸料起斗时,应检视上空有无电线,防止挂断。卸土后,要确认货斗复位,起翻装置的发动机关闭后,才能开始行走;特别注意,严禁边倒车边起斗或在猛进猛退中起斗。

(22)压路机作业安全控制要点:压路机启动时,要特别注意前后左右的情况,确认没有人员和障碍物;压路机靠近路堤边缘作业时,应根据路堤高度留有必要的安全距离。碾压傍山道路时,必须由里侧向外侧碾压;特别注意压路机不能上陡坡,上坡时变速应在制动后进行,下坡时,严禁脱挡滑行;两台以上压路机同时作业,其前后间距不得小于3m,在坡道上纵队行驶时,其间距离不得小于20m;振动压路机起振和停振必须在压路机行走时进行。

(三)石方工程

(1)石方爆破作业,必须严格遵守国家爆破安全规程。

(2)选择炮位时,炮眼口应避开正对的电线、路口和构造物。凿打炮眼时,坡面上的浮岩危石应予以处理。严禁在残眼上打孔。

(3)用人力冲击法打松软岩眼时,应清理现场的障碍物。人工打眼时,使锤人应站立在掌钎人的侧面,严禁对面使锤。

(4)机械扩眼,宜采取湿式凿岩或带有捕尘器的凿岩机。空压机必须在无荷载状态下起动。

(5)爆破器材库的选址、搭建、配套设施以及应爆破器材的运输请当地公安部门进行监督和指导。作业人员在保管、加工、运输爆破器材过程中,严禁穿着化纤服装。

(6)防止因为施工过程中突遇气候等环境因素骤变等不测,导致爆破器材的流失。

(7)爆破器材必须严格管理,建立并严格执行爆破器材领用、退库制度。爆破器材应按规定要求进行检验,对失效和不符合技术条件要求的不得使用。

(8)扩药壶时,孔口的碎石、杂物必须清除干净。装药量应随扩壶次数、扩壶的大小和石质而定,不得盲目加大药量。

(9)导火索起爆应采用一次点火法点火,其长度应保证点完导火索后人员能撤至安全地点,但不得短于1.2m。不得在同次爆破中使用不同燃速的导火索。超过5m的深孔不得使用导火索起爆。

(10)已装药的炮孔必须当班爆破,装填的炮孔数量应以一次爆破的作业量为限。

(11)爆破作业必须有专人指挥。确定的危险边界应有明显标志,警戒区四周必须派设警戒人员。

(12)爆破时,应点清爆炸数与装炮数量是否相符。确认炮响完并过5min后,方准爆破人员进入爆破作业点。

(四)防护工程

1.防护工程作业安全控制要点

(1)边坡防护作业,必须搭设牢固的脚手架。

(2)砌石作业必须自下而上进行。

(3)抹面、勾缝作业必须先上后下。

2.砂浆喷射机作业安全控制要点

(1)砂浆喷射机、砂浆输送泵等发生故障时,必须先停机后检修。

(2)输送管道各接头应连接牢固,尽量减少管道长度和弯管数量,管道上不得加压或悬挂重物。

(3)输送泵作业前应空运转,确保各方面无误后,方可进行作业。作业中应随时注意压力表指针是否正常,检查球阀、阀座和挤压管有无异常,如发现漏浆应立即停机,修复后方可作业。

(4)砂浆泵须连续运转,短时间不用砂浆时,应打开回浆阀使砂浆在泵内循环运行。如停机时间较长时,应每隔3~5min泵送一次,使砂浆在管道和泵体内流动,以防凝结、阻塞。

(5)喷射机应保持内部清洁,输送泵和喷射机人员应密切联系,协调配合;在喷嘴前5m范围内不得站人。工作停歇时,喷嘴不得朝向有人的方向。

3.砂浆拌和机作业安全控制要点

(1)拌和机应安置稳妥,开机前必须确认传动及各部装置牢固可靠,操作灵活。

(2)运转中不得用手或木棒等伸进筒内清理筒口的砂浆。

(3)作业中如发生故障,应立即切断电源,并将筒内砂浆倒出。

4. 挡墙挖基应视土质、湿度和挖掘的深度设放安全边坡,否则应设置相适应的围壁支撑。

(五)不良地质

1. 滑坡

(1)滑坡及其危害。

滑坡是指,斜坡土体在重力作用下,沿一定的滑动面(或带)整体向下滑动的现象。滑坡是山区公路的主要病害之一。由于山坡或路基边坡发生滑坡,常使交通中断,影响公路的正常运输。

(2)滑坡的安全防治要点如下:

①安全防治原则。滑坡的防治,要贯彻以防为主,整治为辅的原则。

②大型滑坡的安全防治。防治大型滑坡,技术复杂,工程量大,时间较长,因此在勘测阶段对于可以绕避且属经济合理的,首先应考虑路线绕避的方案。对大型复杂的滑坡,常采用多项工程综合治理,应作防治规划,工程安排要有主次缓急,并观察效果和变化,随时修正防治措施,以保证安全。

③对于中小型或小型滑坡的安全防治。一般情况下路线可不绕避,但应注意调整路线平面位置,以求得工程量小,施工方便,经济合理,安全可靠的方案。

2. 泥石流

(1)泥石流及其危害。泥石流是一种突然暴发的含有大量泥砂、石块的特殊洪流。它主要发生在地质不良,地形陡峻的山区及山前区。

泥石流对公路的危害是多方面的,主要通过堵塞、淤埋、冲刷和撞击等方式对路基、桥涵及其附属构造物产生直接危害,同时也经常由于堆积物压缩和堵塞河道,使水位上升,淹没上游沿河路基,或者迫使主河槽的流向发生变化,冲刷对岸路基,造成间接水毁。

(2)泥石流的安全防治要点:

①路线跨越泥石流沟时,首先应考虑从流通区或沟床比较稳定,冲淤变化不大的堆积扇顶部用桥跨越。

②当河谷比较开阔,泥石流沟距大河较远时,路线可以考虑走堆积扇的外缘。

③对泥石流分布较集中,规模较大,发生频繁,危害严重的地段,应通过经济和技术比较,在有条件的情况下,可以采取跨河绕道走对岸的方案或其他绕避方案。

④如泥石流量不大,在全面考虑基础上,路线也可以在堆积扇中部以桥隧或过水路面通过。

⑤通过散流发育并有相当固定沟槽的宽大堆积扇时,宜按天然沟床分散设桥,不宜改沟归并。

⑥在处于活动阶段的泥石流堆积扇上,一般不宜采用路堑。

五、路面工程施工中的安全要点

(一)基层施工

(1)装卸、洒铺及翻动粉状材料时,操作人员应站在上风侧,轻拌轻翻减少粉尘,并应配戴口罩或其他防护用品。沿路肩堆放石灰消解时，应慢洒水或泼水，操作人员应站在上风。消解石灰时，不得在浸水的同时边投料、边翻拌，人员应远避，以免烫伤。

(2)碎石机作业安全要点：

①对碎石机、电源、线路、开关等均应进行检查，必须保证符合安全要求和使用要求。

②进料要均匀，不得过大，严防金属块等混入。

③不得从上方向碎石机口内窥视。若石料卡住进料口，应用铁钩翻动，严禁用手搬动。

④搬运块料和堆放要注意安全，大块人工铁锤破碎时，要注意周围情况。

(3)稳定土拌和机作业的安全要点：

①应根据不同的拌和材料，选用合适的拌和齿，并作好相应的检查。

②拌和机作业时，应先将转子提起离开地面空转，然后再慢慢下降至拌和深度。

③在拌和过程中，不能急转弯或原地转向，严禁使用倒挡进行拌和作业。

④拌和机在行走和作业过程中，必须采用低速，保持匀速。

⑤停车时应拉上制动器，将转子置于地面。

(4)场拌稳定土机械作业安全要点：

①对机械及配套设施进行安全检查。

②皮带运输机应尽量降低供料高度，以减轻物料冲击。在停机前必须将料卸尽。

③拌和机仓壁振动器在作业中铁心和衔铁不得碰撞。

④拌和结束后，给料斗、贮料仓中不得有存料，应清理干净。

(5)碎石撒布机作业的安全要点：

①机械与配套设施应进行安全检查。

②自卸汽车与撒布机联合作业，应紧密配合，以防碰撞。撒布碎石，车速要稳定，不应在撒布过程中换挡。严禁撒布机长途自行转移。

③作业时，无关人员不得进入现场，以防碎石伤人。

④石料的最大粒径不得超过说明书中的规定。

(二)沥青路面

1. 沥青操作人员安全须知

(1)沥青操作人员均应进行体检，凡患有结膜炎、皮肤病及对沥青过敏反应者，不宜从事沥青作业。

(2)从事沥青作业人员，皮肤外露部分均需涂抹防护药膏。工地上应配有医务人员。

(3)沥青操作工的工作服及防护用品，应集中存放，严禁穿戴回家和进入集体宿舍。

2. 沥青运输安全须知

(1)块状沥青搬运一般宜在夜间和阴天进行，尤应避免炎热季节。搬运时，宜采用小型机械装卸，不宜用于直接装运。

(2)液态沥青宜采用液态沥青车运送。对沥青下出口阀门应认真检查其可靠性和密封性。

(3)采用吊耳吊装桶装沥青时，吊具应严格检查，达到合格要求。吊装作业应有专人指挥。沥青桶的吊索应绑扎牢固。沥青桶未稳妥落地前，严禁卸、取吊绳。

(4)人工装卸桶装沥青时，运输车辆应停放在平坡地段，并拉上手闸。上桶装沥青的跳板应有足够的强度，坡度不应过陡。沥青桶不得漏油。

(5)人工运送液态沥青,装油量不得超过容器的2/3。

3. 沥青加热安全须知

(1)沥青加热及混合料拌制,宜设在人员较少、场地空旷的地段。产量较大的拌和设备,有条件的应增设防尘设施。

(2)蒸汽加温沥青时,其蒸汽管道应连接牢固,严加保护,在人员容易触及的部位,必须用保温材料包扎。

(3)远红外加热沥青,作业前应对机电设备进行检查。沥青油泵应进行预热,当用手能转动联轴器时,方可启动油泵送油。

(4)导热油加热沥青,加热炉使用前必须进行耐压试验。对加热炉及设备应作全面检查,各种仪表应齐全完好。必须经常检查循环系统有无渗漏、振动和异声,定期检查膨胀箱的液面是否超过规定,自控系统的灵敏性和可靠性是否符合要求,并定期清除炉管及除尘器内的积灰。

(5)明火熬制沥青中的安全要点:熬油锅应清洁,不得有水和杂物。沥青应缓缓投入,以免因一次投入量过多而造成涨锅。严禁烈火加热空锅时加入沥青。预热后的沥青宜用溜油槽流下油锅,并应视油锅中涨锅情况控制油量。在熬制沥青时,如发现油锅漏油,必须立即熄灭炉火,妥善处理。严禁猛火加温而导致沥青溢锅,如发现有漫油迹象时,应立即熄灭炉火。

4. 洒布机(车)工作地段的安全要点

(1)洒布现场应设专人警戒。

(2)施工现场的障碍物应清除干净。

(3)洒油时作业范围内不得有人。

(4)施工现场严禁使用明火。

5. 沥青洒布车作业中的安全要点

(1)检查机械、洒布装置及防护、防火设备是否齐全有效。

(2)采用固定式喷灯向沥青箱的火管加热时,应先打开沥青箱上的烟囱口,并在液态沥青淹没火管后,方可点燃喷灯。

(3)喷灯使用前除进行检查外,应先封闭吸油管及进料口。

(4)满载沥青的洒布车应中速行驶。行驶时,严禁使用加热系统。

(5)作业时,在喷洒沥青方向10m以内不得有人停留。

6. 沥青洒布机作业中的安全要点

(1)工作前应将洒布机车轮固定,检查高压胶管与喷油管连接是否牢固,油嘴和节门是否畅通,机件有无损坏,检查确认完好后,再将喷油管预热、安装喷头,经过在油箱内试喷后,才可正式喷洒。

(2)装载热沥青的油桶应坚固、不得漏油,其装油量要低于桶口10cm。

(3)喷洒沥青时,手握喷油管部分应加缠旧麻袋或石棉绳等隔热材料。操作时,喷头严禁向上。喷头附近不得站人。注意风向,不得逆风操作。

(4)压油时,速度要均匀,不得突然加快。

(5)移动洒布机,油箱中的沥青不得过满。

(6)喷洒沥青时,如发现喷头堵塞或其他故障,应立即关闭阀门,等修理完好后,再行作业。

7. 沥青混合料拌和设备作业中的安全要点

(1)配有湿式除尘系统的拌和设备,应检查其除尘系统的水泵及其他部件是否完好,保证喷水量稳定且不中断。

(2)拌和机起动、停机必须按规定程序进行。

(3)连续式拌和设备的燃烧器熄火时应立即停止喷射沥青。

(4)关机后,应清除皮带上、各供料斗及除尘装置内外的残余积物,并清洗沥青管道。

8. 沥青混合料拌和站作业中的安全要点

(1)沥青混合料拌和站的各种机电(包括使用微电脑控制进料的)设备,在运转前均需进行仔细检查,确认正常完好后才能合闸运转。

(2)机组投入运转后,各部门、各工种都要随时监视各部位运转情况,不得擅离岗位。

(3)运转中严禁人员靠近各种运转机构。

(4)运转过程中,如发现有异常情况,应报机长,并及时排除故障。再次启动时,不得带荷启动。

(5)搅拌机运行中,不得使用工具伸入滚筒内掏挖或清理。

(6)料斗升起时,严禁有人在斗下工作或通过。

(7)拌和站机械设备需经常检查的部位应设置铁爬梯。

9. 沥青混合料摊铺作业时的安全要点

(1)驾驶台及作业现场要视野开阔,驾驶员不得擅离岗位。

(2)运料车向摊机卸料时,应协调动作,同步进行,防止互撞。

(3)换挡必须在摊铺机完全停止时进行。

(4)熨平板预热时,应控制热量,防止因局部过热而变形。

(5)驾驶力求平稳,不得急剧转向。

(6)用柴油清洗摊铺机时,不得接近明火。

(三)水泥混凝土路面

1. 混凝土拌和与运送中的安全要点

(1)液压泵、液压电动机及阀应紧固,并与管道连接牢固,密封良好。

(2)当传动系统出现故障,液压油输出中断而导致滚筒停转,并一时无法修复时,要利用紧急排出系统快速排出混凝土拌和物。

(3)严禁用手触摸旋转中的搅拌筒和随动轮。

(4)在运送过程中,要遵守交通规则。

(5)自卸汽车运送混凝土混合物,不得超载和超速行驶。车停稳后方准顶升车厢卸料。

2. 混凝土路面摊铺施工中的安全要点

(1)人工摊铺作业中的安全要点:

①装卸钢模板时,必须逐片轻抬轻放,不得随意抛掷。堆砌时,应规则有序并稳妥;

②操作时,必须相互关照,注意安全;

③固定模板时,插钉或长圆头钉等不得乱放乱搁,以免伤人,完工后,应收拾干净;

④使用振捣器时,操作人员要配戴安全防护用品。注意保护好电力线,不得割伤,绝缘良好,应经常注意检查。

(2)机械摊铺作业中的安全要点:

①轨模摊铺机:布料机与振平机之间应保持5~8m的安全距离。认真检查布料机传动钢丝的松紧是否适度。作业中严禁驾驶员擅离岗位;

②滑模摊铺机安全要点:

a. 在搅拌楼的拌和锅内清理黏结混凝土,无电视监控的搅拌楼,必须有两人以上,方可进行,一人清理,一人值守操作台。有电视监控的搅拌楼,必须打开电视监控系统,关闭主电视电源,并在主开关上挂警示红牌。搅拌楼机械上料时,在铲斗及拉铲活动范围内,人员不得逗留和通过。

b. 运输车辆倒退时,车辆应鸣后退警报,并有专人指挥和查看车后。

c. 施工中,布料机支腿臂、松铺高度梁和滑模摊铺机支腿臂、搓平梁、抹平板上严禁站人及操作。夜间施工,在滑模摊铺机上应有明亮的照明和明显的示警标志。滑模摊铺机停放在通车道路上,周围必须设置明显的安全标志,夜间应用红灯警。

d. 施工中所有机械设施禁止机手擅离操作台,严禁吸烟和任何明火。

③真空吸水作业中的安全要点:认真检查真空吸水所有配套机具,均应处于良好状态。真空吸水作业时,严禁操作人员在吸垫上行走或将物件置压在吸垫上。吸垫存放、搬移时,应避免与带尖角的硬物接触。每班施工完毕,应将吸垫清洗干净,排净存水。

④抹平机作业的安全要点:使用混凝土抹平机作业时,应确保抹平机的叶片光洁平整,并处于同一水平面,其连接螺栓应坚固不松动,并在无负荷状态下起动。

⑤其他安全要点。水泥混凝土路施工,不管采用哪种工艺方式,除上述的各项安全要点外,还必须注意:

a. 施工前,应进行安全生产教育,树立安全生产质量第一的思想;

b. 施工现场必须做好交通安全工作;

c. 施工机电设备,应有专人负责保管修理,确保安全生产;

d. 现场操作人员必须按规定配戴防护用品;

e. 工地应有消防设施,并应处理好污水,做好环境保护工作。

(四)压实碾压

(1)严禁在压路机没有熄火、下无支垫三角木的情况下进行机下检修。

(2)压路机应停放在平坦、坚实并对交通及施工作业无妨碍的地方。停放在坡道上时,前后轮应置垫三角木。

(3)压路机前后轮的刮板,应保持平整良好。

(五)旧路凿除

(1)旧路面凿除宜有计划地分小段进行,以免妨碍交通,并应设置相关标志。

(2)用镐开挖旧路面时,应并排前进,左右间距应不少于2m,不得面对面使镐。

(3)采用风动工具凿除旧路面时,应做到:

①认真检查,保证各部管道接头必须紧固,不漏气;

②风管通过过道,须挖沟将风管下埋;

③风管连接风包后要试送气,检查风管内有无杂物堵塞;

④风镐操作人员应与空压司机紧密配合,及时送气或闭气;

⑤钎子插入风动工具后不得空打。

(4)采用机械破碎旧路面时,应有专人统一指挥,铲刀切入深度不宜过深,推刀速度应缓慢。

六、桥涵工程施工安全控制要点

(一)桥涵施工的一般安全要求

(1)桥涵工程施工前,应详细核对技术设计、图纸、文件。应对施工安全技术措施做专题调查研究,采取切实可靠的先进技术、设备和防护措施。开工前应向施工人员进行安全技术交底。

(2)桥涵工程施工的辅助结构、临时工程及大型设施等,均应按有关规定做好安全防护措施。

(3)特殊结构的桥涵,采用新技术、新工艺、新材料、新设备时,必须制定相应的有针对性的安全技术措施,通过试验和检验,证明可行后方可实施。

(4)桥涵工程施工,应尽量避免双层或多层同时作业。

(5)遇有六级(含六级)以上大风等恶劣天气时,应停止高处露天作业、缆索吊装及大型构件起重吊装等作业。

(二)基础工程施工安全控制要点

1.明挖基础安全控制要点

(1)基坑开挖的方法、顺序以及支撑结构的安设,均应按照施工组织设计中的规定进行。开挖较大较深和地质水文复杂的基坑必须制定详细的施工方案和安全措施方案。

(2)开挖基坑时,要指派专人检查对邻近建(构)筑物或临时设施的安全,并留有检查记录。

(3)基坑深度超过1.5m时,为便利上下必须挖设专用坡道或铺设跳板,其宽度应超过60cm。

(4)开挖基坑时,要根据土壤、水文等情况,按规定的边坡坡度分层下挖,严禁局部深挖,掏洞开挖。如施工地区狭小或受其他条件限制,不能按标准放坡时,应采取固壁支撑措施。遇到有流砂、涌水、涌砂及基坑边坡不稳定现象发生时,应立即采取防护加固措施。

(5)基坑、井坑开挖过程中,必须随时检查坑壁边坡有无裂缝和坍塌现象(特别是雨后和解冻时期),在雨季、地下水及流沙地区挖土时,必须视具体情况增加坡度或加固支撑。

(6)基坑边缘有表面水时,应采取截流措施。在有大量地下水流的情况下进行挖基时,应配足抽水机具。

(7)采取挖土机械开挖基坑,坑内不得有人作业。

(8)基坑开挖需要爆破,应按国家现行的爆破安全规程办理。

(9)寒冷地区采用冻结法开挖基坑时,应根据地质、水文、气温等情况,分层冻结,逐层开挖。

(10)采用井点法降低基坑地下水位,要根据土层渗透系数、降水深度等,先计算其渗水量,并经过井点布置设计及抽水试验等。

2.筑岛、围堰施工安全控制要点

(1)人工筑岛,应搭设双向运输便道或便桥;

(2)采用挡土板或板桩围堰,应视土质、涌水、挖深情况,逐段支撑。施工中,遇有流砂、涌砂或支撑变形等异常情况,应立即停止挖掘,并立即撤出作业人员。

(3)采用吸泥船吹砂筑岛,要对船体吃水深度、停泊位置、管路射程及连接方法等,进行严格检查和试验。

(4)挖基工程所设置的各种围堰和基坑支撑,其结构必须坚固牢靠。

(5)基坑抽水过程中,要指派专人经常检查土层变化、支撑结构受力等情况。

(6)基坑支撑拆除时,应在现场技术负责人的指导下进行。

3. 钢板桩及钢筋混凝土板桩围堰施工安全控制要点

(1)使用钢板桩围堰时,要根据施工条件和安全要求及水深、地质等情况适当选择桩长,准确确定围堰尺寸、钢板桩数量、打入位置、入土深度和桩顶高程,使之既不影响水上施工,又不会伤及水下桩基等构造物。

(2)插打钢板桩(包括钢筋混凝土板桩)围堰前应对打桩机、卷扬机及其配套机具设备、绳索等,进行全面检查,经试验、鉴定合格后方可施工。

(3)钢板桩起吊应听从信号指挥,吊起的钢板桩未就位前,插桩桩位处不得站人。

(4)插打钢板桩,应从上游依次对称向下游插打。插打钢板桩,如因吊机高度不足,可改变吊点位置,在转换吊点时,必须先挂后换,使新吊点吃力后,并确定牢固,才能拆除原吊点。

(5)钢板桩在锤击下沉时,初始阶段应轻打。

(6)使用沉拔桩锤沉拔板桩时,桩锤各部机件、连接件要确保完好,电气线路、绝缘部分要良好绝缘。

(7)拔桩时,应从下游向上游依次进行。遇有拔不动的钢板桩,应立即停拔检查,可采取射水、振动等松动措施。严禁硬拔。

(8)采用吊机船拔除钢板桩,应指派专人经常检查吊机船的吃水深度,拔桩机或吊机受力情况,拔桩机和吊机应安装"限负荷"装置,以防超负荷作业。

(9)钢筋混凝土板桩采用锤击下沉时,桩头和桩尖部位,应采取加固措施。

4. 套箱围堰施工安全控制要点

(1)套箱的结构及形式应按设计制造,并经检查验收后方可交付使用;钢套箱的组装,应按施工组织设计进行,制定针对性的安全技术措施,并在组装前,进行安全技术交底。

(2)套箱采用船组辅助定位时,应先将定位船、导向船(或其他导向设施)就位。导向船及定位船,在抛锚定位后,应经常检查锚绳、锚链及锚碇设施情况,防止来往船只及流水、漂流物等的碰撞以及洪水冲击等。

(3)两船之间的通道及连接梁上,应铺设人行道板和栏杆。

(4)采用沉浮式双壁钢套箱,应具备能组拼、能分解、能注水下沉、能排水上浮的性能,施工要经过周密设计计算,必要时,要经过试验,方可进行。

(5)钢套箱拆除,应按施工组织设计规定的程序进行。

5. 沉井基础施工安全控制要点

(1)沉井施工,应尽量避开汛期,特别是在初沉阶段不得在汛期内。

(2)在水中设围堰筑岛而导致水流被压缩或改变河道等,应检查对附近的堤坝、农田和其他建筑物的安全以及岛体本身的稳定是否受到影响,严防因冲刷而坍塌。

(3)沉井下沉,采用人工挖掘时,劳动组织要合理,井内人员不宜过多。涌水、涌砂量大时,不宜采用人工开挖下沉。

(4)沉井施工前,应检查机具设备和作业平台是否完好。

(5)井内、井上的抽水机电路应使用防水胶线,安装漏电保护装置,以防触电。

(6)沉井的制作高度不宜使重心离地太高,以不超过沉井短边或直径的长度为宜。

(7)在围堰筑岛上就地浇筑的沉井,在沉井的外侧周围应留有护道。

(8)拆除沉井垫板应在沉井混凝土达到设计强度后进行。抽掉垫板后,应及时回填、夯实,并注意检查是否有倾斜及险情。

(9)不排水沉井,井内应搭设专供潜水员使用的浮动操作平台,潜水员要注意按照规定进行增压或减压。

(10)灌注水下混凝土,应搭设作业平台、溜槽、导管及提升设备,经全面检查(提升设备应做升、降试运行),确认安全后,方可施工。

(11)沉井施工中,灌注混凝土如使用减速漏斗时,漏斗应悬挂牢固,并应附有保险绳索。

(12)浮式沉井,在船上或支架平台上制作时,对船舶或支架平台的承载力应进行验算。

(13)在严重流冰的河流上,进行沉井施工必须避开流冰期。

(14)沉井施工中,严防船舶及漂流物等的撞击。

(15)沉井水下混凝土封底时,工作平台应搭设牢固。

6. 钻孔灌柱桩基础施工安全控制要点

(1)钻机就位后,对钻机及其配套设备,应进行全面检查。

(2)各类钻机在作业中,应由本机或机管负责人指定的操作人员操作,其他人不得登机。每次拆换钻杆或钻头时,要迅速快捷,并保证连接牢靠。

(3)采用冲击钻孔时,应随时检查选用的钻锥、卷扬机和钢丝绳的损伤情况,当断丝已超过5%时,必须立即更换;卷扬机套筒上的钢丝绳应排列整齐。

(4)使用正、反循环及潜水钻机钻孔时,对电缆线要严格检查;钻孔过程中,必须设有专人,按规定指标,保持孔内水位的高度及泥浆的稠度,以防坍孔。

(5)钻机停钻,必须将钻头提出孔外,置于钻架上,严禁将钻头停留孔内过久。

(6)采用冲抓或冲击钻孔,应防止碰撞护筒、孔壁和钩挂护筒底缘。提升时,应缓慢平稳。钻头提升高度应分阶段(按进尺深度)严格控制。

7. 沉入桩基础施工安全控制要点

(1)钢筋混凝土桩、预应力混凝土桩采用锤击沉桩或振动沉桩时,. 锤击沉桩或振动沉桩,均应选用适合的桩帽或桩垫,施工现场应保持平整清洁。打桩机的移动轨道,铺设要平顺、轨距要准确、钢轨要钉牢。

(2)各种沉桩及桩架等拼装完成后,应对机具设备及安全防护设施进行全面检查验收,确认合格,方可施工。

(3)打桩机移位时,禁止将桩锤悬起,必须将锤头稳放在销子上后,方准移位。

(4)打桩机拆装时,桩架长度半径内不准拆装作业以外的人员进行。

(5)水上打桩采用的固定平台,必须搭设牢固,底座与平台误码连接牢靠。

(6)打桩架及起重工具,须经常检查维修。

(7)遇有大风及恶劣天气,应停止打桩作业。

(8)吊桩时,应有统一的指挥信号。

(9)钢筋混凝土沉桩完成后,应立即用木板或草袋将桩头盖好。

(10)采用浮式打桩船或浮式平台沉桩,应有足够的锚碇设施。

(11)采用静力压桩,应检查所施加压力之和是否与设计符合,其合力作用线是否与桩中心线符合。

(12)高压射水辅助沉桩,应根据不同水质情况,采用相应的压力沉桩,防止因急剧下沉造成桩架歪斜或倾倒事故等事故。

(13)振动打桩机开动后,作业人员必须站离基桩,信号员与驾驶员所在位置应能通视,并能看到基桩下沉情况。振动打桩机的导向架及四周脚手架等,应经常进行检查。

(14)旋转钻机提钻时,不准钻头旋转,落锤时,不准一次骤落到底,钻完的孔应随时盖好;旋转钻机间歇时,不得使钻头悬在钻孔中间,应拉放到原来位置,并摘除动力挡,切断电源。

8. 挖孔灌注桩基础施工安全控制要点

(1)挖孔灌注桩,应在无水或少水的密实土层或岩层中,按设计挖筑。挖孔较深或有渗水时,必须采取孔壁支护及排水、降水等措施,严防坍孔。

(2)人工挖孔,对孔壁的稳定及吊具设备等,应经常检查。

(3)人工挖孔超过10m深,应采用机械通风,并必须有足够保证安全的支护设施及常备的安全梯道。人工挖孔最深不得超过15m。

(4)人工挖桩孔采用混凝土护壁时,每挖深1m(土质不好还应适当减少),应立即浇筑护壁,护壁厚度不小于10cm。

(5)凡孔内有人作业时,3m以内不得有机动车辆行驶或停放;孔内人员作业时,孔上必须有监护人员,并要随时与孔下人员保持联系,不得擅自撤离岗位。

9. 拔桩作业安全控制要点

(1)采用人字桅杆、卷扬机进行拔桩时,应先计算拔桩力,然后根据上拔力的大小,配备适当功率的卷扬机和滑车组。拔桩时,人字桅杆滑车组要尽量靠近被拔桩中心。拔桩应装设"限量器",严禁蛮拔。

(2)采用锚固桩或顶梁千斤顶施力拔桩,应先经过设计,被拔桩及锚固桩的各连接处,必须完好。

(3)采用龙门吊架、吊机或拔船等进行拔桩时,应按设计经检验合格后进行。吊机应附有超载限制器,防止超负荷上拔。

(4)利用柴油或蒸气打桩机拔桩筒,应垂直吊拔,不准斜拉。

(5)吊桩时要慢起,桩下部要系溜绳,掌握稳定。

(三)墩台工程施工安全控制要点

1. 就地浇筑的墩台施工安全控制要点

(1)就地浇筑墩台混凝土,施工前,必须搭设好脚手架和作业平台,模板就位后,应立即用撑木等固定其位置,以防倾倒砸人。

(2)用吊斗浇筑混凝土,吊斗提降,应设专人指挥。

(3)在围堰内浇筑墩台混凝土,应安设梯子或设置跳板,供作业人员上下。

(4)凿除混凝土浮浆及桩头,作业人员必须按规定佩带防护用品。严禁风枪对准人。

(5)采用吊斗出渣,应拴好挂钩,关好斗门。

(6)拆除模板,应划定禁行区,严禁行人通过。

2. 砌筑墩台施工安全控制要点

(1)砌筑墩台前,应搭设好脚手架、作业平台、护栏、扶梯等安全防护设施。

(2)人工、手推车推(抬)运石块或预制块件时,脚手跳板应铺满,其宽度、坡度及强度应经过设计,满足安全要求。

(3)吊机、桅杆吊运砌筑材料时,应听从指挥信号。

(4)各种吊机作业,吊运重物的下边均不得站人。

3. 滑模施工安全控制要点

(1)高桥墩(台)、塔墩、索塔等高层结构,采用滑升模板施工时,应按照高处作业的安全规定,加设安全防护设施,穿戴好个人防护用品,并须根据工程特点,编制单项施工方案及其安全技术措施,并向参加滑模施工人员进行安全技术交底。

(2)采用滑板施工,滑模及提升结构应按设计制作和施工,并严格按照施工设计安装。作业前,要对滑升模板进行验算和试验,并应有足够的安全系数。顶杆和提升设备,应符合墩身的形状和要求。

(3)当塔墩等高层建筑采用爬模施工方法时,应进行特殊设计,在工厂制作。爬升架体系、操作平台、脚手架等,要保证具有足够的刚度和安全度。

(4)操作平台上的施工荷载,应均匀对称,不得超负荷。

(5)浇筑混凝土,不得用大罐漏斗直接灌入,防止冲击模板。

(6)模板每次提升前,应进行检查,排除故障,观察偏斜数值。提升时,千斤顶应同步作业。

(7)操作平台的水平度、倾斜度应经常检查,发现问题应及时采取措施。

(8)主要机具、电器、运输设备等,应定机定人,严格执行交接班制度。

(9)为防止模板发生倾斜、扭转,滑模施工宜采用油压千斤顶,并保持同步提升。

(10)支座安装,应按设计施工。采用盆式橡胶支座,可在场地装配后,整体或部分吊装就位。

(11)拆除滑模设备时,应做好安全防护措施。拆除时可视吊装设备能力,分组拆除或吊至地面上解体,以减少高处作业量和杆件变形。

(四)上部工程施工安全控制要点

1. 预制构件安装作业安全控制要点

(1)装配式构件(梁、板)的安装,应制定安装方案,并建立统一的指挥系统。施工难度、危险性较大的作业项目应组织施工技术、指挥、作业人员进行培训。所有起重设备都应符合国家关于特种设备的安全规程,并进行严格管理。

(2)根据吊装构件的大小、质量,选择适宜的吊装方法和机具,不准超负荷。

(3)吊钩的中心线,必须通过吊体的重心,严禁倾斜吊卸构件。

(4)起吊大型及有突出边棱的构件时,应在钢丝绳与构件接触的拐角处设垫衬。

(5)单导梁、墩顶龙门架安装构件时,各节点应连接牢固,在桥跨中推进时,悬臂部分不得超过已拼好导梁全长的1/3;墩顶或临时墩顶导梁通过的导轮支座必须牢固可靠。导梁上的轨道必须平行等距铺设,墩顶龙门架使用托架托运时,托架两端应保持平衡稳定,行进速度应缓慢。龙门架顶横移轨道的两端应设置制动枕木。

(6)预制场采用千斤顶顶升构件装车及双导梁、桁梁安装构件时,千斤顶使用前,要做承载试验。构件进入落梁或其他装载工具横移到位时,应保持构件在落梁时的平衡稳定;顶升T梁、箱梁等大吨位构件时,必须在梁两端加设支撑。预制场和墩顶装载构件的滑移设备要有足够的强度和稳定性,牵引(或顶推)构件滑移时,施力要均匀;双导梁向前推进中,应保持两导梁同速进行。

(7)架桥机安装构件时，架桥机组拼、悬臂牵引中的平衡稳定及机具配备等，均应按设计要求进行；架桥机就位后，为保持前后支点的稳定，应用方木支垫。构件在架桥上纵、横向移动时，应平缓进行。

2. 就地浇筑上部结构施工安全控制要点

(1)作业前，对机具设备及其拼装状态、防护设施等进行检查，主要机具应经过试运转。

(2)采用翻斗汽车或各种吊机提吊翻斗运送混凝土，不得超载、超速，停稳后方可翻转卸料或起斗放料。

(3)在支架上浇筑混凝土，对简支梁、连续梁、悬臂梁的浇筑顺序，应严格按设计和有关规定办理。

(4)施工中，应随时检查支架和模板，发现异常状况，应及时采取措施。支架、模板拆除，应按设计和施工的有关规定的拆除程序进行。

(5)就地浇筑水上的各类上部结构，要按照水上作业的安全规定进行施工、作业。

3. 悬臂浇筑法施工安全控制要点

(1)悬臂浇筑采用桁架挂篮施工时，应遵守下列规定：

①施工前，应组织有关人员进行安全技术交底，制定安全技术措施。挂篮组拼后，要进行全面检查，并做静载试验；

②在墩上进行零号块施工并以斜拉托架做施工平台时，在平台边缘处，应设安全防护设施；

③使用的机具设备(如千斤顶、滑车、手拉葫芦、钢丝绳等)，应进行检查，不符合规定的严禁使用；

④检查墩身预埋件和斜拉钢带的位置及坚固程度，是否符合设计要求；

⑤遇有大风及恶劣天气时，应停止作业。

(2)挂篮使用时，应经常检查后锚固筋、千斤顶、手拉葫芦、张拉平台及保险绳等是否完好可靠。

(3)挂篮在安装、行走及使用中，应严格控制荷载，防止过大的冲击、振动。

(4)挂篮拼装及悬臂组装中，危险性较大，在高处及深水处作业时，应设置安全网，满铺脚手板，设置临时护栏。

(5)使用水箱作平衡配重时，其位置、加水量等应符合设计要求。

(6)挂篮行走时，要缓慢进行，速度应控制在0.1m/min以内。

(7)浇筑混凝土时，挂篮桁架后端，应锚固在已完成的梁段上，并配重使与浇筑的混凝土重量保持平衡状态。

(8)浇筑合龙段混凝土时，在悬臂端预加压重，随浇筑进程，加载逐步撤出时，应自上而下进行。

(9)箱梁混凝土接触面的凿毛工作，要有安全防护设施，所用手锤柄应牢固。

(10)滑移斜拉式挂篮施工，应遵守下列规定：

①采用滑动斜拉式挂篮，所用的活动铰、销、斜拉钢带等，采用高强钢材制作，材质要经检验，并打上标记，必须满足设计的要求；

②挂篮安装时或主梁行走到位后，应先安装好后锚固和水平限位装置，方可安装斜拉带悬挂底模平台，严防挂篮倾覆、坍落；

③采用四根斜拉带的挂篮，在斜拉带安装和使用过程中，要注意检查，保证受力均衡；

④浇筑混凝土前，应对挂篮锚固、水平限位、吊带起升和限位装置进行全面检查，确认安全可靠，方可作业；

⑤主梁及其吊梁系统安装后，应进行全面检查和验收，进行加载试验；

⑥挂篮行走前，应认真检查后锚固及各部受力情况，有无隐患及不安全因素。行走时，应密切注意有无异状，并应慢速稳步到位，以防坍落事故。

4. 悬臂拼装法施工安全控制要点

（1）预制构件，采用悬臂拼装法施工时，因属高处作业，应针对工程的具体情况，制定和实施相应的安全施工组织设计。

（2）龙门架或起重吊机进行悬臂拼装时，吊机的定位、锚固应按设计进行，并进行静载试验。预制构件运至现场后，如需暂时存放，应放置在平整坚实的场地上，并按设计设置支点及支撑。现场拼装机具设备后，还必须经过检查验收，否则不得使用。构件起吊前，应对起吊机具设备及构件进行全面检查、验收，并进行起吊试验。构件应垂直起吊，并保持平衡稳定。

5. 缆索吊装法施工安全控制要点

（1）吊装前，应针对工程的具体情况，制定和实施相应的安全施工组织设计，并对施工人员进行安全教育。

（2）安全带不得挂在主索、扣索、缆风绳等上面。

（3）牵引卷扬机启动要缓慢，行进速度要平稳。起重卷扬机不得突然起升和下降构件，避免产生过大弹跳。

（4）缆索吊装大型构件时，应事先检查塔架、地锚、扣架、滑车、钢丝绳等机具设备。正式吊装前必须进行吊载试运行。

（5）缆索跨越公路、铁路时，应搭设架空防护支架。

（6）在通航航道上空吊装作业，宜采取临时封航措施。

6. 顶推及滑移模架法施工安全控制要点

（1）采用顶推法施工，在墩台上，也要有足够的工作面，以便更换滑道及留出安装支座的空间，并应验算在偏压情况下墩台结构的安全度。

（2）顶堆施工所用的机具设备、材料在使用前，应全面检查、验收和试验。

（3）设计应提供主梁最大悬臂状态下允许挠度值及顶推各阶段的墩顶反力和顶推力，应换算为油压读数和允许的墩顶位移值，以便控制位移量。

（4）采用多点顶推或单点顶推，其动力均应有统一的控制手段，使其能达到同步、纠偏、灵活和安全可靠。

（5）上下桥墩和梁上作业时，应设置扶梯、围栏、悬挂安全网等安全防护设施。

（6）顶推施工中，应有统一的指挥信号。必要时，应备有便利的现场通讯设备。

（7）用滑移模架法浇筑箱梁混凝土时，应遵守下列规定：

①模架支撑于钢箱梁上，其前后端桁架梁、必须用优质高强螺栓连接好并拧紧；

②所用机具设备及滑行板等，均须进行检查和试验；

③浇筑混凝土之前，应进行全面的安全检查，确认安全合格后，方可施工；

④牵引后横梁和装卸滑橇时，要有起重工协同配合作业；

⑤滑移模架行走时，必须听从指挥信号；

⑥上岗作业必须穿防滑鞋、戴安全帽，拆卸底模人员，必须挂好安全带。

(8)涵管采用顶入法施工时,施工前应做好施工点的调查。

(9)顶入工作坑的边坡,应根据土质情况进行放坡或者支护。为避免边缘坍塌,在工作坑坡顶的一定范围内,不得堆放弃土、料具;顶入施工应连续进行。

7. 转体法施工安全控制要点

(1)桥梁上部结构,采用转体架桥法施工时,应遵守相应的安全规定。

(2)转体法施工前,应合理选择有利地形。

(3)平衡重转体施工前,应先利用配重作试验,进行试转动,检查转体是否平衡稳定。

(4)无平衡重平转法施工的扣索张拉时,应检查支撑、锚梁、锚碇、拱体等,确认安全后方可施工。

(5)梁体及构件运行滑道应按设计辅设。

8. 预应力张拉施工安全控制要点

(1)预应力钢束(钢丝束、钢绞线)张拉施工前,应检查张拉设备工具是否符合施工安全的要求。压力表应按规定周期进行检定;油泵开动时,进、回油速度与压力表指针升降保持一致,并平稳、均匀。

(2)后张法张拉时,应检查混凝土强度,必须达到设计要求强度后,方可进行张拉。

(3)钢束张拉应严格按规定程序进行。张拉作业中,应集中精力,仪表要看准,记录要准确无误。

(4)张拉操作中,若出现异常现象(如油表振动剧烈,发生漏油,电机声音异常,发生断丝、滑丝等),应立即停机进行检查。

(5)张拉钢束完毕,退销时,应采取安全防护措施,防止销子弹出伤人。

(6)张拉时和完毕后,对张拉施锚两侧均应妥善保护,不得压重物。

(7)先张法张拉施工,除遵守张拉作业一般安全规定外,先张法张拉台座结构,应满足设计要求。张拉前,对台座、横梁及各种张拉设备、仪器等进行详细检查,合格后方可施工;先张法张拉中和未浇筑混凝土之前,周围不得站人和进行其他作业。浇筑混凝土时,严防振动。

(8)预应力钢筋冷拉时,在千斤顶的端部及非张拉端部均不得站人。

(9)管道压浆时,应严格按照规定压力进行。

9. 拱桥施工安全控制要点

(1)拱架制作与安装,应按设计要求,具有足够的强度、刚度和稳定性。

(2)圬工(石、砖及混凝土预制块)拱桥施工前,拱架支立安装方法、拆落拱架程序、机械设备等,均应经检查符合安全技术规定,方可施工。

(3)砌筑拱圈,应按施工要求搭设脚手架及作业平台,严禁用拱架代替脚手架。主拱、拱上建筑施工,必须严格按设计加载程序分段、对称、同时进行。

(4)拱圈砌筑,严禁拱下站人,并应随时注意观测拱架变形状况。

(5)卸架前,应检查砌筑砂浆强度是否达到设计要求。

(6)采用无支架施工修建拱桥时,除按吊装机具的有关安全要求,加以控制外,还应做到:

①大中跨径拱桥施工,应验算拱圈的纵、横向稳定性,保证有一定的横向稳定系数。分段吊装单肋合龙后应用缆风绳稳固;

②双曲拱、箱形拱桥施工时,在墩、台顶设置的扣架,底部固定应牢靠;

③拱肋分段拼装时,基肋应设置固定风缆,拱肋接头处,应加横向联结,以保证其横向稳定。

10. 跨线桥及通道桥涵施工安全控制要点

(1)公路桥跨越铁路或其他线路时,施工前,应编制专门的安全施工组织设计。

(2)公路桥跨越铁路或其他线路时,施工期间,特别是梁体吊装阶段,应在施工现场及两端足够远处适宜地点设置人员和通讯设备。要避免在列车通过的情况下,进行吊梁安装作业。

(3)对结构复杂、施工期较长的大型立交桥施工时,必须做到:

①施工前,应编制专门的安全施工组织设计,确保不发生影响通车及坠物伤人事故;

②制定架梁吊装施工方案及安全技术措施,向作业人员进行安全技术交底和培训;

③配备通讯设施,确保在紧急情况下,能够妥善处理发生的事故。

11. 斜拉桥、悬索桥施工安全控制要点

(1)斜拉桥和悬索桥(吊桥)的索塔施工,属于高处或超高处作业,应根据结构、高度及施工工艺的不同情况,制定相应的专门的安全施工组织设计、安全作业指导书(操作细则)。

(2)索塔分节立模浇筑前,应搭好脚手架,扶梯、人行道及护栏。浇筑塔身混凝土,应按规定挂好减速漏斗及保险绳,漏斗上口应堵严,以防石子下落伤人。

(3)塔底与桥墩为铰接时,施工中,必须将塔底临时固定。斜缆索全部安装并张拉完成后,方可撤除风缆并恢复铰接。

(4)施工期间,应与当地气象站建立联系,密切注意天气变化,大风、雷雨时,应立即停止作为。

(5)随着索塔升高,防雷电设施必须相应跟上,避雷系统未完善前,不得开工。

(6)缆索的制作与安装作业,应该做到:

①缆索施工时,不得撞伤锚头;

②缆索的防护层,不得有折损或磨伤;

③悬索桥的主索及斜拉桥的斜缆索,应进行破断试验,其破断力应满足设计要求;

④主索及斜缆索顶张拉时,应选择适当场地,埋设足够强度的地锚。对张拉设备,应严格检查,以确保安全。

(7)悬索桥施工中,临时架设的工作索、牵引索安装完毕后,应对索具、吊具等进行全面、仔细检查。

(8)悬索桥采取重力式锚碇时,对锚碇体的施工,应按照有关安全规定浇筑混凝土或砌体工程。锚碇体必须达到坚实牢固。

(五)混凝土预制场安全控制要点

(1)预制场地的选择,场地的平面布置,应符合关于公路工程施工现场的安全规定。

(2)主要机械安全控制要点。

①搅拌站:

a. 搅拌站应按设计要求,安装在具有足够承载力、坚固、稳定的基座上。

b. 搅拌站的电器设备和线路应绝缘良好。

c. 搅拌站的机械设备安装完毕,要加强检查力度,确认良好后,进行空载运转,经试运转,全部机械达到正常后,方可作业。

②皮带运输机：

a. 移动式皮带运输机运转作业前，应将行走轮用三角木对称楔紧。固定式皮带运输机，应安装在牢固的基础上；

b. 空载启动后，应检查各部位的运转和皮带的松弛度，如无异常，在达到额定转速后，方可均匀装料；

c. 严禁运转中进行修理和调整。作业人员不得从皮带输机下面穿过或跨越输送带；

d. 输送大块物料时，输送带两侧应加设挡板或栅栏等防护装置。

(3)混凝土拌和及灌注。

①人工手推车上料时，手推车不得松手撒把。运输斜道上，应设有防滑设施；

②机械上料时，在铲斗(或拉铲)移动范围内不得站人；

③向搅拌机内倾倒水泥，应采用封闭式加料斗；

④作业结束时，应将料斗放下，落入斗坑或平台上；

⑤灌筑预制梁混凝土时，应搭设作业平台和斜道，不得在模板上作业；

⑥搅拌机运转中，严禁用工具伸入料仓内拨弄，需要在料仓内检修时，应停机。

(4)泵送混凝土安全控制要点。

①混凝土泵(泵车)应设置在作业棚内，安装应稳定、牢固；

②泵送前，应检查管路、管节、及密封圈的完好程度，不得使用有破损、裂缝、变形和密封不合格的管件；

③混凝土泵在运转时发现故障，应立即停机、断电检查，不得带病作业；

④混凝土输送泵车操作人员，应熟悉和遵守泵车的操作规程和安全技术规定；

⑤拆卸管路接头前，应把管内剩余压力排除干净，防止管内存有压力而引起事故；

(六)预制构件运输中的安全控制要点

1. 轨道平车运输中的安全控制要点

(1)铺设钢轨时，应选用合格的钢轨和枕木，轨距要在允许误差值之内。

(2)采用轨道平车运输大型构件时，应对运梁用的轨道平车的转向托盘或转盘、制动器，按设计进行检查，确认合格后，方可使用。

(3)托运大型预制构件时，应设专人指挥。

(4)构件运输时，速度要缓慢，时速不宜超过3km/h。

2. 平板拖车运输中的安全控制要点

(1)大型预制构件平板拖车运输，时速应控制在5km/h以内。

(2)运输超高、超宽、超长构件时，牵引车上应悬挂安全标志。

(3)平板拖车运输构件时，除一名驾驶员主驾外，还应指派一名助手，协助瞭望，及时反映安全情况和处理安全事宜。

(4)重车下坡应缓慢行驶，并应避免紧急刹车。

(5)装卸车应选择平坦、坚实的路面为装卸点。装卸车时，机车、平板车均应刹闸。

(6)重车停过夜时，应用木块将平车的底盘均衡垫实。

3. 水上运输中的安全控制要点

(1)水上运输作业应报当地港航管理部门，取得批准后，在指定的时间和水域进行。

(2)驳船装载的预制构件应用撑木、垫木将构件安放平稳。

(3)拖船牵引浮运钢套箱、钢沉井时,应在了解航道的水深、流速等情况后,制定拖船牵引方案。

(4)托运中应派出监护船只检查牵引绳索和浮运物件的稳定情况,发现问题应立即采取措施。

(5)当拖轮将浮运船拖至安装地点后,应交由安装负责人指挥,定位浮船就位锚固后,方可开走拖轮。

(七)基坑工程施工安全监测要点

1. 基坑监测的目的

(1)检验设计所采取的各种假设和参数的正确性,指导基坑开挖和支护结构的施工,确保施工安全。

(2)确保基坑支护结构和相邻建筑物的安全。

(3)积累工程经验,为提高基坑工程的设计和施工的整体水平提供依据。

2. 基坑监测的基本要求

(1)监测工作必须是计划的。

(2)监测数据必须是可靠真实的。

(3)监测数据必须是及时的。

(4)埋设于结构中的监测元件应尽量减少对结构的正常受力影响。

(5)基坑工程在开挖和支撑施工过程中的力学效应是从各个侧面同时展现出来的。

(6)基坑监测应整理完整的监理资料。

3. 监测仪器和方法

基坑工程施工现场监测的内容分为两部分,即围护结构本身和相邻环境。围护结构中包括围护桩墙、支撑、围檩和圈梁、立柱、坑内土层五部分。相邻环境中包括相邻土层、地下管线、相邻房屋等三部分。

(1)肉眼观察。肉眼观察是不借助于任何量测仪器,而用肉眼凭经验观察获得对判断基坑稳定和环境安全性有用的信息,这是一项十分重要的工作,在进行其他需使用仪器的监测项目前,由有一定工程经验的监测人员操作。

(2)围护墙顶水平位移和沉降监测。围护墙顶沉降监测方法主要采用精密水准测量,在一个测区内,应设 3 个以上基准点,基准点要设置在距基坑开挖深度 5 倍的距离以外的稳定地点。

(3)深层水平位移测量。深层水平位移就是测量围护桩墙和土体在不同深度上的点的水平位移,通常采用测斜仪测量,将围护桩墙在不同深度上的点的水平位移按一定比例绘制出水平位移随深度变化的曲线,即围护桩墙深层挠曲线。

(4)土体分层沉降测试。土体分层沉降是指离地面不同深度处土层内的点的沉降或隆起,通常用磁性分层沉降仪量测。

(5)基坑回弹监测。基坑回弹是基坑开挖对坑底的土层的卸荷过程引起基坑底面及坑外一定范围内土体的回弹变形或隆起。深大基坑的回弹量对基坑本身和邻近建筑物都有较大影响,因此需作基坑回弹监测。基坑回弹监测可采用回弹监测标和深层沉降标两种,当分层沉降环埋设于基坑开挖面以下时,所监测到的土层隆起也就是土层回弹量。

(6)土压力监测。土压力是基坑支护结构周围的土体传递给挡土构筑物的压力,通常采用在量测位置上埋设压力传感器(压力盒)来进行。土压力盒实测的压力为土压力和孔隙水压力的总和,应当扣除孔隙水压力计实测的压力值,才是实际的土压力值。

(7)支挡结构内力监测。采用钢筋混凝土材料制作的围护支挡构件,其内力或轴力通常是在钢筋混凝土中埋设钢筋计,通过测定构件受力钢筋的应力或应变,然后根据钢筋与混凝土共同工作、变形协调条件计算得到。钢筋计有钢弦式和电阻应变式两种。

七、隧道工程施工安全控制点

(一)隧道工程施工安全总体控制要点

(1)施工场地应作出详细的部署和安置。

(2)进洞前应先做好洞口工程,做好天沟、边沟等排水设施,确保地表水不致危及隧道的施工安全。

(3)隧道施工的各作业队、各班组间,应建立完善的交接班制度。

(4)所有进入隧道工地的人员,必须按规定配带安全防护用品,遵章守纪,听从指挥。

(5)遇有不良地质地段施工时,应按照先治水、短开挖、弱爆破、先护顶、强支护、早衬砌的原则稳步前进。

(二)开挖、凿孔及爆破作业安全控制要点

(1)开挖人员到达工作地点时,应首先检查工作面是否处于安全状态。

(2)人工开挖土质隧道时,保持必要的安全操作距离。

(3)机械凿岩时,宜采用湿式凿岩机或带有捕尘器的凿岩机。

(4)使用带支架的风钻钻眼时,必须将支架安置稳妥。

(5)严禁在残眼中继续钻眼。

(6)钻孔台车进洞时要有专人指挥,认真检查道路状况和安全界限,其行走速度不得超过25m/min。

(7)洞内爆破必须统一指挥,并由经过专业培训且持有爆破操作合格证之专业爆破人员进行作业。

(8)装药与钻孔不得平行作业。

(9)装药前应检查爆破工作面附近的支护是否牢固。炮眼内的泥浆、石粉应吹洗干净。

(10)爆破后必须经过通风排烟。

(11)当发现盲炮时,必须由原爆破人员按规定处理。

(三)洞内运输中的安全控制要点

(1)进洞的各类机械与车辆,宜选用带净化装置的柴油机动力,燃烧汽油的车辆和机械不得进洞。

(2)所有运载车辆不准超载、超宽、超高运输。

(3)进出隧道的人员应走人道,不得与机械或车辆抢道,严禁扒车、追车或搭车。

(4)人工装渣时,应将车辆停稳并制动。漏斗装渣时,应有联络信号。

(5)在隧道工程外部运输爆破器材时,必须遵守国家现行的民用爆炸物品管理条例。

(四)对支护的安全要求

(1)隧道各部(包括竖井、斜井、横洞及平等导洞)开挖后,除围岩完整坚硬、设计文件中

规定不需支护者外，都必须根据围岩情况、施工方法选用有效的支护。

(2)施工期间，现场施工负责人应会同有关人员对支护各部定期进行检查。

(3)洞口地段和洞内水平坑道与辅助坑道(横洞、平行导坑等)的连接处，应加强支护或及早进行永久衬砌。

(4)洞内支护，应随挖随支护，支护至开挖面的距离一般不得超过4m。

(5)不得将支撑立柱置于废渣或活动的石头上。

(6)开挖漏斗孔应加强支护，并加设盖板。

(7)喷锚支护宜采用光面爆破，危石应清除，脚手架应牢固可靠，喷射手应配带必要的防护用品。

(8)当发现已喷锚区段的围岩有较大变形或锚杆失效时，应立即在该区段增设加强锚杆，其长度不小于原锚杆长度的1.5倍。

(五)对衬砌的安全要求

(1)随着隧道各部开挖工作的前进，应及时进行衬砌或压浆，特别是门洞建筑的衬砌必须尽早施工，地质不良地段的洞口必须先完成。

(2)衬砌使用的脚手架、工作平台、跳板、梯子等应安装牢固，不得有露头的钉子和突出的尖角。

(3)脚手架及工作平台上的铺板，应钉铺严密。

(4)在2m以上高处作业时，应符合国家高处作业的有关规定。

(5)在洞内作业地段倾斜衬砌材料时，人员和车辆不得穿行。

(6)安装、拆除模板、拱架时，工作地段应有专人监护。

(7)拆除灌筑混凝土模板内支撑时，应随拆随灌。

(8)用石料砌筑边墙时，应间歇进行，以免坍塌。

(9)压浆机在使用前应进行检查并试运转，管路连接要完好，压力要正常。

(10)严禁在洞内熬制沥青。

(六)竖井与斜井施工安全控制要点

(1)竖井与斜井的井附近，应在施工前做好修整，周围应修好排水沟、截水沟，防止地面水侵入井中，发生坍塌。

(2)当工作面附近或井筒未衬砌部分发现有落石，支撑发响或大量涌水时，工作面施工人员应立即循安全梯或使用提升设备撤出井外，并报告处理。

(3)在井口明显部位应设置醒目的安全标志及有关施工技术安全规则。

(七)隧道施工中有关照明、排水及防火的规定和要求

1.有关照明的规定和要求

(1)隧道内的照明灯光应保证亮度充足、均匀、不闪烁。

(2)隧道内用电线路，均应使用防潮绝缘导线，并按规定的高度有瓷瓶悬挂牢固。

(3)隧道内各部照明电压应为：开挖、支撑及衬砌作业地段为12~36V；成洞地段为110~220V；手提作业灯为12~36V。

2.有关排水的规定和要求

(1)在有地下水排出的隧道，必须挖凿排水沟。

(2)抽水机械宜采用电力机械,不得在隧道内使用内燃抽水机。

(3)隧道开挖中如预计要穿过涌水地层,且采用超前钻孔探水,查清含水层厚度、岩性、水量、水压等,为防治涌水提供依据。

(4)如发现工作面有大量涌水时,应即令工人停止工作,撤至安全地点。

3.有关防火的规定和要求

(1)各洞、井口施工区,应设置有效而数量足够的消防器材,并设明显标志,定期检查、补充和更换,不得挪作他用。

(2)洞口20m范围内的杂草必须清除。洞内严禁明火作业与取暖。

(3)洞内不得存放汽油、煤油、变压器油和其他易燃物品。

(八)瓦斯防治

(1)隧道施工发现瓦斯时,应加强通风,采取防范措施。

(2)瓦斯防治主要是消除瓦斯超限和积存,断绝一切可能引燃瓦斯爆作的火源。

(3)掘进工作面风流中的瓦斯浓度达到1%时,必须停止电钻打眼。

(4)因超过瓦斯浓度规定而切断电源的电气设备,必须在瓦斯浓度降低到1%以下时方可开动。

(5)瓦斯隧道中的机具,如电瓶车、通风机、电话机、放炮器等,必须采用防爆型。

(6)有瓦斯的隧道,每个洞必须设专职瓦斯检查员。一般情况下每小时检查一次,将结果记入记录簿。检测瓦斯的检定器应每季度校对一次。

(7)通风必须采用吹入式。

(8)隧道施工时必须配备要的急救和抢救的设备和人员。施工人员必须具有防止瓦斯爆炸方面的安全知识。

八、特殊季节与夜间施工的安全要点

(一)雨季施工的安全要点

1.合理组织施工

根据雨期施工的特点,将不宜在雨期施工的工程提早或延后安排,对必须在雨期施工的工程制定有效的措施。

2.做好施工现场的排水

(1)根据施工总平面图,排水总平面图,利用自然地形确定排水方向,按规定坡度挖好排水沟,确保施工工地的排水畅通。

(2)应严格按防汛要求,设置连续、通畅的排水设施和其他应急设施,防止泥浆、污水、废水外流或堵塞下水道和排入河沟。

(3)若施工现场临近高地,应在高地的边缘(现场的上侧)挖好截水沟,防止洪水冲入现场。

(4)雨期前应做好傍山的施工现场边缘的危石处理,防止滑坡、塌方威胁工地。

(5)雨期应设专人负责,及时疏浚排水系统,确保施工现场排水畅通。

3.运输道路

(1)对路基易受冲刷部分,应铺石块、焦渣、砾石等渗水防滑材料或者设涵管排泄,保证路基的稳固。

(2)雨期应指定专人负责维修路面,对路面不平或积水处应及时修好。

(3)场区内主要道路应当硬化。

4. 临时设施及其他准备工作

(1)施工现场的大型临时设施,选址要合理,在雨期前应整修加固完毕,大风大雨后,应当检查临时设施地基和主体结构情况,发现问题及时处理。

(2)雨期前应清除沟边多余弃土,减轻坡顶压力。

(3)遇到大雨、大雾、高温、雷击和6级以上大风等恶劣天气,应当停止脚手架的塔设和拆除作业。

(二)冬期施工的安全要点

1. 冬期施工的概念和特点

(1)冬期施工的概念

根据当地多年气象资料统计,当室外日平均气温连续5d稳定低于5℃即进入冬期施工;当室外日平均气温持续5d高于5℃时解除冬期施工。

(2)冬期施工的特点

①冬期施工由于施工条件及环境不利,是各种安全事故多发季节;

②隐蔽性、滞后性;

③冬期施工的计划性和准备工作时间性强。

2. 冬期施工的安全措施

(1)爆破法破碎冻土时,爆破施工要离建筑物50m以外,距高压电线200m以外;爆破工作应由专业人员指挥;现场应设立相关警告标志;放炮后要经过20min才可以前往检查。

(2)人工破碎冻工时,掌铁楔的人与掌锤的人不能脸对脸,应当互成90°。

(3)机械挖掘时应当采取措施注意行进和移动过程的防滑。

(4)蒸热法溶解冻土应防止管道和外溢的蒸汽、热水烫伤作业人员。

(5)电热法溶解冻土时,必须有周密的安全措施;工作地点要设置危险标志,通电时严禁靠近;进入警戒区内工作时,必须先切断电源;当含有金属夹杂物或金属矿石的冻土时,禁止采用电热法。

(6)春融期间开工前必须进行工程地质勘察,开工前,对坑槽沟边坡和固壁支撑结构应当随时进行检查。

(7)风雪过后作业,应当检查安全保险装置并先试吊,确认无异常方可作业。

(三)高温季节

(1)对职工进行防暑降温知识的宣传教育,使职工知道中暑症状,学会对中暑病人所应采取的应急措施。

(2)合理调整作息时间,避开中午高温时间作业。

(3)对在容器内和高温条件下的作业场所,要采取通风和降温措施。

(4)对高温作业人员,需经常进行健康检查,发现有作业禁忌者,应及时调离高温作业岗位。

(5)要保证及时供应符合卫生要求的茶水、清凉含盐饮料、绿豆汤等。

(6)及时给职工发放防暑降温的急救药品和劳动保护用品。

(四)夜间施工

(1)夜间施工时,现场必须有符合操作要求的照明设备,施工住地要设置路灯。

(2)施工中的小型桥涵两侧及穿越路基的管线等临时工程,应设置围栏,并悬挂红灯示警标志。

(3)大型桥梁攀登扶梯处应设有照明灯具。

(4)夜间作业船只或在通航江河上长期停置的锚船、码头船等应按港航监督部门规定,配置齐全的夜航、停泊标志灯。船只停靠码头应设照明灯。

九、工序作业中的安全要点

公路工程构造物的建成,都是通过施工工序实现的,人、机、料等均是在工序中集中、流动,因此,施工安全的基点也在工序之中。如果工序的安全能得到保障,则工程项目的安全也就有了基本保证。抓安全生产,必须从工序抓起,而是抓安全的基点、着手点。下面就工序作业中的安全要点分别加以说明。

(一)模板

1.模板作业场地

(1)模板作业场地必须符合安全要求,合理布局。

(2)作业场地应搭设简易作业棚,修有防火通道,配备必须的防火器具。

(3)钢模、木材应堆放平稳,作业场地应避开高压线路。

2.模板制作

(1)制作模板时应细致选料。钢模不得使用扭曲严重、螺钉孔过多,开裂等材料。木模不得使用腐朽、扭裂和大横节疤木料。

(2)制作钢木结合模板时,其钢木结合部位的强度、刚度应符合设计要求。

3.模板支立及拆除

(1)在基坑或围堰内支模时,应检查基坑有无塌方现象,围堰是否坚固。

(2)向基坑内吊送材料和工具时,不得抛掷。机械吊送应有专人指挥。

(3)支立模板要按工序操作。支立模板时,底部固定后再进行支立,防止滑动倾覆。

(4)用机械吊运模板时,应先检查机械设备和绳索的安全性和可靠性,起吊后下面不得站人或通行。

(5)拆除摸板作业时,应制订安全措施,按顺序分段拆除,不得留有松动或悬挂的模板,严禁硬砸或用机械大面积拉倒。拆除模板不得双层作业。

(二)支架

(1)支架所用的桩木、万能杆件应使用合格材质。

(2)地基承载能力应符合设计标准。

(3)根据施工季节,支架工程应采取防冲刷或防冻涨等安全措施。

(4)支立排架应设专人统一指挥,要按设计要求施工,应有足够的承载能力和稳定性。

(5)支立排架时,不得与便桥或脚手架相连,防止支架失稳。

(三)脚手架

(1)钢管脚手架连接材料应使用扣件,接头应错开,螺栓要紧固。

(2)脚手板要铺满、绑牢,无探头板,并要牢固地固定在脚手架的支撑上。脚手架的任何部分均不得与模板相连。

(3)脚手脚要设置栏杆。悬空脚手架应用栏杆或撑木固定稳妥、牢靠,防止摆动摇晃。

(4)搭设在水中的脚手架,应经常检查受水冲刷情况,发现松动、变形或沉陷应及时加固。

(5)吊篮应严格按照设计要求施工。

(6)脚手架高度在10~15m时应设置一组(4~6根)缆风绳。

(7)拆除脚手架时,周围应设置护栏或警戒标志,并应从上而下地拆除,不得上下双层作业。

(四)钢筋

(1)钢筋施工场地应满足作业需要,机械设备的安装要牢固、稳定,作业前应对机械设备进行检查,合格后方可使用。

(2)钢筋调直及冷拉场地应设置防护挡板,作业时,非作业人员不得进入现场。

(3)钢筋切断机作业前,应先进行试运转,检查刃口是否松动,运转正常后,方能进行切断作业。

(4)采用人工锤击切断钢筋时,钢筋直径不宜超过20mm。加工较长的钢筋时,应有专人帮扶。

(五)焊接

在公路工程施工中,由于结构复杂,对焊接技术要求很高,工作量也相当大,而且常常处于高处进行施焊,因此对施工中的安全技术措施也很高,其安全技术措施应全面、细致而具体,要有针对性地制定安全技术措施方案,确保施工作业的安全。下面以电弧焊为例介绍焊接的安全要点。

(1)焊接设备上各元件有完整的防护外壳和保护罩。

(2)现场使用的电焊机应设有可防雨、防潮、防晒的机棚。

(3)焊接时,焊接和配合人员必须采取防止触电、高空坠落、瓦斯中毒和火灾等事故的安全措施。

(4)高空焊接或切割时,必须挂好安全带,焊件周围和下方应采取防火措施并有专人监护。

(5)雨天不得露天电焊。

(6)长期停用的电焊机,使用前,必须按要求进行检查,合格后才能使用。

(7)施焊现场的10m范围内,不得堆放氧气瓶、乙炔发生器、木材等易燃易爆物。

(六)起重吊装

(1)大型吊装工程,应编制安全技术措施,并向参加施工作业人员进行安全技术交底。

(2)吊装作业应指派专人统一指挥。

(3)吊装作业前必须严格检查起重设备各部件的可靠性和安全性,并进行试吊。各种起重机具不得超负荷使用;地锚要牢固,缆风绳不得绑扎在电杆或其他不稳定的物件上。

(4)作业中遇有停电或其他特殊情况,应将重物落至地面,不得悬在空中。

(七)高处作业

按照国际规定:凡在坠落高度基准面2m以上(含2m)有可能坠落的高处进行的作业均

称为高处作业。一般情况下,当人在2m以上高度坠落时就有可能会造成重伤,残废甚至死亡。因此,对高作业的安全技术措施在开工以前就需特别留意以下有关事项:

1.注意事项

(1)施工组织设计中应制定相应的技术措施。

(2)对施工人员进行技术教育和现场技术交底;做好对高处作业人员的培训考核。

(3)所有安全标志,工具和设备等,在施工前逐一检查。

(4)发现安全措施有隐患时,立即采取措施,消除隐患,必要时停止作业。

(5)遇到各种恶劣天气时,必须对各类安全设施进行检查、校正、修理使之完善。

(6)现场的冰霜、水、雪等均须清除。

2.高处作业时的安全防护技术措施

(1)凡是进行高处作业施工的,应有相应的安全设施和通信工具。

(2)凡从事高处作业人员应接受高处作业安全知识的教育;高处作业人员应经过体检,合格后方可上岗。

(3)高处作业所用工具、材料严禁投掷。

(4)在雨雪天应采取防滑措施,当恶劣气候条件下得进行露天高处作业。

(5)高处作业前,工程项目部应组织有关部门对安全防护设施进行验收,经验收合格签字后方可作业。

十、公路工程临时用电安全要求

(一)公路工程施工施工现场临时用电的基本原则

(1)施工现场的电工、电焊工属于特种作业工种,必须按国家有关规定经专门安全作业培训,取得特种作业操作资格证书,方可上岗作业。其他人员不得从事电气设备及电气线路的安装、维修和拆除。

(2)施工现场的临时用电必须采用TN-S搭铁、接零保护系统。即具有专用保护零线(PE线)、电源中性点直接接地的220/380V三相五线制系统。

(3)施工现场的临时用电必须按照“三级配电二级保护”设置。

(4)施工现场的用电设备必须实行“一机、一闸、一漏、一箱”制,即每台用电设备必须有自己专用的开关箱,专用开关箱内必须设置独立的隔离开关和漏电保护器。

(5)正确识别“小心有电、靠近危险”等标志或标牌,不得随意靠近、随意损坏和挪动标牌。

(二)配电室的安全技术要点

(1)施工现场配电室位置应靠近电源,周边道路畅通,进、出线方便,周围环境灰尘少、潮气少、振动小,无腐蚀介质,无易燃易爆物品;不要设在容易积水的场所或其正下方,并避开污染源的下风侧。尽量靠近负荷中心,以减少线路的长度和导线的截面积,提高配电质量,便于维护。

(2)配电室和控制室应能自然通风,并应采取措施防止雨雪和小动物出入;成列的配电屏(盘)和控制屏(台)两端应与重复接地及保护零线做电气连接。

(3)配电屏(盘)正面的操作通道宽度单列布置不小于1.5m,双列布置不小于2m,配电屏(盘)后的维护通道宽度不小于0.8m,侧面的维护通道不小于1m;配电室的顶棚距地面不低于3m;配电室内设值班或检修室时,该室外距配电屏(盘)的水平距离应大于1m,并应有屏障隔离;配电室内的裸母线与地面垂直距离小于2.5m时,应采取遮栏隔离,遮栏下面通行道的高度不小于1.9m;配电装置的上端距顶棚不小于0.5m。

(4)配电屏(盘)应装设有功和无功电度表,并应分路装设电流、电压表;电流表与计费电度表不许共用一组电流互感器;配电屏(盘)应装设短路、过负荷保护装置和漏电保护器;配电屏(盘)上的各配电线路应编号,并标明用途标记;配电屏(盘)或配电线路维修时,应悬挂停电标志牌,停、送电必须由专人负责。

(5)配电室的建筑物和构筑物的耐火等级应不低于3级,室内应配置砂箱和绝缘灭火器;母线均应涂刷成有色油漆;配电室的门向外开,并配锁,专人保管。

(三)施工现场配电线路的安全技术要点

施工现场的配电线路包括室外线路和室内线路。室内线路通常有绝缘导线和电缆的明敷设和暗敷设,室外线路主要有绝缘导线架空敷设和绝缘电缆埋地敷设两种,也有电缆线架空明敷设的。

1. 室外线路的安全技术要点

(1)室外架空线路由导线、绝缘子、横担及电杆等组成。室外架空线路必须采用绝缘铜线或绝缘铝线,铝线的截面积大于16mm^2,铜线的截面积大于10mm^2。

(2)架空线路严禁架设在树木、脚手架及其他非专用电杆上,且严禁成束架设;在临近输电线路的建筑物上作业时,不能随便往下扔金属类杂物;更不能触摸、拉动电线或电线接触钢丝和电杆的拉线。

(3)严禁在高压线下方搭设临建、堆放材料和进行施工作业;在高压线一侧作业时,架空线与施工现场地面最小距离一般为4m,与机动车道一般为6m,与铁路轨道一般为7.5m。

(4)电杆埋设深度宜为杆长的1/10加0.6m。但在松软地质处应加大埋设深度或采用卡盘等加固。跨越机动车道的成杆应采取单横担双绝缘子;15°~45°的转角杆应采用双横担双绝缘子;45°以上的转角杆应采用十字横担;直线杆采用针式绝缘子,耐张杆采用蝶式绝缘子。

(5)铺设电缆的方式和地点,应以方便、安全、经济、可靠为依据,电缆直埋方式,施工简单,投资省,散热好,应首先考虑;铺设地点应保证电缆不受机械损伤或其他热辐射,同时应尽量避开建筑物和交通设施。

(6)电缆直接埋的深度不小于0.6m,并在电缆上下均匀铺设不小于50mm厚的细砂,再覆盖砖等硬质保护层,并插上标志牌;电缆穿过建筑物。构筑物时须设置套管。

(7)室外电缆线架空铺设时,应沿墙壁或电杆设置,严禁用金属裸线作绑线,电缆的最大弧垂距地面不小于2.5m。

2. 室内线路的安全技术要点

(1)在宿舍工棚、仓库、办公室内严禁使用电饭煲、电水壶、电炉、电热杯等较大功率电器。如需使用,应由项目部安排专业电工在指定地点安装可使用较高功率电器的电气线路和控制器。严禁使用不符合安全的电炉、电热棒等。

(2)严禁在宿舍内乱拉乱接电源,非专职电工不准乱接或更换熔丝,不准以其他金属丝代替熔断丝;严禁在电线上晾衣服和挂其他东西等。

(3)室内线路必须采用绝缘导线,距地面高度不得小于2.5m;接户线在挡距内不得有接头，进线处离地高度不得小于2.5m，过墙应穿管保护，并采取防雨措施，室外端应采用绝缘子固定；室内导线的线路应减少弯曲，采用瓷夹固定导线时，导线间距应不小于35mm，瓷夹间距应不大于800mm，采用瓷瓶固定导线时，导成间距应不小于100mm，瓷瓶间距应不大于1.5m；钢索配线的吊架间距不宜大于12m，采用护套绝缘导线时，允许直接敷设于钢索上。

(4)导线的额定电压应符合线路的工作电压；导线的截面积要满足供电容量要求和机械强度要求，但铝线截面应不小于2.5mm^2，铜线的截面应不小于1.5mm^2，导线应尽量减少分支，不受机械作用；室内线路布置尽可能避开热源，应便于线路检查。

(四)施工现场配电箱与开关箱设置的安全技术要点

(1)施工现场临时用电一般采用三级配电方式，即总配电箱(或配电室)。总配电箱以下设分配电箱，再以下设开关箱，开关箱以下就是用电设备。

(2)总配电箱应设在靠近电源的地区；分配电箱应装设在用电设备或负荷相对集中的地区；分配电箱与开关箱的距离不得超过30m；开关箱应由末级分配电箱配电，开关箱与其控制的固定式用电设备的水平距离不宜超过3m。

(3)配电箱与开关箱应装设在通风、干燥及常温场所。严禁装设在有严重损伤作用的瓦斯、烟气、蒸汽、液体及其他有害介质中，不得装设在易受撞击、振动、液体侵溅以及热源烘烤的场所；配电箱与开关箱周围应有足够两人同时工作的空间和通道，不得堆放任何妨碍操作、维修的物品，不得有杂草、灌木等。

(4)配电箱、开关箱应采用铁板或优质绝缘材料制作，铁板厚度应大于1.5mm；配电箱内的电器应首先安装在金属或非木质的绝缘电器安装板上，然后整体紧固在配电箱箱体内；金属板与配电箱箱体应作电气连接。

(5)配电箱、开关箱内的连接线采用绝缘导线，接头不松动，不得有外露带电部分；配电箱、开关箱内的工作零线应通过接线端子板连接，与保护零线接线端子板分设；配电箱、开关箱的金属箱体、金属电器安装板以及箱内电器的不应带电金属底座、外壳等必须做保护接零，保护零线应通过接线端子板连接。

(6)动力配电箱与照明配电箱宜分别设置，如合置在同一配电箱内，动力和照明线应分路设置。

(7)配电箱、开关箱中的导线进线口和出线口应设在箱体的下底面，严禁设在箱体的上顶面，侧面，后面域箱门处；进线和出线应加护套分路成束并做防水弯；导线束不得与箱体进、出口直接接触；进入开关箱的电源线，严禁用插销连接；移动式配电箱、开关箱的进口线、出口线必须采用橡皮绝缘电缆。

(8)配电箱、开关箱应装设牢固、端正，移动式配电箱、开关箱应装设在坚固的支架上，固定式配电箱、开关箱的下底面与地面的垂直距离应大于1.3m，小于1.5m；移动式分配电箱、开关箱的下底与地面的垂直距离宜大于0.6m，小于1.5m；所有的配电箱、开关箱必须防雨、防尘。

(五)配电箱、开关箱内的电器装置安全技术要点

(1)配电箱、开关箱内的电器装置必须可靠完好，严禁使用破损、不合格电器，各种开关电器的额定值应与其所控制的用电设备的额定值相适应。

(2)每台用电设备应有各自专用的开关箱，必须实行“一机一闸”制，严禁用同一个开关电器直接控制两台及两台以上的用电设备(含插座)。

(3)在停、送电时、配电箱、开关箱之间应遵守合理的操作顺序：

送电操作顺序：总配电箱—分配电箱—开关箱；

断电操作顺序：开关箱—分配电箱—总配电箱。

正常情况下，停电时首先分断自动开关，然后分断隔离开关；送电时先合隔离开关，后合自动开关（出现电气故障时的紧急情况除外）。

(4)使用配电箱、开关箱时，操作者应接受岗前培训，熟悉所使用设备的电气性能和掌握有关开关的正确操作方法。

(5)总配电箱、分配电箱应装设总隔离开关和分路隔离开关、总熔断器和分路熔断器（或总自动开关和分路自动开关）。总开关电器的额定值，动作整定值应与分路开关电器的额定值、动作整定值相适应。

(6)总配电箱还必须安装漏电保护器、电压表、总电流表、总电度表和其他仪器。开关箱内的开关电器必须在任何情况下都可以使用电设备实行电源分离。

(7)开关箱内也必须安装漏电保护器，使用于潮湿和有腐蚀介质场所的漏电保护器应采用防溅型产品，总配电箱和开关箱中的漏电保护器应合理选用，使之具有分级分段保护的功能，漏电保护器至少每月检查一次，确保完好有效。

（六）配电箱、开关箱使用与维护的安全技术要点

(1)施工现场所有配电箱、开关箱都要由专人负责（专业电工），所有配电箱、开关箱应配锁，并标明其名称、用途，作出分路标记。

(2)开关箱操作人员应熟悉开关电器的正确操作方法；施工现场停业作业 1h 以上时，应将动力开关箱断电上锁。

(3)配电箱、开关箱内不得放置任何杂物，不得挂接其他临时用电设备；使用和更换熔断器时，要符合规格要求，严禁用铜丝等代替熔断丝。

(4)所有配电箱和开关箱每月必须由专业电工检查、维修一次，电工必须穿戴绝缘防护用品，使用电工绝缘工具；非电工人员不许私自乱接电器和动用施工现场的用电设备。

(5)配电箱的进线和出线不得受外力，严禁与金属尖锐断口和强腐蚀介质接触。

（七）自备发电机组的安全技术要点

(1)大型桥梁施工现场、隧道和预制场地，应有自备电源，以免因电网停电造成工程损失和出现事故。

(2)施工现场临时用自备发电机组的供配电系统应采用三相五线制中性点直接接地系统，并须独立设置，与外电线路隔离，不得有电气连接；自备发电机组电源应与外电线路电源联锁，严禁并列运行；发电机组应设置短路保护和过负荷保护。

(3)发电机控制屏宜装设交流电压表、交流电流表、有功功率表、电度表、功率因素表、频率表和直流电流表。

(4)发电机组的排烟管道必须伸出室外。发电机组及其控制配电室内严禁存放储油桶。

(5)在非三相五线制供电系统中，电气设备的金属外壳应做接地保护，其接地电阻不大于4Ω，并不得在同一供电系统上有的接地和接零。

（八）电动机械设备的安全技术要点

(1)塔式起重机、拌和设备、室外电梯，滑升模板、物料提升机等需要设置避雷装置的井

字架等，除应做好保护接零外，电动机械的金属外壳，必须有可靠的接地措施或临时接地装置，防止电动机械的金属外壳带电，电流就会通过地线流入地下，从而避免人身触电事故的发生。

(2)电动机械的供电线路必须按照用电规则安装，不可乱拉乱接。

(3)电动施工机械的负荷线，必须按其容量选用无接头的多股铜芯橡皮护套软电缆，其中绿/黄色线在任何情况下只能用作保护零线或重复接地。

(4)每一台电动机械的开关箱内，除应装设过负荷、短路、漏电保护装置外，还必须装设隔离开关。以便在发生事故时，迅速切断电源。

(5)大型桥梁外用电梯，属于载人、载物的客货两用电梯，要设置单独的开关箱，特别要有可靠的极限控制及通信联络。

(6)塔式起重机运行时，要注意与外电架空线路或其他防护设施保持安全距离。

(7)移动电动机械须事先关掉电源，不可带电移动电动机械。

(8)电动机械发生故障需停电检修。同时，须悬挂“禁止合闸”等警告牌，或者派专人看守，以防有人误将闸刀合上。

(9)电动机械操作人员要增强安全观念，严格执行机电设备安全操作规程。在操作时，应穿工作服、绝缘鞋等个人安全防护用品，严禁用手和湿布擦电动机械设备或在电线上悬挂衣物。

(九)电动工具使用的安全技术要点

(1)施工现场使用的电动工具一般都是手持式的，如电钻、冲击钻、电锤、射钉枪、电刨、切割机、砂轮、手持式电锯等，按其绝缘和防触电性能可分为3类，即Ⅰ类工具、Ⅱ类工具、Ⅲ类工具。

(2)一般场所(空气湿度小于75%)可选用Ⅰ类或Ⅱ类手持式电动工具，其金属外壳与PE线的连接点不应少于两处。装设的额定漏电动作电流不大于15mA，额定漏电动作时间小于0.1s的漏电保护器。

(3)在潮湿场所或金属构架上操作时，必须选用Ⅱ类或由安全隔离变压器供电的Ⅲ类手持式电动工具，严禁使用Ⅰ类手持式电动工具。使用金属外壳Ⅱ类手持式电动工具时，其金属外壳可与PE线相连接，并设漏电保护。

(4)在狭窄场所(锅炉内、金属容器、地沟、管道内等)作业时，必须选用由安全隔离变压器供电的Ⅲ类手持式电动工具。

(5)手持电动工具应配备装有专用的电源开关和漏电保护器的开关箱，严禁一台开关接两台以上设备，其电源开关应采用双刀控制；使用手持电动工具前，必须检查外壳、手柄、负荷线、插头等是否完好无损，接线是否正确(防止相线与零线错接)。

(6)手持电动工具开关箱内应采用插座连接，其插头、插座应无损坏，无裂纹，且绝缘良好；发现手持电动工具外壳、手柄破裂，应立即停止使用并进行更换。

(7)手持式电动工具的负荷线应采用耐气候型橡皮护套铜芯软电缆，并且不得有接头，在使用前必须做空载检查，运转正常后方可使用。

(8)作业人员使用手持电动工具时，应穿绝缘鞋，戴绝缘手套，操作时握其手柄，不得利用电缆提拉。

(9)长期搁置不用或受潮的工具，在使用前应由电工测量绝缘阻值是否符合要求。

(十)施工现场照明电器的安全技术要点

(1)一般场所选用额定电压为220V的照明器,特殊场所必须使用安全电压照明器,如隧道工程、有高温、导电灰尘或灯具距地高度低于2.4m等场所,电源电压应不大于36V;在潮湿和易触及带电体场所的照明电源电压不得大于24V;特别潮湿场所,导电良好地面、锅炉或金属容器、管道内工作的照明电源电压不得大于12V。

(2)临时照明线路必须使用绝缘导线。临时照明线路必须使用绝缘导线,户内(工棚)临时线路的导线必须安装在离地2m以上支架上;户外临时线路必须安装在离地2.5m以上支架上,零星照明线不允许使用花线,一般应使用软电缆线。

(3)在坑洞内作业,夜间施工或作业工棚、料具堆放场、仓库、办公室、食堂、宿舍及自然采光差等场所,应设一般照明、局部照明或混合照明。在一个工作场所内,不得只设局部照明。

(4)停电后作业人员需及时撤离现场的特殊工程,如夜间高处作业工程、隧道工程等,还必须装设由独立自备电源供电的应急照明。

(5)对于夜间可能影响飞机及其他飞行器安全通行的主塔及高大机械设备或设施,如塔式起重机外用电梯等,应在其顶端设置醒目的红色警戒照明。

(6)正常湿度(≤75%)的一般场所,可选用普通开启式照明器。

(7)潮湿或特别潮湿(相对湿度>75%)的场所,属于触电危险场所,必须选用密闭性防水照明器或配有防水灯头的开启式照明器。

(8)含有大量尘埃但无爆炸和火灾危险的场所,属于触电一般场所,必须选用防尘型照明器,以防灰尘影响照明器安全发光。

(9)有爆炸和火灾危险的场所,亦属触电危险场所,应按危险场所等级选用防爆型照明器。

(10)存在较强振动的场所,必须选用防振型照明器。

(11)有酸碱等强腐蚀介质场所,必须选用耐酸碱型照明器。

(12)一般220V灯具室外高度不低于3m,室内不低于2.4m;碘钨灯及其他金属卤化物灯安装高度宜在3m以上。

(13)任何灯具必须经照明开关箱配电与控制,应配置完整的电源隔离、过载与短路保护及漏电保护电器;路灯还应逐灯另设熔断器保护;灯具的相线开关必须经开关控制,不得直接引入灯具。

(14)进入开关箱的电源线,严禁用插销连接。

(15)暂设工程的照明灯具宜用拉线开关控制,其安装高度为距地面2~3m,职工宿舍区禁止设置床头开关。

(十一)施工现场安全用电技术档案8个要点

(1)施工现场用电组织设计的全部资料。

(2)修改施工现场用电组织设计资料。

(3)用电技术交底资料。

(4)施工现场用电工程检查验收表。

(5)电气设备试、检验凭单和调试记录。

(6)接地电阻,绝缘电阻,漏电保护器漏电动作参数测定记录表。

(7)定期检(复)查表。

(8)电工安装、巡检、维修、拆除工作记录。

(十二)触电事故的原因分析

(1)缺乏电气安全知识,自我保护意识淡薄。电气设施安装或接线由非专业电工操作,而是由自己安装。安装人又无基本的电气安全知识,装设不符合电气基本要求,造成意外的触电事故。发生这种触电事故的原因都是缺乏电气安全知识,无自我保护意识。

(2)违反安全操作规程。施工现场中,有人图方便,不用插头,在电箱乱拉乱接电线;有人在宿舍私自拉接电线照明,在床上接音响设备、电风扇,有的甚至烧水、做饭等,极易造成触电事故;也有人凭经验用手去试探电器是否带电或不采取安全措施带电作业,或带着侥幸心理在带电体(如高压线)周围作业,不采取任何安全措施,违章作业,造成触电事故等。

(3)不使用"TN-S"接零保护系统。有的工地未使用"TN-S"接零保护系统,或者未按要求连接专用保护零,无有效的安全保护系统。不按"三级配电二级保护"、"一机、一闸、一漏、一箱"设置,造成工地用电使用混乱,易造成误操作。并且在触电时,使得安全保护系统未起可靠的安全保护效果。

(4)电气设备安装不合格。电气设备安装必须遵守安全技术规定,否则由于安装错误,当人身接触带电部分时,就会造成触电事故。如电线高度不符合安全要求,太低,架空线乱拉、乱扯,有的还将电线拴在脚手架上,导线的接头只用老化的绝缘布包上,以及电气设备没有作保护搭铁、保护接零等,一旦漏电就会发生严重触电事故。

(5)电气设备缺乏正常检修和维护。由于电气设备长期使用,易出现电气绝缘老化,导线裸露,胶盖刀闸胶木破损,插座盖子损坏等。如不及时检修,一旦漏电,将造成严重后果。

(6)偶然因素。电力线被风刮断,导线接触地面引起跨步电压,当人走近该区城时就会发生触电事故。

第八节　公路工程养护工程安全生产技术

一、公路养护安全作业的基本要求

为保证公路养护作业人员和设备在养护作业过程中的安全以及车辆的安全运行,应当对公路养护作业提出以下要求。

(1)在养护作业前,应结合施工组织设计,制订安全保障方案,并报有关部门批准。对于较大规模的公路养护作业,应在施工组织设计的基础上,结合工程的具体情况,如公路等级、工程性质、工程规模、施工方式、交通量大小、是否封闭交通等,单独制订安全保障方案,并报送有关部门审批。

(2)养护作业单位均应按国家规定建立安全管理部门,配备专职或兼职安全管理人员,实施对养护作业人员的安全培训和教育。

(3)养护作业人员必须接受安全技术教育,遵守各项安全技术规程。

(4)公路管理单位或经营单位应加强养护安全作业的管理,公路管理机构应对养护安全作业进行监督和检查。

(5)公路养护作业的安全设施应始终处于良好的工作状态,在未完成养护作业前,任何人不得随意撤出或改变安全设施的位置,扩大或缩小控制区范围,以保证养护作业控制区安全控制的有效性。

二、公路养护作业控制区及安全设施

(一)公路养护作业控制区

公路养护作业需要一定的空间,养护作业控制区是指公路养护作业所设置的交通管理区域,分为警告区、上游过渡区、缓冲区、工作区、下游过渡区和终止区共6个区域。

1.警告区

从作业控制区起点设置的施工标志牌到上游过渡区之间的路段,用以警告车辆驾驶员已经进入养护作业路段,应按交通标志调整行车状态。

在作业控制区的6个分区中,警告区是最重要的一个分区。当车辆遇到警告区的第一块施工标志牌时,则意味着这时车辆已经进入作业控制区,在以后的路段上要通过设置于警告区内的交通标志提示车辆驾驶员前方将要发生什么,车辆的行驶状态应按照沿路所设置的交通标志牌的指示而随时改变,并且要使车辆驾驶员在到达工作区之前,能够有足够的时间改变车辆的行驶状态。

一般情况下,警告区的长度由下列因素所决定:

(1)车辆在警告区内改变行驶状态所需要的时间。

(2)作业控制区附近车辆发生拥挤时的最大排队长度。

警告区的最小长度:保证驶入警告区的车辆从驶入时的速度减速至工作区规定的限速所需要的路段的最小长度。一般可按表5-29选取。

警告区最小长度 表5-29

位　置	公路等级	设计速度(km/h)	警告区最小长度(m)
路段	高速公路、一级公路	120 100	1 600
		8 060	1 000
	二、三级公路	80	1 000
		60	800
		40	600
		30	400
各类平面交叉口	—		200

2.上游过渡区

保证车辆平稳地从封闭车道的上游横向过渡到缓冲区旁边非封闭车道的路段。

在上游过渡区中,包括车道封闭和路肩(或紧急停车带)封闭两种情况。

上游过渡区长度设置是否合理,可以在现场检验。若车辆在通过过渡区时经常有紧急制动或在过渡区附近拥堵较为严重,则可能是前方交通标志设置存在问题或上游过渡区的长度不足。

如果在上游过渡区处于隧道之内,由于隧道内光线较暗,同时隧道侧墙又会使驾驶员产生压抑感,为了提高安全性,隧道内上游过渡区的长度宜增加0.5倍,即隧道内上游过渡区的长度是正常情况的1.5倍。

车辆封闭上游过渡区的最小长度可按下表选取,当在隧道内时,车道封闭上游过渡区的最小长度按表5-30中数值的1.5倍选取。

车道封闭上游过渡区的最小长度 表5-30

封闭车速(km/h) \ 闭车道宽度(m)	3.0	3.5	3.75
60	70	90	90
40	30	40	40
20	10		

路肩封闭上游过渡区的最小长度可按表5-31选取。

路肩封闭上游过渡区的最小长度 表5-31

限制车速(km/h) \ 封闭路肩宽度(m)	1.5	1.75	2.5	3.0	3.5
60	20	20	30	40	50
40	20				
20	10				

3. 下游过渡区

保证车辆平稳地从工作区旁边的车道横向过渡到正常车道的路段。

设置下游过渡区是为了将车流在重新引回正常车道。若下游过渡区设置得当,会有利于交通流的平滑。下游过渡区的长度一般只需保证车辆有足够的路程来调整行车状态即可。下游过渡区的最小长度宜取30m。

如果利用对向车道来转移本向车流,本向车道的下游过渡区实际上就是对向车道的上游过渡区,因此,设置要求与上游过渡区相同。

4. 缓冲区

过渡区和工作区之间的路段。

缓冲区的设置主要是防止万一车辆驾驶员出现判断失误,有可能直接从过渡区闯入工作区,造成人员伤害和设备损坏。因此,设置缓冲区可以提供一个缓冲段,给失误车辆调整状态留有余地,避免发生严重事故。

缓冲区内不准堆放物品,也不允许养护作业人员在该区域内活动或工作。为了更有效地保护养护作业人员,在过渡区与缓冲区之间可以设置防撞装置,以加强防护作用。

缓冲区的最小长度宜取50m。

5. 工作区

养护作业的施工操作区。

工作区是养护作业的工作场所,也是养护作业人员工作、堆放建筑材料、停放工作设备和车辆的地方。为了保证安全,在工作区与开放交通的车道之间必须设置醒目的隔离装置。工作区的长度应根据作业的实际需要确定。工作区的布置应考虑为工程车辆提供安全的进出口。

6. 终止区

设置于工作区下游调整车辆运行状态的路段。

设置终止区是为了给通过或绕过养护路段的车辆提供一个调整行车状态的路段。在终止区的末端应设置解除超车等限制性交通标志,提示驾驶员其已经通过了养护作业路段,可以恢复正常行车状态。

终止区的最小长度宜取30m。

(二)公路养护安全设施

养护作业的安全设施是保证安全的重要因素之一。公路养护安全设施主要包括警告、提醒和引导车辆和行人通过养护作业控制区域,保护养护作业人员和设备安全等的设施。

为满足养护作业需要而临时设置和施画的交通标志、标线属于临时性安全设施,交通标志和标线应组合使用。

养护安全设施的设置是为了保护养护作业人员和设备安全,警告、提醒和引导车辆及行人通过养护作业控制区时集中注意力,加强防范意识。

1. 锥形交通标

锥形交通标由橡胶等柔性材料制成,底部应有一定的摩阻性能。形状为圆锥形或棱锥形,其颜色、尺寸和形状应符合《道路交通标志和标线》(GB 5768—2009)中的规定。布设间距宜为10~20m。用于夜间作业的应有反光功能,并配施工警告灯号。

2. 安全带

安全带由布质等柔性材料组成,宽度为10~20cm,带上有红白相间色,用于夜间作业的应有反光功能。宜与其他设施一起组合使用。

3. 施工隔离墩

施工隔离墩一般是由线性低密度聚乙烯等高强合成材料制成的空心半刚性装置,其上有黄、黑色和反光器,使用时其内部必须放置水袋或灌水,以达到消能的作用。如果灌水,一般所设置的水袋或所灌的水应达到其内部容积的90%。施工隔离墩之间应由连杆相连接,将整个工作区围起来。

4. 防撞桶(墙)

防撞桶(墙)是由线性低密度聚乙烯等高强合成材料制成的空心半刚性装置,其上有黄黑相间色,顶部可安装黄色施工警告灯号,使用时其内部应放置水袋或灌水,防撞墙两个为一组,组合在一起使用。

5. 移动式标志车

移动式标志车是带有动力装置或可移动装置(拖车)的安全防护设施,颜色为醒目的黄色,装有黄色施工警告灯号,其后部有醒目的标志牌,图案和显示形式可按实际需要改变。

移动式标志车的显示方式比普通的交通标志更醒目,可以在不同的养护作业情况下改变显示内容,具有较强的适应性。因此,移动式标志车可以为作业内容和地点经常变化的养护作业提供更为方便的安全防护。

6. 施工警告灯号

近年来,施工警告灯号被经常大量使用,且不断发展,已经出现了多种形式,特别是在高速公路上,除了《道路交通标志和标线》(GB 5768—2009)规定的以外,还可以采用施工警告频闪灯,可固定于公路路侧的竖杆上,车辆驾驶员在较远的距离就能够清楚地看到警告灯号。为了较好地起到警示作用,还可以将警告灯号沿路连线设置,达到更好的警示效果。

施工警告灯号应符合《道路交通标志和标线》(GB 5768—2009)中的规定。施工警告灯号宜与其他安全措施一起组合使用。

7. 夜间照明设施

当夜间进行养护作业时,应设置照明设施。照明必须满足作业要求,并覆盖整个工作区。

夜间作业的作业控制区布置必须设置施工警告灯号,所设置的交通标志必须具有反光功能。养护作业期间和结束以后应派专人看护照明设施。

8. 养护安全设施的设置与撤除

当进行养护作业时,应顺着交通流方向设置安全设施。当作业完成后,应逆着交通流方向撤出所设置安全设施,恢复正常交通。

三、公路养护安全设施设置

根据养护作业情况,为养护作业而临时设置的交通标志,主要有警告标志、禁令标志、知识标志和施工标志。交通标志的设置应符合《道路交通标志和标线》(GB 5768—2009)的规定外,在养护作业时,还应该根据具体情况设置于专门位置,并尽可能利用公路可变信息板,配以图案或文字说明。在弯道、纵坡处进行养护作业时,应根据实际情况增设交通标志。

当工作区在道路右侧时,交通标志宜设在车道右侧或工作区上游车道上,可参见《公路养护安全作业规程》(JTG H30—2004)。

当工作区在道路靠中央分隔带一侧时,交通标志宜设在中央分隔带护栏外侧或绿化带上,可参见《公路养护安全作业规程》(JTG H30—2004)。

1. 禁行标志的设置

禁行标志设置在禁止通行的道路入口附近,可参见《公路养护安全作业规程》(JTG H30—2004)。

2. 禁止驶入标志的设置

禁止驶入标志设置在禁止驶入的路段入口,或单行路的出口处,可参见《公路养护安全作业规程》(JTG H30—2004)。

3. 禁止超车标志的设置

禁止超车标志设置在禁止超车路段的起点,可参见《公路养护安全作业规程》(JTG H30—2004)。

4. 解除禁止超车标志设置在禁止超车路段的终点,可参见《公路养护安全作业规程》(JTG H30—2004)。

5. 限制速度标志的设置

限制速度标志设置在限制车辆速度的路段的起点,可参见《公路养护安全作业规程》(JTG H30—2004)。

6. 解除限制速度标志的设置

解除限制速度标志的设置在限制车辆速度的路段的终点,可参见《公路养护安全作业规程》(JTG H30—2004)。

7. 限制质量标志的设置

限制质量标志设置在需要限制车辆质量(总重)的桥梁两端,可参见《公路养护安全作业规程》(JTG H30—2004)。

8. 限制轴重标志的设置

限制轴重标志设置在需要限制车辆轴重的桥梁两端,可参见《公路养护安全作业规程》(JTG H30—2004)。

9. 窄路标志的设置

窄路标志设置在车行道变窄或车道数减少的路段之前适当位置,可参见《公路养护安全作业规程》(JTG H30—2004)。

10. 双向交通标志的设置

双向交通标志设置在双向分离行驶、因某种原因出现临时性、永久性不分离双向行驶的路段或由单向行驶进入双向行驶的路段之前适当位置,可参见《公路养护安全作业规程》(JTG H30—2004)。

11. 施工标志的设置

施工标志通常设置于作业控制区的最前端,可参见《公路养护安全作业规程》(JTG H30—2004)。

12. 车辆慢性标志的设置

车辆慢行标志设置与作业控制区内需要车辆慢行的路段,可参见《公路养护安全作业规程》(JTG H30—2004)。

13. 车道封闭标志的设置

车道封闭标志设置在封闭车道上游的适当位置,可参见《公路养护安全作业规程》(JTG H30—2004)。

14. 改道标志的设置

改道标志设置在车流方向发生变化的路段上游适当位置,可参见《公路养护安全作业规程》(JTG H30—2004)。

15. 线形诱导标或灯泡矩阵标志的设置

线性诱导标或灯泡矩阵标志设置在车流方向发生变化的路段上游适当位置,可参见《公路养护安全作业规程》(JTG H30—2004)。

16. 车道合流标志的设置

车道合流标志设置在因一条车道被封闭而要求车辆合流到另一车道上的路段上游适当位置,可参见《公路养护安全作业规程》(JTG H30—2004)。

因为养护作业的需要,还可以重新布置车道,使用临时性路面标线。临时性路面标线一般应使用与原路面标线不同的颜色加以区分,规定统一使用黄色路面标线作为临时性路面标线。养护作业期间,原有路面标线与临时性路面标线有矛盾的,在不能用其他方式加以区分时,必须除去或覆盖。

四、公路养护作业控制区布置

公路养护作业控制区布置应考虑养护作业的内容与要求、时间和周期、交通量、经济效益等因素,控制区内交通标志的设置必须合理、前后协调,起到引导车流平稳变化和运行的作用。

(一)高速公路及一级公路养护作业控制区布置

1. 基本要求

高速公路及一级公路养护作业控制区的布置应当满足以下要求:

(1)工作区应设置工程车辆专门的进口和出口,出入口应设在顺行方向的下游过渡区内。

(2)同一方向不同断面的相同车道同时维修作业,下游工作区距上游工作区1 000m以上时,应在下游工作区前端设置施工标志。如果下游工作区距上游工作区1 000m以内,可以作为一个作业控制区布置。

如果在一个车道上连续布置了作业控制区,除了第一个作业控制区必须按规定的要求布置外,后续的作业控制区可以适当简化。

(3)同一方向不同断面的不同车道不宜同时养护作业;当必须同时养护作业时,其控制区布设间距,高速公路应不小于1 000m,一级公路应不小于500m。

如果同一方向不同断面的不同车道同时进行养护作业就会给车辆行驶造成困难,特别是施工的断面间距较小时,车辆在通过不同的断面时需要不断改变车道,形式轨迹变成S形,容易引发交通事故。因此,应尽量避免这种布设方式。

(4)当单向三车道以上(含三车道)的公路中间车道养护作业时,应与相邻一侧车道同时封闭。

单向多车道公路的中间车道需要养护时,如果单独封闭需要养护的中间车道,而同时开放两侧的车道,会给在作业控制区内的作业人员造成心理压力。由于活动范围较小,不安全的隐患较多。因此,这不是一种好的作业控制区布置方案,如果必须这样布置,应同时再封闭一条相邻车道。

(5)应利用作业区上游的可变信息板显示“前方××公里封闭车道施工,请谨慎驾驶”等信息。

2.养护作业控制区的布置

在警告区内设置施工标志、限速标志、可变标志牌、线形诱导标等;在上游过渡区起点至下游过渡区终点之间应放置锥形交通路标;在缓冲区与工作区交界处应布设路栏。控制区内其他安全设施可以视具体情况而定。养护作业控制区的布置应按以下要求进行:

(1)在作业控制区内必须设置两块施工标志,一块设置在作业控制区最前端,另一块设置在警告区的中间断面。警告区最小距离S按照表5-29选取。在警告区内的其他断面处要设置禁止超车标志、限速标志、窄路标志以及线性诱导标。在上游过渡区内要设置移动式标志车,上游过渡区的距离按表5-30选取。在工作区的前端要设置护栏,护栏上要安装施工警告灯号。从上游过渡区到终止区必须用锥形交通路标按照规定的距离围起来。

(2)当需要布置改变交通流方向的作业控制区时,可与中央分隔带开口位置相结合,利用非作业控制区一侧的车道。作业控制区布置示例参见《公路养护安全作业规程》(JTG H30—2004)。当警告区范围内有入口匝道时,应在匝道右侧路肩外设置施工标志。

改变交通流方向的作业控制区布置,因为要借用对向车道,因此,除了本向车道要按照规定的要求布置作业控制区外,对向车道也要按照规定的要求布置作业控制区。

(3)立交区进出口匝道养护作业控制区的布置,应根据工作区在匝道上的具体位置和匝道的长度确定。当匝道长度小于表5-29中规定的警告区最小长度时,作业控制区最前端的交通标志可设置于匝道的起点处,由于匝道的车速较低,这样也不会影响作业和交通安全。此外,由于匝道较窄,又是曲线,因此,要求在匝道的起点处均应设置施工标志,提前提示驾驶员前方有养护施工控制区。

(4)在同一位置的作业时间在半天以内时,可适当减少交通标志,但应设置施工标志以及锥形交通路标，并应在上游过渡区内设置移动式标志车或配备交通指挥人员。

临时性定点养护属于高速公路和一级公路日常养护作业的一种。在同一地点作业时间超过半天但能够在当天完成的，应按临时定点养护布置作业控制区。临时性定点养护主要有地面裂缝修理、路面壅包修理、路面坑槽修理、路面接缝修理、交通工程及其他设施维修等。

(5)当养护作业的位置是移动的，可按实际条件适当简化。移动养护作业主要有绿化浇水、路面清扫等。

(二)二级和三级公路养护作业控制区布置

二级和三级公路与高速公路和一级公路有所不同，交通的特点是无隔离设施的双向交通，平面交叉，养护作业的情况比较复杂。

在警告区内应设置施工标志、限制速度标志、可变标志牌、线性诱导标等；在上游过渡区起点至下游过渡区终点之间应放置锥形交通路标；在缓冲区与工作区交界处应布设路栏；在工作区周围应布设施工隔离墩或安全带。控制区内其他安全设施可以视具体情况而定。在控制区上游因道路线形造成视距不良时，应在控制区上游适当位置增设施工标志。养护作业区的布置应按以下要求进行：

(1)在设置交通标志牌时，警告区距离应按表5-29取值。与高速公路和一级公路不同，由于在二级三级公路上车速不高，有平面交叉口，当交叉口间距较近时，可根据交叉口间距的实际情况设置临时性交通标志牌，当交叉口间距小于规定的警告区最小长度时，应在上游交叉口的出口处设置施工标志牌。

(2)路段维修作业时，对于单向通行的情况，除必要的安全设施外，必须在工作区两端各配备一名交通指挥人员或设置交通信号控制灯。

二级和三级公路一般双向只有两个车道，如果是路段养护作业，通常双向只有一个车道允许通行，在这种情况下，为了保证车辆的通行安全，需要指挥车辆交替通行。指挥车辆交替通行可以采用人工指挥或交通信号灯指挥。无论采用哪种方式，均需要有现场指挥人员配合。路段养护作业控制区布置示例参见《公路养护安全作业规程》(JTG H30—2004)。

(3)在弯道上养护作业时，控制区的布置主要应考虑曲线对车辆驾驶员视距的影响。

控制区的布置应符合以下规定：

①当工作区位置处于视距不良的路段时，应在控制区内增加施工标志，以避免由于视距受影响而造成驾驶员不能及时看到施工标志的现象。

当控制区处于弯道的下游时，必须将警告区最前面一个施工标志牌前移至弯道的上游，使车辆驾驶员在到达弯道前就能够知道前方有施工作业控制区。

②当双车道的一个车道封闭作业时，工作区两端均必须配备交通指挥人员。但当单向为双车道且是外侧一个车道封闭作业时，工作区下游可不配备交通指挥人员。

弯道上养护维修作业控制区布置示例参见《公路养护安全作业规程》(JTG H30—2004)。

(4)对整个路面进行养护维修作业时，应修筑临时交通便道，以保证车辆通行，控制区的布置应符合以下规定：

①临时路面标线应使用黄色；

②控制区内必须设置路栏和施工警告灯号；

③作业车上必须安装施工警告灯号；

④所修筑的交通便道应画道路轮廓线并应设置可渠化交通的安全设施。

(5)在路肩上养护维修作业时，因工作区不在行车道上，往往会轻视交通安全问题，因此，作业时除满足作业控制区的布置基本要求外，还应符合以下规定：

①必须保证紧靠路肩的车道宽度大于3m；

②作业车上必须安装施工警告灯号；

③若设置移动式标志车，可不设过渡区；

④当交通流量较大时，必须封闭紧靠路肩的车道，并按车道封闭要求布置控制区。

在路肩上进行养护作业，控制区的布置示例参见《公路养护安全作业规程》(JTG H30—2004)。

(6)养护维修作业周期在半天以内时，控制区布置应符合以下规定：

①上游过渡区宜设置移动式标志车；

②作业车上必须安装施工警告灯号；

③在移动作业时，移到式标志车应与作业保持在50～100m的间距。

(三)特大桥桥面和隧道养护作业控制区布置

桥梁作为连接两岸交通的通道，是公路交通基础设施中的重要一环，一旦封闭，将会对交通产生很大的影响。特别是特大桥，在一定范围内，是两岸的唯一通道。因此，不宜进行全封闭交通的养护作业。由于特大桥的交通量大、车速快，在开放交通条件下进行养护作业，安全防护尤为重要。

隧道也是公路交通的重要节点之一，特别是单洞双向交通的隧道一旦封闭，整个交通就会中断。因此，在此类隧道不能进行全封闭交通的养护作业。

1. 基本要求

特大桥桥面和隧道养护作业控制区布置应满足以下基本要求：

(1)在开放交通条件下进行养护作业，应制订控制区交通管理方案。

(2)应配备专职人员加强车速限制和车辆限宽的管理。

(3)隧道入口前必须设置施工标志、限制速度和限宽标志。

(4)隧道控制区必须有足够的照明。

(5)特大桥的养护维修，应根据需要设置限载标志。

2. 特大桥桥面养护作业控制区布置

特大桥桥面养护作业控制区布置，宜只封闭一条车道进行养护作业。当单向为三条及三条以上车道时，最多封闭两条车道。

特大桥通常是道路交通网中的重要节点之一，为了不引起交通拥堵，在进行养护作业控制区布置时，应尽可能少封闭车道，至少保证一条车道的交通畅通。

特大桥桥面养护作业控制区布置与高速公路及一级公路养护作业控制区的布置相类似。

3. 隧道养护作业控制区布置

隧道单洞双向交通的控制区布置，应只封闭一条车道进行养护作业，由于隧道内光线较差，在隧道内任何断面设置作业控制区，在洞口都必须设置交通标志并配备交通指挥人员或设置交通信号灯，并且至少应从隧道口开始封闭养护作业车道。

隧道双洞单向交通的控制区布置，应将警告区和上游过渡区设于洞口外。

移动维修作业时宜设置移动式标志车，并应在隧道两端配备交通指挥人员。作业周期大于 2h 时需设置锥形交通标。

（四）平面交叉口养护作业控制区布置

平面交叉口养护作业区布置应考虑养护作业的内容与要求、时间和周期、交通量、经济效益等因素，控制区内交通标志的设置要合理、前后协调，起到引导车流平稳变化的作用。

平面交叉口养护作业控制区的上游视距不足时，可在作业控制区上游的适当位置处增设施工标志。

平面交叉口养护作业控制区布置应符合以下规定：

（1）必须在工作区与缓冲区分界处设置施工警告灯号。

（2）可设置移动式标志车。

（3）作业车上必须安装施工警告灯号。

平面交叉口养护作业对交通的影响非常大。由于平面交叉口养护作业可能出现多种内容，这使得在平面交叉口进行作业控制区布置时会有多种布置方式。

通常情况下平面交叉口作业控制区的警告区最小长度 S 应按表 5-29 取值，但在有些交叉口间距小于 S 的情况下，S 可按实际的交叉口间距取值。

对于进口道只有一条车道且该车道被封闭，养护作业控制区的具体布置方式参见《公路养护安全作业规程》（JTG H30—2004）。要求该进口道左侧的出口车道要临时并为双向车道，因此，需要指派专门的交通指挥人员。当交叉口流量较大时，不宜采用本方法。

对于只有一条出口车道且被封闭的情况，养护作业区的具体布置方式参见《公路养护安全作业规程》（JTG H30—2004）。该种情况是该封闭车道右侧的进口道不作临时双向车道的布置方式，因此，在另外三个进口道的上游入口处应考虑设置路线引导标志，使车辆驾驶员提前改道，避免在养护作业的交叉口因车道封闭而发生拥挤。如果交通量较小，封闭车道的右侧进口道也可以布置为临时的双向车道，布置方式可以参见《公路养护安全作业规程》（JTG H30—2004）。

对于车道数多于一条的情况，当一条车道被封闭时，另一条车道仍然可以通行，一般不会对另一方向的交通产生明显的影响。当半个路幅被封闭时，需要借用对向车道来通行本向车辆，所以不仅会对本向交通，而且也会对对向交通产生影响。作业控制区布置时要特别注意分离临时的双向交通，具体布置方式可以参见《公路养护安全作业规程》（JTG H30—2004）。

环形交叉口养护作业区的具体布置方式参见《公路养护安全作业规程》（JTG H30—2004）。在我国的公路交叉口中，环形交叉口是最常见的形式之一。在环形交叉口布置养护作业控制区时，有进口道、出口道和环道三个不同的位置，除了在进口道上的养护作业控制区对其余车道上的交通没有影响外，在出口道和环道上的养护作业控制区对其余车道上的交通都有影响。

平面交叉口进口或出口车道因封闭改为双向通行时，应画出黄色车道分隔线。如车道宽度不够，不能双向通行时，应由现场指挥人员指挥车辆单向通行。

（五）收费广场养护维修作业控制区布置

在收费广场进行养护作业时，应关闭受作业影响的收费车道，并对作业控制区的交通进行管理。

若工作区在收费亭的上游,则应关闭所对应的收费车道;若工作区在收费亭的下游,则可不设警告区和上游过渡区,但应关闭所对应的收费车道,收费广场养护维修作业控制区布置示例参见《公路养护安全作业规程》(JTG H30—2004)。

在有过渡段的收费广场,由于原有的交通管理措施与一般路段有所不同,比如车速、停车缴费等,所以在不知养护作业控制区时,可以采用关闭收费通道等措施对养护维修作业控制区作适当的简化。

(六)养护维修安全作业

为实现保障公路养护维修作业人员和设备的安全以及车辆的安全运行,规范养护工程的安全管理和作业行为的目的,这里主要介绍保障车辆通行和作业人员以及设备的安全的基本规定,有关养护作业的具体程序和养护机具的具体安全操作应按相应的操作规定进行。

1. 公路养护安全作业

《公路养护安全作业规程》(JTG H30—2004)对公路养护安全作业做了下列规定:

(1)凡在公路上进行养护作业的人员必须穿着带有反光标志的橘红色工作装(套装),管理人员必须穿着带有反光标志的橘红色背心。

(2)公路路面养护作业必须按作业控制区交通控制标准设置相关的渠化装置和标志,并指派专人负责维持交通。

(3)在高速公路和一级公路上养护作业时,应用车辆接送养护作业人员。养护作业人员不得在控制区外活动或将任何物体置于控制区以外。

(4)在山体滑坡、塌方、泥石流等路段养护作业时,应设专人观察险情。

(5)在高速堤路肩、陡边坡等路段养护作业时,应采取防滑坠落措施,并注意防备危岩、浮石滚落。

(6)坑槽修补应当天完成,若不能完成须按规程规定布置养护维修作业控制区。

2. 桥梁、隧道养护安全作业

桥梁、隧道养护作业有其特殊性,两者均属于公路路线上的关键节点,对整个交通的畅通起着至关重要的作用,养护作业安全问题格外重要。因此,《公路养护安全作业规程》(JTG H30—2004)对桥梁、隧道养护安全作业做了下列规定:

(1)公路桥梁、涵洞、隧道养护现场要专门设置养护作业时的交通标志。桥面养护应按作业控制区布置要求设置相关的渠化装置和标志,并设专人负责维持交通。

(2)桥梁养护维修作业时,应首先要了解架设在桥面上下的各种管线,并应注意保护公用设施(煤气、水管、电缆、架空线等),必要时应与有关单位联系,取得配合。

(3)在桥梁栏杆外进行作业须设置悬挂式吊篮等防护设施,作业人员须系安全带。

(4)桥墩、桥台维修时,应在上、下游航道两端设置安全设施,夜间须设置警示信号。必要时应与有关单位取得联系,取得配合。

(5)在养护维修明洞和半山洞前,应及时清除山体边坡或洞顶危石。

(6)在隧道内进行登高堵漏作业或维修照明设施时,登高设施的周围应设醒目的安全设施。

(7)对隧道衬砌局部坍塌进行养护维修作业时,应采取措施保证养护人员安全。

(8)当实测的隧道内一氧化碳浓度或烟尘浓度高于规定的允许浓度时,作业人员应及时撤离,并开启通风设备进行通风。

(9)隧道内不准存放易燃易爆物品,严禁明火作业或取暖。

(10)隧道洞口周围100m范围内,未经隧道养护机构许可,不得挖砂、采石、取土、倾倒废弃物,不得进行爆破作业及其他危及公路隧道安全的活动。

(11)护作业宜选择在交通量较小时段进行。在进行养护作业前,应做好以下工作:

①检测隧道内CO、烟雾等有害气体的浓度及能见度是否会影响施工安全;

②检测隧道结构状况是否会影响作业安全,如有危险,应先处理后作业;

③检查施工道信号灯是否准确、明显,施工标志设置是否规范;

④对养护机械、台架应进行全面的安全检查,并应在机械上设置明显的反光标志,在台架周围设置防眩灯,以反映作业现场的轮廓。

(12)在隧道内进行养护作业时,应遵守以下规定:

①养护维修作业控制区经划定后不得随意变更;

②作业人员不得在工作区外活动或将任何施工机具、材料置于工作区以外;

③养护施工路段内的照明应满足要求。

(13)电力设施等有特别要求维护的,应按有关部门的安全操作规程执行。

(14)隧道内发生交通事故时,应通知并配合交通安全管理部门到现场处理交通事故。

(15)事故发生后,应尽快清理现场,排除路障,恢复隧道正常行车,并登记相关损失,应认真分析事故原因,恢复或改善隧道的防灾能力。

3.冬季除雪安全作业

除雪对冬季交通及其安全影响非常大,因此,做好冬季除雪至关重要。除雪作业时应加强交通管制;除雪应以机械为主,在机械除机械除雪不能操作的地方可辅之以人工除雪;除雪作业人员和除雪机械作业时除按本章有关规定执行外,应做好防滑措施。

4.雨季安全作业

水对于公路而言大多数情况下起不良作用,给养护工作带来不便甚至安全隐患,因此,雨季养护作业有其安全问题,有其特殊性,《公路养护安全作业规程》(JTG H30—2004)对桥梁、隧道养护安全作业做了下列规定:

(1)现场道路应加强维护,斜道和脚手板应有防滑措施。

(2)暴雨台风前后,应检查工地临时设施、脚手架、机电设备、临时线路,发现倾斜、变形、下沉、漏电、漏雨等现象,应及时修理加固。

(3)在雨季养护维修作业时,作业现场应及时排除积水,人行道的上下坡应挖步梯或铺砂,脚手板、斜道板、跳板上应采取防滑措施。加强对排架、脚手架和土方工程的检查,防止倾斜和坍塌。

(4)在雨季施工时,处于洪水可能淹没地带的机械设备、材料等应做好防范措施,施工人员要提前做好安全撤离的准备工作。

(5)长时间在雨季中作业的工程,应根据条件搭设防雨棚。作业中遇有暴风雨应停止施工。

5.雾天养护安全作业

雾天由于能见度差,养护活动对交通会有较大影响,特别是车辆驾驶员的视距有限,会影响驾驶员及时看清养护安全作业警示标志,容易存在交通安全隐患。因此,雾天不宜进行养护维修作业。雾天需要进行抢修时,宜会同有关部门,封闭交通进行作业,所有安全设施上均须设置黄色施工警告灯号。

6. 山区养护安全作业

山区公路曲线多,高边坡多,路线坡度大,视距受限。因此,山区公路养护作业在视距条件较差或坡度较大的路段进行养护维修作业时,应设专人指挥交通,作业控制区应增加有关设施;控制区的施工标志应与急弯路标志、反向弯路标志或连续弯路标志等并列设置;在同一弯道内不得同时设置两个或两个以上养护维修作业控制区。

7. 清扫、绿化养护及道路检测安全作业

清扫作业和绿化养护是公路养护工作中最经常性的工作,由于作业次数多,时间长,作业安全问题必须得到足够的重视。道路检测多数是在行车道上作业,并经常是移动作业,并且大多数情况下不封闭交通,因此更应该注意作业安全问题。

(1)严禁在能见度差(如夜晚、大雾天)的条件进行人工清扫。

(2)凡需占用车道进行绿化作业时,必须按作业控制区布置要求设置有关标志。

(3)遇大风、大雨、下雪、雾天等特殊气候时,必须停止绿化养护维修作业。

(4)高速公路、一级公路中央分隔带绿化浇水作业时,浇水车辆尾部必须安装发光可变标志牌或按移动养护维修作业控制区布置。

(5)道路检测车在调整公路、一级公路进行道路性能检测时,凡行进速度低于50km/h时,均应按临时定点或移动养护维修作业控制区布置,或应在检测设备尾部安装发光可变标志牌。

8. 养护维修机具安全操作

养护维修机具除按相关操作规程进行作业操作外,还应注意以下要求:

(1)养护机械应按其技术性能要求正确使用,不得使用缺少安全装置或安全装置已失效的机械作业,不得操作带故障的机械作业。

(2)操作人员必须执行有关工作前的检查制度、工作中的观察制度和工作后的检查保养制度。

(3)养护机械进入施工现场前,应查明行驶路线上的隧道、跨线桥的通行净空,必要时应验算桥梁的承载力,确保机械设备安全通行。

(4)养护机械在作业时,操作人员应熟悉作业环境与施工条件。

(5)养护机械在靠近架空输电线路作业时,必须采取安全保护措施,养护机械工作装置运动轨迹范围与架空导线的安全距离必须符合相关规定。

(6)养护机械应按时进行保养,严禁养护机械带故障运转或超负荷运转。

(7)禁止在养护机械运转中进行保养、修理作业。各种电气设备的检查维修,应停电作业。

第九节　道路货物运输站(场)安全生产技术

一、道路货物运输站(场)概述

货运站场是一个交通运输行业的通俗名称,泛指货物集结,待装运、转运的场所,规模可大可小,功能也有的完善、有的简单,没有严格的定义。

按货运站场的功能划分,可分为集装箱货运站(拼箱货物拆箱、装箱、办理交接的场所)、配载中心(为空车和轻载车寻找合适货物的场所)、零担货运站(经营零担货物运输的服务单位和零担货物的集散场所)等。这些货运站场虽然形式规模上差别很大,但其核心业务都是运输组织。

根据《道路货物运输及站场管理规定》,道路货物运输站(场)(以下简称“货运站”),是指以场地设施为依托,为社会提供有偿服务的具有仓储、保管、配载、信息服务、装卸、理货等功能的综合货运站(场)、零担货运站、集装箱中转站、物流中心等经营场所。

货运站的主要功能包括:运输组织功能,中转和装卸储运功能,中介代理功能,通信信息功能,辅助服务功能。

二、货运站站内布局安全技术要求

货运站站内布局安全技术要求包括如下几个方面:

(1)根据货运站的功能和生产规模统一布局,并结合货运业务的实际情况突出重点,分期实施。在布局中要优先考虑生产区域,重点是确保库、场位置。分期实施的建设项目,应考虑分期建设过程中相互的衔接要求。

(2)与现有设施的改造利用相结合,减少用地和节约投资。

(3)按货运业务不同,分区设置相应设施,并具有合理生产关系,生产设施、设备要符合生产工艺的要求。危险货物的储存与作业应在相对独立的专门区域内进行。

(4)站内道路统一规划,合理使用,使站内车流、货流、机械流、人流便捷通畅,互不干扰。

(5)符合国家和当地政府现行的安全、消防、环保等有关规定。

三、货运站站级划分

1.划分依据

货运站站级划分主要是依据年换算货物吞吐量进行计算划分的。

货物吞吐量是指报告期内,货运站年发出与到达的货物数量,包括中转、收、发量的总和,计量单位为吨(t)。换算货物吞吐量是指把各类货物吞吐量换算为普通货物吞吐量后所得的吞吐量计算值,计量单位为吨(t)。

货运站各类货物吞吐量折算成换算货物吞吐量的方法见表5-32。

货运站换算货物吞吐量计算方法:

$$Q_h = \sum_{i=1}^{n} \lambda_i Q_i$$

式中:Q_h——货运站换算货物吞吐量,t;

Q_i——第i种货物吞吐量,t;

λ_i——第i种货物吞吐量换算系数,见表5-32;

n——货物类别数。

各类货物吞吐量换算系数(单位:t)　　表5-32

类　别　Q_i	换算系数 λ_i	类　别　Q_i	换算系数 λ_i
快速货运	1.3	配送	+0.2
零担货物	1.25	包装	+0.5~0.25
集装箱拼箱货	1.25	半成品加工	+0.20~0.50
仓储	1.0		

2. 站级划分

一级：年换算货物吞吐量 600×10^3t 及以上。

二级：年换算货物吞吐量 $300\times10^3\sim600\times10^3$t。

三级：年换算货物吞吐量 $150\times10^3\sim300\times10^3$t。

四级：年换算货物吞吐量不足 150×10^3t。

四、货运站设施安全技术要求

汽车货运站设施包括生产设施、生产辅助设施和生活服务设施。其设施构成应根据货运站的业务范围和规模而定。

(一)主要生产设施安全技术要求

1. 业务办公设施

货运站业务办公设施主要包括货运站站房、生产调度办公室和信息管理中心。有国际运输业务的货运站，可设置由海关、检疫、商检、商务等部门的国际联运代理业务办公室。

货运站站房由业务人员工作间和货主办理货物托运或仓储受理手续、提货手续的场所构成。信息管理中心由放置信息管理硬件系统的机房与工作人员的办公场所和供信息发布及用户查询的场所构成。业务办公设施的设置要方便货主，货物受理处业务人员工作间和联合办公室应按作业流程设置，货物受理处与仓库的距离应短捷。

2. 库(棚)设施

包括中转库、零担库、集装箱拆装箱库、仓储库，分别用作货物的短期存放、集装箱拆装作业和货主待收或待发货物仓储；货棚则用于堆放不便进库但又不宜露天存放的零担或仓储货物。

(1)通用要求。

①仓库内货位宽度取2.50~3.00m，货位间隔和操作通道宽度根据货物装卸方式和所用机械的型号、规格而定。

②仓库的进、出仓门数按每一仓门日均货物吞吐量30~50t设置。仓门设置方式根据仓库吞吐量大小而定，吞吐量较大仓库的进、出仓门可双向设置或分开设置，仓门宽度不小于2.50m。

③仓库的窗地面积比宜为1∶10~1∶18。以采光为主的仓库，采用固定窗，窗地面积比取较大值，以通风为主的仓库，采用中悬窗，窗地面积比取较小值。

④货棚与零担库和仓储库的面积比取1∶4~1∶5。

⑤各类仓库应分区设置，并以道路衔接保持良好作业联系。零担货棚和仓储货棚应与相应仓库位于同一区域。

(2)中转库。

中转库为中转货物集中、分拣、换装、发货的场所。

①中转、换装作业量大的一、二级货运站，可设置具有监控、传送、分拣设备的中转库。中转作用量小的三级以下货运站，可用相应仓库内的一定区域作为理货场地，不设中转库。

②具有铁路专用线的货运站，中转库一侧设铁路装卸站台，宽度不小于13.5m；另一侧或多侧设汽车装卸站台，站台高度1.2~1.3m，宽度不小于3m。

(3)仓储库。

①按建筑层数，仓储库可分为单层和多层仓储库。存放外形尺寸较小，单件质量较轻货物的仓储库可建成高架库。为适应各种外形尺寸货物的存放，高架库与单层连接成建筑群体。

②仓储库的仓储面积日均仓储货物最大吞吐量计算。

③多层仓储库的楼梯及货梯的位置应处于中央部位，储存货物出入库的水平运输距离应不大于30m。一幢仓储库设置两台货梯时，应集中布置，货梯多余两台时，应分两处设置。多层仓储库除设主楼梯外，还应设置疏散楼梯。

(4)零担库和集装箱拆装箱库。

零担库和集装箱拆装箱库应建成高站台仓库，站台宽度不少于3m，高度取1.2~1.3m，两端设置斜坡，并装设货物装卸升降台。

3. 场地设施

场地设施主要包括集装箱堆场、装卸场或作业区、货场和停车场。

(1)集装箱堆场。

集装箱堆场应靠近装箱作业区，并与站内主要通道衔接。场地强度应满足集装箱堆码需要，并有一定坡度以利排水。堆存量较大的集装箱堆场应划分空、重箱及冷藏箱、危险品堆存区。

(2)货场。

货场应与仓储库一同位于仓储作业区内。货场面层应根据货物性质、荷载、水文地质等因素和就地取材原则，通过技术经济比较确定。货场排水应与站区总体排水系统衔接。货场应采用有组织排水，其竖向布置尽可能成龟背式向四周分散排水。较小货场也可设计成坡向一侧或坡向两侧，排水沟置于汇水线上。

(3)装卸(作业)场。

各类仓库、货场、铁路专用线一侧或两侧应设置装卸(作业)场，并与主要道路衔接。铁路专用线装卸场宽度不宜小于13.5m，汽车装卸货场宽度应满足车辆掉头、装卸作业要求。装卸(作业)场荷载设计值应满足装卸作业和车辆行驶的承载要求。

(4)停车场。

停车场可集中设置，也可在不同作业区域内分别设置，站内自备车辆和外来车辆应分区停放。停车场宜临近装卸(作业)场布置。

4. 道路设施

包括铁路专用线和站内道路。在临近铁路线并有较大公铁联运作业量的一、二级汽车货运站，可引设铁路专用线。三、四级货运站或无条件的货运站可不设置。站内道路应采用无交叉的环行行驶路线。

5. 危险货物运输设施

危险货物运输设施建设，在选址、布局、结构、功能等方面，既要适应危险货物运输的技术条件、生产安全要求，又必须符合环境保护、消防安全、劳动保护、交通管理等方面的规定。

(二)生产辅助和生活服务设施安全技术要求

生产辅助设施主要包括维修维护设施、动力设施、供水供热设施、环保设施等；生活服务设施主要包括食宿设施和其他服务设施。生产辅助和生活服务设施应按需设置。

1. 货运站设备安全技术要求

新型货运站场面对着成千上万的供应厂商和消费者以及瞬息万变的市场，承担着为众多用户的商品运送和及时满足他们不同需要的任务，这就要求必须配备现代化装备和应用管理系统，具备必要的物质条件。专业化的生产和严密组织起来的大流通，对物流手段的现代化提出了更高要求，如对自动分拣输送系统、立体仓库、水平垂直、分层、分段旋转货架、AGV 自动导向系统、商品条码分类系统、悬挂式输送机这些新型高放大规模的物流配送机械系统有着广泛而迫切的需求。自动分拣输送系统能将不同方向、不同地点、不同渠道运送的不同物资，按照类型品种、尺寸重量及特殊要求分拣输送后集中在指定的立体仓库或旋转货架上，其输送速度高（最高达 150m/s），分拣能力强（最高达 30 000 件/h），规模大（机长高达几十甚至数百米），集货及分拣的通道多（最高达 200 个以上），适用的货物范围广，是较为先进的大型物流机器系统。自动分拣输送系统与立体仓库、旋转货架设备能适应市场需求，可以提供更完美的服务，在为多用户、多品种、少批量、高频度、准确、迅速、灵活等服务方面具有独特的优势。

2. 仓储设备

仓储设备一般指货架，是专门用于存放成件物品的保管设备。货架在物流及仓库中占有非常重要的地位，随着现代工业的迅猛发展，物流量的大幅度增加，为实现仓库的现代化管理，改善仓库的功能，不仅要求货架数量多，而且要求具有多功能，并能实现机械化，自动化要求。货架在现代物流活动中，起着相当重要的作用，仓库管理实现现代化，与货架的种类、功能有直接的关系。

货架的作用及功能有如下几方面：

（1）货架是一种架式结构物，可充分利用仓库空间，提高库容利用率，扩大仓库储存能力。

（2）存入货架中的货物，互不挤压，物资损耗小，可完整保证物资本身的功能，减少货物的损失。

（3）货架中的货物，存取方便，便于清点及计量，可做到先进先出。

（4）保证存储货物的质量，可以采取防潮、防尘、防盗、防破坏等措施，以提高物资存储质量。

（5）很多新型货架的结构及功能有利于实现仓库的机械化及自动化管理。

高架库房宜采用载重不大于 0.5t 的货格，单幢库房内货格数量宜在 3 000 ~ 7 000 个以内。

3. 装卸搬运机械

装卸指将货物上下移动，搬运指将货物短距离水平移动，货运站场的实际应用中，往往一种设备具有这两种功能。主要有以下几种：

（1）叉车又称铲车、叉式举货机，是物流领域最常用的具有装卸、搬运双重功能的机具。叉车的主要特点有：很强的通用性；装卸、搬运双重功能；和各种叉车附件配合，可将通用性很强的叉车变成专用性很强的叉车用于各种特定的作业，这有利于提高作业效率；叉车机动性强，活动范围大。货架层数不超过六层，高度 5 ~ 7m 内的高架库房，宜采用高位叉车存取货物。

（2）吊车是从物品上部通过吊钩吊装吊卸的一类起重机械的总称。吊车的主要特点：大部分吊车车体移动困难，因而通用性不强，往往属于港口、车站、流通中心等处的固定设备；功能单一，主要是装卸功能；吊车的作业方式，是从物品上部起吊，因而作业需要空间高度较大，作业时比较平衡；机动性差；起重能力大，起重重量范围较大。

4. 集装设备

集装化是用集装器具或采用捆扎方法，把物品组成标准规格的单元货件，以加快装卸、搬运、储存，运输等物流活动，集装设备是指装载货物、邮件和行李的专用设备，包括各种类型的集装箱、托盘及其附属设备。

（1）集装箱，是指具有一定强度、刚度和规格专供周转使用的大型装货容器。使用集装箱转运货物，可直接在发货人的仓库装货，运到收货人的仓库卸货，中途更换车、船时，无需将货物从箱内取出换装。按所装货物种类分，有杂货集装箱、散货集装箱、液体货集装箱、冷藏箱集装箱等；按制造材料分，有木集装箱、钢集装箱、铝合金集装箱、玻璃钢集装箱、不锈钢集装箱等；按结构分，有折叠式集装箱、固定式集装箱等，在固定式集装箱中还可分密闭集装箱、开顶集装箱、板架集装箱等；按承重分，有 30t 集装箱、20t 集装箱、10t 集装箱、5t 集装箱、2.5t 集装箱等。

（2）托盘，一般是指平托盘，是用于集装、堆放、搬运和运输的放置作为单元负荷的货物和制品的水平平台装置。在承载面和支撑面间夹以纵梁，构成可集装物料，可使用叉车或搬运车等进行作业的货盘。

5. 拣选设备

货运站场为了将货物高效率的分拣、传送、储存，往往还配备拣选设备，主要是输送机，输送机是以搬运为主要功能载运设备，有些输送机兼装卸功能，输送机械有三大类型，即牵引式输送机、无牵引式输送机及气力输送机。

6. 运输车辆

货运站应根据需要配置用于货物配送和装卸搬运工作的运输车辆。其车辆类型应根据运输方式、货物种类合理选择。

7. 计量设备

货运站应配备检定合格的计量设备或器具。一、二级货运站应设置电子自动计量设备，各种电子自动计量设备均应并入货运站计算机网络或预留接口。

8. 管理系统

货运站场作为大量货物的集散地，都应当搭建物流信息网络平台，方便货物的托运人、承运人、收货人办理各种手续，物流的各个参与者能够信息共享，其主要硬件为货物信息采集设备——条形码扫描和打印设备、信息处理和共享设备——计算机网络设备；主要的计算机管理系统为：进货管理系统、储位管理系统、补货管理系统、出货检取系统、车辆排程系统、流通加工管理系统、签单核单系统、物流计费系统、EIQ、MIS、EIS、EDIVAN、Internet、资讯系统规划等。

一、二级货运站应设置管理和信息系统。包括计算机监控系统、无线、有线通讯系统，站内和站间计算机网络系统，信息显示系统等。

第十节　停车场安全生产技术

城市公共停车场工程项目建设规模应依据城市控制性详细规划、综合交通规划和城市停车规划，在综合考虑周边用地情况、停车需求、路网承载能力的基础上确定。

城市公共停车场规模按照停车位数量划分为特大型、大型、中型和小型 4 类，不同规模停车场停车位数量应符合表 5-33 的规定。

城市公共停车场规模分类　　表 5-33

停车场类型	停车位数量(个)	停车场类型	停车位数量(个)
特大型停车场	>500	中型停车场	51 ~ 300
大型停车场	301 ~ 500	小型停车场	≤50

停车位数量以小型车停车位为标准车位,即换算系数为 1.0,其他各型车辆按综合停车占用空间折算,停车位换算系数按表 5-34 考虑,各车型设计外廓尺寸参照《汽车库建筑设计规范》(JGJ 100—1998)相关规定。

机动车停车位换算当量系数表　　表 5-34

车　型	微型车	小型车	中型车	大型车	铰接车
换算系数	0.7	1.0	2.0	2.5	3.5

城市公共停车场工程项目可由基本停车设施、建筑设备、安全防护与环境保护设施、管理设施和服务设施构成。

1. 停车基本设施

停车基本设施包括停车位、行车通道及人行通道。机械式停车库还应包括机械停车设备。

2. 建筑设备

建筑设备包括给水排水系统、采暖通风系统、电气系统和交通工程设施。

3. 安全防护与环境保护设施

安全防护与环境保护设施包括消防、防雪、防滑等安全防护设施和绿化、降噪等环境保护设施。

4. 管理设施

管理设施包括值班室(管理办公室)、控制室、防灾中心等管理用房。

5. 服务设施

服务设施包括卫生间、等候室、洗车房等设施。

其中停车基本设施、建筑设备、安全防护与环境保护设施属于城市公共停车场的必要构成部分。管理设施和服务设施应根据城市公共停车场的规模及功能要求合理选择,并按表 5-35 规定配置。

一、停车基本设施安全技术要求

(一)停车泊位安全技术要求

1. 停车泊位基本要求

机动车停车泊位是供车辆停放的位置。它是停车区的单元,其主要尺寸的确定,要考虑车辆外形尺寸,与其他车辆余隙保证驾驶员能开启车门,前进、倒车的安全余地以及停车方式。

停车泊位可布置为平行式、斜列式、垂直式 3 种。平行于通道的停车,称平行式停车;斜交于通道(一般斜交角度为 30°、45°、60°等)的停车称斜列式停车;垂直于通道的停车,称垂直式停车。

2. 城市道路路内停车泊位要求

路内停车泊位是指利用道路一侧或两侧设置的停车泊位。路内停车泊位的设置应遵循保障道路交通有序、安全、畅通的原则。路内停车泊位的设置应当处理好与机动车、非机动车和行人交通的关系,保障各类车辆和行人的通行和交通安全。

不同类型城市公共停车场项目构成设置表

表 5-35

项目构成		自走式停车场								机械式停车库				备注
		地面停车场				地下停车库或地上停车楼								
		特大型	大型	中型	小型	特大型	大型	中型	小型	特大型	大型	中型	小型	
停车基本设施	停车位	●	●	●	●	●	●	●	●	●	●	●	●	地面停车场停车位用地面积为(25～30)m^2/标准停车位，地下停车库与地上停车楼停车位建筑面积为(30～40)m^2/标准停车位，机械式停车库停车位建筑面积为(15～25)m^2/标准停车位
	行车通道	●	●	●	●	●	●	●	●	●	●	●	●	宽度要求符合现行行业标准《汽车库建筑设计规范》(JGJ 100—1998)的相关规定
	人行通道	●	●	●	●	●	●	●	●	●	●	●	●	
	机械停车设备	—	—	—	—	—	—	—	—	●	●	●	●	机械停车设备符合现行国家标准《机械式停车设备　通用安全要求》(GB 17907—2010)和现行行业标准《机械式停车设备　类别、型式与基本参数》(JB/T 8713—1998)的相关规定
建筑设备	给水排水系统	●	●	●	●	●	●	●	●	●	●	●	●	给水系统及其设施应符合现行国家标准《建筑给水排水设计规范》(GB 50015—2003)的规定。消防给水系统及其设施还应符合现行国家标准《建筑设计防火规范》(GB 50016—2006)、《汽车库、修车库、停车场设计防火规范》(GB 50067—1997)的相关规定；排水系统的各种污水排放，应符合现行国家标准《污水综合排放标准》(GB 8978)。
	采暖通风系统	●	●	●	●	●	●	●	●	●	●	●	●	采暖通风系统应符合现行国家标准《采暖通风与空气调节设计规范》(GB 50019—2003)的相关规定
	电气系统	●[1]	●[1]	●	●	●[1]	●[1]	●	●	●[1]	●[1]	●	●	电气系统应符合现行行业标准《民用建筑电气设计规范》(JGJ 16—2008)与现行国家标准《供配电系统设计规范》(GB 50052—2009)的相关规定
	交通工程设施	●[2]	●[2]	●	●	●[2]	●[2]	●	●	●[2]	●[2]	●	●	交通标志应符合现行国家标准《道路交通标志和标线》(GB 5768—2009)和《标志用公共信息图形符号》(GB/T 10001)的相关规定；交通标线应符合现行国家标准《道路交通标志和标线》(GB 5768—2009)的相关规定；运行监控系统应符合现行行业标准《民用建筑电气设计规范》(JGJ 16—2008)的有关规定；护栏应符合现行行业标准《公路交通安全设施设计规范》(JTG D81—2006)相关规定

续上表

项目构成		自走式停车场								机械式停车库				备注
		地面停车场				地下停车库或地上停车楼								
		特大型	大型	中型	小型	特大型	大型	中型	小型	特大型	大型	中型	小型	
安全防护与环境保护设施	消防	●	●	●	●	●	●	●	●	●	●	●	●	应符合《汽车库、修车库、停车场设计防火规范》(GB 50067—1997)的相关规定。
	防雪、防滑	●	●	●	●	●	●	●	●	●	●	●	●	
	绿化	●	●	●	●	◎	◎	◎	◎	◎	◎	◎	◎	—
	降噪	◎	◎	◎	◎	◎	◎	◎	◎	◎	◎	◎	◎	应符合现行国家标准《声环境质量标准》(GB 3096—2008)的相关规定
管理设施	值班室	●	●	●	●	●	●	●	●	●	●	●	●	为提供停车场管理服务而设置的设施,值班室为必选设施,也可根据管理需要设置管理办公室
	控制室	●	◎	◎	◎	●	◎	◎	◎	●	●	●	●	
	防灾中心	●	◎	◎	◎	●	◎	◎	◎	●	●	◎	◎	
服务设施	卫生间	●	◎	◎	◎	●	●	◎	◎	●	◎	◎	◎	主要为在此停放机动车的乘客、驾驶员和车辆提供服务
	等候室	◎	◎	○	○	◎	◎	○	○	◎	◎	◎	◎	
	洗车房	◎	◎	○	○	◎	◎	○	○	◎	◎	◎	○	

注:1. ●表示必选项目构成,◎表示可根据具体情况选建设项目构成,○表示不宜建设项目构成,●[1]表示应设置适合电动汽车的停车场附属充电设施,●[2]表示应设置运行监控设备。

2. 组合式停车场根据其包含的不同类型的自走式停车场和(或)机械式停车场选用。

路内停车泊位与服务对象目的地之间的距离，不应大于200m。距路外停车场出入口200m以内，不宜设置路内停车泊位。

(1)设置条件。

路内停车泊位的设置条件如下：

①路内停车泊位设置率见表5-36。

路内停车泊位设置率 表5-36

城市规模	小城市	中等城市	大城市	特大城市
比例(%)	≤15	≤12	≤10	≤8

②设置路内停车泊位的道路宽度见表5-37。

设置路内停车泊位的道路宽度(单位:m) 表5-37

通行条件	车行道路路面实际宽度(W)	泊位设置
机动车双向通行道路	$W \geq 12$	可两侧设置
	$8 \leq W < 12$	可单侧设置
	$W < 8$	不可设置
机动车单向通行道路	$W \geq 9$	可两侧设置
	$6 \leq W < 9$	可单侧设置
	$W < 6$	不可设置

③占用道路设置停车泊位的V/C比值。V/C比值是路段交通量与通行能力之比。其中，V为交通量，C为通行能力。占用机动车道设置停车泊位的V/C比值见表5-38，占用非机动车道设置停车泊位的V/C比值见表5-39，占用机动车、非机动车混行道设置停车泊位的V/C比值见表5-40。

占用机动车道设置停车泊位的V/C比值 表5-38

机动车单侧道路高峰小时V/C	泊位设置
$0 \leq V/C < 0.8$	可设置
$0.8 \leq V/C < 0.9$	有条件的可设置
$V/C \geq 0.9$	不可设置

占用非机动车道设置停车泊位的V/C比值 表5-39

非机动车单侧道路高峰小时V/C	泊位设置
$0 \leq V/C < 0.7$	可设置
$0.7 \leq V/C < 0.9$	有条件的可设置
$V/C \geq 0.9$	不可设置

占用机动车、非机动车混行道设置停车泊位的V/C比值 表5-40

机动车单侧道路高峰小时V/C	非机动车单侧道路高峰小时V/C	泊位设置
$0 \leq V/C < 0.8$	$0 \leq V/C < 0.7$	可设置
$0.8 \leq V/C < 0.9$	$0.7 \leq V/C < 0.9$	有条件的可设置
$V/C \geq 0.9$	$V/C \geq 0.9$	不可设置

注：两项V/C比值，达到其中一项即可。

④人行道设置停车泊位后剩余宽度见表5-41。

⑤道路沿线出入口的安全视距。

安全视距的计算按以下公式确定：

$$Sr = S_1 + S_2 = \frac{V \cdot t}{3.6} + \frac{V^2}{254(\varphi + \psi)}$$

式中：S_1——反应距离，是指驾驶员发现前方的阻碍物，经过判断决定采取制动措施的那一瞬间到制动器真正开始起作用的那一瞬间汽车所行驶的距离(m)；

S_2——制动距离,是指汽车从制动生效到汽车完全停住,这段时间内所走的距离(m);

V——车辆的行驶限速(m/s);

t ——反应时间,一般取 $t=2.5$s;

φ——路面与轮胎间的附着系数,一般按路面在潮湿状态下的 φ 值计算;

ψ——道路阻力系数。

人行道设置停车泊位后剩余宽度(单位:m) 表5-41

项 目	人行道剩余宽度	
	大城市	中、小城市
各级道路	3	2
商业或文化中心区以及大型商店或大型文化公共机构集中路段	5	3
火车站、码头附近路段	5	4
长途汽车站	4	4

(2)停车泊位设计要求。

停车泊位平面空间由车辆本身的尺寸加四周必要的安全间距组成。停车泊位设计分大、小两种尺寸。大型泊位长15 600mm、宽3 250mm,适用于大中型车辆。小型泊位长6 000mm、宽2 500mm,适用于小型车辆。条件受限时,宽度可适当降低,但最小不应低于2 000mm。

路内停车泊位的排列宜采用平行式。大型车辆的停车泊位不应采用倾斜式和垂直式的停放方式。

多个停车泊位相连组合时,每组长度宜在60m,每组之间应留有不低于4m的间隔。

路内停车泊位应考虑设置残疾人专用停车泊位,其数量应不少于停车泊位总数的2%。

(3)不应设置停车泊位的路段和区域。

以下路段和区域不应设置停车泊位:

①快速路和主干路的主道。

②人行横道,人行道(依《道路交通安全法》第三十三条规定施划的停车泊位除外)。

③交叉路口、铁路道口、急弯路、宽度不足4m的窄路、桥梁、陡坡、隧道以及距离上述地点50m以内的路段。

④公共汽车站、急救站、加油站、消火栓或者消防队(站)门前以及距离上述地点30m以内的路段,除使用上述设施的。

⑤距路口渠化区域20m以内的路段。

⑥水、电、气等地下管道工作井以及距离上述地点1.5m以内的路段。

⑦学校、幼儿园门前、公交车站、加油站、重点单位、消防通道两侧30m以内的地点、路段。

(二)行车通道安全技术要求

供车辆停放的运转道路,称为机动车通道。一般分为场内通道和库内通道两种。它是根据车辆类型、标准尺寸、净空高度来定宽度和高度,还要考虑进出停车泊位的方便、安全。

1. 场内通道

供车辆停放运转的场内地面道路,称为场内通道。它一般设置双车道,也可根据地形增设回转道路，详细规定如下：

(1)微型、小型车通道，双向行驶的通道宽度不应小于6m。

(2)中型、大型车通道，双向行驶的通道宽度不应小于7m。

(3)回转车道应保证转弯半径不小于3m，宽度不小于4m。

(4)停车量小于50 辆，可采用单车道，宽度不小于3.5m。

(5)停车量大于500 辆，主要道路宽度不小于9m。

(6)转弯半径(内径)，不应小于表5-42 的规定。

最 小 转 弯 半 径　　表5-42

车辆类型	最小转弯半径(内径)(m)	车辆类型	最小转弯半径(内径)(m)
微型汽车	4.50	中型汽车	8.00 ~ 10.00
小型汽车	6.00	大型汽车	10.50 ~ 12.00
轻型汽车	6.50 ~ 8.00	铰接车	10.50 ~ 12.50

2. 库内通道

供车辆在地下车库和楼宇车库内停放车辆运转的道路，称为库内通道。它由直线通路、弯道和坡道组成，详细规定如下：

(1)通道宽度，一般为双车道，也可根据停车量大小，设置单、双车道。

①微、小型车通道宽度：

双向行驶，通道宽度不应小于5.5m；

单向行驶，通道宽度不应小于3m；

弯道处转弯半径小于15m，双向行驶通道宽度不应小于7m；

弯道处转弯半径小于15m，单向行驶通道宽度不应小于4m。

②中、大型车通道宽度：

双向行驶，通道宽度不应小于7m；

单向行驶，通道宽度不应小于3.5m；

弯道处转弯半径小于20m，双向行驶通道宽度不应小于8m；

弯道处转弯半径小于20m，单向行驶通道宽度不应小于5m；

(2)通道的转弯半径(内径)，同场内通道转弯半径。

(3)坡道的纵坡应符合表5-43 所列规定，当大于8%时，上下两端应增设竖曲线，半径应不小于22m。

停车场(库)的最大纵坡　　表5-43

坡度(%) / 车辆类型	通道形式	
	直线纵坡	曲线纵坡
铰接车	8	6
大型汽车	10	9
中型汽车	12	10
小(微)型汽车	15	12

(4)通道的净空高度，指室内地面到梁底或管底的距离，应不小于表5-44 所列规定。

其中，停放其他特殊车型的停车库净空高度按其外廓高度再增加20cm。

停车库(场)的净空高度　　表 5-44

车辆类型	净空高度(m)	车辆类型	净空高度(m)
铰接、大型、中型汽车	3.5	小型、微型汽车	2.2

(三)出入口安全技术要求

公共停车场出入口是供车辆进出停车场,也是与城市道路连接点的口子。进出口一般分为平面停车场进出口和坡道停车场(指地下车库、楼宇车库)进出口两种。

1. 平面停车场进出口

(1)进出口与主体建筑人流进出口,应分开设置或有合理通畅交通关系。

(2)当停车量不小于 30 辆时,进出口应距车辆上下客处(含公交站点)20m 以上。

(3)进出口与场内通道设计,应避免车辆倒退驶入场内或城市道路。

(4)进出口一般设在城市道路的次干道和支路旁。

(5)进出口距路口的规定:

进出口设在支路旁,距离与主干道相交路口 50m 以上,距离与次干道相交路口 30m 以上,距离与支路相交路口 20m 以上;

进出口设在次干道上,距离交叉口 50m 以上;

进出口确须设在主干道,距离交叉口 80m 以上。

(6)进出口与其他设施相距规定:

距地铁进出口、横道线、人行天桥、人行地道 30m 以上;

距铁路道口、桥、隧道引道端点 50m 以上;

距公交车站 15m 以上。

(7)进出口与城市道路相交,要有良好的通视条件。一般参照城市道路交叉口做法,保持进出口的视距三角形内,无视线遮挡物。

(8)进出口的宽度,双向行驶,口子宽 7 ~ 11m;单向行驶,口子宽 5 ~ 7m。

(9)进出口的设置数规定:

停车数不大于 50 辆,进出口为 1 个;

停车数 50 ~ 300 辆,进出口为不大于 2 个;

停车数 300 ~ 500 辆,进出口为不大于 3 个;

停车数大于 500 辆,进出口不大于 4 个。

(10)进出口之间净距不应小于 20m。

2. 坡道停车场进出口

(1)进出口应设在场内通道上,并应符合场内交通组织的要求。

(2)坡道接地线在进出口以内时,进出口应后退红线 5m 以上。

坡道接地线在进出口以外时,进出口应后退红线 8m 以上。

下坡道的接地线应设驼峰或泄水沟,以免雨水倒灌进地下车库。

(3)进出口设置数规定:

停车数小于 25 辆,设置数为一个双车道的进出口或一个单车道的进出口(应专人指挥,以防两车相撞);

停车数 25 ~ 100 辆,设置数不少于一个双车道的进出口或两个单车道的进出口;

停车数 100 ~ 200 辆,设置数不少于两个单车道的进出口;

停车数200～500辆，设置数不少于一个双车道进口，一个双车道的出口；
停车数大于500辆，设置数不少于三个双车道的进出口。

(4)进出口之间的净距不应小于5m。

(5)宜设置人流专用出入口。

(6)双向行驶时出入口宽度不应小于7m，单向行驶时出入口宽度不应小于5m。

(7)直线坡段纵坡不宜大于15%，曲线坡段纵坡不宜大于12%。

二、公共停车场建筑设备安全技术要求

(一)给水排水系统

公共停车场应分设生产给水、生活给水和消防给水系统，生产生活用水符合《建筑给排水设计规范》(GB 50015—2003)的规定，消防用水及其设备设施应符合《汽车库、修车库、停车场设计防火规范》(GB 50067—1997)的规定。

公共停车场的排水系统及其设施要求应符合《汽车库建筑设计规范》(JGJ 100—1998)相关规定。地面停车场的生活污水、消防及冲洗废水和大气降水宜自流排入城市污水及雨水排水系统，地下停车库应分类集中设置排水泵站(房)提升排入相应排水系统。

(二)采暖通风系统

严禁明火采暖。地下停车库、停车楼采暖系统应符合《采暖通风与空气调节设计规范》(GB 50019—2003)的相关规定，停车位计算温度应为5～10℃，管理用房等计算温度为18～20℃。

地下停车库应设置独立的送、排风系统以保证排放废气。

(三)电气系统

地面停车场应具备照明供电条件，地下停车库、停车楼应设置照明供电和电力供电系统并具备应急照明持续时间30min的条件，机械式停车库宜设双电源供电系统。

各类公共停车场的电气系统应符合《民用建筑电气设计规范》(JGJ 16—2008)和《建筑照明设计标准》(GB 50034—2004)的要求。

停车位地面照度为10～20lx，通道地面照度为50lx，进出坡道照度为35lx，管理办公室照度为75～100lx。

机械式停车库应设检修灯。

(四)交通工程设施

1.通用要求

1)一般要求

公共停车场应根据类型、建设规模等级设置交通工程设施。交通工程设施包括交通管理设施与交通安全设施，交通管理设施由标志、标线、信号等构成，交通安全设施由护栏、隔离设施、防撞设施等构成。

2)公共停车场的交通管理设施

(1)公共停车场交通标志分指示、警告、禁令、指路四类，宜采用附着式标志安装方式，条件受限时也可采用单柱、悬臂或门架式标志安装方式。交通标志不应侵占行车与停车限界。交通标志版面形状、颜色、尺寸、构造与支持要求等应符合《道路交通标志和标线》(GB 5768—2009)中的相关规定，还应符合《标志用公共信息图形符号　第1部分：通用符号》

(GB/T 10001.1—2006)的相关规定。

(2)交通标线包括标划与设置于停车场地面的各种线条、箭头、文字、立面标记、凸起路标与轮廓标等。特大、大型公共停车场应以不同颜色的交通标线区分停车位、行车道与交通方向、禁行(停)部位及场内分区等。交通标线的设置原则、形状、尺寸、材料要求等应符合《道路交通标志和标线》(GB 5768—2009)中的相关规定。

(3)特大、大型停车场及其他停车场需求处应设置信号灯、警报灯、信息板以辅助场内交通组织与管理。信号灯与信息板的设置应满足使用者的可视性,且应与停车场其他监控系统相结合,实现自动控制。

(4)特大、大、中型停车场周围1~3km以内范围的主要出入通道处,宜分层次、间隔合理、疏密有序地通过信息显示板和标志进行系统联网的停车诱导。

(5)公共停车场内文字交通标志宜使用中英文对照,英文译法应符合DB11/T334和DB11/T334.1的要求。

2.交通信号设施

停车场是动态交通和静态交通的结合场所,其交通信号设施是专供车辆进出及停放,防止交通事故发生和消除通道视线欠佳的隐患,有效限制机动车行驶速度而配置的交通指挥设施。

道路交通安全法第三章“道路通行条件”第二十九条规定:道路、停车场和道路配套设施的规划、设计、建设,应当符合交通安全,畅通的要求。所以说交通信号是停车场的主要设施之一。

1)交通信号

交通信号是指专门用于指挥车辆、行人通行安全的设备管理措施。交通信号包括信号灯、交通标志、交通标线,导向箭、安全路栏、回光镜及管理人员使用器材和徒步指挥手势。

(1)信号灯。信号灯由灯具、灯色玻璃和电器设备组成,交通法规严格规定,信号灯灯色“红、绿、黄”及灯具制式必须按国家标准《柴油机喷油总成　技术条件》(JB/T 8818—1998)规定要求进行制作。停车场的信号灯一般由红灯、绿灯两种颜色组合。“红色信号”表示禁止通行,“绿色信号”表示准许通行,黄灯表示警示信号。

(2)交通标志。交通标志由铝合金材料的主面标牌、标杆及反光膜等材料组成,国家标准《柴油机喷油总成　技术条件》(JB/T 8818—1998)规定,交通标志以图形、符号、文字、线条、立面标记作为特定的管理内容和表示行为人的行为规则。停车场库内的交通标志同道路交通标志,共有4类。

①警告标志:形状为等边三角形,顶角朝上,用黄底黑边,黑色图案表示;

②禁令标志:形状为圆形,用白底红圈,红杠,黑色图案表示;

③指令标志:形状为圆形,用蓝底白色图案表示;

④提示标志:形状为长方形、正方形两种,用绿底白色图案表示。

(3)交通标线。交通标线是用白色和黄色涂料在地面进行漆划的各种虚实线、箭头、文字、立面标记等。根据场库内通道条件与功能,漆划的交通标线分12种类型。

①车行道中心线:以白色实线或用黄色虚实线组成;

②车道分界线:以白色虚线组成;

③车行道边绿线:以白色实线或虚线组成;

④停止线:以一条白色横实线与中心线相连接组成;

⑤减速让行线:以两条平行白色虚线与中心线相连接;

⑥人行横道线:以白色条纹或实线组成;

⑦导流线:以白色倾斜的平行实线组成;

⑧车行道渐变段线:由实线或平行粗实线组成;

⑨停车泊位标线:以白色虚线按停放车的尺寸范围组成;

⑩港湾式车辆停靠站线:以白色倾斜平行粗实线组成;

⑪出入口线:以白色横向或三角带线组成;

⑫交通箭头(又称导向箭):以白色涂料漆划地面、有直行、左转、右转、直行左转、直行右转、左右转、直行左右转等导向图案。

停车场一般使用的交通标线有中心线、停止线、减速让行线、出入口线及导向箭头。

(4)回光镜。停车场回光镜是常用的交通信号设备之一,回光镜由圆形凸面镜面与架具组成。回光镜主要用于消除视线死角,设置在停车场内转弯通道视线欠佳的地方,以便看清通道内车辆动态,保证两车交会安全,从而减少事故发生。

2)限速方法

如何限制机动车在停车场内的行驶速度,保障停放安全,也是至关重要的,它的一般做法有:

(1)法规限制:利用限速标志来限制车速,限速范围通常低于30km/h。

(2)工程措施:漆划弯曲的交通标线,建设回转车道,小型环岛,场内路口错位等交通工程措施,迫使车辆蛇行,达到减速。

(3)利用减速垫、震动带和凹凸铺装的路面,使行驶中的车辆受到冲击、震动,达到减速之目的。

(4)诱导标志:利用交通标志,黄闪信号灯等方法,使车辆减速行驶。

3)设置原则

在道路交通安全法中,交通信号设施的设置原则有3条,这3条也适用于停车场。

(1)全国实行统一的道路交通信号。

(2)交通信号设备必须根据国家标准《柴油机喷油器总成　技术条件》(JB/T 8818—1998)“道路交通标志、标线及其他安全路栏”制作。

(3)交通信号设施的位置,须符合清晰、醒目、准确、完好、不妨碍安全视距的原则。

交通法规还指出,为了符合交通安全、畅通的要求,交通信号应根据实际需要,及时增设和调整交通信号,同时向社会提前公告,进行广泛的宣传。

三、停车场公共安全防护与环境保护设施安全技术要求

公共停车场的坡道应采取防冰雪、防滑等措施。

公共停车场应采用性能可靠的机电设备,对有可能危及人身安全的设备应采取安全防护措施。

公共停车场应按《汽车库、修车库、停车场设计防火规范》(GB 50067—1997)设置有效的预防和救灾设施,确保使用期间的人、车和设备安全,在发生火灾或其他事故时,保证人员的及时疏散。

四、公共停车场管理设施安全技术要求

公共停车场应根据停车场的规模,设置相应的管理监控设施。

(1)特大、大、中型公共停车场应根据《汽车库、修车库、停车场设计防火规范》(GB 50067—1997)相关要求,设置自动报警、自动灭火、环境与防灾监控中心设施,并进行防火分区设计。

(2)特大、大、中型公共停车场应设置通讯与广播系统、中央监控设备。

(3)公共停车场宜设置自动、半自动或人工收费系统及场内监控管制设施。路侧停车场宜采用停车计费系统。

五、公共停车场建筑安全技术要求

(一)用地要求

公共停车场用地面积或建筑面积按标准车停车位计算,地面停车场(不包括路侧停车场)场地面积为25~30m^2/标准车停车位,地下停车场与停车楼建筑面积为30~40m^2/标准车停车位。

(二)建筑标准

1. 一般要求

(1)公共停车场主要设计指标如停车位尺寸、纵横净距、净空、通道宽度、通道最小平曲线半径、最大纵坡等应符合《汽车库建筑设计规范》(JGJ 100—1998)的要求。

(2)公共停车场地面应采用稳定耐久的道面铺筑,地面坡度不应小于0.3%。

(3)特大、大、中型公共停车场应按功能分区,由管理区、停车区及通道、辅助设施区、绿化区等组成,交通组织应安全便捷。地面停车场绿化率不应低于30%,停车场建设环境标准应符合《城市容貌标准》(GB 50449—2008)的要求。

(4)停车场总平面布局、防火间距、消防通道、安全疏散、安全照明、消防给水及电气等建筑标准应符合《汽车库、修车库、停车场设计防火规范》(GB 50067—1997)规定。停车场的采暖、通风、排烟应符合《采暖通风与空气调节设计规范》(GB 50019—2003)的要求。利用人防工程建设的地下停车场应符合《人民防空地下室设计规范》(GB 50038—2005)的要求。

(5)公共停车场的内部形式应满足停车需求、人员安全、疏导迅速、环境舒适、布置紧凑、便于管理的基本要求。

(6)公共停车场应设置无障碍设施,无障碍车位数量不应少于停车位总数的2%,比例不足一个无障碍车位的至少设置一个无障碍车位,为医疗机构服务的公共停车场的无障碍车位数量不应少于停车位总数的10%。无障碍车位应布置在距停车场无障碍出入口最近的位置,并具备无障碍连接通道。标准无障碍车位应包括无障碍上下车道,车位宽度为普通车位宽度的1.6倍。应以显著的通用标志指引停车场无障碍出入口、通道、无障碍车位与上下车区域。

2. 公共停车场的建筑结构要求

(1)应根据工程地质、水文地质条件和施工方法选择安全可靠、经济合理、方便施工的结构形式。

(2)结构净空应满足建筑限界和设备安装的要求,并满足施工工艺要求。

(3)结构设计应满足强度、刚度、稳定性和耐久性,当地下结构受地下水影响时,还应满足抗浮要求。

(4)结构构件应有利于定型化、标准化、工厂化,方便施工,降低造价。

3. 公共停车场的施工要求

(1)施工方法的选择应以工程造价低、环境干扰小、施工方便安全、满足工期要求为原则,根据当地情况因地制宜地选择。

(2)施工方法应充分考虑对城市地下管线、地下构筑物及地面建筑物的影响,必要时应采取相应的保护措施。

4. 公共停车场的建筑材料要求

(1)应根据结构类型、受力条件、使用要求及所处环境条件选择工程材料,并具有较好的经济性、可靠性和耐久性。

(2)主要受力结构宜采用钢筋混凝土材料,必要时也可采用金属材料。

5. 公共停车场的建筑结构防水要求

(1)地下停车场建筑的防水,应符合《地下工程防水技术规范》(GB 50108—2008)、《地下防水工程质量验收规范》(GB 50208—2011)中相关的防水技术要求。

(2)地下停车库结构防水等级应达到一级。

(3)地下停车库结构应采用防水混凝土,抗渗标号应参照地下水头高度选用,最低标号为0.8MPa。

(4)地下停车库结构的防水措施,应根据不同结构形式和施工方法选择,同时应满足结构本身的变形和地基沉降要求。

(5)防水材料应具有耐腐蚀性和耐久性。

六、停车场防火要求

(一)防火分类

建筑防火分类是根据建筑物的高度、层数及火灾危险性,对建筑物防火设计进行的分类。停车场的防火分类分为4类,并应符合表5-45的规定。

停车场的防火分类表

表5-45

等级	Ⅰ	Ⅱ	Ⅲ	Ⅳ
停车数量	>400辆	251~400辆	101~250辆	≤100辆

(二)总平面布局

停车场宜设置耐火等级不低于二级的消防器材间。

(三)防火间距

停车场与其他建构筑物之间的防火间距,应满足如下要求:

(1)停车场与汽车库、修车库以及除甲类物品库房外的其他建筑物之间的防火间距不应小于表5-46的规定。

停车场与其他建筑物之间的防火间距

表5-46

其他建筑物		防火间距(m)
汽车库、修车库、厂房、库房、民用建筑耐火等级	一、二级	6
	三级	8
	四级	10

其中,防火间距应按相邻建筑物外墙的最近距离算起,如外墙有凸出的可燃物构件时,

则应从其凸出部分边缘算起。

(2)两座建筑物相邻较高一面外墙为不开设门、窗、洞口的防火墙或当较高一面外墙比较低建筑高15m及以下范围内的墙为不开门、窗、洞口的防火墙时，其防火间距可不限。当较高一面外墙上，同较低建筑等高的以下范围内的墙为不开设门、窗、洞口的防火墙时，其防火间距可按上表的规定值减小50%。

(3)相邻的两座一、二级耐火等级建筑，不较高一面处墙耐火极限不低于2.00h，墙上开口部位设有甲级防火门、窗或防火卷帘、水幕等防火设施时，其防火间距可减小，但不宜小于4m。

(4)相邻的两座一、二级耐火等级建筑，当较低一座的屋顶不设天窗，屋顶承重构件的耐火极限不低于1.00h，且较低一面外墙为防火墙时，其防火间距可减小，但不宜小于4m。

(5)甲、乙类物品运输车的车库与民用建筑之间的防火间距不应小于25m，与重要公共建筑的防火间距不应小于50m。甲类物品运输车的车库与明火或散发火花地点的防火间距不应小于30m，与厂房、库房的防火间距应按上表的规定值增加2m。

(6)停车场的汽车宜分组停放，每组停车的数量不宜超过50辆，组与组之间的防火间距不应小于6m。

(四)安全疏散

停车场的汽车疏散出口不应少于两个。停车数量不超过50辆的停车场可设一个疏散出口。

(五)消防给水

停车场应设置消防给水系统。消防给水可由市政给水管道、消防水池或天然水源供给。利用天然水源时，应设有可靠的取水设施和通向天然水源的道路，并应在枯水期最低水位时，确保消防用水量。

停车数不超过5辆的停车场可不设消防给水系统。

当室外消防给水采用高压或临时高压给水系统时，停车场的消防给水管道的压力应保证在消防用水量达到最大时，最不利点水枪充实水柱不应小于10m；当室外消防给水采用低压给水系统时，管道内的压力应保证灭火时最不利点消火栓的水压不小于0.1MPa(从室外地面算起)。

停车场的室外消火栓宜沿停车场周边设置，且距离最近一排汽车不宜小于7m，距加油站或油库不宜小于15m。

室外消火栓的保护半径不应超过150m，在市政消火栓保护半径150m及以内的车库，可不设置室外消火栓。

(六)电气

消防水泵、火灾自动报警、自动灭火、排烟设备、火灾应急照明、疏散指示标志等消防用电和机械停车设备以及采用升降梯作车辆疏散出口的升降梯用电应符合下列要求：

(1)机械停车设备以及采用升降梯作车辆疏散出口的升降梯用电应按一级负荷供电。

(2)消防用电设备的两个电源或两个回路应在最末一级配电箱处自动切换。消防用电的配电线路，必须与其他动力、照明等配电线路分开设置。

(3)消防用电的配电线路，应穿金属管保护并敷设在不燃烧体结构内。当采用防火电缆时，应敷设在耐火极限不小于1h的防火线槽内。

(4)除机械式立体汽车库外，汽车库内应设火灾应急照明和疏散指示标志。火灾应急照明和疏散指示标志，可采用蓄电池作备用电源，但其连续供电时间不应少于20min。

(5)火灾应急照明灯宜设在墙面或顶棚上，其地面最低照度不应低于0.5lx。

疏散指示标志宜设在疏散出口的顶部或疏散通道及其转角处，且距地面高度1m以下的墙面上。通道上的指示标志，其间距不宜大于20m。

(6)甲、乙类物品运输车的汽车库、修车库，以及修车库内的喷漆间、电瓶间、乙炔间等室内的电气设备均应按现行国家标准《爆炸和危险环境电力装置设计规范》的规定执行。

七、机械式停车设备通用安全技术要求

(一)危险辨识

机械式停车设备危险有害因素辨识情况如下：

(1)设备静止或运行时可能对人造成的伤害。

(2)汽车意外坠落、受损。

(3)承载金属结构整体或局部丧失稳定。

(4)承载金属结构与传动装置零件疲劳损坏。

(5)机械传动系统中的故障。

(6)电气、液压系统中的故障。

(二)安全标志

在停车设备的出入口、操作室、检修场所、电气柜等明显可见处应设置相应的安全标志(包括禁止标志、警告标志和提示标志)，并应符合《安全标志及其使用导则》(GB 2894—2008)的规定。

(三)金属结构的设计与配置的安全要求

1. 承载金属结构

承载金属结构应有足够的强度、刚度、局部及整体的稳定性。

2. 设计要求

(1)载荷。停车设备所承受的载荷一般应包括：

①垂直静载荷；

②垂直动载荷；

③水平运行方向上的力产生的水平载荷，一般取额定载荷的1/7；

④与水平运行方向垂直的力产生的水平载荷，一般取额定载荷的1/20；

⑤因回转离心力产生的水平载荷；

⑥风载荷；

⑦地震载荷；

⑧雪载荷(必要时应考虑)。

由于搬运器上的汽车放置而产生更不利的集中载荷，在设计或规范停车设备的设计参数时应予以考虑。

(2)搬运器轴载荷。

将汽车质量按6∶4分配到前轴和后轴，并以受力大的一侧作集中载荷计算。载车板质

量各自承担50%，搬运器质量根据结构作适当分配。

(3)搬运器轮载荷。以受力最大的轮负荷计算，汽车质量的30%加载车板质量的25%，搬运器质量根据结构作适当分配。

3. 主要受力构件焊接要求

主要受力构件，如立柱、横梁、纵梁等，其焊缝的外观检查不得有目测可见的明显缺陷，这些缺陷按《金属熔化焊接接头缺欠分类及说明》(GB/T 6417.1—2005)的分类为：裂纹、气孔、同体夹杂、未熔合、未焊透等缺陷，并符合《钢的弧焊接头缺陷质量分级指南》(GB/T 19418—2003)中的B级质量要求。

应对其受拉区对接焊缝进行无损检测，射线检测时，应不低于《金属熔化焊焊接接头射线照相》(GB/T 3323—2005)中规定的Ⅱ级，超声波检测时不低于《钢焊缝手工超声波探伤方法和探伤结果分级》(GB/T 11345—1989)中规定的Ⅰ级。

4. 车位载车结构的材料和性能

车位载车结构应采用非燃烧体材料制造，并应具有足够的强度和刚度。

(四)基本尺寸安全要求

1. 出入口

(1)出入口尺寸。停车设备出入口的宽度应大于适停汽车宽度加500mm(不含后视镜宽度)，但不小于2 250mm。

存容轿车的准无人和人车共乘方式的停车设备出入口的高度不应小于1 800mm；无人方式的停车设备工作区出入口的高度不应小于1 600mm；存容客车的停车设备出入口的高度不应小于适停汽车高度加100mm。

(2)搬运器(或载车板)停车表面与出入口地面之间的距离。对汽车自行驶入的停车设备，搬运器(或载车板)停车表面端部与出入口地面接合处的水平距离不应大于40mm，垂直高差小应大于50mm。

2. 人行通道尺寸

停车设备内，如设置人行通道时，人行通道的宽度不应小于500mm，高度不应小于1 800mm。

3. 停车位尺寸

宽度要求：对用搬运器将汽车送入停车位的，不应小于适停汽车全宽加150mm(含后视镜宽度)，带有对中装置的，不应小于适停汽车全宽加50mm；对于汽车自行驶入停车位的，不应小于适停汽车宽度加500mm(不含后视镜宽度)。

长度要求：不应小于适停汽车的全长加200mm。

高度要求：不应小于适停汽车的高度与存取车时微升微降等动作要求的高度之和加50mm。

(五)各机构的安全要求

机械传动部件应有足够的强度、刚度、运动稳定性；机械工作部件应有足够的强度、寿命及正常工作能力。

1. 搬运器

其强度和刚度应满足使用要求，在不妨碍安全的前提下，搬运器的顶板、侧面围栏、门可以省略。若驾驶员有可能从搬运器表面500mm以上的落差处跌落，应设有侧面围栏和底部踢脚板，围栏高度不应小于1 000mm，对人车共乘方式围栏高度不应小于1 400mm，底部踢脚板高度不应小于100mm，围栏的设计应考虑在围栏上的任意位置均可承受300N的侧向力且变形不应大于100mm。围栏和扶手到邻近的相对移动部件之间的安全距离至少为80mm。

2. 起升用钢丝绳、卷筒和滑轮

停车设备起升用钢丝绳应符合《一般用途钢丝绳》(GB/T 20118—2006)的要求。采用曳引轮驱动时，升降用钢丝绳应符合《电梯用钢丝绳》(GB 8903—2005)的规定。

钢丝绳的安全系数不应小于表5-47的规定。

钢丝绳的安全系数

表5-47

零部件及工作条件		安全系数
钢丝绳	无人方式	5
	准无人方式	7
	人车共乘方式	10

保证钢丝绳不能从滑轮上脱出，应有防止钢丝绳跳出绳槽的装置。钢丝绳禁止接长使用。

钢丝绳绳端固定连接的安全要求应符合《超重机械安全规程　第1部分：总则》(GB 6067.1—2010)中4.2.1.5的规定。卷筒上钢丝绳尾端的固定装置应有防松或自紧的功能。

当搬运器或载车板处于最低工作位置时，钢丝绳在卷筒上的缠绕(除固定绳尾的圈数外)不应少于两圈。

滑轮或卷筒的名义直径与钢丝绳直径之比不得小于20，对人车共乘式的不得小于40。曳引轮的节圆直径与曳引钢丝绳公称直径之比不得小于40。

钢丝绳的维护、保养、安装、检验和报废应符合《起重机 钢丝绳 保养、维护、安装、检验与报废》(GB/T 5972—2009)的规定。

(1)卷筒出现下述情况之一时，应报废：

①裂纹；

②筒壁磨损达原壁厚的20%。

(2)滑轮出现下述情况之一时，应报废：

①裂纹；

②绳槽径向磨损量达钢丝绳直径的50%；

③绳槽壁厚磨损量达原壁厚的20%；

④绳槽不均匀磨损量达3mm；

⑤其他损害钢丝绳的缺陷。

3. 起升用链条

停车设备起升用传动链条、传动链轮应符合GB/T 1243、GB/T 6074的规定，链条的安全系数不应小于表5-48的规定。

停车设备应有保证链条不能从链轮上脱出的措施(如张紧装置、防脱装置等)。

链条的安全系数 表 5-48

零部件及工作条件		安全系数
链条	无人方式	5
	准无人方式	7
	人车共乘方式	10

链条出现下述情况之一应报废：

①可见裂纹；

②过盈配合处松动；

③链条相对磨损伸长率达到3%。

4. 起升用螺杆(螺母)

正常使用的螺杆、螺母之间应转动灵活、无卡阻现象，螺杆、螺母不应有裂纹和加工缺陷，应安装防止搬运器从其上脱开的装置。

起升螺杆副应设置防止尖锐物和异物进入的装置。

螺杆两端均应设有止挡装置，以防止承载轴承和螺母从螺杆上脱落。载车板抵达终点后起升螺杆副应有足够的安全缓冲行程；应设置防止载车板落地后对螺杆副直接冲击的装置或措施。

螺杆的设计寿命应大于承载螺母的设计寿命。

5. 制动系统

主机必须设有制动系统，制动系统应采用常闭式制动器，对控制升降运动的制动器，其制动力矩不应小于1.5倍额定载荷的制动力矩。

(1)制动器的零件出现下述情况之一时，应报废：

①裂纹；

②制动衬垫厚度磨损达原厚度的50%；

③弹簧出现塑性变形；

④小轴或轴孔直径磨损达原直径的5%。

(2)制动器应有符合操作频度的热容量。

(3)制动器对制动衬垫的磨损应有补偿能力。

(4)制动轮的制动摩擦面不应有妨碍制动性能的缺陷或沾染油污。

(5)制动轮出现下述情况之一时，应报废：

①裂纹；

②轮缘厚度磨损达原厚度的20%(包括均匀磨损和不均匀磨损)；

③进行修圆后轮缘的减薄量达20%。

6. 回转盘

按停车库的布置及使用要求，可在转换区或工作区设置回转盘。

需有定位装置的回转盘，在升降或回转位置应有定位装置或相应的措施。不需有定位装置的回转盘，可不设此装置。

回转盘应运转平稳、可靠。

回转盘上停放的汽车，其同转轨迹与周围障碍物之间的间隙最小为50mm。

7. 出入口处栅栏门

工作区出入口处若未设置工作区门，而人员有可能从500mm以上高处跌落的应设置栅栏门。如果这一高度落差是暂时出现,而且现场有操作人员时,可不设置栅栏门。

8. 工作区围栏

地面上的工作区,除出入口外,周边应设置围栏,围栏高度不应小于1 000mm。

(六)液压系统的安全要求

液压系统的设计应符合《液压系统通用技术条件》(GB/T 3766—2001)和《液压元件通用技术条件》(GB/T 7935—2005)的要求。

液压系统应设过压保护装置,当工作压力达到额定压力的1.25倍时,能自动动作,对系统进行过压保护。

液压升降系统应设置安全保护装置,防止液压系统失压,致使搬运器坠落。

液压系统应按设计要求用油,按说明书要求定期换油。

液压系统应具有切断装置,以防止在进行维护作业或在液压设备调整时意外起动而引起伤害。切断装置应标记其用途和操作的形式,且在"切断"位置时应能够锁定。

由于内部泄漏造成搬运器下降,24h内不得超过30mm。

在可能使管路受到机械损伤的场合,应尽量不使用非金属管路,不得不采用时,应加装保护措施。

(七)电气设备安全要求

1. 一般要求

停车设备的电气系统应保证传动性能和控制性能准确可靠,能防止由于电气设备本身引起的危险或由于机械运动等损伤导致电气设备产生的危险。

2. 供电及电路

(1)供电电源。停车设备应由专用馈电线供电。

(2)停车设备总断路器。停车设备上应设总断路器。短路时应有分断该电路的功能。

(3)控制电路。停车设备控制电路应保证控制性能符合机械与电气系统的要求。

3. 电线电缆及电气配线

动力线采用多股单芯线时,截面不应小于1.5mm²;采用多股多芯线时,截面不应小于1.0mm²。控制线、电子装置、伺服机构、传感元件等能确认安全可靠的连接导线,截面不作规定。电气室、操纵室、控制屏、电气柜内部的配线,主回路小截面导线与控制回路的导线,可用塑料绝缘导线。

室外工作的停车设备,电线应敷设于金属管中,金属管应经防腐处理。如用金属线槽或金属软管代替,必须有良好的防雨及防腐性。

室内工作的停车设备,电线应敷设于线槽或管中,电缆可直接敷设。在有机械损伤、化学腐蚀或油污浸蚀的地方,应有防护措施。

所有穿管敷设时,管口应有防磨损电线的护嘴;穿金属管敷设时,管口应无毛刺和尖锐棱角。

4. 电动机的保护

电动机应进行短路,缺相及错相保护。

电动机应采用手动复位的过载保护器,该过载保护器应能切断电机的供电电源。

5. 插座

插座的电源应和停车设备的动力电源分开。

插座应是2P + T,250V,由主电源直接供电,并符合《特低电压(ELV)限值》(GB/T 3805—2008)的规定。

在电气柜内应设置供检修用的电源插座。

6. 电气保护装置

(1)主隔离开关。停车设备进线处宜设主隔离开关或采取其他隔离措施。

(2)防护等级。停车设备在室内工作时,电控设备的外壳(包括控制件的外壳)防护等级不应低于《外壳防护等级CIP代码》(GB 4208—2008)中的IP4X,在任何人可接近的外壳防护等级不应低于IP44。

停车设备在室外工作时,电控设备的外壳防护等级不应低于《外壳防护等级CIP代码》(GB 4208—2008)的IP65。

当停车设备处于特定的条件下,应根据所处环境空气的温度、湿度、海拔作出必要的修正。

(3)欠压保护、过压保护。停车设备必须设欠压保护和过压保护。

(4)搭铁。停车设备的金属结构及所有电气设备的金属外壳、管槽、电缆金属护层和变压器低压侧均应有可靠的搭铁。检修时保持搭铁良好。

中性线(N)和保护线(PE)应始终分开。保护搭铁系统的搭铁电阻不应大于4Ω。

(5)绝缘电阻。在动力电路导线和保护搭铁电路之间施加500V(d.c)时测得的绝缘电阻不应小于1MΩ。

7. 信号

停车设备应有指示总电源分合状况的信号,必要时还应设故障信号或报警信号。

8. 抗电磁干扰

在停车设备的设计、安装和布线中,应确保由其产生的电磁干扰不会导致以下不安全的运行和危险以及功能的减弱和丧失:

(1)设备意外启动。

(2)紧急停止命令的失效,或紧急停止功能的自行复位。

(3)有关安全的相关电路的控制紊乱(如跳闸、故障和失效检验的功能、连锁功能、超速跳闸功能、制动功能、起动功能、停机和紧急停止功能)。

(4)影响功能的排序、计时或计算误差。

(5)速度变化超过±20%。

(6)启动运行时间超过±10%。

(7)导致检测能力下降。

(八)安全防护装置

1. 设置

各种类型的停车设备应按表5-49的要求设置安全防护装置,并在使用中及时检查、维护,使其保持正常工作性能。如发现性能异常,应立即进行修理或更换。

2. 安全防护装置及要求

(1)紧急停止开关。在便于操作的位置应设置紧急停止开关,以便在发生异常情况时能使停车设备立即停止运转。若停车设备由若干独立供电的部分组成,则每个部分都应分别设置紧急停止开关。若停车设备由转换区、工作区组成,则每个区域都应配备单独的紧急停止开关。

在紧急情况下能迅速切断动力回路总电源，但不应切断电源插座、照明、通风、消防和警报电路的电源。

紧急停止开关的复位应是非自动复位，复位不得引发或重新启动任何危险状况。

各类停车设备应设置的安全防护要求

表 5-49

序号	安全防护装置	停车设备类别								
		升降横移类	简易升降类	垂直循环类	水平循环类	多层循环类	平面移动类	巷道堆垛类	垂直升降类	汽车专用升降机
1	紧急停止开关	应装	应装	应装	应装	应装	应装	应装	应装	应装
2	防止超限运行装置	应装	应装	—	应装	应装	应装	应装	应装	应装
3	汽车长、宽、高限制装置	应限长	宜限长	应限长	应装	应限长 应限高	应装	应装	应装	应限长
4	阻车装置	应装	应装	应装	应装	应装	应装	应装	应装	应装
5	人车误入检测装置	应装	—	应装	—	—	—	—	—	—
6	汽车位置检测装置	—	—	—	应装	应检车长方向	应装	应装	应装	应检车长方向
7	出入口门、栅栏门安全检查装置	应装	—	应装	应装	应装	应装	应装	应装	应装
8	自动门防夹装置	—	—	应装	应装	应装	应装	应装	应装	应装
9	防重叠自动检测装置	—	—	—	—	—	应装	应装	应装	—
10	防坠落装置	应装	应装	—	应装	应装	应装	应装	应装	—
11	警示装置	应装	宜装	应装	应装	应装	应装	应装	应装	应装
12	轨道端部止挡装置	应装	—	—	—	—	应装	应装	—	—
13	缓冲器	—	—	—	应装	应装	应装	应装	应装	应装
14	松绳（链）检测装置	应装	—	—	—	—	—	—	—	—
15	安全钳、限速器	—	—	—	—	—	—	—	—	应装
16	紧急联络装置	—	—	—	—	—	—	—	—	应装
17	运转限制装置	—	—	—	宜装	宜装	宜装	宜装	宜装	—
18	控制联锁功能	应装	应装	应装	应装	应装	应装	应装	应装	应装
19	超载限制器	—	—	—	—	—	—	—	—	应装
20	载车板锁定装置	—	—	—	—	—	应装	应装	应装	—

（2）防止超限运行装置。当升降限位开关出现故障时，防止超限运行装置应使设备停止工作。

（3）汽车长、宽、高限制装置。对进入停车设备的汽车进行车长、车宽、车高的检测，超过适停汽车尺寸时,机械不得动作并应报警。

(4)阻车装置。当出现以下情况时应在汽车车轮停止的位置上设置阻车装置:

①当搬运器沿汽车前进和后退方向运动时,有可能出现汽车跑到预定的停车范围之外时;

②对于准无人方式,驾驶员在将汽车停放到搬运器或载车板上,可能导致汽车停到预定的停车范围之外时;

③当汽车直接停在回转盘上时,阻车装置的高度不应低于25mm,当采用其他有效措施阻车时,也可不再设置此阻车装置。

(5)人车误入检测装置。不设库门或开门运转的停车设备应设人车误入检测装置,当设备运行过程中,如有其他汽车或人员进入时,应使机械立即停止动作。

(6)汽车位置检测装置。应设置检测装置,当汽车未停在搬运器或载车板上的正确位置时,停车设备不能运行。但操作人员确认安全的场合则不受此限制。

(7)出入口门(栅栏门)联锁保护装置。对出入口有门或围栏的停车设备应设置联锁保护装置,当搬运器没有停放到准确位置时,车位出入口的门等不能开启;当门处于开启状态时,搬运器不能运行。

(8)自动门防夹装置。为防止汽车出入停车设备时自动门将汽车意外夹坏,应设置防夹装置。

(9)防重叠自动检测装置。为避免向已停放汽车的车位再存进汽车,应设置对车位状况(有无汽车)进行检测的装置,或采取其他防重叠措施。

(10)防坠落装置。搬运器(或载车板)运行到位后,若出现意外,有可能使搬运器或载车板从高处坠落时,应设置防坠落装置,即使发生钢丝绳、链条等关键部件断裂的严重情况,防坠落装置必须保证搬运器(或载车板)不坠落。

对准无人方式的汽车专用升降机应安装防坠落装置,但可不安装安全钳、限速器。对人车共乘式的汽车专用升降机可不装防坠落装置,但必须安装安全钳、限速器。

(11)警示装置。停车设备应设有能发出声或光报警信号的警示装置,在停车设备运转时该警示装置应起作用。

(12)轨道端部止挡装置。为防止运行机构脱轨,在水平运行轨道的端部,应设置止挡装置,并能承受运行机构以额定载荷、额定速度下运行产生的撞击。

(13)缓冲器。搬运器在其垂直升降的下端或水平运行的两端,应装设缓冲器。

(14)松绳(链)检测装置或载车板倾斜检测装置。为防止驱动绳(链)部分松动导致载车板(搬运器)倾斜或钢丝绳跳槽,应设置松绳(链)检测装置或载车板倾斜检测装置,当载车板(搬运器)运动过程中发生松绳(链)情况时,应立即使设备停止运行。

(15)安全钳。安全钳的选用与安装应符合《电梯制造与安装安全规范》(GB 7588—2003)的规定,无人方式、准无人方式、液压直顶式除外。

搬运器在运行过程中,在达到限速器动作速度时,甚至在悬挂装置断裂的情况下,安全钳应能夹紧导轨使装有额定载荷的搬运器制动停止并保持静止状态。

停车设备的安全钳释放应由专业人员操纵。

禁止将安全钳的夹爪或钳体充当导靴使用。

(16)限速器。限速器的选用与安装应符合《电梯制造与安装安全规范》(GB 7588—2003)的规定。无人方式、准无人方式、液压直顶式除外。

限速器的动作点应大于或等于额定速度的115%。

(17)紧急联络装置。对于人车共乘式的停车设备,在搬运器内必须设置紧急联络装置,以便在发生停电、设备故障等紧急情况时,与外部联络。

(18)运转限制装置。人员未出设备,设备不得启动。可通过激光扫描器、灵敏光电装置等自动检测在转换区里有无人员出入,当有管理人员确认安全的情况下,可不设置此装置。

(19)控制联锁功能。停车设备的汽车存取由几个控制点启动时,这些控制点应相互联锁,以使得仅能从所选择的控制点操作。

(20)超载限制器。

当停车设备实际载荷超过额定载荷的95%时,超载限制器宜发出报警信号。

当停车设备实际载荷超过额定载荷100%~110%时,超载限制器起作用,此时应自动切断起升动力电源。

(21)载车板锁定装置。为防止意外情况下,载车板从停车位中滑出,应设置载车板锁定装置,在采取了有效措施的情况下,可不设此装置。

(九)转换区的安全要求

1.存取车模式

(1)无人方式的存取车模式包括:

驾驶员将汽车驶入转换区后离开,由停车没备自动存放汽车入库;由停车设备自动取出汽车出库,驾驶员进入转换区将汽车开出。

(2)准无人方式的存取车模式包括:

驾驶员将汽车驶入工作区或转换区后离开,由停车没备自动存放汽车到停车位;由停车设备取出汽车,驾驶员进入工作区或转换区将汽车开出。

2.紧急出口操纵装置

在紧急情况或停电时,设有车库门的停车设备,应具备人员从转换区撤出的手段,若没有设置紧急门或侧门,则应设置能够开启车库门的紧急操纵装置。此装置一旦启动,转换区内各机构应停止运转。

3.控制装置的设置

所有控制装置的用途或功能应清晰并用符号予以标记或用中文加以标注。

控制装置的设置位置应清晰可见,并可直接或间接观察停车设备的运行状况。

(十)停车设备使用环境的安全要求

1.通风换气设施

装有停车设备的室内环境,凡是有可能出现因汽车尾气等有害气体滞留而造成人员危险的,均应设置强制通风换气装置。

2.照明

出入口、车道、转换区、工作区、服务人员操作位置均应配置照明设备,必要时还宜有可携式照明。

必要时应配置紧急照明设备,使紧急情况下人员能够安全撤离。

照明应设专用电路。电源应由停车设备主断路器进线端分接,当主断路器切断电源时,照明不应断电。各照明电路应设断路器保护,严禁用金属结构做照明线路的回路。

车道、出入口附近以及人出入的地方,其照明必须达到充分的照度以确保安全。操作室内的照明照度应不低于30lx。

要考虑设备维修、保养所需的照明，如驱动装置和电气柜周围可专门设置一些照明装置，机器房、电气室等照明照度应不低于75lx。

3. 排水

为保证停车设备内部及下部不积水应配备完善有效的排水设施。

4. 消防

停车设备的环境应符合《汽车库、修车库、停车场设计防火规范》(GB 50067—1997)的消防要求。

5. 抗地震及台风

停车设备的建筑物应遵照国家有关标准，具有抗地震和抗台风性能。

八、特殊机动车辆的停放的安全技术要求

公安车、军事车、金融车、危险品运输车及超长、超宽、超高的机动车辆统称为特殊机动专用车辆。

根据公安部门有关规定，对允许停放特殊机动车辆的停车场，必须符合以下四条要求：

(1)特殊机动车的停放必须在自力式平面停车场进行，保持通道、进出口绝对畅通无阻。

(2)停放特殊机动车辆必须以安全为主，经专门机关检验合格同意，需配置专人重点巡视看管。场内泊位周围配置必备的治安、安全、防火、防破坏等专用设施后方可经营特殊车辆停放业务。

(3)特殊机动车辆停放泊位，不允许与一般车辆混合停放，且要保持一定距离、空间。

(4)机械式停车场和自力式坡道停车场，禁止特殊机动车辆进入停放。

参考文献

[1] 南爱强.城市公交安全管理及评价研究[D].长安大学.2007.

[2] 刘彦戎.道路交通事故安全救援人员技能培训教材[M].北京:人民交通出版社,2009.

[3] 济南市公共交通总公司.城市公共交通企业安全管理[M].北京:人民交通出版社,2008.

[4] 武根友,李江,李晓辉.基于物联网的智能公交系统研究[J].河北省科学院学报,2011.9,28(3).

[5] 周昕.物联网技术在智能公交安全管理的应用[J].海康威视.

[6] 刘泽一.汽车维修企业如何做好安全生产工作[J].中小企业管理与科技(下旬刊),2011(06).

[7] 金柏正,吴延民.汽车维修企业安全管理核心[J].运输经理世界,2008(06).

[8] 北京市公共交通总公司,北方交通大学.城市公共交通管理丛书城市公共交通服务管理[M].北京:中国铁道出版社,2001.

[9] 何宗华,汪松滋,何其光.城市轨道交通运营组织[M].北京:中国建筑工业出版社,2003.

[10] 李慧玲,刘兵.城市轨道交通安全管理[M].北京:人民交通出版社,2011.

[11] 连义平.城市轨道交通安全管理[M].成都:西南交通大学出版社,2011.

[12] 秦进,高桂凤.城市轨道交通安全管理[M].北京:人民交通出版社,2012.

[13] 李宇辉.城市轨道交通应急处理[M].北京:人民交通出版社,2011.

[14] 马国龙等.城市轨道交通安全管理[M].北京:中央广播电视大学出版社,2010.

[15] 周小南.城市轨道交通运营安全[M].北京:中国劳动社会保障出版社,2008.

[16] 张瑞艳,陈璐,闫浩春等.企业推行安全生产标准化的作用和意义[J].中国建材科技,2011,(6):9-10.

[17] 王嘉振.安全生产综合防范体系理论与实践[M].济南:山东大学出版社,2006.

[18] 邓学钧,刘建新.交通运输工程导论[M].北京:清华大学出版社,2009.

[19] 中国标准化研究院.中国标准化发展研究报告[M].北京:中国标准出版社,2009.

[20] 王俊.安全评价在中小企业现代安全管理中的运用[J].工业安全与环保,2005,(7):31-33.

[21] 田水承,景国勋.安全管理学[M].北京:机械工业出版社,2009(01).

[22] 马小明,田震,甄亮.企业安全管理[M].北京:国防工业出版社,2007(01).

[23] 王新泉,邬燕云.安全生产标准化教程[M].北京:机械工业出版社,2011(01).

[24] 余明阳,张慧彬.危机管理战略[M].北京:清华大学出版社,2009.

[25] 刘铁民,李克荣.安全生产管理知识[M].北京:中国大百科全书出版社,2008.

[26] 王宪州.机动车驾驶员健康影响因素及健康管理[J].地方病通报,2008,23(3):76-77.

[27] 罗勇.出租车交通事故频发的心理原因探析[J].四川警察学院学报,2011,23(3):62-65.

[28] 姜爱林.出租车集体罢运的基本表现、主要原因与解决对策研究[J].宁波广播电视大

学学报,2009,7(1):106-110.
[29] 蒋军成,郭振龙.工业装置安全卫生预评价方法[M].北京工业出版社,2003.
[30] 交通运输部道路运输司.地方出租汽车管理法规汇编[S].北京:人民交通出版社,2011.
[31] 交通运输部道路运输司.出租汽车驾驶员从业资格管理规定释义[S].北京:人民交通出版社,2012.
[32] 道路运输从业人员管理规定释义[M].北京:人民交通出版社,2006.
[33] 道路运输企业安全生产标准化考评指南[M].北京:人民交通出版社,2012.
[34] 交通行业标准汇编(道路运输卷)[M].北京:人民交通出版社,2008.
[35] 刘革.机动车维修行业必备知识[M].北京:机械工业出版社,2006.
[36] 杨承明.汽车维修标准与规程[M].北京:人民交通出版社,2007.
[37] 胡建军.汽车维修企业创新管理:现代汽车维修企业前期建设与经营管理[M].北京:机械工业出版社,2002.
[38] 吕传章.汽车维修基础知识[M].北京:人民交通出版社,2001.
[39] 栾琪文.现代汽车维修企业管理实务[M].北京:机械工业出版社,2011.
[40] 王福.汽车维修生产中的不安全因素以及安全措施[J].科技资讯,2011,8:123.
[41] 金柏正,吴延民.汽车维修企业安全管理核心[J].运输经理世界,2008年,6:82-83.
[42] 唐晓萍.浅谈汽车维修企业的安全生产[J].科技致富向导,2011,36:273.
[43] 黄春岐.预防燃油喷烤漆房失火需要过“七”关[J].交通标准化,2010,2:36.
[44] 吴冰.在用汽车喷烤漆房现场评价应注意的问题[J].中国船检,2010,4:81-82.
[45] 郭武,黄泽星,吴上生.汽车举升机的发展趋势分析[J].中国制造业信息化,2011,40(21):75-79.
[46] 刘宏凯,朱美芬,樊海军,等.汽车修理行业工作场所职业危害状况分析[J].工业卫生与职业病,2008,34(5):301-304.
[47] 赵永梅,魏云芳,李迪.北京市朝阳区汽车维修行业职业病危害因素检测与评价[J].中国工业医学杂志,2009,22(6):450-451.
[48] 马学通.对汽车维修有害废弃物的分析及综合治理探讨[J].交通节能与环保,2006,1:26-27.
[49] 中华人民共和国行业标准.JT/T 402—1999 汽车货运站(场)级别划分和建设要求[S].北京:人民交通出版社,1999.
[50] 胡列格.交通枢纽与港站[M].北京:人民交通出版社.2003.
[51] 中华人民共和国行业标准.GB 17907—2010 机械式停车设备 通用安全要求[S].北京:中国标准出版社,2011.
[52] 中华人民共和国行业标准.GB 50067—1997 汽车库、修车库、停车场设计防火规范[S].北京:中国标准出版社,1997.
[53] 中华人民共和国行业标准.GA/T 850—2009 城市道路路内停车泊位设置规范[S].北京:中国标准出版社,2009.
[54] 中华人民共和国行业标准.JG 5106—1998 机械式停车场安全规范总则[S].北京:中国标准出版社,1998.
[55] 中华人民共和国行业标准.建标 128—2010 城市公共停车场工程项目建设标准[S].

北京:中国计划出版社,2010.
[56] 中华人民共和国行业标准. DB11/T 595—2008　公共停车场工程建设规范[S]. 北京:中国标准出版社,2008.
[57] 中华人民共和国行业标准. DB11/T 596—2008　公共停车场运营服务规范[S]. 北京:中国标准出版社,2008.
[58] 中华人民共和国行业标准. DB11/T 853—2012　封闭式停车场安全技术防范通用要求[S]. 北京:中国标准出版社,2012.
[59] 中华人民共和国行业标准. DB11/T 837—2011　机械式停车场(库)工程建设规范[S]. 北京:中国标准出版社,2011.
[60] 张秀媛. 城市停车规划与管理[M]. 北京:中国建筑工业出版社,2006.
[61] 黄永庆. 停车场管理员[M]. 上海:上海交通大学出版社,2006.